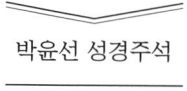

박윤선 성경주석

개역개정판

구약주석
예레미야 · 예레미야애가

A Commentary on THE BOOKS OF JEREMIAH
and LAMENTATION

구약주석
예레미야·예레미야애가

초판　1쇄　1965년　9월 25일 발행
　　　23쇄　2011년　5월　2일 발행
개역개정판 2023년 11월 30일 발행

지은이　　박윤선
펴낸곳　　도서출판 영음사
주　소　　서울특별시 강남구 광평로 56길 8-13, 1406호
전　화　　02-3412-0901
팩　스　　02-3412-1409
이메일　　biblecomen@daum.net
등　록　　2008년 4월 21일 제2021-000311호

디자인　　디자인집(02-521-1474)

ISBN 978-89-7304-179-4(03230)

※ 신저작권법에 의하여 보호받는 저작물이므로 무단 전재와 무단 복제를 금합니다.
※ 책 값은 뒷표지에 있습니다.
※ 잘못된 책은 구입처에서 교환하여 드립니다.

박윤선 성경주석

개역개정판

구약주석
예레미야·예레미야애가

A Commentary on THE BOOKS OF JEREMIAH
and LAMENTATION

박윤선 지음

도서출판 **영음사**

"내 말이 불같지 아니하냐 방망이 같지 아니하냐
바위를 쳐서 부스러뜨리는 방망이 같지 아니하냐"
(렘 23:29)

הֲלוֹא כֹה דְבָרִי כָּאֵשׁ נְאֻם־יְהוָה וּכְפַטִּישׁ יְפֹצֵץ סָלַע׃

머리말

선지자 예레미야는 원치 않는 가운데서라도 예언자의 사명을 실행할 수밖에 없었다. 그것은 그의 심령이 여호와의 말씀으로 인하여 불붙는 것 같았기 때문이었다(20:9). 이와 같이 거룩하고 강력한 하나님의 역사가 이 주석을 통해서도 나타나게 되기를 기도하는 바이다.

이 주석의 체제는 내용 분해와 해석과 설교 재료로 되어 있다. 해석에는 칼빈주의 원리가 성경적인 줄 알고 일률적으로 채택했다. 학자들의 학설을 인용할 때에도 주로 칼빈주의 주석가들에게서 인용하였다. 혹시 신학 처지가 다른 주석가들에게서도 인용한 바 있으나, 그것은 그들까지도 그 부분의 해석에 있어서는 우리와 일치한다는 것을 보여 주려는 것뿐이다. 어떤 부분에서는 해석을 많이 하지 않고 설교를 붙여서 그 부분의 글 뜻이 드러나도록 하였다. 그러므로 독자들께서는 이 주석을 읽을 때에 설교를 주의 깊게 읽어 주시기 바란다.

이 주석 사업을 위하여 기도해 주시며 각 방면으로 후원해 주시는 성도들에게 감사하여 마지않는다.

끝으로 독자들의 양해를 구하는 것은 이 주석에 오자(字)로 인하여 글 뜻이 달라졌거나, 해석상 잘못된 점이 있으면 용서하시기 바라는 바이다. 저자의 간절히 기도하는 바는, 이 주석을 읽으시는 이마다 영은(恩)으로 충만하게 되시기를 바라는 것이다.

지은이 씀

구약주석
예레미야·예레미야애가

A Commentary on THE BOOKS OF JEREMIAH
and LAMENTATION

예레미야·예레미야애가 주석
목차

예레미야

서론
- Ⅰ. 예레미야의 생애 — 17
- Ⅱ. 본서의 저자 — 19
- Ⅲ. 본서의 순정성 — 20
- Ⅳ. 본서의 통일성 — 21
- Ⅴ. 본서의 내용분해 — 22
- Ⅵ. 본서에 관계된 유다 왕국 말년 역사의 중요한 연대들 — 25

참고서적
- 참고서적 — 27

해석
- 제1장 — 30
- 제2장 — 43

제3장	57
제4장	67
제5장	84
제6장	96
제7장	111
제8장	130
제9장	141
제10장	154
제11장	171
제12장	188
제13장	203
제14장	212
제15장	223
제16장	240
제17장	253
제18장	273
제19장	284
제20장	291
제21장	305
제22장	315
제23장	329
제24장	346
제25장	355
제26장	370
제27장	380
제28장	393
제29장	402

제30장	428
제31장	440
제32장	481
제33장	496
제34장	510
제35장	518
제36장	525
제37장	539
제38장	550
제39장	562
제40장	567
제41장	575
제42장	582
제43장	593
제44장	601
제45장	611
제46장	618
제47장	632
제48장	637
제49장	663
제50장	679
제51장	691
제52장	708

설교

설교_ 전도자가 명심할 것(1:4-10)   35

설교	이스라엘 백성이 우상을 따라간 것은 배은망덕임(2:4-8)	45
설교	유다 민족의 죄상(3:2-10)	59
설교	북 왕국 이스라엘에게 회개하라고 권면함(3:12-18)	62
설교	진실한 회개(4:1-2)	68
설교	하나님으로부터 버림받은 자리에는 어떤 고통이 기다리고 있는가(6:27-30)?	107
설교	종교 제도만을 의지하고 하나님 자신을 의지하지 않는 자(7:1-4)	115
설교	회개하지 않는 자들의 우매함(8:4-7)	133
설교	자랑하지 말라(9:23)	148
설교	하나님을 "사랑과 정의와 공의를 땅에 행하는 자"로 아는 것이 귀함(9:24)	151
설교	하나님에 대한 세 가지 진술(10:6-10)	157
설교	언약(계약)에 대하여(11:1-5)	175
설교	미래에 더 큰 환난이 닥쳐올 것을 생각하여 현재의 환난을 감수하자(12:5-6)	194
설교	하나님의 말씀을 순종하자(13:15)	206
설교	유다 민족을 위한 예레미야의 중보기도(14:19-22)	218
설교	모세와 사무엘은 어떤 의미에서 위대한 기도자들이었는가?(15:1)	224
설교	하나님의 말씀을 얻어먹음에 대하여(15:16)	229
설교	하나님의 종(15:16-17)	231
설교	하나님의 입이 되자(15:19-21)	234
설교	죽음의 날을 생각하라(16:1-9)	242
설교	믿음에 대하여(17:7)	259
설교	안식일을 지킴에 대하여(17:19-27)	269
설교	하나님의 절대적인 주권을 믿으라(18:1-6)	275

설교_ 예레미야의 마음이 불붙는 것과 같았던 이유(20:9)	296
설교_ 불붙는 마음으로 복음을 전하자(20:9)	297
설교_ 시드기야 왕의 그릇된 종교 생활(21:1-2)	306
설교_ 하나님을 아는 사람(22:16)	323
설교_ 말씀의 효능(23:28-29)	338
설교_ 참된 구원(24:4-7)	351
설교_ 우리야와 예레미야(26:20-24)	376
설교_ 나무 멍에를 꺾으면 쇠 멍에를 메운다는 말은 무슨 뜻인가?(28:12-14)	398
설교_ 소망(29:4-10)	404
설교_ 하나님께서 그의 자녀인 백성을 도우시는 방법(29:11)	410
설교_ 기도에 대하여(29:12-14)	412
설교_ 순종에 대하여(29:15-20)	421
설교_ 물 댄 동산(31:12)	452
설교_ 회개 없는 자에게 구원이 있을 수 없다(31:18-20)	455
설교_ 하나님의 언약에 참여하는 행복(31:31-34)	470
설교_ 죄 사함을 받음에 대하여(31:33-34)	472
설교_ 성도는 하나님을 믿고 그를 더욱 신뢰하기 위하여 진리를 탐구한다(32:16-25)	485
설교_ 무소불능하신 하나님(32:26-44)	490
설교_ 신구약 성경이 인류에게 주는 최후의 선물은 기쁨이다(33:8-11)	502
설교_ 하나님의 이름을 더럽힌 죄악(34:11)	512
설교_ 인간들의 모순(35:12-16)	521
설교_ 하나님의 말씀을 기록한 문서의 성격에 대하여(36:27-32)	535
설교_ 구스 사람 에벳멜렉의 선행에 대하여(38:7-13)	554
설교_ 하나님께서 바룩에게 주신 네 가지 위로의 말씀(45:1-5)	612

설교_ 여호와의 칼(47:6) 635

설교_ 여호와의 일을 게을리하는 자는 저주를 받는다(48:8-10) 643

예레미야애가

서론
서론 715

해석
제1장 718

제2장 730

제3장 741

제4장 757

제5장 764

설교
설교_ 우리의 소망(3:19-24) 744

설교_ 하나님을 기다리는 자(3:25-26) 746

설교_ 하나님께로 돌아가자(3:19-41) 748

서론

I. 예레미야의 생애

"예레미야"(יִרְמְיָהוּ)라는 이름은 "이르메"(יִרְמְ)와 "야후"(יהו)의 합성어로서 "여호와께서 던지신다"(Jehovah hurls)라는 뜻이라고 한다. 그는 힐기야의 아들이며 예루살렘에서 동북쪽으로 세 시간 반쯤 걸어서 가면 나오는 아나돗(עֲנָתוֹת)이라는 동네 출신이다. 그는 매우 젊어서 선지자 직분에 취임(取任)했는데(1:6), 그때가 요시야 왕 재위 13년이며(1:2; 25:3), 주전 628년 경이었다. 그는 50년 동안 예언한 선지자로서 예루살렘의 최종적인 멸망 이후까지 예언했다. 그는 취임 시부터 하나님의 계시에 따라서 예루살렘의 멸망을 내다 보았다(1:11-16). 그는 이 사건에 대하여 예언하는 동안 많은 반대에 직면했는데, 처음에는 고향에서도 배척을 받았고(11:18-23), 또한 가족들에게도 배척을 받았다(12:6). 그가 취임한 지 5년 만에(주전 623년) 요시야 왕이 성전에서 율법책을 발견하였고 이어서 왕은 종교개혁 운동을 전개하였다(왕하

22장-23장). 그러므로 요시야 왕이 사망했을 때 예레미야는 대단히 슬퍼하였다(대하 35:25).

예레미야는 요시야 왕의 아들 여호아하스(혹은 살룸) 왕 때에 남 왕국 유다 백성들이 사로잡힐 일에 대하여 예언하였고(22:11-17), 또한 여호야김 왕 때에는 예루살렘이 포위될 일에 대하여 예언한 바 있다(25:1-14). 그때 제사장들이 그를 죽이려 했으나(26장), 성공하지 못했다. 하나님께서는 예레미야에게 모든 예언들을 기록하도록 명령하셨는데(36:2), 예레미야는 이 명령에 순종하여 그의 제자 바룩(בָּרוּךְ)에게 그의 모든 예언을 기록하도록 지시하였다(36:4). 그 후에 여후디(יְהוּדִי)라는 사람이 여호야김 왕 앞에서 그 예언을 읽게 되자, 왕은 노하여 그 예언서를 모두 다 불태워버렸다(36:23). 그러나 하나님께서는 그의 모든 예언들을 다시 기록하게 하시고 전하도록 하셨다(36:27-32).

예레미야의 예언과 같이 바벨론의 유다 침략은 세 번에 걸쳐 이루어졌다.

1) 주전 606년에 바벨론 왕 느부갓네살이 유다를 침략하여 유다 사람들과 그들의 왕 여호야김을 사로잡아 갔다(대하 36:6). 이때 다니엘도 사로잡혀 갔다(단 1:1 이하). 이 사건에 대하여 일찍이 예레미야가 예언하였던 것이었다(25:1-11).

2) 그 후에 여호야김이 왕이 되어(22:24) 3개월 열흘 동안 다스렸는데(대하 36:9), 그도 바벨론 왕의 환심을 사지 못했으므로 다시 침략을 당하여 그 자신과 많은 유다 사람들이 사로잡혀 갔다(24:1-5). 이 사건에 대해서도 예레미야가 일찍이 예언하였었다(22:24-30).

3) 여호야김의 뒤를 이어 시드기야가 왕이 되었는데, 그도 악한 왕이었다. 그가 애굽과 동맹을 맺어 바벨론에 대항하여 반역했을 때(대하 36:13; 겔 17:15), 예레미야는 왕의 처사에 반대하였고, 다시 바벨론의 침략이 있을 것을 예언했다(27:12-22). 그러나 시드기야 왕이 주변 신하들의 아첨하는 말을

듣고 끝까지 예레미야의 예언을 배척했으므로 결국 바벨론 군대가 와서 예루살렘을 포위하고 완전히 함락시켰으며 많은 유다 사람들을 사로잡아 갔다(32:1-5; 37:1-40:6). 그 후 예레미야는 강제로 애굽에 끌려갔으나, 그는 거기서도 여러 차례 예언하였다(41:1-44:30).

II. 본서의 저자

예레미야 자신이 본서 전체를 기록하였다는 점에는 의심의 여지가 없다. 예레미야 36:1-2을 보면, "유다의 요시야 왕의 아들 여호야김 제사년에 여호와께로부터 예레미야에게 말씀이 임하"여 그가 일러준 모든 말을 "두루마리 책···에 기록하라"고 하셨다. 예레미야는 이 명령에 순종하여 그의 서기 바룩에게 모든 예언을 불러 주어 그대로 기록하게 하였다. 바룩이 받아 적은 책이 여호야김 왕의 명령으로 불살라졌을 때(36:9-23) 여호와께서는 예레미야에게 처음 받아 적었던 모든 예언을 다시 기록하도록 하셨다(36:28).

예레미야가 본서를 저술했다는 사실에 대하여 반대하는 학자들도 없지 않다. 그러나 그들의 이론은 성립될 수 없다. 파이퍼(pfeiffer)는 말하기를, 본서에는 예레미야가 친히 기록한 말씀이 있는가 하면, 서기였던 바룩의 사상도 있고 후대의 편집자들이 첨가한 부분들도 있다고 한다. 그러나 이 같은 학설은 옳지 않다. 왜냐하면 바룩은 경건한 인품을 지닌 인물이었기 때문에 자신의 사상을 선지자 예레미야의 예언에 섞었을 리가 만무하며, 후대 편집자들이 본서에 새로운 부분을 추가했다는 이론도 전혀 근거 없는 말이기 때문이다. 또한 둠(Duhm)은 예레미야서의 삼분의 이가 후대인의 작품이라 주장하고, 코닐(Cornill)은 본서 9:26이 문맥상 10:17로 이어지기 때문에 그 사이에 놓인 부분은 후대의 삽입구라고 주장하였다. 그러나 이 두 학자의 이론은 어떤 증거를 통해서도 입증되지 않은 억지 주장이다.

III. 본서의 순정성

1) 알더스(G. Ch. Aalders)는 예레미야서의 순정성을 변호하며 다음과 같이 그릇된 이론들의 허상을 지적했다. ① 10:1-16의 단락에는 거짓 신과 참 신을 대조하는 내용이 실려 있다. 그런데 이 부분이 앞 단락과 뒷 단락에 문맥상으로 연결되지 않는다는 이유로 이 부분의 순정성을 부인하는 그릇된 학설이 있다. 그러나 알더스(Aalders)는 말하기를 이처럼 윗 단락과 아랫 단락에 문맥상으로 연결되지 않는 문체가 본서의 다른 장에도 있으므로(7:16-20) 이 부분이 문제가 되지는 않는다고 설명했다.[1] ②또 다른 그릇된 학자들은, 이 단락(10:1-16)의 문체가 예레미야서의 다른 부분과 유사하지 않고 오히려 이사야서 둘째 부분의 어떤 문구들(사 40:19-25; 41:6, 7; 44:9-20)의 문체와 유사하다는 이유로 이 부분의 순정성을 부인했다. 그러나 알더스(Aalders)는 말하기를, "이런 논법은 합당하지 않다. 왜냐하면 어떤 선지자의 표현과 개념이 한 세기 전후의 다른 선지자들의 논법과 유사할 수도 있기 때문이다"라고 하였다(Oud Testamentische Kanoniek, 228).

2) 어떤 비평가는 말하기를, 17:19-27의 말씀은 안식일과 관련하여 외면적 의식에 치중했으니, 이것이 예레미야의 정신과는 다르다고 주장한다. 그러나 예레미야는 이 부분에서 안식일의 외형적 의미에만 치중하는 의미에서 그런 말을 했던 것은 아니었다. 예레미야가 참 종교의 외면적 의식보다는 내면적인 영적 의미를 중요시하였다(참조. 7:3). 그러나 예레미야는 참 종교의

---

1) G. Ch. Aalders, Oud Testamentische Kanoniek, p. 228.

외면적 의식을 바리새인처럼 지키지는 않았지만, 그것을 반대하지도 않았다. 17:19-27에 기록된 예레미야의 말씀은 그런 관점에서 이해해야 한다.

3) 그릇된 비평가들은 본서의 순정성과 관련하여 말하기를, 본서에 나오는 이방 나라들에 대한 예언(25:15-38; 46:1-51)은 예레미야가 기록한 부분이 아니라고 주장한다. 그들은 또 말하기를, 이 부분 가운데서도 46:3-12만은 예레미야의 작품이라고 하였다. 그들이 이에 대해 제시하는 논거는 이 부분에 나타난 대로 하나님을 범세계적 주재자로 인정하는 사상이 예레미야에게 부합하지 않는다는 것이다. 그러나 이것은 잘못된 주장이다. 예레미야 1:5-10을 보면, 그가 선지자 직분에 취임할 때부터 "여러 나라와 여러 왕국"의 선지자로 세움을 받았다. 그뿐 아니라 예레미야와 동일한 관점에서 예언한 선지자들 가운데 에스겔이나 아모스 같은 선지자도 이방 모든 나라에 대하여 예언한 일이 있다.

Ⅳ. 본서의 통일성

예레미야 1장에서 45장까지는 유다를 대적하는 예언으로 통일되어 있고, 46장에서 51장까지는 모든 다른 나라들의 장래에 대한 예언으로 통일되어 있고, 52장은 본서 전체에 대한 부록이다. 그런데 본서에는 중복체가 많이 사용되었다. 하지만 이 같은 중복은 한 사람이 말한 것을 다른 사람이 되풀이했기 때문에 발생한 것이 아니라, 예루살렘의 멸망이라는 동일한 주제와 자료를 바탕으로 예레미야 한 사람이 여러 차례 예언했으니만큼 결과적으로 이렇게 중복체가 된 것이다.

V. 본서의 내용분해

델리취(Delitzsch)에 의하면 본서는 다음과 같이 분해된다.

1. 서론(1장)
예레미야가 선지자 직분에 취임함

2. 요시야 왕 때에 임한 하나님의 경고와 책망(2장-20장)
1) 하나님의 사랑과 신실성에 대하여 이스라엘은 불신실하게 반응함 (2:1-3:5)
2) 하나님께서 회개하지 않는 이스라엘을 버리심(3:6-6:30)
3) 성전과 제사 의식만을 의뢰하는 것은 헛되다 하시고 생명의 길에 관하여 말씀하심(7장-10장)
4) 하나님의 계약을 지키는 일에 있어서 유다 백성이 신실하지 못하게 행동한 결과(11장-13장)
5) 유다 민족의 죄 때문에 임한 가뭄에 대한 말씀과, 하나님께서 유다 민족을 다시 벌하시려고 작정하셨다는 경고(14장-17장)
6) 오직 하나님만이 주권자이심: 토기장이의 진흙과 토기장이의 그릇이라는 비유의 의미(18장-19장)
7) 예레미야의 수난과 그의 고민(20장).

3. 주로 시드기야 왕 때에 주어진 예레미야의 예언으로서, 바벨론으로 말미암아 유다 민족에게 실시될 심판에 관한 예언과 메시아로 말미암은 구원 약속(21장-33장)
1) 유다와 다른 나라들에 대한 심판 선고(21장-29장)

① 백성의 지도자들에 대하여(21장-24장)

   ② 유다와 다른 나라들에 대한 심판(25장)

   ③ 예레미야는 잡혔다가 놓이고, 선지자 우리야는 죽임을 당함(26장)

   ④ 유다와 다른 나라들에 임할 바벨론의 멍에(27장-29장)

  2) 이스라엘의 구원을 예언함(30장-33장)

   ① 이스라엘의 장래에 임할 구원의 영화(30장-31장)

   ② 장래 이스라엘의 광복을 상징하는 의미에서 밭을 삼(32장)

   ③ 이스라엘 백성의 회복에 대한 새로운 약속(33장)

4. 예루살렘의 멸망 전후에 예레미야가 겪은 노고와 수난(34장-45장)

  1) 시드기야 왕 때에 임한 예언, 또는 여호야김 왕 때의 사건들
  (34장-36장)

   ① 시드기야 왕에게 준 경고와 남녀 노예의 해방에 관한 말씀(34장)

   ② 레갑 족속의 모범(35장)

   ③ 예레미야의 말씀이 기록되어 성전에서 낭독됨(36장)

  2) 예루살렘이 포위되었을 때 이루어진 예레미야의 경험과 말씀
  (37장-39장)

   ① 바벨론 군대가 예루살렘을 포위했다가 잠깐 떠났던 일에 대한 말씀; 예레미야의 수감과 시드기야 왕과의 담화(37장)

   ② 예레미야가 진흙 구덩이 속에 갇힘 또는 그와 시드기야 왕의 마지막 담화(38장)

   ③ 예루살렘의 함락; 시드기야 왕과 예레미야에게 이루어진 일들; 에벳멜렉을 위로하는 말씀(39장)

  3) 예루살렘의 함락 후에 이루어진 예레미야의 예언과 경험(40장-45장)

   ① 예레미야의 석방; 총독 그다랴가 죽임을당함(40장-41장)

② 유다 백성들이 애굽으로 도망하게 될 일에 대한 하나님의 말씀 (42장)

③ 유다 백성들이 애굽으로 도망함; 애굽이 정복될 일에 대한 예언 (43장)

④ 우상숭배에 대한 경고와 우상숭배로 말미암아 받을 벌에 대한 예언의 말씀(44장)

⑤ 바룩을 위로하심(45장)

5. 여러 나라에 대한 예언(46장-51장)

   1) 애굽에 대한 예언(46장)

   2) 블레셋에 대한 예언(47장)

   3) 모압에 대한 예언(48장)

   4) 암몬에 대한 예언(49:1-6)

   5) 에돔에 대한 예언(49:7-22)

   6) 다메섹에 대한 예언(49:23-27)

   7) 게달과 하솔에 대한 예언(49:28-33)

   8) 엘람에 대한 예언(49:34-39)

   9) 바벨론에 대한 예언(50장-51장)

6. 부록(52장)

예루살렘 함락의 역사 및 시드기야 왕과 그의 백성의 종말에 대한 말씀; 여호야긴이 석방된 사건에 대한 말씀

VI. 본서에 관계된 유다 왕국 말년 역사의 중요한 연대들

- BC 648: 요시야 왕의 출생
- BC 641: 요시야 왕의 즉위(왕하 22:1; 대하 34:1)
- BC 628: 예레미야가 선지자로 부르심을 받음(렘 1장)
- BC 609: 요시야 왕이 바로 느고와 전쟁하다가 죽음(왕하 23:29, 30; 대하 35:20-25). 그 뒤에 여호아하스가 왕이 되어 3개월간 다스리다가 애굽으로 잡혀감(왕하 23:30-34; 대하 36:1-4; 렘 22:10-12).
- BC 608: 바로 느고가 여호야김을 유다 왕으로 세움(왕하 23:34; 대하 36:4)
- BC 606: 느부갓네살 왕이 예루살렘을 점령하고 성전 기구들을 가져감(단 1:1, 2)
- BC 605: 느부갓네살 왕이 갈그미스에서 애굽 왕 바로 느고를 이김(렘 46:1 이하). 그때 유다 왕 여호야김이 바벨론에 조공함. 이때 예레미야가 바룩에게 지시하여 자기의 모든 예언을 두루마리에 기록하게 함(렘 36:1-8)
- BC 604: 바룩이 두루마리에 기록한 예언을, 여후디가 여호야김 왕에게 읽어 주었을 때 여호야김 왕이 그것을 빼앗아 불사름(렘 36:9-26). 그 뒤에 바룩이 예레미야의 예언들을 다시 기록함(렘 36:27-32)
- BC 602: 여호야김 왕이 바벨론을 배반함(왕하 24:1). 그때 바벨론 왕 느부갓네살이 군대를 유다로 보내어 침략함(왕하 24:2)
- BC 598: 여호야김 왕의 죽음(왕하 24:6; 렘 22:18, 19). 아마 그때 유다 사람 3,023명이 바벨론으로 잡혀간 듯하다(렘 52:28)
- BC 597: 여호야김 왕이 자기 부친을 이어 3개월 동안 다스리다가 유다 사람 10,000명과 함께 바벨론으로 잡혀감(왕하 24:10-16; 대하 36:9, 10;

렘 29:1, 2)

- BC 596: 시드기야가 왕이 됨(대하 36:10)
- BC 588: 시드기야 왕이 바벨론을 반역하였으므로(겔 17:3-21) 느부갓네살 왕이 다시 유다를 침략함(렘 34:7). 그때 예레미야가 시드기야 왕에게 바벨론에 항복하라고 권고했으나 듣지 않았다. 따라서 바벨론 군대가 유다인 832명을 사로잡아 갔다(렘 52:29)
- BC 587: 예레미야가 밭을 삼(렘 32:1 이하)
- BC 586: 시드기야 왕이 도망하다가 잡힘(왕하 23:4-7; 렘 39:1-7; 52:5-11)
- BC 562: 느부갓네살이 죽고 에윌므로닥이 바벨론 왕이 됨(렘 52:31-34)
- BC 561: 여호야긴이 바벨론 감옥에서 풀려남(왕하 25:27-30; 렘 52:31-34)

참고서적

1. תורה נביאים וכתובים.

2. G. Ch. Aalders, Kort Verklaring, Jeremia,

3. A. Weiser, Das Buch des Propheten Jeremia.

4. D. B. Duhm, Das Buch Jeremia.

5, W. Rudolph, Jeremia.

6. Calvin's Commentaries, Jeremiah,

7. H. Lamparter, Der Prophet Jeremiah.

8. Veldkamp, Een Dubbelleven.

9, Keil & Delitzsch, Commentaries on The Old Testament, Jeremiah.

10. Theo. Laetsch, Bible Commentary, Jeremiah.

11. Langes's Commentary, Jeremiah.

12. Jamieson, Fausset, Brown, Bible Commentary, Jeremiah.

13. Matthew Henry's Commentary, Jeremiah.

14, Binns, Westminster Commentaries (The Book of The Prophet Jeremiah)

15. Campbell Morgan, Studies in The Prophecy of Jeremiah.

16. C. H. Spurgeon, The Treasury of The Bible I-IV.

17. Maclaren's Expositions of Holy Scriptures IV.

18. G. Ch. Aalders, Oud Testamentische Kanoniek,

19. E. J. Young, An Introduction to The Old Testament.

20. Young's Analytical Concordance to The Bible.

21. Knight's Master Book of New Illustrations.

22. R. Harris, Inspiration And Canonicity of The Bible.

23. J. R. Rice, Prayer.

24. H. Bavinck, Gereformeerde Dogmatiek I-IV.

25. K. Barth, Kirchlich Dogmatik 1^{1-2}

구약주석
예레미야

A Commentary on THE BOOK OF JEREMIAH

제1장

✣ 내용분해

1. 예레미야의 내력과 그 활동 시기(1-3절)
2. 예레미야가 하나님의 사명을 받는 장면(4-10절)
3. 예레미야가 보았던 환상에 대하여(11-16절)
4. 하나님께서 예레미야를 격려하심(17-19절)

✣ 해석

1-3 베냐민 땅 아나돗의 제사장들 중 힐기야의 아들 예레미야의 말이라(1절). 여기 나오는 "아나돗"이라는 지방은 예루살렘 북쪽으로 한 시간 조금 넘게 걸어가면 나오는 마을이다(수 21:18). 예레미야는 제사장 가문에서 태어났으니, 우리는 이 같은 사실을 통해서도 하나님께서 하시는 일이 지극히 자유로우시다는 것을 알 수 있다. 말하자면 선지자 아모스는 농민의 집에서 태어난 자였던 반면에, 예레미야는 하나님을 섬기는 일에 전념하는 제사장의 집에서 났다는 뜻이다. 하나님께서는 미처럼 그의 종들을 특별히 구별하여 세우

실 때 어떤 한 계통의 사람들에게 매이지 않으신다.

"여호와의 말씀이 예레미야에게 임하였고"(אֲשֶׁר הָיָה דְבַר־יהוה אֵלָיו)(2하). 이 같은 표현은 예레미야가 전한 말씀이 전적으로 외부에서 유래한 것, 다시 말해 하나님으로부터 받은 것임을 알려 준다. 모든 선지자는 자신들의 사상을 전하지 않고 오직 여호와의 말씀만 전하는 자들인데, 그들은 이 같은 그들의 사명을 생명처럼 여긴다. 그렇기 때문에 그들이 전하는 말씀에는 "여호와께서 말씀하시니라"(וַיֹּאמֶר), 혹은 "여호와의 말씀이라"(נְאֻם־יהוה)라는 문구가 거듭거듭 사용되었다.

유다 왕 요시야가 다스린 지 십삼 년에. 이같이 예레미야가 활동했던 기간에 대한 연대가 자세히 기록되어 있으니, 이것 역시 그릇된 종교가 허망한 상상력으로 지어낸 것과 다르게 성경 말씀은 어디까지나 그 계시 운동의 역사성에 중점을 둔다는 점을 증명한다. 하나님의 말씀은 이렇게 우리가 보고 들을 수 있는 일반 역사에 명백히 임함으로써 역사적 존재인 사람들이 그것을 분명하게 파악하도록 하여 주신 것이다. 하나님의 아들이 성육신하시고 낮아지심으로써 역사 가운데 오셔서 우리의 연약함을 동정하신 것과 같이, 구약 시대의 선지자들에게 임한 하나님 말씀도 이처럼 영원성을 지니는 동시에 역사성 또한 고유한 특성으로 보유하고 있었다. "예루살렘이 사로잡혀" 갔다는 말은 바벨론 왕 느부갓네살이 보낸 느부사라단이 예루살렘의 많은 주민을 포로로 잡아간 일을 가리킨다(왕하 25:8, 11). 이 사건이 발생하기 얼마 전에 유다의 시드기야 왕은 도망치다가 사로잡혀 립나에서 눈을 뽑히고 바벨론까지 수갑이 채워진 채로 끌려갔다(왕하 25:5-7).

4-5 **여호와의 말씀이 내게 임하니라 이르시되 내가 너를 모태에 짓기 전에 너를 알았고 네가 배에서 나오기 전에 너를 성별하였고 너를 여러 나라의 선지자로 세웠노라 하시기로.** 여기서도 예레미야는 자기가 전하는 말씀이 "여호와의 말씀"이라는 사실을 먼저 밝히고 있다.

하나님께서는 예레미야가 선지자로서의 확신과 소명감을 가질 수 있도록 그에게 중요한 사실을 알려 주신다. 그것은 예레미야가 태어나기 전에, 다시 말해 영원 전에 하나님께서 이미 그(예레미야)를 아셨다는 것이다. 여기서 "너를 알았고"(יְדַעְתִּיךָ)라는 말씀은 단지 객관적 관찰을 통하여 예레미야라는 사람이 어떤 인물인지 어렴풋이 알고 계셨다는 뜻이 아니다. 이것은 그가 예레미야를 자기 종으로 쓰시기 위하여 작정하셨다는 뜻이다. 빌헬름 루돌프(W. Rudolph)는 말하기를, "성경 전반에 걸쳐 '알았다'(יָדַע "야다")라는 동사는 단지 지식적 개념만을 의미하는 것이 아니며 그의 전인격을 동원하여 하나님을 위해 살도록 예정하셨다는 뜻이다"라고 하였다. 또 여기서 "너를 성별하였고"(הִקְדַּשְׁתִּיךָ "거룩하게 구별함")라는 말씀 역시 같은 의미를 지닌다. 예레미야는 이렇게 자기에게 주어진 사명이 하나님의 예정에 의한 것임을 알았기 때문에, 이후에 많은 핍박 가운데서도 자기의 선지자적 사명에 대하여 조금도 의심치 않았다.[2] 사람은 누구든지 자신이 하나님의 영원한 예정에 따라서 사명을 부여받았다는 사실을 깨달을 때 이 세상의 복잡한 풍진 속에서도 요동하지 않는다. 하나님께서 선지자를 세우심에 있어서 임기응변으로 행동하신다면, 그 일이 그처럼 강력한 효력을 가진다고 말할 수 없으나, 영원 전부터 작정하시고 하시는 일이라면 그것은 영원하신 하나님께서 가장 뿌리 깊은 경륜에 따라서 행하시는 일이니 이 일을 위해 택함을 받은 선지자는 가장 확고한 신념을 가지고 그의 사역에 임할 수 있다.

하나님의 이와 같은 예정은 단지 선지자 예레미야에게만 국한된 것이 아니고, 일반 신자들의 신앙생활에 대하여서도 적용되어야만 하는 것이다. 일반 신자들도 소금과 빛으로서 주님을 증언해야 하는 일종의 선지자들이다.

---

2) Wilhelm Rudolph, Jeremia, 5. "Wir verstehen, warum Jer. Später trotz aller Verfolgung nie ein Zweifel an seiner prophetischen Sendung kam."

그들도 이 사명에 대한 확고한 신념을 가지고 하나님의 말씀을 드러내는 일을 힘 있게 감당해야 한다.

"너를 여러 나라의 선지자로 세웠노라". 이 말씀은 실제로 예레미야를 모든 다른 나라에 파송하실 것이라는 의미는 아니다. 이것은 예레미야의 예언 내용이 모든 다른 나라들에 대해서도 장래의 심판을 선포하리라는 의미이다. 실제에 있어서 예레미야는 유다뿐만 아니라 모든 다른 나라들의 멸망에 대해서도 예언하였다.

6-7 내가 이르되 슬프도소이다 주 여호와여 보소서 나는 아이라 말할 줄을 알지 못하나이다 하니 여호와께서 내게 이르시되 너는 아이라 말하지 말고 내가 너를 누구에게 보내든지 너는 가며 내가 네게 무엇을 명령하든지 너는 말할지니라. 여기서 예레미야가 말한 대로 "나는 아이라"(בִּי־נַעַר אָנֹכִי)라고 한 것은 그의 나이가 어리다는 말인지, 아니면 경험이 미천하다는 말인지 알기 어려우나, 그의 취지는 자신이 선지자의 임무를 감당하기 어렵다는 뜻이었다. 그가 이렇게 생각한 것은 하나님의 말씀에 즉각적으로 순종하지 않는 태도같이 보인다. 그러나 그는 자기의 부족함을 느끼고 이렇게 말한 것이니, 그의 이러한 태도는 오히려 하나님을 기쁘시게 하는 것이었다. 모세도 이스라엘의 지도자로 부르심을 받았을 때 여러 번 사양하였다. 그러나 하나님은 이렇게 겸손한 자를 더욱 쓰시고자 하신다. 하나님께서 이에 대하여 두 가지 해결책을 보여주신다. 요컨대 ① 그는 하나님이 보내시는 대로 가기만 하면 된다는 것이다(7절). 하나님으로부터 사명을 부여받은 자는 하나님이 명하신 대로 순종할 뿐이다. 이후에 감당해야 하는 문제는 하나님께서 맡으실 것이다. ② 그는 하나님이 주시는 말씀을 전하기만 하면 된다는 것이다(7하). 선지자가 말을 잘하지 못하는 것은 문제가 안 된다. 왜냐하면 그는 자기 말로 일할 자가 아니라, 하나님의 말씀을 전달하는 것으로 족하기 때문이다.

8-9 너는 그들 때문에 두려워하지 말라 내가 너와 함께 하여 너를 구원하리라 나 여호

와의 말이니라 하시고 여호와께서 그의 손을 내밀어 내 입에 대시며 여호와께서 내게 이르시되 보라 내가 내 말을 네 입에 두었노라. 이 구절들에서 하나님은 예레미야에게 그의 사명을 이행하는 데 필요한 안전 보장과 확신을 주신다. 그가 국가들을 상대로 심판을 선언하는 말을 전하는 선지자가 된다는 것은 많은 위험을 무릅써야 하는 일이었다. 그 일은 결단코 육신에 평안을 가져다주는 일은 아니다. 모든 사역자는 다 이와 같은 결과를 각오하고서 일하는 것이다. 그러므로 이와 같은 사명을 부여받는 자리에서 하나님은 예레미야에게 "두려워하지 말라"(אַל־תִּירָא)라고 말씀하신다. 하나님께서 두려워하지 말라고 말씀하셨으면 듣는 자들은 그것으로 만족해야 한다. 왜냐하면 "두려워하지 말라" 하신 이가 만유를 아시고 만유를 통치하시는 하나님이시기 때문이다. 하나님께서는 예레미야에게 "두려워하지 말라"라고 명령하셨을 뿐만 아니라 계속해서 자세한 내용으로 안전 보장과 확신을 주신다. 말하자면 "내가 너와 함께 하여 너를 구원하리라"(אִתְּךָ אֲנִי לְהַצִּילֶךָ)라고 말씀하신 것이다. 하나님께서 함께 하여 주시는 것보다 더 확실한 안전 보장은 없다. 그는 이같이 안전을 보장해 주실 뿐 아니라, "나 여호와의 말이니라"(נְאֻם־יְהוָה)라고 하심으로써 그의 약속이 얼마나 견고한 것인지를 보여주신다. 성도는 많은 반대 가운데서도 자기는 하나님의 고요한 음성(하나님의 말씀, 다시 말해 성경 말씀)을 분별하고 나아간다는 사실을 깨달을 때 두려움이 없어진다. 왜냐하면 하나님의 말씀은 실패하는 법이 없기 때문이다.

하나님께서 "그의 손을 내밀어" 예레미야의 "입에 대"셨다고 했으니, 이는 하나님께서 말씀을 주시는 외부적 증표다. 하나님께서는 이런 외부적 증표를 보여주시지 않고서도 그의 말씀을 그의 종들에게 주실 수 있다. 그러나 그가 어떤 때에는 이 같은 외부적 증표를 보여주심으로써 우리의 연약한 신앙을 도와주시기도 하신다.

10 보라 내가 오늘 너를 여러 나라와 여러 왕국 위에 세워 네가 그것들을 뽑고 파괴하며

파멸하고 넘어뜨리며 건설하고 심게 하였느니라 하시니라. 이 구절은, 예레미야의 사명이 어떠할 것을 보여주는데, 먼저 그것이 파괴적인 성격이라는 점을 강조한다. 왜냐하면 그의 예언 대부분이 국가들의 멸망에 대한 말씀이기 때문이다. 선지자의 예언 그 자체가 국가들을 멸망시키는 것은 아니겠는데, 어찌하여 여기서는 마치 그렇다는 듯이 "네가 그것들을 뽑고 파괴하며 파멸하고 넘어뜨리며"라고 말씀하셨는가? 하나님께서 이렇게 말씀하신 이유는 예언자가 발언한 말씀의 위엄이 얼마나 큰 것인지를 보여주시기 위함이다. 결국 그의 예언대로 사태가 발생할 것이기 때문에 그의 예언 자체가 말할 수 없는 위엄을 지닌 것이라고 할 수 있다. 하나님께서 아무리 멸망시키실 계획을 가지고 계신다 할지라도, 아직 그 사실에 대하여 예고하시지 않는다면, 그가 그렇게 하시겠다고 결정하신 일이 성숙해졌다고 할 수 없을 것이다. 그러나 이제 그의 종을 세우시고, 그 사실에 대하여 경고하시는 장면이야말로 그러한 사실을 성립시키는 최후적 대안이라고 볼 수 있다. "건설하고 심게 하였"다는 말은 여러 나라를 멸망시키므로 하나님의 새로운 건설이 나올 것이기 때문에 그렇게 말씀하신 것이었다. 천국 운동은 먼저 죄악의 어두운 질서를 파괴함으로써만 시행되는 것이다.

설교 ▶ 전도자가 명심할 것(4-10절)

이 부분에서 가르치는 진리는 신약 시대의 전도자들도 기억해야 한다.

1. 하나님께서는 점잖고 성숙한 사람들만 쓰시는 것이 아니라, 아이 같은 사람도 쓰신다(6절). 하나님은, 약한 자를 택하여 강한 자를 부끄럽게 하시는 일이 많다(고전 1:19, 20). 마태복음 11:25, 요한복음 7:46, 야고보서 2:5을 참조하라.

2. 전도자는 자기 힘으로 큰일을 행할 것처럼 생각해서는 안 된다. 그는 하나님의 일을 맡을 때에 처음에는 자기에게 감당할 힘이 없음을 생각하고 두려워하는 것이 바람직하다(6절).

3. 전도자는 자기 힘을 믿지 않고 하나님의 지도만 믿고 나아가는 것인 만큼 그는 난관 앞에서 순종과 희생을 유일한 방침으로 삼아야 한다. 왜냐하면 그는 난관 앞에서 어디까지나 자기 힘으로는 아무것도 할 수 없는 자이기 때문이다(7절).

4. 전도자는 하나님께서 자기와 함께하여 주심을 명심해야 한다. 이 세상 나라의 왕들은 다른 나라에 사신을 보낼 때 그와 함께 가지 않는다. 그러나 하나님께서는 복음의 사신을 보내실 때 그와 동행해 주신다(8절).

5. 참된 전도자들이 경험하는 일은 그들이 참되이 보내심을 받았을 때 하나님께서 그들이 전할 말씀을 주신다는 것이다(9절).

11-12 여호와의 말씀이 또 내게 임하니라 이르시되 예레미야야 네가 무엇을 보느냐 하시매 내가 대답하되 내가 살구나무 가지를 보나이다 여호와께서 내게 이르시되 네가 잘 보았도다 이는 내가 내 말을 지켜 그대로 이루려 함이라 하시니라. 하나님께서 선지자 예레미야에게 자신의 말씀이 지닌 권위가 어떠한 것인지를 환상(vision)으로 보여주신다. 예레미야에게 임한 환상은 "살구나무 가지"에 관한 것이었다. 사람들은 하나님께서 말씀으로만 설명하실 때보다 시각적인 환상을 보여주실 때 더욱 인상 깊게 하나님의 뜻을 깨달을 수 있다. 그렇다면 여기서 "살구나무 가지"는 무엇을 비유하는가? 여기에 대하여 12절이 설명해 준다. "살구나무"라는 말은, 히브리어로 "샤케드"(שָׁקֵד)인데, 이 단어는 "깨어 있다"라는 뜻

을 지닌다. 실제로 팔레스타인 지역에서 "살구나무"는 다른 모든 나무가 겨울잠을 자는 동안에 가장 먼저 1월 중에 꽃을 피운다고 한다. 그러므로 살구나무가 깨어 있음을 상징하는 것처럼 하나님의 말씀도 깨어 있어서 때가 되면 실현되고야 만다. 그것은 결코 잠든 것과 같이 이룰 것을 이루지 못하고 그냥 지나가는 법이 없다. 하나님의 말씀은 마치 살구나무가 겨울에도 살아 있어서 때를 기다리고 있다가 꽃을 피우는 것처럼 반드시 이루어야 할 것을 이루고야 만다.

일설에 "살구나무 가지" 환상은 "징계하시기 위한 막대기"를 의미한다고 하나, 그러한 해석은 우리 본문 12절과 서로 통하지 않는다. 그것에 대한 12절의 해석은 분명히 하나님께서 그가 말씀하셨던 것을 "지켜 그대로 이루"신다는 것이었다. 하나님께서 자신이 발언하신 것을 그대로 지켜 이루시는 것은 마치 그 말씀 자체가 깨어 있다가 때가 이르렀을 때 실현된 것처럼 보이는 것이다.

13-15 여호와의 말씀이 다시 내게 임하니라 이르시되 네가 무엇을 보느냐 대답하되 끓는 가마를 보나이다 그 윗면이 북에서부터 기울어졌나이다 하니(13절). 여기서도 또다시 "여호와의 말씀"이라는 말이 두 번이나 사용되면서 선지자가 전하는 말씀은 온전히 하나님에게 받은 것이며 다른 것이 전혀 없음을 강조한다. 신구약 성경 전체는 이처럼 예외 없이 하나님의 말씀만을 신앙의 대상으로 삼는다. 기독교는 객관적으로 임한 하나님 말씀이 지닌 권위로 만족하고, 인간의 주관적 정서로 말미암은 동정에 중점을 두지 않는다.

"끓는 가마"(סִיר נָפוּחַ)는 무엇을 의미하는가? 일설에 그것은 장차 유다를 공격할 바벨론을 의미한다고 한다. 그렇다면, 그 의미는 "끓는 가마" 안에 담긴 물이 재앙이라는 뜻이니 그것이 북방에서부터 유다로 내려와서 그 백성을 전멸하리라는 의미일 것이다. 그러나 칼빈(Calvin)은 여기서 가마를 데우는 불은 북쪽에서 내려오는 바벨론을 상징하는 반면에, 끓는 물은 유다를 가리키는 것이라고 하였다. 말하자면 북에서 내려오는 전쟁의 환난으로 말미암아 유다 나라는 물이 끓듯이 수난당할 것이라는 의미다. 이러한 해석이 자연스럽다. 14절에 기록된 말씀이 이 해석과 일치한다.

 하나님께서 유다 나라 백성에게 이와 같은 환난이 임하리라는 것을 보여 주실 때 환상을 동원하시고 또한 그것에 대하여 해석까지 하여 주시는 것은, 예레미야가 그 일을 인상 깊게 깨닫게 하시려는 것이었다. 이것이야말로 장차 임할 환난에 대하여 이중적으로 알려 주신 것이었다. 하나님 백성이 하나님의 말씀을 받았을 때 그것을 마음 깊이 새겨서 생생하게 대할 줄 모르고 막연한 가운데서 가르치기도 하며 혹은 배우기도 하는데, 그럴 때는 그 말씀의 능력을 체험하지 못하는 경우가 많다. 우리는 하나님께서 선지자들을 통하여 주신 말씀을 마음 깊이 새기고 생생하게 대하기 위하여 그것을 진실하게 믿어야만 하는 것이다. 왜냐하면 하나님께서는 선지자들을 통하여 이처럼 확실성 있게 그 말씀이 우리에게까지 전해지도록 하셨기 때문이다.

 15절에 설명된 하나님 말씀은 위에 기록된 전쟁의 환난을 일으키시는 이가 "여호와 자신"(יְהוָה)이시라는 점을 드러낸다. 사람들은 흔히 환난을 경험할 때 그것을 우연적인 사건으로 돌리고 만다. 환난을 당하는 자는 그것이 하나님으로 말미암아 찾아온 것이라는 사실을 깨닫게 될 때 비로소 은혜를 받는다. 다시 말하면 그런 때에야 비로소 회개를 위한 동기를 부여받게 되고 주님을 사모하게 된다는 뜻이다.

 북방 왕국들의 모든 족속들(15상). 이들은 바벨론 왕에게 복속하고 있었던 자들이다. 하나님께서는 그가 사랑하시는 백성을 회개시키기 위하여 이처럼 거대한 세력을 채찍으로 사용하신다. 유다 사람들은 이처럼 거대한 세력이 그들을 정복하러 오는 것을 볼 때 하나님을 잔인하게 여길 일이 아니라 자기들의 죄악이 이처럼 거대한 세력 이상으로 심각한 것이었다는 사실을 기억해야 한다. 본문에서는 이처럼 거대한 세력의 군대가 **"예루살렘 성문 어귀에**

각기 자리를 정하고" 유다를 함락시킬 것이라는 취지에서 말하였는데, "자리를 정"한다는 표현은 그들의 승리가 이미 확보되어 있었기 때문에 편안한 마음으로 그곳에 머물면서 전쟁을 치른다는 것이다. 이와 같은 말씀은 유다 백성들의 완악한 마음을 뒤흔들 만한 무서운 말씀이었다. 왜냐하면 그들이 대면하게 될 세력은 저항하기가 불가능할 만큼 강력한 왕국이었기 때문이다.

16 무리가 나를 버리고 다른 신들에게 분향하며 자기 손으로 만든 것들에 절하였은즉 내가 나의 심판을 그들에게 선고하여 그들의 모든 죄악을 징계하리라. "다른 신들"이라는 말은 "자기 손으로 만든 것들"이라는 표현을 통해 묘사되었다. 사람들이 돌이나 나무를 있는 그대로의 모습으로 숭배하는 미신에 빠지는 일도 있으나, 그보다도 자기들의 손으로 공교하게 만들어낸 사람의 형상 같은 것을 더욱 숭배한다. 그들이 그렇게 행동하는 이유는 다음과 같다. 요컨대 우상을 숭배하는 심리는 본질상 유혹에 넘어가는 일과 같으므로 사람의 모양을 갖추어 눈이나 귀와 같은 부분들을 갖춘 형상 앞에서는 사람들이 더욱 쉽사리 속아 넘어가기 때문이다. 사람은 이처럼 감각적인 기분에 따라 반응하는 자들이며 진리를 붙드는 일에는 둔한 모습을 보여준다.

예레미야의 시대에 유다 백성들에게 수많은 죄악이 있었지만, 그중에서도 우상숭배의 죄악이 가장 근본적인 폐단이었기 때문에 여기서 그것만을 거론한다. 구약 시대는 하나님의 계시 방법이 신약 시대와 달라서 외부적인 형태로 나타났기 때문에, 유다 백성들이 우상을 숭배할 때도 외면적인 형상을 숭배하는 자리로 전락했다. 그러나 신약 시대 신자들의 우상숭배 죄악은 보이지 않는 심리적인 현상으로 표출되고 있었다. 예를 들어 바울은 "탐심은 우상숭배"라고 가르친다(골 3:5).

17 그러므로 너는 네 허리를 동이고 일어나 내가 네게 명령한 바를 다 그들에게 말하라 그들 때문에 두려워하지 말라 네가 그들 앞에서 두려움을 당하지 않게 하리라. "허리를 동이고"라는 말은 하나님의 말씀을 전한 사역을 위한 준비를 비유한 것이다.

유다 백성들은 일하기에 앞서 준비 자세로 허리를 동이는 습관이 있었다(출 12:11; 왕상 18:46; 왕하 4:29; 9:1).

"네게 명한 바를 다 그들에게 말하라." 여기서 "다"(כֹּל "콜")라는 어구가 중요하다. 예레미야는 하나님께서 명하신 말씀을 빠짐없이 모두 다 전파할 사명을 지니고 있었다. 하나님의 말씀은 우리를 구원하시는 말씀이므로 그처럼 중요한 말씀을 소홀히 취급할 수 없으며, 또한 성의 없이 대충 전해서도 안 된다.

"그들 때문에 두려워하지 말라 네가 그들 앞에서 두려움을 당하지 않게 하리라." 이 문구는 하나님의 말씀을 전하는 중에 사람의 반대나 핍박을 두려워하지 말라는 뜻을 담고 있다. 전도자가 하나님의 말씀을 전하는 도중에 사람을 두려워한다면 그것은 그가 하나님을 신뢰하지 않는다는 뜻이다. 하나님은 불신앙이 가득한 사람과 함께하시지 않는다. 그뿐 아니라 그는 불신앙을 책망하신다. 그러므로 전도자가 사람을 두려워하면, 그 죄의 대가로 하나님께서 그에게 두려움을 겪는 벌을 주신다.

18-19 보라 내가 오늘 너를 그 온 땅과 유다 왕들과 그 지도자들과 그 제사장들과 그 땅 백성 앞에 견고한 성읍, 쇠기둥, 놋성벽이 되게 하였은즉 그들이 너를 치나 너를 이기지 못하리니 이는 내가 너와 함께 하여 너를 구원할 것임이니라 여호와의 말이니라. 이 말씀을 보면 하나님께서는 예레미야에게 그가 두려워할 이유가 없음을 보여주신다. 왕들과 지도자들과 제사장들과 온 백성이 그를 대항하여 전쟁을 일으킨다고 할지라도 그들은 그를 어떻게 하지 못할 것이라는 사실을 알려 주시는 것이다. 이것은 가장 위험한 일들이라도 그를 해치지 못할 것이라는 의미다. 여기서는 그가 하나님의 말씀을 전하는 사명을 감당하는 동안에는 언제든지 하나님으로 말미암아 안전을 보장받고 있음을 가르쳐 준다. 하나님께서 그가 "견고한 성읍, 쇠기둥, 놋성벽이 되게" 하시겠다고 말씀하신 것이 그런 의미다. 그에게 이처럼 안전이 보장된 이유는 하나님께서 그와 함께하시기 때

문이다.

　오늘날에도 전도자들이 하나님께서 시키시는 일을 하는 동안에는 하나님께서 동행하시기 때문에 언제나 안전하다. 하나님께서 시키시는 일만 하라. 그러면 안전하다.

| 설교자료

　1. 하나님의 말씀은 이방 종교의 허망한 교훈과 달라서, 그 말씀이 선지자에게 임한 연대를 명백히 밝히고 있다. 이렇게 그것은 역사성을 지닌 하나님의 말씀이면서도 역사를 초월한 영원한 능력의 말씀이다(1-3절).

　2. 하나님의 말씀을 전하는 자는 자기가 받은 사명이 하나님의 예정 가운데 들어 있음을 기억해야 한다. 그가 그렇게 하면 언제나 마음이 든든하고 무서운 핍박 앞에서도 요동하지 않을 수 있다(4-5절).

　3. 하나님께서는 그의 종을 보내실 때 그가 어떠한 험악한 상황에서도 맡은 사명을 수행할 수 있도록 역사하여 주신다(7-10절). 요컨대 하나님은 그의 종과 함께하여 주시며 그의 종에게 말씀을 주신다.

　4. 하나님의 말씀은 그 예언의 내용이 성취되기 전에는 잠자는 것 같으나 실상은 내면적으로 깨어 있어서 그것이 성취되는 시기를 기다린다. 이것을 모르는 불신자들은 아직 성취되지 않은 상태의 하나님 말씀을 업신여긴다. 그러나 하나님의 말씀은 살구나무에 꽃이 피는 날이 있는 것과 마찬가지로 반드시 성취되는 날이 찾아온다(11-12절).

5. 사람은 재앙을 당할 때 그것이 잔인하다고 생각하지 말고 자기 죄악이 그 재앙보다 훨씬 더 험악하다는 사실을 기억해야 한다(15절).

6. 하나님의 말씀을 전할 사명을 부여받은 자가 박해자를 두려워하는 것은 죄악이다. 그는 그러한 죄악으로 말미암아 하나님으로부터 벌을 받아 겁이 많고 연약한 자가 되고 만다(17절).

7. 명백히 하나님께서 시키시는 일을 하는 자는 하나님의 보호하심으로 말미암아 견고한 영적 안전보장을 받는다(18절).

제 2 장

⚜ 내용분해

1. 이스라엘 백성이 그 역사의 출발점에 하나님을 사랑하였음(1-3절)
2. 그러나 그 후에 그들이 타락하여 다른 신을 따랐음(4-8절)
3. 하나님께서 그들을 벌하시겠다고 하심(9-19절)
4. 이스라엘 백성이 보여준 타락의 참상(20-28절)
5. 이스라엘 백성이 스스로 의롭게 여김(29-37절)

⚜ 해석

1-2 여호와의 말씀이 내게 임하니라…여호와께서 이와 같이 말씀하시기를. 이 두 가지 문구(כֹּה אָמַר יְהוָה … וַיְהִי דְבַר־יְהוָה אֵלַי לֵאמֹר)를 통해 우리는 이 부분이 선지자, 특히 예레미야의 문체라는 사실을 확인할 수 있다. 요컨대 이 구절의 화자(話者)는 자신이 하는 말이 "여호와의 말씀" 그대로라는 사실을 강조하는 것이다. 그는 이처럼 오직 하나님의 말씀에만 권위를 부여하고 있다. 우리는 하

나님 말씀으로만 만족할 줄 알고 또한 그 말씀을 두려워할 줄 알아야 한다. 우리는 하나님 말씀의 결재를 절대적으로 존중해야 한다. 사람의 말은 몇천 마디의 좋은 것이라도 하나님의 말씀 한마디만 못하다.

네 청년 때의 인애와 네 신혼 때의 사랑. 이와 같은 "인애"(חֶסֶד "헤세드")와 "사랑"(אַהֲבָה "아하바")은 여기서 이스라엘이 출애굽 당시에 여호와를 따랐던 행위를 가리킨다. 하나님께서 그 백성을 택하여 세우시는 초기는 비유컨대 "신혼 때"와 같다. 그때는 그들이 주님을 사랑하였다는 것이다. 세상 속에 세워진 교회들도 흔히 초창기에는 하나님의 일에 열심을 내었으나 시간이 흘러갈수록 그 사랑이 식어버리는 것이(계 2:4) 유감이다. 우리가 하나님을 "결혼 때의 사랑" 같은 사랑으로 사랑할 때 그는 그 사랑을 기억하신다.

기억하노니 곧 씨 뿌리지 못하는 땅, 그 광야에서 나를 따랐음이니라. 이스라엘 백성은 애굽을 떠나 광야와 같이 황막한 지역도 개의치 않고 여호와의 인도를 따라 나왔다. 이것이 하나님을 향한 그들의 신앙이며 사랑이었다. 하나님께서는 그들의 이와 같은 옛적 경건을 기억하여 주신다고 하신다. 그러나 이 말은 그들이 옛날에 보여주었던 신앙의 공로로 언제까지나 덕을 볼 수 있다는 의미는 아니다. 오히려 이 말은 그들이 옛날에 그렇게 잘했던 것처럼 오늘도 잘해야 한다는 뜻이다.

3 첫 열매(רֵאשִׁית תְּבוּאָתֹה "레쉬트 테부아토"). 이것은 하나님께 바쳐진 열매이므로 어느 누구도 그것을 먹을 수 없도록 금지되어 있다. 출애굽기 23:19, 레위기 22:10, 13, 민수기 18:12을 참조하라. 이스라엘 백성이 출애굽 초기에는 비교적 하나님께 거룩하게 바쳐졌기 때문에 그 백성을 괴롭히고 집어삼키려 하는 자들은 벌을 받았다. 예컨대 아말렉 족속이 이스라엘을 괴롭히다가 하나님께 징계를 받은 일과 같은 것이다(출 17:8-16).

4-8 여기서는 이스라엘 백성이 출애굽 후에 타락하여 하나님의 마음을 서운하게 만들었던 행동을 탄식한다. 그들의 그와 같은 행동은 마치 하나님

이 그들에 대하여 **"불의"**를 행하기라도 하신 것처럼 그들이 하나님을 멀리하는 것이었다. **"나를 멀리 하고"**라는 말은 히브리어로 "라하쿠 메알라이"(מֵעָלַי רָחֲקוּ)인데, 이 말은 "그들이 나를 멀리하고 떠나갔다"라는 뜻이다. 아래 이어지는 말씀과 같이 그들이 **"헛된 것"**(הֶבֶל, "헤벨"), 다시 말해 우상을 따라갔으니 너무도 멀리 떠나간 셈이다. 우상은 실상 아무것도 아닌데(고전 8:4; 10:19), 영광의 주님을 알던 그들이 아무것도 아닌 우상들을 따라간다는 것은 말이 되지 않는 일이다.

설교 ▶ 이스라엘 백성이 우상을 따라간 것은 배은망덕임(4-8절)

1. 그들은 그들을 위험한 땅에서 지켜 주시고 그곳을 안전하게 통과하게 만들어 주신 하나님의 은혜를 저버리고 말았다.

6절을 보면, "그들이 우리를 애굽 땅에서 인도하여 내시고 광야 곧 사막과 구덩이 땅, 건조하고 사망의 그늘진 땅, 사람이 그 곳으로 다니지 아니하고 그 곳에 사람이 거주하지 아니하는 땅을 우리가 통과하게 하시던 여호와께서 어디 계시냐 하고 말하지 아니하였도다"라고 하였다. 이 말은 하나님께서 이스라엘을 애굽에서 건져내신 권능과 그들을 40년 동안 광야에서 보호하신 권능을 가리킨다. 사막은 길이 없고 위험하여 통행하기가 어려울 뿐만 아니라 마실 물도 없고 먹을 음식도 없는 곳이다. 하나님께서 그들을 광야에서 40년 동안 인도하신 것은 그의 크신 권능과 사랑의 증거다. 그들이 이처럼 은혜로운 하나님을 잊어버리고 찾지 않았던 것은 너무도 큰 죄악이었다. 우리가 각각 과거를 살펴보면 우리도 위험한 자리에서 구원받은 일들을 많이 회상할 수 있다. 우리는 또다시 그처럼 위험한 일들을 당할 마음이 없다. 과연 그런 위험한 일들 가운데서 하나님의 은혜가 아니었다면 우리가 오늘까지 살아남아 있을 수 없었으리라는 것이 분명하다. 우리 모두 과거를 한번 회상해보자!

우리는 얼마나 위태하고 아슬아슬한 지경에서 구원받은 것인가! 그런데 우리는 지금 하나님의 은혜를 기억하고 있는가? 오늘 본문에는 이스라엘 백성이 과거에 그들을 구원해 주신 하나님을 찾지 않았기 때문에 책망받은 사실을 기록하고 있다. 하나님은 그를 기억하고 찾는 자를 기뻐하신다. 시편 14:2에는 말하기를, "여호와께서 하늘에서 인생을 굽어살피사 지각이 있어 하나님을 찾는 자가 있는가 보려 하신"다고 하였고, 역대하 16:9에는 말하기를, "여호와의 눈은 온 땅을 두루 감찰하사 전심으로 자기에게 향하는 자들을 위하여 능력을 베푸시나니"라고 하였다. 아모스 5:6에는 말하기를, "너희는 여호와를 찾으라 그리하면 살리라"라고 하였고, 잠언 28:5에는 말하기를, "여호와를 찾는 자는 모든 것을 깨닫느니라"라고 하였고, 예레미야애가 3:25에는 말하기를, "기다리는 자들에게나 구하는 영혼들에게 여호와는 선하시도다"라고 하였고, 도한 욥기 8:5-6에는 말하기를, "네가 만일 하나님을 찾으며 전능하신 이에게 간구하고 또 청결하고 정직하면 반드시 너를 돌보시고 네 의로운 처소를 평안하게 하실 것이라"라고 하였다.

　사람들이 하나님을 잊어버리게 되는 이유는 하나님이 그들의 눈앞에 나타나 보이지 않는 데 있다고 말해진다. 그러나 우리가 어떤 중요한 사실이 우리 눈에 보이지 않는다고 해서 그것을 잊어버릴 수 있을까? 어린 아들이 그의 아버지가 먼 곳으로 여행을 떠났을 때 아버지가 자기 눈에 보이지 않는다고 하여 그를 잊어버릴 것인가? 그렇지 않다. 그는 아버지가 그에게 보내준 편지를 읽으면서 아버지를 그리워한다. 그와 마찬가지로 우리 인생들은 하나님이 보내신 편지인 성경 말씀을 읽으면서 그를 기억할 수 있다. 우리는 위대하신 주님이 우리 가운데 계시지 않는 듯이 생각될 때 더욱 그를 기억하고 찾아야 한다. 목마른 자가 물을 찾지 않겠는가? 미국 예일 대학교(Yale University) 교수인 아오키(青木) 씨는 학창 시절에 불치의 병에 걸려 죽음을 앞두고 있을 때 하나님을 찾기 시작하였다. 그는 기도하기를, "만일 하나님이 정말로 계신다면 내 병을 낫게 하여 주시옵소서. 그리하면 내가 계속하여 하나님을 찾겠습니다"라고 하였다. 그때 그의 병은 곧바로 나았고 그리하여 그는 그때부터 계속해서 하나님을 찾았는데, 마침내 그리스도를 자기의 구주로 믿게 되었다고 한다. 아오키 씨의 첫 번째 기도는 그리스도를 모르는 상태에서 하나님을 찾은 것이라는 점에서 물론 최선의 기도는 아니었다. 그러나 그가 생명을 걸고서 애타게 하나님께 부르짖은 것만은 사실이다. 하나님께서는 그런 점을 기뻐하신 것이다. 하나님께서는 정성을 바쳐 드리는 기도를 기뻐하신다.

2. 그들이 가나안 복지를 주신 하나님의 은혜를 잊어버렸음(7절)

사람들이 평안과 복락을 누리게 되면 흔히 하나님이 두려운 분이라는 사실을 잊어버리게 된다. 그때에는 그들이 하나님보다 쾌락을 더 사랑하게 되고, 하나님이 기뻐하시지 않는 일들을 감행한다. 이렇게 인생은 타락하기 쉽다. 7절에 말하기를, "**내가 너희를 기름진 땅에 인도하여 그것의 열매와 그것의 아름다운 것을 먹게 하였거늘 너희가 이리로 들어와서는 내 땅을 더럽히고 내 기업을 역겨운 것으로 만들었으며**"라고 하였다. 그들은 하나님이 주신 은혜의 땅인 가나안을 하나님 공경하는 일에 사용하지 않고 도리어 은혜의 땅을 더럽혔다. 그것은 그들이 가나안 땅에 들어와서 우상숭배에 빠졌던 것을 의미한다. 오늘날 신자들도 하나님이 주신 은혜를 받고도 하나님을 공경하지 않고 오히려 그 은혜를 육체의 욕심을 채우는 기회로 삼는 일이 많다. 예수 그리스도를 믿는다는 성스러운 이름을 가지고도 여전히 불신 시대의 죄악을 되풀이함으로써 주님의 이름을 욕되게 하는 것은 큰 죄악이다. 그러므로 바울은 말하기를, "하나님의 이름이 너희 때문에 이방인 중에서 모독을 받는도다"라고 하였다(롬 2:24).

9-13 여기서는 하나님께서 이스라엘 백성이 우상숭배에 떨어진 일이 얼마나 두려운 죄악인지를 꾸짖으신다. 이방인들은 거짓된 종교를 믿으면서도 그것을 끝까지 주장한다. 그런데 이스라엘은 어찌하여 참된 신을 섬기면서도 그분을 위하여 열심을 내지 않는가? 이것이 바로 놀랄 만한 무서운 죄악이다. **"깃딤"**은 지중해 연안에 있는 지방을 의미하는데 흔히 서쪽 국가들을 가리킨다. 그와 반대로 **"게달"**은 아라비아 사막 동쪽에 있는 유목 민족들을 가리킨다(창 25:13; 겔 27:21). 이 이방 민족들은 거짓 신을 섬기면서도 대를 이어 그들의 종교를 버리지 않았다. **"어느 나라가 그들의 신들을 신 아닌 것과 바꾼 일이 있느냐"**(11절)라고 하신 말씀이 그런 뜻이다. 이것은 그 민족들의 관점에서 이해하자면 그들의 신 이외의 신은 진정한 신이 아닌 것으로 여겨지기 때문에 그들의 신을 끝까지 섬기려 한다는 의미다. 거짓을 숭상하는 자들은 도리어 끝까지 그것을 고집하는데, 영광 가운데 계시된 참되신 하나님을 섬기는 이스라엘 백성이 그들의 참 신을 버리고 헛된 신("무익한 것")을 따르게 되는 것은 이상한 일이었다. 이런 일은 너무도 기가 막히는 일이다. 그것은 사람이 하나님과 다투는 일이며(9절), 하늘도 놀랄 만한 일이다(12절).

그들의 이와 같은 죄악은 다른 방식으로도 거듭 진술되었는데, 다름 아니라 **"그들이 생수의 근원되는 나를 버린 것과 스스로 웅덩이를 판 것인데 그것은 그 물을 가두지 못할 터진 웅덩이들"**이라는 표현이다. "생수의 근원되는" 하나님을 "버린 것"은 ① 하나님이 자기 자신을 이스라엘에게 생수, 다시 말해 생명을 주시는 근원이 되도록 제공하셨는데 그들 편에서 이러한 하나님을 버렸으니 그것은 사랑을 저버린 죄이며, ② 또한 어리석은 행동이다. 어리석음은 진리를 배반하는 죄악이다.

그리고 "스스로 웅덩이를 판 것", 다시 말해 우상을 만든 일도 죄악이다. 그것은 ① 자기 손으로 숭배의 대상을 만드는 교만이기 때문에 죄악이며, ② 거짓된 행위이기 때문에 죄악이다. 거짓 종교가 참 종교를 모방하나, 그것은 죄인에게 구원을 주지 못한다.

14-16 이스라엘이 종이냐 씨종이냐 어찌하여 포로가 되었느냐 어린 사자들이 그를 향하여 부르짖으며 소리를 질러 그의 땅을 황폐하게 하였으며 그의 성읍들은 불타서 주민이 없게 되었으며 놉과 다바네스의 자손도 네 정수리를 상하였으니. "씨종"이라는 말은 종에게서 난 자손을 의미하는데 한마디로 자유가 없는 자를 뜻한다. 이스라엘은 이처럼 누구에게 얽매인 종이 아닌데도 불구하고 장차 자유를 빼앗기고 앗수르와 바벨론의 포로가 된다는 것은 놀랄 만한 일이다. "어린 사자들"은 힘 있는 사자들을 가리키는데, 아마도 여기서는 앗수르의 군인들을 비유했을 것이다. 하나님의 섭리에 따라 침략해오는 군대를 어린 사자에 비유하는 이유는 그들이 대적할 자가 없으리만큼 강하기 때문이다. 그들의 강력한 전투력을 발휘하게 된 이유는 하나님이 그들을 세워주셨기 때문이다.

"그의 땅을 황폐하게 하였으며 그의 성읍들은 불타서 주민이 없게 되었으며." 이것은 침략군이 유다를 이처럼 황폐하게 만들 것을 의미하는데, 이런 비참한 형편은 그 나라 민족의 죄악이 얼마나 비참한 것이었는지를 보여 준다.

"**놉과 다바네스의 자손.**" "놉"은 애굽 하부 지역의 수도였는데, 나일강 서쪽 언덕에 있었다. 그리고 "다바네스"도 나일강 연안에 세워진 도시이다. 그러므로 이 문구는 애굽 민족에 대한 예언인데, 그들이 유다의 "정수리를 상하였"다는 말은 그들이 유다를 침공할 것을 가리킨다. "상하였"다고 번역된 히브리어 동사 "이르우크"(יְרֹעוּךְ)는 사실상 "너를 먹는다"라는 뜻을 지니고 있다.

17-19 여기서는 위에 진술된 것처럼 유다가 침략을 당하게 되는 이유가 무엇인지 보여준다. 그것은 오직 유다 민족의 죄악 때문이라는 것이다. 그들이 침략을 당하게 되는 것은 틀림없이 그들의 죄가 가져온 결과라는 것이다. 그들이 범한 구체적인 죄는 그들이 하나님의 인도를 받지 않고(17절) 외국 세

력을 의뢰한 것이었다.

"시홀의 물"(מֵי שִׁיחוֹר)은 검은 물이라는 뜻인데, 여기서는 나일강을 가리킨다. **"시홀의 물을 마시려고"** 한다는 말은 애굽을 의지하여 살고자 하는 태도를 의미한다. 애굽은 사실상 나일강의 물로 농사를 지어 백성들이 식량을 마련했다.

네가 그 강물을 마시려고 앗수르로 가는 길에 있음은 어찌 됨이냐. 여기서도 "그 강물을 마시려 한다"라는 말은 유다 민족이 앗수르의 세력을 의지하여 살려 했던 태도를 의미한다. 앗수르의 세력과 문화는 유브라데강으로 대표된다.

유다 나라는 이방 국가들과 달라서 구약 시대의 교회라고 할 수 있는데, 교회는 언제나 하나님만 의지해야 하고 세상 세력에 의존해서는 안 된다. 구약 시대에 교회를 표상하는 유다 민족이 하나님 대신에 다른 나라를 의지한 것은 큰 죄악이었다. 그 죄로 말미암아 그들이 도리어 이방 나라에 사로잡혀 간 것이다. 그러므로 우리 본문에 말하기를, "네 악이 너를 징계하겠고 네 반역이 너를 책망할 것이라"라고 하였다(19절). 하나님을 제외하고 다른 것을 의지하는 것은 하나님을 경외하지 않는 무서운 죄악이다. 이스라엘 백성 중에 여호와를 경외하지 않을 사람이 누구기에 그를 경외하라고 성경은 일률적으로 명령하는가? 권능으로 홍해를 육지같이 건너게 하신 하나님을 본 자로서 그를 경외하지 않을 자가 누구이겠는가? 천사를 보내어 앗수르 군대를 하루아침에 185,000명이나 몰살시키신(사 37:36) 여호와를 누가 두려워하지 않겠는가? 심판 날에 심문당할 일 가운데, "그런 위엄이 나타날 때 어찌하여 하나님을 두려워하지 아니했는가"라는 심문은 없을 것이다.

심판 때에 당할 심문은 다음과 같은 내용을 담고 있을 것이다. ① 너를 회개시키기 위하여 하나님은 오래 참아 기다리셨는데, 너는 어찌하여 하나님을 업신여기며 두려워하지 아니하였는가(롬 2:4)? ② 하나님이 이 세상에서 대체로 고요한 말씀으로만 역사하시고 이적과 기사의 위엄으로는 역사하시지 않았다는 이유로 너는 하나님 말씀을 업신여기고 멸시하지 않았는가(왕상 19:12-13)? ③ 네가 어느 날 어느 시골 방에 혼자 있을 때 이런 나쁜 짓을 하면서 하나님을 두려워하지 않는 모습을 보이지 않았는가(마 6:1-4)? ④ 너는 어느 날 어느 시에 누구와 더불어 수군거리면서 다른 사람에 대하여 악담을 하면서 하나님을 두려워하지 않는 태도를 보이지 않았는가(민 12:1-2)? 우리는 심판 날에 이런 일들에 대해 심문을 당할 것을 기억하고 매사에 하나님을 두려워하며 하나님을 중심에 모시고 살아가자! 주님은 말씀하시기를, "내가 너희에게 이르노니 사람이 무슨 무익한 말을 하든지 심판 날에 이에 대하여 심문을 받으리니"라고 하셨다(마 12:36).

20-25 네가 옛적부터 네 멍에를 꺾고 네 결박을 끊으며 말하기를 나는 순종하지 아니하리라 하고 모든 높은 산 위에서와 모든 푸른 나무 아래에서 너는 몸을 굽혀 행음하도다 내가 너를 순전한 참 종자 곧 귀한 포도나무로 심었거늘 내게 대하여 이방 포도나무의 악한 가지가 됨은 어찌 됨이냐 주 여호와의 말씀이니라 네가 잿물로 스스로 씻으며 네가 많은 비누를 쓸지라도 네 죄악이 내 앞에 그대로 있으리니 네가 어찌 말하기를 나는 더럽혀지지 아니하였다 바알들의 뒤를 따르지 아니하였다 하겠느냐 골짜기 속에 있는 네 길을 보라 네 행한 바를 알 것이니라 발이 빠른 암낙타가 그의 길을 어지러이 달리는 것과 같았으며 너는 광야에 익숙한 들 암나귀들이 그들의 성욕이 일어나므로 헐떡거림 같았도다 그 발정기에 누가 그것을 막으리요 그것을 찾는 것들이 수고하지 아니하고 그 발정기에 만나리라 내가 또 말하기를 네 발을 제어하여 벗은 발이 되게 하지 말며 목을 갈하게 하지 말라 하였으나 오직 너는 말하기를 아니라 이는 헛된 말이라 내가 이방 신들을 사랑하였은즉 그를 따라 가겠노라 하도다. 여기서는 유다 민족의 죄악이 ① 역사에 깊이 뿌리내리고 있다는 사실을 밝혀 준다(20절). ② 본래 하나님께서 세우신 순전한 백성이 죄에 물들어 변질이 되기까지 하였다고 탄식한다(21절). ③ 그들이 자신들의 힘으로는 그러한 죄악을 제거할 수 없다고 말한다(22절). ④ 그 민족이 범한 죄상은 객관적으로 세상 누구라도 볼 수 있도록 드러나 있다고 지적한다(23상). ⑤ 그들은 중심에서

부터 죄악의 충동에 지배를 받는 자들인데, "암낙타"나 "들암나귀들"이 "그 성욕이 일어나므로 헐떡거림 같았"다고 하였다(24절). 이런 자들은 실상 죄악의 종이다. ⑥ 그들은 죄악을 따르는 일에 굳세게 나가며 도리어 진리의 말씀을 헛된 것으로 여긴다(25절). 위에서 나열한 유다 민족의 여섯 가지 죄상은 하나님을 떠나 죄악에 깊이 빠진 모든 인류의 죄상을 대표한다고 말할 수 있다.

"네 멍에를 꺾고 네 결박을 끊으며"(20절). 이것은 그들이 하나님의 율법과 말씀을 지키지 않음을 의미하고(시 2:3), "모든 높은 산 위에서와 모든 푸른 나무 아래에서 너는 몸을 굽혀 행음하도다"(20하)라는 말은 그들이 그 당시 푸른 나무 아래서 우상을 섬긴 것을 가리킨다(왕상 14:24; 왕하 16:4; 렘 3:6, 13). 그뿐 아니라 이것은 그들이 그때 우상을 숭배하는 행동에 더하여 그곳에서 남녀 간에 문란한 교제를 자행했음을 의미한다. 우상숭배 행사에는 종교적인 목적으로 창기가 동참하여 활동하였다고 한다.

"순전한 참 종자"(21상)는 아브라함의 참된 자손을 가리킨다(창 15:6; 32:26-28). "귀한 포도나무"(21상)는 위에서 암시한 아브라함의 자손으로 구성되어 있는 하나님의 참된 백성을 비유하고, "이방 포도나무의 악한 가지"(21하)는 이후에 유다 사람들이 이방 종교를 수입하여 이방 풍습에 물들어 변절함으로써 만들어질 민족을 가리킨다.

"네가 잿물로 스스로 씻으며 네가 많은 비누를 쓸지라도 네 죄악이 내 앞에 그대로 있으리니"(22절). 이 말씀은 일종의 비유인데, 유다 사람이 인간적인 수단으로는 그들의 죄악을 없이 할 수 없다는 뜻이다.

"골짜기 속에 있는 네 길을 보라"(23절)라는 말씀은 그들이 우상을 섬기기 위하여 산골짜기에 많이 오고 갔었기 때문에 그곳에 도로가 생겼다는 것이다.

"발이 빠른 암낙타가 그의 길을 어지러이 달리는 것과 같았으며"(23하).

이 말은 "암낙타"가 그의 성욕으로 말미암아 "어지러이" 다니듯이 유다 민족이 우상을 따라갔다는 뜻이다. 말하자면 "광야에 익숙한 들암나귀들이 그들의 성욕"으로 말미암아 헐떡거리며 수컷을 찾아가기 때문에, 수컷은 수고하지도 않고 "그 발정기에 만나"게 됨과도 같다고 한다.

"네 발을 제어하여 벗은 발이 되게 하지 말며 목을 갈하게 하지 말라." 말하자면 하나님께서 유다 백성들에게 벗은 발이 되기까지 우상을 찾아다니던 일을 제어하라고 하시며, 목마른 사람처럼 우상을 갈급하게 구하지 말라고도 말씀하셨다는 것이다. 그가 그리하셨음에도 불구하고 그들은 오히려 파렴치하게 고집을 부리면서 이방신을 따라갔다.

이 부분(20-25절) 말씀은 인류가 하나님의 말씀에 순종하지 않으면(20하) 결국 우상의 종이 되고(20하), 본래 하나님께서 지어주신 인간 성품이 훼손되며(21절), 자기의 힘으로는 죄에서 벗어날 가능성이 전혀 없어지겠고(22절), 결국 그들은 죄악을 억제할 수 없는 자, 다시 말해 죄악의 노예가 되고(23-24절), 비진리와 죄악을 따르는 철면피가 되어간다는 것이다.

26-28 이 부분의 말씀은 유다 민족이 우상을 섬겼던 것이 부끄러운 일이라고 지적한다(26절). 왜냐하면 ① 그들이 우상을 섬긴다는 것은 나무나 돌을 가리켜 자신들의 부모라고 부르는 것과 마찬가지이기 때문이며(27상), 또한 ② 그들이 환난을 당할 때 하나님을 향하여 구원해달라고 부르짖어도 응답을 받지 못하게 되는 실패에 빠지기 때문이다(27하). 그들이 만든 신이 그들을 구원해 주지 못하리라는 점은 명백하다(28절).

29-37 여기서는 또다시 유다 민족의 죄악을 여러 가지로 책망한다.

1) 그들은 하나님의 교훈과 정책에 순종하지 아니하였다. 이것은 그들이 하나님과 더불어 "**대항함**"인데, 이것 역시 무서운 죄악이다(29-30상). 그들이 선지자들을 죽였는데(30하), 이것 역시 하나님께 순종하지 않고 그와 더불어 다투었던 죄악과 동등하게 여겨진다. 그들은 하나님의 말씀에 순종하

지 않기 위하여 이처럼 선지자들을 죽였다. 그들이 이렇게 행동하는 것은 마치 하나님이 어두운 땅인 광야와 같이 그들에게 아무런 유익을 주지 못하는 신이신 것처럼 간주하는 것이다. 이것은 얼마나 무서운 배은망덕인가(31절)?

　2) 유다 백성들은 하나님을 잊어버리고 이방 나라의 도움을 얻으려고 애교를 부리는 죄를 범하였다(32-33절). 우리 본문이 말한 대로, **"처녀가…그의 패물을"** 잊지 아니하고 **"신부가···그의 예복을"** 잊지도 않는데 하나님의 백성이 하나님을 잊어버린다는 것은 너무도 모순된 일이라는 것이다. 사람이 "패물"이나 "옷"과 같이 사소한 물품도 잊지 못하는데, 어떻게 천지 만물을 창조하시고 인생을 사망에서 구원하신 하나님을 잊을 수 있겠는가? 그런데 하나님의 백성이었던 유다 민족은 하나님을 잊어버리되 장구한 세월 동안 그리하였다(32절). 그들은 이처럼 하나님을 떠나 이방 나라들의 **"사랑을 얻으려고"** 그 나라들과 순전히 인간적인 수단을 동원하여 교제하였다. 이것은 그들이 그 나라들("여자들"이란 말로 비유되었음)에 대해 하나님을 보여주지 못하고, 도리어 그런 불신앙을 가르친 셈이다. 신자들이 불신자들에게 신앙으로 행하지 않는 것은 결국 그들이 불신자들의 죄악을 불신자들에게 덧붙여주는 셈이 된다. 바로 그런 모습이 천국 문을 사람들 앞에서 닫고 자기도 들어가지 않고 들어가려 하는 자도 들어가지 못하게 막아서는 일과 다르지 않다(마 23:14).

　3) 죄악을 책망하여 준 자들을 죽이는 죄를 범하였다(34절). 이것은 무죄한 피를 흘린 죄일 뿐만 아니라, 하나님의 말씀을 전하는 의로운 선지자를 죽임으로써 하나님을 거스른 죄다.

　4) 스스로 죄가 없다고 자만하는 죄를 범하였다(35절). 요한복음 9:41을 참조하라. 자기는 죄가 없다고 주장하는 자는 스스로 속이는 죄가 있고, 하나님을 거짓말하는 이로 만드는 죄도 있다(요일 1:8, 10).

　5) 유다 백성들은 마침내 이방 국가들을 의지하려 했던 행동으로 말미

암아 "**수치(실패)를 당할 것이라**"고 말씀한다(36절). "**두 손으로 네 머리를 싸고 거기서도 나가리니**"(37절)라는 말씀 역시 수치와 실패를 당하리라는 뜻이다. "네가 의지하는 자들"이라는 말은 유다 민족이 의지하려 했던 앗수르나 애굽을 말함이다.

| 설교자료

1. 신자는 하나님에 대하여 신혼 때의 사랑과 같은 뜨거운 첫사랑을 계속해서 보여주어야 한다(1-3절).

2. 인생들은 그들을 지어내시고 구원하여 주신 하나님께 감사하지는 않고, 도리어 하나님께서 무슨 불의한 일을 행하시기라도 하신 것처럼 그를 멀리한다(5-7절).

3. 지도자들의 죄책은 지도를 받는 자들의 책임보다 더욱 무겁다. 그러므로 하나님께서는 유다의 지도자들을 더욱 심하게 책망하셨다(8절).

4. 하나님을 모르는 자들이 그들의 헛된 신을 공경하는 일에서도 충성을 다하는데, 참 하나님을 아는 백성으로서 참 하나님께 충성치 못하는 일이 많다. 이것은 놀랄 만큼 원통한 일이다(9-12절).

5. 하나님은 우리에게 영생을 주시는 생명의 근원이 되시는데도 사람들은 흔히 하나님을 버리고 자기 힘으로 구원을 얻고자 한다. 그것은 마치 "**물을 가두지 못할 터진 웅덩이들**"을 마련하는 것과 같다(13절). 이것이야말로 샘물이 끊임없이 풍성하게 솟아나는 샘 근원 곁에서 목말라 죽는 것처럼 우매

한 일이다.

6. 인간의 불행과 멸망은 자기가 저지른 죄의 대가이니, 그는 모든 불행의 원인을 자기에게서 찾아야 한다(反求者己). 그렇게 할 때 그는 진리로 돌아올 수 있으며 따라서 하나님의 은혜가 그에게 새로이 임한다(14-19절).

7. 인간이 하나님의 말씀에 순종하지 않는 일은 옛적부터 내려오는 뿌리 깊은 내력을 지니고 있다. 그러므로 그가 하나님의 말씀에 순종하지 않는 일에 일단 투신하게 되면, 그의 죄악성은 크게 힘을 얻어 그를 죄악의 노예로 만든다(20-25절).

8. 하나님을 의지하지 아니하고 우상을 의지하는 자는 마침내 수치와 실패를 당한다. 하나님과 더불어 다투는 죄, 하나님을 잊어버린 죄, 그리고 특별히 자신에게는 죄가 없다고 생각하는 일은 모두 위험하기 그지없는 죄악상이다. 29-35절 해석을 참조하라

제 3 장

✤ 내용분해

1. 유다 민족이 회개하고 돌아온다 해도 세상의 풍속에 따르면 그는 다시 영접받기 쉽지 않음(1-5절)
2. 북 왕국 이스라엘도 타락했으나, 남 왕국 유다는 그보다 더욱 심하였음(6-10절)
3. 하나님께서 이스라엘에게 돌아오라고 말씀하심(11-18절)
4. 하나님께서는 이스라엘이 회개하면 용서하시고 축복하실 것을 약속하심(19-25절)

✤ 해석

1 그들이 말하기를 가령 사람이 그의 아내를 버리므로 그가 그에게서 떠나 타인의 아내가 된다 하자 남편이 그를 다시 받겠느냐 그리하면 그 땅이 크게 더러워지지 아니하겠느냐 하느니라 네가 많은 무리와 행음하고서도 내게로 돌아오려느냐 여호와의 말씀이니라. 이 구

절 말씀은 신명기 24:1-4에 기록된 내용을 바탕으로 재구성한 것이다. 하나님께서 이스라엘 백성에게 주신 율법에 따르면, 어떤 사람의 아내가 수치스러운 일을 범했을 때는 그를 내어 보내는데, 이후에 그가 다시 돌아오고자 해도 본남편은 그를 받아들일 수 없도록 정해져 있었다. 여기서 하나님께서는 유다 민족을 이혼한 여자와 같이 보신다. 유다 민족은 하나님을 떠나 많은 우상을 섬겼는데 그것이 곧 음행이었다. 9절을 참조하라. 이스라엘 민족의 법에 따르면 본남편이 그런 음녀를 다시 돌아오게 만들 수는 없으나, 하나님께서는 유다 민족이 진심으로 회개할 때 그들을 받으실 것이라고 약속하신다. 그만큼 하나님께서는 그 백성에 대하여는 은혜와 자비를 아끼지 않으신다.

"내게로 돌아오려느냐." 여기 나오는 문구의 히브리어 원문은 "베쇼브 엘라이"(וְשׁוֹב אֵלַי)인데, 랑게(Lange)와 기타 유력한 주석가들은 이 문구를 "그러나 내게로 돌아오라"라는 명령사로 번역한다. 하나님께서 죄인들에게 회개하고 돌아오라고 하시는 말씀은 우리가 두려워해야만 하는 "율법적 명령"이 아니라 지극히 "은혜로운 말씀"이다. 그가 죄인들을 향하여 돌아오라고 말씀하시는 심정은, 매우 뜨거운 사랑으로 그들이 돌이키기를 대망하는 긴장된 마음가짐일 것이다. 누가복음 15:20을 보면, 탕자가 그의 아버지께로 돌아갈 때 "아직도 거리가 먼데 아버지가 그를 보고 측은히 여겨 달려가 목을 안고 입을 맞추"었다고 말씀한다. 이 세상 사람들이 내어 버리는 죄인이라도 하나님은 그가 회개하기만 하면 받아서 쓰신다. 그러므로 시편 27:10에 말하기를, "내 부모는 나를 버렸으나 여호와는 나를 영접하시리이다"라고 하였다. 하나님은 공의로우시나 그의 사랑이 오히려 지배적으로 활동한다. 그러므로 성경은 "하나님은 사랑이시라"라고 말한다(요일 4:16). 우리의 죄가 많은 가운데도 공개적으로 알려진 죄보다 알려지지 않은 죄의 숫자가 더욱 많다고 볼 수 있다. 그러나 하나님의 자비는 우리의 죄보다 많고 풍성하시다. 우리가 죄를 회개할 때 하나님이 베푸시는 사죄의 은혜가 그렇게 풍성해지는 원인은 회개하는 자의 죗값을 담당하시기 위하여 우리의 대신이 되신 이가 무한히 위대하시기 때문이다. 그는 바로 하나님의 아들이시며 하나님 자신이시다. 그러므로 찰스 스펄전(C. Spurgeon)은 말하기를, "공중에 있는 저 많은 별이 모두 다 인간이 사는 세계이고, 또한 거기에 사는 사람들이 모두 다 하나님을 반대하는 자라 할지라도, 그리스도의 보혈은 그처럼 무한한 세계에 존재하는 무수한 반역자들의 죗값을 담당하시기에도 넉넉하다"라는 취지로 말하였다. 하나님께서는 회개하는 자의 죄를 사하시되 영구히 사하시고 다시는 그 죄를 그거로 정죄하시는 법이 없다. 그러므로 로마서 11:29에 말하기를, "하나님의 은사와 부르심에는 후회하심이 없느니라"라고 하였다. 하나님의 긍휼은 이처럼 크기 때문에 세상 풍속대로는 회복할 수 없는 죄인에게도 "그러나 내게로 돌아오라"라고 말씀하신다. 자신들이 범하던 죄를 원통히 여겨 회개하고 고쳐서 진실하게 주님께로 돌아오기만 하면 누구든지 구원을 받는다. 십자가에 못 박혔던 강도도 진정으로 회개했을 때 곧바로 구원이 그에게 임하였다(눅 23:43). 전 세계가 욕하는 악인이라도 회개하고 주님만 믿으면 구원을 받는다.

2-10 이 부분에는 유다 민족의 죄상이 진술된다.

설교 ▶ 유다 민족의 죄상(2-10절)

1. 그들은 "헐벗은 산"(בּשְׁפָיִם "슈파임", 나무 없는 산) **어디서나 우상을 섬겼고 또한 열심히 섬겼다.**

우리 본문에 말하기를, "네가 행음하지 아니한 곳이 어디 있느냐 네가 길 가에 앉아 사람들을 기다린 것이 광야에 있는 아라바 사람 같아서 음란과 행악으로 이 땅을 더럽혔"다고 하였다. 다시 말해 그들이 어디서든지 우상을 섬겼고,

또 길가에 앉아 사람을 기다리는 창기의 행동처럼 열심을 내어 우상을 섬겼다는 것이다. 그들이 이렇게 하는 모습은 마치 여행자의 장막을 수선하기 위하여 광야에 앉아 있는 아라바(광야의 이름) 사람과 같았다(2절).

일반적으로는 그들이 나무가 울창한 산에서 우상을 섬기는데, 오히려 그것도 부족하여 심지어 나무가 없는 헐벗은 산에서도 우상을 섬겼다. 이것은 그들이 얼마나 우상 섬기는 일에 열중했는지를 보여준다.

우리는 구약 시대 신자들이 우상을 섬긴 일을 보고 반성해야 한다. 신약 시대 신자들의 우상숭배는 마음속에서 행해진다(골 3:5). 신자가 주의하지 않으면 그들의 마음속 구석구석 어디든지 우상을 섬기는 제단이 되기 쉽다. 말하자면 맘몬이라는 우상, 명예라는 우상, 가족이라는 우상, 민족이라는 우상 등 그 종류를 다 헤아릴 수도 없다. 신자가 무엇을 하나님보다 더 사랑하고 두려워하거나, 혹은 무엇을 하나님처럼 사랑하거나 두려워하면, 그것이 사실은 우상을 섬기는 일이다. 하나님이 만물을 창조하시고 그것을 사람에게 맡기시며 다스리라고 하셨는데(창 1:28), 다스리지는 않고 도리어 그것을 두려워하거나 지나치게 사랑하는 것은 탈선적 행동이다. 어찌하여 하나님께 드려야 할 사랑을 일개 피조물에게 주는가? 그것이 곧 사랑을 오용하는 죄, 다시 말해 음행이다.

2. 그들은 죄로 말미암아 징계를 받고도 회개하지는 않고 도리어 파렴치하게 계속하여 범죄하였다(3절).

하나님께서는 사랑하는 자를 더욱 징계하시기 때문에(히 12:6), 그가 택하신 백성이 범죄할 때에는 육체적 징계를 아끼지 아니하신다. 아합 왕과 이세벨이 우상을 숭배하는 일에 지나치게 몰두했었기 때문에 3년 6개월 동안 이스라엘 땅에 비가 내리지 않았다(참조, 왕상 18장; 약 5:18). 그러므로 택함을 받은 백성에게 내리는 징계는 하나님의 사랑이다. 예레미야 시대는 유다 민족이 이처럼 우상을 숭배한 죄로 말미암아 **"단비**(4-5월에 내리는 비인데, 그 땅의 곡식을 결실케 하는 비)**가 그쳤고 늦은 비가 없어졌"**다. 그러나 그들은 **"창녀의 낯"**을 가지고, 다시 말해 부끄러운 줄도 모르고 거리낌 없이 범죄하였다.

3. 그들은 경건의 모양만 흉내 내는 외식하는 자들이었다(4-5절).

그 당시 유다 백성들이 겉으로는 경건을 가장하여 하나님을 아버지라고 부르면서 그의 진노를 거두어 달라고 간구하였다. "노여움을 한없이 계속하시겠으며 끝까지 품으시겠나이까 하지 아니하겠느냐"(לְעוֹלָם אִם־יִשְׁמֹר לָנֶצַח הֲיִשְׁמֹר)(5상)라는 문구의 말의 히브리어 원문은 사실상 "노여움을 영원토록 지니시겠으며 끝까지 가지시겠나이까"라는 뜻이다. 이것은 하나님의 자비로운 돌보심을 요청하는 그 당시 유다 백성들의 기도였던 듯하다. 그러나 그들이 입으로는 이렇게 말하면서도 몸으로는 우상숭배의 악행을 그치지 않았다. 이것은 외식하는 종교 행위다. 10절을 참조하라. 겉으로만 종교적 행위를 지속하는 것은 도리어 하나님을 농락하는 일이다. 그것은 로마 군병들이 가시나무로 면류관을 만들어 예수님의 머리에 씌우고 자색 옷을 입힌 다음에 그 앞에 와서 말하기를, "유대인의 왕이여 평안할지어다"라고 하면서 손바닥으로 때린 것과 마찬가지다(요 19:1-3). 그들이 외식으로 예수님을 왕으로 추대한 것은 도리어 그를 괴롭히는 악행이었다. 겉치레로 하는 종교 행위는 하나님을 괴롭히는 일일 뿐이다. 그뿐 아니라 겉치레로 종교 행위를 계속하는 일은 그들 자신에게도 괴로움을 가져다준다. 이사야 1:14, 43:22-24을 참조하라.

4. 그들은 다른 사람들이 우상숭배로 말미암아 징계받는 모습을 뚜렷이 보면서도 그들 자신이 깨우치지 않는 죄를 범하였다(6-10절).

요컨대 요시야 왕 시대에 북 왕국 이스라엘이 "배역"(מְשֻׁבָה)했다고 표현하는데, 이 용어는 본문에서 북 왕국 이스라엘의 우상숭배를 가리키는 고유명사와 같이 사용되었다(참조. 6, 8, 10-12절). 남 왕국 유다의 백성들은 북 왕국의 백성들이 우상숭배의 죄를 범하고도 회개하지 않는다는 사실을 잘 알고 있었으며(6-7절), 또한 마침내 이스라엘이 징계받아 멸망하는 모습을(BC 722년) 두 눈으로 목격하였다. 예레미야는 그런데도 유다가 회개하지 않고 계속하여 우상을 섬겼으니 그것이 큰 죄악이라고 외쳤던 것이었다(BC 622년경). 다른 사람들이 벌을 받을 때 그것을 지켜보는 자는 자신도 그런 벌을 받아 마땅한 죄인인 줄 알고 철저히 회개해야 한다(참조. 눅 13:1-5). 9절에서 "더럽혔"다는 동사는 히브리어로 "하나프"(חָנַף)인데, 이는 극심하게 더럽혔다는 의미다.

설교▶ 북 왕국 이스라엘에게 회개하라고 권면함(12-18절)

이스라엘을 향해 돌아오라는 권면의 말씀이 두 번 반복하여 선포되는데, 이는 그들에게 희망을 주는 일이었다(12, 14절).

1. "나의 노한 얼굴을 너희에게로 향하지 아니하리라 나는 긍휼이 있는 자라 노를 한없이 품지 아니하느니라"라는 말씀으로 소망을 주신다. 죄인들에게 주시는 "돌아오라"라는 말씀은 듣기에 거슬리는 불편한 말씀이 아니고, 도리어 그들이 환영해야 할 자비로운 말씀이다. 죄인들은 하나님의 이와 같은 자비를 소망으로 삼아 자원하는 마음으로 회개하여야 한다. 또한 여기서 하나님께서는 그들의 돌아온다는 말이 무엇을 의미하는지 밝히셨는데, 한마디로 그들이 죄를 자복하는 것이다(12-13절).

2. 14-18절에도 돌아오라고 하시면서 소망을 주시는 말씀이 따른다.
1) 하나님께서는 자신이 그들의 "남편"과 같은 이라고 말씀하시며 소망

을 주신다(14절).

2) 하나님께서 그들을 권하시되 그들을 단체로 대하시기보다는, 각 사람을 개별적으로 다루시면서 그들을 하나님이 거하시는 장소인 시온으로 데려오시겠다고 말씀하신다. 이것이 구원의 따뜻한 소망이다(14하).

3) 그들에게 하나님의 **"마음에 합한 목자들을"** 세우겠다고 말씀하신다(15절). 이것은 유다 백성들이 포로 되었던 자리에서 회개하고 본국으로 돌아온 후에 그들을 선한 지도자들이 이끌어갈 일을 예언하는 말씀이기도 하다. 그러나 그와 동시에 오랜 세월이 흘러 신약 시대에 그리스도로 말미암아 참된 지도자들이 나타날 것을 가리키기도 한다.

4) 신약 시대의 영적 예배가 어떠할지를 보여준다(16절). 신약 시대에는 영적 이스라엘, 다시 말해 그리스도를 믿는 신자들이 **"번성하여 많아질"** 터인데, 그때 그들은 **"언약궤"** 를 중심으로 하는 구약 시대의 예배를 드리지 않고, 다만 영과 진리로 이루어지는(요 4:24) 예배를 드리게 될 것이다. "언약궤"에 대하여는 다음 구절들을 참조하여라. 출애굽기 25:17-22, 29:42, 31:18, 34:28, 40:3, 5, 20, 레위기 16:14-19, 민수기 7:8-9, 사무엘상 4:3, 사무엘하 6:2, 열왕기하 19:15, 시편 80:1, 99:1.

5) 유다 백성의 종교는 "예루살렘"(요 4:22)으로 상징되는데, 이것은 세계 만민이 우러러보고 그리로 향하는 종교가 될 것이다(17-18절). 이 종교를 믿는 자들은 **"유다 족속"** 이나 **"이스라엘 족속"** 이나 모두 하나가 된다. 이것은 세계 만민이 그리스도를 참되이 믿을 때 원칙상으로는 하나를 이루게 됨을 의미한다.

선지자가 이스라엘 백성이 회복될 것을 말하면서 멀리 신약 시대의 영적 축복을 소개한 것은 엉뚱한 일처럼 보인다. 그러나 하나님 백성의 참된 회개가 그리스도로 말미암아서만 성취될 것을 내다보는 것은 자연스럽다. 위에 말한 것과 같이 죄인이 하나님께로 돌아오는 일은 소망 있는 일로 귀결될 뿐이다. 회개는 그만큼 좋은 일이다. 고린도후서 7:8-10을 참조하라.

19-22상 이 부분에서는 하나님의 경영과 반대로 나가는 이스라엘 자손의 잘못을 지적한다. 말하자면 하나님께서는 스스로 경영하시기를, 이스라엘을 **"자녀"**로 삼으시고, **"귀한 땅"**(가나안 땅)을 그들에게 주시고, 그들이 하나님을 **"아버지"**라고 부르며 섬기도록 하셨다(19절). 그러나 **"이스라엘"**은 **"아내가 그의 남편을 속이고 떠나감 같이"** 하나님을 **"속였"**다. 그 결과로 그들은 우상을 섬기는 **"헐벗은 산**(나무 없는 붉은 산) **위에서"** 그들의 문제도 해결 받지 못하고, 고통으로 말미암아 **"애곡"**할 뿐이다. 다시 말하면 이 고통은 그들이 하나님을 잊어버린 결과로 받는 보응이다(20-21절). 그러므로 그들은 이제라도 여호와 하나님께서 "돌아오라"라고 부르시는 자비로운 음성을 따라 그에게로 돌이켜야 한다(22상). 하나님은 이스라엘을 이처럼 사랑하셨으나 이스라엘은 하나님을 배반하였다. 그것은 사랑을 저버린 죄악이었다. 사랑을 저버리는 것처럼 뼈아픈 일은 없다.

22하-25 이 부분은 위에 기록된 말씀에서 회개하라는 권고를 받은 북 왕국 이스라엘의 회개를 진술한다. 다시 말하면 선지자가 장차 북 왕국 이스라엘에 회개 운동이 일어날 것을 보여줌으로써 남쪽 유다 나라를 부끄럽게 하였다는 것이다(Calvin). "이스라엘은 회개하는데 어찌하여 유다는 회개하지 않는가?"라는 암시가 이 부분에 포함되었다.

여기 기록된 회개의 언사 중에 몇 가지 중요한 요소가 있다. ① 그들이 **"주께"** 돌아옴(22상). ② **"여호와"**를 **"하나님"**으로 모심(22절). ③ **"작은 산들과 큰 산 위에서 떠드는 것은 참으로 헛된 일"**이라는 사실을 깨달음. 요컨대 여기 기록된 말씀에서 회개하는 자는 산들 위에서 무리가 행하는 우상숭배가 헛된 줄 알며, 구원은 여호와께만 있다는 것을 깨닫는다(23절). ④ 그들이 당하는 **"부끄러운"** 일, 다시 말해 외세의 침략을 받아 가축과 자녀들을 잃게 된 것은 그들의 죗값이라는 사실을 자인함. 그들의 죄는 여호와의 목소리를 청종하지 않은 것이었다고 말한다. 하나님께서 사람들에게 자신의 모습을 보여주시지 않고 그 대신 그의 말씀을 주시기로 선택하셨는데, 그의 말씀을 순종하지 않는 것은 바로 하나님의 권위를 무시하는 죄악이다. 이스라엘 사람들은 그 죄의 대가로 지금 징계를 받는다는 사실을 깨닫는다. 그것이 회개하는 자의 자세다(24-25절; 참조. 눅 23:41).

| 설교자료

1. 사람들이 거들떠보지도 않은 흉악한 죄인이라도 회개하기만 하면 하나님은 그를 받아주신다. 하나님은 아무리 큰 죄인이라도 돌이키기를 원하시고 그를 찾으신다(1절).

2. 사람은 마땅히 자기가 잘난 줄로 아는 재미에 취해서 살지 말고, 자기가 범한 죄악이 얼마나 크고 많은지 깨닫고 마음이 낮아져서 회개할 줄 알아야 한다(2절).

3. 누구든지 자신이 당하는 모든 고통은 마땅히 자기 죄로 말미암은 것인 줄 알고 부끄럽게 여기며 겸손해져야 한다(3절).

4. 경건한 모양만 가지고 악을 행하는 자들은 도리어 경건한 모양을 가지지 아니한 악인보다 더 많은 죄를 가지고 있다(5절).

5. 다른 사람이 징계받는 것을 보고 자기를 반성하는 자는 하나님의 기대에 부응하는 자다. 왜냐하면 하나님께서는 나를 깨우치시기 위하여 다른

죄인들을 벌하시는 일들이 있기 때문이다(6-11절).

6. 회개는 언제든지 소망 있는 일이다. 12-18절 해석을 참조하라.

7. 하나님은 그의 백성을 언제든지 사랑하시어 가장 좋은 것을 주려고 하시는데도 그들은 이러한 사실을 모르고 늘 주님을 배반한다(19-21절).

8. 참된 회개는 진리를 고백하며 진실 위에서 살아가려고 힘쓰는 것이다. 22하-25절 해석을 참조하라.

제 4 장

✤ 내용분해

1. 회개를 진실하게 하라는 권면(1-4절)
2. 회개하지 않은 결과로 오게 되는 바벨론의 침략과 유다와 예루살렘의 참상(5-31절)

✤ 해석

1-2 여호와께서 이르시되 이스라엘아 네가 돌아오려거든 내게로 돌아오라 네가 만일 나의 목전에서 가증한 것을 버리고 네가 흔들리지 아니하며 진실과 정의와 공의로 여호와의 삶을 두고 맹세하면 나라들이 나로 말미암아 스스로 복을 빌며 나로 말미암아 자랑하리라. 이 구절들은 앞장 22하-25절에서 이스라엘 백성들이 회개하면서 했던 언사들에 대해 여호와께서 답변하시는 말씀이다. 요컨대 그들이 회개하려거든 진실하게 하나님께로 돌이키는(אֵלַי תָּשׁוּב) 회개를 하라는 것이다.

설교 ▶ 진실한 회개(1-2절)

1. 진실한 회개의 요건은 가증한 것을 버리고 요동하지 않는 일이다.

"가증한 것"은 우상숭배를 뜻하는데, 그것이 하나님과 신자 사이를 가로막고서 하나님과 신사들이 교통하는 일을 방해하는 것이다. 신약 시대에는, 명예, 가정, 금전, 학문, 가사, 국사 등을 하나님처럼, 혹은 하나님보다 더욱 사랑할 때 그것들이 우상이 된다. 그러므로 십계명의 제1계명에 말하기를, "너는 나 외에는 다른 신들을 네게 두지 말라"(출 20:3)라고 하였다. 회개한다고 하면서 그들이 즐겨하던 악한 행위를 버리지 않는다면 그것은 하나님과 사람을 속이는 한 가지 죄를 더하는 일이 된다. 그리고 진심으로 회개하는 자들은 악한 행실을 버린 뒤에라도 흔들리지 않아야만 참다운 회개를 이룬다. 신앙생활에서 요동하는 자는 주님에게서 아무것도 얻지 못한다. 야고보서 1:6-8에 말하기를, "오직 믿음으로 구하고 조금도 의심하지 말라 의심하는 자는 마치 바람에 밀려 요동하는 바다 물결 같으니 이런 사람은 무엇이든지 주께 얻기를 생각하지 말라 두 마음을 품어 모든 일에 정함이 없는 자로다"라고 하였다. 하나님께서는 머뭇머뭇하며 요동하는 자, 다시 말해 차갑지도 않고 덥지도 않은 자를 기뻐하시지 않는다(참조. 3:15-16). 엘리야는 회개의 태도가 확실하지 못한 이스라엘 백성을 꾸짖어 말하기를, "너희가 어느 때까지 둘 사이에서 머뭇머뭇 하려느냐 여호와가 만일 하나님이면 그를 따르고 바알이 만일 하나님이면 그를 따를지니라"라고 하였다(왕상 18:21).

죄를 회개한 뒤에 마음이 흔들려서 다시 그 죄를 범하는 것은 "개가 그 토하였던 것에 돌아가고 돼지가 씻었다가 더러운 구덩이에 도로 누웠다"라는 속담에 이른 말과 같다(벧후 2:22). 사람이 죄에서 떠났다가 또다시 범하게 되는 이유는 ① 죄가 우리의 생명을 해롭게 하며 죽이는 것이라는 사실을 확신하지 못하기 때문이다. 우리의 생명을 죽이는 것은 오직 죄뿐이니, 독약을 피하는 것보다도 죄를 더욱 힘써 피해야 할 것이다. 사람이 자기 피부에 상처 받는 일을 피하는 것은 그의 본능이다. 그런데 어떻게 살갗보다 훨씬 더 귀한 영혼을 죽도록 만드는 죄를 피하지 않고 허용하는 것일까? 누가 죽기를 원하겠는가? 죄를 범하는 것이 자신을 죽게 하는 일이라는 것을 확실하게 아는 자는, 죄를 피하는 일에 흔들리지 않는다. 죄를 피하지 않는 자야말로 죽음을 자취하는 자다. 그러므로 에스겔 선지자는 범죄하는 자들을 꾸짖어 말하기를, "이스라엘 족속아 너희가 어찌하여 죽고자 하느냐"(겔 18:31)라고 하였다. 그러므로 사람이 회개하고 죄를 떠난 후에는 꿈에라도 그들이 과거에 저지른 잘못을 되풀이하지 않으려고 한다. 소도 한 번 빠졌던 구덩이에 다시 들어가지 않는다. ② 사람이 어떤 죄를 회개하고도 또다시 그 죄를 범하게 되는 또 한 가지 이유는 그가 아직 그의 죄를 미워하는 은혜를 받지 못했기 때문이다. 그가 회개하며 깊이 기도하여 은혜를 받은 다음에는 그가 범하던 죄에서 멀어질 뿐 아니라, 그것에 대하여 혐오하고 역겨워하는 마음을 품게 된다. 왜냐하면 이제 그는 은혜를 받아 그러한 죄를 반대하고 의를 즐거워하는 마음을 가졌기 때문이다.

2. 진실한 회개의 또 한 가지 요건은 주님을 믿는 것이다.

본문에서는 "진실과 정의와 공의로 여호와의 삶을 두고 맹세"함에 대하여 말한다. "진실과 정의와 공의"는 내용상으로 동일한 의미를 전달하는 용어들인데, "진실"(אֱמֶת "에메트")은 정죄하시는 하나님 앞에서 자기가 죄인임을 진실히 고백하는 것을 뜻하고, "정의"(מִשְׁפָּט "미슈파트")는 죄인이 그에게 임한 하나님의 심판을 정당하게 여기는 것을 뜻하고(시 51:4), "공의"(צְדָקָה "체다카")는 정죄하시는 하나님 앞에서 올바른 태도를 보여주는 것을 뜻하는데, 말하자면 앞에 나온 진실과 정의의 태도를 가리킨다. "여호와의 삶을 두고 맹세"한다는 말은 죄인이 살아 계신 하나님 앞에서 "주께로 돌아오겠습니다"라고 자백하는 신앙 행위로서 사실상 하나님을 경외하며 섬기며 가까이 하는 일을 가리킨다(참조. 신 6:13; 10:20). 진정한 회개는 이렇게 하나님께로 돌아오는 것으로 귀결된다. 악한 행실을 고치는 일 정도는 불신자들이라도 얼마든지 할 수 있다. 그런데 하나님께로 돌아와 하나님을 모신다는 것은 우리가 실천하기 어려운 하나의 이상이 아니다. 누구든지 자기 죄를 진실과 정의와 공의로 하나님 앞에서 해결하면 그것을 해결하는 순간에 자연스럽게 하나님께로 돌아오게 되는 것이다. 예레미야애가 3:30-32에 말하기를, "자기를 치는 자에게 뺨을 돌려대어 치욕으로 배불릴지어다 이는 주께서 영원하도록 버리지 아니하실 것임이며 그가 비록 근심하게 하시나 그의 풍부한 인자하심에 따라 긍휼히 여기실 것임이라"라고 하였다. 누구든지 자기 죄에 대하여 하나님의 눈앞에서 회개하며 낮아지면, 하나님께서 그에게로 찾아오신다. 스가랴 1:3에 말하기를, "만군의 여호와께서 이처럼 이르시되 너희는 내게로 돌아오라 만군의 여호와의 말이니라 그리하면 내가 너희에게로 돌아가리라 만군의 여호와의 말이니라"라고 하였다. 우리와 하나님 사이의 거리가 아무리 멀어도 문제 될 것이 없는 이유는 우리가 하나님께로 돌아가는 일을 올바르게 시작하기만 하면 우리가 그처럼 머나먼 거리를 모두 가지 않아도 하나님께서 먼저 우리에게 찾아와주시기 때문이다. 그러므로 거리가 무한히 멀다고 해도 우리는 걱정할 것이 없다.

"나라들이 나로 말미암아 스스로 복을 빌며 나로 말미암아 자랑하리라." "나로 말미암아 스스로 복을 빌며"라는 말은 모든 복의 근원이 하나님이심을 안다는 뜻이며, "나로 말미암아 자랑"한다는 말은 하나님을 믿고 의지하는 것을 가리킨다. 이렇게 이방인들이 하나님께로 돌아오게 되는 것은 그들보다 먼저 믿은 하나님의 백성, 특별히 신약 시대의 성도들이 참되이 회개한 결과다. 하나님을 공경하는 자들은 세상 사람들에게 등불과 같아서 그들이 바라보아야 할 표준이 되는데, 하나님의 백성이 회개의 열매를 맺으면, 이처럼 이방 불신자들이 구원에 이르도록 도와주는 역할을 하게 된다. 그러나 그들이 회개의 열매를 맺지 못하면 그들은 천국 문을 사람들 앞에서 닫아버림으로써 자신들도 들어가지 않고 들어가려 하는 자도 들어가지 못하게 막아버리는 결과를 낳는다(마 23:14). 그뿐 아니라 그들은 하나님의 이름을 모독하는 자가 되고 만다(롬 2:24).

3-4 여호와께서 유다와 예루살렘 사람에게 이와 같이 이르노라 너희 묵은 땅을 갈고 가시덤불에 파종하지 말라 유다인과 예루살렘 주민들아 너희는 스스로 할례를 행하여 너희 마음 가죽을 베고 나 여호와께 속하라 그리하지 아니하면 너희 악행으로 말미암아 나의 분노가 불 같이 일어나 사르리니 그것을 끌 자가 없으리라. 여기서는 위에서 북 왕국 이스라엘에 주신 말씀을 비유적으로 유다 민족에게도 주고 있는데, 요컨대 회개를 참되게 하라는 말씀이다. 여기서도 회개의 두 가지 요소를 지적하였는데, "묵은 땅을 갈"듯이 죄를 끊으라는 것(3절)과, 하나님께로 돌아와서 "여호와께 속하라"는 것이다(4절). "묵은 땅"(ניר "니르")이라는 표현은 사람의 마음을 비유하는 것이니 거기에는 가시덤불(창 3:18), 다시 말해 죄악이 뿌리박고 있다. 사람의 마음은 아담 하와 때부터 죄악에 물들어서 이어져 내려온 것이니 수천 년의 세월을 지나오면서 굳어졌고 가시덤불이 가득한 땅과 같이 되었다. 누구든지 자기를 쳐서 복종시키지 않고 자기를 주장하는 자는, 한마디로 수천 년에 걸쳐 굳어진 것을 주장하는 자와 같다. 그러므로 사람은 마땅히 이렇게 묵은 땅과 같이 굳고 악한 마음을 갈아 부드럽게 만들고 가시덤불과도 같은 죄악을 끊어버려야 한다.

여기서 "갈고"라는 말은 ① 근본적으로 자아를 거절하고 하나님의 말씀에만 순종하는 부드러운 마음을 마련하라는 뜻이다. 밭을 가는 것은 그 토지를 부드럽게 하기 위한 것이니, 자아를 거절하고 회개하는 심령도 새로운 변화를 수용할 수 있는 부드러운 것이다. 예로부터 사람이 굳은 마음을 가지고 날마다 새로워지지 않는다면 그는 죽은 자와 같다. 신자들은 묵은 땅이 보습으로 말미암아 부드러워지듯이 하나님의 율법으로 말미암아 갈아엎어지고 부드러워져야 한다. 그들은 늘 새로운 생명의 역사를 받아들일 수 있는 수용 능력을 길러야 한다. 그들은 "불치하문"(不恥下問, "아랫사람에게 묻기를 부끄러워하지 않는다")이라는 말과 같이 누구에게서나 전파될 수 있는 하나님 말씀을 겸손히 받아들여야 한다(약 1:21). ② 묵은 땅을 갈아엎는다는 말은 또한 가시덤불 같은 죄악을 제거한다는 것을 뜻한다. 하나님이 주신 은혜로운 말씀이 전파되어도 죄악의 가시덤불을 묵혀두고 있는 마음 밭에서는 열매를 맺을 수 없다. 그렇게 될 수밖에 없는 것은 하나님 말씀이 무력해서 그런 것이 아니라 하나님께서 죄악을 고집하는 심령들을 기뻐하지 않으시고 그들 가운데서 역사하시지 않기 때문이다(호 10:12).

신자들이 할 일은 자기들이 소유한 어떤 장점이나 의를 자랑하거나 의지하는 것이 아니다. 혹은 남들의 잘못을 지적하여 내가 남보다 낫다는 비교 의식에서 안전감을 느끼는 것도 신자가 할 일이 아니다. 그들은 마땅히 자신의 허물을 고치는 일에만 힘을 기울여야 한다. 마태복음 7:3-5을 참조하라.

오늘날 한국교회는 사분오열하여 각각의 교파는 다른 교파들이 잘못된다는 소식을 즐겁게 여기고 스스로 위안을 느끼게 되는데, 이는 그리스도를 바탕으로 하는 사상이 아니라, 자기의 의를 토대로 움직이는 그릇된 사상이다. 자기 교파의 허물도 드러나게 될 때가 오고야 말 것인데, 그럴 때는 어떻게 할 것인가? 그런 순간이 찾아오면 그들은 불안을 느끼게 될 것이 아닌가? 그러므로 그들은 마땅히 자기의 허물을 고치기 위하여 전심전력해야 할 것이다. 하나님만 바라볼 때 그들의 안위에는 동요가 없을 것이다. 잘한 일이 있더라도 교만한 마음을 품지 말고 하나님만 의지하고, 잘못한 일이 있더라도 낙심하지 말고 그것을 고쳐나가면서 하나님의 자비만을 고대하는 자들에게는 언제나 안전감이 있다.

"너희는 스스로 할례를 행하여 너희 마음 가죽을 베고 나 여호와께 속하라." 이 말씀은 외면적으로만 종교생활을 영위하지 말고 그것을 내면화하기 위하여 마음에 할례를 받음으로써 죄악을 끊어버리고 여호와께 돌아와 그분께 속하라는 뜻이다. 여기 스스로 할례를 행하여 "여호와께 속하라"(הִמֹּלוּ לַיהוָה)라는 말씀은 앞에 1-2절에서 이스라엘에게 보여주신 참된 회개의 실행을 시사하는 말씀이다. 참된 회개는 하나님께로 돌아가 그에게 속하는 것이다.

사람은 먼저 하나님께로 돌아가야 한다. 하나님을 떠난 삶은 죽은 생활이니 죽은 자가 무엇을 할 수 있겠는가? 먼저 살고 보아야 무엇이라도 할 수 있는 것이다. 하나님께로 돌아가야만 하나님이 나의 하나님이 되신다. 사람들은 자기 위치를 모르고 말하기를, "나는 하나님을 떠나지 않았다"라고 말하여 스스로 위로를 받는다. 그러나 토머스 거스리(Thomas Guthrie)는 말하기를, "네가 기도하는 것보다 쾌락을 사랑하거나, 성경보다 신문 읽기를 더 좋아하거나, 성전보다 자기 집에 있기를 더 좋아하면, 이는 내가 하나님에게서 멀어졌다는 증표다. 그런 경우에는 마음을 찢어 회개하여야 한다"라고 하였다. 요엘 2:13에 말하기를, "너희는 옷을 찢지 말고 마음을 찢고 너희 하나님 여호와께로 돌아올지어다"라고 하였다.

"그리하지 아니하면 너희 악행으로 말미암아 나의 분노가 불 같이 일어나 사르리니 그것을 끌 자가 없으리라." 이 말씀은 사실상 아래 5-31절 말씀에 대한 머리말이라고 할 수 있다. 말하자면 그들이 회개하지 아니하면 그들을 향한 하나님의 심판이 나타나리라는 경고의 말씀이다. 그것은 물론 바벨론의 침략을 시사하고 있다. 바벨론의 침략은 이처럼 그의 백성에 대해 하나님께서 표출하시는 분노의 표현이기 때문에 그것을 막을 자가 없다.

5-6 너희는 유다에 선포하며 예루살렘에 공포하여 이르기를 이 땅에서 나팔을 불라 하며 또 크게 외쳐 이르기를 너희는 모이라 우리가 견고한 성으로 들어가자 하고 시온을 향하여 깃발을 세우라, 도피하라, 지체하지 말라, 내가 북방에서 재난과 큰 멸망을 가져오리라. 이

말씀은 바벨론의 침략으로 말미암아 유다 나라 백성이 방위 태세를 갖춘 견고한 성읍 예루살렘으로 피신하게 되리라는 것을 가리킨다. "내가 북방에서 재난과 큰 멸망을 가져오리라"라는 말씀은 한마디로 바벨론이 유다를 대항하여 전쟁하려고 온다는 것이다. 아래 이어지는 모든 말씀은 바벨론의 침략으로 말미암아 유다 나라가 얼마나 비참하게 될 것인지를 진술한다. 이와 같은 진술을 대하면서 우리는 죄악의 참혹한 실상을 마음에 새겨야 한다. 그들이 받는 전쟁의 재앙이 이렇게 비참한 것처럼, 그들의 죄악상이 하나님 보시기에 그러하다는 것이다.

7 사자가 그 수풀에서 올라왔으며 나라들을 멸하는 자가 나아 왔으되 네 땅을 황폐하게 하려고 이미 그의 처소를 떠났은즉 네 성읍들이 황폐하여 주민이 없게 되리니. 여기서 침략자 바벨론을 수풀 속의 "사자"(אַרְיֵה "아르예")에 비유하였는데, 이는 그들의 잔인성이 유다 백성을 주저함 없이 괴롭힐 것을 가리킨다. 하나님의 진노가 그들에 대하여 이처럼 엄혹하게 임하는 이유는 그들의 죄악이 "사자"와 같이 강포하였음을 보여주기 위함이다. 그들은 이때 침략을 당하기 전까지 두려워할 줄 모르고 죄를 짓는 일에 대범하였고 완악하게 행동하였던 사실을 기억하고 회개해야 한다. 죄를 범하기는 잔인한 사자처럼 하고 그에 대한 보응은 순한 양같이 임할 것이라고 착각해서는 안 된다.

"네 땅을 황폐하게 하려고 이미 그의 처소를 떠났은즉 네 성읍들이 황폐하여." 여기에 "황폐"라는 표현이란 말이 두 번 나온다. 이것 역시 유다 민족이 범한 죄가 실상 신령한 세계에 속한 하나님의 아름다운 질서를 여지없이 파괴하여 황량한 사막과 같이 만들어버린 사실을 상기시킨다. 인류의 역사는 사회나 국가의 외형적인 질서가 황폐해지기 전에, 먼저 영적 질서가 황폐해졌다는 사실을 보여준다. 하나님께서는 그의 백성들이 영적 세계가 처한 비참한 상황을 그의 심판을 통하여 외형적 사회와 환경의 참상으로 나타내시는 일이 종종 있다. 사람이 받는 벌은 흔히 그가 저지른 죄의 성격을 보여

주기도 한다(참조. 시 18:25-26). 일례로 유다 나라 백성이 이방 신들을 섬겼기 때문에 그에 대한 벌로 이방 나라에 사로잡혀 가서 이방인들을 섬기게 되는 것과 같은 것이다. 예레미야 5:19을 참조하라.

8-9 여기서는 유다 나라 사람들이 바벨론의 침략으로 말미암아 취하게 될 비참한 태도를 진술한다. 바벨론의 침략으로 ① 일반 민중은 **"애곡"**할 것이다(8절). ② 왕과 지도자들은 국난을 당하여 **"낙심할 것이며"** 제사장들은 **"놀랄 것"**이다(9절). 국난을 당할 때 마땅히 지도자들은 흔들림 없이 지도력을 발휘하여 백성에게 가장 유익한 방법을 찾아서 일반 민중을 위로해야 할 터인데 그들이 도리어 낙심하고 놀라니 이것은 그들에게 신앙 없다는 증거다. 죄악이 차고 넘쳐서 하나님의 심판을 받는 세대는 지도자들조차도 대부분 신실하고 참된 자들이 아니기 때문에 국가에 재난이 닥쳐왔을 때 어찌할 바를 모른다. 왕들과 지도자들은 마땅히 하나님을 의지하고 담대해야 할 터인데 도리어 용기를 잃어버렸고, 제사장들은 하나님과 동행하는 자들이므로 마음이 든든해야 할 터인데 도리어 놀라는 모습을 보였고, 선지자들은 하나님과 언제나 교통하는 자들이니 뜻하지 않은 비상사태하에서도 놀라지 않아야 할 터인데 도리어 깜짝 놀랐던 것이다. 현대의 그리스도인들은 실상 모든 인류의 지도자들이라고 할 수 있는데, 그들은 마땅히 하나님과 동행하는 자가 되어 환난이 임할 때 모든 사람을 위로해야 한다.

10 내가 이르되 슬프도소이다 주 여호와여 주께서 진실로 이 백성과 예루살렘을 크게 속이셨나이다 이르시기를 너희에게 평강이 있으리라 하시더니 칼이 생명에 이르렀나이다. 바벨론이 유다 나라를 침략했을 때 유다 민족은 하나님께 속은 셈이다. 하나님께서 "속이셨"다는 말은 일찍이 거짓 선지자들이 유다 백성들에게 "평안하다, 평안하다"라고 했었는데 평안하기는커녕 도리어 바벨론의 침략을 당하게 되었다는 뜻이다. 그런데 이것은 하나님께서 직접 그들을 속인 것이 아니라, 거짓 선지자들이 그들을 속이도록 하나님께서 허용하신 것일 뿐이다.

하나님께서 그것을 허락하신 이유는 순종하지 않는 유다 백성들을 벌하시기 위함이었다. 그들이 참 선지자의 말을 순종하지 않았으므로 하나님께서 그들을 거짓 선지자에게 내어 맡기시고, 그들이 속아 넘어가도록 내버려 두신 것이다. 데살로니가후서 2:9-12에 말하기를, "악한 자의 나타남은 사탄의 활동을 따라 모든 능력과 표적과 거짓 기적과 불의의 모든 속임으로 멸망하는 자들에게 있으리니 이는 그들이 진리의 사랑을 받지 아니하여 구원함을 받지 못함이라 이러므로 하나님이 미혹의 역사를 그들에게 보내사 거짓 것을 믿게 하심은 진리를 믿지 않고 불의를 좋아하는 모든 자들로 하여금 심판을 받게 하려 하심이라"라고 하였다. 예레미야 14:13, 23:17, 열왕기상 22:20-23을 참조하라.

11-12 이 두 구절은 예루살렘에 임할 재앙의 참상에 대하여 좀 더 자세히 말하기에 앞서 머리말처럼 주어진 것이다. 요약하자면 **"이 백성과 예루살렘에 전할 자가 있"**다는 사실에 대하여 말해 준다. "전할 자", 다시 말해 말을 전달해줄 자는 누구를 가리키는가? 이는 물론 여호와 하나님이시다. 그가 전하시는 말씀은, **"뜨거운 바람**(이것은 사막에서 불어오는데, 이 바람이 불어올 때는 모든 초목이 말라 죽는다고 함)**이 광야에 있는 헐벗은 산**(수목이 없는 붉은 산)**에서"** 불어오리라는 것이다. 이 "바람"(רוּחַ "루아흐")은 하나님의 심판을 비유하는데, 구체적으로는 바벨론의 침략을 가리키는 것이다. 그것은 알곡과 쭉정이를 갈라놓는 키질과 같은 환난이 아니라 유다 나라 백성 전체에 임하는 두려운 재앙이다.

신자들은 범죄로 말미암아 하나님께 가벼운 벌을 받는 일이 있다. 그들이 그처럼 가벼운 벌을 받을 때 회개하지 않으면, 더욱 무거운 벌을 받는 법이다. 그러므로 그들은 가벼운 벌을 받을 때 그것이 하나님께서 그들을 회개시켜 정결케 하시려는 반가운 채찍인 줄 알고, 그것을 감사히 받아들이고 정성껏 회개해야 한다.

13-14 여기서는 유다 나라 백성들이 당할 전쟁의 재앙이 얼마나 무서운 것인지를 알려 주는 동시에, 그러한 재앙의 원인이 그들의 죄에 있다는 사실을 밝힌다. "**회오리바람 같**"은 바벨론의 "**병거**"와 "**독수리보다 빠른**" 바벨론의 "**말들**"을 목격하는 유다 백성들은 "**우리는 멸망하도다**"라고 탄식할 수밖에 없다. 그러나 하나님께서는 그들에 닥친 국가적인 재난을 해결할 방법이 있다고 말씀하신다. 그것은 바로 그들이 죄를 회개하는 것이다. 죄로 말미암아 임한 환난은 그 죄를 회개할 때 해결된다. 이 해결은 하나님이 살아 계신다는 증거도 된다. "우리는 멸망하도다"라고 탄식하며 절망하는 자들에게도 회개로 말미암는 구원의 길이 주어질 수 있다.

예루살렘아 네 마음의 악을 씻어 버리라 그리하면 구원을 얻으리라 네 악한 생각이 네 속에 얼마나 오래 머물겠느냐(14절). 여기서 "네 마음의 악"(רָעַת לִבֵּךְ)이라는 말과 "악한 생각"(מַחְשְׁבוֹת אוֹנֵךְ)이라는 말을 보면, 그 당시 유다 백성들에게 문제가 되었던 것이 외식이었다는 것을 알 수 있다. 그들이 겉모양으로는 종교적 의식들을 시행했으나 마음속에 품은 악한 생각은 그대로 두었다는 것이다. 그러므로 그들의 종교가 내면적으로 바로 세워지기 전에는 하나님의 심판을 면할 수 없다. 사람들이 겉으로 경건하게 종교적 제도나 의식을 지키는 것만으로는 하나님과 화목할 수 없고, 오직 심령 속의 악을 제거하여야만 하나님의 진노를 돌이킬 수 있다.

15-16 **단에서 소리를 선포하며 에브라임 산에서 재앙을 공포하는도다 너희는 여러 나라에 전하며 또 예루살렘에 알리기를 에워싸고 치는 자들이 먼 땅에서부터 와서 유다 성읍들을 향하여 소리를 지른다 하라**. 이 구절들은 하나님의 말씀을 마음 깊이 새겨듣지 않는 외식자들을 대상으로 주시는 경고의 말씀이다. 하나님의 말씀을 심령에 깊이 새기지 않고 겉모양으로만 종교인 노릇을 하는 자들은 하나님의 엄중한 말씀 앞에서도 그것을 한 귀로는 듣는 듯하나 한 귀로는 흘려보낸다. 외식하는 자들에게는 이것이 가장 큰 문젯거리다. 다시 말해 그들은 하나님 말

씀을 듣는 체하면서 실상은 듣지 않는 것이나 마찬가지다. 그러므로 선지자 예레미야는 이런 사람들을 깨우치기 위하여 바벨론의 침략에 대한 예언을 대단히 자극적인 표현들을 동원하여 전한다. 말하자면 바벨론의 침략이 그가 예언하는 시간에 당장 이루어질 것처럼 엄포를 놓기를, "단에서 소리를 선포하며 에브라임 산에서 재앙을 공포하는도다"라고 하였다. 여기서 "단"은 이스라엘의 북쪽 끝에 있는 지역으로써 북방의 이방 나라 군대가 들어오는 길목을 뜻하며, "소리"라는 말은 적군의 침략을 알리는 경보 소리를 뜻한다. 그리고 "에브라임 산"은 유다 왕국에 접해 있는 북 왕국 이스라엘을 대표하는 산이다. 미래에 벌어질 사건에 대한 그의 확신을 표시하는 어법이다. 그는 또한 유다 나라에 대한 바벨론의 침략이 이루어질 사실에 대하여 유다와 예루살렘에뿐만 아니라 이방 나라들에도 알리라고 하였다. 그가 이렇게 말하는 이유는 바벨론의 침략에 대한 그의 예언을 외식하는 유다 백성들이 진지하게 들어주지 않았기 때문이다. 그들이 진지하게 마음을 다해 들어주지 않을 바에는 차라리 이방인들에게라도 이 예언을 전하여 그것이 성취될 때 여호와 하나님이 살아 계신다는 사실을 그들이라도 알게 하라는 것이다.

17-18 그들이 밭을 지키는 자 같이 예루살렘을 에워싸나니 이는 그가 나를 거역했기 때문이니라 여호와의 말씀이니라 네 길과 행위가 이 일들을 부르게 하였나니 이는 네가 악함이라 그 고통이 네 마음에까지 미치느니라. 여기서는 외식하는 유다 백성들이 예레미야의 예언을 마음 깊이 듣지 않고 회개하지 않는 한 바벨론으로 말미암은 전쟁의 재앙은 피할 수 없다고 경고한다. 그 전쟁의 재앙이 "예루살렘을 에워싸"기를, "밭을 지키는 자 같이", 다시 말해 치밀하게 할 것이기 때문이다. 그렇게 될 수밖에 없는 이유는 그들의 죄악 때문이었다. 여기서 예레미야는 그들이 당하는 재앙에 대하여 그들이 다른 누구를 원망하거나 탓할 이유가 없고 오직 자신을 탓하고 회개해야 한다는 것을 암시한다. 하나님을 알지 못하는 옛 성현들도 말하기를, "모든 일을 자기에게서 찾아보라"(反求諸己)라고

하였다. 이렇게 사람의 불행이 자기 자신의 잘못에 달려 있다는 것은 너무나도 명백한 사실이다.

19-22 여기에는 장차 바벨론의 침략으로 말미암는 유다의 비참한 정경을 예견하는 선지자의 심리적 고통이 진술된다.

이는 나의 심령이 나팔 소리와 전쟁의 경보를 들음이로다. 이 말씀은 그가 바벨론의 침공에 대하여 예언하는 것은 확신 없는 말이 아니고 그의 심령에서부터 벌써 전쟁의 나팔 소리를 듣는 것처럼 하나님의 감동으로 그 일을 말미암아 분명하게 느낀다는 것이다. 그가 이렇게 말하는 이유 역시 바벨론 침략에 대한 예언을 진지하게 받아들이지 않고 믿지 않는 외식하는 유다 백성들을 깨우치기 위함이다. 선지자 예레미야가 유다의 장래에 대하여 현재의 사실처럼 확실히 말하였을 때 유다 사람들이 진지하게 귀 기울여 들어주지 않는다는 사실을 그가 안타까워했다. 그러므로 그는 계속하여 그들을 자극할 만한 용어들을 많이 사용하여 말하기를, "**패망에 패망이 연속**"한다고 하였다. 말하자면 전쟁으로 말미암는 재앙이 오래 지속될 것이라고 말함으로써 그들을 두렵게 만든 것이다.

나의 장막과 휘장은 갑자기 파멸되도다. 이 말은 외식하는 유다 사람들이 의지하는 무장 지대, 다시 말해 성벽이 있는 도시들을 "장막"이나 "휘장"과 같이 견고하지 않아서 신뢰할 수 없는 것으로 여기게 하고, 그것들이 전쟁 때에 "갑자기 파멸"될 것임을 시사하는 것이다. 그는 또한 그처럼 전쟁의 재앙이 계속되는 것을 심히 괴로워하는 의미에서 말하기를, "**내가 저 깃발**(적군의 군기)**을 보며 나팔 소리**(적군의 전쟁 준비 나팔 소리) **듣기를 어느 때까지 할꼬**" 라고 탄식한다.

그는 이처럼 외식하는 유다 백성들이 바벨론의 침략에 관한 예언에 대하여 무감각하고 우매하게 반응하는 것을 깨우치기 위하여, 그 전쟁의 재앙으로 말미암는 자신의 고통을 표본으로 보여주었다(19-21절). 그리고 그는 이제 하나님의 대언자로서 직설적으로 그 백성의 무지를 책망한다. 그가 유다 사람들을 가리켜 **"내 백성"**이라고 표현한 것은 자기를 하나님의 대언자로 자처하고서 말하는 것이었다.

악을 행하기에는 지각이 있으나 선을 행하기에는 무지하도다. 이 말씀에 대하여 로마서 16:19, 고린도전서 14:20을 참조하라.

23-31 이 부분에 기록된 말씀은 외식하는 유다 백성들을 회개시키기 위한 설득의 말씀이다.

1) 바벨론의 침략으로 말미암아 나타날 하나님의 두려운 진노의 증표로서 유다에 임할 참상에 대하여 말한다. 여기서도 선지자는 이 참상이 미래에 이루어질 일인데도 그것이 확실하다는 의미에서 벌써 그 당시에 그 참상을 보았다고 표현한다. 이런 의미에서 **"본즉"**(רָאִיתִי "라이티")이라고 표현된 히브리어 동사는 본래 "내가 보았다"라는 과거 시제 형태를 띠고 있다. 우리 본문에는 이러한 과거 시제 동사가 네 번이나 사용되었다(23, 24, 25, 26절). 이만큼 그는 미래의 사건을 이미 과거사처럼 확신 있게 표현한다. 이런 확신은 철면피와 같이 외식하는 유다 사람들에게 자극을 줄 만하였다. 그는 이런 확신으로 장차 임할 유다의 참상을 진술할 때 그야말로 영혼을 전율하게 할 만한 표현들을 사용한다. 예컨대 "혼돈하고 공허하며"(תֹהוּ וָבֹהוּ "토후 바보후"), **"빛이 없으며"**(אֵין אוֹר "엔 오람"), **"산들을 본즉 다 진동하며"**(הֶהָרִים וְהִנֵּה רֹעֲשִׁים "헤하림 베히네 로아쉼"), **"사람이 없으며 공중의 새가 다 날아갔으며"**(הַשָּׁמַיִם נָדָדוּ "엔 하아담 베콜 오프 하샤마임 나다두"), **"좋은 땅이 황무지가 되었으며"**(הַכַּרְמֶל הַמִּדְבָּר "하카르멜 하미드바르"), **"그 모든 성읍이 여호와의 앞 그의 맹렬한 진노 앞에 무너졌으"**며(וְכָל־עָרָיו נִתְּצוּ "베콜 아라브 니타추"), **"땅이 슬퍼할 것이며 위의 하늘이 어두울 것"**(תֶּאֱבַל הָאָרֶץ וְקָדְרוּ הַשָּׁמַיִם מִמָּעַל "테에칼 하아레츠 베카드루 하샤마임 미마알")이다. 위의 일곱 가지 표현은 사람이 죄를 회개하지 않은 결과로 당할 일이 두려움과 절망과 비애밖에 없다는 것을 느끼게 한다. 이

처럼 무서운 일을 내다보는 죄인들은 회개해야 한다.

2) 유다에 임할 바벨론의 침략은 하나님께서 **"작정하신"**(זָמַתִּי "자모티")것이므로 반드시 그대로 이루어지고야 만다는 것이다(28하). 심판은 하나님이 정하신 것이니 죄인들이 어찌 막을 도리가 있겠는가? 그러므로 예레미야는 말하기를, **"모든 성읍 사람들이 도망하여 수풀에 들어가고 바위에 기어오르며 각 성읍이 버림을 당"** 한다고 하였고(29절), 유다가 이웃 나라들에 아첨하기를, 여자가 고운 옷으로 단장하고 "연인"을 유혹하듯이 하면서 도움을 받으려 하여도 이웃 나라들의 배척을 당한다고 하였다(30절). 하나님께서 그 같은 징벌을 정하셨으니, 유다 민족은 마침내 **"해산하는"** "여인"처럼 고통을 당할 것밖에 없다. 그러므로 귀 있는 자는 예레미야의 예언을 잘 청종하여 회개하여야 한다.

3) 예레미야가 유다 사람들을 회개시키기 위하여 예언하던 중에 아주 중요하고 요긴한 말씀을 한마디 덧붙이기도 하였다. 그것은 다름 아니라 27절 하반절 말씀인데, **"내가 진멸하지는 아니할 것이며"**(וְכָלָה לֹא אֶעֱשֶׂה "베칼라 로 에에세")라는 말씀이다. 이것은 하나님께서 바벨론을 유다 나라에 보내어 징벌하실 것이지만 그가 택하신 백성은 망하지 아니하리라는 언약의 말씀을 지키시기 위하여(레 26:44), 그들 가운데 남겨둘 자들이 있을 것을 가리킨다.[3] 만일 하나님께서 바벨론의 침략으로써 유다 민족을 전멸시키실 작정이셨다면 그 예언을 듣는 자들은 회개할 마음이 없었을 것이다. 그러나 남겨둘 백성이 있다는 자비로운 약속을 듣는 자들은, 아무쪼록 회개하여 그 남은 백성의 대열에 참여하고자 할 것이다.

---

3) 참조. 사 6:13; 10:20 이하; 11:11, 16; 암 9:8; 미 2:12; 5:6; 습 3:13.

| 설교자료

1. 회개는 입으로만 하는 것이 아니라 마음을 담은 참된 것이어야 한다. 말하자면 죄악을 버리고 의를 행하여 그것을 목도하는 불신자들이 하나님께 영광을 돌리게 만들어야 한다는 뜻이다. 그것이야말로 묵은 땅을 갈아엎어 하나님의 말씀이 뿌리를 내리게 하는 일이며 마음에 할례를 받는 일이다. 1-4절 해석을 참조하라.

2. 회개하지 않는 결과는 젊은 사자와 같이 인정사정없는 재앙과 황폐한 땅과 같이 쓸쓸한 멸망일 뿐이다(7-8절).

3. 하나님이 내리시는 형벌 앞에서는 권세의 소유자인 왕과 지도자들도 어찌할 방법이 없을 것이고, 깨어 있지 못하였던 제사장과 선지자들도 그저 놀랄 뿐이다(9절).

4. 하나님께서는 참된 지도자(선지자)의 말을 듣지 않는 사람들이 거짓 선지자들의 교훈을 받도록 내어 버려두시는데 그것 역시 하나님께서 그들을 벌하시는 방법이다(10절).

5. 환난이 임하는 것은 하나님의 명령에 따른 것이니 환난 가운데 처해 있는 자는 오직 하나님께 나아가 문제를 해결 받아야 한다(11-12절). 그 문제를 해결하는 방법은 죄악을 그 근원에서부터 끊어 버리는 것이다(14절).

6. 외식하는 자들은 하나님의 경고를 신중하게 마음을 담아 듣지 않는 경향이 있다. 그러므로 그들에게 할 말을 다른 증인들, 다시 말해 이방 나라

사람들에게도 전해 둘 필요가 있다. 그리하여야만 하나님께서 그들에게 경고하셨다는 증거가 확실히 후대에도 남아 있을 것이다. 죄인들이 멸망하기 전에 그 멸망에 대하여 예고하는 이유는 그 일이 예고대로 이루어질 때 모든 사람들이 하나님께서 살아계신다는 깨닫게 하기 위함이다(15-16절).

7. 환난을 당하는 자는 하나님과 다른 사람을 원망하지 말고 그 원인을 자기 자신에게서 찾아야 한다(18절).

8. 지도자는 지도를 받는 자들의 불행에 대하여 자기 자신이 당한 불행과 같이, 더 나아가 그 이상으로 슬프게 여긴다(19-21절). 로마서 9:1-3을 참조하라.

9. 하나님께서는 그 백성에게 환난을 보내시되, 그들에게 회개할 방법을 알려 주시면서 그렇게 하신다. 23-31절 해석을 참조하라.

제 5 장

✣ 내용분해

1. 예루살렘의 부패(1-9절)
2. 여호와 하나님을 무시하는 이스라엘과 유다 족속에게 적군이 침략해 들어옴(10-19절)
3. 유다 민족의 죄악을 다시 책망함(20-31절)

✣ 해석

1 너희는 예루살렘 거리로 빨리 다니며 그 넓은 거리에서 찾아보고 알라 너희가 만일 정의를 행하며 진리를 구하는 자를 한 사람이라도 찾으면 내가 이 성읍을 용서하리라. 여기 말하기를, "정의를 행하며 진리를 구하는 자를 한 사람이라도 찾으면 내가 이 성읍을 용서하리라"라고 하였으니, 과연 그 당시에 단 한 사람의 의인도 없었던가? 선지자 예레미야나 또한 그의 제자 바룩과 같은 사람은 의인이라고 할 수 없었던가? 물론 그들은 의인이었다. 그러나 여기서 말하고자 하는 바는

그들 외에는 그 당시 사회를 책임지고 있는 백성과 지도자들 가운데 의인이 없었다는 것이다. 그때 사회는 예레미야와 그의 동료들이 외치는 바른말을 듣지 않고 그들을 소외시켰다.

의인 "한 사람이라도" 있으면 예루살렘을 용서하시겠다는 말씀은 하나님께서 최대한도로 악한 사회에 대하여 오래 참아 주시는 긍휼을 보여 주신다는 뜻이다.

2-3 그들이 여호와께서 살아 계심을 두고 맹세할지라도 실상은 거짓 맹세니라 여호와여 주의 눈이 진리를 찾지 아니하시나이까 주께서 그들을 치셨을지라도 그들이 아픈 줄을 알지 못하며 그들을 멸하셨을지라도 그들이 징계를 받지 아니하고 그들의 얼굴을 바위보다 굳게 하여 돌아오기를 싫어하므로. 여기서는 유다 백성들의 외식과 그에 따르는 완악한 태도를 책망한다. 외식하는 자는 언제나 완악하다. 왜냐하면 겉치레만을 중시하는 자에게는 하나님의 말씀이 그의 중심에 침투해서 들어갈 수 없기 때문이다.

"여호와께서 살아 계심을 두고 맹세"한다는 말은 하나님을 섬기는 예배 의식을 가리키는 표현이다. 그 당시에 유다 백성들이 예배 의식을 따라하기는 하였으나 그들에게 진실한 신앙은 없었다. 그러나 여호와께서는 "진리"(진실)를 돌아보신다. 우리 본문에서 "주의 눈이 진리를 찾지 아니하시나이까"라는 물음은 주의 눈이 진리를 돌아보신다는 사실을 강조하는 수사적 의문문이다.

유다 백성들은 종교적으로 외식하는 자들이었으므로 주님의 교훈을 마음속 깊이 받아들이지 않았다. 그들은 주님의 채찍을 경험하고서도 교훈을 받지 못할 정도로 완악하였다. 종교적 외식의 결과는 이렇게 사람의 심령을 완악하게 만든다.

4-5 내가 말하기를 이 무리는 비천하고 어리석은 것뿐이라 여호와의 길, 자기 하나님의 법을 알지 못하니 내가 지도자들에게 가서 그들에게 말하리라 그들은 여호와의 길, 자기 하나님의 법을 안다 하였더니 그들도 일제히 멍에를 꺾고 결박을 끊은지라. 위에서 선지자 예레

미야는 벌써 일반 민중이 여지없이 부패했다는 사실을 지적하였다(3절). 그리고 또한 여기 4절에서는 그 사실에 대하여 결론적으로 언급한다. 이들은 "비천"(דַּלִּים)한 자들, 다시 말해 무지하고 무례한 자들로서 교육을 받지 못하였고("어리석은 것뿐이라"), "여호와의 길"(하나님의 율법)을 모르는 자들인데, 그렇다고 해서 죄책을 면하게 되는 것은 아니다. 왜냐하면 하나님의 율법은 누구나 깨닫도록 나타나 있는 것이기 때문이다. 그것은 누구에게나 살아가는 "길"로 평이하게 알려져 있으니만큼 누구나 그것을 "자기 하나님의 법"이라고 말할 수 있는 것이다. 그런데도 그들이 그것을 지키지 않았으니 죄책은 그들에게로 돌아가야만 한다. 그러므로 누구든지 하나님의 백성으로서 하나님의 법을 알지 못하여서 지키지 못하였다고 핑계할 수 없다.

선지자 예레미야는 그 당시 상류계층의 사람들 역시 하나님의 법을 "일제히" 어기고 있었다는 사실을 지적한다. 그는 이같이 말함으로써 그 당시 사회가 용서받을 수 없이 깊이 부패했다는 사실을 지적한다. 이 상류계층의 사람들은 하나님의 법에 대하여 비교적 많이 알면서도 그것을 완악하게 범하고 있었다. 그러므로 이들의 죄는 더 크다고 판단할 수 있다. "주인의 뜻을 알고도 준비하지 아니하고 그 뜻대로 행하지 아니한 종은 많이 맞을 것이요 알지 못하고 맞을 일을 행한 종은 적게 맞으리라 무릇 많이 받은 자에게는 많이 요구할 것이요 많이 맡은 자에게는 많이 달라 할 것이니라"라고 예수님은 말씀하셨다(눅 12:47-48).

무지한 자들은 하나님 말씀을 몰라서 지키지 못하였다고 핑계하나 그것도 거짓말이다. 왜냐하면 하나님의 말씀은 무식한 자들도 깨달을 수 있도록 평이하게 나타나 있기 때문이다. 그리고 유식한 자는 자기 지식을 자랑하며 그것으로 충분한 줄 알고 몸으로 행하지는 않는데, 그런 사람 역시 그의 완악한 인간성으로 말미암아 자신에게 속고 있다는 점에서는 무식한 자와 매한가지다.

6 그러므로 수풀에서 나오는 사자가 그들을 죽이며 사막의 이리가 그들을 멸하며 표범이 성읍들을 엿본즉 그리로 나오는 자마다 찢기리니 이는 그들의 허물이 많고 반역이 심함이니이다. 하나님의 심판은 죄인들이 저지르는 범죄의 정도에 알맞게 임한다. 예레미야 시대의 사회는 죄를 범하되 아주 완악하게 범했다. 우리는 그러한 사실을 3절에 나오는 "그들의 얼굴을 바위보다 굳게 하여"라는 말씀과 5절에 나오는 "그들도 일제히 멍에를 꺾고 결박을 끊은지라"라는 말씀을 보아서 알 수 있다. 굳은 옹이가 박힌 나무를 쪼개기 위해서는 날이 선 도끼가 필요한 것처럼, 완악한 죄인은 "사자"나 "이리"나 "표범"이 물어 찢는 것과 같이 인정사정 보지 않는 혹독한 심판을 받아야 한다. 사람들이 어떤 고통을 받을 때 그 고통이 수그러들지 않고 인정사정 모르는 맹수처럼 임한다면, 그들은 그 일을 통해 자기 죄가 얼마나 완악한 것이었는지를 깨달을 줄 알아야 한다. 사자나 이리나 표범이 물어 찢는 것 같은 환난 가운데 처한 자들은 이 말을 깊이 새겨볼 필요가 있다!

여기서 예레미야가 비유한 맹수들은 바벨론을 의미했을 것이다. 과연 이 예언과 같이 유다 나라 백성들은 바벨론의 침략으로 말미암아 멸망하고 말았다.

7-8 내가 어찌 너를 용서하겠느냐 네 자녀가 나를 버리고 신이 아닌 것들로 맹세하였으며 내가 그들을 배불리 먹인즉 그들이 간음하며 창기의 집에 허다히 모이며 그들은 두루 다니는 살진 수말 같이 각기 이웃의 아내를 따르며 소리지르는도다. 하나님께서는 여기서 그 백성의 죄를 두 가지로 지적하신다. 그 하나는 우상숭배의 죄악인데, 말하자면 "신이 아닌 것들로 맹세"한다는 것이고(7절), 다른 하나는 그들의 음란한 죄악이다. 그 당시 우상숭배와 음행은 서로 분리할 수 없는 현상이었다. 우상숭배는 하나님의 의지를 침범한다기보다는 하나님의 신적 위엄을 침범하는 죄악이다. 왜냐하면 그것은 만물의 창조주시며 주재자이신 참하나님 대신 거짓 신을 택하는 죄악이기 때문이다. 그리고 음행은 크게 보면 윤리적 죄

악이라고 할 수 있으나 거기서 그치는 것이 아니라 종교와도 관련된 죄악이다. 왜냐하면 그것이 하나님의 성전이라고 할 수 있는 사람의 몸을 더럽히는 죄악이기 때문이다(참조. 고전 6:13-20). 그러므로 하나님을 섬기는 성결의 도에 있어서 음행은 금물이다. 데살로니가전서 4:3-8을 참조하라.

9 여기서는 하나님께서 유다 사람들의 죄악이 말할 수 없이 크기 때문에 그들을 "**벌하지**" 않으시려 해도 안 하실 수 없다고 말씀하신다. 이런 취지에서 그는 질문이라는 수사적 기법을 동원하여 그들을 벌하시겠다는 의지를 밝히신다.

10 너희는 그 성벽에 올라가 무너뜨리되 다 무너뜨리지 말고 그 가지만 꺾어 버리라 여호와의 것이 아님이니라. 이 말씀은 바벨론을 대상으로 주신 것이다. 유다 나라 백성을 벌하시기 위하여 바벨론을 일으키신 이도 하나님이시다. 하나님께서 택하신 백성이 환난을 당하는 것이 우연한 일이겠는가? 하나님께서는 그들의 머리털까지 세고 계신다고 말씀하시지 않았는가(마 10:35). 그러므로 택하신 백성은 환난을 당할 때 겸손해져야 하며 또한 그에게 환난을 가져온 죄가 무엇인지 찾아야 한다. "다 무너뜨리지 말고 그 가지만 꺾어 버리라"(כַּלָּה אַל־תַּעֲשׂוּ הָסִירוּ נְטִישׁוֹתֶיהָ)라는 히브리어 문구는 예루살렘 성의 기초를 무너뜨리지는 말고 성의 윗부분("그 가지")만 무너뜨리라는 뜻이다. 칼빈(Calvin)에 따르면 이 말은 예루살렘 성벽이 방어 기능을 갖지 못하도록 무너뜨리는 것을 가리킨다고 한다. 하나님께서 그들에게 이렇게 지시하시는 이유는 그가 앞으로는 그 성벽으로 그의 백성을 보호하는 일을 하지 않으실 것이기 때문이라고 한다. "여호와의 것이 아님이니라"라는 말씀이 그런 뜻이다.

11-13 여호와의 말씀이니라 이스라엘의 집과 유다의 집이 내게 심히 반역하였느니라 그들이 여호와를 인정하지 아니하며 말하기를 여호와께서는 계시지 아니하니 재앙이 우리에게 임하지 아니할 것이요 우리가 칼과 기근을 보지 아니할 것이며 선지자들은 바람이라 말씀이 그들의 속에 있지 아니한즉 그같이 그들이 당하리라 하느니라. 여기서는 또다시 이스

라엘과 유다 백성의 죄악을 지적한다. 그들의 죄악은 여러 가지겠지만 여기서는 특별히 종교적 죄악을 지적한다.

1) 그들은 하나님의 존재를 "인정하지 아니"하였다(12상). 그들이 종교적인 의식은 행하였을 것이므로(5:2), 입으로 하나님의 존재를 부인하지는 않았을 것이다. 그러나 그들이 머릿속의 사상이나 몸의 행동으로 하나님을 참으로 경외하지 않았다면 그것은 하나님의 존재를 부인한 것과 마찬가지다. 성경에는 이런 논법에 따른 주장이 많이 있다. 특히 말라기서에 이런 논증을 많이 사용한다(참조. 말 1:6-8; 2:17; 3:8; 딛 1:16). 반드시 유물론자들만 하나님의 존재를 부인하는 것은 아니며 모든 부패한 종교인들 역시 마찬가지다. 이런 부류에 속하는 이스라엘과 유다 백성들은 말하기를, 하나님의 벌로 임하는 재앙이라는 것은 없다고 주장하였다(12하).

2) 그들은 하나님이 보내신 선지자들을 무시하였다(13절). 그들은 선지자들을 가리켜 "바람"과 같이 헛된 자라고 했으며, 하나님의 "말씀이 그들의 속에 있지 아니"하다고 하였다. 여기서 "있지 않다"라고 번역된 히브리어 "엔"(אין)은 아주 강한 부정을 의미한다. 그들은 도리어 선지자들을 저주하여 말하기를, "그같이 그들이 당하리라"라고 하였으니, 이는 선지자들이 이스라엘과 유다에게 임하리라고 예언했던 "칼과 기근"은 선지자들 자신이 당하리라는 의미다. 코울스(Cowles)가 말한 것과 같이 그 당시 이스라엘 집과 유다 집에 속한 백성들은 놀랍도록 완악한 자들이고, 회의주의자들이고, 부패가 극도에 달한 자들이다.

14 그러므로 만군의 하나님 여호와께서 이와 같이 말씀하시니라 너희가 이 말을 하였은즉 볼지어다 내가 네 입에 있는 나의 말을 불이 되게 하고 이 백성을 나무가 되게 하여 불사르리라. 하나님께서는 완악한 이스라엘과 유다 사람들을 벌하시기 위하여 예레미야의 입의 말과 같이 그의 백성에게 시행하시겠다고 경고하신다. 그 백성은 선지자의 말과 같이 재앙을 당하게 될 것이므로 비유하자면 그들에 대

한 선지자의 말은 "불"과 같고, 백성은 "나무"와 같다는 것이다. 그만큼 선지자의 말은 권위를 지닌 것이다. 그의 말을 대적하는 것은 마치 마른 나무가 불을 대적하는 것과 같다. 마른 나무는 불을 대적하려 해도 대적할 수 없으며 마침내 불의 세력으로 말미암아 소멸할 뿐이다. 선지자의 말이 이처럼 권위를 지닌다는 사실을 요한계시록 11:5에서도 말씀하고 있다.

15-17 여기서는 예레미야의 예언대로 이루어질 일이 구체적으로 무엇인지를 밝힌다. 그것은 바로 유다 백성에게 막대한 고통을 가져다줄 바벨론의 침략이 임하리라는 것이다. 이 침략이 유다 사람들에게 얼마나 견디기 어려울 것인지는 다음 몇 가지 사실로 알 수 있으니, 요컨대 ① 그 침략자는 강할 뿐만 아니라 **"오랜 민족"**이니만큼 교만한 자들일 것이며(15절), ② 그 나라 사람들의 **"말"**은 유다 백성들에게 이해되지 않는 언어라는 점에서 그들을 괴롭힐 것이며(15절; 신 28:49), ③ 바벨론 군대의 **"화살통"**은 그 화살로써 사람을 많이 죽일 것이라는 점에서 **"열린 무덤"** 같으며(16절), ④ 바벨론 사람은 **"용사"**이므로 전쟁에 능숙하며(16절), ⑤ 바벨론 사람이 유다 백성들에게서 **"추수 곡물과 양식"**과 또한 **"양 떼와 소 떼"**와 **"포도나무와 무화과나무 열매를"** 빼앗으며 모든 **"견고한 성들을 칼로 파멸하리라"**는 것이다(17절).

위에서 지적하는 몇 가지는 사례는 인생들이 이 세상에서 경험할 수 있는 최대한도의 고통을 보여 주는데, 일찍이 모세도 이에 대해 예언한 바 있다(신 28:49-52). 선지자가 이처럼 두려운 말로 그들에게 경고하는 목적은 그들이 돌이켜 회개케 하려는 것이다. 하나님께서 우리에게 주시는 모든 위협 앞에서 우리는 회개의 길로 돌이켜야만 할 것이다.

18 여호와의 말씀이니라 그 때에도 내가 너희를 진멸하지는 아니하리라. 여기서도 하나님께서는 유다 백성들을 회개케 하시기 위하여 장차 임할 환난 가운데서도 일말의 소망이 남아 있음을 보여 주신다. 말하자면 그러한 환난 중에서도 그들을 **"진멸하지는 아니"**하신다는 것이다. 소망을 보여 주는 일은 회개

의 동기를 유발한다. 4:21-23 해석을 참조하라.

19 **그들이 만일 이르기를 우리 하나님 여호와께서 어찌하여 이 모든 일을 우리에게 행하셨느냐 하거든 너는 그들에게 이르기를 너희가 여호와를 버리고 너희 땅에서 이방 신들을 섬겼은즉 이와 같이 너희 것이 아닌 땅에서 이방인들을 섬기리라 하라.** 유다 백성들은 장차 당할 전쟁의 재앙에 대하여 아직도 그 이유를 깨닫지 못한다. 이만큼 그들은 죄로 마음이 굳어졌다. 이렇게까지 완악해진 자들에게는 하나님의 징벌이 임하지 않을 수 없다.

바벨론으로 말미암은 전쟁의 재앙을 불러온 그들의 죄악이 여러 가지겠지만(26-28절), 그중에서도 뿌리가 되는 죄악은 그들이 이방 우상들을 섬긴 죄다. 그들은 이방 신들을 섬긴 죄로 말미암아 이방 땅에 사로잡혀 가서 이방인들을 섬기게 될 것이었다. 이러한 사실도 하나님이 죄인을 벌하시는 일에서 나타내신 그의 보응의 공정성을 밝혀준다. 이방 신들을 섬긴 자들이 이방인의 종이 되도록 벌하신 일은 하나님이 살아 계셔서 시행하시는 일이 아니고 무엇이겠는가? 그는 사람을 벌하시되 그들의 죄악에 상응하는 벌을 주시는 일이 많이 있는데, 그것이 그가 살아 계신 하나님이라는 증거다. 시편 18:25-26에 말하기를, "자비로운 자에게는 주의 자비로우심을 나타내시며 완전한 자에게는 주의 완전하심을 보이시며 깨끗한 자에게는 주의 깨끗하심을 보이시며 사악한 자에게는 주의 거스르심을 보이시리니"라고 하였다.

20-23 하나님께서는 여기서 유다 백성들이 하나님을 알지 못했던 사실("어리석고 지각이 없으며", 21절)과 그들이 하나님을 경외하지 않았던 사실("너희가 나를 두려워하지 아니하느냐 내 앞에서 떨지 아니하겠느냐", 22상)에 대해 책망하신다. 하나님은 그들이 짐승보다 낮은 무생물인 **"파도"**만도 못하다고 말씀하신다(22하). "파도"는 아무리 **"거세게"** 일어도 바다의 한계를 **"넘지"** 않는다. 그것은 그들조차도 하나님께 순종한다는 증표다. 저렇게 무감각한 "파도"도 하나님이 정하신 한계를 넘어가지 않는데, 유다 백성들은 하나

님께서 정하신 모든 율례를 범해왔던 것이었다.

이것은 하나님께서 우리 인생들이 자연 만물을 관찰함으로써 하나님의 주권을 깨닫도록 하시는 중요한 말씀이다. 불신자들은 자연 만물을 통해 하나님의 능력을 깨닫지 못하지만, 신자들은 마땅히 그것을 깨달아야 한다. 그러므로 어떤 경건한 신학자는 자연 만물을 가리켜 하나님의 능력과 그의 섭리를 알게 하는 책이라고까지 말한다. 물론 이 책은 성경을 아는 자라야 깨달을 수 있고 설명할 수 있다.

24-25 이 구절들은 자연 세계가 운행하는 원리를 관찰하고서도 하나님을 경외하지 않는 죄를 지적한다. 하나님께서는 "**이른 비**"(םשֶׁגֶּ "게쉠")를 주심으로써 곡식을 심게 하시며, "**늦은 비**"(מַלְקוֹשׁ "요레")를 주심으로써 곡식을 결실케 하신다. 이른 비와 늦은 비가 때맞춰 내리는 것이 어찌 우연한 일이겠는가? 그런 일을 우연으로 돌리고 하나님을 경외하지 않는 자는 큰 죄를 범하는 자다. 그러한 죄악으로 말미암아 유다 백성들은 "이른 비"와 "늦은 비"의 축복을 받지 못하는 일이 있었다. "**너희 허물이 이러한 일들을 물리쳤**"다는 말씀이 그런 뜻이다. 인간의 죄로 말미암아 자연계가 순탄하게 돌아가지 못하는 경우는 인류 역사에서 종종 목격되어왔다. 그러므로 자연계의 재난을 바라보는 성도는 무엇보다도 먼저 그들의 죄를 생각하고 회개의 마음가짐을 가져야 한다.

26-27 **내 백성 가운데 악인이 있어서 새 사냥꾼이 매복함 같이 지키며 덫을 놓아 사람을 잡으며 새장에 새들이 가득함 같이 너희 집들에 속임이 가득하도다 그러므로 너희가 번창하고 거부가 되어.** 여기서는 유다 백성들이 다른 사람을 속이고 그들의 재산을 약탈한 죄악을 지적한다. 하나님께서는 그들이 "새 사냥꾼"과 같다고 하셨다. 그들이 다른 사람을 속여 빼앗은 재물은 마치 새 사냥꾼이 "새장에" 가득 잡아넣은 "새들"과 같다고 하신다.

"너희 집들에 속임이 가득하"다는 말은 그들이 속여 빼앗은 재물이 그들의 집에 가득하다는 뜻이다. 사람이 탐심을 이기지 못하면 결국 남을 속여서라도 재물이나 이권을 취하려고 덤벼든다. 왜냐하면 탐심은 불과 같아서 한 번 일어난 다음에는 누그러뜨리기가 어렵기 때문이다. 그러므로 탐심은 일어나기 전에 미리 방지해야 한다. 하나님을 경외하지 않는 자들의 마음속에는 탐심이 왕 노릇을 한다. 어떤 사람은 재물을 탐하지는 않으나 그 대신 명예, 지위, 권리, 인기 등을 탐하기도 한다. 유다 백성들이 이렇게까지 탐심의 종이 된 이유는 그들이 하나님을 저버렸기 때문이었다(12, 22-23절). 하나님을 참으로 섬기지 아니한 그들의 마음속에는 탐심의 우상이 일어날 수밖에 없었다. 골로새서 3:5을 참조하라.

28 본 절은 앞 절 말씀을 이어받아 유다 백성들이 탐심을 채우기 위하여 불쌍한 자들의 **"송사"**를 **"공정하게 하지 아니하"**는 죄악을 지적한다. 불쌍한 자들을 도와주지 않는 것도 죄악인데(잠 21:13), 하물며 그들을 압제하고 탈취하는 것은 얼마나 무서운 죄악이겠는가? 잠언 14:31을 참조하라.

29 이 말씀도 하나님께서 죄인을 벌하시는 원리가 어떠한 것인지를 알려준다. 말하자면 벌하지 않으려 해도 도저히 벌하지 않으실 수 없도록 가득하여 흘러넘치는 죄악을 그가 벌하신다는 것이다.

30-31 이 땅에 무섭고 놀라운 일이 있도다 선지자들은 거짓을 예언하며 제사장들은 자기 권력으로 다스리며 내 백성은 그것을 좋게 여기니 마지막에는 너희가 어찌하려느냐. "무섭고"(שַׁמָּה "샤마")라는 히브리어 단어는 사람을 "경악하게 만드는 일"을 가리키며, "놀라운"(שַׁעֲרוּרָה = 샤아루라)이라는 말은 "더럽고 썩은"이라는 뜻인데(호 6:10; 렘 18:13; 23:14; 29:17), 이 두 가지는 하나님이 싫어하시는 죄악들을 가리킨다. 요컨대 그들의 죄악은 ① 진리를 선포해야 할 "선지자들"이 도리어 "거짓을" 말하는 것이고, ② 제사장들이 그 거짓 선지자들의 지도대로 백성을 다스린 것인데, 여기서 "자기 권력으로"라고 번역된 히브리어 "알 예데헴"(עַל־יְדֵיהֶם)은 "그들의 지도대로"라는 뜻이다. 또한 ③ 유다 백성은 그 같

은 일에 항의하지 않을 뿐 아니라 도리어 그것을 "좋게 여기"고 따라갔다. 지도자들이 옳지 않은 길을 제시할 때 이를 거부하지 않고 따라가는 것도 죄악이다.

| 설교자료

1. 어떤 사회든지 의인 한 사람을 자기 편으로 가지고 있는 것은 하나님 앞에 기쁨이 된다. 그 이유는 그 사회가 의인을 자기 편으로 용납하는 것이, ① 하나님께 순종하는 표징이며, ② 그 사회가 그 의인의 지도를 달게 받아 바로 되어가는 증거이기 때문이다(1절).

2. 외식하는 종교가들은 웬만한 재앙을 당해서는 좀처럼 회개하지 않는다(3절). 외식은 이렇게 무서운 병증이다.

3. 어떤 사회든지 죄악이 차고 흘러넘쳐서 위아래가 모두 부패하게 될 때는 무자비한 재앙이 임하는 법이다. 그것이야말로 사자나 늑대나 표범을 만나는 것과 같이 두려운 일이다(4-6절). 그러므로 경건한 자는 그 사회의 죄악상에 대하여 근심하는 마음으로 사회를 진단하고 죄인들을 깨우쳐야 한다.

4. 유다 백성들이 하나님을 믿지 않고 예루살렘 성벽을 의지했을 때, 하나님은 그 성벽을 무너뜨리셨다(10절).

5. 겉으로는 종교가의 탈을 쓰고 실질적으로는 무신론자처럼 행동하는 자는 노골적인 무신론자보다 더 악하다(12-13절).

6. 하나님께서는 한 국가라도 범죄로 말미암아 능히 멸망시키실 수 있는 능력을 지니셨다. 그런데 그가 한 개인을 벌하시지 못하시겠는가(15-17절)?

7. 하나님께서는 죄인이 회개하는 것을 언제라도 기뻐하신다. 이처럼 하나님께서는 그의 진노 중에라도 긍휼을 잊지 않으신다(18절). 하박국 3:2을 참조하라.

8. 하나님은 자신이 살아 계심을 죄인들에게 알리시기 위하여 그들의 죄에 상응하는 벌을 신묘막측하게 내리신다(19절).

9. 사람이 하나님을 깨닫지 못하는 일은 자기 자신을 무생물만도 못한 저급한 수준으로 떨어뜨리는 일이다(20-22절).

10. 하나님이 주시는 자연계의 혜택을 모르고 하나님을 저버리는 자들은 자연계의 혜택까지도 빼앗기고 만다(24-25절).

11. 하나님을 경외하지 않는 자는 마침내 탐심이라는 우상에게 사로잡혀 고아와 빈민에게서도 모든 것을 착취하고야 만다. 이렇게까지 잔인해진 사람은 더할 나위 없이 완악해진 것이라고 할 수 있다(26-28절).

12. 옳지 않은 지도자들은 엄한 심판을 받는다. 야고보는 말하기를, "내 형제들아 너희는 선생된 우리가 더 큰 심판을 받을 줄 알고 선생이 많이 되지 말라"라고 하였다(약 3:1). 또한 옳지 않은 지도자를 따라가는 백성도 벌을 면치 못한다(31절). 왜냐하면 그들이 옳지 않은 지도를 받게 된 것이, 진리를 믿지 않는 악한 고집으로 말미암은 일이기 때문이다(살후 2:11).

제 6 장

↓ 내용분해

1. 예루살렘을 정복하는 원수의 접근에 대하여(1-9절)
2. 유다 백성의 심각한 부패와 거기에 따르는 벌(10-21절)
3. 침략하여 오는 원수의 두려움과 유다 백성의 비참한 처지(22-26절)
4. 선지자의 사역 결과(27-30절)

↓ 해석

1 베냐민 자손들아 예루살렘 가운데로부터 피난하라 드고아에서 나팔을 불고 벧학게 렘에서 깃발을 들라 재앙과 큰 파멸이 북방에서 엿보아 옴이니라. 이 말씀은 바벨론 군대가 예루살렘을 향하여 진격하여 오는 모습을 현장에서 목격하고 있는 것처럼 사실적으로 표현한다. 선지자가 이렇게 말하는 이유는 죄 많은 유다 나라 백성들이 죄악으로 마비되어 장차 임할 재앙을 깨닫지 못하기 때문이다. 그들을 깨우치기 위하여서는 그 재앙이 곧바로 들이닥칠 것처럼 말해야만

했을 것이다. 이것은 장래의 사실을 영적으로 관망하는 표현법이다. 영은 장래의 일을 현실과 동일하게 다룬다. 장래 일에 대하여 무관심한 태도를 보이는 것은 육신의 생각이다.

"베냐민 자손들"이라고 부르는 것은 예루살렘에 거주하는 백성의 절반이 베냐민 지파 사람들이기 때문이다. 또한 예레미야 자신이 베냐민 지파 사람이었으므로 책망과 경고의 대상으로서 자기의 친족들을 먼저 호명하는 것은 겸손한 교훈 방법이다. 그는 이렇게 예루살렘 사람들에게 피난하라고 경고하며, 바벨론의 침략이 당장 임할 것처럼 표현한다. "드고아"와 "벧학게렘"은 예루살렘 남쪽에 있는 지방인데, 북쪽에서 내려오는 전쟁의 재앙을 염두에 두고서 인근 지역 사람들에게 피난하라고 말하는 것은 자연스러운 순서다.

"드고아"(תקוע)는 "분다"는 뜻인데, 거기서 "나팔을 불"라는 말은 일종의 수사학적 기교라고 할 수 있다. 그리고 "벧학게렘"(בית הכרם)은 고지대에 자리 잡고 있었기 때문에 "깃발"을 들기에 적합한 곳이었다. "나팔을 불"라고 말한 것과 "깃발을 들라"고 말한 것은 모두 위험이 다가온다는 암시를 나타낸다. 하나님께서는 그의 백성을 각성시키기 위하여 장차 임할 재앙이나 환난에 대하여 성경 말씀으로 예고하신다. 신자들은 언제나 장차 다가올 위험에 대하여 깨어서 분별하고 꾸준히 회개하기를 힘써야 한다.

2-3 **아름답고 우아한 시온의 딸을 내가 멸절하리니 목자들이 그 양 떼를 몰고 와서 주위에 자기 장막을 치고 각기 그 처소에서 먹이리로다.** "시온"(예루살렘)을 가리켜 "아름답고 우아한 딸"이라고 표현한 것은 예루살렘 사람들이 아무런 위험을 당하지 않고 이때까지 고요히 지내왔던 것이 마치 "아름답고 우아한 딸"의 자태와 같았다는 사실을 생각한 것이다. 그들은 고난을 겪어 보지 못하고 평안만을 누려온 자들로서 회개할 줄도 몰랐다는 것이다. 그러나 이제는 목자들이 양을 몰고 오듯이 침략자들이 군대를 몰고 이곳으로 들어와서 점령하고 자

기들의 집과 같이 이곳에서 태연히 지낼 것이라고 한다. 이 말은 이때까지 평안히 지내던 예루살렘에 대하여는 청천벽력과 같은 위협이었다.

그러므로 누구든지 평안한 때라고 하여 방심할 것이 아니라, 도리어 그 평안한 자리를 가시방석과 같이 여기고 깨어 있는 마음가짐으로 죄를 회개하며 환난 때와 같은 심정을 가져야 한다.

4-5 너희는 그를 칠 준비를 하라 일어나라 우리가 정오에 올라가자 아하 아깝다 날이 기울어 저녁 그늘이 길었구나 일어나라 우리가 밤에 올라가서 그 요새들을 헐자 하도다. 이것은 하나님께서 갈대아(바벨론) 사람들을 대상으로 주시는 말씀이다. "그를 칠 준비를 하라"(קַדְּשׁוּ עָלֶיהָ מִלְחָמָה)라는 히브리어 문구는 "시온, 다시 말해 예루살렘을 거슬러 전쟁을 거룩하게 구별하라"라는 뜻이다. 전쟁을 거룩하게 구별한다는 말은 동서고금을 막론하고 전쟁을 결심할 때는 이 일을 신중히 다루고 시작할 때도 종교의식을 동반했는데, 이런 문구는 그런 정황을 염두에 두고 하는 말씀이다. 이것은 한마디로 전쟁을 시작하라는 말과 크게 다르지 않다. "우리가 정오에 올라가자"라는 말은 갈대아 사람이 유다 백성을 침략하기 위하여 전쟁하기에 적합하지 않은 무더운 시간("정오")에 올라가자는 말이니, 그들이 그만큼 그 전쟁에 크나큰 열정을 보였다는 것이다. 그들이 그와 같이 열심을 가지게 되었던 원인은, 그들이 깨닫지 못하는 중에 하나님께서 그들이 이번 전쟁을 시작하도록 역사하셨기 때문이다. "날이 기울어 저녁 그늘이 길었구나"라는 말은 해가 기울어 그림자가 길어졌다는 뜻이다. 바벨론 군인들은 이렇게 그날 시간이 빨리 지나가는 것을 아깝게 여긴다. 그러나 그들은 밤에라도 전투를 멈추지 않고 계속하기를 원하여서 "우리가 밤에(בַּלָּיְלָה) 올라가"자고 말한다. 그만큼 그들은 이번 침략전에 열중하고 있다는 것이다. 이것은 우연한 일이 아니고 하나님께서 그 전쟁을 일으키셨기 때문에 그들에게 이런 마음이 생겼던 것이었다. 하나님께서는 택한 백성들이 회개하도록 만드시기 위하여(혹은 그들을 징계하시기 위하여) 그들의 원수를

강하게 만들어 일으키신다.

6-7 만군의 여호와께서 이와 같이 말하노라 너희는 나무를 베어서 예루살렘을 향하여 목책을 만들라 이는 벌 받을 성이라 그 중에는 오직 포학한 것뿐이니라 샘이 그 물을 솟구쳐냄 같이 그가 그 악을 드러내니 폭력과 탈취가 거기에서 들리며 질병과 살상이 내 앞에 계속하느니라. 여기서도 이번 침략전을 일으키시는 이가 여호와 하나님이시라는 사실을 보여준다. 그는 범죄한 유다 백성을 회개시키기 위하여 이렇게 무서운 침략전이 일어나도록 섭리하신다. 그는 바벨론 군대를 향하여 말씀하시기를, "나무를 베어서 예루살렘을 향하여 목책을 만들라"라고 하신다. "목책"(סֹלְלָה "솔렐라")이라는 것은 전쟁 시에 적을 공격하기 위하여 높이 쌓은 구조물이다(삼하 20:15). 6절 하반절부터는 하나님께서 이렇게 전쟁을 명하시는 이유를 보여주는데, 말하자면 예루살렘은 징벌받아야 하는 성이라는 것이다. "그 중에는 오직 포학한 것뿐이니라"라고 말씀하신 것으로 보아 그곳이 얼마나 죄악으로 가득했는지를 알 수 있다. 하나님은 자비하신 분이시므로 사람의 죄악이 가득 차서 흘러넘치기 전에는 벌을 내리시지 않는다. 그러므로 ① 우리가 죄악이 극도에 달한 사람을 볼 때는 당장에라도 하나님의 벌이 내릴 듯이 생각하고 그의 형편을 위태하게 여겨야 하며, ② 우리 자신도 죄를 쌓아두지 말고 죄를 깨달을 때마다 곧바로 회개해야 한다. 죄를 쌓는 것은 하나님의 진노를 쌓는 것과 마찬가지이다. 로마서 2:4-5을 참조하라.

7절 말씀도 예루살렘에 죄악이 얼마나 가득하고 흘러넘쳤는지를 생생하게 보여준다. "샘이 그 물을 솟구쳐냄 같이 그가 그 악을 드러내니"라는 표현은 예루살렘에서 죄악이 샘솟듯이 끊임없이 흘러나올 뿐만 아니라 그와 동시에 새로운 죄악이 속출하고 그들이 두려움 없이 대담하게 죄를 범한다는 뜻으로도 풀이할 수 있다. 그만큼 예루살렘은 죄악이 가득한 도시로 변해버렸다. "폭력과 탈취가 거기에서 들리며 질병("질병"은 히브리어로 홀리[חֳלִי]인데, 여기서는 상처를 주는 행위를 가리킨다)과 살상(구타를 의미한다)이 내 앞에 계속"한다는 말은 유다 백성들이 서로에게 이렇게 행동하고 있음을 묘사한 것이다. 그들이 하나님을 버린 결과(5:7) 이렇게 사람들이 서로에게 부도덕하고 비윤리적인 태도를 보이게 되었다. 사람들 사이에서 누릴 수 있는 참된 사랑은 하나님을 참되이 공경하는 세계에서만 발견된다. "내 앞에 계속"한다는 말로 보아 그들의 죄악이 얼마나 가득 흘러넘쳤는지를 알 수 있는데 그들의 죄악은 이처럼 하나님 앞에 끊임없이 상달되고 있다.

8 예루살렘아 너는 훈계를 받으라 그리하지 아니하면 내 마음이 너를 싫어하고 너를 황폐하게 하여 주민이 없는 땅으로 만들리라. 이 말씀은 위에서 말한 선지자의 경고가 유다 나라 백성들을 회개하게 만들려는 것이었음을 보여준다. "훈계를 받으라"(הִוָּסְרִי)라는 말씀은 회개하라는 말과 동의어다. 하나님의 훈계를 잘 받는 자는 생명을 받는다(참조. 잠 8:35-36). 그러나 하나님의 훈계를 받지 아니하면 하나님과 멀어질 수밖에 없다(참조 사 59:1-2). 그뿐 아니라 그들이 끝까지 회개하지 않을 때는 그들의 나라를 완전히 황폐하게 만드시겠다고 경고하신다.

9 만군의 여호와께서 이와 같이 말씀하시되 포도를 따듯이 그들이 이스라엘의 남은 자를 말갛게 주우리라 너는 포도 따는 자처럼 네 손을 광주리에 자주자주 놀리라 하시나니. 하나님께서는 여기서 또다시 그들의 죄악이 얼마나 심각한 것인지를 보여주신다. 그들은 원수들에게 모조리 붙잡히는 벌을 받을 만큼 죄가 가득하여 흘러넘쳤다.

"포도를 따듯이 그들이 이스라엘의 남은 자를 말갛게 주우리라." 이 말씀은 포도를 추수한 후에 사람들이 이삭을 줍듯이(포도를 딴다는 말이 이삭 줍기를 의미한다), 이스라엘 백성 가운데서 많은 사람이 죽고 남은 자들을 바벨론 군대가 모조리 잡아가리라는 뜻이다. 하나님께서는 바벨론에 대하여 말씀하시기를, "너는 포도 따는 자처럼 네 손을 광주리에 자주자주 놀리라"라고 하신다. 다시 말해 포도 이삭을 줍는 자처럼 사람들을 하나하나 잡으라는 의미다.

10-11 내가 누구에게 말하며 누구에게 경책하여 듣게 할꼬 보라 그 귀가 할례를 받지 못하였으므로 듣지 못하는도다 보라 여호와의 말씀을 그들이 자신들에게 욕으로 여기고 이를 즐겨 하지 아니하니 그러므로 여호와의 분노가 내게 가득하여 참기 어렵도다 그것을 거리에 있는 아이들과 모인 청년들에게 부으리니 남편과 아내와 나이 든 사람과 늙은이가 다 잡히리로다. 하나님께서는 여기서 유다 백성들의 완악한 죄악을 다시 지적하신다. 요컨대 그들은 하나님의 말씀을 받지 않는 자들이라고 하나님께서는 탄식하신다. 그들의 "귀가 할례를 받지 못하였"다고 하셨는데, 이 말은 그들의 마음속에 자리 잡은 귀가 이 세상을 좋아하고 하나님의 말씀을 싫어한다는 것을 가리킨다(참조. 행 7:51-52; 딤후 4:3-4). 그들은 선지자를 통하여 주신 하나님의 말씀을 자기들에 대한 욕설과 같이 싫어하였다.

하나님께서는 자기 말씀을 싫어하는 자들에 대하여 진노하신다. 그 이유는 하나님이 그의 말씀을 자신의 대리자로 세우셨기 때문이다. 그러므로 예수님도 그의 말씀을 믿고 따르지 않는 자들에 대하여 말씀하시기를, "곧 내가 한 그 말이 마지막 날에 그를 심판하리라"(요 12:48)라고 하셨다. 선지자 예레미야가 하나님의 분노를 표현하기 위해 그 분노가 자기 몸에 가득하다고 말하였는데, 그것은 성령으로 말미암아 이루어지는 일이었다. 그의 분노를 그 당시 모든 사람에게 "부으리"라고 하신 것은, 그의 분노로 말미암아 환난이 모든 사람에게 미치리라는 의미다. 이만큼 선지자의 권위가 그 당시에는 하나님의 대리자였다. 그의 분노는 바로 하나님의 진노를 표현한 것이었다. 여호와의 분노가 "아이들과···청년들에게···남편과 아내와 나이 든 사람과 늙은이"에게 미칠 것이라고 하였는데, 한마디로 그때 사회의 모든 층계를 아우르는 표현이다. 한편 여기서 "늙은이"는 히브리어로 "멜레 야밈"(מְלֵא יָמִים)인데 나이가 많은 사람 중에서 노인보다는 덜 늙은 자들을 가리킨다. 심지어 아이들까지도 저런 무서운 벌을 받을 만큼 유다 나라는 죄악으로 가득 찬 사회라는 사실을 알 수 있다.

12-13 내가 그 땅 주민에게 내 손을 펼 것인즉 그들의 집과 밭과 아내가 타인의 소유로 이전되리라 여호와의 말씀이니라 이는 그들이 가장 작은 자로부터 큰 자까지 다 탐욕을 부리며 선지자로부터 제사장까지 다 거짓을 행함이라. 이 말씀은 유다 백성들이 하나님께 벌을 받아 이방인들에게 그들의 모든 소유를 빼앗길 것을 가리킨다. 그들의 소유가 이방인들의 손에 들어가게 되는 원인(13절 첫머리에서 "이는"이라고 번역된 접속사 "키"[כִּי]는 원인을 보여준다)은 그들의 "탐심"이었다. "탐심"은 재물을 무한대로 소유하고자 하는 야심에서 남의 것이라도 빼앗는 행동으로까지 발전한다. 이와 같은 탐심 때문에 그들의 재물이 남들에게 빼앗기게 되었으니, 이런 벌도 하나님이 살아 계신다는 사실을 알려주는 신묘한 성격을 지닌 응보다. 그들이 남의 것을 빼앗으려다가 도리어 자기 소유를 남들에게 빼앗기게 되었다. 이것이 바로 "남 잡이가 제 잡이"라는 속담이 의미하는 바다.

"선지자로부터 제사장까지 다 거짓을 행함이라"라는 말씀은 위에서 말한 것처럼 유다 사람들이 소유를 빼앗기는 징벌의 원인으로 주어진 말씀이 아니다. 이 구절은 아래 이어지는 14절 말씀과 문맥상으로 연결되어 있다. 말하자면 선지자들이 백성을 속여 "그 나라가 평안할 것이라"고 말했던 사실을 가리킨다.

14-15 여기서는 13절 하반절에서 선지자로부터 제사장까지 다 거짓을 행한다는 말씀을 받아 거기서 말하는 거짓의 죄상을 설명하고(14-15상), 그러한 죄악으로 말미암아 그들이 받을 벌을 말해 준다(15하). 요컨대 선지자들과 제사장들은 거짓을 행하였다고 책망하는데, 그것은 백성의 죄악을 바로 지적하여 주지 않고 **"평강하다 평강하다"**(שָׁלוֹם שָׁלוֹם "샬롬 샬롬")라고만 말하면서 뻔뻔스럽게 지냈던 일을 가리킨다. 다시 말해 그들은 죄악이 많은 사회에서 진실한 자세로 죄를 지적하여 고치려 하지 않고 그것을 대수롭지 않게 여기며 죄악을 고치는 척만 하면서 선지자의 탈을 쓸 뿐이었다. 그들 자신도 태평하게 지내며 모든 것이 형통한 줄로 알고 있었다. 그러나 이 죄에 대한

하나님의 벌도 그가 살아 계심을 보여주는 신묘막측한 형태로 주어졌다. 말하자면 그들도 다른 사람들과 마찬가지로 전쟁으로 말미암아 거꾸러뜨림을 당한다는 것이다. 그들이 "평강하다 평강하다"라고 말하면서 태평 무사한 태도를 보여주었으나 결국 그와 정반대되는 쓴잔을 마시게 되었으니, 그것이 곧 엎드러짐이다. 하나님께서 죄인을 벌하시는 방식이 여러 가지지만 그중에서도 이렇게 죄인이 기대하던 것과는 정반대의 결과를 빚어내도록 하시는 것은 그가 살아 계심을 드러내어 보여주시는 특별한 책벌 방식 가운데 하나다.

16-19 이 부분에서는 하나님께서 유다 사람들의 고집스러운 반역을 지적하시고 또한 그들이 받을 벌을 만방에 선포하신다.

1) 하나님께서 그들에게 말씀하시기를, 그 가던 **"길에 서서"**(악한 길을 멈추고), **"옛적 길 곧 선한 길"**을 알아보라고 하셨으나 그들은 고집스럽게 순종하지 않았다(16절). 라에취(Laetsch)에 따르면 "옛적 길"(נְתִיבוֹת עוֹלָם)은 홍수 이전에 족장들이 하나님을 기쁘시게 하던 길을 가리키며,[4] 그것은 메시아 약속을 신뢰하는 생활 노선이라고 한다.[5] 그러나 이것은 유다 백성이 일찍이 순전한 마음으로 하나님을 신뢰하고 사랑하던 생활방식을 가리킨다고 말할 수 있다(렘 2:2; 참조. 계 2:5).

2) 유다 백성들은 하나님이 세우신 **"파수꾼"**(선지자)의 **"나팔 소리"**(깨우치는 말씀)를 강경하게 순종하지 않았다(17절). 하나님께서는 제물보다 순종을 기뻐하시는데(삼상 15:22, 23), 그들이 이렇게도 강경하게 그리고 뻔뻔스럽게 하나님의 말씀에 순종하지 않았으므로, 하나님은 그들에게 소망을 가지실 수 없으셨다. 그러므로 하나님께서는 그들을 벌하시겠다고 **"나라들"**(세계 만방)과 **"무리"**에게까지 선포하신다(18절). 그가 이렇게 선포하시는 목적은

---
4) 참조. 창 4:4; 5:24; 6:8-9; 12:9; 욥 1:8; 2:3; 42:7-8.
5) 참조. 창 4:4; 5:29; 15:6; 49:18; 욥 19:25-27.

유다 백성들이 그의 말씀에 귀 기울이지 않기 때문에 이방인들이라도 그의 말씀을 들어 두었다가 그것이 성취될 때(다시 말해 유다 백성이 벌을 받을 때), 그들(이방인)에게라도 하나님이 살아 계심을 알게 하시기 위해서였다. "무리"(עֵדָה "에다")라는 표현은 특별히 경건한 유다 백성들을 가리킨다. 대다수의 유다 백성은 완악해졌으나 이들만은 하나님의 경고를 들을 수 있었다.

이것이 그들의 생각의 결과라 그들이 내 말을 듣지 아니하며 내 율법을 거절하였음이니라. 이 말씀을 보면, 그때 유다 백성들의 마음속에는 불순종이 깊이 뿌리박혀 있었다는 것을 알 수 있다. 그들이 입으로는 하나님의 이름을 불렀을 것이고, 여호와의 종교를 겉으로는 유지하고 있었을 것이다. 그러나 그들의 마음속에는 여호와를 경외하는 생각이 없었고, 따라서 그들의 삶에서는 여호와의 법도를 실행하지 않았던 것이었다. 그들이야말로 바울이 말한 것과 같이 "그들이 하나님을 시인하나 행위로는 부인하니 가증한 자요 복종하지 아니하는 자요 모든 선한 일을 버리는 자"였다(딛 1:16).

20 시바에서 유향과 먼 곳에서 향품을 내게로 가져옴은 어찌함이냐 나는 그들의 번제를 받지 아니하며 그들의 희생제물을 달게 여기지 않노라. 이 말씀은 유다 백성들이 신앙생활을 겉치레로 하면서 종교의식만 겨우겨우 지켜나가는 행태를 꾸짖는다. 실제 생활에서는 공의와 사랑을 등한시하면서 하나님 앞에 "유향"과 "향품"을 가져오는 일은 용납될 수 없는 일이다. "시바"(שְׁבָא)는 예루살렘에서 남쪽으로 2,500킬로미터 떨어진 아라비아반도의 동남단에 자리 잡고 있다. 하나님의 성전에서 사용되는(출 30:34) "유향"(לְבוֹנָה "레보나")을 이렇게 먼 지방에서 구해 오는 것은 크나큰 정성이라고 할 수 있다. 그러나 종교 윤리적으로 진실한 행실은 없이 형식을 차리는 일에만 힘을 다하는 것은 겉치레일 뿐인 경건이다. 그들이 "향품"(קְנֵה הַטּוֹב "카네 하토브", 머리에 붓는 향품의 재료)도 "먼 곳"에서 가져왔다고 했으니, 그들은 이처럼 종교의식에 관해서는 힘을 다했다. 여기 "먼 곳"이라는 표현은 인도를 가리킨다고 한다.

21 그러므로 여호와께서 이와 같이 말씀하시니라 보라 내가 이 백성 앞에 장애물을 두리니 아버지와 아들들이 함께 거기에 걸려 넘어지며 이웃과 그의 친구가 함께 멸망하리라.

"장애물"(מכשלים "미크숄림")을 둔다는 말씀은 걸려 넘어지게 하는 장애물을 가리키는 것인데, 이는 말하자면 아래에서 진술되는 무서운 전쟁을 가리킨다. 물론 이 전쟁은 바벨론의 침략을 뜻한다.

"아버지와 아들들이 함께 거기에 걸려 넘어지며 이웃과 그의 친구가 함께 멸망하리라." 이 말씀은 그 전쟁이 가져오는 재앙에서 피할 자가 별로 없으리라는 뜻이다. "아버지"만 아니라 그가 사랑하고 아끼던 "아들"도 그 환난을 피할 수 없고, "이웃과 그의 친구", 다시 말해 서로 도와줄 수 있는 처지에 있는 자들도 서로 도와주기는커녕 자신의 몸도 건사하지 못하고 멸망하고 만다는 것이다. 이것은 유대 민족이 하나님을 믿지 않고 다른 도움(부자 관계나 친구 관계)을 의지하며 종교적으로 외식하는 죄에 대하여 내리는 징벌이다. 종교적인 잘못은 하나님의 진노를 가장 크게 불러일으킨다.

22-26 여기서 예레미야는 멀리 "북방에서" 바벨론이 유다를 침략하게 될 일에 대하여 예언한다. 우리가 여기서 몇 가지 주의해야 할 점은,

1) **"큰 나라가 땅 끝에서부터 떨쳐 일어"**나리라는 것이다(22절). 유다를 침략할 나라가 가까운 데서 오는 것이 아니라 멀리서 온다고 하였는데, 이는 그 재앙이 확실히 하나님으로부터 말미암은 것임을 보여준다. 사람이 생각하지 못한 일이 이루어진다는 것은 하나님의 권능이 배후에서 역사하고 있다는 증거가 아닐 수 없다. 일례를 들면 우리나라에 한국전쟁이 일어났을 때 멀리서부터 유엔군이 와서 공산군의 침략을 막아 주었으니 그것은 하나님이 하신 일이다.

2) 예레미야는 완악한 유다 백성들이 장차 임할 바벨론 침략이 두려운 것임을 느끼게 함으로써 그들의 회개를 독촉하였다. 우리 본문에서는 바벨론 군대의 모습을 자세히 진술하였는데, 요컨대 **"그들은 활과 창을 잡았고 잔**

인하여 사랑이 없으며 그 목소리는 바다처럼 포효하는 소리라"(23절)라고 하신 말씀이다. 환난과 고통을 당하는 자는 그것이 얼마나 무서운 것인지를 느껴야 하며, 그로 말미암아 죄를 회개하여야 한다. 이런 의미에서 예레미야는 유다 백성들에게 말하기를, **"딸 내 백성이 굵은 베를 두르고 재에서 구르며 독자를 잃음 같이 슬퍼하며 통곡할지어다"**(26절)라고 하였다. 회개의 울음은 귀한 것이다. 사사기 2:4-5을 보면, 여호와의 사자가 길갈에서부터 보김에 이르러 그 백성의 죄를 책망할 때 그들은 울고 회개하였다. 그래서 그곳의 이름을 "보김"(울음)이라고 하였다. 사람이 난관을 당하면 울며 죄를 회개하여야 한다는 말씀을 우리는 절대적 진리로 알고 순종해야 한다. 왜냐하면 예레미야의 이러한 말씀이 바로 하나님 말씀이기 때문이다. 예레미야는 참 선지자 중 하나로서 그가 선포한 예언(특별히 메시아 예언)들이 다 이루어졌다. 선한 일이 이루어지도록 예언하는 것은 참된 선지자의 특징이다. 어떻게 좋은 것이 악한 것에서 나올 수 있겠는가? 이방 문화에도 소위 예언이라는 것이 존재하지만 그것은 선악과 무관하게 인간적인 관심사를 다루는 마술에 불과하다. 예를 들면, 앗수르 왕에게 예언한 아르벨라 여인 "이쉬타르 라타쉬아트"(Ishtar-Latashiat)의 예언이나, 애굽 왕에게 예언한 "네페르 로후"(Nefer Rohu)의 예언 같은 것이다. 이들은 선지자라고 자칭하지도 않았다. 그러나 참된 선지자들은 하나님의 말씀을 받아서 예언했으며, 더욱이 그들 자신이 그렇게 하고 있음을 확신하였다. 그런 이유에서 그들은 자기 자신의 존재는 사라지고 오로지 하나님의 대리자로 말씀하면서 하나님의 말씀을 대언할 때도 "나"라는 대명사를 사용하였다.

27-30 여기서는 하나님께서 선지자의 말씀에 순종하지 않는 자들에 대하여 최후의 판정을 내리셨다.

1) 그들을 가리켜 **"놋과 철"**이라고 하셨다(28절). 이것은 하나님의 말씀에 대한 그들의 무감각을 비유적으로 표현한 것이다. 하나님의 말씀을 아무

리 들어도 삶의 태도에 변화가 없는 자들을 하나님께서는 이처럼 소망 없는 자로 보신다.

2) 그들을 가리켜 "**내버린 은**"과 같다고 하셨다(30절). 고대에는 은을 정제하기 위하여 납을 은과 함께 도가니에 넣고 달구었다. 그렇게 하면 찌꺼기가 납과 함께 아래로 내려가고 은은 위로 올라온다는 것이다. 그러나 정제하려고 하는 광석에 포함된 은의 품질이 나쁜 경우에는 아무리 풀무로 달구어도 찌꺼기와 분리되지 않고 함께 넣은 납만 완전히 불살라지고 만다고 한다. 이런 의미에서 선지자는 말하기를, 도가니를 달구기 위하여 "풀무불을 맹렬히 불면 그 불에 납이 살라져서 단련하는 자(은을 정제하는 자)의 일이 헛되게 되느니라"라고 하였다. 이 말의 뜻은 선지자가 선포한 풀무 불과 같은 환난 예언이 유다 백성들에게 임하여도 아무런 좋은 결과를 나타내지 못한다는 것이다(Delitzsch). 다시 말하면 예레미야의 사역은 유다 백성들 가운데 불과 같이 임했으나 그들은 찌꺼기 같은 죄악과 단단히 결탁하여서 갈라지지 않았다는 뜻이다. 그들은 하나님에게서 버림받은 은과 같은 자들이 되고 만다는 것이다. 그들에 대한 선지자의 사역은 아무런 효과도 없었다. 하나님의 말씀을 효력 있게 받아들이지 않는 사회는 마침내 하나님으로부터 버림을 받는다.

설교 하나님으로부터 버림받은 자리에는 어떤 고통이 기다리고 있는가(27-30절)?

1. 어두움의 고통

우리는 어두움의 고통이 얼마나 심한 것인지 경험해보지 않고서는 알 수 없다. 스코틀랜드에서 어떤 광부들이 석탄을 캐기 위해 갱도에 깊이 들어갔는데, 그들이 등불을 가지고 들어갔으나 등이 고장이 나서 불이 꺼지고 말았다. 그들은 그때 구덩이에서 나올 수 없었다고 하니 어두운 갱도 안에서 그들의 고통은 얼마나 심하였겠는가? 그들이 그 같은 어두움에서 나오지 못하면 결국 죽을 수밖에 없는 것이다. 어두움 가운데는 ① 소망이 없다. 그러므로 성경에 말하기를 "바깥 어두운 데에 내던지라 거기서 슬피 울며 이를 갈게" 되리라고 하였다(마 22:13). ② 아무 일도 할 수 없다. 예수님께서 말씀하시기를 "밤이 오리니 그 때는 아무도 일할 수 없느니라"라고 하셨다(요 9:4). 사람이 아무 동작도 할 수 없으면 죽을 수밖에 없다. 사람이 마귀로 말미암아 어두워지면 이처럼 괴로움을 당한다. 말하자면 그는 하나님을 모르는 어두움 속에 거하는 자이니만큼 아무런 소망도 없고 참된 생명의 움직임을 취할 수도 없다.

2. 죄악의 고통

죄악의 고통도 사람이 흔히 느끼지 못하는 고통 가운데 하나다. 이것은 실상 전갈이 쏘는 것과 같이 극심한 고통이다. 고린도전서 15:56에 말하기를, "사망이 쏘는 것은 죄"라고 하였다. 죄악의 고통을 가리켜 어째서 "쏘는 것"이라고 표현했을까? 그 이유는 다음 두 가지로 설명될 수 있다. ① 죄는 언제나 유쾌하지 못한 것이면서 심령 속에 자신의 흔적을 지니고 있기 때문이다. 다윗이 고백하기를 "내 죄가 항상 내 앞에 있나이다"(시 51:3)라고 말씀했던 것이 그런 뜻이다. 사람이 하나님 앞에 서려고 할 때마다 그가 범한 죄악이 그의 양심을 찔러서 서지 못하게 만든다. 시편 130:3에서 "여호와여 주께서 죄악을 지켜보실진대 주여 누가 서리이까"라고 하신 말씀이 그것을 가리킨다. ② 사그라지지 않고 영원히 지속되는 고통이기 때문이다. 지옥에서 고통을 당하는 영혼이 스스로 죽어 없어지기를 원해도 그의 소원은 이루어지지 않고 그는 계속하여 지옥의 고통을 받는다. 죽음보다도 끔찍한 비애가 있는데 그것이 바로 죄악의 고통이다.

설교자료

1. 환난은 우연한 것이 아니고 하나님께서 보내시는 것이다. 그러므로 성도는 환난을 경험할 때 힘을 다하여 하나님을 찾아야 한다(1, 2, 6절).

2. 하나님께 징벌을 받을 만한 죄악은 어느 정도의 것일까? 그들은 하나님의 말씀을 욕으로 여기고 즐거워하지 않았다(10절).

3. 탐심으로 죄를 범하는 자는 결국 그가 탐하여 얻은 재물들을 탈취당하고 만다. 하나님께서 이렇게 벌하시는 것은 특별히 그가 살아 계심을 보여 주시는 신묘막측한 방법이다. 많이 얻으려다가 도리어 많이 빼앗기는 역설적인 상황은 우연이 발생하는 일이 아니다(12-13절).

4. 하나님의 백성을 잘못 가르치면서도 뻔뻔스럽게 조금도 가책을 느끼지 않는 철면피한 자들이 거꾸러져 부끄러움을 당할 날이 반드시 찾아오고야 만다(14-15절).

5. 죄인들은 반드시 과거를 살펴 그가 어디서 떨어졌는지 발견하고, 그가 본래 행하던 길(옛적길)로 돌아가야 한다(16절). 요한계시록 2:5을 참조하라.

6. 하나님의 권면을 고집스럽게 거역하는 자들에게는 앞으로 징벌받을 일밖에는 남은 것이 없다(16-19절).

7. 하나님을 기쁘시게 할 만한 믿음과 사랑은 버리고 종교의식만으로 스스로 위로를 받는 자들은 하나님께 징벌을 받는다(20-21절).

8. 환난이 보여주는 모든 두려움은 사람들을 회개의 자리로 이끌기 위한 것이다. 그러므로 하나님께서는 종종 환난이 오기 전에 그것이 얼마나 무서울 것인지를 미리부터 말씀하여 주신다(25-26절).

9. 하나님의 말씀이 우리 가운데 있다는 것은 말할 수 없는 큰 축복이므로 우리는 그 말씀을 전적으로 받아들이고 순종해야 한다(29절). 하나님의 말씀은 불과 같아서(23:29), 사람들을 회개하게 만드는 유일한 도구다. 하나님의 말씀을 받고도 회개하지 않는 자는 영원히 소망이 없다(눅 16:31).

10. 하나님의 말씀을 많이 받고도 회개하지 않는 자는 하나님께서 내어 버리신다(30절). 하나님으로부터 버림받는 자들의 특징은, 아무 거리낌 없이 죄를 범한다는 점이다. 로마서 1:24, 26, 28을 참조하라. 자기가 원하는 대로 죄를 범하는 자들은 스스로 행복을 누리고 있는 것으로 착각한다. 그들은 하나님의 말씀이 거추장스러운 포승(결박하는 끈)과 같은 것인 줄로 오해한다(시 2:3). 그러나 사실상 하나님의 말씀은 그들을 구원하는 생명줄과 같은 것이다.

제 7 장

✤ 내용분해

1. 하나님의 요구와 약속(1-7절)
2. 외형적인 성전 봉사만 의지하고 내면적인 도덕을 버린 백성(8-15절)
3. 한편으로 우상을 섬기면서 또 다른 한편으로는 하나님을 섬긴다고 주장하는 외식하는 민족을 하나님께서 벌하시겠다고 선언하심(16-20절)
4. 하나님께서는 제사하는 것보다도 순종하는 것을 더욱 원하심(21-28절)
5. 우상숭배의 죄를 극한까지 범한 자들을 멸망시키겠다고 하심(29-34절)

✤ 해석

1 **여호와께로부터 예레미야에게 말씀이 임하니라 이르시되.** 여기서 맨처음에 나오는 "여호와께로부터"(מֵאֵת יְהוָה "메에트 여호와")라는 표현은 예언자들이 하나님의 말씀이 지닌 권위를 어떤 심정으로 대했는지를 보여준다. 그들은 언제나 하나님께서 주신 말씀 이외에는 절대로 전하지 않겠다는 마음가짐을

가졌다. 특별히 예레미야는 이러한 사실을 두드러지게 강조한다. 예레미야는 자신이 전하는 말씀이 참되신 여호와의 말씀이라는 사실을 2-3절에서 또다시 밝힌다.

2 너는 여호와의 집 문에 서서 이 말을 선포하여 이르기를 여호와께 예배하러 이 문으로 들어가는 유다 사람들아 여호와의 말씀을 들으라. "여호와의 집 문에"(בֵּית יְהוָה־בְּשַׁעַר) 서서 "선포하"라는 말은 하나님께서 예레미야가 최대한 많은 사람을 대상으로 진리의 말씀을 전하기를 원하셨다는 뜻이다. 사람들이 각처에서 절기를 지키기 위하여 예루살렘으로 올라와서 성전 문으로 출입하였을 것이다. 여기서 "선포"라는 말은 히브리어로 "베카라타"(וְקָרָאתָ)인데 이것은 소리를 높여 외친다는 뜻을 지닌 동사다. 하나님의 말씀은 인류 전체를 대상으로 주신 말씀이며 심지어 우주 안에 있는 모든 만물에까지 효력이 있는 말씀이기 때문에(롬 8:19-21), 이 말씀은 어디서든지 밝고 분명하게 울려 퍼져야 하며(눅 12:3), 땅끝까지 전파되어야 한다(행 1:8). 그러므로 하나님 말씀을 전하는 사역자들은 될 수 있는 대로 많은 사람에게 전도하기를 힘써야 한다. 이처럼 광명정대하고 우주적인 기쁜 소식을 전파하는 일에는 두려워할 것이 없으며, 말씀을 전파하는 예배당과 같은 기관을 일부러 구석지고 인적이 드문 곳에 세울 이유도 없다. 구약 시대의 예언 역시 복음을 의미하는 것이었다. 그러므로 이때 유다 백성들이 들었던 하나님의 말씀도 보편성을 지닌 것이었다.

3 만군의 여호와 이스라엘의 하나님께서 이와 같이 말씀하시되 너희 길과 행위를 바르게 하라 그리하면 내가 너희로 이 곳에 살게 하리라. 여기서 "만군의 여호와"라는 성호는 히브리어로 "여호와 체바오트"(יְהוָה צְבָאוֹת)인데 이것은 해석하기 난해한 용어 가운데 하나다. ① 어떤 학자는 이것이 군대의 하나님, 다시 말해 이스라엘이 전쟁에서 승리하게 하시는 하나님이라는 뜻이라고 해석하기도 하고, ② 또 다른 학자는 이것이 별들 가운데서 다스리시는 여호와를 뜻한다고 해

석하기도 한다. ③ 혹은 천사의 무리 가운데 거하시는 여호와라는 뜻이라고 해석하기도 한다(삼상 4:4; 삼하 6:2; 사 37:16; 호 12:5-6; 시 82:1; 89:6-9). 헤르만 바빙크(Herman Bavinck)는 세 번째 해석을 지지하면서 덧붙여 말하기를, 하나님의 이 같은 성호가 "영광 가운데 계신 왕으로서의 여호와"라는 뜻이라고 하였다.[6]

예레미야에게 외치라고 하신 하나님 말씀의 내용은 유다 백성들이 그들의 길과 행위를 선하게 가지라는 것이었다. "길과 행위"(דרכיכם ומעלליכם)라는 것은 그들이 종교 윤리적으로 걸어가는 생활 노선과 개개인의 행실을 가리킨다. "바르게" 한다는 말은 히브리어로 "헤티부"(היטיבו)인데, 이는 선하게 함을 의미한다. 그 당시 유다 백성들은 종교적인 의식과 겉으로 드러나는 형식에만 치중하면서도 그들이 하나님의 마음을 얻을 수 있는 줄로 알았다. 그러나 하나님은 그런 것을 기뻐하지 않으신다. 외면적인 의식은 알맹이가 없는 껍데기에 불과하며, 종교 생활에서 생명이 되는 부분은 아니다. 생명이 되는 부분은 여호와 하나님을 믿는 마음에서 우러나오는 진실한 생활과 행실들이다. 그렇기 때문에 하나님께서는 여기서 그것을 강조하신다. 이 세상 사람들 가운데는 여호와 하나님을 섬기는 종교인이라고 스스로 주장하면서도 예레미야 시대의 유다 백성들과 같이 종교의 껍데기만 취하는 자들이 적지 않다. 그런 행태야말로 "하루살이는 걸러 내고 낙타는 삼키는" 것과 같은 외식이라는 것이다(마 23:24). 여기서 이렇게 말하는 것은 여호와 종교가 단순한 윤리적인 측면만을 중심으로 삼는다는 의미는 아니다. 여호와의 종교는 여호와를 중심으로 삼는다. 그러나 여호와를 믿는 자가 중요하게 진지하게 고려해야 하는 요소는, 외형적 의식보다도 진실한 믿음과 선한 행실이라

---

6) Herman Bavinck, Geref. Dog. II. 135. "Jhvh Zebaoth is door heel de Schrift heen de plechtige koningsnaam God's, vol majesteit en heerlijkheid."

는 것이다. 신자가 이 세상에서 결코 완전함을 이룰 수는 없지만, 언제나 선을 행하기 위해 힘쓰고 그와 더불어 잘못한 일은 회개하기를 주저하지 말아야 할 것이다.

"내가 너희로 이 곳에 살게 하리라"(וְשִׁכַּנְתִּי אֶתְכֶם בַּמָּקוֹם הַזֶּה). 칼빈(Calvin)은 이 구절을 우리말 성경과 다르게 번역했다. 그는 이 구절을 "내가 너희와 함께 거하리라"라고 번역하였는데, 칼빈의 번역이 문맥에 부합한다. 유다 백성은 종교의 형식만 갖추었으면 하나님을 모실 수 있는 줄로 알았다. 그러나 하나님은 말씀하시기를, "너희 길과 행위를 바르게 하라 그리하면 내가 너희와 함께 거하리라"라고 하시는 것이다.

4 너희는 이것이 여호와의 성전이라, 여호와의 성전이라, 여호와의 성전이라 하는 거짓말을 믿지 말라. 여기서 "이것"이라고 번역된 히브리어 단어는 "헤마"(הֵמָּה)라고 하는데, 이는 힘있게 말하는 문체로서 "이것들"(이 건물들)이라는 뜻이다. 여기서 사용된 강조체는 거짓 지도자들의 말투를 그대로 옮긴 것인데 그들은 성전 건물을 그들이 의지할 만한 것으로 높이 평가하고 강조하여 그것들을 가리켜 방자하게 말하였던 것이었다. "여호와의 성전이라"(הֵיכַל יְהוָה)라는 문장을 세 번 거듭 말한 것은 그 성전 자체가 지극히 신성하므로 장차 환난이 닥쳐와도 아무 걱정할 것이 없다고 힘주어 말하는 강조체다. 인생들은 하나님을 진실하게 믿고 순종해야만 하나님을 기쁘시게 해드리고 그를 우리 가운데 모실 수 있는 것인데, 유다 왕국의 거짓 선지자들과 모든 백성은 그렇게 하지는 않고 다만 성전이 그들의 땅에 존재한다는 사실만으로 안전할 줄로 오해하였던 것이었다. 그런 사고방식은 거짓된 것이다. 신앙생활에 진실성은 없이 다만 종교적인 의식과 외형을 의지하는 것은, 하나님이 미워하시는 일이다. 하나님은 이처럼 거짓된 지도자들로 말미암아 잘못 사용되는 성전을 도리어 무너뜨리기를 원하신다. 그 이유는 그때 사람들이 하나님을 기쁘시게 하지는 않고 성전만 그렇게 중요시했던 사실은 성전을 우상화한 것이나

다름이 없기 때문이다. 구원은 성전에 있지 않고 오직 여호와께만 있는 것이다. 그 당시에 그들이 성전을 의지함으로써 구원받을 것이라고 여겼던 사상은, 예수 시대 유대인들이 아브라함이 그들의 조상이라고 자랑하면서 그들이 하나님의 심판을 피할 수 있으리라고 여겼던 것과 동일하게 어리석은 사상이다(눅 3:7, 8). 사람이 구원을 받는 여부는 각기 개인의 신앙과 행실 태도 여하에 달린 것이고, 결코 어떤 종교적 간판이나 시설이나 단체나 혹은 어떤 파벌의 역사에 달린 것이 아니다.

설교▶ 종교 제도만을 의지하고 하나님 자신을 의지하지 않는 자(1-4절)

1. 이러한 자들은 성전과 같은 종교 시설이나 제사와 같은 종교 제도의 목적을 오해하였다. 종교 시설과 종교 제도가 존재하는 목적은 사람들을 하나님께로 돌이켜 그를 의지하게 만들려는 것이다. 그런데도 불구하고 유다 왕국 백성들이 종교 제도 자체를 하나님보다 중시하는 것은 하나님을 모독하는 일이고, 결국은 종교 제도 자체도 모독하는 것이다.

2. 성전이 존재하는 목적은 사실상 신자의 마음에 하나님을 모시도록 가르치기 위한 것이다. 그러므로 성전에 출입하는 자들은 마땅히 자신들의 마음을 가리켜 "이것이 여호와의 성전이라"라고 말해야 한다. 그런데도 불구하고 예레미야 시대의 유다 백성들은 마음속에는 악을 품고서도 예루살렘 성전 건물의 덕을 보려고 하였다. 이것은 진리를 위반하는 행동이다.

3. 성전이 존재하는 목적은 사람들을 깨우쳐 성전을 초월하여 하늘에 계시면서 영적으로 자유하신 하나님을 섬기게 하려는 것이다. 그러나 유다 백성들이 성전을 가리켜 "이것이 여호와의 성전이라"라고 말한 것은 마치 여호

와께서 건물과 시설에 언제나 속박되어 계시는 분이신 것처럼 잘못 생각한 것이다. 하나님을 그렇게 착각하는 것은 그릇된 이교 사상이다. 그것은 종교 시설이나 종교 제도를 미신적으로 대하는 그릇된 사상이다.

4. 종교 시설이나 제사 의식의 목적은 사람들이 회개하게 만듦으로써 그들을 신앙과 의리로 인도하려는 것이다. 그런데도 유다 백성들은 성전 뜰을 밟고 종교의식을 수행하는 것으로 만족하고 뒤로는 모든 죄악을 그들의 마음속에 쌓아 나갔는데, 이것은 너무도 진리에 위반되는 삶의 태도다. 그들은 종교의식을 행하기보다는 오히려 상한 심령을 가지고 여호와 앞에 나아갔어야만 할 것이었다.

5-6 너희가 만일 길과 행위를 참으로 바르게 하여 이웃들 사이에 정의를 행하며 이방인과 고아와 과부를 압제하지 아니하며 무죄한 자의 피를 이 곳에서 흘리지 아니하며 다른 신들 뒤를 따라 화를 자초하지 아니하면. "길과 행위"에 대하여는 3절에 있는 같은 말 해석을 **참조하라**. "참으로 바르게 하여"라는 말은 히브리어로 "헤테브 테티부"(הֵיטֵיב תֵּיטִיבוּ)라고 하는데, 이것은 참으로 열매 있게 바르게 행하는 것을 의미한다. 이것이야말로 입으로만 하는 회개가 아니고 회개의 열매를 가져오는 참된 회개라고 할 수 있다. 이렇게 참으로 바르게 회개한 결과는 아래에 네 가지로 나타난다. ① "이웃들 사이에 정의를 행하며." 이것은 사람들 사이에서 공정한 판단을 내리는 것을 가리킨다. 한 민족의 흥망성쇠는 그들을 다스리는 자의 공정성 여하에 달려 있다. ② "이방인과 고아와 과부를 압제하지 아니하며." "이방인"이라는 말은 히브리어로 "게르"(גֵּר)인데, 이 단어는 타국에 임시로 머물면서 의지할 곳이라고는 없는 지극히 연약하고 외로운 자를 의미한다. 그러므로 성경은 그들을 고아나 과부처럼 불쌍히 여기라고 하였다. 불쌍한 자들을 학대하는 일은 하나님께서 크게 진노하실 만큼 심각한 죄악이다.

그러므로 성경은 이 셋(고아, 과부, 이방인)을 보호하라고 기회 있을 때마다 강조한다.[7] 참다운 경건은 이런 불쌍한 자를 돌아보는 것으로 나타난다. 야고보서 1:27을 참조하라. ③ "무죄한 자의 피를···흘리지 아니하며." 무죄한 자의 피를 흘리는 일은 지극히 악독한 죄악으로서 하나님의 진노를 불러일으킨다.[8] ⑤ "다른 신들 뒤를 따라 화를 자초하지 아니하면." 여기서 "화를 자초한다"(לְרַע לָכֶם)라는 말은 유다 백성들이 이방 신들을 섬기면 결국 이방 나라로 사로잡혀 가게 될 것이니(5:19), 그것이 말하자면 화를 자초하는 일이 된다는 뜻이다. 여호와의 종교는 여호와의 영광을 위한 하나님 중심의 종교다. 인생들이 하나님을 중심으로 삼는 참된 종교를 따라 하나님만을 섬기면 땅 위의 어떤 것에도 사로잡히지 않는 진정한 자유를 유익으로 얻는다. 신자들이 종교를 가질 때에 공리주의적인 태도(Nützlichkeits-standpunkt)를 보이지 않는다고 할지라도, 그들이 여호와 한 분만을 섬기면 결국 인생으로서 얻을 수 있는 최대의 만족을 누린다. 위의 네 가지 요구는 사람에 대하여 행해야 하는 선과 하나님을 향한 충절을 포함한다. 참된 경건에는 언제든지 이 두 가지가 병행한다. 겉치레를 중시하는 종교의 대표라고 할 수 있는 바리새인들의 종교는 사람에 대한 선행을 배제하였기 때문에 예수님께 책망을 받았다(참조. 마 15:3-5; 23:23, 25, 28).

7 내가 너희를 이 곳에 살게 하리니 곧 너희 조상에게 영원무궁토록 준 땅에니라. "너희를 이 곳에 살게" 한다는 말은 그들이 회개하기만 하면 이제라도 바벨론에 잡혀가지 않고 가나안 땅에서 살게 되리라는 약속이다. 우리와 신학적 관점이 다른 둠(D. B. Duhm)도 이 말씀을 그렇게 이해했다.[9] 하나님께서는 그의

---

7) 참조. 출 22:21; 신 24:17; 27:19; 시 94:6; 사 1:17, 23; 10:2; 겔 22:7; 슥 7:10; 말 3:5.
8) 참조. 왕하 21:16; 24:4; 렘 2:34; 19:4; 22:3, 17; 26:15, 23.
9) D. B. Duhm, "Wenn die Juden korrekt leben, so giebt es kein Exil."

백성이 회개하기만 하면 그가 내리시려고 계획하셨던 벌도 철회하신다. 그는 구약 시대 이방 나라들에 대하여도 이렇게 행하셨다. 요나 3:1-3을 참조하라.

8 보라 너희가 무익한 거짓말을 의존하는도다. 여기서 이른바 "무익한 거짓말"이라는 것은 위의 4절 말씀에서 지적한 것처럼, 유다 사람들이 성전 제사와 관련된 의식을 지킴으로써 하나님을 기쁘시게 할 수 있다고 했던 말을 가리킨다. 하나님께서 그때 유다 사람들의 그와 같은 사상을 가리켜 거짓말이라고까지 하셨으니, 종교의 외형에만 열중하는 것이 하나님 앞에 얼마나 가증스러운 일인지를 알 수 있다.

9 너희가 도둑질하며 살인하며 간음하며 거짓 맹세하며 바알에게 분향하며 너희가 알지 못하는 다른 신들을 따르면서. 여기에서도 사람들에 대한 유다 백성들의 부도덕한 생활이 먼저 진술된다. 예레미야가 이렇게 하는 이유는 그 당시 유다 백성들이 의식적으로는 하나님을 공경한다고 하면서 다른 사람들에 대한 종교 윤리적인 책임을 무시하였기 때문이다. 그들은 사람에 대하여 올바르게 행하라는 계명들도 하나님의 말씀이라는 사실을 무시하였다. 당시 그들의 죄악은 이런 방면에서 너무나도 두드러졌다. 그러니만큼 하나님께서는 이런 측면의 죄악을 지적하셨던 것이었다. 그리고 그들은 이방 신을 섬김으로써 십계명의 처음 두 계명까지 범하였던 것이었다. 언제든지 윤리 도덕상의 부패는 하나님을 바로 섬기지 못하는 종교적 부패에 기원을 둔 것이다. 그때 유다 백성들이 하나님을 성전에서 섬긴다고 하면서도 다른 한편으로 이방 신을 섬겼으니, 하나님에 대한 그들의 지식과 종교 행위가 얼마나 부패했는지를 알 수 있다. 때로는 정통 신자라고 주장하는 사람들이 부패한 행동을 서슴지 않는 경우를 우리가 본다. 그와 같은 때에도 우리는 다시 생각해 볼 것이 있는데, 그들이 주장하는 정통이라는 것은 어떤 한 방면에 관계된 것일 뿐이고, 그들 종교의 내면에 있어서는 많은 영적 결함이 있음을 알 수 있다. 가령 어떤 신자가 교리에 대한 이해는 올바른데 기도와 회개를 등한히 하면

그를 가리켜 정통이라고 부를 수 없다. 죽은 정통주의는 정통이 아니다.

"너희가 알지 못하는 다른 신들"(אֱלֹהִים אֲחֵרִים אֲשֶׁר לֹא־יְדַעְתֶּם)이라는 말은 이방 우상들을 의미한다.[10] 유다 백성들은 이때 "알지 못하는 다른 신들"을 섬길 만큼 종교적으로 부패하였다. 여호와 하나님은 이스라엘 백성들의 역사에 있어서 많은 사랑과 권능의 표현들을 통하여 그들에게 충분히 알려졌던 참되신 신이었다. 그런데도 그들은 하나님 섬기는 데만 전심하지 않고 참된 신으로 알려지지도 않은 이방의 가짜 신들을 많이 섬겼다. 그것만 보아도 그 당시 유다 백성들이 여호와의 종교를 대할 때 진리는 알지 못하고 지극히 피상적으로만 종교 생활을 해왔다는 것을 알 수 있다.

10 내 이름으로 일컬음을 받는 이 집에 들어와서 내 앞에 서서 말하기를 우리가 구원을 얻었나이다 하느냐 이는 이 모든 가증한 일을 행하려 함이로다. "내 이름으로 일컬음을 받는 이 집"이라는 표현은 성전을 가리킨다. 그 당시 유다 백성들은 거기에 들어와서 말하기를, "우리가 구원을 얻었나이다"(נִצַּלְנוּ "니찰누")라고 말하였는데, 그들은 이때까지 많은 죄를 범하다가 성전에서 몇 가지 의식을 거행한 후에는 자신들이 하나님 앞에서 모두 용서받은 것으로 여기고 위안을 얻었다는 것이다. 그들이 성전 밖에 나가서는 또다시 동일한 죄를 범하였으니, 성전에서 수행했던 그들의 종교의식은 결국 또다시 죄를 범하기 위한 새로운 토대를 마련하는 일에 사용된 셈이다. 하나님께서는 여호와 신앙과 예루살렘 성전을 이토록 왜곡하고 악용하는 자들의 마음속을 꿰뚫어 보시고 이렇게 폭로하신다.

11 내 이름으로 일컬음을 받는 이 집이 너희 눈에는 도둑의 소굴로 보이느냐 보라 나 곧 내가 그것을 보았노라 여호와의 말씀이니라. "내 이름으로 일컬음을 받는 이 집." 10절에 있는 같은 말 해석을 참조하라. "도둑의 소굴." 그 당시 유다 사람들은

---

10) Duhm, "Die nicht nationale, sondern ausländische Gottheiten sind."

다른 것들도 도둑질했지만(9절), 특별히 여호와의 종교를 오용하는 의미에서 종교를 도둑질하는 자들이었다. 그들은 자신들의 범죄를 지속하기 위해 성전을 하나의 위로의 방편으로 도용하였다. 기독교 신앙을 신본주의적인 자세로 믿고 따르는 것이 아니라 인본주의적으로 이용하는 자들은 모두 기독교를 망치는 도둑들이다. "나 곧 내가"(גַּם אָנֹכִי "감 아노키")라는 표현은 하나님이 어떤 분이신지를 힘 있게 보여준다. 말하자면 그는 모르시는 것이 전혀 없으신 전지하신 하나님이시라는 의미일 것이다(시 90:8; 139:1-4; 히 4:12; 계 1:14). 그 당시 유다 백성들은 도둑과 같이 어두움의 세계에서 움직였으나 그들의 모든 생각과 모든 소행이 하나님 앞에는 밝히 드러나 있었다.

12 너희는 내가 처음으로 내 이름을 둔 처소 실로에 가서 내 백성 이스라엘의 악에 대하여 내가 어떻게 행하였는지를 보라. "실로"(שִׁלוֹ)는 벧엘과 세겜 사이를 이어주는 큰길의 동쪽에 있는데, 에브라임 지대에 자리 잡은 곳으로서 오늘날에는 그곳을 "세일룸"(Seilum)이라고 부른다. 이스라엘 백성이 가나안 땅에 들어와 정착하던 시기에 성막을 그곳에 유치시켰다(수 18:1). 사사 시대에는 이스라엘 백성이 줄곧 그곳에서 모든 절기를 지켜왔다(삿 21:19; 삼상 1:3). 성막은 법궤와 함께 엘리 제사장의 시대, 다시 말해 사무엘의 소년 시절까지만 "실로"에 머물러 있었다(삿 18:31; 삼상 1:9; 2:14, 22; 3:3, 21; 4:3-4; 14:3). 그러나 이후에 법궤는 블레셋 사람들의 손에 빼앗겼다(삼상 4장). 그리고 나서 실로가 언제부터 이스라엘 종교와 멀어지게 되었는지는 모르나 예레미야 시대에는 완전히 폐허가 되어 있었다. 그러므로 이제 와서 유다 사람들에게 실로에 가 보자고 말하는 것은 그렇게도 유명하던 과거의 성지가 이스라엘의 죄로 말미암아 폐허가 되어버린 것을 목격하게 하려는 것이다. 유다 사람들은 자기들의 인격이 성결해졌는가에는 관심을 두지 않고 오직 예루살렘 성전과 그곳을 중심으로 행해지는 여러 가지 종교적인 행사들과 제도들에만 몰두하여 그런 것들로 구원받을 수 있는 줄로 알았다. 그것은 천부당만부당한 생각이

었다. 그런 사상을 가진 무리와는 하나님께서 함께하시지 않으시므로 성전이나 기타 종교의식이 모두 무의미한 것이 되고 만다. 이런 의미에서 하나님께서 그처럼 외식하는 무리 앞에서는 성전이나 성직자 직분까지라도 폐지하시는 것이 역사적 사실이다. 과거에 "실로"를 그렇게 하셨던 것처럼 앞으로 예루살렘도 그리하시겠다고 선언하신다.

13 여호와의 말씀이니라 이제 너희가 그 모든 일을 행하였으며 내가 너희에게 말하되 새벽부터 부지런히 말하여도 듣지 아니하였고 너희를 불러도 대답하지 아니하였느니라. 여기서 "그 모든 일"이라는 말은 8-10절에서 폭로했던 그들의 모든 악행을 가리킨다. 그들은 그런 악행을 저질렀을 뿐만 아니라 하나님께서 그들에게 간곡하게 경고하시는 말씀을 매몰차게 거절하는 완악한 태도를 보였다. "내가…새벽부터 부지런히 말한다"(וָאֲדַבֵּר אֲלֵיכֶם הַשְׁכֵּם וְדַבֵּר)라는 말은 하나님께서 그들에게 간절히 그리고 여러 차례 말씀하셨던 사실을 가리킨다. 유다 민족이 앞으로 징벌을 받을 수밖에 없는 이유가 여기 있는데, 한마디로 하나님께서 이렇게 간곡히 그들에게 회개를 재촉하셨는데도 그들이 회개하지 않았기 때문이었다. 회개를 거부한 결과는 징벌을 받을 것밖에 없다.

14 그러므로 내가 실로에 행함 같이 너희가 신뢰하는 바 내 이름으로 일컬음을 받는 이 집 곧 너희와 너희 조상들에게 준 이 곳에 행하겠고. "실로에 행함 같이." 12절에 있는 같은 말 해석을 참조하라. 하나님께서 유다 민족을 징벌하시되 특별히 그들의 그릇된 사상을 깨뜨리시는 일에 집중하신다. 그들의 그릇된 사상은 ① 하나님 자신을 의뢰하지 않고 하나님의 이름으로 행해지고 있는 종교 시설이나 종교의식으로 만족하는 외식(外飾)과 ② 자기 자신들의 개인적인 죄악을 회개할 생각은 하지 않고 조상들에게서 물려받은 혈통과 업적을 의지하는 그릇된 사상이다. 하나님께서는 사람들이 하나님 외에 다른 것을 의뢰하는 일을 극히 미워하신다. 이사야 3:1에 말하기를, "보라 주 만군의 여호와께서 예루살렘과 유다가 의뢰하며 의지하는 것을 제하여 버리시되"라고 하셨다.

우리말 성경에서 "이 집 곧 너희와 너희 조상들에게 준 이곳에"라고 번역된 히브리어 문구(לַבַּיִת ... וְלַמָּקוֹם אֲשֶׁר־נָתַתִּי לָכֶם וְלַאֲבוֹתֵיכֶם)를 원문대로 직역하려면 "곧"이라는 부사 대신 "그리고"라는 조사를 취하여 "이 집 그리고 너희와 너희 조상들에게 준 이곳에"로 번역해야 한다. 왜냐하면 히브리어 원문에는 "곧"이라는 우리말에 해당하는 단어가 전혀 나타나지 않기 때문이다. 이 문구는 분명히 "성전 그리고 유다 땅"을 가리킨다.

하나님께서는 택하신 백성에게 좋은 것을 주시는데, 그 백성이 하나님 대신 그가 주신 "좋은 것"을 믿고 의지할 때는 그것이 어떤 것이라 하더라도 아낌없이 그것을 없애버리신다. 하나님께서 특별히 사랑하시는 백성일수록 하나님께서는 그들이 오직 하나님만을 사랑하기를 기대하시고 요구하신다.

15 **내가 너희 모든 형제 곧 에브라임 온 자손을 쫓아낸 것 같이 내 앞에서 너희를 쫓아내리라 하셨다 할지니라.** 여기서 이른바 "에브라임 온 자손"은 북 왕국 이스라엘의 열 지파를 가리키는데 그들은 모두 BC 722년경에 앗수르의 손에 멸망하여 사로잡혀 갔다. 남 왕국 유다 백성들은 장차 바벨론으로 사로잡혀 갈 터인데(BC 605년) 그 일은 바로 여호야김 왕 제3년에 일어날 것이다. 그 일이 실제로 일어나기 한 세기 반 전에 이미 선지자 이사야를 통하여 이런 일이 발생하리라고 예언되었다(사 6:11-12; 11:12).

16 **그런즉 너는 이 백성을 위하여 기도하지 말라 그들을 위하여 부르짖어 구하지 말라 내게 간구하지 말라 내가 네게서 듣지 아니하리라.** 하나님께서 예레미야에게 그 백성을 위하여 기도하지 말라고 말씀하신 이유는 이제 그들에게는 징계를 내릴 일밖에는 남은 것이 없기 때문이다. 기도하지 말라는 말씀을 세 번이나 반복하신 이유는 그 일을 강조하시기 위함인데, 그가 기도할 필요가 없다는 사실을 단언하는 말씀이다. 이 말씀을 보면 우리가 기도하는 일에서도 무의미한 기도를 남발함으로써 기도하는 시간을 낭비할 일이 아니라는 점을 깨달을 수 있다. 기도는 어디까지나 진리, 특별히 하나님이 원하시는 일에 초점을 맞

추어서 드려야 하는 것이다(참조. 11:14, 14:11-12). 이렇게 올바로 드린 기도는 헛되지 않고 조만간에 응답을 가져온다.

17-18 이 구절들은 그 당시 유다 백성들이 얼마나 완악하게 범죄하고 있었는지를 보여준다. "**유다 성읍들과 예루살렘 거리**"에서 범죄하였다는 말은 그들이 아무 거리낌 없이 공공연하게 범죄를 일삼았다는 뜻이다. 그들은 불의한 일을 행하면서도 전혀 두려움을 느끼거나 위축되지 않았다. 이런 때에 하나님의 심판이 내리는 법이다. 그러므로 시편 119:126에 말하기를, "그들이 주의 법을 폐하였사오니 지금은 여호와께서 일하실 때니이다"라고 하였다.

그 당시 유다 백성들은 모든 가족 구성원이 우상을 섬기는 일에 매진하고 있었다. 말하자면 "**자식들**"과 "**아버지들**"과 "**부녀들**"이 모두 나와서 제사용 떡을 만들었다. 이만큼 우상숭배가 공공연한 일상이 되어 있었으니 그 당시 사람들의 마음이 얼마나 완악하였고 뻔뻔스러워졌는지를 알 수 있다. 하나님이 죄인들을 오래 참으시지만 그들의 마음이 죄로 말미암아 완악해진 다음에는 형벌을 내리시는 법이다. "**하늘의 여왕**"(מְלֶכֶת הַשָּׁמַיִם "멜레케트 하샤마임")은 앗수르와 바벨론에서 도입해온 이방 종족의 여신을 가리키는데, 그 당시 사람들은 "하늘의 여왕"이라는 여신이 자연계의 생산력을 통제한다고 생각하였다. 이 여신을 숭배하는 제사 행위가 유다 땅에서는 특별히 므낫세 왕 시대에 성행하였다(왕하 21:5).

그 당시 유다 백성들은 "**또 다른 신들**(אֱלֹהִים אֲחֵרִים)**에게**"도 제사하였다. 우상을 섬기는 자들은 결국 한 가지 우상으로 만족하지 못하고 여러 가지 우상을 섬기게 된다. 왜냐하면 우상들은 본성상 그들의 심령에 만족을 주지 못하고, 따라서 그것을 숭배하는 자들은 또 다른 우상을 섬김으로써 만족감을 채우려 하기 때문이다. 우리를 구원하실 참된 구주는 오직 한 분 그리스도뿐이시며 그는 단번에 죽임을 당하셨다가 다시 살아나셨다(히 9:25, 26). 참 하나님도 한 분이시고, 중보자도 한 분이시다(고전 8:5-6; 딤전 2:5). 무엇이나 참된 것은 당장 효과를 나타내기 때문에, 사람들은 그것 외에 다른 것을 요구할 필요조차 없다.

"전제"라는 용어는 히브리어로 "네사킴"(נְסָכִים)인데, 이 말은 부어서 드리는 제물(drink offering)을 가리킨다.

19-20 하나님께서는 여기서 그들의 범죄가 하나님께 손해를 끼치기보다 자기 자신들에게 "부끄러움"(손해)을 가져오는 것이라고 하시면서 그들의 범죄가 얼마나 모순된 것인지를 지적하신다. 인간의 범죄가 하나님을 욕되게 하는 것도 사실이지만, 하나님께서는 특별히 그들의 범죄로 말미암아 그들 자신을 해롭게 하는 것을 탄식하신다. 6절 하반절에서도 이런 취지의 말씀을 하셨으니 거기 있는 해석을 참조하라.

20절에서도 19절 첫머리와 같이 "주 여호와께서 이와 같이 말씀하시니라"(כֹּה־אָמַר אֲדֹנָי יְהוִה)라고 하여 아래에 주어지는 말씀들이 반드시 다 이루어질 것을 여호와 하나님의 권위로 확언한다. 요컨대 이 정도로 확실하게 유다 민족에게 하나님의 징벌이 임한다는 것이다. "나의 진노와 분노를 이 곳과 사람과 짐승과 들나무와 땅의 소산에 부으리니"라는 말씀이 그런 뜻이다. 이것은 바벨론의 침략으로 말미암아 유다 땅에 임할 전쟁의 재앙을 가리킨다.

21 만군의 여호와 이스라엘의 하나님께서 이와 같이 말씀하시되 너희 희생제물과 번제물의 고기를 아울러 먹으라. 여기서 이른바, "너희 희생제물과 번제물의 고기를 아울러 먹으라"(עֹלוֹתֵיכֶם סְפוּ עַל־זִבְחֵיכֶם וְאִכְלוּ בָשָׂר)라는 말씀은 "너희의 희생제물에 번제물들을 더하여 고기를 먹으라"라는 뜻이다. 이것은 희생제물과 번제물로 드려진 모든 고기를 그들이 다 먹어버려도 무방하다는 뜻이다. 왜냐하면 그들이 그 제물들을 신앙으로 드리지 않고 다만 겉치레로만 드리기 때문이다. 그와 같은 제사는 하나님을 위해 드리는 것이라기보다는 그들 자신의 육체적 사욕을 위한 것이니, 이미 세속에 물든 제사다. 그런 제사는 드리지 않는 것만 못하다.

22 **사실은 내가 너희 조상들을 애굽 땅에서 인도하여 낸 날에 번제나 희생에 대하여 말하지 아니하며 명령하지 아니하고.** 이 말씀은 얼핏 보면 하나님께서 일찍이 모세의 지도하에 있었던 이스라엘 백성에게 "번제"나 기타 제물을 명하지 않으셨다는 말씀처럼 들릴 수도 있다. 그러나 여기서 "대하여"라는 표현은 히브리어로 "알 디브레"(עַל־דִּבְרֵי)인데, 우리말로는 "때문에"라고 번역할 수도 있다. 그러면 본 절의 의미는 하나님께서 번제나 희생제사를 명하신 이유가 제물 자체를 원하셔서 그리하신 것이 아니고 제사하는 자들의 신앙과 순종을 요구하신 것일 뿐이라는 의미다. 이런 사상은 시편 50:8-14에서도 발견된다. 거기서는 "나는 네 제물 때문에 너를 책망하지는 아니하리니 네 번제가 항상 내 앞에 있음이로다 내가 네 집에서 수소나 네 우리에서 숫염소를 가져가지 아니하리니 이는 삼림의 짐승들과 뭇 산의 가축이 다 내 것이며 산의 모든 새들도 내가 아는 것이며 들의 짐승도 내 것임이로다 내가 가령 주려도 네게 이르지 아니할 것은 세계와 거기에 충만한 것이 내 것임이로다 내가 수소의 고기를 먹으며 염소의 피를 마시겠느냐 감사로 하나님께 제사를 드리며 지존하신 이에게 네 서원을 갚으며"라고 하였다.

23 본 절은 위에 말한 번제나 희생제사를 명하신 목적을 밝혀 준다. "이것을"이라는 말은 히브리어로 "하다바르 하제"(הַדָּבָר הַזֶּה)인데, 이것은 바로 다음에 이어지는 내용, 다시 말해 "너희는 내 목소리를 들으라"라는 말씀을 가리킨다. 다시 말하면 종교 윤리적으로 하나님께 순종하는 것이 바로 제사 의식이 지향하는 목표라는 것이다.

"나는 너희 하나님이 되겠고 너희는 내 백성이 되리라"(לֵאלֹהִים וְאַתֶּם תִּהְיוּ־לִי לְעָם וְהָיִיתִי לָכֶם). 이와 같은 관계의 완성은 교회의 목표인 동시에 개인 신자가 지향하는 바이기도 하다. 사람과 하나님 사이에 맺어진 이 관계가 바로 영생이다. 왜냐하면 하나님 자신이 우리에게 구원과 영생이 되기 때문이다(사 12:2). 하나님의 **"목소리를 들"**음과 그가 **"명령한 모든 길로 걸어가"**는 것은 그를 믿어 순종함을 의미한다. 하나님께 순종하는 일은 결단코 율법주의자들이 행하는 것처럼 생명 없고 기쁨 없는 규칙의 순종과 같은 것이 아니다. 하나님은 우리의 구원자시니 우리를 지극히 사랑하시는 참된 신으로서 우리가 그를 따르게 만들어 주신다(출 20:1-2). 그러므로 신자가 하나님께 순종하는 일은 먼저 하나님께 사랑을 받은 사실이 동기가 되어 출발한다. 이 순종은 기쁜 순종이다. 하나님께서도 우리의 이와 같은 순종을 기뻐하신다. 사무엘상 15:22-23은 말하기를, "순종이 제사보다 낫고 듣는 것이 숫양의 기름보다 나으니 이는 거역하는 것은 점치는 죄와 같고 완고한 것은 사신 우상에게 절하는 죄와 같음이라"라고 하였다.

24-26 이 부분에서는 이스라엘의 조상들이 광야에서 하나님께 순종하지 않은 죄악을 지적하고, 뒤이어 예레미야 당시의 유다 백성들이 순종하지 않은 죄악성이 얼마나 큰 것인지를 지적한다. 하나님께서는 예레미야 시대의 유다 백성들로 하여금 그들이 저지른 죄악의 심각성을 깨닫게 하시기 위하여 두 가지 단계로 말씀하여 주셨는데, 먼저 ① 출애굽 한 조상들이 지극히 패역하여 순종하지 않은 사실을 진술하신다. 그들의 죄악은 후대인들이 이상하게 여길 만큼 완악했다. 예레미야 시대의 유다 백성들도 이러한 사실을 잘 알았을 것이다. 그런데 여기서 하나님의 논점은 예레미야 시대의 유다 나라 백성들이 저지르는 죄악이 그들의 조상들이 저지른 죄악보다 더 악하다는 것이다. 이러한 사실을 밝히기 위하여 하나님의 말씀은 다음 단계로 넘어간다. ② 그 조상들 이후에 많은 선지자가 와서 유다 백성들을 가르쳤다는 사실을 지적한다. 진리에 대한 교육을 많이 받고도 범하는 죄는 더욱 악하다. 누가복음 12:48에서는 "무릇 많이 받은 자에게는 많이 요구할 것이요 많이 맡은 자에게는 많이 달라 할 것이니라"라고 하였다.

27-28 하나님께서는 이제부터 유다 백성들에게는 순종에 대한 소망이 전혀 없음을 내다 보신다(27절). 사람은 다른 사람의 마음을 모르나 하나님

께서는 그것을 명확히 아시므로 앞으로 이루어질 일을 밝히 예언하실 수 있다(계 2:23). 그러므로 예레미야는 이제부터 하나님께서 지시하신 대로 유다 백성들을 불순종하는 국민으로 판정한다(28절). 그런데 그들이 불순종한 이유는 그들의 불신앙 때문이다. 하나님의 말씀을 받아들일 수 있는 마음은 오직 신앙심뿐이다. 예레미야는 그들에게 신앙이 없다는 의미에서 말하기를, 그들에게 **"진실이 없어져 너희 입에서 끊어졌"**다고 말한다. "진실"(הָאֱמוּנָה "하에무나")은 하나님에 대한 신앙을 가리킨다.

29 너의 머리털을 베어 버리고 벗은 산 위에서 통곡할지어다 여호와께서 그 노하신 바 이 세대를 끊어 버리셨음이라. 구약 시대에 머리털을 길러서 하나님께 헌신한 표로 삼은 "나실인"(נָזִיר)이 더럽힘을 당하면 그의 머리털을 밀어 버린다. 그것은 하나님 앞에서 헌신자의 자격을 잃었다는 뜻이다(민 6:9-12). 그런데 예레미야는 이러한 풍속에 근거하여 여기서 유다 백성에게 외친다. 말하자면 그들은 하나님 앞에서 깨끗한 동정녀로서의 자격을 상실하였으므로 "머리털을 베어 버리고" 그들의 부끄러움을 "벗은 산(붉은 산) 위에서 통곡"하라(원통하게 공포하라)고 말씀한다. 이것은 물론 그들 스스로 그들이 잘못된 것을 천하에 드러내라는 것이다. 그들이 "통곡"해야 하는 이유는 하나님께서 그들의 세계를 멸절시키시겠기 때문이다. 그들의 죄악은 특별히 30-31절에서 다시 진술된다.

30-31 그 당시 유다 백성들의 죄악 가운데서 특별히 가증한 것들이 있었다. 그것을 가리켜 하나님께서는 **"나의 눈 앞에 악을 행하여"**라고 말씀하셨다. 이 죄악은 ① 하나님의 **"이름으로 일컬음을 받는 집"**, 다시 말해 성전에 **"가증한 것"**(우상)을 두었던 것이고(왕하 21:4-7), ② **"도벳 사당을 건축하고 그들의 자녀들을 불에 살랐"**던 일이었다. 이것은 이방 신을 위하여 "도벳"이라는 곳에 제단을 쌓고 아이를 불살랐던 끔찍하고 사악한 풍속을 가리킨다(왕하 23:10; 렘 19:5; 참조. 레 18:21; 신 18:10; 왕하 17:17). "도벳"(תֹּפֶת)이라는 말은

침 뱉음을 가리킨다. 이곳은 힌놈의 아들의 골짜기에 있었다(왕하 23:10).

32-34 이 부분에서는 유다 백성들이 당할 전쟁의 재앙을 진술한다. ① 그들이 복을 받으려고 우상을 섬기던 장소가 결국 전쟁으로 말미암아 **"죽임의 골짜기"**가 될 것이며(32-33절), ② 그 나라에 기쁨과 경사스러운 일이 아주 **"끊어지게"** 되고 **"황폐"**하여질 것이다(34절).

| 설교자료

1. 여호와의 이름이 걸려 있는 참된 종교의식은 사람들에게 종교 윤리적 신앙생활을 가르치기 위하여 마련된 것이다(3-5절). 그런데도 여호와의 이름을 빙자하여 도덕을 등한히 하는 자들은 여호와의 이름을 모독하는 자들이다.

2. 불쌍한 자들을 돌아보지 않는 것도 죄악인데(잠 21:13; 28:27), 그들을 압제하는 일이야 말할 것이 무엇이겠는가(6상)? 무죄한 자의 피를 흘리는 자는 특별히 하나님을 격노케 한다(창 4:10). 그는 땅에서 축복을 받지 못하고 떠돌아다니게 된다(창 4:11-12). 그리고 다른 신을 위하는 자들도 그들의 죄 때문에 자신이 괴로움을 당한다(시 16:4). 위의 세 가지 죄악은 하나님의 눈앞에서 심히 큰 죄악들이다. 이러한 죄악들을 많이 범하는 민족은 이 땅에서도 안정과 질서를 누리지 못한다.

3. 여호와 종교에서 가르치는 대로 순종하지 않으면서도 여호와 종교의 이름을 빌려 활동하는 자들은 여호와의 이름을 도용하는 자들이다(8-11절).

4. 하나님의 교회라는 이름을 사용하는 자들이 그 이름을 가식적으로

사용할 때는 하나님께서는 자기의 성호가 그 교회와 관련되어 있는데도 불구하고 그들을 징벌하신다. 하나님께서 이렇게 하시는 일에 있어서는 옛날부터 예외 없이 공의롭게 하셨다(12-15절). 요한계시록 2:5을 참조하라.

5. 기도는 아무 계획 없이 입에서 나오는 대로 해도 되는 것이 아니고, 구할 내용을 신중하게 구분하여 마땅히 구할 것만 간절히 간구해야 한다(16절).

6. 하나님은 제사보다 순종을 기뻐하신다(21-23절). 사무엘상 15:22, 시편 40:6-8, 잠언 21:3을 참조하라.

7. 하나님의 교훈을 받지 않는 자들의 특징은 진실을 소유하지 못했다는 점이다. 그들은 비진리를 마음속으로 깊이 믿고서 거짓말을 토해내는 자들이다. 하나님의 교훈(진리)과 비진리가 어떻게 함께할 수 있겠는가(28절).

8. 사람이 참된 종교에서 이탈하여 이단에 미혹되면 아무런 거리낌 없이 죄를 범한다. 이단은 사람을 어둡게 하여 모든 비진리를 확신 있게 따라가도록 만든다. 예레미야 시대의 유다 백성들 가운데는 하나님을 공경한다고 하면서 여호와의 종교와 정반대되는 사악한 종교의 행동을 따라 하는 자들도 있었다(31절). 이렇게 종교가 극도로 부패하면 하나님의 진노가 임하는 법이다(32-34절).

제 8 장

↓ 내용분해

1. 침략자들이 유다 땅에 와서 행할 비참한 일들(1-3절)
2. 유다 백성에게 이런 벌이 임할 수밖에 없도록 만든 죄상(4-12절)
   1) 회개하지 않는 백성의 우매(4-7절)
   2) 지도자들의 거짓됨(8-12절)
3. 전쟁의 환난을 당한 비참한 유다 땅(13-17절)
4. 선지자 예레미야의 탄식(18-22절)

↓ 해석

1 여호와의 말씀이니라 그 때에 사람들이 유다 왕들의 뼈와 그의 지도자들의 뼈와 제사장들의 뼈와 선지자들의 뼈와 예루살렘 주민의 뼈를 그 무덤에서 끌어내어. "그 때에"(בָּעֵת הַהִיא)라는 시간 부사구는 앞 장 말씀과의 관련성 속에서 이해해야 하는데, 요컨대 바벨론이 침공할 때를 가리킨다. 여기에는 다섯 가지 단계

의 사람들 가운데 특별히 지도자들에 대한 말씀이 많다. "왕들", "지도자들", "제사장들", "선지자들"은 모두 백성을 다스리는 위치에 있는 지도자들이다. 여기에 일반 민중("주민")들도 포함되기는 하였으나 이렇게 다방면으로 지도자들을 열거하는 이유는 그들의 죄악이 더욱 크기 때문이다. 지도자들이 민중과 더불어 같은 죄를 범했지만 그들은 지도자의 자격으로 범했으므로 그들의 책임이 더욱 크다. 이들의 "뼈를 그 무덤에서 끌어 내"는 일은 침략자 바벨론 군대가 하게 될 일이었다. 바벨론 군대는 귀중품을 무덤에서 찾으려고 그들의 유골을 훼손하게 되리라는 뜻이다. 그런데 그들의 뼈가 이같이 끌어내지는 것은 결국 죽은 자들이 사후에도 수치를 당하게 하시는 하나님의 섭리로 말미암아 이루어지는 일이다. 어떤 경우에는 하나님께서 범죄하고 죽은 자들의 시체나 해골을 드러내심으로써 그들이 생전에 지은 죄악의 수치를 드러내신다. 반면에 어떤 경우에는 하나님께서 그의 참된 종의 뼈를 존중히 대하심으로써 그 종이 생전에 충성하였다는 사실을 드러내시기도 하신다(왕하 13:21).

2 그들이 사랑하며 섬기며 뒤따르며 구하며 경배하던 해와 달과 하늘의 뭇 별 아래에서 펼쳐지게 하리니 그 뼈가 거두이거나 묻히지 못하여 지면에서 분토 같을 것이며. 본 절은 위에 기록된 다섯 단계의 사람들이 얼마나 우상숭배에 진력했는지를 지적하는 의미에서 동일하게 다섯 가지 행동을 열거하는데, 요컨대 그들이 그것들을 "사랑하며"(אֲהֵבוּם), "섬기며"(עֲבָדוּם), "뒤따르며"(הָלְכוּ אַחֲרֵיהֶם), "구하며"(דְּרָשׁוּם), "경배하"(הִשְׁתַּחֲווּ)였다는 것이다. 그들은 이같이 정성을 다하여 "해와 달과 하늘의 뭇 별"을 섬겼다(왕하 21:5; 23:11). 이제 그들의 뼈가 그들이 섬기던 해와 달과 별 아래 드러나게 될 것이다. 그러나 해와 달과 별은 그들을 구원해 주지 못한다. 이렇게 해서 그들의 우상숭배가 헛되다는 사실이 만천하에 드러난다. 그들의 뼈는 지도자들의 것이든지 민중의 것이든지 구별 없이 땅 위에서 수치스럽게 굴러다니게 될 것이지만, 그런데도 그들의 뼈

를 거두어 묻어 줄 사람이 없을 것이다.

3 이 악한 민족의 남아 있는 자, 무릇 내게 쫓겨나서 각처에 남아 있는 자들이 사는 것보다 죽는 것을 원하리라 만군의 여호와의 말씀이니라. 여기서 "남아 있는 자"(הַנִּשְׁאָרִית)라는 말이 의미하는 바는 아래에 설명되어 있는데, 말하자면 사로잡혀 간 자들을 가리킨다. 그들의 운명이 얼마나 비참한지 차라리 죽는 것이 살아 있는 것보다 낫다고 여길 정도다. 극도로 악한 자들은 마침내 이와 같은 보응을 받게 될 것인데, 그것이야말로 이 세상에서 맛보게 되는 지옥의 고통이다(계 9:6).

4 너는 또 그들에게 말하기를 여호와의 말씀에 사람이 엎드러지면 어찌 일어나지 아니하겠으며 사람이 떠나갔으면 어찌 돌아오지 아니하겠느냐. 여기서부터는 이스라엘 민족이 회개하지 않는 태도가 모순된다는 점을 지적한다. 이 같은 사실을 깨닫게 만들기 위하여 하나님께서는 자연의 법칙을 들어 말씀하신다. 요컨대 "사람이 엎드러지면" 그대로 있지 않고 "일어나"는 것이 자연스러운 일이며, 한번 "떠나갔"던 사람은 다시 "돌아오"는 것이 일반적이라는 것이다. 그런데도 유다 민족은 하나님을 한번 떠난 후로 다시 돌아오지 않는다고 한다. 사람은 자연법칙을 보고서도 영적 생활에 교훈을 받을 줄 알아야 한다. 왜냐하면 하나님께서 자연법칙을 통해서도 우리 영혼이 마땅히 행할 바를 가르쳐 주시기 때문이다.

5 "거짓"이라는 말은 히브리어로 "타르미트"(תַּרְמִית)인데, 여기서는 하나님을 속이는 것을 의미한다. 하나님 앞에 솔직하지 못한 자는 하나님께로 돌아오지 못한다. 요한복음 3:20을 참조하라.

6 내가 귀를 기울여 들은즉 그들이 정직을 말하지 아니하며 그들의 악을 뉘우쳐서 내가 행한 것이 무엇인고 말하는 자가 없고 전쟁터로 향하여 달리는 말 같이 각각 그 길로 행하도다. 여기서 이른바 "정직을 말하지 아니하며"(לוֹא־כֵן יְדַבֵּרוּ)라는 말은 사태의 진상을 말하지 않는다는 뜻이다. 인생이 하나님 앞에서 자신의 진상을 말한

다면 그것은 오로지 죄를 회개하는 말이 되어야 할 것이다. 왜냐하면 모든 인생은 다 죄인이기 때문이다(롬 3:10-18). 그러나 예레미야 당시의 유다 사람들은 일말의 반성하는 기미도 없이 "전쟁터로 향하여 달리는 말(힘차게 달리는 말)처럼 옳지 않은 길로 고집스럽게 직행할 뿐이었다.

이 구절 말씀을 보아도 하나님께서 얼마나 인간의 회개를 기뻐하시는지를 알 수 있다. 시편 51:17, 이사야 57:15, 66:1-2을 참조하라.

7 공중의 학은 그 정한 시기를 알고 산비둘기와 제비와 두루미는 그들이 올 때를 지키거늘 내 백성은 여호와의 규례를 알지 못하도다. 여기서도 또다시 유다 백성들이 자연 법칙을 보고 영적 교훈을 받아야 한다는 점을 지적한다. 이런 방식의 교훈은 예수님께서도 종종 사용하셨다(마 6:26-33). "공중의 학"이나 "산비둘기"나 "제비"나 "두루미" 같은 새들은 모두 다 철새인데, 그것들은 기후의 변동을 따라 옮겨 다니는 새들이다. 이 새들이 본능적으로 하나님이 정하신 법에 순종하여 기후를 따라 이동한다는 사실을 우리는 잘 볼 수 있다. 그러나 인생들은 죄악의 위험을 피할 줄 모르며, 혹시 피한다고 해도 그들의 행동이 극히 순조롭지 못하다. 이것은 범죄한 인생이 하등 동물만도 못하다는 점을 보여 주는 것이라고 말할 수 있다.

설교 ▶ 회개하지 않는 자들의 우매함(4-7절)

하나님께서는 여기서 유다 백성들이 끝까지 회개하지 않는 어리석음에 대하여 탄식하신다. 범죄하고 회개하지 않는 것은 여러 가지 의미에서 우매한 일이다.

1. 범죄하고 회개하지 않는 것은 엎드러지고서도 일어나지 않는 것과 같다.
엎드러지고 일어나지 않는 것은 철부지 어린아이들이 하는 짓이다. 사람들이 범죄하고 회개하지 않는 이유는 절망에 빠져버리기 때문이다. 유명한 복음주의 설교자였던 조지 휘트필드(George Whitefield)도 처음에는 자신의 부족함을 깊이 절감하고서 절망에 빠져 있을 때가 있었다. 셀리나 헌팅던(Selina Huntingdon) 백작 부인이 휘트필드에게 전도했을 때 그는 대답하기를, "나는 망하였습니다. 어찌할 수가 없습니다"라고 하였다. 그때 헌팅던 여사가 대답하기를, "그리스도께서는 망한 사람을 구원하시기 위해 오셨습니다"라고 말하였고, 휘트필드는 이 복음을 믿고 위대한 전도자가 되었다.

2. 회개하지 않는 것은 집을 떠나 돌아오지 않는 것과 같다(4-5상).

사람이 하나님과 함께 살아가는 것은 사실상 평안히 집에서 사는 것과 같다. 생활의 안정이라는 것은 인생이 하나님을 떠나서는 결코 누릴 수 없는 것이다. 하나님을 나의 하나님으로 모시는 것이 영원한 평안이고, 안정이며, 구원이다. 하나님께서는 신구약 성경에 구원에 대하여 넘치도록 많은 말씀을 주셨는데, 특별히 "나는 그들의 하나님이 되고 그들은 내 백성이 되리라"(겔 37:27)라고 하셨다(참조. 고후 6:16, 18). 그러므로 하나님과 함께 사는 단체를 가리켜, "하나님의 집"이라고 하였다(딤전 3:15). 그런데 사람이 집과 같은 하나님의 품을 떠나서 돌아오지 않는 것은 자기 자신을 멸망의 구덩이로 끝없이 떨어뜨리는 미련한 행동이라는 것이다. 탕자가 아버지의 집을 떠나서 결국 얻은 것이 무엇이었던가? 먼 나라에 가서 흉년을 만나 돼지가 먹는 쥐엄 열매도 부족하여 굶주려 죽을 지경이었다(눅 15:13-16).

3. 회개하지 않는 것은 거짓을 고집하는 어리석은 짓이다(5하-6절).

죄를 범하는 일은 결국 거짓된 행동을 통해 형통해보려고 하는 것이다. 범죄하는 삶은 외견상 좋아 보여도 실상은 극도로 불행한 삶이다. 이 세상에서 범죄하는 자들은 모두 나름대로 형통한 길을 찾아보려고 그런 길을 택한 것이다. 그러나 사실상 그들이 선택한 길은 기만당하는 길이다. 남아메리카에서 자라는 어떤 나무의 이파리는 음식과 같은 특별한 풍미를 지니고 있는데 그것을 먹으면 시장기가 없어진다고 한다. 그러나 그 잎에는 영양분이 전혀 없어서 그것을 먹어도 실제로는 아무런 유익도 얻지 못한다고 한다. 죄는 이같이 사람을 속인다.

4. 회개하지 않는 것은 소생할 수 있는 길을 거스르는 어리석은 일이다(7절).

사람이 죄를 지으면 마음이 불안해진다. 이때 느끼는 불안은 그들이 범죄의 길에서 돌이키지 않으면 생명을 잃게 된다는 경고와도 같다. 그러므로 사람은 그들이 지은 죄를 회개하는 것만이 살 수 있는 길이다. 사람이 음식물을 잘못 먹으면 속이 불편해진다. 이렇게 속이 불편해지는 것은 그가 먹은 음식물을 토해야만 살아날 수 있다는 경고와도 같다. 이런 본능적인 경고는 위에 말한 것과 같이 사람의 잘못된 행위와 관련해서도 발견된다. 공중을 날아다니는 학이나, 산비둘기나, 제비나, 두루미 같은 철새들도 본능에 순종하여 살아날 길을 택한다. 말하자면 이 새들이 시기를 따라 다른 지방으로 이동하는 것은 그렇게 해야만 그것들이 살기에 알맞은 기후를 만날 수 있기 때문이다.

8-9 여기서는 하나님께서 스스로 지혜 있다고 자처하는 유다 백성들을 꾸짖으신다. 그들은 스스로 **"우리는 지혜가 있고 우리에게는 여호와의 율법이 있다"**라고 말하였지만 실상은 거짓된 서기관의 잘못된 교훈을 따르고 있었다. 거짓된 서기관들은 율법을 해석한다고 하면서 교만하여 참 선지자의 말을 받아들이지 않았다. 그러므로 그들은 회개하지 않다가 결국 침략자 바벨론 군대에 "두려워 떨다가" 사로잡힐 것이다. 그러므로 그들은 지혜 있는 자들이 아니었다. 지혜 있는 자는 선지자들과 사도들이 전하는 성경 말씀, 곧

살아 계신 하나님의 말씀에 순종하는 자들이다.

10-12 이 부분 말씀에 대하여는 6:12-15의 해석을 참조하라.

13-14 여기서는 바벨론의 침략으로 말미암아 유다 땅에는 흉년이 들고 양식이 부족하게 되리라는 것을 예고하는 동시에, 그런데도 그곳 주민들은 진심으로 회개하지 않고 절망하고 말리라는 것을 보여준다.

"**포도**"와 "**무화과**"는 팔레스타인의 대표적인 과실이다. 이제 그것들이 없어지고 또한 하나님이 그들에게 주셨던 양식까지도 없어질 것이다. 참된 신자는 그런 기근의 때에도 여호와께로 돌아가서 기쁨을 누린다. 하박국 3:17-19에 말하기를, "비록 무화과나무가 무성하지 못하며 포도나무에 열매가 없으며 감람나무에 소출이 없으며 밭에 먹을 것이 없으며 우리에 양이 없으며 외양간에 소가 없을지라도 나는 여호와로 말미암아 즐거워하며 나의 구원의 하나님으로 말미암아 기뻐하리로다 주 여호와는 나의 힘이시라 나의 발을 사슴과 같게 하사 나를 나의 높은 곳으로 다니게 하시리로다"라고 하였다.

그러나 그때 대부분의 믿음 없는 유다 백성들은 하나님께로 돌아오지 않고 ① 그들이 죽으리라는 것을 뻔히 알면서도 조금 더 살아 보고 죽겠다는 태도로 말하기를, "**우리가 어찌 가만히 앉았으랴**(가만히 앉아 죽겠는가) **모일지어다 우리가 견고한 성읍들로 들어가서 거기에서 멸망하자**"(14상)라고 할 것이다. ② 그들은 그들이 죽음에 처하게 된 이유가 여호와께 범죄 하였기 때문이라고 말은 하면서도 정작 여호와께로 돌아가지는 않는다(14하). 죄를 깨닫는 것만으로는 완전한 회개를 이루지 못하며, 여기서 한 발짝 더 나아가 하나님께로 돌아가기까지 해야만 한다. "독한 물"(מֵי־רֹאשׁ "메 로쉬")이라는 말은 양귀비 이파리의 수액을 가리킨다고 한다(Gesenius). 이것은 물론 하나님께서 그들에게 내리신 벌을 비유한다. 신명기 29:17, 32:32, 예레미야 25:15를 참조하라.

15 우리가 평강을 바라나 좋은 것이 없으며 고침을 입을 때를 바라나 놀라움뿐이로

다. 14절에서 책망받은 유다 백성들은 거짓 선지자들의 말을 따르던 자들이라는 사실이 여기서 알려진다. 거짓 선지자들은 그들에게 말하기를, "평강하다, 평강하다"라고 하였다(11절). 그러나 거짓 선지자들이 약속했던 평강은 그들에게 찾아오지 않았고 마침내 참 선지자 예레미야의 말과 같이 환난이 그 땅에 임하였다. 그 당시 백성들은 거짓 선지자들이 예언했던 평강을 고대하고 있었으나 그들이 기다렸던 평화로운 시대는 오지 않았다. 그들은 기만당한 것이다. 그들은 불안정한 사회가 고쳐질 줄 알았으나 결국 그들을 기다린 것은 "놀라움"뿐이었다고 하였는데 여기에 사용된 히브리어 "베아타"(בְּעָתָה)는 "두려움"을 뜻한다. 거짓 선지자들의 말이 당장에는 감미롭게 들리지만 그들의 말을 믿는 자는 결국 실패하고 만다.

16-17 이 부분에서는 또다시 장차 그들에게 들이닥칠 침략자 바벨론이 얼마나 무서운 자들인지를 보여준다. ① 본문에서는 그들을 가리켜 **"말의 부르짖음"**이라고 묘사한다. 말은 전쟁을 상징하는데, 유다의 북방 **"단에서부터"** 말이 부르짖는 소리가 들려오는 이유는 바벨론 군대가 북쪽으로부터 오기 때문이다. ② 그들을 **"뱀과 독사"**에 비유한다. "뱀"(נְחָשִׁים "네하쉼")과 "독사"(צִפְעֹנִים "치프오님")는 그들이 죄의 대가로 당하는 환난을 비유한다(23:32; 사 59:5). 마술사의 기교로 어떤 뱀은 제어할 수는 있으나 아주 독한 뱀은 그렇게 하지 못한다고 한다(시 58:4, 5). 그런데 유다를 침략하는 군대는 **"술법으로도 제어할 수 없는 뱀과 독사"**와 같다고 경고한다. 이 말씀은 바벨론 군대가 유다를 침략할 때 결단코 화친이 이루어지지 않으리라는 점을 비유한다. 특별히 여기서 언급하는 "독사"(צִפְעֹנִים)는 조그맣고 강력한 독을 지닌 뱀인데, 아프리카에 많다고 한다.

유다 백성들은 장차 임할 이처럼 무서운 환난에 대하여 경고를 받았을 때 그들의 죄를 돌이켜보는 지혜가 필요했었다. **"이 땅과 그 소유와 성읍과 그 중의 주민을"** 삼켜버릴 무서운 환난이라는 표현은 사실상 그들이 범한 죄의 세력이 그들을 모두 다 삼켜버릴 정도로 위세가 등등했음을 보여준다. "뱀과 독사"와 같은 환난이라는 표현도 그들의 죄악이 그렇게 물어뜯는 뱀처럼 악독하였다는 것을 기억하게 하는 말씀이다. 환난에 처한 성도는 그가 저지른 죄악이 그가 당하는 환난처럼 그렇게 심각한 것이었다는 사실을 깨닫고 회개해야 한다. 하나님께서 그의 백성에게 환난을 보내시는 목적은 그들이 이처럼 깨닫고 회개하게 하시려는 것이다.

18-22 이 부분에서는 유다 민족이 당할 환난을 내다보는 선지자의 슬픔을 묘사한다. 선지자 예레미야는 유다 민족이 장차 임할 비참한 환난에서 모면할 길이 없다는 사실에 대하여 심히 슬퍼한다. 그는 18절과 22절에서도 그가 이처럼 유다 백성의 장래에 대해 슬퍼하고 아파한다는 사실을 밝히고 있다. 그는 그들이 환난을 면하지 못하는 이유가 그들이 회개하지 않기 때문이라는 점을 생각하고서 심히 안타깝게 여긴다.

그들의 회개하지 않는 태도는 특히 19-20절에 분명하게 나타난다. ① 그들은 먼 땅에 사로잡혀 가서도 말하기를, **"여호와께서 시온에 계시지 아니한가, 그의 왕**(하나님)**이 그 가운데 계시지 아니한가"**라고 하였다. 그들은 자신들이 환난을 겪는 이유가 그들의 죄악 때문이라는 사실을 알지 못한다. 그들이 죄를 회개하지는 않으면서 도리어 하나님이 과연 시온에 계시는가 하는 의심을 표시하고 불평한다. 그러므로 하나님께서는 그들이 우상을 섬긴 죄악이 바로 그들이 당하는 환난의 원인이라고 밝히신다(19하). ② 그들이 회개하지는 않고 절망 상태에 빠져서 말하기를, **"추수할 때가 지나고 여름이 다하였으나 우리는 구원을 얻지 못한다"**(20절)라고 하였다. 말하자면 시간이 많이 흘렀으나 구원의 소망은 발견하지 못하는 현실에 대해 탄식한다.

일설에 그들은 아직도 여전히 애굽을 의지하는 마음을 청산하지 못하고 이런 말을 한다고 주장한다. 말하자면 그들은 바벨론이 침략할 때 애굽이 도와줄 것이라고 믿었다는 것이다(사 31:1). 그런데, 추수할 때(팔레스타인에서는 여름에 추수함), 다시 말해 여름은 군사 행동을 시작하기에 알맞은 시기인데도 불구하고 애굽의 군대가 출동하지 않았음을 여기서 통탄하는 것이라고 해석한다. 이렇게 그들 마음속의 생각은 하나님이 기뻐하시지 않는 것, 다시 말해 애굽을 의지하는 어두움 가운데서 나온 것인데 그들은 이런 사실을 알지 못했다는 것이다. 그러나 이런 학설은 신뢰하기 어렵다. 이사야 30:1-7을 참조하라. 이런 점에서 특별히 선지자 예레미야의 탄식이 깊어진 것이다. 그러므로 선지자는 21절에서 그의 슬픔을 다시 표현한다. 22절에 나오는 말씀은 이 부분에 대한 결론이다.

길르앗에는 유향이 있지 아니한가 그 곳에는 의사가 있지 아니한가 딸 내 백성이 치료를 받지 못함은 어찌 됨인고(22절). "길르앗"은 요단강 동편 땅이고, "유향"은 상처에 바르는 약이다(창 37:25). "길르앗" 지방에는 "의사"가 많이 있었던 듯하다. 예레미야는 "딸"과 같이 연약한 유다 백성이 전쟁의 참상에서 구원받지 못한다는 사실에 대하여 탄식하면서, 인간의 힘으로는 아무것도 할 수 없다고 여기서 비유적으로 말한다. 유다 민족은 하나님 앞에 범죄 했기 때문에 하나님으로부터 형벌을 받는 것이니, 사람들 가운데 누가 그들을 거기서 건져낼 수 있겠는가?

| 설교자료

1. 인간이 범죄한 대가는 그가 죽은 후에라도 치러야만 한다(1-2절).

2. 죄 때문에 당하는 고생은 차라리 죽는 것이 낫다고 생각할 만큼 비참한 것이다(3절).

3. 사람이 죄에서 떠나야만 소생할 수 있다는 것은 너무도 평이하게 깨달

을 수 있는 명백한 진리다. 이런 진리는 성경에서만 아니라 모든 자연 만물을 통해서도 배울 수 있다(4-7절).

4. 거짓된 지도자들의 인도하에 머물러 있는 자들은 결국 다 무지한 자가 되고 만다(8-9절).

5. 탐심으로 행동하는 자는 마침내 그가 가졌던 것도 전부 빼앗기고 만다(11절).

6. 거짓 선지자들의 특징은 사람들에게 천편일률적으로 아부하는 것과 (딤후 4:3) 철면피가 되어 조금도 부끄러워할 줄 모르는 것이다(12절).

7. 불신자들은 환난을 겪을 때 절망하고 만다. 그러나 살아 계신 하나님을 믿는 자들은 환난 중에도 하나님 한 분만으로 만족한다(13-15절).

8. 참된 목자는 하나님의 백성이 당하는 슬픔에 동참한다(18, 21절).

9. 사람들이 당하는 환난보다는 회개하지 않는 그들의 태도가 더욱 기막힌 것이다. 유다 백성들이 회개하지 않는다는 사실은(19-20절 해석 참조) 예레미야의 마음을 심히 괴롭혔다.

10. 하나님이 징계하시는 일을 사람이 만류하지 못한다. 하나님께 벌을 받는 자는 회개함으로써 하나님과 화목을 누리는 것이 최선책이다(22절).

제 9 장

✢ 내용분해

1. 예레미야는 유다 백성들이 범죄한 결과로 국토가 황폐하게 될 것을 슬퍼함(1-11절).
2. 하나님께서 그들에게 멸망을 가져오시는 일이 정당하다고 함(12-16절).
3. 이와 같은 유다 왕국의 파멸에 대하여 슬피 노래하라고 말함(17-22절).
4. 유다 왕국 백성들이 하나님 외에도 그들의 힘이나 지혜나 특권 같은 것을 의지하는 것은 어리석은 일이라고 말함(23-26절).

✢ 해석

1-2 이 두 구절에서는 선지자가 유다 민족이 당할 환난을 생각하고 슬픔을 금할 수 없다는 점을 밝히는 동시에, 그들이 심히 악하다는 사실로 말미암아 탄식한다. 멸망의 고통을 당하는 자리에는 언제나 그에 상응하는 죄악이 자리하고 있다. 아무리 많은 죄를 저지른 자라도 이제 회개하고 하나님께

로 돌아오면, 그것은 기뻐할 일이요 행복한 일이다.

선지자 예레미야는 유다 민족이 당할 전쟁의 재앙을 생각하고 슬픔이 북받쳐 실컷 울기를 원한다는 의미에서, **"머리는 물이 되고", "눈은 눈물 근원이"** 되었으면 좋겠다고 토로한다. 심지어 그는 자기 민족의 죄악을 생각할 때 견딜 수 없어서 그들 사회를 떠나 광야로 들어가기를 원할 정도였다. 그들은 특히 하나님께 신실하지 못하였다는 점에서 완악한 죄인들이었다. 2절 하반절에 **"그들은 다 행음하는 자"** 라고 하였는데, 이 말씀은 하나님에 대한 그들의 배신을 비유하는 말씀이다. **"반역한 자의 무리"**(עֲצֶרֶת בֹּגְדִים)라는 표현은 사람에 대하여 신실하지 못한 자들의 회합이라는 뜻이다(Delitzsch). 언제든지 타락한 시대는 거짓된 것으로 팽창하여지는 법이다(시 12:1-4). 아래 3-6절에서는 계속하여 그들의 신실하지 못함에 대하여 진술한다.

3-6 이 부분에 **"거짓"**(שֶׁקֶר "세케르"), **"진실하지 아니"** 함(לֹא לֶאֱמוּנָה "로 레에무나"), **"속이는 일"**(מִרְמָה "미르마"), 그리고 이들 외에도 유사한 의미를 지닌 표현이 여덟 차례 나온다. 그때 유다 백성들에게 다른 많은 죄악도 있었지만, "거짓"은 그들의 모든 죄악의 원천이고, 방법이며, 결과였으니, 여기서 특별히 그것을 가장 먼저 진술한다. **"활을 당김 같이 그들의 혀를 놀려"**(3절)라는 표현은 그들이 거짓말을 하되 조금도 망설이지 않고 대담하게 한다는 뜻이다. **"그들이 이 땅에서 강성하나 진실하지 아니하고"**(לֹא לֶאֱמוּנָה גָּבְרוּ "로 레에무나 가브루")(3절)라는 말은 사실상 "그들이 진리를 위하여 담대하지 아니하고"라고 번역해야 한다(Calvin, King James Version). 타락한 인생들은 악을 향하여 달음질하는 데는 담대하고 오래 참으면서도, 진리를 위하여는 조금도 힘쓰지 않는다.

진리를 위하여 담대한 자는 ① 진리를 고백하는 일에 담대하다. ② 진리를 권장하는 일에 담대하다. ③ 진리를 실행하는 일에 담대하다. 물론 이러한 담대함은 혈기에 속한 것이 아니고, 온유함과 오래 참음과 견디어 나가는 일을 통해 성립되는 것인데, 그것은 성령의 인도와 감화의 은혜로만 이루어진다.

그러나 예레미야 시대의 유다 백성들은 이와 반대로 죄악을 향하여 담대히 나아가는 경향을 보이고 있었다. 그러므로 3절 하반절에 말하기를, **"악에서 악으로 진행"**한다고 하였으며, 그 결과 하나님을 **"알지 아니"**하는 흑암으로 떨어진 것이다. **"완전히 속이며"**(עָקוֹב יַעְקֹב "아코브 야아코브")라는 표현은 아주 힘차게 다른 사람을 속여 넘어뜨림을 의미한다.

"다니며 비방함"(רָכִיל יַהֲלֹךְ)이라는 말은 거짓말하며 돌아다니는 행태를 가리키고, **"악을 행하기에 지치거늘"**(הַעֲוֵה נִלְאוּ)이라는 말은 악을 행하기에 너무 열중하다가 피곤해진 것을 의미한다.

그들은 속이는 일로 말미암아 나를 알기를 싫어하느니라. 요한복음 3:19-20을 참조하라.

7-9 여기서도 하나님께서 유다 민족의 극단적인 타락에 대처하시리라는 것을 말씀한다. 하나님께서 대처하시는 방법은 그들을 징벌하시는 것인데, 한마디로 **"그들을 녹이고 연단하리라"**라는 말씀이 그런 의미다. 그가 그렇게까지 그들을 대우하시는 이유는 그들의 **"거짓"**됨을 인함이라고 여기서 반복한다(8절). 하나님께서는 지극히 거짓된 그들을 징계하시는 일이 당연하다는 사실에 대해서도 말씀하신다(9절). 하나님께 벌을 받는 자들은 자기 자신의 죄악이 얼마나 뿌리 깊은 것인지를 모르기 때문에 억울하다고 생각하지만, 실상 인간의 죄악을 불꽃 같은 눈으로 감찰하시는 하나님 앞에서는 언제 어떤 형벌이 내려지더라도 당연하다.

10-11 인간의 죄악으로 말미암아 인간 자신만 벌을 받는 것이 아니라, 그들이 살아가는 자연환경까지도 비참한 지경에 떨어지는 법이다. 선지자는 이런 일을 생각해서도 슬퍼한다.

12-14 여기서는 **"이 일"**, 다시 말해 장차 유다 백성들이 받을 환난의 원인(זֹאת "조트")이 무엇인지를 문답식으로 밝힌다. 그런데 여기서는 지혜 있는 자

가 아니면 그 원인을 깨달을 수도 없다고 말한다. 그런데 지혜 있는 자는 여호와의 말씀을 받아 그대로 믿고 널리 선포하는 자다(12절). 사람들이 여호와의 말씀을 배척하는 일은 사실상 무지에서 비롯한 것이다.

그렇다면 이제 무엇이 원인이 되어 유다 백성들이 환난을 받는다는 것인가? 그것을 여기서 문답식으로 밝히고 있는데, 말하자면 그들이 하나님의 **"율법을 버리고", "목소리를 순종하지 아니"**하였던 죄악과 그들이 "바알들을 따라"갔던 죄악이 환난을 초래한다는 것이다.

12절의 **"불타서"**라는 말은 히브리어로 "니츠타"(נִצְּתָה)인데 헬라어 70인역(LXX)과 라틴어 불가타 역본(Vulgate)을 따라 그렇게 번역된 것이다. 그러나 아람어 타르굼(Targum)과 페시타와 아라비아어 역본은 모두 "니츠타"를 "황폐하여져서"라고 번역하였다.

그 조상들이 자기에게 가르친 바알들을 따랐음이라. "바알"(הַבְּעָלִים)은 가나안과 베니게의 이방 종교에서 유래한 남신으로서 풍년을 가져다주는 신으로 알려졌으며, 흔히 그의 짝인 여신 아스다롯과 함께 숭배되어왔다. 또한 바알과 아세라 종교는 사람들이 음행할 수 있는 제도까지 마련해두고 있었다(왕상 14:24). 이스라엘 백성은 그들의 선조 때부터 이 같은 미신을 받아들인 과거가 있었다. 사사 시대에는 팔레스타인 땅에 바알 신당이 있었고(삿 2:13; 6:28-32), 아합 시대에는 그의 아내 이세벨로 말미암아 바알과 아세라 숭배가 성행했기 때문에 선지자 엘리야가 바알 제사장들을 죽이기까지 했고(왕상 16:31-32; 18:17-40), 이후로 또다시 이들을 향한 숭배가 성행했던 것을 예후가 파괴했다(왕하 10:18-28). 이후에도 이러한 미신이 되풀이하여 성행하곤 하였다.[11] 이렇게 이스라엘의 조상들이 바알을 섬기는 일에 빠질 때마다 그들은 수도 없이 하나님께 징계를 받았다. 예레미야 시대의 유다 백성들은 조상 때부터

---

11) 참조. 왕하 11:18; 21:3; 23:4-5; 대하 17:3; 21:6; 22:2; 28:2; 호 2:8.

그들에게 해악을 끼쳐왔던 미신 종교를 다시 추종하였는데 그때의 죄책이 더욱 크다고 볼 수 있다. 조상들 때부터 그렇게 해악을 끼쳐온 미신 종교를 후손들이 어떻게 받아들일 수 있다는 것인가? 그것이야말로 이해할 수 없는 깊은 타락이다. "**그 조상들이 자기에게 가르친**"(אֲשֶׁר לִמְּדוּם אֲבוֹתָם)이라는 말은 "그 조상들이 그들(유다 백성)에게 가르친"이라고 번역해야 한다.

15-16 여기서는 회개하지 않는 유다 백성들을 하나님께서 크게 벌하실 것이라고 예언한다. "**만군의 여호와 이스라엘의 하나님께서 이와 같이 말씀하시니라**"라는 문구의 히브리어 원문에는 본래 "내가"라는 말이 없는데, 개역한글판과 달리 개역개정판에서는 이를 바르게 번역하였다. "**쑥을 먹이며 독한 물을 마시게 하고**"라는 말은 하나님께서 그들에게 고통스러운 벌을 내리실 것을 비유한다. 예레미야애가 3:19과 예레미야 23:15을 참조하라.

"**그 뒤로 칼을 보내리라**"라는 말씀은 바벨론으로 사로잡혀 갔던 유다 백성들을 칼로 진멸하리라는 뜻이 아니다. 이것은 바벨론 침략 시기에 바벨론 군대가 그들 앞에서 도망하는 모든 자를 진멸하기 위하여 그들을 따라가리라는 것을 의미한다.

17-19 이 부분에서는 장차 유다 민족이 당할 패망과 관련하여, 그들이 그러한 사실을 내다보고 적절하게 반응해야 할 것을 재촉한다. 그러므로 전도서 7:14에 말하기를, "곤고한 날에는 되돌아 보아라"라고 하였다.

우리 본문에서는 크게 두 가지를 권면하는데, ① 첫째로, "**너희는 잘 생각해 보고**"(הִתְבּוֹנְנוּ "히트보네누")라고 하였다(17상). ② 둘째는 비애를 느끼게 하라고 하였다. 그들이 택한 방법은 "지혜로운 부녀"(마땅히 울어야 할 상황에서 손쉽게 우는 것은 지혜로운 일이므로 본문에서는 그 같은 부녀들을 가리켜 "지혜로운 부녀"라고 함)들의 울음을 통하여 모든 다른 사람들을 울음 가운데로 인도한다는 것이다. 이것이 18절이 가르친 말씀인데, 요컨대 "**그들로 빨리 와서 우리를 위하여 애곡하여 우리의 눈에서 눈물이 떨어지게 하**"라는 것이다. 사람이 마땅히 울어야 할 때는 울어야만 하는데, 우는 것은 실상 심령이 부드러워졌다는 증표다. 다윗은 울음을 귀히 여기는 취지에서 말하기를, "나의 눈물을 주의 병에 담으소서"라고 하였다(시 56:8). 누구든지 자기에게 있어야 할 눈물이 없을 때는 손쉽게 울 수 있는 자들의 도움을 받아서라도 울음 가운데로 인도되어야 한다. 우리 본문은 특별히 이런 측면에서 부녀들을 지도자로 내세운다. 그 당시 유다 사회의 남자들은 장차 전쟁의 환난이 임하리라는 선지자의 눈물겨운 경고(1절)를 들으면서도 울지 못하는 심각한 병증에 걸려 있었다.

사람이 마땅히 울어야 할 때 울지 못하는 이유는, ① 교만 때문이며, ② 그의 심령이 완악하기 때문이며, ③ 자기밖에 다른 것은 알지 못하는 이기주의적인 철면피 때문이다.

19절은 "이는"(כִּי "키", "왜 그런가 하면"이라는 뜻)이라는 말로 시작하여 유다 백성들이 울어야 할 이유를 보여준다. 요컨대 바벨론 군대의 침략으로 말미암아 예루살렘이 멸망하리라는 점이 선지자의 말과 같이 확실하다는 점에서, 그들은 울어야 할 것이다(18절). 그 환난은 확실한 것이니만큼 미래의 것인데도 여기서 과거와 같이 진술된다. 말하자면 "우리가 아주 망하였구나"(שֻׁדָּדְנוּ "슈다드누"), "우리가 크게 부끄러움을 당하였구나"(בֹשְׁנוּ מְאֹד = "보셰누 메오드"), "그들이 … 헐었음이로다"(הִשְׁלִיכוּ = "히슐리쿠")라고 했던 말씀들이다.

20 본 절은 17-18절에 나타난 뜻을 강조하는 의미에서 되풀이한 것이다. 말하자면 이스라엘에 다가오는 비극을 생각하는 의미에서 그 백성은 마땅히 반성해야 할 터인데, 그들은 너무도 완악하게 행동하였기 때문에 비교적 심령이 부드러운 "부녀들"에게 슬픔의 모범을 보이라고 요청한다. 마땅히 슬퍼해야 할 때 슬퍼하는 자들은 복이 있다(눅 6:21). 마음이 이미 굳어버려서 마땅히 슬퍼해야 할 때도 그렇게 하지 않는 자의 앞에는 멸망밖에 없다. 그런 자를 가리켜 이사야 48:4에 말하기를, "내가 알거니와 너는 완고하며

네 목은 쇠의 힘줄이요 네 이마는 놋이라"라고 하였다. 스가랴 7:12을 참조하라. 이런 경우에 여자들에게 소망이 있는 것은 그들이 비교적 용이하게 울 수 있고 다른 사람들까지 우는 자리로 인도할 수 있기 때문이다.

21-22 이 두 구절은 위에서 말한 슬픔의 이유를 또다시 밝힌다. 21절에 나오는 "무릇"(כִּי "키")이라는 접속사는 이유를 소개하는 것이다. 그런데 유다 백성이 슬퍼해야 하는 이유는 사망이 침입했다는 사실이다.

사망이 우리 창문을 통하여 넘어 들어오며. 유다 백성들은 환난 때에 창문을 든든히 잠그고 있으면 안전할 것이라고 믿었다. 그러나 하나님께서는 그것을 문제시하시지 않고, 환난을 가지고 그리로 들어오실 수 있으므로 그들에게는 피할 길이 없다.

우리 궁실에 들어오며. 이 말씀은 철통같이 경호하고 있는 "궁실"에도 사망이 들어온다는 말씀이다. 그리고 이때 사망은 그들의 어린 "자녀"도 사정없이 죽이며, 힘 있는 "청년들"(בַּחוּרִים "바후림", 가장 건강하고 힘센 자들)도 멸절시킨다. 그만큼 무서운 환난이 다가온다는 것이다. "**시체가 분토 같이 들에 떨어**"진다는 말은 그들의 시체가 들판에 비천하게 많이 넘어져 있으리라는 것을 가리키고, "**추수하는 자의 뒤에 버려져 거두지 못한 곡식단 같이 되리라**"라는 말씀은 그들의 시체가 내어버려져도 아무도 그것을 주의해 보지도 않으리라는 것을 가리킨다.

23 본 절과 다음 절은 하나님께서 유다 백성들의 교만을 지적하시면서 회개하라고 권면하신 말씀이다. 요컨대 하나님께서는 그들이 하나님 외에 다른 것을 의지하고 자랑하던 죄악에서 떠나기를 요구하신다.

여호와께서 이와 같이 말씀하시되 지혜로운 자는 그의 지혜를 자랑하지 말라 용사는 그의 용맹을 자랑하지 말라 부자는 그의 부함을 자랑하지 말라.

설교 ▸ 자랑하지 말라(23절)

1. 지혜로운 자는 그의 지혜를 자랑하지 말라.

1) 누구든지 지혜를 자랑하는 일은 하나님 대신 자신을 보라는 요구다. 하나님의 영광을 빼앗는 것처럼 무서운 죄는 없다. 헤롯은 두로와 시돈 사람들에게서 신이라는 칭송을 듣고서도 곧바로 하나님께 영광을 돌리지 않았으므로 주의 사자가 그를 치니 그는 벌레에 먹혀서 죽게 되었다(행 12:20-23). 무언가를 안다는 것은 사람을 교만하게 만드는 경향이 많으므로 우리는 이를 특별히 경계해야 한다. 고린도전서 8:1에 말하기를, 지식은 교만하게 만든다고 하였다. 지식 자체가 나쁜 것은 아니나, 그것을 소유한 자가 교만하기 쉬우니 그것이 화근이 되는 것이다. 교만은 멸망의 앞잡이다(잠 16:18).

2) 사람이 자기 지혜를 자랑하는 마음을 가지고 있는 동안에는 하나님의 말씀을 그대로 받아들이고 믿게 되는 은혜를 받지 못한다. 그리스도의 복음은 아이와 같이 겸손한 자들만 받을 수 있는 말씀이다. 천국에 들어간 이들은 아이와 같은 자들이다. 이사야 11:6-8에 말하기를, "그 때에 이리가 어린 양과 함께 살며 표범이 어린 염소와 함께 누우며 송아지와 어린 사자와 살진 짐승이 함께 있어 어린 아이에게 끌리며 암소와 곰이 함께 먹으며 그것들의 새끼가 함께 엎드리며 사자가 소처럼 풀을 먹을 것이며 젖 먹는 아이가 독사의 구멍에서 장난하며 젖 뗀 어린 아이가 독사의 굴에 손을 넣을 것이라"라고 하였다. 마태복음 11:25에 말하기를, "그 때에 예수께서 대답하여 이르시되 천지의 주재이신 아버지여 이것을 지혜롭고 슬기 있는 자들에게는 숨기시고 어린 아이들에게는 나타내심을 감사하나이다"라고 하였고, 요한복음 9:39에는 말하기를, "예수께서 이르시되 내가 심판하러 이 세상에 왔으니 보지 못하는 자들은 보게 하고 보는 자들은 맹인이 되게 하려 함이라"라고 하였다. 누구든지 지혜를 소유하였다면 그것은 하나님께서 주신 것이므로 자

랑할 수 없다. 그가 그것을 자랑하는 순간에는 그것이 살아 계신 하나님을 떠난 지혜가 되고 만다. 하나님이 함께하시지 않는 교만한 지혜는 어떤 면에서는 죄를 범하는 일에 이용될 소지가 다분하다. 그러므로 예수님께서 말씀하시기를, "너희가 맹인이 되었더라면 죄가 없으려니와 본다고 하니 너희 죄가 그대로 있느니라"라고 하셨다(요 9:41).

2. 용사는 그의 용맹을 자랑하지 말라.

"용사"는 히브리어로 "기보르"(גִּבּוֹר)인데, 이는 힘 있는 자를 가리키는 용어다. ① 힘을 자랑하는 자는 하나님을 대적하는 자다. 그가 자기 힘을 의지하고 하나님을 믿지 않으니, 그것은 자기 힘과 하나님을 대립시켜 놓고서 언제나 하나님보다 자기 힘을 믿는 태도다. 그는 이런 식으로 하나님을 괴롭힌다. 하나님께서는 하나님을 믿지 않고 다른 것들을 믿는 자들을 자신에 대한 적으로 여기시며 가장 섭섭하게 여기신다(시 78:19, 40, 56). 힘에는 여러 종류가 있는데 체력, 혹은 건강의 힘도 힘이고, 세력, 혹은 권세의 힘도 힘이다. 이 세상 사람들은 하나님을 기쁘시게 해드리고자 하는 의리는 내팽개쳐버리고 자기 힘이 제일이라고 생각하기 때문에 서로 힘을 차지하려고 다툰다. 그러므로 이 땅 위에는 참 평안이 없다. ② 힘을 자랑하는 자는 하나님의 축복을 받지 못한다. 누군가가 하나님 외에 무엇을 자랑하는 일은 결국 하나님에게서 멀어지는 일이다. 하나님께서는 도리어 약한 것들을 택하셔서 강한 것들을 부끄럽게 하신다(고전 1:27). 그의 능력은 약한 데서 온전하여지며, 약한 곳에 머무른다(고후 12:9). 이 세상 사람들은 적자생존이라는 표현을 고안하여 강한 것이 살아남는다고 주장하나, 하나님께서는 약하다고 스스로 생각하는 자들 가운데서도 고요히 역사하신다. 그러므로 고린도전서 7:29-31에 말하기를, "형제들아 내가 이 말을 하노니 그 때가 단축하여진 고로 이 후부터 아내 있는 자들은 없는 자 같이 하며 우는 자들은 울지 않는 자 같이 하며 기쁜 자들은 기쁘지 않은 자 같이 하며 매매하는 자들은 없는 자 같이 하며 세상 물건을 쓰는 자들은 다 쓰지 못하는 자 같이 하라 이 세상의 외형은 지나감이니라"라고 하였다. 하나님께서는 우리가 일을 맡을 때도 강하게 보이고 거창해 보이는 일들보다는 도리어 아무것도 아니라고 여겨지는 일을 크게 만드신다. 그러므로 최종 심판 때에 주님께서는 충성된 자들에게 선언하여 말씀하시기를, "네가 적은 일에 충성하였으매 내가 많은 것을 네게 맡기리니 네 주인의 즐거움에 참여할지어다"라고 하신다(마 25:21, 23). 하나님의 일을 반드시 강한 자만 하는 것은 아니다. 영국 런던(London)에 있는 어떤 아파트의 부엌에 한 주부가 글을 새기고 기록하였다. 주부가 써서 붙인 글에 "하나님의 일이 매일 같이 세 번 여기서 거행된다"라고 하였다. 과연 그것은 참 신자의 생각에서 나온 글이다.

3. 부자는 당신의 부유함을 자랑하지 말라.

"재물"을 자랑하는 자는 물질도 하나님이 주셨다는 사실을 무시하는 것인 만큼, 하나님이 그에게서 그의 풍부한 재물을 모두 빼앗을 날이 올 것이다. 그뿐 아니라 그는 그가 자랑하는 정도만큼 재물을 사랑하는 자다. 그러므로 그는 많은 죄를 범하게 된다(딤전 6:10). 무엇보다도 그가 자신의 부유함을 자랑하는 마음가짐을 지니고 있을 때는 하나님을 믿기 어렵고 그것이 그에게는 크나큰 손해로 다가온다. 그러므로 사도 바울은 디모데전서 6:17-19에 말하기를, "네가 이 세대에서 부한 자들을 명하여 마음을 높이지 말고 정함이 없는 재물에 소망을 두지 말고 오직 우리에게 모든 것을 후히 주사 누리게 하시는 하나님께 두며 선을 행하고 선한 사업을 많이 하고 나누어 주기를 좋아하며 너그러운 자가 되게 하라 이것이 장래에 자기를 위하여 좋은 터를 쌓아 참된 생명을 취하는 것이니라"라고 하였다.

돈을 제일로 여기고 자랑하는 심리는 가난한 자들에게도 있다. 그런 심리는 하나님 대신 돈에 열중하는 것인데, 이를 달리 표현하면 우상숭배다(골 3:5). 돈을 사랑하고 자랑하여 그것을 의지하는 자들은 그 마지막 길이 불행하다(시 52:1-7). 1923년에 시카고에서 세계적인 재벌들이 모여서 회의를 하게 되었다. 그때 재벌 회의 회원은 8명이었는데, 25년 후에, 한 사람을 제외한 일곱 사람은 모두 다 그 종말이 불행하게 되었다. 그중 한 사람은 파산했고, 한 사람은 망명했고, 두 사람은 감옥에 갇혔고, 세 사람은 자살하였다. 그러므로 인생은 마땅히 하나님만 자랑해야 한다(24절).

24 자랑하는 자는 이것으로 자랑할지니 곧 명철하여 나를 아는 것과 나 여호와는 사랑과 정의와 공의를 땅에 행하는 자인 줄 깨닫는 것이라 나는 이 일을 기뻐하노라 여호와의 말씀이니라.

설교▶ 하나님을 "사랑과 정의와 공의를 땅에 행하는 자"로 아는 것이 귀함(24절)

예레미야 선지자는 이론에 머물고 마는 이상주의적인 신을 아는 추상적 지식이 아니라 실제로 사랑과 공의를 나타내시는 살아 계신 하나님을 체험하는 것이 자랑할 만한 일이라고 하였다. 그러나 이 자랑은 결코 교만한 자랑이 아니다. 진실로 살아 계신 하나님에 대한 체험을 간직하고 있는 자는 언제 어디서나 자기 자신은 낮추고 하나님만 높이는 자인데, 그는 지극히 겸손한 자다. 드와이트 무디(Dwight L. Moody)는 뉴욕(New York)에서 살아 계신 하나님의 사랑을 풍성하게 체험했을 때 "이제는 그만 멈추소서"라고 요청할 만큼 되었다고 한다. 그는 영국의 글래스고(Glasgow)라는 도시 전체를 준다고 하여도 그가 이때 체험한 것과 바꿀 수 없다고 하였다. 살아 계신 하나님의 행동을 체험한 허드슨 테일러(Hudson Taylor) 선교사는 하나님이 하시는 일만 중요하고 자기는 중요치 않다는 의미로 다음과 같이 말했다. "허드슨 테일러가 하나님을 위하여 무슨 일을 취하는 것이 아니고, 반대로 하나님께서 허드슨 테일러를 통하여 일하시는 것일 뿐이다"라고 하였다. 이후로 그의 삶을 이끌어가는 표어는 "이제부터는 내가 아니고 그리스도시다"("No more I but Christ")라는 것이었다. 다시 말해 이제부터 나는 죽었고 그리스도만이 살아 계신다는 의미다. 이렇게 살아 계신 하나님의 행동을 체험한 자들은 하나님을 자랑하는 동시에 자신을 극도로 낮춘다. 히포의 아우구스티누스(Augustine)는 자기 생활 표어를 말하기를 "나는 내게 대하여는 강철같이 무감각하고, 다른 사람에 대하여는 사랑하는 마음을 품고, 하나님께 대하여는 불꽃과 같은 마음을 가져야 한다"라고 하였다.[12]

25-26 여기서는 하나님께서 장차 바벨론 침략군을 보내어 유다 민족뿐만 아니라 모든 이방 국가들도 징벌하실 것을 또다시 말씀한다. **"살쩍을 깎은 자들"**(קְצוּצֵי פֵאָה)이라는 표현은 특히 아라비아 족속들을 염두에 둔 것이라고 하였다(Delitzsch).

| 설교자료

1. 예레미야가 사람들의 죄악을 보고 울었던 것처럼 우리도 다른 사람의 죄를 볼 때 그를 미워할 것이 아니라, 그들이 그 죄로 말미암아 재앙을 당할 수 있다는 점을 생각하고 눈물을 흘릴 줄 알아야 한다(1절).

2. 죄인들을 경고할 책임을 지고 있는 선지자가 죄인인 백성들을 떠나 광

---

12) "To myself I will show a heart of steel, to my fellow man a heart of love, to my God a heart of flame."

야로 들어갈 마음이 생기게 된 것은 하나님께서도 더는 참으실 수 없을 만큼, 그들의 죄악이 흘러넘쳤기 때문이다. 그 당시 그들이 범한 죄악은 특히 그들의 거짓됨이었다(2-6절). 찰스 스펄전(Charles Spurgeon)도 말하기를, "사자들과 함께 지낼지언정 거짓말하는 자들과는 함께 살 수 없다"라고 하였다.

3. 진리의 말씀에 순종하지 않는 자들은 환난 가운데 던져져서 완악하던 마음이 부드럽게 녹아내리는 것만이 유일한 소망이다(7절).

4. 사람이 극도로 악해져서 재앙을 받을 때는 자연 세계와 가축들과 초목들도 불행해지며 황폐해진다(10-11절).

5. 사람이 환난을 받을 때 그것이 자기 죗값인 줄로 생각하는 자는 지혜 있는 자다. 그러한 지혜는, 모든 다른 지혜보다 희귀하다(12-16절).

6. 마땅히 울어야 할 때 울 수 있는 것은 일종의 은혜다. 이런 울음을 품을 수 있는 자는 특히 여자들 가운데 많다. 그들은 사람들에게 울음을 가르쳐 줄 수 있는 자격자라고 할 수 있다(17-22절).

7. 모든 자랑은 사람을 교만하게 만들어 멸망하게 하지만, 오직 주님만을 자랑하는 자는 겸손하게 되며 영생의 행복에 이르게 된다(23-24절).

8. 외모로만 할례를 받고 심령에 할례를 받지 못하면 그의 할례가 완전히 무효가 된다. 참된 종교를 외식으로만 품는 자는 그것을 전혀 지니지 못한 자와 마찬가지로 멸망을 받는다(25-26절).

제 10 장

✤ 내용분해

1. 우상은 헛됨(1-5절)
2. 여호와 하나님의 전능(6-11절)
3. 여호와 하나님이 전능하신 분이라는 증표(12-16절).
   1) 세계 창조와 자연 섭리(12-13절)
   2) 거짓된 신들을 심판하심(14-15절)
   3) 이스라엘을 택하심(16절)
4. 유다 민족이 포로 됨과 그들의 탄원(17-25절)

✤ 해석

1 이스라엘 집이여 여호와께서 너희에게 이르시는 말씀을 들을지어다. "이스라엘 집"이라는 말(בֵּית יִשְׂרָאֵל)은 여호와 하나님과 언약을 맺은 백성들 전체를 가리킨다. "들을지어다"(שִׁמְעוּ "쉬므우")라는 말은 귀로 들을 뿐 아니라 마음으로

순종하라는 의미이. 하나님의 백성은 언제나 하나님의 말씀을 들음으로써만 바르게 살게 된다(요 10:4-5, 27-29).

2 여호와께서 이와 같이 말씀하시되 여러 나라의 길을 배우지 말라 이방 사람들은 하늘의 징조를 두려워하거니와 너희는 그것을 두려워하지 말라. "여러 나라의 길"이라는 표현은 이방 나라들의 행동 원리를 가리키는데, 아래에서 이 부분을 다시 설명할 것이다. 말하자면 "이방 사람들은 하늘의 징조를 두려워한다"라는 말과 서로 통하는 것이다. "하늘의 징조"(אתות השמים)라는 말은 애굽이나 바벨론 사람들이 지켜온 미신을 가리킨다. 예컨대 해나 달이나 별들 가운데 어떤 징표가 나타나면 이교도들은 그런 형상이 외아들이 죽을 징조라고 말하기도 하고, 또는 어떤 다른 징표가 나타나면 기쁜 일이 있으리라는 등의 미신을 만들어내는 징조를 의미한다. 그때 사람들은 그러한 징조를 무서워하여 우상에게 제사하였다는 것이다. 사람이 두려워해야 할 것은 오직 하나님밖에 없는데 만일 그가 다른 것을 두려워하게 되면 그는 이때 그것을 하나님으로 삼는 우상숭배의 죄를 범하는 것이다. 그런 이유에서 하나님께서는 유다 백성 가운데 대인들에게 하늘의 징조를 두려워하지 말라고 하신다(참조. 마 10:28). 땅 위에 두려운 일들이 있을 때 우리는 그것들도 하나님의 경륜에 비추어 생각하고, 그것들을 두려워하기보다 하나님을 두려워하며 회개와 신앙을 소유할 따름이다.

3-5 여러 나라의 풍습은 헛된 것이니 삼림에서 벤 나무요 기술공의 두 손이 도끼로 만든 것이라 그들이 은과 금으로 그것에 꾸미고 못과 장도리로 그것을 든든히 하여 흔들리지 않게 하나니 그것이 둥근 기둥 같아서 말도 못하며 걸어다니지도 못하므로 사람이 메어야 하느니라 그것이 그들에게 화를 주거나 복을 주지 못하나니 너희는 두려워하지 말라 하셨느니라. 여기서는 하나님께서 우상의 헛됨을 몇 가지로 지적하셨는데, 말하자면 다음과 같다. ① 우상은 "삼림에서 벤(찍어낸) 나무"일 뿐이다(3하). ② 우상은 "은과 금으로" 장식하여 세워 놓은 것일 뿐이다(4절). ③ 우상은 스스로 움직

이지도 못하며 그러므로 "화를 주거나 복을 주지 못한"다는 것이다(5절).

"여러 나라의 풍습"(חֻקּוֹת הָעַמִּים)이라는 것은 이방 민족들 가운데서 유행하던 미신적인 풍속을 가리킨다. 그들이 신이라고 여기고 섬기는 것들의 실상은 삼림에서 베어온 나무를 가져다가 은과 금으로 꾸며 놓은 물건일 뿐이다. 수풀 가운데 가만히 서 있는 나무라도 그것을 베어다가 화려하게 장식하면 사람들의 마음에 숭배심을 불러일으켰던 모양이다. 사람들의 이와 같은 생각은 어리석은 것임이 드러난다. 그들이 숭배하는 우상의 실체는 나무일 뿐인데도 불구하고 거기에 아로새긴 조각과 둘러놓은 장식 때문에 사람들이 그것을 숭배의 대상으로 삼으니, 인생이 얼마나 겉모습에 이끌리며 아무것도 아닌 것을 숭배의 대상으로 삼는 어리석은 자인지를 알 수 있다. 사람들은 어찌하여 이렇게 종교적 이치에 있어서는 우둔하고 어두운가? 그럴 수밖에 없는 이유를 다음과 같이 설명할 수 있다. 사람들은 그들의 조상 때부터 어두워졌는데, 특히 하나님을 아는 일에 있어서는 더욱 심하게 어두워졌다. 그들이 하나님을 잃어버리고는 살 수 없으니만큼, 하나님을 찾기 위해 몸부림치기는 하지만, 바르게 찾지 못하고 이처럼 어리석게 우상을 만드는 것이다. 그러므로 그들의 모든 우상숭배 행위는 어느 민족에게서나 동일하게 어리석은 형태로 나타난다. 여호와 하나님을 섬기는 참 종교를 제외한 모든 다른 종교들은 똑같이 어리석은 모습을 지니고 있다. 그것들은 모두 다 사람이 만든 가짜 신을 섬기는 것이다. 어느 시대 사람이든지 자기 스스로 종교를 고안해낼 때는 우상을 숭배하는 그릇된 종교 외에는 생각할 능력이 없다. 비록 문명화된 사람이라 할지라도 종교 문제에 있어서는 이렇게 우매하다. 인간의 모든 우상숭배는 오로지 하나님께서 계시하신 말씀으로써만 파괴할 수 있다. 성경에 계시된 하나님의 말씀만이 참 하나님을 알려 준다.

헤르만 도예베르트(Herman Dooyeweerd)는 말하기를, "이런 신화적인 사상은 인간이 논리성을 띠기 전에만 아니라 그 이후에도 그에게 있는 것이다. 하나님의 계시가 아니면 인간은 별수 없이 이처럼 논리성이 충분히 발휘되는 시대에도 신화적인 성향을 버리지 못한다"라고 하였다. 그는 또 말하기를, "신화적인 사상은 원시인에게만 국한된 것이 아니고 철학적, 신학적 사변에 있어서도 고도의 이론으로 발달하여 그 안에 헛된 신념을 포괄하는 것이다"라고 하였다.[13] 하나님의 말씀에서 벗어난 모든 타락한 신념 행위는 죄악이다.

하나님께서는 우상이 헛되다는 사실을 강조하여 보여주시기 위해 그것은 "도끼로 만든 것"이며, "못과 장도리로 든든히" 세워 놓은 것일 뿐이라고 말씀하신다. 이것은 우상을 숭배하는 자들의 행태가 얼마나 어리석은 것인지를 풍자하기도 한다. 그는 또 말씀하시기를, 그것이 "둥근 기둥 같다"라고 하셨다. "둥근 기둥"은 히브리어로 "토메르"(תֹּמֶר)인데, 아마도 종려나무를 뜻하는 말일 것이다. 그러므로 우상은 종려나무처럼 꼿꼿하게 서 있기만 할 뿐 아무런 움직임도 없다고 지적하면서 그것을 섬기는 자들의 어리석음을 비웃는 것이다.

6-10 이 부분에서는 선지자가 하나님의 위대하심을 찬송한다. 그는 여기 기록한 찬송에서도 우상이 헛된 것임을 또다시 지적한다.

설교▶ 하나님에 대한 세 가지 진술(6-10절)

1. 그의 권능으로 말미암아 그의 위대하심이 나타남(6절)

권능은 특별히 그가 택하신 백성인 이스라엘과 교회에 나타났다. 그러니만큼 그의 권능을 깨달을 수 있는 자는 이스라엘 백성에게 국한되었다고 말할 수 있다. 그러나 이방 백성 가운데도 자연의 섭리와 역사의 섭리를 통하여

---

[13] Herman Dooyeweerd, A New Critique of Theoretical Thought, II. 325-27.

그의 능력이 나타나기도 한다. 다만 이방 사람들은 그들의 죄로 말미암은 어두움 때문에 하나님의 권능을 깨닫지 못하는 것뿐이다. 그것은 마치 지구 위에 살아가고 있는 인생이 지구의 회전을 느끼지 못하는 것과 같다. 이사야는 특별히 그의 권능을 증언하기 위하여 하나님의 예언이 성취되는 사실을 예시했다(사 41:1-23; 48:3-7).

2. 신자들에게 주시는 지혜을 보고서 그의 유일무이하심을 알 수 있다(7-9절).

나님은 모든 나라의 왕들에게서 경배를 받으시기에 합당하시다(7상). 왜냐하면 그가 나타내신 지혜가 "**여러 나라와 여러 왕국들의 지혜로운 자들**"보다 뛰어나기 때문이다. 특별히 7절 하반절은 히브리어 이유 접속사 "키"(כִּי)로 시작하기 때문에 다음과 같이 번역되어야 할 것이다. "왜냐하면 여러 나라와 여러 왕국들의 지혜로운 자들 가운데 주와 같은 이가 없기 때문입니다."

그들은 다 무지하고 어리석은 것이니 우상의 가르침은 나무뿐이라. 말하자면 "여러 나라와 여러 왕국들의 지혜로운 자들"은 그들이 섬기는 우상에게서 배운 것이 없으므로 무지하다는 뜻이다. 그들이 우상을 섬기면서 진리를 배웠을 리 만무하다. 왜냐하면 그들이 섬기는 "우상의 가르침"(מוּסַר "무사르", 교훈)은 그 우상 자체와 마찬가지로 "나무"일 뿐이며 아무것도 아니기 때문이다. 이런 의미에서 예레미야는 말하기를, "우상의 가르침은 나무뿐이라"라고 비난한 것이다. 예레미야는 계속하여 말하기를, 우상을 섬기는 자들이 그들의 우상을 머나먼 땅인 "**다시스**(이베리아반도)**에서 가져온 은박과 우바스**(바사)**에서 가져온 금으로 꾸미되**", 그것은 겉으로만 훌륭해 보일 뿐이고, 결국 사람의 작품에 불과하다고 지적한다. 아무리 우상을 훌륭하게 꾸며 놓아도 그것이 사람의 작품이라는 사실은 변하지 않는다. 이런 의미에서 계시 종교인 기독교 이외의 소위 종교들은 모두 다 사람이 고안해낸 것이므로, 고대에 만들어진 것이나 혹은 현대에 만들어진 것이나 모두 한가지로 어리석은 것일 뿐이다. 그것들이 어리석게 만들어질 수밖에 없는 이유는, 인간이 예수님을 믿지 않고는 죄로 말미암아 참 하나님을 알 수 없게 되어 있기 때문이다. 그들의 과학은 진보하지만, 종교적인 측면에 있어서는 옛날이나 지금이나 동일한 어리석음에 머물러 있다. 그들의 종교는 언제든지 사람이 만들어 낸 우상이라는 사실을 면치 못한다.

3. 여호와는 참되시고 살아 계시고 영원하시다(10절).

여호와를 "**참 하나님**"(אֱלֹהִים אֱמֶת)이라고 표현한 것은, 모든 헛된 우상과 다르게 오직 여호와만 하나님이라고 불릴 수 있다는 뜻이다. 그리고 "**살아 계신 하나님**"(אֱלֹהִים חַיִּים)이라는 표현은 그가 살아 계실 뿐 아니라 모든 생명 가진 자들이 그에게서 생명을 얻게 된다는 뜻이기도 하다. 생명은 가장 신비로운 것이며 인간은 그것을 만들어내지 못한다. 그것을 만드신 이는 오직 하나님이시다. 칼빈(Calvin)은 말하기를, "우리가 생명을 가졌다는 한 가지 사실로 말미암아 우리는 하나님을 알 수 있다(행 17:28). 사람은 자기 자신의 힘으로 사는 것이 아니고 하나님에게서 생명을 은혜로 받는 것이니, 하나님은 사람들 속에 살아 계신다"라고 하였다.[14] 민수기 16:22과 신명기 32:39을 참조하라. "**영원한 왕**"(מֶלֶךְ עוֹלָם)이라는 문구는 하나님께서 영원토록 우주와 세계와 인생을 통치하시는 대주재이심을 의미한다. 그는 가만히 계시는 분이 아니시며 이렇게 모든 것을 주재하시는데도 불구하고 인생은 죄로 말미암아 마음이 어두워져서 그의 신비로우신 활동을 깨닫지 못하는 것일 뿐이다. 그가 살아 계셔서 모든 것을 통치하신다는 사실을 깨달을 수 있는 자는 오직 성령을 받은 자뿐이다. 시편 74:12을 참조하라.

그 진노하심에 땅이 진동하며 그 분노하심을 이방이 능히 당하지 못하느니라.

---

14) John Calvin, Commentaries, Jeremia, II. 27-28.

이것은 특별히 이방인들을 대상으로 주시는 말씀이다. 이방인들은 우상을 섬기며 여호와 하나님을 무시하고 있지만, 마침내는 여호와 하나님이 그들을 심판하시는 날이 오고야 만다. 그때에는 그들이 그 앞에 설 수 없다. 요한계시록 6:17을 참조하라.

11 너희는 이같이 그들에게 이르기를 천지를 짓지 아니한 신들은 땅 위에서, 이 하늘 아래에서 망하리라 하라(לֵאלָהַיָּא דִּי־שְׁמַיָּא וְאַרְקָא לָא עֲבַדוּ יֵאבַדוּ מֵאַרְעָא וּמִן־תְּחוֹת שְׁמַיָּא אֵלֶּה כִּדְנָה תֵּאמְרוּן). 이 말씀은 본래 갈대아 언어, 다시 말해 아람어로 기록되었다. 유독 이 구절만 아람 말로 기록된 이유가 무엇인가? 그것은 갈대아(바벨론) 사람들도 이 말씀만은 명심하게 하려는 것이다. 그 나라 사람들은 우상을 많이 섬기고 있었는데 그 모든 우상은 참 신이 아니며, "천지를 짓지 아니한 신들"이다. 그 모든 우상이 망할 것이라는 사실을 여기서 예언하였으니만큼, 그것들을 섬기는 자들까지 망할 것이라는 점이 여기서 동시에 예언되고 있다. 우상들과 그것을 섬기는 자들이 일시적으로, 혹은 심지어 이 세상 끝날까지 여전히 강성할 수도 있다. 그러나 최후에는 그들 모두 함께 망하고 만다.

12 여호와께서 그의 권능으로 땅을 지으셨고 그의 지혜로 세계를 세우셨고 그의 명철로 하늘을 펴셨으며. 여기서는 오직 여호와만이 천지를 지으신 참 하나님이시라는 사실을 밝혀 둔다. 참 하나님이 누구신지를 말함에 있어서 세상을 창조하셨다는 사실을 그의 자격으로 언급하는 이유는 무엇인가? 그것은 본래 없던 세상을 지어내신 것 이상으로 위대한 일은 없기 때문이다. 세계를 창조하신 자가 아니고서는 그것을 근본적으로 다스리지 못하며, 구원하지 못하며, 심판하지 못한다. 그러므로 구원하기도 하시고 심판하기도 하시는 하나님은 오직 창조자시다. 하나님께서 만물을 창조하실 때는 "권능"과 "지혜" 두 가지로 하셨다. 그는 지혜로우실 뿐만 아니라 그의 지혜대로 이루셨으니 전능하신 하나님이시다. 우리는 천지 만물 가운데 어디서든지 이 두 가지의 표현

을 발견할 수 있다. 과학은 아무리 발달해도 하나님께서 나타내신 지혜와 권능을 발견해내는 종속적인 역할을 감당할 뿐이고, 창조적인 역할은 전혀 할 수 없다. 이는 마치 나사로를 살리신 이는 그리스도시고 거기 모였던 사람들은 무덤에서 돌을 굴리거나 나사로의 손발을 동여매었던 헝겊을 풀어 주는 정도의 종속적인 역할을 할 수밖에 없었던 것과 마찬가지다.

13 그가 목소리를 내신즉 하늘에 많은 물이 생기나니 그는 땅 끝에서 구름이 오르게 하시며 비를 위하여 번개치게 하시며 그 곳간에서 바람을 내시거늘. 여기서 "목소리"라는 표현은 우렛소리를 가리킨다. 우렛소리를 하나님의 "목소리"라고 표현한 것은 우렛소리 그 자체가 하나님의 목소리라는 의미는 아니다. 그것은 우렛소리의 원인자가 하나님이심을 가리키는 시적 표현이다. 예레미야는 여기서 자연계의 모든 현상을 하나님이 주장하신다고 선언하는 것이다. 칼빈은 말하기를, 자연계의 거대한 업적들의 원인을 하나님께 돌리지 않는 과학은 악마의 과학이라고 하였다.

"하늘에 많은 물이 생기나니." 이것은 우렛소리가 나자 많은 비가 공중에서 내리게 됨을 염두에 두고 하는 말이다. 성경은 언제나 비를 내리시는 이가 하나님이시라고 말하고 있다. 현대 과학으로 공중에 어떤 구름이 형성되어 있는 시기에 비행기를 타고 올라가 과학적 방법을 동원하여 비가 내리게 할 수 있다고 한다. 그렇다면 하나님만이 비를 주신다는 말씀이 성립되지 못하는가? 그런 것이 아니다. 위에 말한 것과 같이 인공으로 비를 내리게 할 수 있다 하더라도 그것을 가리켜 전적으로 사람이 성취한 일이라고 할 수는 없다. 어떤 제한된 구역에 조성된 구름 자체가 하나님의 역사로 이루어졌다는 사실을 우리는 기억해야 한다. 오늘날 과학이 아무리 발달했다고 할지라도 비가 내릴 수 있도록 조성된 구름층을 만들어낼 수는 없다.

"그는 땅 끝에서 구름이 오르게 하시며." 이런 말씀은 예레미야가 팔레스타인 땅에서 관찰했던 시점에서 묘사된 말이다. "구름"은 바다에서 증발하여 올라가는 것인데, 특별히 이스라엘 백성들은 팔레스타인 땅에서 서쪽으로 지중해를 바라볼 때 이런 시적 표현을 할 수 있었던 것이었다. 성경에는 문학적인 감성으로 기록된 부분이 적지 않다. 이렇게 멀리서 수증기를 몰아다가 넓은 땅을 적실 비가 내리게 하는 것은, 사람의 능력으로는 언제나 불가능한 것이다.

"비를 위하여 번개치게 하시며." "번개"는 일종의 불인데 맑은 날에 생기는 것이 아니라 흐리고 습기가 가득한 비 오는 하늘에 일어난다. 여기서도 하나님의 능력을 보여주는 교훈을 볼 수 있다. 말하자면 하나님께서는 물 가운데도 불을 보존하여 두실 수 있고, 불을 가지고서도 물을 발생시키는 원인이 되게 하실 수 있다는 것이다. 그러므로 칼빈(Calvin)은 말하기를, 하나님께서는 두 가지 반대되는 것들을 혼합할 수 있는 권능을 가지셨다고 하였다.

"그 곳간에서 바람을 내시거늘." 칼빈(Calvin)은 말하기를, 바람은 땅의 낮은 곳에서 발생한다고 하였다. 그러니만큼 여기서 "곳간"이라는 말은 땅의 가장 깊은 지대를 의미했을 것이다. 어쨌거나 이것은 시적 표현으로서 바람도 하나님이 주장하신다는 사실을 알려 준다.

14-15 사람마다 어리석고 무식하도다 은장이마다 자기의 조각한 신상으로 말미암아 수치를 당하나니 이는 그가 부어 만든 우상은 거짓 것이요 그 속에 생기가 없음이라 그것들은 헛 것이요 망령되이 만든 것인즉 징벌하실 때에 멸망할 것이니라. 여기서는 또다시 우상을 섬기는 자들의 어리석음과 그들이 장래에 경험하게 될 실망을 지적한다. 그들이 장래에 실패할 수밖에 없는 이유는 그들이 의지하는 우상이 헛된 것이기 때문이다. 여기서 이른바 "사람마다 어리석고 무식하"다는 말은, 다음에 이어지는 말이 설명해 주고 있는데, 말하자면 우상을 만들며 섬기는 자들("은장이")이 그렇다는 뜻이다. "무식"하다는 말은 히브리어로 "니브아르"(נִבְעַר)인데, 이는 짐승 같다는 뜻이다. 그들은 자기들의 손으로 만들어 낸 형상을 가지고 천지 만물을 창조하신 하나님을 대신했으니, 그것이야말

로 빛을 어두움이라고 우기는 어리석음이다(사 5:20). 이렇게 깨닫지 못하는 자들은 짐승과 같다고 할 수 있다. 어리석은 일들 가운데서도 우상숭배 이상으로 어리석은 것이 없기 때문에, 성경은 종종 많은 말로 그것의 어리석음을 지적한다(렘 10:1-5, 8; 롬 1:20-25). 이런 종교적 우매에 대하여 성경 말씀이 이렇게 심하게 말하는 이유는 ① 하나님을 알게 해주는 많은 증거가 명백한데도 불구하고 인생들이 하나님을 바로 섬기지 않고 우상을 섬기기 때문이며(롬 1:20-25), ② 하나님은 지극히 영화로우시고 지고하신 대주재이신데, 인생들이 그를 버리고 그 대신 썩어질 피조물을 신으로 여기기 때문이다(롬 1:23).

"수치를 당한다"(הֹבִישׁ "호비쉬")라는 말은 실패한다는 뜻이다. 선지자 예레미야는 우상에 대해서도 네 가지 표현을 사용했는데, 요컨대 "거짓 것"(שֶׁקֶר "셰케르"), "그 속에 생기가 없음"(לֹא־רוּחַ בָּם "로 루아흐 밤"), "헛 것"(הֶבֶל "헤벨"), "망령되이 만든 것"(מַעֲשֵׂה תַּעְתֻּעִים "마아세 타투임")이라고 하였다. 칼빈(Calvin)은 여기서 "망령되이 만든 것"이라는 표현은 "크게 속은 자들이 만든 것"이라는 뜻이라고 말한다.

"징벌하실 때에 멸망할 것이나." 말하자면 이러한 우상들이 한동안 사람들에게 섬김을 받으나 하나님께서 한번 심판하시는 날이 올 때는 그것들이 다 소멸해 버린다는 뜻이다.

16 야곱의 분깃은 이같지 아니하시니 그는 만물의 조성자요 이스라엘은 그의 기업의 지파라 그 이름은 만군의 여호와시니라. 여기서는 "야곱", 다시 말해 "이스라엘"이 하나님을 "분깃"(חֵלֶק "헬레크", 소유물)으로 가졌다는 사실과(상반절), 하나님께서는 이스라엘을 "기업" 혹은 "산업"(נַחֲלָתוֹ "나할라")으로 소유하셨다는 사실이 알려진다(하반절). 이렇게 택함을 입은 백성과 하나님 사이의 관계는 서로 소유하는 상호관계다. 특별히 신약 시대의 모든 신자는 하나님을 소유하는 복을 받는 동시에, 하나님의 소유가 되는 복도 함께 받은 것이다. 우리가 하

나님의 소유가 되는 복은 하나님을 우리가 소유하는 복보다 못하지 않다. 왜냐하면 우리가 친히 우리 자신을 소유하는 일은 태산 같은 무거운 짐이며 한평생, 혹은 영원토록 수고하고 애를 써도 처리할 수 없는 일인데, 이처럼 무거운 짐을 하나님께서 맡아 주신다는 것이기 때문이다. 이와 같은 오묘한 일이 바로 영생을 성립시키는 하나님의 사역이다. 영원하신 하나님이 우리의 소유가 된다는 말은 우리가 영원하신 하나님을 즐겁게 여긴다는 의미도 내포한다. 이 세상의 소유물은 다 부패하고 더러워지며 소멸하는 것이지만, 하나님을 소유하는 일은 영원한 가치를 지닌 것이다(벧전 1:3-5; 참조. 신 4:19-20; 32:9; 시 16:5). 이 점에 있어서 우리가 주의해야 할 것은 이러한 소유관계가 하나님의 솔선적인 구원의 시행으로 말미암아 이루어진 것이며, 결코 우리 자신의 힘으로 이루어진 것이 아니라는 점이다. 우리는 언제나 그가 하시는 일을 믿고 그에게 순종할 뿐이다.

"이같지 아니하시니." 이 말씀은 하나님이 앞 절에서 묘사한 우상과 같지 아니하시다는 말씀이다.

"만군의 여호와." 7:3의 같은 말 해석을 참조하라.

17-18 에워싸인 가운데에 앉은 자여 네 짐 꾸러미를 이 땅에서 꾸리라 여호와께서 이와 같이 말씀하시되 보라 내가 이 땅에 사는 자를 이번에는 내던질 것이라 그들을 괴롭게 하여 깨닫게 하리라 하셨느니라. "에워싸인 가운데에 앉은 자"라는 표현은 바벨론 군대에 의해 포위당할 유다 백성들을 가리킨다. "짐 꾸러미"는 소포나 보따리를 가리키는데, 그들에게 이것들을 "꾸리라"고 지시하는 이유는 그들이 이제 사로잡혀 갈 것이기 때문이다. 이 같은 사실을 18절 상반절에 기록된 "내가 이 땅에 사는 자를 이번에는 내던질 것이라"라는 말씀이 보여준다.

"그들을 괴롭게 하여 깨닫게 하리라." 택하신 백성은 하나님께서 "괴롭게" 사실 때에 죄를 "깨닫"는다. 그러나 택하심을 받지 못한 자들은 괴로움을 당할 때 하나님을 원망하고 훼방하며 회개하지 않는다(계 16:9, 11). 하나님께서는 그가 택하신 백성들이 깨닫고 회개하도록 만드시기 위하여 괴로움을 주신다고 말씀하시는데, 신자들은 예상치 못한 환난이 닥쳐올 때 조심하여 그것을 감수하고 회개함으로써 하나님의 축복을 받아야 한다. 환난은 암행어사와 같아서 처음 찾아올 때는 험악해 보인다. 그러나 성도가 회개함으로 그것을 잘 영접하면 그것은 복을 주고 떠난다. 고난은 이렇게 귀한 것이다. 시편 119:71에 말하기를, "고난 당한 것이 내게 유익이라 이로 말미암아 내가 주의 율례들을 배우게 되었나이다"라고 하였고, 시편 119:67에는, "고난 당하기 전에는 내가 그릇 행하였더니 이제는 주의 말씀을 지키나이다"라고 하였다.

19 슬프다 내 상처여 내가 중상을 당하였도다 그러나 내가 말하노라 이는 참으로 고난이라 내가 참아야 하리로다. 본 절에서는 선지자 예레미야가 유다 백성을 대표하여 그들이 당할 환난에 대하여 탄식하는 말씀을 진술한다. "내 상처"(שִׁבְרִי "쉬브리")와 "내…중상"(מַכָּתִי "마카티")이라는 표현은 유다 백성이 바벨론의 침략으로 말미암아 겪게 될 전쟁의 재앙을 가리킨다. 이 구절은 유다 민족에 속한 개인들에게 그들이 당할 환난은 그들 자신을 위한 것인 줄로 알고 기꺼이 감수하며 회개해야 할 것을 가르친다. 여기서 "이는 참으로 [나의] 고난이라"(אַךְ זֶה חֳלִי)라는 문구에서 "참으로"(אַךְ "아크", 확실히)라는 단어가 특별히 이런 점을 강조한다. 그들에게 닥쳐온 환난은 다른 사람 때문에 당하는 것이 아니라 그들 자신 때문에 당하는 것이라는 사실을 기억할 때 그들은 참다운 회개의 자리로 나아갈 수 있다. 요나도 하나님의 사명을 피하여 다시스로 가다가 풍랑을 만나서 회개하게 되었을 때 말하기를, "나를 들어 바다에 던지라 그리하면 바다가 너희를 위하여 잔잔하리라 너희가 이 큰 폭풍을 만난 것이 나 때문인 줄을 내가 아노라"라고 하였다. 스가랴 12장에서도 회개는 각 개인이 자신의 죄책을 지고 개별적으로 해야만 하는 것이라는 사실을 강조한다(참조. 슥 12:12-14). 스가랴서 본문에는 "따로"(לְבַד "레바드")라는 부사가 열한 번이나 나온다.

20 **내 장막이 무너지고 나의 모든 줄이 끊어졌으며 내 자녀가 나를 떠나가고 있지 아니하니 내 장막을 세울 자와 내 휘장을 칠 자가 다시 없도다.** 여기서 "내 장막"(אָהֳלִי "오홀리")이라는 말은 하나님의 백성인 교회를 상징하는데, 교회는 세상에 세워진 장막과 같고 교회의 몸인 성도는 세상에서 장막 생활을 하는 자들과 같다. 말하자면 교회는 세상에 애착을 지니고 살아갈 자들이 아니라 다만 잠깐 지나가는 나그네와 같다는 것이다(벧전 2:11). 장막은 아름다운 모양도 없고 영원한 것도 아니다. 그와 마찬가지로 교회는 이 세상에서는 멸시를 받으며 미천한 자리에 머물러 있다가 마침내 영원한 하늘나라로 옮겨가게 된다. 고린도후서 5:1을 참조하라. 예레미야 시대에 하나님의 백성이 바벨론 군대에게 침략을 당한 참상은 지상에 세워진 교회가 환난을 겪음으로써 비참하여지는 광경을 예언한다고도 할 수 있다.

교회가 외형적인 시설 면에서는 언제나 장막과 같이 임시적인 거처라는 점을 감수해야 한다. 교회가 만일 외형적인 건물이나 물질에 가치를 두고 그런 요소들이 영원하기라도 한 것처럼 애착을 가지게 되면 하나님 나라와 멀어질 수밖에 없다.

21 **목자들은 어리석어 여호와를 찾지 아니하므로 형통하지 못하며 그 모든 양 떼는 흩어졌도다.** 여기서 "목자들"(הָרֹעִים)이라는 말은 이스라엘의 왕들과 제사장들과 신자들과 기타 모든 지도자를 가리킨다. "어리석다"라는 말은, 히브리어로 "니브아루"(נִבְעָרוּ)라고 하는데, 이는 짐승과 같다는 의미다. 이것은 그들의 심령이 심히 어두워진 것을 가리키는데, 그들은 높은 지위와 영광을 받는 중에서 이렇게 어두워진 것이다. 사람은 언제나 높임과 칭찬과 지위로 말미암아 미혹을 당한다. 이런 것들이 얼핏 좋은 것처럼 보이지만 사실은 이런 것들을 받기 좋아하는 심리는 어느덧 진리에 대해 어두워지며, 영적 사리에 대하여 캄캄하여지고, 결국 많은 죄를 범하는 자리로 전락하고 만다. 칼빈(Calvin)은 말하기를, "그들은 스스로 자신들이 율법의 제재를 받지 않아도 되는 거

룩한 자들이라고 여기면서 절대로 누구의 책망도 받기를 원하지 않는다"[15]라고 하였다.

"여호와를 찾지 아니하므로." 이것을 보면 그들이 얼마나 어두워졌는지를 알 수 있다. 높은 지위에 올라 권세와 영광을 누리는 자는 높은 자리와 칭찬과 영광을 하나님보다 더 좋아하므로 실제에 있어서 그들의 생활에는 하나님이 배제되어 있다. 신약 시대에는 교역자들의 타락이 이와 같은 것이다. 그들은 귀한 대접과 칭찬을 좋아하는 광인과 같이 되기 쉽다. 교역자는 마땅히 하나님만 바라보고 그의 고요하신 음성을 듣고 자신의 위치를 먼저 바로 지키며 행동해야 한다.

"형통하지 못하며"(הִשְׂכִּילוּ). 여기서 "형통"이라는 말은 하나님과 함께하는 지혜로운 삶을 유지하면서 잘 되어가는 것을 의미한다. 사람이 하나님을 마음에 모시면 자기 자신만 아니라 남들까지 형통하게 만들어 준다. 요셉이 애굽 사람의 집에 종으로 있을 때 하나님께서 그와 함께하셨으므로 그가 섬기던 주인의 집까지 복을 받게 되었다(창 39:1-5). 잠언 16:7에는 말하기를, "사람의 행위가 여호와를 기쁘시게 하면 그 사람의 원수라도 그와 더불어 화목하게 하시느니라"라고 하였다. 그러나 하나님을 찾지 않는 자는 무슨 일에나 "형통하지 못하"리라는 것이 명백하다.

"그 모든 양 떼는 흩어졌도다." 이 말은 유다 백성이 바벨론으로 잡혀갈 것을 가리킨다.

22 북방에서부터 크게 떠드는 소리가 들리니. 이 말은 바벨론 군대가 침략하여 오는 상황을 묘사하는 것이다.

23-24 여호와여 내가 알거니와 사람의 길이 자신에게 있지 아니하니 걸음을 지도함이

---

15) John Calvin, "For they think themselves exempt from the restraint of laws, and will not be reproved, as though they were sacred persons."

걷는 자에게 있지 아니하니이다 여호와여 나를 징계하옵시되 너그러이 하시고 진노로 하지 마옵소서 주께서 내가 없어지게 하실까 두려워하나이다. 이 말씀에서는 사람이 당하는 모든 일이 하나님의 주재 아래 있다는 사실을 보여주고 있다(잠 16:9). 그러므로 유다 민족이 사로잡혀 가는 환난도 하나님으로부터 말미암은 징계라는 것이다. 예레미야는 그들의 민족을 대표하여 그 징계가 "너그럽게" 되기를 간구한다. "너그러이 하시고"(בְּמִשְׁפָּט "베미슈파트")라는 말은 "올바른 판단으로 하시고"라고 번역하는 것이 맞다. 이것은 죄인을 멸하시기 위한 판단이 아니고 회개시키기 위한 판단을 뜻한다. 예레미야의 이러한 기도는 마땅히 받을 벌을 받게 하시되 진노 중에라도 긍휼을 기억하셔서 마침내는 구원하여 주시기를 소망한다는 뜻이다. 만일 하나님께서 "[당신의] 진노로"(בְּאַפְּךָ "베아프카") 이스라엘을 벌하신다면 그들은 완전히 망할 수밖에 없다고 한다.

25 주를 알지 못하는 이방 사람들과 주의 이름으로 기도하지 아니하는 족속들에게 주의 분노를 부으소서 그들은 야곱을 씹어 삼켜 멸하고 그의 거처를 황폐하게 하였나이다 하니라. 여기서는 선지자가 이방 사람들, 다시 말해 택하심을 받지 못한 자들에 대해서는 이스라엘을 대하시는 것과는 다르게 진노로 벌하여 주시기를 구한다. 둠(D. B. Duhm)은 이 본문을 잘못 해석하기를, 선지자의 이와 같은 기원은 명백히 고대의 도덕이고 기독교의 도덕은 아니라고 주장한다.[16] 그러나 예레미야의 이와 같은 기원은 신약 시대에도 얼마든지 드려질 수 있다. 구약에서 말하는 "이방 사람들"은 택함을 받지 못한 자들을 대표하는 명칭이며 반드시 어떤 지역의 모든 개인을 가리키는 것은 아니다. 택함을 받지 못한 자들에게 하나님의 진노가 임한다는 것은 신구약 성경에 공통으로 담겨 있는 사상이다. 물론 일반 신자들은 선지자와 달리 저주를 기원하는 권위를 가지지 못하였다. 그러나 구약 시대의 선지자와 동일한 권위를 가진 신약 시대의

---

16) D. B. Duhm, Das Buch Jeremia, 106. "Das ist handgreiflich antike Ethik, keine christliche."

사도들은 저주를 선포할 수 있었다(행 5:1-10; 고전 16:22; 갈 1:10).

"주의 이름으로 기도하지 아니하는 족속들"이라는 문구는 바로 앞에 나오는 "이방 사람들"과 동격이다. 따라서 "이방 사람들"과 "족속들"은 모두 택하심을 받지 못한 자들을 가리킨다. "이방 사람들"과 "족속들"에게 하나님의 분노가 부어지는 이유가 무엇인지 우리는 이 구절에서 세 가지를 발견할 수 있다. ① 그들이 주님을 알지 못하기 때문이다(25상). ② 그들이 주님께 기도하지 않기 때문이다(25상). ③ 그들이 택한 백성을 멸망시키려고 극도로 포악하게 행하기 때문이다(25하).

| 설교자료

1. 하나님보다 다른 것들을 더 두려워하는 일은 그런 것들을 하나님으로 여기는 우상숭배의 사상이다(2절).

2. 여호와 하나님을 모르는 사람들은 문명화된 세계에 속한 자라 하더라도 종교 문제에 있어서는 어리석다. 왜냐하면 인생은 누구나 범죄의 결과로 하나님을 알지 못하게 되었으니만큼(고전 1:21), 그들이 스스로 하나님을 생각해 낸 결과는 결국 무지를 벗어나지 못하기 때문이다(3-5, 8-9, 14-15절).

3. 참되신 하나님은 천지를 창조하신 분이어야 한다는 생각은 진리다. 왜냐하면 천지를 창조하시는 일만큼 능력과 지혜를 요구하는 일이 없기 때문이다(11-12절).

4. 하나님께서 우리의 소유가 되시는 동시에 우리가 하나님의 소유가 된다는 것은 하나님과 우리 사이의 영원한 연합을 말하는 것이며 결국 영생을

의미한다. 16절 해석을 참조하라.

5. 성도들은 괴로움을 통하여 성화되어 간다(18절). 베드로전서 4:1-2을 참조하라.

6. 고난받는 자가 자기 죄를 깨달으면서 그가 당하는 고난이 자신에게는 마땅한 것이라고 생각할 때 하나님의 은혜를 받는다. 19절 해석을 참조하라.

7. 교회는 이 세상에서 미천한 장막과 같은 존재이므로 외형적인 것들로 자랑거리를 삼지 않아야 한다. 교회는 이 세상에 속한 것으로 자랑하지 않고 오로지 주님만을 자랑해야 한다(20절).

8. 지도자들은 일반 백성들보다 죄를 범하기 쉬우므로 위태하다(21절). 야고보서 3:1을 참조하라.

9. 인생의 길은 사람이 모르는 중에도 하나님께서 온전히 주장하신다(23절). 그러므로 인생들은 두려워 떠는 마음으로 구원을 이루어 가야 한다. 빌립보서 2:12-13을 참조하라.

제 11 장

✣ 내용분해

1. 하나님께서 유다 백성들에게 언약의 말씀을 상기시키심(1-7절)
2. 그 당시 유다 백성들이 그들의 조상들처럼 언약의 말씀을 순종치 아니하므로 하나님께서 이를 꾸짖으심(8-10절)
3. 하나님께서 그들의 불순종(특별히 우상숭배로 나타난 불순종) 때문에 벌하시겠다고 하심(11-17절)
4. 예레미야에 대한 아나돗 사람들의 음모와 그들이 받을 심판(18-23절)

✣ 해석

1 여호와께로부터 예레미야에게 임한 말씀이라 이르시되. 7:1에 대한 해석을 참조하라.

2 너희는 이 언약의 말을 듣고 유다인과 예루살렘 주민에게 말하라. "이 언약"(הַזֹּאת הַבְּרִית)이라는 표현은 유다 민족의 마음 가운데서 떠날 수 없는 옛날부터 유

명한 "언약"을 가리킨 것이다. 하나님께서는 그가 택하신 백성과 "언약"(בְּרִית, "베리트")에 의해 관계를 맺으시고(출 19:5-9; 신 7:9), 그 언약을 지키시며 그의 백성을 판단하신다. 물론 이 언약은 장차 오실 메시아를 목표로 삼은 것으로서 마침내 메시아로 말미암아 유대인과 이방인이 함께 구원받을 일을 지향한 것이다(창 12:3; 22:18). 하나님께서 이 계약을 계시하시기 위하여 먼저 유대 민족을 택하셔서 장차 온 세계에 메시아의 복음을 증언할 거룩한 국가로 그들을 훈련하신 것이다(출 19:5-6). 이러한 훈련을 위하여 하나님께서는 그들에게 메시아에 대한 예언을 주셨을 뿐 아니라 천국의 예표로서 가나안 땅을 주시겠다고 약속하시고, 거룩한 민족으로서 지켜야 할 종교 윤리의 제도와 교훈을 주시고 거기에 순종하라고 명하셨다. 결국 이 모든 것은 메시아와 그로 말미암아 실시될 구원을 가리키는 그림자였던 것이다(히 10:1). 따라서 모세 오경과 구약의 역사적 문헌은 언약을 중심으로 전개된 것이었으며 선지자들도 실제에 있어서는 직간접적으로 이 같은 언약을 바라보고서 예언했던 것일 뿐이다. 알프레드 에더스하임(Alfred Edersheim)도 이와 같은 취지에서 말하였다[17]. 이 언약의 말씀이 담고 있는 내용이 4-5절에 요약되어 있다.

"말하라"(וְדִבַּרְתָּם)(2하)라는 말은 예레미야만 아니라, 다른 사람들도 함께 ("너희") 계약의 말씀을 모든 민중에게 상기시키는 역할을 하라는 의미다. 사람들은 하나님께서 그의 진실성으로 은혜롭게 언약하여 주신 구원의 말씀을 쉽사리 잊어버린다. 그렇게 되는 원인은 그들이 살아가는 세상이 본성적으로 하나님의 말씀을 배반하는 습성을 지니고 있기 때문이다. 그러므로 사람들에게 하나님이 언약하신 말씀을 끊임없이 되새겨 주어야 한다.

우리는 하나님께서 우리를 구원하시기 위하여 그의 무궁한 진실성을 바

---

17) Alfred Edersheim, Prophecy and History in Relation to Messiah, 42-45.

탕으로 세우신 언약에 따라서 우리와 관계를 맺으신다는 놀라운 사실을 잊어서는 안 된다. 그의 모든 말씀은 우리에게 일종의 언약으로 임하는 것인데 우리는 이 언약이 인간적인 것이 아니고 무한히 진실하신 하나님의 것임을 늘 기억하여야 한다.

3 여기서는 언약의 말씀을 "**따르지 않는 자는 저주를 받을 것**"이라고 하였는데, "저주"(אָרוּר "아루르")라는 벌은 매우 엄중한 것이다. 저주가 이처럼 엄중하게 되는 이유는 ① 언약의 말씀은 하나님의 무궁한 진실성에 따른 것으로서 그보다 더욱 신뢰할 만한 것이 천하에 없는데도 불구하고 우리가 그것을 믿지 않는다면 우리에게는 주님께로 돌아올 길이 전혀 없기 때문이며, ② 언약의 말씀은 사실상 하나님의 사랑을 전해 주는 말씀인데 우리가 그것을 따르지 않는다면 이는 곧 하나님의 사랑을 거부하는 것이기 때문이며, ③ 언약의 말씀은 전적으로 옳은 말씀인데 우리가 그것을 받지 않는다면 우리는 멸망으로 향하는 악으로 흘러가기 때문이다.

"**저주**(אָרוּר "아루르")**를 받을 것이니라.**" 이 선언은 극도로 완악한 죄악에 대하여 내릴 수 있는 정죄다. 하나님이 언약하신 말씀에 대하여 불순종을 고집하는 자들은 이런 선고를 받아 마땅하다. 이런 의미에서 신명기 27:15-26에서도 열두 번이나 저주 선언의 당위성을 강조한다. 저주를 받을 만한 죄를 고집하는 자는 사실상 발뒤꿈치로 송곳을 차는 셈이다.

4 이 언약은 내가 너희 조상들을 쇠풀무 애굽 땅에서 이끌어내던 날에 그들에게 명령한 것이라 곧 내가 이르기를 너희는 내 목소리를 순종하고 나의 모든 명령을 따라 행하라 그리하면 너희는 내 백성이 되겠고 나는 너희의 하나님이 되리라. "**쇠풀무**"(כּוּר הַבַּרְזֶל "쿠르 하바르젤")는 무서운 압제를 의미하는데, 이스라엘 백성이 애굽에서 그런 무서운 환난을 겪었다. 하나님께서 이스라엘 백성들을 이런 환난에서 건져 내신 후에 시내산에서 그들과 언약을 맺으시고 그들에게 주신 말씀은 그들을 괴롭게 하려는 것이 아니고 그들에게 생명과 평안을 주시려는 것이었다. 그들

에게 주신 언약의 내용은 하나님의 말씀을 순종하라는 것이며, 또한 그들이 순종할 때 그들은 하나님의 백성이 되고 하나님은 그들의 하나님이 되시리라는 것이다. 하나님이 그들의 하나님이 되신다는 말은 ① 사실상 그들에게 영생을 주시겠다는 약속과 같다. 하나님이 그들에게 영생을 주시지 않는다면 그들의 하나님이 되실 수 없다. 왜냐하면 하나님은 살아 있는 자의 하나님이시기 때문이다(마 22:32). ② 그뿐 아니라 영생하신 하나님을 소유하는 것도 영생을 의미한다. 그러므로 하박국 선지자는 말하기를, "여호와 나의 하나님, 나의 거룩한 이시여 주께서는 만세 전부터 계시지 아니하시니이까 우리가 사망에 이르지 아니하리이다"라고 하였다(합 1:12). 10:16 해석을 참조하라.

5 **내가 또 너희 조상들에게 한 맹세는 그들에게 젖과 꿀이 흐르는 땅을 주리라 한 언약을 이루리라 한 것인데 오늘이 그것을 증언하느니라 하라 하시기로 내가 대답하여 이르되 아멘 여호와여 하였노라.** 하나님께서 이스라엘의 조상들에게 맹세하신 것처럼(창 15:7-21; 출 6:4) 그들의 자손들에게 가나안 땅을 주시리라고 약속하셨던 일도 위에서 말했던 언약에 포함된다(시 105:9-11). "젖과 꿀이 흐르는 땅"이라는 말은 가나안 땅을 가리키는데, 말하자면 그곳에 목축업이 번성하여 젖이 많이 생산될 뿐 아니라, 야생 꿀도 많이 생산된다는 뜻이다.

"오늘이 그것을 증언하느니라." 말하자면 예레미야 시대에 유다 백성들이 살고 있는 땅이 바로 그러한 약속의 성취를 보증한다는 의미다. 하나님의 약속은 이루어지지 않는 것이 없다. 그런 의미에서 선지자는 "아멘"(אָמֵן "과연 그렇습니다")이라는 말을 덧붙인다. 이스라엘 민족이 가나안 땅을 차지했었다는 것은 역사적 사실이다. 이러한 사실을 통하여 우리는 하나님의 언약이 얼마나 진실한지를 알 수 있다. ① 하나님께서는 그 땅을 주시기 위하여 아브라함 한 사람을 갈대아 우르에서 불러내셨고, 그에게 찾아오셔서 그 땅을 주시겠다고 약속하셨다. 그런데 그 약속이 성취될 시점에 관하여 사백 년이라는 구체적인 기한까지 정하여 약속하셨던 일을(창 15:13) 마침내 그대로 이루신 것은 놀라운 일이며, ② 가나안 땅에는 강력한 일곱 족속이 있었는데도 불구하고(민 13:33) 하나님께서 약속하신 말씀이 그대로 성취되어서 이스라엘 민족이 그토록 강력한 일곱 족속을 정복하고야 말았다. 이렇게 하나님의 약속은 신실하다.

설교 ▶ 언약(계약)에 대하여(1-5절)

하나님께서는 맨 처음부터 인간에게 찾아오셔서 말씀하시고 그들과 언약을 맺으셨으며, 그가 언약하신 대로 그들의 구원을 이루신다. 이것이 신구약 계시의 내용이다. 우리 본문에서 예레미야는 옛 언약, 다시 말해 이스라엘 민족을 대상으로 맺어진 계약에 대해 진술한다. 옛 언약이나 새 언약이나 은혜 계약이라는 점에서는 일치한다. 우리는 이 언약들에 대하여 한번 생각해 보고자 한다.

1. 언약(계약)의 의미

"언약"이라는 말은 히브리어로 "베리트"(בְּרִית)이다. 언약이라는 것은 인격과 인격 사이에서 체결되는 것인데, 하나님께서 사람을 인격으로 대하시고 계약적으로 관계를 맺어오신 것이다. 이교도들에게는 이런 계약 사상이 없다. 왜냐하면 그들과 그들이 숭배하는 소위 신들 사이의 관계는 인격적인 관계가 아니기 때문이다. 신인 간의 화합 관계는 계약의 성취를 통해서만 이루어지는 것이다. 요컨대 사람이 하나님의 의지를 받들어 순종할 때만 가능해진다는 것이다. 언약이 파기된다는 말은 곧바로 신과 인간이 분리된다는 의미다. 스킬더(Schilder)는 다음과 같이 말하였다. "계약 이행이 없이는 진정한 연합이 없으며, 요한계시록 22장에서 말하는 영원한 안식을 위한 신인 간의 연합은 언약으로 말미암은 궁극적인 성과다"라고 하였다. 그는 또 말하기를 "모든 형벌은 계약적 응보이며, 모든 죄는 이러한 계약의 위반이다. 계약 관계를 배제하고는 지옥을 생각할 수도 없다"라고 하였다.

2. 언약의 종류

신학상으로 언약은 두 가지로 구분하는데, 첫째는 행위를 조건으로 한 언약이고, 둘째는 은혜로 구원하시겠다는 언약이다. 전자는 하나님께서 아담을 대상으로 맺으셨던 종류의 언약인데, 아담은 언약의 규정을 준수하지 못하였기 때문에 벌을 받게 되었다. 하나님께서 사람들을 이 같은 벌에서 구원하여 주시기 위해 다시 세우신 것이 은혜 언약인데 이것은 다시 두 가지 종류로 나눠진다. 첫째는 이 언약을 체결하신 주인이신 그리스도께서 오시기 전에 이스라엘 백성을 대상으로 하여 예표적으로 설정하신 것인데, 예를 들어 아브라함과 맺으신 언약(그의 후손 중에 그리스도께서 나실 것과 가나안 땅을 천국의 모형으로 받게 될 것을 약속하심)과, 시내산에서 이스라엘과 맺으신 언약(그리스도의 피로 그 백성을 대속하실 것을 예표하심, 출 24장)이다. 이것이 구약성서에 담겨 있는 옛 언약들이다. 둘째는 언약의 주인이신 그리스도께서 오신 이후에 친히 세우신 것인데, 그가 첫 번째 성만찬 자리에서 말씀하신 내용이 이를 잘 밝혀 준다.

1) 이러한 새 언약에 있어서 중요한 것은 희생을 대신하신 그리스도의 보혈이다. 이 피의 의미는 무엇인가? 그것은 출애굽기에 나타난 옛 언약의 피가 지닌 의미를 살펴봄으로써 해석할 수 있다. 왜냐하면 예수님께서 "언약의 피"를 말씀하신 것도 이 옛 언약을 염두에 두시고 하신 것이기 때문이다. 그렇다면 이 언약의 피는 무엇을 의미하는가? 로버트슨 스미스(Robertson Smith)는 이것이 하나님과 그의 백성의 삶의 연합을 의미한다고 하였다. 그가 그런 해석을 제시하는 근거는 언약 의식 있어서 희생제물의 피 가운데 절

반은 제단에 뿌리고(출 24:6-8), 남은 절반은 백성들에게 뿌렸던 사실에 있다. 그러나 보스(G. Vos)는 이 같은 해석을 거부하고 다음과 같이 정확한 견해를 발표하였다. 요컨대 "만일 희생제물의 피가 신인 간의 연합을 의미한다면, 희생제물의 피를 절반은 제단에, 나머지 절반은 백성에게 뿌리는 예식을 진행할 때 이 둘 사이에 다른 순서, 곧 언약서를 백성에게 낭독하고 순종의 언약을 체결하는 순서를 삽입할 이유가 없었을 것이다. 그러므로 스미스(Smith)의 위와 같은 견해는 수용하기 어렵다. 이 희생제물의 피는 차라리 죄의 장벽을 소멸하는 의미를 가진 것이다"라고 하였다. 이것이 정통적 해석이다. 피를 먼저 제단에 뿌림으로써 백성들을 가로막는 죄악의 장벽을 소멸한 후에 그들이 여호와께 가까이 나아갈 수 있었다. 이런 해석은 출애굽기 19:10, 22에서도 지지하는 것이다. 그러므로 주님의 새 언약 의식(눅 22:14-19)에 있어서도 피는 속죄를 위한 것이다(마 26:28; 히 9:14, 22).

   2) 이 새 언약에 있어서 또 한 가지 중요한 점은 이 계약에 참여한 자들이 사죄를 받을 뿐만 아니라 천국의 축복을 얻게 될 것이라고 약속되었다는 점이다(눅 22:29, 30). 구약에서 약속된 가나안 땅이 천국을 비유하기도 한다. 물론 이 언약 의식에 있어서 언약을 제정하시는 주님은 구약에서와는 달리 그의 백성들에게서 아무런 부담도 지우지 않으시고 다만 자기 홀로 그들에게 모든 구원의 축복을 베풀어주실 뿐이다. 그것이 그렇게 되는 이유는 언약을 제정하시는 주님 자신께서 백성의 부담을 대신 지시고 언약에 임하시기 때문이다. 이와 관련하여 우리가 명심할 점은 이런 계약으로 말미암아 구원에 참여하게 된 자들은 그들의 구원 문제에 있어서 자신이 개인적으로 잘나고 못난 조건들이 전혀 고려되지 않는다는 사실이다. 신약 시대에는 사람이 잘나고 못난 조건이 구원의 체제에 영향을 주지 못한다. 우리가 받을 구원은 하나님께서 일방적으로 맺으신 언약으로 말미암아 오직 믿음으로 거저 얻는 것이고 개인적인 노력이 개입할 여지가 있는 것이 아니다. 그러므로 우리가

할 일은 이러한 구원의 체제를 신뢰하고 순종하는 것뿐이다.

3. 구약 시대와 신약 시대의 신인 간 언약의 관계

1) 신약과 구약의 관계. 구약 시대의 언약도 행위 언약이 아니라 은혜 언약이라는 점에 대해서는 이미 언급한 적이 있다. 율법과 예언은 그리스도와 모순되는 것이 아니고 그리스도를 예표하는 것이다. 시내산에서 주신 옛 언약은 예수 그리스도로 말미암은 신약(갈 4:2)을 앞당겨 보여 주는 성격을 지니고 있다. 시내산 언약에서 율법을 준행한다는 서약이 요구된 것은 그것이 구원받을 조건이라고 여겼기 때문에 그렇게 했던 것이 아니고, 택하심을 입은 백성인 그들이 하나님 앞에서 택하심을 입은 백성답게 행하도록 하기 위함이었다.

2) 은혜 언약과 행위 언약의 관계. 은혜 언약은 하나님께서 아담과 맺으셨던 행위 언약을 취소하는 것이 아니고, 그것을 실현하거나 완성하기 위한 새로운 방편에 불과하다. 아담이 실패한 과업을 둘째 아담, 다시 말해 그리스도께서 회복하시고 완성하신다. 인간이 천국의 복을 누리기 위해서는 하나님의 말씀에 순종해야만 한다는 사실에는 변함이 없다. 은혜 언약에서는 인간이 불순종한 죄에 대해 대가를 치를 것과 율법에 순종할 것이 요구되는데, 인간에게 지워지는 부담은 행위 언약에서보다 은혜 언약에서 원칙상으로는 더 무거워졌다. 단지 달라진 점이 있다면 죄에 대한 대가를 치를 자와 율법을 순종할 자로서 아담의 자리에 예수 그리스도께서 개입하셨다는 점이다.

6 알더스(Aalders)는 본 절부터 8절까지는 앞부분(1-5절)의 연속이 아니라고 주장하면서 앞부분은 요시야의 개혁 시대에 말한 것이고, 여기서부터는 요시야 시대에 갱신된 언약을 민중이 어겼던 여호야김 왕의 시대에 외친 말씀

이라고 해석한다.[18] 그러나 우리는 본 절 이전과 이후의 말씀이 각각 서로 다른 시기에 선포된 예언이라고 이해할 만한 이유를 발견하기 어렵다.

여호와께서 내게 이르시되 너는 이 모든 말로 유다 성읍들과 예루살렘 거리에서 선포하여 이르기를 너희는 이 언약의 말을 듣고 지키라. 하나님께서 예레미야에게 "이 모든 말로 유다 성읍들과 예루살렘 거리에서 선포하"라고 명령하신 이유는 아래에 진술되는 이 모든 말씀이 모든 민족에게 관련되어 있기 때문이다. 하나님은 모든 사람의 하나님이시므로 누구든지 그의 말씀을 받아서 순종할 때 복을 받을 수 있다(롬 3:29).

"이 언약의 말을 듣고 지키라." "언약"(בְּרִית)에 대해서는 2절 해석을 참조하라.

7-8 여기서는 하나님께서 광야에서 모세의 지도하에 있던 이스라엘 백성들에게 하나님의 말씀을 순종하라고 하셨는데도 그들이 순종치 않았기 때문에 그들이 마침내 언약의 말씀대로 벌 받은 사실을 지적하신다(히 3:15-19). 그 당시 하나님께서 그들에게 경고하신 말씀이 얼마나 간곡한 것이었는지가 여기에 진술되어 있다. 요컨대 **"내가 너희 조상들을 애굽 땅에서 인도하여 낸 날부터 오늘까지"**라고 하신 말씀은 시간상으로도 경고하시기를 멈추신 때가 없었다는 것이고, **"간절히", "끊임없이"**라는 말씀들은 하나님의 경고가 얼마나 애타는 심정으로 주어졌던 것인지를 보여 준다. 하나님께서는 죄인들을 당장에 벌하시기를 원하지 않으시고 오래 참으시며 그들이 회개하기를 간절히 원하신다는 사실이 여기 계시되어 있다.

반면에 이스라엘의 조상들은 하나님의 말씀을 순종하지 않는 일에 있어

---

18) Aalders, Korte Verklating, Jeremia, 103. "Ik neem daarom ann, dat het eerste stuk betrekking heeft op een optreden van den profeet in de dagen van Josia's reformatie zelve, terwijl het tweede ons voert naar een veel lateren tijd, toen het onder Josia bezworen verbond opnieuw werd gebroken, dus in elk geval vaar de dagen van ojakim."

서 너무도 완악하게 행하였던 것이었다. 여기서는 그들의 완악함을 묘사하기 위하여 "그들이 순종하지 아니하며"(לֹא שָׁמְעוּ), "귀를 기울이지도 아니하고", "그 악한 마음의 완악한 대로 행하였으므로", "행하지 아니한" 등과 같은 구절들이 거듭거듭 나온다. 그들이 하나님으로부터 수많은 교훈과 은혜를 받고도 거듭거듭 불순종한 사실은 하나님의 무한한 자비로도 도저히 용납하실 수 없는 일이었다.

예레미야가 이렇게 이스라엘의 조상들이 완악하였다는 사실과 그들이 그 결과로 벌을 받은 사실을 여기서 상기시키는 목적은 그와 동시대의 유다 사람들이 그것을 본보기로 삼게 하려는 것이다.

9-10 여호와께서 또 내게 이르시되 유다인과 예루살렘 주민 중에 반역이 있도다 그들이 내 말 듣기를 거절한 자기들의 선조의 죄악으로 돌아가서 다른 신들을 따라 섬겼은즉 이스라엘 집과 유다 집이 내가 그들의 조상들과 맺은 언약을 깨뜨렸도다. 여기서 "반역"(קֶשֶׁר "케셰르")이라는 말은 그 당시 유다 백성들이 하나님이 주신 언약의 말씀을 위반하고 우상을 섬긴 일을 가리킨다(10절). 그들은 요시야 시대에 발견된 율법책을 통하여 하나님의 언약을 재확인하였음에도 불구하고 또다시 "반역"하였다. 이렇게 자주 "반역"하는 것은 광야의 "조상들"(8절)과 다르지 않은 모습이었다. 이처럼 신실하지 못한 자들에 대하여 시편 78편은 말하기를, 그들이 하나님께 "아첨"한다고 하였으며(36절), "하나님께 향하는 그들의 마음이 정함이 없"다고 하였으며(37절), 그들이 "그의 언약에 성실하지 아니하였"다고 하였으며(37절), 그들이 "그에게 반항"하였다고 하였으며(40절), 그들이 하나님을 "슬프시게" 하였다고 하였으며(40절), 그들이 하나님을 "노엽게 하였"다고 표현하였다(41절). 하나님의 말씀과 그의 은혜를 끊임없이 받으면서도 그를 신뢰하고 순종하지 않는 자는 이런 완악한 자들의 대열에 참여하는 셈이다.

"이스라엘 집과 유다 집"은 북 왕국 이스라엘과 남 왕국 유다를 가리킨다. "그들의 조상들과 맺은 언약"이라는 표현에 대해서는 2, 4절에 있는 해석을 참조하라.

11-14 그러므로 나 여호와가 이와 같이 말하노라 보라 내가 재앙을 그들에게 내리리니 그들이 피할 수 없을 것이라 그들이 내게 부르짖을지라도 내가 듣지 아니할 것인즉 유다 성읍들과 예루살렘 주민이 그 분향하는 신들에게 가서 부르짖을지라도 그 신들이 그 고난 가운데에서 절대로 그들을 구원하지 못하리라 유다야 네 신들이 네 성읍의 수와 같도다 너희가 예루살렘 거리의 수대로 그 수치스러운 물건의 제단 곧 바알에게 분향하는 제단을 쌓았도다 그러므로 너는 이 백성을 위하여 기도하지 말라 그들을 위하여 부르짖거나 구하지 말라 그들이 그 고난으로 말미암아 내게 부르짖을 때에 내가 그들에게서 듣지 아니하리라. 이 부분에서는 그 당시 유다 백성들이 완악하게 범죄한 일로 말미암아 받을 벌이 어떠할지를 보여 준다.

1) 내리는 재앙을 피할 길이 없을 것이다(11절). 그들이 기어이 악행을 따랐기 때문에 재앙, 곧 악한 것이 그들을 따라잡을 것이다.

2) 그들이 구원받고자 애원해도 하나님께서 듣지 않으실 것이다(11절). 그들이 하나님의 말씀을 듣지 않았으므로 하나님도 그들의 말을 듣지 않으실 것이다.

3) 그들이 숭배하는 신들이 그들을 구원하여 주지 못한다는 사실이 드러날 것이다(12-13절). 큰 환난이 닥치기 전에는 그들이 많은 다른 신들을 섬겼으며 그러한 신들이 그들을 구원해 줄 것이라고 믿었었다. 그러나 이미 그 당시에도 그들이 섬기는 신들의 숫자가 많아졌다는 사실 자체가(13절) 그들이 섬긴 신들의 무능력을 증명한다. 실제로 우상숭배가 아무런 효력을 가져다주지 못하기 때문에 사람들은 부득불 이런 우상 저런 우상을 닥치는 대로 섬겨 보는 것이다. 참된 신을 섬기는 종교에서는 하나님 한 분만을 섬긴다(고전 6:8). 중보자도 한 분이시다(딤전 2:5). 헛된 우상을 섬기는 자들은 쓸데없는 일을 하는 것이므로 아무 효험을 얻지 못하고 다만 섬기는 신들의 숫자만

늘려간다. 그러나 그들은 마음이 어두워져서 그들이 신봉하는 우상 종교의 헛됨을 깨닫지 못하고 있다가, 그들이 감당할 수 없는 환난 때에 이르러서야 그들이 섬겨왔던 신들이 헛되다는 사실을 깨닫는다.

4) 유다 민족이 이제는 벌을 받을 단계에 이르렀기 때문에 참된 선지자는 그들을 위하여 기도하지 못하게 되고 말았다(14절). 진리의 종들이 드리는 기도를 받을 수 있는 자들은 복되다. 기도는 결코 함부로 해서는 안 되며, 하나님이 원하시는 것만을 구해야 한다. 그러므로 올바로 기도할 수 있다는 사실이 이미 하나님께 받은 커다란 복이다.

15 나의 사랑하는 자가 많은 악한 음모를 꾸미더니 나의 집에서 무엇을 하려느냐 거룩한 제물 고기로 네 재난을 피할 수 있겠느냐 그 때에 네가 기뻐하겠느냐. 여기서 "나의 사랑하는 자"라는 표현은 히브리어로 "예디디"(ידִידִ)라고 하는데 이 말은 택하심을 입은 백성을 가리킨다.

"많은 악한 음모를 꾸미더니." 이 말씀은 그들이 하나님을 섬긴다고 말하면서 겉치레로만 하나님을 섬기고 실상은 많은 우상을 섬긴 영적 음행을 가리킨다. "거룩한 제물 고기로 네 재난을 피할 수 있겠느냐"라는 말씀은 그들이 하나님께 제물을 드려도 하나님께서 받지 않으신다는 뜻이다. "나의 집에서 무엇을 하려느냐"라는 말씀은 하나님께서 그들의 성전 봉사를 무의미하게 여기신다는 말씀이다. 한편으로는 모든 악행을 일삼으면서 다른 한편으로는 하나님께 예배하는 것을 하나님께서는 기뻐하지 않으신다(렘 7:3-11; 사 1:1-17).

"그 때에 네가 기뻐하겠느냐"라는 말씀은 하나님을 공경한다고 하면서 우상을 섬기며 회개하기는커녕 도리어 교만하게 처신했던 유다 백성의 죄를 지적하는 것이다. 악을 행한 자는 마땅히 마음을 낮추고 먼저 회개를 이루는 근심에 빠질 줄 알아야 한다. 죄인들은 먼저 진실하게 근심하며 낮아지고 애통할 때 복을 받는다(마 5:4; 눅 6:21). 죄를 지으면서도 기뻐하는 자는 멸망으로 직행할 뿐이다(눅 6:25하).

그러나 델리취(Delitzsch)는 본 절의 히브리어(וַעֲבֻרוּ מֵעָלַיִךְ כִּי רָעָתֵכִי אָז תַּעֲלֹזִי מֶה לִידִידִי בְּבֵיתִי עֲשׂוֹתָהּ הַמְזִמָּתָה הָרַבִּים וּבְשַׂר־קֹדֶשׁ)를 다음과 같이 번역한다. "나의 사랑하는 자(유다 백성)가 집에서 무엇을 하는가? 서원하는 것과 거룩한 제육이 네게서(유다 백성에게서) 재앙을 물리칠 수 있겠느냐? 만일 그렇게 할 수 있다면 너는 기뻐할 수 있다." 이것은 유다 백성이 그 당시에 한편으로는 우상을 섬기면서도 다른 한편으로는 여호와 하나님을 섬긴다는 명목을 유지하기 위하여 성전에서 제물을 드리는 거짓된 행동을 일삼았던 것을 꾸짖는 말씀이다. 여기서 델리취가 "서원하는 것과 거룩한 제육이 네게서 재앙을 물리칠 수 있겠느냐"라고 번역한 문구는 70인역(μὴ εὐχαὶ καὶ κρέα ἅγια ἀφελοῦσιν ἀπὸ σοῦ τὰς κακίας σου)의 텍스트를 따른 것이다.

16-17 여기서는 위에서 말한 것과 같이 범죄한 이스라엘과 유다 민족이 재앙을 당할 것을 알려 준다. 이스라엘과 유다는 하나님께서 택하신 족속들로서 건강하게 자라났기 때문에 좋은 열매를 맺는 "아름다운 푸른 감람나무"(וַיִת רַעֲנָן יְפֵה) 같았다(감람나무는 의인을 상징한다). 그러나 장차 전쟁으로 말미암아("큰 소동 중에") 그것이 불에 타고 가지가 꺾이는 것처럼 그들이 파멸되리라고 예언한다. 그들이 그런 지경에 처하는 이유는 17절의 말씀처럼 그들이 바알에게 분향함으로 하나님의 노여움을 일으켰기 때문이다.

그를 심은 만군의 여호와께서 그에게 재앙을 선언하셨느니라. 여호와께서 유다와 이스라엘 민족을 심으시고 세우셨으니 그들을 벌하시는 일쯤은 넉넉히 하실 수 있다. 세우신 이가 파괴하시지 못하시겠는가?

18 본 절부터 23절까지는 선지자 예레미야가 그를 죽이려 했던 아나돗 사람들의 음모에 대하여 진술한다. 그는 처음에 그 음모에 대하여 전혀 아는 바가 없었으나 하나님께서 그에게 계시로 그러한 사실을 알려 주셨기 때문에 알게 되었다. 이것을 보면 선지자의 지위가 일반 신자들보다 얼마나 높은

지를 알 수 있다. 그는 인간으로서는 진리를 깨달을 수 없었으나 하나님의 특별 계시로 말미암아 가장 심오한 진리들을 깨닫게 되었다. 이 한 가지 사실만 보아도 그가 외친 말씀은 우리의 절대 신앙을 요구할 만한 진리임을 확신할 수 있다.

"그 때에"라는 말은 히브리어로 "아즈"(אָז)인데, 여기서는 예레미야가 그들의 음모에 대하여 전혀 간파하지 못했던 시기를 가리킨다(Delitzsch). 본절 하반절 말씀은 사실상 상반절의 의미를 반복한 것일 뿐이다. 히브리어에서 이런 반복체는 강조를 위한 수사적 방법이다. 여기서 예레미야는 아나돗 사람들의 음모가 확고한 것이었음을 강조한다. 그는 이러한 확실성의 근거를 자신의 추측에 두지 않고 하나님의 계시에 두었다.

19 나는 끌려서 도살 당하러 가는 순한 어린 양과 같으므로 그들이 나를 해하려고 꾀하기를 우리가 그 나무와 열매를 함께 박멸하자 그를 살아 있는 자의 땅에서 끊어서 그의 이름이 다시 기억되지 못하게 하자 함을 내가 알지 못하였나이다. "순한 어린 양"이라는 말은 히브리어로 "케베스 알루프"(כֶּבֶשׂ אַלּוּף)라고 하는데, 이것은 순하게 길들여서 사랑받는 양을 의미한다. 중동에서는 아라비아 사람들이 그처럼 가정에서 양을 어린아이처럼 기르는 풍속이 있었고, 유다 사람들도 그렇게 하였다고 한다(삼하 12:3). 그렇게 가정에서 사랑을 받는 양은 가족들이 그를 죽이리라고는 생각하지 않을 것이다. 그와 같이 예레미야도 자기 고향 아나돗 사람들이 자기를 죽이려고 모의하리라고는 차마 생각하지 못했다는 것이다. 그런데 그들은 그런 음모를 꾸미고 있었다. 물론 여기 "순한 어린 양"이라는 말의 의미는 위의 해석과 같은 뜻을 가지지만, 그와 동시에 예레미야가 어린 양처럼 온유하여 그들을 대적하거나 복수 행위를 취하지 않는다는 의미도 가진다. 하나님을 믿는 성도의 자세는 온유함으로 일관하여야 한다(마 10:16; 고후 12:10). "그 나무와 열매를 함께 박멸하자"(נַשְׁחִיתָה עֵץ בְּלַחְמוֹ)라는 말은 예레미야와 그의 열매, 다시 말해 그가 증언한 말씀을 모조리 없애 버리자는 뜻

이라고 한다. 그러나 문자적인 번역은 "나무를 가지고 그의 떡을 무용지물로 만들자"라는 뜻이라고 한다. 이것은 아마도 그의 음식에 나무를 빠뜨려서 그에게 해를 끼치자는 뜻일 것이다. 위의 두 가지 해석 중에 어느 것을 택하든지 결국 예레미야를 땅에서 없애버리겠다는 아나돗 사람들의 음모를 암시하는 표현일 것이다. 하반절은 확실히 그것을 의미한다. 참된 선지자는 언제나 이 세상 사람들에게 모함을 당한다. 요한복음 15:18-21과 디모데후서 3:12을 참조하라.

20 공의로 판단하시며 사람의 마음을 감찰하시는 만군의 여호와여 나의 원통함을 주께 아뢰었사오니 그들에게 대한 주의 보복을 내가 보리이다 하였더니. 여기서 예레미야는 위에 말한 것과 같은 아나돗 사람들의 악행이 주님의 보응을 받게 되리라고 말한다. 성도는 억울함을 당할 때 복수하지 않고 그것을 하나님께 맡길 뿐이다. 여기 말한 대로 "나의 원통함을 주께 아뢰었사오니"(גִלִּיתִי אֶת־רִיבִי)라는 말씀이 바로 그런 의미다. 말하자면 나의 송사를 주님께 아뢰었다는 뜻이다. 로마서 12:19을 참조하라.

"주의 보복을 내가 보리이다"(אֶרְאֶה נִקְמָתְךָ). 이 말씀은 예레미야가 그들이 불행해지는 것을 원하여서 한 말이 아니고 다만 그들의 장래에 대해 예언한 것일 뿐이다. 예언자를 죽이려고 하는 일은 하나님의 말씀을 그처럼 극악하게 대적하는 죄악이다. 그러므로 그러한 죄악에 대한 형벌은 마침내 임할 수밖에 없다.

21 여호와께서 아나돗 사람들에 대하여 이와 같이 말씀하시되 그들이 네 생명을 빼앗으려고 찾아 이르기를 너는 여호와의 이름으로 예언하지 말라 두렵건대 우리 손에 죽을까 하노라 하도다. 이 구절은 아나돗 사람들의 음모가 무엇인지 또다시 밝힌다. 한마디로 그들은 예레미야가 여호와의 이름으로 예언하기 때문에 그를 죽이기로 결의했다는 것이다. 그들은 예레미야를 미워하기보다 그가 예언한 하나님의 말씀을 더욱 미워했다는 사실이 이 구절에 나타나 있다. 예언자가 자신이 전

하는 하나님의 말씀 때문에 세상 사람에게 미움을 받는다면, 그는 오히려 은 연중에 안도감을 느낄 수 있다. 왜냐하면 그가 미움을 당할 때 하나님의 말씀이 먼저 미움을 당하여 하나님 자신이 박해를 당하는 것이기 때문이다. 그는 하나님과 함께 박해를 받는다. 따라서 그 일에 있어서 그는 하나님께서 마침내 승리하실 것을 믿고 안심한다. 요한복음 15:18에 말하기를, "세상이 너희를 미워하면 너희보다 먼저 나를 미워한 줄을 알라"라고 하였다.

22-23 이 구절들은 아나돗 사람들이 예레미야를 박해한 죄의 대가로 마침내 바벨론의 침략을 받아 그들 중에 많은 사람이 죽게 될 것을 예언한다.

| 설교자료

1. 하나님께서 언약하신 말씀을 순종하지 않는 자들은 저주를 받아 마땅하다(3절). 왜냐하면 하나님의 언약은 우리를 쇠풀무와 같은 무서운 죄악에서 구출하는 유일한 방법인데도 불구하고 그들이 순종하지 않는 것이기 때문이다(4절).

2. 하나님의 언약(곧 성경에 기록된 하나님의 말씀)은 그가 말씀하시고 오랜 세월을 통하여 마침내 그대로 성취하신 것이니, 그의 언약이야말로 "아멘"(אָמֵן)이다(5절). 신구약 성경은 모두 다 성취된 하나님의 언약을 터전으로 삼아 우리의 구원을 약속하는 것이니, 천지는 없어지더라도 그의 말씀은 폐지될 수 없는 신실한 말씀이다. 그러므로 우리는 전심전력하여 이 말씀을 믿고 순종하기만 하면 그 결과로 하나님께서 우리의 하나님이 되신다(4하). 이것이 바로 구원이다. 사람들은 잘못 생각하기를, 그리스도를 믿어 구원받는다는 일이 이 세상에서 행복을 확보하는 일인 줄로 안다. 말하자면 물질의 풍부함, 건강함, 질병을 고침, 장수 등에 관심을 둔다는 것이다. 그러나 성경

이 말하는 구원은 그런 것이 아니고 여호와 하나님을 사실상 나의 하나님으로 모시는 것이다. 그러므로 이것은 특별히 영혼과 관련된 일들을 중점으로 여기는 것이다. 하나님을 알고 공경하며 존귀하게 여기는 일은 주로 영혼이 하는 일이다. 이런 의미에서 성경은 구원을 가리켜 "영혼의 구원"이라고 표현한다(벧전 1:8). 이와 같은 영혼의 구원은 하나님이 주시는 언약의 말씀을 믿어 순종함으로 이루어진다.

3. 우리는 하나님의 말씀을 믿고 순종하는 일에 있어 앞선 세대 사람들이 순종하지 않다가 실패한 사실을 본보기로 삼아 기억할 필요가 있다. 하나님의 말씀을 순종하지 않은 자들은 하나도 남김없이 다 실패하였다(7-8절).

4. 하나님 외에 다른 신들은 모두 다 거짓 신들이므로 그것들을 섬기는 자들은 만족을 누리지 못하며 결국 숭배하는 신들의 숫자를 늘리게 된다. 그러나 하나님을 참으로 알고 섬기는 자들은 하나님 한 분만을 섬기는데, 왜냐하면 오직 하나님만이 사람들에게 만족을 주신다는 사실을 그들이 체험하기 때문이다(12-13절).

5. 기도하는 것은 귀한 일이므로 할 수 있는 대로 많이 해야 한다. 그러나 기도는 또한 거룩한 것이기 때문에 함부로 낭비해도 되는 것은 아니다(14절).

6. 하나님의 사람과 악한 무리 사이에는 현저한 대조가 있다. 하나님의 사람은 순한 어린 양과 같아서 박해를 받을지언정 남들을 박해하지 않으며, 오직 여호와 하나님을 고요히 바라볼 뿐이다(19상-20절). 그러나 악한 자는 의인을 해치려고 꾀하며 노력한다(19하). 그들은 또한 하나님의 말씀을 싫어한다(21하).

제 12 장

↓ 내용분해

1. 선지자가 악한 자들의 성공에 대하여 문의하고 그들의 악행을 끝내시기를 탄원함(1-4절)
2. 하나님께서 선지자 예레미야를 위로하심(5-6절)
3. 이스라엘 백성의 타락과 그들이 당할 비참한 환난(7-13절)
4. 이스라엘을 해치는 국가들은 벌하시고 그의 백성은 본토로 돌이키시겠다고 하심(14-15절)
5. 이스라엘을 해롭게 하던 이방 민족들도 회개하고 하나님의 말씀을 배우면, 그들도 하나님의 백성 중에 참여하게 되리라고 하심(16-17절)

↓ 해석

1 여호와여 내가 주와 변론할 때에는 주께서 의로우시니이다 그러나 내가 주께 질문하옵나니 악한 자의 길이 형통하며 반역한 자가 다 평안함은 무슨 까닭이니이까. "변

론"(אָרִיב)이라는 말은 다투듯이 논쟁하는 것을 의미한다. "주는 의로우시니이다"(צַדִּיק אַתָּה יְהוָה)라는 구절이 히브리어 원문에서는 본 절 첫머리에 나오는데, 그것은 강조체다. 예레미야가 이렇게 이 구절을 강조하는 이유는 그가 비록 아래에서 하나님이 하시는 일에 대하여 질문을 던지기는 하지만, 주님의 의로우심을 믿는 그의 신앙에 있어서는 변함이 없다는 것을 보여 주기 위함이다. 사람들이 하나님의 행사에 대하여 알아보고자 할 때는 언제나 이런 자세를 취해야 한다. 말하자면 그의 선하심과 의로우심에 대해서는 어떤 경우에도 신뢰한다는 것을 전제하고 나아가야 한다는 것이다. 그러므로 욥기 9:3에 말하기를, "사람이 하나님께 변론하기를 좋아할지라도 천 마디에 한 마디도 대답하지 못하리라"라고 하였다.

"악한 자의 길이 형통하며 반역한 자가 다 평안함은 무슨 까닭이니이까." 이런 질문은 시편 73:2-16에도 나타나 있다. 그러나 그 시를 기록한 시인은 그 같은 난제에 대한 해답을 성소에 들어갈 때 깨달았다고 고백한다(시 73:17). 그의 깨달음은 이것이니, 요컨대 이 세상에서 형통하는 악인들이 있기는 하나 그들은 반드시 멸망할 때가 있는 반면에, 성도들은 이 세상에서 수많은 재앙을 당할지라도 하나님이 그와 함께하여 주시며, 마침내 그는 하나님을 영원한 자신의 분깃으로 모시게 된다는 것이다(시 73:18-28; 참조. 시 17:14-15). 선지자 예레미야가 여기서 제기한 의문도 불신앙에서 비롯한 것은 아니다. 그는 하나님이 언제나 의로우시다는 사실을 굳게 믿고 있었다. 본 장 1절 상반절을 참조하라. 선지자들이 그런 믿음을 가지고 있으면서도 난제에 대하여 질문하는 방식으로 말하는 이유는 겸손한 마음으로 그러한 사실을 명확히 이해하고자 하는 동기에서 그리한 것뿐이다. 시편 13:1-3을 참조하라.

2 주께서 그들을 심으시므로 그들이 뿌리가 박히고 장성하여 열매를 맺었거늘 그들의 입은 주께 가까우나 그들의 마음은 머니이다. 여기서 선지자 예레미야는 악인들을

수목에 비유하였다. 이것은 성경에서 흔히 사용하는 비유다. 하나님께서 그들을 나무와 같이 뿌리 내리게 하시고 장성하여 열매를 맺게 하셨다는 표현은 악인들이 이 세상에서 형통하게 되는 것도 우연한 일이 아니라 하나님의 섭리로 말미암는다는 사실을 보여 준다. 사람들은 땅 위에서 악인들이 형통하게 되는 것을 보고 하나님의 존재를 의심한다. 그러나 성경은 악인들이 이 세상에서 형통하게 되는 일도 하나님께서 그렇게 되도록 허락하신 것이라고 가르친다. 하나님께서 그들이 이 세상에서 형통하도록 허용하시는 이유는 그들의 분깃이 이 세상뿐임을 아시고 그들을 불쌍히 여기시기 때문이다.[19] 그러므로 우리는 악인들이 땅 위에서 형통하는 것을 목격할 때 오히려 하나님이 살아 계신다는 사실을 믿어야 한다. 우리 본문을 보면 하나님께서 어떤 때에는 악인들을 대대손손 형통케 하시는 일도 있다고 말씀한다. 요컨대 "그들이 뿌리가 박히고 장성하여 열매를 맺"게 하신다는 말씀이 그런 뜻이다. 여기서 "열매"라는 말은 자손을 의미한다.

"그들의 입은 주께 가까우나 그들의 마음은 머니이다." 이 말씀은 위에서 말한 악인들이 어떠한 자들인지를 보여 준다. 그들은 입으로는 하나님을 공경한다고 말하지만 그들의 마음은 하나님에게서 멀어져 있었다. 여기서 "그들의 마음"이라는 표현은 히브리어로 "킬요테헴"(כִּלְיוֹתֵיהֶם)이라고 하는데, 인체 내에서 감정 혹은 정서가 자리 잡은 부분을 의미한다. 하나님에 대하여 겉모습이나 지식으로만 접근하고 하나님에 대하여 정서적인 느낌이 없는 자들은 흔히 외식하는 자들이다. 성경은 사람이 하나님을 공경하는 일을 묘사할 때 정서적인 측면을 많이 강조한다. 위에서 예레미야 선지자가 하는 말씀을 보면 가장 악한 죄인들이 종교의 테두리 바깥에 있는 것이 아니라 하나님을 공경한다고 하는 자들 가운데 있다. 그들은 하나님에 대하여 아무런 감정

---

19) 참조. 시 17:14; 49:14-15, 19; 마 5:45; 눅 16:25.

도 없는 외식하는 자들이다. 진실한 신자들은 정서적인 측면에서도 신앙의 움직임이 있다. 구약 시대 신앙의 사람들은 언제나 정서적인 면에서 신앙적 활동이 왕성했다. 믿음의 영웅이었던 다윗 왕은 또한 눈물의 사람이었다. 시편 6:6, 56:8을 참조하라.

3 여호와여 주께서 나를 아시고 나를 보시며 내 마음이 주를 향하여 어떠함을 감찰하시오니 양을 잡으려고 끌어냄과 같이 그들을 끌어내시되 죽일 날을 위하여 그들을 구별하옵소서. 이 말씀은 예레미야가 자신의 선지자 직무를 완수했다는 뜻이다. 이 사실에 대하여 그는 하나님께서 아신다고 말한다. 특별히 "내 마음이 주를 향하여 어떠함을 감찰하시오니"라는 말씀이 바로 그런 뜻이다. "내 마음이 주를 향하여 어떠함"이라는 표현의 히브리어 원문(לִבִּי אִתָּךְ "리비 이타크")은 예레미야의 마음이 주님과 연합되어 있는 상태를 가리킨다. 이것은 그가 하나님 앞에서 얼마나 절실한 사명감을 가지고 예언했는지를 보여 준다. 이렇게 선지자가 자기 임무를 다하였으니만큼 그의 말을 끝까지 듣지 않고 반역한 유다 백성들에 대하여는 이제부터 멸망이 선포될 뿐이다. 선지자의 말을 듣지 않은 죄악의 결과는 이렇게 엄청나다. 선지자의 예언이라는 것은 근본적으로 듣는 자들이 회개하지 않으면 멸망할 수밖에 없다는 하나님의 작정을 대언하는 것이므로 참된 예언은 그렇게 중대한 결과를 가져올 수밖에 없다. 이때 예레미야가 예언한 하나님의 경고를 들은 자들이 순종하지 않았으므로 백성들에게 남은 것은 멸망밖에 없었다. 그러므로 예레미야는 이제 하나님이 작정하신 대로 그들에게 멸망이 임하리라고 확신하고서 주께서 계획하신 대로 행하시기를 간구한다. 이것은 하나님께 이전에 없었던 방침을 새로이 시행하시기를 구한 것이 아니다. 다만 그가 예언자로서 할 수 있는 수단을 모두 동원해보았으나 그 백성이 회개하지 않음으로 말미암아 이제는 하나님께서 본래 작정하신 대로 회개하지 않는 자는 멸망시키실 수밖에 없다는 부득이한 결론이다. 저 완악한 유다 백성들을 바벨론 군대의 손에 맡겨 처벌하

시는 일이 "양을 잡으려고 끌어냄과 같"다고 말하는 이유가 무엇인가? 그것은 다음과 같이 설명할 수 있다. 요컨대 하나님께서 저 완악한 유다 백성들을 당장 없애 버리지 않으시고, 그의 자비로 말미암아 이생에서 육신의 복을 누리도록 하셨으니, 그것은 마치 사람이 양을 기르는 것과 유사한 일이라는 뜻이다. 이제 그들을 벌하시는 것은, 결과적으로 사람이 보기에 집에서 기르던 양을 잡으려 함과 같다. 나의 공동 서신 주석에 있는 야고보서 5:5 해석을 참조하라.

4 언제까지 이 땅이 슬퍼하며 온 지방의 채소가 마르리이까 짐승과 새들도 멸절하게 되었사오니 이는 이 땅 주민이 악하여 스스로 말하기를 그가 우리의 나중 일을 보지 못하리라 함이니이다. 선지자 예레미야는 유다 사람들의 죄악으로 말미암아 무고한 "채소"와 "짐승"들까지 "멸절"하게 되는 일에 관하여 하나님께 탄식하면서 질문을 던진다. 채소나 짐승들이 재앙을 당하는 것도 인간들의 죄악 때문이다. 그러므로 인생들은 이런 재앙을 목격할 때 죄의식을 더욱 깊이 느껴야 한다. 그 당시 이런 재앙이 임하도록 만든 유다 백성의 죄악은 무엇이었는가? 그것은 하반절에서 이유를 나타내는 접속사 "이는"(כִּי)과 함께 소개되는데, 말하자면 그 땅의 거주민들이 말하기를, "그가 우리의 나중 일을 보지 못하리라"라고 교만하게 말하였다는 것이다. 그들의 이 같은 발언은 예레미야가 그들의 멸망을 목격하지 못하리라는 뜻인데, 이것이야말로 그들이 예레미야의 예언을 무시한 죄악이다. 예레미야는 이미 유다 민족의 멸망을 예언한 바 있었다. 그런데도 그들이 하나님의 예언을 무시한 것은 땅의 채소나 짐승에게까지도 재앙이 내리게 만드는 크나큰 죄악이다. 그러므로 하나님의 말씀을 폐기하는 것은 인간 생활의 모든 방면에 재앙을 초래하는 원인이 된다(참조. 암 8:11).

5 만일 네가 보행자와 함께 달려도 피곤하면 어찌 능히 말과 경주하겠느냐 네가 평안한 땅에서는 무사하려니와 요단 강 물이 넘칠 때에는 어찌하겠느냐. 이것은 예레미야가

예언 사역을 수행하는 과정에 자기 고향 아나돗 사람들에게서 박해를 받아 괴로움을 토로했을 때 하나님께서 그를 위로하신 말씀이다. 이 같은 위로의 내용은 앞으로 지금보다 더한 고통이 임할 것을 알려줌으로써 현재의 고통을 잘 견뎌내도록 권면하시려는 의도를 지닌 것이다. 말하자면 사람이 이 세상에서 아무리 큰 고통을 당한다고 할지라도 앞으로 죽음의 고통이 남아 있다는 사실을 생각함으로써 현재 그가 당면한 괴로움을 참을 수 있게 만들어 주는 방식의 위로라고 할 수 있다. 예레미야가 그의 고향 아나돗에 거주하는 사람들로부터 박해를 받는 것은 가까운 친구들에게 배신을 당하는 것과 같은 일이었으므로 사실상 괴로운 일이었다. 그러나 그것은 앞으로 그가 견뎌야 할 더 큰 환난과 비교하면, 오히려 "평안한 땅에서 무사"하게 지내는 것과 같은 일일 뿐이다. 앞으로는 요단강 물이 넘치는 것과 같은 사태가 발생할 것이라는 암시를 주는 것이다. "요단강 물이 넘침"(גְּאוֹן הַיַּרְדֵּן)이라는 말은 "요단강의 범람으로 말미암은 수재"를 의미한다는 해석도 있으나, 전후 문맥상 그보다는 "요단의 자랑거리"라고 번역하는 것이 더욱 타당하다는 주장도 있다(Delitzsch). 요단의 자랑거리라는 말은, 요단강 주변에 숲이 우거져서 사자가 출몰하는 위험 지대를 의미한다. 이것이야말로 앞에 나온 "평안한 땅"(שְׁלוֹם אֶרֶץ)이라는 표현과 대조되어 극히 위험한 환난을 비유한다.

어떤 해석을 택하든지 이 말씀은 사람들이 현재의 난관으로 말미암아 낙심하지 말고 장래에 닥치게 될 더 큰 어려움을 하나님의 은혜로 무사히 통과하기 위해 각오를 단단히 가지라는 의미다. 모든 사람은 앞으로 더 큰 환난과 죽음의 고통을 마주하게 되리라는 것이 분명한데, 그러한 역경을 무사히 통과하기 위해서는 현재 그보다 작은 환난과 고통을 연단의 기회로 삼아서 지혜롭게 이겨내야 한다. 하나님께서 성도의 믿음과 인격을 완성하시는 방법은 환난과 고통이다. 신자가 현재에 당하는 환난과 고통에 지혜롭지 못하게 대처한다면, 미래에 반드시 찾아올 더 큰 환난과 죽음의 고통을 유익하게 받을 도리가 없을 것이다.

6 네 형제와 아버지의 집이라도 너를 속이며 네 뒤에서 크게 외치나니 그들이 네게 좋은 말을 할지라도 너는 믿지 말지니라. 이 말씀은 문맥상 앞 절에서 이어지는 내용인데, 예레미야가 장차 당할 환난이 얼마나 클 것인지를 보여 준다. 예레미야가 당하는 현재의 환난은 고향 사람들에게서 배척당하는 정도이지만, 앞으로 임할 환난은 "형제와 아버지의 집"에서마저 배척을 당하는 참혹한 고통이다. 예레미야가 이러한 환난을 겪어야 하는 이유가 무엇인지 자세히 알 수는 없으나, 아마도 그가 국가적으로 심각한 박해를 받을 때 형제와 가족들까지도 그를 싫어하고 배척하게 되는 비참한 일이 발생하리라는 의미일 것이다. 하나님 편에 서 있는 자가 때로는 믿지 않는 가족들로부터 박해받고 배척을 당하는 경우가 있다. 여기서 묘사하는 것처럼 예레미야의 형제와 아버지의 집은 그를 속일 뿐만 아니라, 마치 도둑을 잡듯이 그의 뒤에서 소리치며 그를 박해할 것이라고 한다. 무엇보다도 예레미야에게 있어서 가장 심한 고통은 그들의 배신행위였다. 우리 본문에서 그들이 "너를 속이며"라는 표현이나 "그들이 네게 좋은 말을 할지라도 너는 믿지 말지니라"라는 말씀은 그들의 배신행위를 암시한다. 마태복음 10:34-39을 참조하라.

설교▶ 미래에 더 큰 환난이 닥쳐올 것을 생각하여 현재의 환난을 감수하자(5-6절)

1. 신자가 이 세상에 있는 동안은 현재보다 미래에 더 큰 환난을 받는다

신자들은 현재에 당하는 환난이 그들에게는 견디기 어려울 만큼 큰 것이라고 여기기 쉬우나, 그들 앞에는 더 큰 환난이 놓여 있다. 바울은 말하기를, "우리가 하나님의 나라에 들어가려면 많은 환난을 겪어야 할 것이라"라고 하였고(행 14:22), 사도 요한은 말하기를, "나 요한은 너희 형제요 예수의 환난과 나라와 참음에 동참하는 자라"라고 하였다(계 1:9). 마가복음 10:38, 빌립보서 1:29, 디모데후서 3:12을 참조하라. 특히 요한계시록 6장을 보면, 복음을 위한 사역에는 끊임없이 환난이 뒤따르는 법이라고 하였다(3-16절). 그러므로 그리스도인은 이 세상에서 시간이 지날수록 더 큰 환난에 직면하게 되는 것이다. 요한계시록 7:14에서는 그리스도인들을 가리켜 "큰 환난에서 나오는 자들"이라고 하였다. 이와 유사한 맥락에서 베드로전서 4:18은 말하기를, "의인이 겨우 구원을 받"는다고 하였다. 신자가 설령 박해를 받지 않는다고 하더라도 마침내 육체의 사망을 경험하게 되리라는 점은 명백한데(롬 8:10), 그것이 무엇보다 큰 환난이다.

2. 그리스도인이 현재의 고난을 믿음으로 감수해야만 장차 다가올 큰 환난들을 지혜롭게 통과할 수 있다

(1) 현재의 환난은 미래에 임할 큰 환난을 복되고 유익한 방향으로 통과할 수 있게 만들어 주는 방편이라고 말할 수 있다. 그는 이런 환난 가운데서 믿음의 연단을 받는다. 베드로전서 1:6-7에 말하기를, "그러므로 너희가 이제 여러 가지 시험으로 말미암아 잠깐 근심하게 되지 않을 수 없으나 오히려 크게 기뻐하는도다 너희 믿음의 확실함은 불로 연단하여도 없어질 금보다 더 귀하여 예수 그리스도께서 나타나실 때에 칭찬과 영광과 존귀를 얻게 할 것이니라"라고 하였다(참조. 롬 5:4). (2) 그리스도인은 현재의 환난을 통해 자신의 신앙이 어느 수준에 도달했는지를 파악함으로써 더욱 깨어서 신앙의 싸움에 매진하게 된다. 집에 비가 새는지 확인하기 위해서는 큰비가 내려야 하는 것처럼, 신자는 환난을 겪어 보아야 자기 신앙의 능력을 가늠해볼 수 있다. 그래야만 그는 과거의 잘못을 깨닫고 이제부터 주님의 말씀을 지켜나갈 수 있게 된다. 시편 119:67에 말하기를, "고난 당하기 전에는 내가 그릇 행하였더니 이제는 주의 말씀을 지키나이다"라고 하였다. (3) 그리스도인이 현

재의 고난을 신앙으로 감수할 때 주님의 임재를 더욱 가까이에서 경험할 수 있으며 그의 말씀을 더욱 깊이 깨닫게 된다. 그러므로 시편 119:71에 말하기를, "고난 당한 것이 내게 유익이라 이로 말미암아 내가 주의 율례들을 배우게 되었나이다"라고 하였다.

그리스도인이 이렇게 현재의 환난을 신앙으로 감수함으로써 주님의 은혜를 경험하면, 그보다 더 큰 미래의 환난들도 지혜롭고 복되게 이겨나가게 될 것이 명백하다. 왜냐하면 현재의 환난 가운데서 그들을 도와주시는 주님은 미래의 환난 가운데서도 마찬가지로 성도들을 도와주시기 때문이다. 우리가 미래에 대해서 확실히 알 수 있는 사실은, 그때에도 하나님이 살아 계시며 그리스도께서도 살아 계신다는 것이다. 히브리서 13:8에 말하기를, "예수 그리스도는 어제나 오늘이나 영원토록 동일하시니라"라고 하였고, 욥기 19:25-26에는 말하기를, "내가 알기에는 나의 대속자가 살아 계시니 마침내 그가 땅 위에 서실 것이라 내 가죽이 썩은 후에 내가 육체 밖에서 하나님을 보리라"라고 하였다.

7 내가 내 집을 버리며 내 소유를 내던져 내 마음으로 사랑하는 것을 그 원수의 손에 넘겼나니. "내 집"(בֵּיתִי "베이티"), "내 소유"(נַחֲלָתִי "나할라티"), 그리고 "내 마음으로 사랑하는 것"(יְדִדוּת נַפְשִׁי "예디두트 나프쉬")이라는 표현들은 하나님의 성전, 유다 땅, 그리고 유다 민족을 가리킨다.

유다 백성들은 하나님께서 말씀하신 대로 믿음과 사랑으로 행하지는 않으면서 단지 종교적 제의나 예전(禮典)과 같은 외형적인 요소들만을 자랑하면서 속으로 생각하기를, "하나님의 성전이 우리 가운데 굳건하게 서 있는데 누가 감히 우리를 침략하겠는가!"(7:4)라고 하면서 외세에 침략당하는 일이 그들의 나라에는 절대로 일어나지 않을 줄로 여겼다. 그러나 하나님께서는 종교적 의식들보다는(물론 이런 것들도 하나님께서 주신 것임에는 분명하지만)

하나님의 말씀이 가르치는 믿음과 사랑을 참된 종교의 생명으로 여기신다. 하나님께서는 종교적 외형만 붙잡고 그것으로 위안거리를 삼는 자들을 미워하신다. 여호와 하나님께서 주신 종교적 외형을 이처럼 그릇되게 사용할 때는 하나님께서 그것들을 원수의 손에 붙이시는 일도 아까워하지 않으신다. 비록 종교적 외형들에 하나님의 고귀하신 이름이 걸려 있다 할지라도 그는 그것들을 얼마든지 버리신다. 그런 의미에서 본문에 "내"라는 표현이 세 번이나 반복되면서 강조된다.

흔히 스스로 믿음이 좋다고 생각하는 사람들이 종교적 외형에 치중하면서 "율법의 더 중한 바 정의와 긍휼과 믿음"은 등한히 여기는 폐단이 많다(마 23:23). 여기서 이른바 "정의와 긍휼과 믿음"은 하나님의 말씀에 순종함으로써 사람에게 행할 의리와 사랑을 포함한다.

8 내 소유가 숲속의 사자 같이 되어서 나를 향하여 그 소리를 내므로 내가 그를 미워하였음이로라. 여기서 이른바 "내 소유"라는 것은 유다 민족을 의미한다. 그 당시 유다 민족은 하나님 앞에서 불신앙을 고집하면서 그의 말씀을 지키지 않았었다. 하나님께서는 여기서 그런 자들을 가리켜 "숲속의 사자 같이"(בְּיַעַר כְּאַרְיֵה) 되어버린 자들이라고 말씀하신다. 여기서 우리는 그들이 하나님 앞에 "사자 같이" 되었다는 말을 명심할 필요가 있다. 불신앙은 하나님과 투쟁하는 일인데, 이것은 마치 싸우려고 달려드는 사자의 모습과 흡사하다. 그러므로 시편 말씀을 보면 이스라엘 백성이 광야에서 하나님을 신뢰하지 않은 것은 하나님을 대항하는 죄와 같다고 하였다(시 78:19, 40, 56). 하나님께서 사람을 지으신 목적은 그들이 하나님을 믿게 하시기 위함이었다. 그러나 사람들은 하나님을 믿지 않고 자기만 믿었을 뿐 아니라, 세상의 무수한 것들을 하나님보다 더욱 신뢰한다. 이와 같은 처사는 하나님을 제쳐 놓고 하나님 대신 무수한 우상을 섬기는 일과 같다. 이것은 하나님을 극도로 멸시하고 배척하는 처사가 아닐 수 없다. 이와 같이 사람들은 하나님이 원하시는 것과는

정반대의 방향으로 투쟁적으로 움직인다. 이런 의미에서 하나님을 믿는다고 말하면서 실제로는 하나님을 신뢰하지 않는 자들은 하나님 앞에서 "사자"와 같이 처신하는 자들이다. 한마디로 그들은 하나님과 싸우는 자들이다.

9 내 소유가 내게 대하여는 무늬 있는 매가 아니냐 매들이 그것을 에워싸지 아니하느냐 너희는 가서 들짐승들을 모아다가 그것을 삼키게 하라. 여기서는 유다 백성들을 가리켜 "무늬 있는 매"(עיט צבוע)와 같다고 묘사한다. "무늬 있는 매"라는 것은 얼룩진 깃털을 지닌 맹금류를 의미하는데, 한마디로 이것은 비둘기와 같은 순한 새가 아니다. 유다 민족을 이처럼 맹금류에 비유한 이유는 그 민족이 여호와를 믿는 믿음에서 떠나 맹금류와 같은 이방 민족들을 본받았으며, 이방의 풍속으로 자신을 물들였기 때문이다.

"매들이 그것을 에워싸지 아니하느냐." 이 말은 이방의 모든 나라가 위에 묘사한 것처럼 "무늬 있는 매"와 같은 유다 나라를 침략하리라는 말씀이다.

유다 백성들은 그들이 예컨대 애굽을 의지하여 그 풍속을 따르는 것처럼 이방과 타협함으로써 유익을 얻을 줄로 여겼다. 그러나 하나님을 의지하여야 하는 민족이 이처럼 변절할 때 하나님께서는 그들을 이방 민족의 압제하에 두신다. "너희는 가서 들짐승들을 모아다가 그것을 삼키게 하라"라고 하신 말씀이 이런 의미다. "들짐승들"은 하나님을 모르는 이방 민족들을 가리킨다. 유다 민족은 신약 시대의 교회와 마찬가지로 다른 것을 의지하지 않고 오직 하나님만 의지해야 형통할 수 있는 자들이었다. 그런데도 유다 백성들은 하나님을 떠나 다른 것을 의지하는 이방 나라처럼 행동하는 일이 비일비재했다. 그럴 때마다 하나님께서는 이방 민족들을 일으키셔서 택하신 백성을 가차 없이 징계하셨다.

10 많은 목자가 내 포도원을 헐며 내 몫을 짓밟아서 내가 기뻐하는 땅을 황무지로 만들었도다. "많은 목자"(רעים רבים)라는 표현이 우리의 주의를 끈다. 이것은 이방 나라들의 지도자들을 가리킨다. 유다 민족은 하나님만을 유일한 목자로 알

고 그에게 순종했어야 할 터인데, 그들이 그리하지 않았으므로 이제는 잔인 무도한 이방 나라의 폭군들이 그들을 지배하는 처지가 되었다. 말하자면 이제는 이방 나라의 폭군들이 그들의 목자가 된 것이다. 그들의 처지는 이처럼 불행해지고 말았다. 이와 같은 상황은 하나님께로 말미암은 형벌이 아닐 수 없다.

본 절에는 "내 포도원"(כַּרְמִי), "내 몫"(חֶלְקָתִי), "내가 기뻐하는 땅"(חֶמְדָּתִי), חֶלְקָה "나의 기쁨이 되는 분깃")이라는 세 가지 표현이 나온다. 이것은 하나님께 속한 유다 민족을 가리키는 상징적인 표현들이다. 위의 세 가지 표현에는 우리말 성경에서 "내" 혹은 "내가"라고 번역된 1인칭 단수 소유 접미사가 붙어 있는데, 이는 유다 민족이 하나님의 소유라는 사실을 강조한다. 특별히 여기서 강조하는 초점은 다음과 같다. 하나님을 믿는다고 떠들면서 외식하는 신자들이 비록 형식적으로는 하나님의 소유인 백성에 포함되어 있을지라도 하나님께서 그들을 아끼지 아니하시고 벌하신다는 것이다(7절 해석 참조).

11-12 이 부분에는 유다 백성이 얼마나 비참하게 이방 군대에 의해 유린당할 것인지 묘사되었다. **"황폐"**라는 용어가 세 번 사용되었고, 거기에 이어서 **"파괴", "여호와의 칼이 땅 이 끝에서 저 끝까지 삼킴", "평안하지 못함"** 등과 같이 비참한 지경을 묘사하는 표현들이 뒤따른다. 우리는 이와 같은 표현을 통해 유다 민족이 전쟁의 재앙으로 말미암아 어느 정도로 비참하게 여지없이 파멸될 것인지를 짐작할 수 있다. 이러한 표현들은 독자들에게 그 민족의 죄악이 얼마나 참혹하고 심각하였는지를 상기시킨다. 자연계의 참상은 인생들의 죄악을 반영하는 것이다. 사실상 인간의 죄악상은 자연계의 참상을 뛰어넘는다. 죄악의 참상은 영적 안목으로만 밝히 볼 수 있다. 그러므로 사람들은 자신의 일상생활에 관련된 참상은 어느 정도 느끼면서도 그보다 심각한 죄악의 참상은 느끼지 못한다. 인간의 죄악으로 말미암아 자연계가 저주를 받았다는 사실은 이미 인류의 죄악사를 다룬 성경 첫머리에 밝히 드러나

있다(창 3:17-18).

그 황무지가 나를 향하여 슬퍼하는도다. 이것은 단순히 시적 표현에 불과한 것이 아니다. 실제로 자연계가 당하는 재앙의 원인은 인간의 죄악이다. 그러므로 자연계 자체가 무언중에 하나님을 향하여 호소하게 되는 것이다.

이를 마음에 두는 자가 없음이로다(אֵין אִישׁ שָׂם עַל־לֵב). 이 말씀은 유다 백성이 끔찍한 환난을 겪으면서도 그처럼 비참한 상황을 초래한 원인을 깨닫고 회개하는 자가 없었다는 뜻이다.

13 무리가 밀을 심어도 가시를 거두며 수고하여도 소득이 없은즉 그 소산으로 말미암아 스스로 수치를 당하리니 이는 여호와의 분노로 말미암음이니라. "무리가 밀을 심어도 가시를 거두며 수고하여도 소득이 없은즉." 이 말씀의 의미는 사람들이 기대했던 분량의 소출을 거두지 못하고 그들이 투자한 노력에 비하여 지극히 적은 것만을 거두게 된다는 것이다. 인생들은 그들이 기대했던 만큼의 열매를 얻지 못하게 될 때, 그렇게 되는 원인이 그들의 범죄에 있다는 사실을 인식해야 한다. 참으로 그렇다. 자기가 판 함정에 자기가 빠지고 자기가 놓은 올무에 자기가 걸리게 되는 방식으로 일이 교묘하게 전개되는 이유는 죄인을 벌하시는 하나님의 개입 때문이다. 죄인에게 대한 하나님의 형벌이 어떤 경우에는 의복이 좀먹는 것처럼 은밀하게 진행되어 범죄자 자신이 깨닫지 못하는가 하면(호 5:12), 어떤 경우에는 하나님께서 내리시는 형벌의 방식이 범죄자 자신에게 즉각적인 깨달음을 가져다주기도 한다. 후자의 경우가 우리 본문에서 말하는 것과 같은 종류다. 이와 같은 형벌의 방식을 가리켜 성경에서는 사자와 같이 임하는 벌이라고 표현한다(호 5:14).

14-17 이 부분에 예언된 내용은 ① 첫째, 유다 민족을 침략한 이방 국가들을 하나님께서 징벌하시리라는 말씀과(14절), ② 둘째, 포로 되었던 유다 민족을 하나님께서 귀환시키시리라는 말씀과(14하-15), ③ 셋째, 이방인들이 여호와의 종교를 배우고 여호와의 이름으로 맹세함으로써 여호와를 향한 공

경심을 공표하게 하시리라는 말씀이다(16-17절). 위의 세 가지 예언은 유다 백성들이 바벨론에서 해방되어 본토로 돌아오는 역사적 사건을 통해 성취되었다고 말할 수 있다. 그러나 여기서 이방인들이 여호와의 종교를 배우게 된다고 말씀하는 점으로 보아 여기 기록된 예언은 더욱 고차원적인 미래의 사건을 가리키는 것이라고 여겨야 할 것이다. 다시 말해 이 예언은 신약 시대에 예수 그리스도로 말미암아 이루어질 영적 이스라엘 운동을 가리킨 것이다. 신약 시대에는 많은 이방인이 하나님께 돌아오는 것이 사실이다.

선지서에 나오는 메시아 예언들은 종종 여기서와 같이 유다 백성들이 바벨론에서 귀환하는 일과 연계되어 등장한다. 이것은 얼핏 보면 이상스럽게 여겨질 수도 있다. 메시아 예언들은 유다 백성들이 바벨론에서 해방될 사건을 명백히 지적하는 동시에 그 사건 이상의 일들에 대해 말하고 있다. 수많은 해석자가 이 점에 대해서는 명확한 답을 주지 못한다. 그러나 우리는 이처럼 평범하지 않은 현상을 다음과 같이 해석한다. 요컨대 유다 백성들이 바벨론에서 해방되어 귀환하는 역사적 사건은 바로 신약 시대 메시아의 구원 운동을 예시하는 것이고, 역사적 사건 자체가 독립적으로 의미를 갖는 것은 아니라는 말이다. 하나님께서는 구속 운동에 있어서 메시아로 말미암는 신약 운동을 궁극적인 목표로 여기시는데, 신약 시대 이전에 나타난 하나님의 구원 운동들은 모두 다 이 궁극적인 목표를 지향한 것이다. 그러므로 예언자들은 신약 시대 이전에 나타날 하나님의 구원 운동, 요컨대 이스라엘의 구원 운동을 내다보면서, 그와 동시에 그 운동의 종착역인 그리스도의 구원 운동까지 예견하게 된다. 예언자들은 이처럼 신약 시대에 성취될 하나님의 구원 사건을 주제로 삼으면서 이에 겸하여 그 사건과는 잘 들어맞지 않는 고차원적인 주제들도 간접적으로 다루는 것이다.

| 설교자료

1. 참된 신자들 가운데 하나님께서 하시는 일에 대하여 의문을 가지는 자들은 그들이 품은 의문이 끝까지 계속될 것이라고 여기지는 않는다. 왜냐하면 그는 하나님이 의로우시다는 사실을 믿기 때문이다(1-2절).

2. 인간은 누구든지 현재의 난관으로 인해 낙심할 이유가 없다. 우리는 그것을 미래에 겪게 될 더 큰 난관에 대처하게 해주는 연단의 기회로 삼아야 한다. 인간은 모든 난관의 끝에 가장 큰 난관에 봉착하는데 그것이 바로 죽음이다. 죽음은 그 최후의 난관이다. 죽음을 잘 통과하고자 소망하는 자는 그 전에 닥치는 보다 작은 난관들을 믿음으로 통과해야 한다(5-6절).

3. 하나님은 신자들을 그의 소유로 삼으시고 그들을 눈동자같이 아끼신다. 그러나 그들이 성결을 지키지 못하고 부정하게 되었을 때는 그는 그들을 단호하게 징계하신다. 7-9절 해석을 참조하라.

4. 하나님의 백성이 징계를 받아 그 소유와 환경이 비참해질 때 그들은 자신들이 범한 죄악의 참상이 어떠한지를 바로 깨달아야 한다(10-12절).

5. 우리가 하는 일을 통해 계획했던 대로 소득을 얻지 못하고 도리어 역효과를 거두게 되는 일은 그 일을 추진하는 우리에게 죄악이 있음을 알려주는 무언의 설교다(13절).

6. 하나님의 백성이 징계를 겸손한 마음으로 감수하면 그들의 환경이 완전히 호전되는 날이 찾아온다(14-17절).

제 13 장

✤ 내용분해

1. 베 띠를 통한 상징적 예언과 포도주 가죽부대를 통한 상징적 예언(1-14절)
2. 하나님의 벌이 임하기 전에 회개하라고 권면함(15-21절)
3. 장차 하나님의 징벌이 임하게 되는 이유(22-27절)

✤ 해석

1-2 여호와께서 이와 같이 내게 이르시되 너는 가서 베 띠를 사서 네 허리에 띠고 물에 적시지 말라 하시기로 내가 여호와의 말씀대로 띠를 사서 내 허리에 띠니라. "베 띠"(פְּזוֹר אֵזוֹר)는 미천한 자들이 사용하는 띠로서 유다 민족을 비유한다. 그것을 "허리에 띤다"라는 말은 몸에 밀착시킬 정도로 확고하게 자기 소유로 삼는다는 것을 의미한다. 이것이 바로 유다 민족이 누리던 영광이었다. 하나님께서는 예레미야가 이러한 사실을 절실히 느끼고 예언 사역을 감당하게 하시기 위하여 여기서 행동 예언을 수행하도록 지시하신 것이다. 사람을 말씀으로만 가

르치는 것보다 그가 몸소 체험하여 깨닫게 하시는 것은 하나님께서 그의 뜻을 계시하실 때 자주 사용하신 방법이다. 예수님께서 나사로를 살리시기 전에 거기 둘러선 사람들에게 무덤 입구의 돌을 굴리라고 말씀하신 것은 그가 나타내실 능력을 그들이 좀 더 인상 깊게 체험하도록 하시려는 의도였다.

3-5 이 구절들이 묘사하는 것처럼 선지자가 실제로 "**유브라데**"(פְּרָתָה)로 이동한 것은 아니다. 이것은 예레미야가 환상을 보는 도중에 일어난 일이라고 해석된다(Calvin). 어떤 학자들은 여기서 "유브라데"라는 히브리어 단어가 유다 지역의 "**에브라다**"(אֶפְרָתָה, "베들레헴")를 의미한다고 주장하나 이는 합당치 않다. 4절에서 말하는 "**바위 틈**"(בִּנְקִיק הַסָּלַע)은 강변에 있었을 것이다. 5절에서 "**유브라데 물 가**"라고 번역된 문구는 히브리어 원문에 "유브라데"라고만 되어 있다. 베 띠를 "바위 틈"에 감춘 일도 일종의 행동 계시이며 유다 민족이 바벨론에 사로잡혀 가서 비천한 처지에 놓이게 될 것을 비유한다.

6-7 선지자는 여기서 "**띠**"가 "**썩어서 쓸 수 없게**" 되었음을 보게 된다. 썩었다는 말은 유다 민족의 영광이 추락하게 되었음을 비유한다. 유다 백성은 "띠"와 같이 하나님께 밀착되어 있었고 하나님이 그들의 하나님이었으나 그들이 충성하지 않음으로 말미암아 이처럼 "썩어서 쓸 수 없게" 되는 것처럼 낮아진다.

8-11 여기서는 하나님께서 "베 띠"를 통해 계시하신 내용을 해석하여 주신다. "**교만**"(גָּאוֹן)이라는 히브리어는 "영예" 혹은 "아름다운 장식"(Ornament)을 의미한다. 11절의 "**이름**", "**명예**", "**영광**"이라는 표현들도 이와 동일한 의미를 지닌다. 유다 민족은 하나님께 속하여 모든 민족 가운데 자랑거리가 될 수도 있었으나(사 40:15), 그들이 순종하지 않고 하나님을 업신여기니 그들의 영예가 추락하고 말았다.

12-14 이 부분에서는 포도주를 가득 담은 가죽부대가 터지기 쉬운 것처럼 유다 민족은 인간적으로 약하여 패망할 위험에 노출되어 있음을 보여 준

다. "포도주로 차리라"라는 문구는 유다 백성들의 죄악이 가득하여 흘러넘침에 따라 하나님의 진노가 가득 차게 됨을 가리킨다. 그들이 그렇게 되어버린 이유는 그들이 끝까지 회개하지 않으므로 하나님께서 그들을 내어버려 두시기 때문이다(롬 1:24, 26, 28). 유다 백성들은 이 같은 하나님의 경고를 깨닫지 못하고 조롱하기를 "모든 가죽부대가 포도주로 찰 줄을 우리가 어찌 알지 못하리요"라고 말한다. 하나님을 불신하는 무리는 언제나 이처럼 하나님의 평범한 교훈에 들어 있는 신령한 뜻을 모르고 조롱한다. 하나님의 말씀을 조롱하는 것은 머지않아 멸망할 자들이 범하는 죄악이다.

이 비유가 가르치는 것처럼 죄악이 가득하여 하나님의 진노를 자신들의 머리 위에 가득 채우게 될 자들은 유다 민족 모든 계층의 사람들이다. 말하자면 지도자들뿐 아니라 일반 대중도 하나님의 진노를 면하지 못한다는 것이다. 그만큼 그 나라는 총체적으로 부패했다. 이렇게 부패하고서도 멸망하지 않을 나라는 없다. 죄악이 가득하여 흘러넘치면 하나님께서 내리시는 벌이 임하는 법이다.

"피차 충돌하여 상하게" 된다는 말은 유다 백성들이 내란으로 인하여 멸망할 것을 가리킨다고 주장하는 학자들도 있다(14절). 그러나 델리취(Delitzsch)는 해석하기를 유다 백성들의 죄악이 가득하여 그들이 진노의 대상이 되었으므로 그들이 더는 국가를 유지하지 못하고 자멸하게 되었음을 의미한다고 한다. 물론 유다 민족이 바벨론의 침략으로 파멸하는 것도 사실이지만, 이렇게 자체적인 부패로 인하여 그 나라가 서지 못한다는 것도 사실이다.

15 여기서도 예언자는 최후까지 유다 백성들의 회개를 촉구한다.

너희는 들을지어다, 귀를 기울일지어다(שִׁמְעוּ וְהַאֲזִינוּ). 이것은 그들에게 하나님의 말씀을 청종하라고 권고하는 말씀이다. 하나님의 말씀은 인간이 자기의 전 존재를 바쳐서 순종하기 전에는 목적을 이루지 못한다(Spurgeon). 선지자는 하나님의 말씀에 순종하는 것이야말로 신자가 교만에 빠지지 않게 해주는 비결이라고 여겼다는 뜻이다.

"**교만하지 말지어다**"(אַל־תִּגְבָּהוּ). 이 말씀을 보면 하나님의 말씀에 순종하지 않는 것이 곧 교만임을 알 수 있다. 스펄전(Spurgeon)에 따르면, 여기서 말하는 "교만"은 ① 지식적인 측면에서의 교만을 뜻할 수도 있다. 사람이 하나님의 말씀에 무조건 순종하지 않는 것은 그가 어린아이처럼 취급받지 않으려는 교만한 태도다. ② 또한 하나님의 말씀에 순종하지 않는 일은 자신을 의롭게 여기는 영적인 측면에서의 교만이라고 할 수 있다. ③ 그것은 또한 죄악을 사랑하여 그것을 끊어내지 못하는 의지적인 교만이라고도 할 수 있다.

설교▶ 하나님의 말씀을 순종하자 (15절)

1. 하나님의 말씀을 순종하고자 하는 신자는 자신의 지혜와 재주를 표준으로 삼으려는 생각을 포기해야 한다. 어떤 사람이 염분이 많은 사해에서 수영하려고 발버둥을 치는데 물 위에 제대로 뜨지도 못하고 있었다. 이때 곁에서 지켜보던 사람이 가르쳐주기를, 힘을 쓰지 말고 가만히 있으면 뜬다고 하였고, 그렇게 하였더니 과연 그의 말대로 물 위에 떴다고 한다. 큰 수술을 받는 환자는 자신의 병을 의사에게 맡기고 전적으로 그의 지시에 따라야 한다.

2. 사람이 하나님의 말씀을 듣기만 하고 순종하지 않으면, 장차 하나님 앞에서 더욱 중한 심판을 받을 것이다. 누가복음 12:48에 말하기를, "무릇 많이 받은 자에게는 많이 요구할 것이요 많이 맡은 자에게는 많이 달라 할 것이니라"라고 하였다. 하나님의 말씀을 들으면서 그대로 순종하지 않는 것은 하나님께서 거짓말하신다고 도전하는 것이나 마찬가지의 행위다. 하나님은 헛되이 말씀하시지 않는다. 그가 사람에게 말씀을 주시기만 하시고 그가

말씀에 순종하는지를 확인하시지 않는다면 그 말씀은 헛되다고 해야 할 것이다. 하지만 하나님은 선지자를 통하여 선포된 그의 말씀에 사람들이 순종하는지를 반드시 물으신다.

3. 듣기만 하고 순종하지 않으면 완악하여진다. 히브리서 3:7-8에 말하기를, "오늘 너희가 그의 음성을 듣거든 광야에서 시험하던 날에 거역하던 것 같이 너희 마음을 완고하게 하지 말라"라고 하였다.

4. 하나님께 순종하는 일이 어렵다고 생각하는 자들은 어두움에 속하여 하나님으로부터 점점 멀어진다. 모든 옳은 행위는 사람을 사람 되게 만드는 역할을 한다. 그러나 모든 옳지 않은 행위는 사람을 사람 되게 하는 법에서 떠나는 것이므로, 그 자신에게 여러 가지 해악을 유발하고 그가 정상적으로 생각하거나 행동하지 못하게 만든다. 그것은 순조로운 삶이라고 말할 수 없다. 올바른 일을 행하지 않으면 결과적으로 역경의 길을 걸어갈 수밖에 없다. 어떤 사람은 강하게 혈기를 부리는 경우가 있다. 혈기를 부리는 일은 많은 정력을 소진하게 만들지만 혈기를 참게 되면 정력을 덜 소모한다. 그러므로 혈기를 부리는 것은 험난한 길을 걸어가게 만드는 좋지 않은 습관이다. 그러나 스스로 속아서 이런 역경이 쉬운 길인 줄로 착각하고 그 길을 택하는 자들이 적지 않다.

16 그가 어둠을 일으키시기 전, 너희 발이 어두운 산에 거치기 전, 너희 바라는 빛이 사망의 그늘로 변하여 침침한 어둠이 되게 하시기 전에 너희 하나님 여호와께 영광을 돌리라. 끝까지 회개하지 않는 자의 앞길에는 흑암뿐이다. "어둠"은 세 가지 단계로 점점 극심해진다. ① 먼저 하나님께서 그 사람에게 "어둠을 일으키신다"(חשׁך). "어둠"은 재앙을 비유하는 표현인데, 그것을 "일으키신다"라는 말은 하나

님께서 회개하지 않는 죄인에게 재앙을 보내기 시작하심을 의미한다. ② 다음으로 사람들의 "발이 어두운 산에 거치게"(יִתְנַגְּפוּ רַגְלֵיכֶם עַל־הָרֵי נָשֶׁף) 하신다. 이 말은 회개하지 않는 죄인에게 재앙이 겹겹이 계속하여 임하므로 그 사람이 벗어날 수 없음을 가리킨다. 이는 마치 칠흑 같은 밤에 완전히 낯선 첩첩산중을 헤매는 것과 같다는 것이다. ③ 마지막으로 "너희 바라는 빛이 사망의 그늘로 변하여 침침한 어둠이 되게"(וְקִוִּיתֶם לְאוֹר וְשָׂמָהּ לְצַלְמָוֶת יָשִׁית לַעֲרָפֶל) 하신다. 한마디로 그들은 "빛"(평화, 왕성)을 기대했으나 하나님께서는 그와 반대로 그들을 "사망"에 이르는 "어둠"에 빠지게 하신다는 것이다. 이것은 모든 일이 그들의 기대와는 정반대로 치명적인 재앙으로 치닫고 있다는 것이다. 이것은 하나님의 간섭으로 말미암아 임하는 재앙이므로 누구라도 이에 저항할 수 없는 것이다.

"너희 하나님 여호와께 영광을 돌리라." 이러한 일은 그들이 회개하고 하나님의 말씀을 순종함으로만 이루어질 수 있다.

17 나의 심령이 너희 교만으로 말미암아 은밀한 곳에서 울 것이며. 선지자는 하나님의 말씀에 대한 유다 백성들의 불순종과 교만으로 인하여 자신이 은밀하게 기도하는 중에 통곡할 것이라고 말한다. 이것을 보면 하나님의 백성을 사랑하고 아끼는 선지자의 사랑이 어떠한지를 알 수 있다. 교만한 자를 사랑한다는 것은 쉽지 않은 일이다. 여기서 "교만"이라는 말은 히브리어로 "게바"(גֵּוָה)인데, 한마디로 높아짐(to swell, to be high)을 의미한다(욥 33:17; 단 4:37). 이것은 스스로 마음이 높아져서 하나님의 말씀을 무시하는 유다 백성들의 죄악을 가리킨다.

18-21 이 부분에는 유다 백성들이 끝끝내 회개하지 않다가 마침내 바벨론으로 사로잡혀 가는 비참한 광경이 진술된다. ① **"왕과 왕후"**가 높은 자리에서 떨어질 것이다(18절). ② 유다 백성들이 바벨론 군대의 습격을 당하여 **"네겝"**에 있는 애굽 성읍들로 피난하려고 해도 그것이 허락되지 않으므로

결국 **"잡혀갈"** 것이다(19절). (3) "양 떼"로 비유된 유다 백성들이 사로잡혀 가서 바벨론 왕의 통치를 받게 될 것이다(20-21절). 유다 나라가 예전에 하나님을 의지하지 않고 바벨론을 친구로 삼으려 한 적이 있었기 때문에 여기서 바벨론 왕을 가리켜 "너의 친구"라고 표현하였다.

22-23 이 부분에는 그들이 바벨론으로 사로잡혀 가게 될 이유가 진술된다. 유다 백성이 사로잡혀 가는 이유는 그들의 죄악이 크기 때문이다. 이제는 그들이 **"악에 익숙"**하여 완악하고 회개할 수 없을 지경이 되었다. **"구스인이 그의 피부를, 표범이 그의 반점을 변하게 할 수"** 없음과 같이 그들의 죄악은 돌이키기 어려운 것이었다. 사람의 죄악상이 이쯤 되면 남은 것이라고는 하나님이 벌을 내리실 일뿐이다.

네 치마가 들리고 네 발뒤꿈치가 상함. 치마가 들린다는 말은 수치를 당하게 된다는 의미인데, 이것은 패전으로 인하여 그 나라가 침략자들에게서 온갖 종류의 능욕을 당하게 될 것을 가리킨다. "발뒤꿈치가 상한다"(נֶחְמְסוּ עֲקֵבָיִךְ)라는 말은 신발이 없어서 발뒤꿈치가 드러나는 것을 뜻하는데, 말하자면 그들이 맨발로 걷게 되리라는 뜻이다(사 22:4). 이것은 유다 백성들이 사로잡혀 갈 때 먼 길을 걷게 되므로 신발이 닳아져서 맨발로 걷게 될 것을 가리킨다.

24-27 이 부분에서는 그들이 사로잡혀 가는 이유가 그들의 죄악으로 말미암은 것이니 당연하다고 두 차례나 강조하여 말하였다. ① 그들이 **"사막 바람에 불려가는 검불 같이 흩"**어질 터인데, 그것은 죄악의 대가로 당하는 것이니 마땅하다고 하며(24-25절), ② **"네 치마를 네 얼굴에까지 들춰서 네 수치를 드러"**냄같이 될 터인데(22절 해석 참조), 그것도 그들의 죄로 말미암은 것이라고 한다(26, 27).

너의 간음과 사악한 소리와 들의 작은 산 위에서 네가 행한 음란과 음행과 가증한 것을 보았노라. 이것은 유다 민족이 하나님을 떠나 우상을 섬긴 죄악을 비유한 말씀이다.

| 설교자료

1. 하나님의 백성인 신자들은 그 자격이 베와 같이 미천하다. 그러함에도 불구하고 하나님은 그들을 극진히 사랑하셔서 몸에 밀착하는 띠와 같이 여기신다. 이처럼 사랑을 받는 그들은 마땅히 감사하는 마음을 가져야 한다(1-2절).

2. 하나님께서 가장 미워하시는 죄악은 교만이다. 교만이라는 것은 하나님의 말씀을 믿고 순종하지 않는 것으로 표현된다(15절). 그러므로 그들이 이렇게 교만하게 행할 때 하나님께서는 베 띠를 썩게 만드는 것처럼 그들을 벌하여 낮추신다(3-11절).

3. 사람들의 죄악이 가득하여 넘칠 때 그들에게 하나님의 진노가 임하게 되며, 포도주를 가득 담은 가죽부대가 터지듯이 그들은 쉽사리 자멸한다(12-14절).

4. 사람들이 죄를 회개하지 않으면 그들이 당하는 불행은 점점 깊어진다. 15-16절 해석을 참조하라.

5. 하나님의 말씀을 액면 그대로 강직하게 선포하는 자의 심령은 지극히 부드럽다. 그러므로 그는 다른 사람을 불쌍히 여기는 눈물을 많이 가지고 있다(17절).

6. 하나님을 거스르는 자들은 비록 높으나 낮아지고(18절), 그들이 믿고 의지하던 세력들은 허무한 것으로 드러난다(19, 21절).

7. 사람이 죄를 회개하지 않으면 그들의 죄악이 점점 굳어져서 나중에는 제2의 천성과 같이 굳어버리는데, 그렇게 되면 회개하기 어렵다(23절).

제 14 장

✧ 내용분해

1. 극심한 가뭄(1-6절)
2. 예레미야의 기도(7-9절)
3. 하나님께서 선지자의 기도를 듣지 아니하시는 이유(10-18절)
4. 선지자의 두 번째 기도(19-22절)

✧ 해석

1 가뭄에 대하여 예레미야에게 임한 여호와의 말씀이라. "가뭄"이라고 번역된 히브리어 단어(בצרות "바차로트")는 복수명사로서 "가뭄들"이라고 번역해야 한다. 여기서 복수명사가 사용된 이유는 여러 지방에 가뭄이 미칠 것을 가리키기 위해서다(Lange). 델리취(Delitzsch)는 여기서 복수명사를 사용한 이유가 가뭄의 빈번함을 나타내기 위함이라고 하였다. 옛날부터 팔레스타인에는 가뭄이 많았다(창 12:10; 26:1; 42:1-2; 신 11:10-17; 28:23-24; 룻 1:1; 삼하 21:1; 왕

상 8:37). 가뭄은 사람들이 하나님의 말씀을 무시한 죄악에 대한 징벌이다(레 26:19; 신 11:17; 28:23).

2-6 유다가 슬퍼하며 성문의 무리가 피곤하여 땅 위에서 애통하니 예루살렘의 부르짖음이 위로 오르도다 귀인들은 자기 사환들을 보내어 물을 얻으려 하였으나 그들이 우물에 갔어도 물을 얻지 못하여 빈 그릇으로 돌아오니 부끄럽고 근심하여 그들의 머리를 가리며 땅에 비가 없어 지면이 갈라지니 밭 가는 자가 부끄러워서 그의 머리를 가리는도다 들의 암사슴은 새끼를 낳아도 풀이 없으므로 내버리며 들 나귀들은 벗은 산 위에 서서 승냥이 같이 헐떡이며 풀이 없으므로 눈이 흐려지는도다. 이 구절들은 그들에게 닥칠 가뭄이 얼마나 심한 것일지를 묘사한다. ① 유다가 슬퍼할 것이다. ② 성문에 모인 무리가 피곤하여 애통할 것이다. 히브리어 원문에는 "그 성문들"(שְׁעָרֶיהָ)이라고 했을 뿐이며 "무리"라는 말이 없다. 그러나 구약 시대 이스라엘에서 "성문"은 무리가 모이는 곳이었으므로 여기에 "무리"라는 표현이 부연 설명처럼 덧붙여졌다. ③ "예루살렘의 부르짖음." 이것은 남 왕국의 수도인 예루살렘에서 아우성치는 소리가 들린다는 것이다. ④ "귀인들"도 물을 구하지 못할 것이다(3절). 이렇게 권세가들도 물을 구할 수 없었으니 그 당시의 가뭄이 얼마나 극심한 것이었는지 짐작할 수 있다. 물을 구하러 갔던 "사환들"이 "그들의 머리를 가리"는 것은 슬픔의 표현이다(삼하 15:30; 19:5). ⑤ "밭 가는 자가 부끄러워"할 것이다(4절). "부끄러워함"(בּוֹשׁ "보슈")은 실망함을 의미한다. ⑥ 나귀들도 기갈을 당하여 헐떡일 것이다(5-6절). "암사슴"(אַיֶּלֶת)은 본래 새끼에 대하여 애착이 많은 짐승이지만(Bochart), 가뭄이 너무 심하므로 풀을 찾기 갈급하여 "새끼"를 "내버릴" 것이다. "승냥이"라고 번역된 히브리어 단어는 "타님"(תַּנִּים)인데, 이것은 악어와 비슷한 바다의 괴생명체로 번역된다고 한다(Hitzig, Graf). 이런 괴생명체들은 물밖에 입을 넓게 열고 공기를 섭취하려고 애쓴다고 한다. "들 나귀"가 "헐떡이며" 입을 넓게 여는 모습이 이와 같다(Aalders). 위에서 진술한 것과 같이 예레미야는 그 당시 가뭄의 극심함에 대

하여 탄식한다. 이 가뭄이 그 당시 유다 민족의 죄악으로 말미암아 임한다는 사실이 여기 암시되어 있다. 선지자들은 이렇게 가뭄이 사람들의 죄악으로 말미암는다는 사실을 늘 밝혀왔다. 엘리야의 시대에도 하나님은 이스라엘의 죄악 때문에 하늘을 닫으셨다.[20]

우리 본문에서 말한 것과 같이 가뭄으로 인하여 모든 것이 단단한 땅처럼 말라 버리는 상태는 사람의 심령이 하나님의 말씀을 얻어먹지 못하여 타 들어가는 모습을 상징한다(암 8:11). ① 하나님의 말씀이 전파되지 않으면 사람들의 심령이 슬퍼진다(2절). 사도 요한도 하나님의 말씀을 깨닫지 못하여 울었다(계 5:4). ② 하나님의 말씀이 전파되지 않으면 사람들이 넘어지며 실망한다(4절). 말라기 2:7-8을 참조하라.

7-9 여호와여 우리의 죄악이 우리에게 대하여 증언할지라도 주는 주의 이름을 위하여 일하소서 우리의 타락함이 많으니이다 우리가 주께 범죄하였나이다 이스라엘의 소망이시요 고난 당한 때의 구원자시여 어찌하여 이 땅에서 거류하는 자 같이, 하룻밤을 유숙하는 나그네 같이 하시나이까 어찌하여 놀란 자 같으시며 구원하지 못하는 용사 같으시니이까 여호와여 주는 그래도 우리 가운데 계시고 우리는 주의 이름으로 일컬음을 받는 자이오니 우리를 버리지 마옵소서. 이 구절들에는 가뭄을 경험한 뒤에 예레미야가 드린 기도가 기록되어 있는데 여기서 예레미야는 다음과 같은 자세를 보여 준다.

1) 그는 죄를 자복하되 민족과 연대 책임을 지고 "우리"(נוּ)라는 인칭 접미사를 거듭거듭 사용하며 자복한다. 이것이 바로 민족적으로 당한 환난 앞에서 모든 지도자가 하나님 앞에서 취해야 하는 올바른 태도다.

2) 하나님을 향해 "주의 이름을 위하여 일하소서"라고 간구한다(7절). "주의 이름"(שְׁמֶךָ "슈메카")이라는 표현은 하나님이 자비로우시고 은혜로우신 구원자이심을 가리킨다(Delitzsch). 일부 학자는 이것이 "하나님의 명예"를

---

20) H. Lamparter, Der Prophet Jeremia, 141. "Der Herr hat, wie zur zeit Elias, den Himmel Verschlossen."

의미한다고 하나, 이는 합당한 해석이 아니다. 하나님께서 그의 백성을 재앙으로 벌하시는 일이 그에게 불명예는 아니다. 8절에 "이스라엘의 소망이시요 고난 당한 때의 구원자"라는 성호 역시 위의 첫째 해석을 뒷받침한다.

3) 하나님은 이스라엘의 주인이신데 어찌하여 그들이 그 땅에서 "거류하는 자"(rgE "게르")나 "하룻밤을 유숙하는 나그네"(אֹרֵחַ נָטָה לָלוּן), 혹은 "구원하지 못하는 용사"(כְּגִבּוֹר לֹא־יוּכַל לְהוֹשִׁיעַ)와 같이 난관에 봉착해 있을 때 그들을 방관하시고 그의 권능으로 구원하여 주지 않으시는가 하며 탄식한다(8-9절). 이와 같은 의문에 대하여 하나님께서 답하신다(10절). 10절 해석을 참조하라.

4) 유다 민족이 "주의 이름으로 일컬음을 받는 자"이므로 그들을 버리지 마시기를 간구한다(9절). "주의 이름으로 일컬음을 받는 자"(שִׁמְךָ עָלֵינוּ נִקְרָא)라는 히브리어 표현은 "그의 백성"이라는 뜻이다. 이것은 남은 백성, 다시 말해 경건한 무리만이 하나님 앞에서 자신에 대하여 정당하게 사용할 수 있는 명칭이다.

10 여호와께서 이 백성에 대하여 이와 같이 말씀하시되 그들이 어그러진 길을 사랑하여 그들의 발을 멈추지 아니하므로 여호와께서 그들을 받지 아니하고 이제 그들의 죄를 기억하시고 그 죄를 벌하시리라 하시고. "그들이 어그러진 길을 사랑하여"(כֵּן אָהֲבוּ לָנוּעַ). 이 문구의 히브리어를 직역하면 "그들이 그런 모양으로 방황하기를 좋아하여"라고 할 수 있다. 여기서 "그런 모양으로"(כֵּן)라는 표현의 의미는, 위의 8절에서 묘사하는 것과 같이 하나님께서 이스라엘 백성을 강권하여 도와주시지 않으므로 그들이 지나가는 나그네처럼 방황하는 모양과 같다는 뜻이다. 그들이 이처럼 하나님께 신실하게 충성하지 않고 한편으로는 다른 우상도 섬기면서 머뭇머뭇하는 불확실한 태도를 보이기 때문에, 하나님께서도 그들에 대하여 변함없이 도우시는 분으로 자신을 드러내시지 않으셨다. 다시 말해 8절에서 묘사한 대로 유다 백성들에 대한 하나님의 구원 행위가 확고하지 않은 이유는 유다 백성들이 하나님께 대하여 신실한 태도를 보이지

않았기 때문이었다. 하나님께서는 사람들이 보여 주는 믿음의 행위에 비례하여 대응하시는 경우가 많다. 하나님께서는 그렇게 하심으로써 사람들이 자신들의 잘못을 깨닫게 하신다. 하나님께서 이처럼 비례식으로 응대하신다는 사실을 시편 18:25-26에서도 입증해준다. 거기에서 말하기를 "자비로운 자에게는 주의 자비로우심을 나타내시며 완전한 자에게는 주의 완전하심을 보이시며 깨끗한 자에게는 주의 깨끗하심을 보이시며 사악한 자에게는 주의 거스르심을 보이시리니"라고 하였다.

11-12 여기서는 유다 백성들에 대한 하나님의 태도를 보여 준다.

1) 하나님께서는 예레미야에게 **"이 백성을 위하여 복을 구하지 말라"**라고 명령하신다.

2) 하나님께서는 그들이 **"금식"**하면서 드리는 기도를 듣지 않겠다고 말씀하신다. 그들의 "금식"은 겉치레일 뿐이고 겸손한 회개와 자책의 표현이 아니며, 탐욕을 금하려는 것이 아니고 다만 공로를 세우기 위한 것이니 실상은 미신적인 행위다.

3) 하나님께서는 그들의 **"번제와 소제"**를 받지 않으시겠다고 선언하신다. 이는 그들이 하나님의 말씀을 순종하지 않기 때문이었다. 하나님께 드리는 제물에는 순종하는 마음이 수반되어야 하는데, 왜냐하면 순종이 제사보다 낫기 때문이다(삼상 15:22). 다시 말해 하나님의 말씀으로 인하여 떨고 두려워하는 자세를 지닌 자가 드리는 제물만이 효력을 발휘한다(사 66:1-2).

4) 하나님께서는 마침내 **"칼과 기근과 전염병으로 내가 그들을 멸하리라"**라고 경고하신다(12절). 하나님께서는 그들에게 궁극적으로 살아날 수 있는 길을 가르쳐 주셨으나 그들은 순종하지 않았다. 그러므로 그들에게 남아 있는 것은 패망뿐이다.

13-16 이 부분에서는 예레미야가 거짓 선지자들의 소행을 슬퍼한다. 왜냐하면 그들이 교만하게 하나님의 말씀과는 정반대로 백성들에게 **"확실한**

평강을 주리라"라고 거짓된 약속을 하기 때문이다.

1) 하나님께서는 예레미야에게 거짓 선지자들의 예언이 거짓된 것임을 다음과 같이 지적하신다(14절). ① 그가 **"그들을 보내지 아니하였"**다고 말씀하신다. ② 그가 그들에게 **"명령하거나 이르지 아니하였"**다고 말씀하신다. ③ 그들은 **"거짓 계시와 점술과 헛된 것과 자기 마음의 거짓"**("마음의 속임으로" 예언함)을 말할 뿐이라고 말씀하신다. 하나님의 말씀대로 하지 않는 말은 모두 다 어두움이다. 복술도 그러하고 사람 마음속의 생각도 그러하다.

2) 거짓 선지자들은 **"칼과 기근에 멸망할 것"**이라고 선언하신다(15절). 그들은 하나님의 말씀과는 정반대로 선전하기를, 유다 민족에게는 앞으로 전쟁의 재앙이 없으리라고 하였다. 그러므로 그들이 그와 같은 죄의 대가로 받는 징벌은 그들이 선전했던 것과는 정반대로 그들 자신부터 재앙을 당하는 것이었다.

3) 거짓 선지자들의 지도를 받는 **"백성은 기근과 칼로 말미암아"** 망할 것이라고 경고하신다(16절). 하나님께서는 사람들이 진리를 사랑하는 여부를 시험하시기 위하여 거짓 선지자들의 활동을 그대로 내버려 두신다(신 13:1-3). 이때 거짓을 사랑하는 자들은 거짓 스승을 따르게 되며(살후 2:10-12), 그들은 거짓된 지도자들과 함께 패망한다.

17-18 예레미야는 패망하는 백성으로 말미암아 밤낮 운다고 하였다. 참된 선지자는 다른 사람들을 사랑하는 삶을 통해 그들의 선지자 자격을 증명한다. 그는 백성들이 멸망하는 것을 심히 원통하게 여긴다.

19-22 예레미야는 여기서 다시 기도하는데, 그가 드리는 기도의 내용은 다음과 같다.

1) 유다 백성들이 당하는 참혹한 실상으로 인해 울며 호소한다(19절). 이것은 원망이 아니고 간절한 탄원이다.

2) 유다 민족의 죄를 자신의 죄로 여기고 자복한다. 여기서 예레미야가

"우리"라는 표현을 반복하여 사용한 것으로 보아(19-21절) 그가 유다 백성과 연대 책임을 지겠다는 심정으로 기도한 것이 분명하다. 참된 지도자는 자신의 지도를 받는 자들을 자기 자신과 같이 사랑한다.

3) 유다 민족에게는 의가 없으므로 하나님 자신을 위하여 그들을 돌아보아 주시기를 구하였다(21절). ① **"주의 이름을 위하여"**(לְמַעַן שִׁמְךָ) 유다 민족을 돌아보아 주시기를 간구하였다. 이것은 그리스도의 이름으로 기도하는 신약 시대 성도들의 기도와 동일한 원칙을 따르는 것이다. ② **"주의 영광의 보좌를"** 위하여 그들을 구원해 주시기를 구하였다. "주의 영광의 보좌"(כִסֵּא כְבוֹדֶךָ)는 하나님이 나타나시겠다고 약속하신 장소인 성전을 가리킨다. ③ **"언약을 기억하시고"** 그들을 구원해 주시기를 구하였다. "당신의 언약"(בְרִיתְךָ)은 하나님께서 유다 민족을 자기 백성으로 택하셨으므로 이에 합당한 축복의 약속을 마침내 실현하시리라는 것을 중심 주제로 삼는다.

예레미야가 기도의 근거로 삼은 위의 세 가지 요소는 외식하는 자들과는 무관한 것이지만 남은 백성, 다시 말해 참된 선민에게는 실질적인 의미를 지닌 것이다. 외식하는 자가 아니었던 예레미야의 이 같은 기도는 모세의 기도와 유사하다(참조. 9:25-29).

4) **"비를 내리게"** 하실 이는 하나님뿐이시라고 고백하였다(22절).

설교 ▶ 유다 민족을 위한 예레미야의 중보기도(19-22절)

위대한 전도자들은 하나님을 사랑하는 불타는 마음을 소유한 동시에 사람을 사랑하는 뜨거움도 지니고 있다. 바울도 유대인들의 불신앙으로 인하여 깊이 탄식하며 말하기를, "나의 형제 곧 골육의 친척을 위하여 내 자신이 저주를 받아 그리스도에게서 끊어질지라도 원하는 바로라"라고 하였다(롬 9:3). 예레미야는 남 왕국 유다의 막바지에 그 민족이 죄로 인하여 도탄에 빠진 것을 보고 심히 슬퍼하는 마음으로 하나님 앞에서 그들을 대신하여 기도하였다(19절). 여기서 예레미야는 다음과 같은 마음가짐으로 기도에 임하였다.

1. 예레미야는 먼저 민족의 죄악에 대해 연대 책임을 느끼고서 회개하였다(20절).

어려운 일을 만났을 때 먼저 자신의 죄를 살피고 회개하는 것이 기도의 열쇠라고 할 수 있다. 잠언 28:13에 말하기를, "자기의 죄를 숨기는 자는 형통하지 못하나 죄를 자복하고 버리는 자는 불쌍히 여김을 받으리라"라고 하였다. 신자들이 자기의 의로움을 거짓으로 꾸미면서 하나님의 축복을 받으려고 애쓰는 것은 잘못이다. 그들은 자신이 의인임을 증명할 처지에 있는 것이 아니라 오히려 자신이 죄인임을 증명할 처지에 있다. 신자로서 죄를 회개하지 않는 것은 하나님께서 인간의 죄악을 살피지 못하신다고 여기는 그릇된 행동이다. 예수 그리스도는 죄를 회개하는 자들에게만 자비를 베푸시기 위해 임하신다.

2. 그는 주의 이름을 위하여 유다 민족을 도와주시기를 구하였다(21절).

주의 이름은 어떠한 이름인가? 그것은 죄를 용서하여 주시는 참된 하나님의 이름을 뜻한다. 시편 130:3-4에 말하기를, "여호와 주께서 죄악을 지켜보실진대 주여 누가 서리이까 그러나 사유하심이 주께 있음은 주를 경외하게 하심이니이다"라고 하였다. 미가 7:18-20을 참조하라. 그뿐 아니라 하나님의 또 다른 이름은 "구원하시는" 주님이시다. 구원은 오직 하나님께만 있다(계 7:10).

3. 주의 영광의 보좌를 위하여 구원해 주시기를 구하였다(21절).

"주의 영광의 보좌"는 하나님께서 머무시는 성전이 자리한 예루살렘을 의미한다. 하나님께서 세계 열방 가운데 특별히 예루살렘에 그의 성전을 두셨으니 이제는 그곳이 하나님의 보호하심을 입고 하나님께서 택하신 장소가 되었다는 증거를 나타내야 할 것이었다. 그러므로 그곳이 원수들에게 더럽혀지지 않도록 하여 주시기를 구하는 기도는 합당하다. 이런 기도는 예레미야와 같이 거짓됨이 없는 성도의 입술로만 드릴 수 있는 것이었다. 왜냐하면 하나님께서는 오직 진실한 성도들에게만 외형적인 거룩함을 위해 특별히 만드신 성전과 같은 시설을 보존시키시고, 외식하는 자들에게서는 그것을 치워버리시기를 원하시기 때문이다.

4. 주의 언약을 기억하여 구원해 주시기를 구하였다.

하나님은 그가 택하신 백성과 언약을 맺으시고 그들의 구원을 이루어 가신다. 이방 종교의 거짓 신들은 말을 할 수 없으니 약속도 할 수 없고 약속을 지킬 수는 더더욱 없다. 언약하시는 신은 오직 살아 계신 하나님 한 분뿐이시다. 하나님께서 그가 택하신 백성과 언약을 체결하신다면 그것은 처음부터 은혜에 속하는 일이다(롬 4:13-16). 그는 언약을 지키실 때 언약을 받은 무리가 죄인일 뿐이라는 엄연한 사실에도 불구하고 그의 언약을 끝까지 지켜주신다. 우리 인간들도 다른 사람과 약속을 하였으면 우리의 인격이 불의에서 완전히 벗어나지 못했다 하더라도 약속했던 바를 지키고자 한다. 그것이 다른 사람과의 약속을 존중하는 행동 원리다. 하나님께서는 우리와 언약을 맺으시기 전에 이미 우리의 인격이 허물로 가득하다는 것을 알고 계신다. 그는 우리의 모든 연약함을 완전히 다 아신다. 그럼에도 불구하고 하나님께서는 우리가 그를 믿으면 우리를 구원해 주시겠다고 약속하신다. 그러므로 성도는 그가 우리와 맺으신 언약을 근거로 구원을 기대하고 간구할 수 있는 것이다.

| 설교자료

1. 하나님께서 내리시는 자연계의 재앙은 우리에게 많은 영적 교훈을 준다. 특별히 가뭄은 우리가 하나님의 말씀이 결핍된 시대의 고통을 깨달을 수 있게 해준다(암 8:11). 하나님의 말씀을 전파하는 사역이 사라진 시대에는 영혼들이 메말라서 슬퍼하며, 곤비하며, 애통하며, 부르짖으며, 실망하며, 근심하게 된다(2-6절).

2. 예레미야의 모범적 기도는 다음과 같은 내용을 담고 있다(7-9절). ① 그의 기도는 죄를 회개하는 기도였다(7절). ② 주님의 이름을 위하여 일하여 주시기를 구하는 기도였다(7, 9하). ③ 하나님께서 그가 택하신 백성 중에 거하신다는 사실을 확신하고 부르짖는 기도였다(8-9절). 예레미야는 하나님이 이스라엘 백성 가운데서 행인이나 나그네처럼 잠깐 거하시다가 떠나시는 이가 아니라 그가 택하신 백성의 주인이 되심을 믿었다.

3. 사람이 회개해야 할 때 회개하지 않아서 기회를 잃어버린 다음에는 하나님께서 그의 부르짖음에 대하여 도무지 응답해주시지 않는 흑암의 시대가 찾아온다(11-12절).

4. 마귀의 사자, 다시 말해 거짓 선지자들은 언제나 하나님의 말씀과 반대되는 내용을 전한다(창 3:4). 예레미야 시대의 거짓 선지자들은 바벨론 군대가 유다 땅에 오지 않으리라고 예언했는데, 이것은 참된 선지자 예레미야의 예언과 반대되는 것이었다(13절). 이렇게 그들이 예레미야가 전한 하나님의 말씀에 반대하였으므로 누구보다도 먼저 그들이 예레미야가 전파한 하나님의 말씀에 따라 심판을 받을 것이다. 요컨대 그들은 바벨론이 침략해 올

때 멸망을 면치 못할 것이라는 뜻이다(15-16절).

5. 거짓 선지자들이 평안한 시절에는 거짓말을 하며 활보할 수 있지만 그들의 거짓말을 심판하는 환난의 날에는 여지없이 그들에게 합당한 심판을 받게 된다(18절).

제 15 장

✤ 내용분해

1. 유다 백성들이 피하지 못하고 받을 벌(1-9절)
2. 예레미야가 자신이 받은 멸시로 인하여 탄식하고 하나님이 위로하심 (10-14절)
3. 예레미야가 자신을 위하여 드린 기도와 하나님의 응답(15-21절)

✤ 해석

1 여호와께서 내게 이르시되 모세와 사무엘이 내 앞에 섰다 할지라도 내 마음은 이 백성을 향할 수 없나니 그들을 내 앞에서 쫓아 내보내라. "모세와 사무엘"은 이스라엘 백성을 위하여 가장 두드러지게 기도한 선지자들이었다. 시편 99:6을 참조하라. 하나님께서 이런 위대한 기도자들이 그 당시의 백성들을 위하여 기도한다고 할지라도 들어주지 않겠다고 말씀하시는 이유는 예레미야 시대의 유다 백성들이 그들의 조상들보다 더욱 악하였기 때문이다(렘 16:12). 무엇보다도

그들이 회개하지 않는 완악한 마음을 지니고 있었다는 사실이 하나님 앞에서 버림받은 원인이었다.

설교▶ 모세와 사무엘은 어떤 의미에서 위대한 기도자들이었는가?(1절)

1. 모세는 이스라엘 백성의 죄를 사하여 주시기를 간구하며 말하기를, "그러나 이제 그들의 죄를 사하시옵소서 그렇지 아니하시오면 원하건대 주께서 기록하신 책에서 내 이름을 지워 버려 주옵소서"라고 하였다(출 32:32). 그는 이렇게까지 그의 민족을 위하여 힘써 중보기도를 드렸다. 모세가 손을 들면 이스라엘이 이기고, 손을 내리면 아말렉이 이겼다는 역사적 기록도 그가 전적으로 하나님께 매달렸음을 보여주는 증표다(출 17:11). 그는 이처럼 기도의 인물이었으므로 그가 기도하는 동작조차도 객관적으로 영향력이 있음이 입증되었던 것이었다. 그뿐 아니라 그는 희생적으로 기도했기 때문에 하나님도 그를 기뻐하셨다. 그는 40일 금식 기도를 두 차례나 하였다(신 9:9, 18). 성경은 그가 어려운 일을 당할 때마다 엎드렸다고 말한다. 민수기의 기사 가운데 그가 엎드렸다는 말이 다섯 번이나 나온다. 그가 이토록 기도에 간절했기 때문에 하나님께서 그에게 이제는 그만 부르짖으라는 의미에서 말씀하시기를, "너는 어찌하여 내게 부르짖느냐"라고 말씀하시기까지 하셨다(출 14:15). 그러므로 "모세는 여호와께서 대면하여 아시던 자요"라고 성경도 증언하였다(신 34:10).

2. 사무엘도 그의 동족들을 위하여 기도하는 일에 열중하였다. 그는 말하기를, "나는 너희(이스라엘)를 위하여 기도하기를 쉬는 죄를 여호와 앞에 결단코 범하지 아니하"겠다고 다짐하였다(삼상 12:23). 그는 기도로 하나님의 역사를 이루었다.

2 우리가 어디로 나아가리요. 이 말은 환난이 닥쳐오자 유다 백성들이 불평하고 원망하는 소리다. 외식하는 종교가들이었던 그들은 환난 때에는 결국 원망하고 불평하기만 한다. 이들의 원망에 대한 하나님의 답변은 그들이 원치 않는 모든 재앙 가운데로 그들을 인도하시겠다는 말씀이었다. 가룟 유다가 예수님을 배신하고 나가는 길은 어두움이었다(요 13:30). 아모스 5:18-20에 말하기를, "화 있을진저 여호와의 날을 사모하는 자여 너희가 어찌하여 여호와의 날을 사모하느냐 그 날은 어둠이요 빛이 아니라 마치 사람이 사자를 피하다가 곰을 만나거나 혹은 집에 들어가서 손을 벽에 대었다가 뱀에게 물림 같도다 여호와의 날은 빛 없는 어둠이 아니며 빛남 없는 캄캄함이 아니냐"라고 하였다.

3 네 가지로 벌하리니. "네 가지로 벌하"신다는 말씀은 그들을 벌할 방법이 얼마든지 많다는 뜻이다. 하나님을 배반하고 회개하지 않는 자들에게 임하는 벌은 무제한적이다. 사람들은 하나님께서 징벌하시는 방법이나 환난에서 건지시는 방법이 몇 가지로 제한된 것으로 생각한다. 이렇게 그들은 하나님의 능력을 불신한다. 그러나 그는 **"칼"**로도 벌하시며, **"개"**를 가지고도 벌하실 수 있고, **"새"**나 **"짐승"**으로도 벌하실 수도 있다. 누구든지 하나님을 배반하면 그의 주권하에 있는 만물이 총동원되어 반역자를 대적한다.

4 유다 왕 히스기야의 아들 므낫세가 예루살렘에 행한 것으로 말미암아 내가 그들을 세계 여러 민족 가운데에 흩으리라. "히스기야" 왕은 유다의 부패한 종교를 개혁했으나, 그의 "아들 므낫세"는 부친의 선한 개혁을 뒤집어엎고 말았다. 그가 저지른 죄악은 말할 수 없이 큰 것이었다. 이러한 죄악은 종교적으로 하나님을 배반하는 일일 뿐만 아니라 인류상으로도 부친에게 반역한 것이다. 그러므로 하나님께서 므낫세의 반역을 추종한 모든 백성을 "세계" 각국에 "흩으리라"고 선언하신다.

5-9 이 부분에서는 유다 백성들이 받을 벌에 대하여 진술한다. ① 남 왕

국의 수도였던 예루살렘의 멸망을 "**불쌍히 여길 자**"가 없을 만큼 그 백성은 극도로 악했다(5절). ② 그들이 하나님을 "**버렸고**", "**물러갔**"으며 죄악의 길에서 돌이키지 않았으므로 하나님께서도 그들을 벌하시기로 하신 작정을 "**돌이키**"지 않으신다(6-7절). 하나님의 징벌은 죄악의 정도에 비례하여 임하는 법이다. ③ 전쟁으로 인하여 장정들과 청년들이 많이 죽게 되니 "**과부**"가 무수히 생길 것이고, "**청년**" 아들을 가진 부녀들은 그들의 아들들이 전쟁터에서 죽음으로써 "**두려움**"을 당하며 "**기절하게**" 될 것이다(8-9절).

그들과 청년들의 어미를 쳐서. 이것은 전쟁 때문에 남편을 잃은 과부들과 아들을 잃은 어미들이 바벨론의 침략으로 인하여 상처를 받는다는 뜻이다. "**일곱을 낳은 여인**"이라는 표현은 많은 자식을 가졌음을 의미한다.

아직도 대낮에 그의 해가 떨어져서. 말하자면 전쟁으로 인해 아들을 잃은 모친은 백주에 해가 떨어지기라도 한 듯이 기가 막혀 죽을 지경이라는 뜻이다. "**수치**"(בּוֹשָׁה "보샤")는 실망을 의미한다.

위에 묘사한 전쟁의 재앙은 "그들의 과부가···바다 모래보다 더 많아"진다는 표현으로 볼 때 아주 사정없이 임할 것이며, 엎친 데 덮치는 격으로 참담할 것이다. 이것은 유다 백성들의 범죄가 얼마나 완악하게 끊임없이 지속되었는지를 보여주는 환난이다. 특별히 여기서 ① "**대낮**"(יוֹמָם "야맘")이라는 표현은 그 환난이 소리 없이 몰래 오는 것이 아니고, 하나님께서 보내시는 것이므로 당당하게 임하리라는 것을 가리키고, ② "**갑자기**"(פִּתְאֹם "피트옴")라는 표현은 그들에게 임하는 환난의 두려움이 심각할 것을 의미하고, ③ "**대낮에 그의 해가 떨어**"진다는 말은 심각한 절망 상태를 가리킨다. 이러한 세 가지 표현은 모두 유다 민족의 죄악상이 그렇게 당돌하고 두려우며 절망적임을 암시함으로써, 그들이 과거의 죄를 회상하여 회개하도록 촉구하기 위한 표현들이다.

10 내게 재앙이로다 나의 어머니여 어머니께서 나를 온 세계에 다투는 자와 싸우는 자

를 만날 자로 낳으셨도다 내가 꾸어 주지도 아니하였고 사람이 내게 꾸이지도 아니하였건마는 다 나를 저주하는도다. 여기서 예레미야는 그 당시 유다 백성들이 아무 이유 없이 그와 다투며 또한 그를 박해한 일에 대하여 원통히 여긴다. 그는 그들과 금전을 거래하면서 서로 속거나 속인 일도 없었다 그는 그들에게 "꾸어 주지도 아니하였"으며 "꾸이지도 아니하였"다. 예레미야는 다만 그들이 구원받을 수 있도록 그들에게 하나님의 말씀을 직언한 것밖에 없다. 그런데도 그들이 그를 박해했으니, 그들의 이런 행동이야말로 마귀적이라고 해야 할 것이다. 하나님의 자녀들이 당하는 박해는 언제나 이런 종류의 것이다.

11 내가 진실로 너를 강하게 할 것이요 너에게 복을 받게 할 것이며. 이것은 히브리어로 "쉐리티카 레토브, 히프가티 베카"(שֵׁרִיתִיךָ לְטוֹב הִפְגַּעְתִּי בְךָ)인데, 이 구절을 ① "내가 너의 남은 백성이 잘되게 할 것이요"라고 번역하는 학자도 있다. 그렇다면 이런 해석은 위에 나오는 예레미야의 기도 가운데 불평이 극심했기 때문에 하나님께서 "남은 백성이 구원받는다"라고 응답하셨다는 것이다. ② 다른 학자들은 이것을 "너의 고난이 행복이 된다"(thy affliction becomes welfare)라고 번역한다(Hitzig). 그러나 ③ 또 다른 학자들은 이것을 "네게 복이 되도록 너를 지지하여 주리니"(I support thee to thy good)라고 번역하기도 한다(Hitzig). 이 번역에는 델리취(Delitzsch)도 동의한다. 그렇다면 이러한 번역을 채택할 때 본 절 하반절의 의미는 다음과 같다. 요컨대 예레미야가 고난을 겪겠지만 하나님께서 그를 지지하시므로 결국은 잘 되게 마련이니, 마침내 그의 원수들이 그에게 찾아와서 도와달라고 간청하게 되리라는 것이다. 과연 이러한 약속은 성취되었다(21:1-2; 37:3, 17; 38:14; 42:1-7).

12-14 "철과 놋"은 바벨론을 비유한다. 여기서는 유다 민족 가운데 회개하지 않는 자들이 바벨론으로 말미암아 어떻게 파멸될 것인지를 암시한다. 말하자면 ① "모든 재산과 보물로 값 없이 탈취를 당하게" 되며, ② "알지 못하는 땅"으로 사로잡혀 가게 되는데, 이러한 비극은 우연한 일이 아니고 하나님

의 진노로 말미암은 것이다. 하나님의 백성이 당하는 환난은 언제나 우연한 일이 아니고 하나님의 채찍이다. 예레미야는 이 같은 사실을 유다 민족에게 알려 주어 그들이 그것을 내다 보고 회개하게 만들려고 하였다. 그들이 ① 자신들의 재산이 탈취될 것을 내다볼 수 있다면 미리부터 재산에 대한 애착 때문에 죄를 범하지는 않게 될 것이며(13절), ② 죽는 것만도 못한 포로 생활(22:10)이 그들의 몫임을 내다볼 수 있다면, 생명에 대한 애착 때문에도 죄를 범하지도 않게 될 것이다. 그러나 그들이 예레미야의 이 같은 경고를 듣고도 여전히 완악하게 죄악을 고집한다면, 이제 그들은 어찌할 수 없이 하나님의 말씀대로 바벨론의 침략으로 인한 환난을 면치 못하게 될 것이다.

나의 진노의 맹렬한 불. "맹렬한 불"은 사정없이 몰아치는 것이다. 일단 그 불이 옮겨붙은 후에는 모든 수단을 동원해도 끄지 못한다. 하나님의 진노는 이렇게 두렵다.

15 선지자는 여기서 자신의 사적인 유익을 위하여 개인적인 원수를 없애 주시기를 기도하지 않는다. 그는 자신을 하나님의 원수에게서 구원해 주시기를 간구한다. 하나님께서 이런 원수를 오래 참으시고 살려 두시면, 예레미야는 일찍 죽게 되어 하나님의 사역을 하지 못하게 될 것이다. 시편 26:9을 참조하라. 그가 이렇게 구하는 것은 하나님 백성의 공익을 위한 것이다.

16 나는 주의 이름으로 일컬음을 받는 자라(נִקְרָא שִׁמְךָ עָלַי). 이 말은 예레미야가 주님의 종이라는 지위를 주님으로부터 받았다는 것을 가리킨다. 그는 주님의 종이기 때문에 주님의 말씀을 받게 되었다. "**내가 주의 말씀을 얻어 먹었다**"(נִמְצְאוּ דְבָרֶיךָ וָאֹכְלֵם)라는 말은 그가 선지자의 사명을 부여받을 때 예언할 말씀을 받은 사실을 가리킨다(1:9). ① "얻어 먹었"다고 말하는 것으로 보아 그가 계획한 바도 없고 구한 바도 없이 뜻하지 않게 선지자의 사명과 선포할 말씀을 받았다는 것도 분명하고, ② 또한 그가 받은 말씀이 그에게 달고 즐겁게 체험되었다는 것도 분명한 사실이다. "먹는다"라는 것은 맛있게 받아들

이는 것을 가리킨다(하반절 참조). 그뿐 아니라 ③ 그가 하나님의 말씀을 "먹었"다는 말은 그의 속에 말씀이 깊이 들어갔으므로 그것을 전할 때마다 그 말씀과 한 몸을 이룬 자로서, 진실하게 그리고 힘을 다해 전하게 되리라는 의미도 포함한다.

설교▸ 하나님의 말씀을 얻어먹음에 대하여(16절)

예레미야는, 하나님의 말씀이 사람을 즐겁게 하는 음식과 같다고 말한다. 하나님 말씀의 즐거운 맛을 누가 경험할 수 있는가?

1. 병든 자에게는 아무리 좋은 음식이라도 아무 맛이 없는 것과 마찬가지로, 심령이 죄악으로 물들어있는 자는 하나님 말씀의 맛을 모른다. 전에 내가 열병에 걸렸을 때 음식이 맛이 없었던 것을 기억한다. 디모데후서 4:3-4에 말하기를, "때가 이르리니 사람이 바른 교훈을 받지 아니하며 귀가 가려워서 자기의 사욕을 따를 스승을 많이 두고 또 그 귀를 진리에서 돌이켜 허탄한 이야기를 따르리라"라고 하였다.

2. 성경을 알려고 힘쓰지 않으면 말씀의 맛을 알 수 없다. 다윗은 여호와의 말씀을 주야로 묵상하였다. 옛날에 한문을 읽는 사람들이 얼마나 독서에 힘썼던가? 형설지공(螢雪之功)이라는 말이 그러한 노력을 간접적으로 보여준다. 히브리서 저자는 하나님의 말씀을 깊이 먹지 못하는 자를 꾸짖었다. 히브리서 5:12-14에 말하기를, "너희가 마땅히 선생이 되었을 터인데 너희가 다시 하나님의 말씀의 초보에 대하여 누구에게서 가르침을 받아야 할 처지이니 단단한 음식은 못 먹고 젖이나 먹어야 할 자가 되었도다 이는 젖을 먹는 자마다 어린 아이니 의의 말씀을 경험하지 못한 자요 단단한 음식은 장성한

자의 것이니 그들은 지각을 사용함으로 연단을 받아 선악을 분별하는 자들이니라"라고 하였다.

3. 하나님의 말씀을 순종하지 않으면 그 말씀의 맛을 모른다. 하나님의 말씀은 우리의 순종을 위하여 주어진 것이다. 그러므로 순종하지 않는 자는 실상 그 말씀과 접촉하지도 못하는 자다. 히브리서 4:2에 말하기를 "들은 바 그 말씀이 그들에게 유익하지 못한 것은 듣는 자가 믿음과 결부시키지 아니함이라"라고 하였다. 순종에는 고생이 뒤따른다. 그러나 그것이 우리가 선택해야 하는 길이다. 우리가 하나님께 예배하는 것만으로 만족할 수 있는 것은 아니다. 우리는 수고스럽게 하나님의 말씀에 순종해야 한다. 시편 119:71에 말하기를, "고난 당한 것이 내게 유익이라 이로 말미암아 내가 주의 율례들을 배우게 되었나이다"라고 하였다. 말씀을 따라 순종하며 살려는 노력 없이 어떻게 주님의 말씀을 깨달으랴.

17 내가 기뻐하는 자의 모임 가운데 앉지 아니하며. "기뻐하는 자의 모임"(מְשַׂחֲקִים‎)이라는 히브리어 표현을 직역하면 "조롱하는 자들의 회합"이라는 뜻인데, 이 말은 선지자가 전하는 하나님의 말씀을 청종하지 않고 조롱하는 악한 무리의 친교 모임을 가리킨다. "주의 손에 붙들려"(מִפְּנֵי יָדְךָ‎)라는 표현은 "주의 손으로 말미암아"라고 번역되어야 한다. 이것은 주님의 권능의 손이 선지자를 붙들어 영적 감동 가운데 이끌어 가는 모습을 가리킨다(참조. 20:7; 사 8:11; 겔 1:3). 이러한 영적 감동은 회개하지 않는 백성에 대한 주님의 진노를 드러내는 것이므로(17절), 그것으로 인하여 선지자는 악한 무리와 타협하려고 접촉할 필요가 없다. 여기서는 그가 "홀로 앉았다"(בָּדָד יָשַׁבְתִּי‎)라고 말하는데, 이것은 결코 그가 일상적인 사회생활에서까지 사람들과의 접촉을 피하고 염세주의적인 생활방식을 고수했다는 의미가 아니다.

설교 **하나님의 종**(16-17절)

1. 하나님께서 세워 주시는 일군이 하나님의 종이다.

본문에서 "주의 이름으로 일컬음을 받음"이라는 말은 하나님의 택하심으로 말미암아 세움을 받았다는 뜻이다. 사람들은 흔히 세상에서의 화려한 경력에 의지하여 이름을 내려고 한다. 그러나 그것은 스스로 속는 일이다. 사회적인 경력이나 인맥에 의존하여 이루어지는 일들도 분명히 없지 않을 것이다. 그러나 그런 방법으로 이루어지는 일은 참된 것이라고 말하기 어렵다. 그런 행태가 쌓이고 쌓여서 마침내 후회하게 될 날을 재촉하게 될 것이다. 사람의 비위를 맞추다가 하나님의 마음을 서운하게 만드는 경우가 많다. 하나님은 사람을 즐겁게 만들기 위하여 노력하는 일꾼을 기뻐하시지 않는다. 그러므로 바울은 말하기를, "이제 내가 사람들에게 좋게 하랴 하나님께 좋게 하랴 사람들에게 기쁨을 구하랴 내가 지금까지 사람들의 기쁨을 구하였다면 그리스도의 종이 아니니라"라고 하였다(갈 1:10). 같은 맥락에서 그는 또다시 말하기를, "우리가 다시 자천하기를 시작하겠느냐 우리가 어찌 어떤 사람처럼 추천서를 너희에게 부치거나 혹은 너희에게 받거나 할 필요가 있느냐"라고 하였다(고후 3:1).

2. 하나님의 종은 하나님의 말씀을 받는 자다.

본문에 의하면 예레미야는 하나님의 말씀을 얻어먹었다고 하였다. 하나님의 말씀을 누가 들을 수 있는가? 엘리야가 들었던 것은 하나님의 세미한 음성이라고 하였다. 그것을 세미한 음성이라고 말하는 이유는 그것이 시끌벅적한 세상의 소음들 사이에서는 매혹적인 죄악의 소리가 아니므로 사람이 듣기 어려운 것이기 때문이다. 이것은 육신에 속한 사람으로서는 듣기 어려운 것이다. 이것은 하나님 앞에서 바르게 행하는 자만이 들을 수 있는 비밀스러운 소리다. 잠언 3:32에 말하기를, "대저 패역한 자는 여호와께서 미워하시나 정직한 자에게는 그의 교통하심이 있으며"라고 하였고, 시편 25:14에는 말하기를, "여호와의 친밀하심이 그를 경외하는 자들에게 있음이여"라고 하였다. 예레미야 23:18에서는 하나님의 말씀을 듣는 자를 가리켜 "여호와의 회의에 참여"한 자라고 하였으니 하나님과 한자리에서 회의하는 것과 같은 교제를 나누지 못한 자는 하나님의 말씀을 식별할 수 없다.

3. 하나님의 종은 하나님 앞에서 사명을 위하여 살고, 세상에 속한 자들과 타협하지 않는다.

본문 17절에 말하기를, 예레미야는 "기뻐하는 자의 모임 가운데 앉지 아니하며 즐거워하지도 아니하고 주의 손에 붙들려 홀로 앉았사오니 이는 주께서 분노로 내게 채우셨음이니이다"라고 하였다. 그러므로 하나님의 종은 말씀을 전파하는 일에 있어서 ① 사람들이 듣든지 아니 듣든지 다만 그가 전해야 하는 하나님의 말씀을 전할 뿐이며(겔 2:7), ② 하나님의 말씀을 전한 뒤에 실망스러운 결과가 나오더라도 하나님의 말씀을 전하는 일을 멈추지 않는다(계 10:9). ③ 하나님의 사람은 때를 얻든지 못 얻든지 항상 말씀 전파에 힘쓴다(딤후 4:2).

18 나의 고통이 계속하며 상처가 중하여 낫지 아니함은 어찌 됨이니이까. 예레야는 계속하여 유다 국가의 파멸에 대해서만 예언하기 때문에 끊임없이 대중에게서 미움을 당하고 있었다. 그러니만큼 그의 마음에는 상처가 끊이지 않았다. 그러므로 그는 하나님을 향하여 다음과 같이 불평한다. 그는 **"주께서는 내게 대하여 물이 말라서 속이는 시내 같으시리이까"**라고 하였는데, 이 말씀은 다음과 같은 뜻이다. 요컨대 사람들은 시냇물이 늘 흐를 줄로 알고 있는데 예상치 못하게 물이 마른다면, 이는 그것이 사람들을 속이는 것과 같다는 것이다

(욥 6:15-20). 이와 마찬가지로 예레미야 하나님을 구원자로 알고 있었는데, 이처럼 그가 언제나 유다 백성들에게 미움만 받고 하늘로부터 임하는 위로의 말씀은 전혀 없으니, 하나님께서 자기를 속이시는 것은 아닌가 하고 그가 생각하는 것이다. 이것은 물론 죄로 인하여 부패한 그의 육신에서 나오는 부정적인 생각과 말이다(Calvin). 그러므로 다음 구절을 보면 하나님께서는 그에게 회개를 촉구하신다.

19 하나님께서는 여기서 예레미야가 회개하고 돌아오면 그를 계속하여 선지자로 사용하시겠다고 말씀하신다.

네가 만일 헛된 것을 버리고 귀한 것을 말한다면(אִם־תּוֹצִיא יָקָר מִזּוֹלֵל). 이 말씀은 예레미야가 예 사역을 감당하는 중에 사람들에게 아첨하지 말고 취할 것과 버릴 것을 확실히 하라는 촉구다. 한마디로 완악한 자들에게는 아낌없이 강직한 말로 경고할 것이며, 아무리 입장이 곤란하여도 가치 있는 의로운 자들을 변호해 주어야 한다는 뜻이다(Calvin). 그러나 라에취(Laetesch)는 이와 다르게 해석한다. 말하자면 예레미야가 위의 18절과 같이 하나님을 원망하는 일에 가까운 육신적인 생각을 품었으나, 그런 생각을 버리고 이제 그의 내면에 있는 귀하고 올바른 믿음의 생각을 선택하여 실행에 옮기면 하나님께서 그를 자신의 "입"과 같이 사용하시겠다는 의미라고 해석한다.

그들은 네게로 돌아오려니와 너는 그들에게로 돌아가지 말지니라. 이 말씀은 백성이 예레미야가 지도하는 대로 돌아오는 것이 원칙이지, 그가 변심하여 올바르지 않은 대중의 수준으로 전락해서는 안 된다는 의미다. 의로운 지도자도 대중의 완강한 반대를 계속하여 받게 되면 낙심하여 그들의 사고방식에 동화하기 쉽다.

20-21 여기서는 하나님께서 예레미야를 굳세게 하여 주실 것이며, 원수들을 물리치게 해주실 것이며, 또한 악인들의 손에서 건져 주실 것이라고 약속하신다. 그는 예레미야에게 대한 유다 백성들의 박해를 없애주시겠다고

말씀하시지도 않고, 난관을 만나지 않게 해주시겠다고 말씀하시지도 않으신다. 그는 다만 친히 선지자를 도와주심으로써 그가 예언 사역을 완수하게 해주실 따름이다. 오늘날 사역하는 하나님의 종들도 하나님의 손에 붙잡히는 것만이 만사를 해결하는 열쇠다. 우리는 세상에서 마주치는 모든 문제를 하나님의 특별한 섭리의 장중에 맡겨야 한다.

설교 ▶ 하나님의 입이 되자(19-21절)

짐승은 입이 있으나 말을 하지 못한다. 그들은 먹는 일에만 입을 사용한다. 그러나 사람은 먹는 일에만 입을 사용하는 것이 아니며 말하는 일에도 사용한다. 사람이 말하는 일에도 입을 사용하는 이유는 그들이 짐승과 달리 하나님을 알 수 있고 하나님에 대해 말하게 되어 있기 때문이다. 베드로전서 4:11에 말하기를, "만일 누가 말하려면 하나님의 말씀을 하는 것 같이 하고"라고 하였다.

1. 그리스도인은 마땅히 제사장의 사명을 감당해야 한다.

신자들 가운데는 이 거룩한 사명을 등한히 여기고 주님에 대해 증언하는 일을 전혀 하지 않는 자도 많다. 신자들은 특별히 이와 같은 배임죄를 회개해야 한다. 그들은 이렇게 배임죄를 저지르고서도 그것을 죄로 인정하지 않는다. 우리 본문에 하나님께서 예레미야에게 말씀하시기를, "네가 만일 돌아오면 내가 너를 다시 이끌어 내 앞에 세울 것이며"라고 하셨다. 예레미야는 하나님의 말씀을 전하다가 박해를 받고 실의에 빠져 있었다(렘 15:15, 18; 참조. 20:8-10). 그러므로 하나님께서는 그를 권고하여 회개하게 하신다. "네가 만일 헛된 것을 버리고 귀한 것을 말한다면"이라는 말씀(19하)도 그가 그런 역경 가운데서라도 "헛된 것"이라고 묘사된 불신앙의 사상으로 전락하지 말고

"귀한 것"이라고 묘사된 주님의 말씀을 계속 증언하는 고상한 신앙을 끝까지 관철하라는 것이다. 그가 말씀을 전하는 도중에 아무리 곤란한 일이 생겨도 그에게서는 여호와를 증언하는 빛만 나타나야 한다. 오늘날 우리 그리스도인들도 이같이 해야만 하는 제사장들임을 잊어서는 안 된다. 사도 베드로는 말하기를, "그러나 너희는 택하신 족속이요 왕 같은 제사장들이요 거룩한 나라요 그의 소유가 된 백성"이라고 하였다(벧전 2:9). 그런데도 우리가 하나님을 증언하는 자리에서 떠나 자기 자신만 위하는 일을 하고 있으니, 이것은 하나님 앞에서 도둑질하는 것과 마찬가지다. 우리는 이 같은 죄를 회개해야 한다. 물론 우리가 주님을 증거하기 위해서는 곤경도 감수하고 괴로움도 당해야 한다. 이 모든 곤란은 우리가 주님을 증거하지 못하게 만들려는 장애물들이다. 이런 모든 장애물 가운데서라도 주님을 증거하는 것이 더욱 참된 증거다. 그런 가운데서 나오는 증거야말로 아무 괴로움 없는 가운데서 나오는 증거보다 더욱 강력하다.

그뿐 아니라, 하나님의 말씀을 전하지 않는 것은 잔인무도한 일이다. 그것은 물에 빠진 자를 건질 방법이 있음에도 불구하고 건져 주지 않는 것이나 마찬가지다. 아메리카 인디언에게 선교해선 데이비드 브레이너드(David Brainerd)는 말하기를, "나는 영혼을 그리스도께로 인도하기 위해서는 어디서 살게 되든지, 무슨 어려움을 당하든지 도무지 문제시 하지 않는다. 나는 잘 때에도 전도하는 꿈을 꾸고, 잠에서 깨어나면서도 가장 먼저 생각하는 것은 전도 사업이다"라고 하였다. 기독교의 복음에서 전파하는 구원이 진리라고 인정하면서도 그것을 전하지 않는 것은, 비양심적이고 철면피적인 잔인한 일이다. 어떤 이는 말하기를 생활 형편이 어려워서 전도할 수 없다고 하는데, 그것은 모순된 말이다. 어려울수록 복음을 더욱 잘 믿어야 하며, 또한 힘있게 증언해야 한다. 십자가에 못 박혀 죽어가는 한편 강도도 그와 함께 못 박혀 죽는 다른 강도에게 예수님의 의를 증거하지 않았는가? 또한 신자들 가운데 어떤 이는 자신이 너무 약하고 무식하여서 그가 복음을 증언해도 별다른 효과가 없을 것이라고 자신을 비하한다. 그러나 이것도 하나님이 어떤 분이신지 모르고 하는 말이다. 하나님께서는 "세상의 미련한 것들을 택하사 지혜 있는 자들을 부끄럽게 하려 하시고 세상의 약한 것들을 택하사 강한 것들을 부끄럽게 하려 하시며 하나님께서 세상의 천한 것들과 멸시 받는 것들과 없는 것들을 택하사 있는 것들을 폐하려" 하신다(고전 1:27-28). 복음 전도는 모든 계층의 사람들이 힘써 행할 일이다.

호주 멜버른(Melbourne)에 거주하는 어떤 사람은 팔다리를 움직이지 못하는 장애인으로서 죽만 먹으면서 살아가고 있었다. 그는 29년 동안 누워서 지냈다. 그러나 그의 기도로 말미암아 세계 각국에 서른한 명의 시각장애인들이 물질적 원조를 받고 살아간다. 이 시각장애인들 가운데도 전도자들이 많다. 하나님께서는 약한 자라고 하여 쓰시지 않는 법이 없다. 우리는 각기 자신의 처지에서 직장을 지키며 접촉하는 모든 사람에게 복음을 전해야 한다.

2. 하나님께서는 그의 말씀을 증언하는 자와 함께하여 주신다.

본문에 말하기를, "내가 너로 이 백성 앞에 견고한 놋 성벽이 되게 하리니 그들이 너를 칠지라도 이기지 못할 것은 내가 너와 함께 하여 너를 구하여 건짐이라 여호와의 말씀이니라 내가 너를 악한 자의 손에서 건지며 무서운 자의 손에서 구원하리라"(20-21절)라고 하였다. 이 말씀을 보면 하나님께서는 특별히 그의 말씀을 전하는 자, 다시 말해 그의 입이 된 자를 가장 귀하게 여기시고 지켜 주신다는 것이 명백하다. 예수님께서도 승천하시면서 그를 따르는 신자들에게 당부하시기를, 모든 민족을 제자 삼는 전도자가 되라고 하셨으며 그들과 함께하여 주시겠다고 약속하셨다. 마태복음 28:20에 말하기를, "내가 너희에게 분부한 모든 것을 가르쳐 지키게 하라 볼지어다 내가 세상 끝날까지 너희와 항상 함께 있으리라"라고 하셨다. 우리가 신자로서

해야만 하는 가장 중요한 일은 주님의 복음을 전하는 일이다. 사람들이 세상에서 권세 있는 사람과 함께 일할 수 있는 직장을 가지게 되면 크게 다행스러운 일이라고 생각한다. 그러나 우리는 그보다도 만군의 여호와 앞에서 그의 일을 맡아 수행하게 되었다는 사실을 가장 위대한 축복으로 여겨야 한다. 우리가 하나님의 일을 충심으로 진실하게 감당하면 먼저 하나님의 일꾼인 우리 자신의 영혼이 살게 되며, 또한 하나님께서 함께하여 주시는 은혜를 받게 된다. 모피트(F. Moffit)라는 사람은 본래 말을 더듬었으나 복음을 전하는 일에 힘썼을 때 그의 장애가 고쳐졌다. 하인츠(Heintz)라는 전도자는 개인을 대상으로 전도하는 일을 전혀 하지 않다가 그가 출석하는 교회의 목사에게 책망을 받고 집으로 돌아가 밤중에 기도하기를, "주님의 일을 할 수 있는 권능을 주소서"라고 하였다. 그리고 나서 그는 편안히 잠자리에 들었고, 이튿날부터 직장을 지키면서도 개인 전도를 부지런히 하였다. 그는 평생에 267명을 회개시켰다고 한다. 그러므로 스펄전(Spurgeon)은 말하기를, "극단적인 이기주의자라 할지라도 개인 전도는 해야만 한다. 왜냐하면 그의 전도를 받고 주님을 알게 된 자로 말미암아 누리는 기쁨이 세상의 무엇보다도 크기 때문이다"라고 하였다.

신약 시대의 신자들은 모두 다 왕이요, 제사장이요, 선지자이니, 다 함께 복음을 전해야 한다. 아프리카의 어떤 선교사가 사역을 마치고 본국으로 귀환했을 때 어떤 사람이 묻기를, "목사님이 세운 교회의 교인은 몇 명입니까"라고 하였다. 그가 대답하기를, "오십 명입니다"라고 하니, 또 묻기를, "그 가운데 전도자는 몇 명입니까"라고 했을 때 선교사는 다시 대답하기를, "오십 명입니다"라고 하였다. 다시 말해 모든 교인이 전도한다는 것이다. 이렇게 되어야 초대 교회와 같은 교회를 이룰 수 있다(행 8:4).

| 설교자료

1. 중보기도가 효력을 발휘하게 되려면 기도하는 자의 생각과 그의 기도로 말미암아 혜택을 입을 자의 생각이 일치되어야 한다. 기도의 혜택을 누려야 할 자들이 은혜를 사모하지도 않고 도리어 완악하게 회개하지 않는 태도를 고집한다면 어떻게 타인의 기도가 효력을 발휘할 수 있겠는가? 그처럼 완악한 자들은 어찌할 수 없이 멸망을 자초한다(1-2절).

2. 사람이 하나님으로부터 버림을 당하면 하나님의 모든 피조물도 그를 버린다(5-6절).

3. 하나님의 백성이 완악하게 하나님을 버리면, 하나님께서는 그들을 정화하시기 위하여 환난을 보내시고 그들을 키로 까부르듯 하신다(7절). 이런 환난은 흔히 전쟁이라는 방식으로 찾아온다(8-9절).

4. 복음을 전하는 자로서 자기 육체의 사욕을 도모하다가 박해를 받는 경우는 드물다. 전도자가 사욕을 채우려 하다가 박해를 당한다면 그것은 변명의 여지가 없는 일이다. 그러나 그가 그의 사명을 위하여 생명을 바치며 의롭게 행할 때도 박해를 받는 일이 많다. 이것을 보면 이 세상 사람들이 얼마나 어둡고 악한지를 알 수 있다. 따라서 우리는 세상에서 안전을 도모하지 말고 소망을 하늘에만 두어야 한다(10절).

5. 주님을 위하여 박해를 받아도 흔들리지 않고 굳건하게 서는 사역자는 외로울 것 같으나 실상은 그렇지 않다. 하나님께서 특별히 그와 함께하셔서 그를 강하게 하시며 신령한 복을 주실 뿐만 아니라 또한 때가 이르면 그의 원

수들이 그에게 와서 항복하도록 만들어주신다(11절).

6. 하나님의 말씀을 전하는 자들은 하나님 앞에서 말씀을 받는 즐거움이 있는 반면에, 그것을 전할 때에 쓰라린 고통도 뒤따른다. 여기서 말하는 고통이란 다름 아니라 전도를 받는 자들의 박해라고 할 수 있는데, 그뿐 아니라 그들이 그처럼 귀한 말씀을 순종하지 않는다는 사실 역시 전도자들에게는 고통이다(15-18절). 사도 요한도 하나님의 말씀을 받았을 때 그 말씀이 그의 입에는 꿀같이 달았으나 그의 배에는 쓰디쓴 것이었다(계 10:9-10).

제16장

↓ 내용분해

1. 유다의 황폐와 그 원인(1-13절)
2. 회복하시는 은혜의 약속(14-15절)
3. 범죄와 그 결과(16-21절)

↓ 해석

1-2 이때 예레미야에게 임한 하나님의 말씀은 환상(חָזוֹן "하존")이었을 것이다(사 1:1). 이것은 물론 성령으로 말미암은 것이다. 예레미야에게 **"아내를 맞이하지 말며 자녀를 두지 말라"**고 하신 이유는 머지않아 큰 환난이 닥칠 것이기 때문이다. 고린도전서 7:26을 참조하라. 환난이 임박한 것을 내다보고 천국 사역 모든 힘을 다하는 자들에게는 이 세상에 애착을 가질 대상들이 적은 것이 좋다. 고린도전서 7:29-31을 참조하라.

3-4 이 부분의 말씀은 머지않은 장래에 임할 환난이 어떠한 것인지 밝

혀 준다. 요컨대 모든 부모와 자녀들이 질병과 전쟁과 기근으로 인하여 죽으리라는 것이다. **"독한 병"**과 **"기근"**은 전쟁의 여파로 나타나는 부산물이다. 이 환난으로 죽은 자들이 **"묻어 주지 않아 지면의 분토와 같이"** 된다는 것은 죽임을 당한 자들이 너무 많을 것이기 때문이다. 이렇게 많은 사람이 일시에 죽는 것은 특별한 환난이며 범민족적으로 범한 죄악에 대한 징계다. 그러므로 이런 환난을 당한 자들은 개인들의 범죄를 포괄하고 있는 공동체의 죄악을 바로 살피면서 회개해야 한다. 그렇게 행한 것이 선지자들의 모범이다. 유다 민족이 당한 환난으로 인하여 다니엘은 자기 자신도 범민족적인 범죄에 대하여 연대책임을 지고 "우리"라는 대명사를 거듭거듭 사용하면서 회개의 기도를 하였다(단 9:3-19).

5-6 여기서는 유다 민족에게 임한 환난의 성격을 더욱 자세하게 진술한다. 그것은 죽은 사람들로 인하여 슬퍼하거나 조문하러 가지도 말라는 것인데 이는 그들의 죽음이 아까울 것이 없다고 인정하는 셈이다. 이때 죽은 자들의 죄악이 너무나 컸기 때문에, 그와 같은 죽음이 지극히 당연하다는 것이다. 우리는 마땅히 그와 같은 많은 죽음이 비참하다고 여길 것이 아니라, 그와 같은 죽음의 배후에 죽음 이상으로 무서운 죄악이 있었다는 사실을 명심해야 한다.

내가 이 백성에게서 나의 평강을 빼앗으며. 유다 민족은 거짓 선지자들의 사고방식을 따라서 그들의 장래가 평안할 것이라고 믿었다(6:14). 그들은 교만하게도 평강이 자신들의 손에 좌우되는 듯이 생각하였다. 그러나 하나님께서는 여기서 그들의 교만을 무찌르시며 말씀하시기를, 평강은 "나의 평강"(שְׁלוֹמִי "슐로미")(6:5)이라고 선언하시는 한편, 그것을 그가 주관하시며 그들에게서 "빼앗으실" 것이라고 말씀하신다. 사람들은 다 죄인이기 때문에 어느 때고 평강을 누릴 자격이 없다. 그들은 다만 하나님의 "인자"(חֶסֶד "헤세드")와 "긍휼"(רַחֲמִים "라하밈")에 의해서만 평강을 누릴 수 있다.

몸을 베거나(תִּתְגֹּדְדוּ) **머리털을 미는 자**(קָרְחָה). 이것은 바알 신을 섬기는 자들이 애통함을 표현하기 위하여 취하는 악한 풍속인데 하나님께서는 그런 일을 금하셨다(레 19:27; 신 14:1; 왕상 18:18). 유다 백성들 가운데는 하나님을 섭섭하게 하면서 이런 이교 풍습을 행하는 자들이 있었다. 그러나 이제 머지않아 임할 큰 환난 중에서는 이렇게 할 자들까지도 없게 될 것이라고 말씀한다. 왜냐하면 너무 많은 무리가 죽을 것이기 때문이다.

7 앞에서 말하는 환난의 때에는 죽은 자들의 유족을 위로할 필요조차 없을 것이라는 사실을 여기서 밝힌다. 그 이유는 ① 모두 다 죽고 유족들이 남아 있지 않을 것이기 때문이며, ② 위의 5절에서 이미 해석한 바와 같이 그들의 죽음이 너무도 당연하기 때문이다. 신자들은 이 세상이 아무 위로나 기쁨이 없는 죽음의 장소로 변화할 것을 내다보고 지금부터라도 천국에만 뜻을 두고 살아야 한다.

8-9 여기서는 하나님께서 예레미야에게 즐거운 모임(잔칫집)에 참여하지 말라고 말씀하시면서 장차 그 땅에 경사스러운 일이 전혀 없어지게 되리라는 것을 백성들에게 가르치게 하신다. 말하자면 유다 민족이 당할 환난이 그렇게 심각할 것이라는 뜻이다. 요한계시록 18:21-23을 참조하라.

설교▶ 죽음의 날을 생각하라(1-9절)

하나님께서는 인생들이 회개하도록 만드시기 위하여 무서운 죽음의 날을 예비하셨고, 또한 세계적으로 많은 사람들이 죽임을 당할 큰 환난의 날도 예비하셨다. 사람들은 자신의 죽음에 대해 기억하지 못할 때 범죄하며, 특별히 세계적으로 닥쳐올 큰 죽음의 환난 날을 잊어버릴 때 이 세상이 영원한 안식처가 될 수 있는 줄로 착각하고 방자해진다.

1. 사람이 죽음의 문제를 해결하기 전에는 모든 것이 허사라는 것을 깨달아야 한다.

자기 자신도 죽고 세상 모든 사람도 결국 다 죽게 될 것이니, 이 세상은 결국 주검의 무더기에 불과할 것이다. 그렇다면 인생의 가치는 어디 있는가? 인생의 가치는 모든 것을 버리고 오직 그리스도의 복음만을 믿음으로써 죽음의 문제를 해결하는 데만 있는 것이다.

2. 영혼을 중심으로 살아가야 하며 몸을 중심으로 여기지 않아야 한다.

히브리서 9:27에 말하기를, "한번 죽는 것은 사람에게 정해진 것이요 그 후에는 심판이 있으리니"라고 하였다. 이 말씀이 가르치는 것처럼 사람이 죽은 뒤에 당할 일이 더욱 엄중하다. 그러므로 사람들은 죽음 이후의 일에 더욱 힘을 기울여야 하는데, 말하자면 우리 영혼이 하나님 앞에서 잘되기 위해 힘써야 한다. 마태복음 10:28에 말하기를, "몸은 죽여도 영혼은 능히 죽이지 못하는 자들을 두려워하지 말고 오직 몸과 영혼을 능히 지옥에 멸하실 수 있는 이를 두려워하라"라고 하였다. 구세군의 창시자 윌리엄 부스(William Booth) 대장은 무신론자의 연설을 듣고도 자기 영혼을 위하여 크게 결심하고 위대한 전도자가 되었다. 그가 들었던 연설의 한 대목은 다음과 같다. "내가 만일 그리스도인들이 말하는 심판을 믿는다면 나는 영국 런던에서 유리가 깨어져 바닥에 흩어져 있는 구석구석까지 맨 무릎으로 기어 다니면서라도 전도하겠다." 영혼은 하나님이 다스리신다. 영혼에 속한 일은 인간의 신체나 물질적인 형편이 좌우지할 수 없는 법이다. 영의 아버지는 하나님이라 하였고(전 12:7; 히 12:9), 심지어 어리석은 자의 영혼도 하나님이 찾아서 심판하신다(눅 12:20). 영혼은 이처럼 물질에 속한 것이 아니기 때문에, 구원받은 영혼은 땅 위에 어떠한 죽음의 환난이 닥쳐올 때도 해를 당하지 않는다. 영혼에게 요구되는 일은 하나님이 베푸시는 구원의 축복을 받는 것뿐이다. 우리는 영혼 구원을 위하여 믿음을 준비할 따름이다(벧전 1:9). 우리는 언제나 하나님을 만나기를 믿음으로 예비해야 한다. 아모스 4:12-13을 참조하라.

3. 사람의 죽음 문제는 오직 하나님만 주장하신다.

본문 1-9절에서는 땅 위에 전 세계적으로 많은 사람들이 죽을 것을 예언하고 있다. 이것은 이 죽음의 환난을 하나님께서 보내시리라는 의미의 말씀이다. 한 사람이 죽는 것을 하나님께서 주장하시는 것처럼 땅 위의 무수한 사람이 일시에 죽는 일도 하나님의 허락 없이는 이루어질 수 없다. 하나님의 허락 없이 이루어지는 일은 하나도 없다. 신자들의 경험도 그것을 증거하고 있다. 역사상에는 하나님의 명백한 개입으로 위험 가운데서 죽지 않고 생명의 보호를 받은 일이 많이 있다.

예를 들어 미국 육군의 어떤 중령이 전쟁에 나갔을 때 적군의 습격을 받았다. 그때 그는 기도하기를, "하나님이여 이제는 주님이 나를 맡아 주소서"라고 하였다. 그는 전투 중에 적군의 총탄에 맞아서 넘어졌으나 죽지 않았다. 그 이유는 그 총탄이 그의 가슴으로 날아왔으나 그의 품 안에 있던 성경을 꿰뚫지 못했기 때문이었다. 총탄이 창세기에서 시편 91편까지 뚫고 들어가다가 7절을 스치고는 그 이상 더 뚫고 들어가지 못했던 것이었다. 시편 91:7에는 다음과 같은 말씀이 있다. "천 명이 네 왼쪽에서, 만 명이 네 오른쪽에서 엎드러지나 이 재앙이 네게 가까이 하지 못하리로다."

랠프 노턴(Ralph Norton)은 1917년 제1차 세계대전 중에 대서양을 건널 때 수많은 배들이 어뢰의 공격을 받아 침몰하는 위험 속에서 하나님의 인도를 받아 성경에서 욥기 5:19-20 말씀을 읽고 힘을 얻었다. 그 말씀은 "여섯 가지 환난에서 너를 구원하시며 일곱 가지 환난이라도 그 재앙이 네게 미치지 않게 하시며 기근 때에 죽음에서, 전쟁 때에 칼의 위협에서 너를 구원하실 터인즉"이라는 구절이다.

영국성서공회의 창설자였던 토머스 찰스(Thomas Charles)는 불치병에 걸려 죽음을 기다리고 있었는데, 이때 어떤 신자가 기도하기를 "토머스 찰스가 15년만 더 살면서 그 귀한 성서 사업을 할 수 있게 해주소서"라고 하였다. 그의 기도가 상달되어 토머스 찰스는 그때로부터 15년을 더 살았다고 한다.

존 웨슬리가 어린아이였을 때 그의 집에 화재가 발생했는데, 온 가족이 모두 밖으로 피신했으나 2층에서 잠을 자고 있던 존은 밖으로 나오지 못했다. 불은 2층으로 붙어 올라가는데 존은 창문 앞에 섰고 그때 청년들이 목말을 타고 2층 창문까지 이르러 그를 구출했고 그가 빠져나오자마자 집이 무너졌다고 한다.

4. 죽음 문제를 해결하는 비결

그리스도인은 하나님의 말씀으로 죽음의 문제를 해결한다. 그 누가 이 비결에서 떠나 흔들리겠는가! 그 누가 이 비결을 견고히 지키지 않겠는가! 사망의 문제를 해결해 주는 말씀은 고린도전서 15:56-57이다. 그 말씀에 따르면 사망의 원인은 죄악인데, 죄를 해결해야만 사망의 문제가 해결된다는 것이다. 죽음의 문제를 잘못 다루는 방식은 다양하다. ① 크리스천사이언스(Christian Science)라고 불리는 집단은 죽음이 실재가 아니고 환상에 불과하다고 하면서 죽음을 가볍게 여기려 하지만 그것은 억지 주장에 불과하다. 창세기 5:5, 8, 11, 17, 20, 27, 31을 참조하라. ② 회피주의자들은 죽음을 두려워하며 그것에 대하여는 생각도 하지 않고, 말하지도 않으려고 한다. 프랑스 왕 루이 15세(Louis XV)는 아무도 자기 앞에서 죽음에 대해 말하지 못하도록 하였다. ③ 비관주의자들은 생을 저주하면서 죽음을 받아들인다. 그것은 스스로 패배를 당하는 잘못된 태도다. ④ 배교자들은 죽음을 저주하면서 탄식하기를, "이것은 더러운 놈이로구나"라고 말하며 죽는다. ⑤ 감성주의자들은 죽음을 맞이하여 슬피 울면서 떠난다. ⑥ 실존주의자 마르틴 하이데거

(Martin Heidegger)는 말하기를, "인생의 죽음이라는 것은 자연 현상이니, 인생은 마땅히 그것을 목적으로 삼아야 하고 그것을 소망으로 삼아야 한다"라고 하였다. 그러나 그것은 그의 무신론적인 잘못된 해석이다.

고린도전서 15:56에서 "사망이 쏘는 것은 죄요"라고 한 말씀은 사망이 자연적으로 임한 것이 아니라 죄로 말미암아 임했다는 의미다. 자연적으로 이루어지는 일은 고통이나 공포를 수반하지 않는다. 예를 들어 사람이 먹고 마시는 것이나, 자고 깨는 것이나, 키가 자라나는 것을 포함하여 사람의 본능적인 기능을 발휘하는 일들은 모두 다 어떤 부자연스러운 공포심을 동반하지 않는다. 자연이라는 것은 본래 순조로운 것이다. 그러나 죽음이라는 것은 독침을 쏘는 것같이 놀랄 일이어서 부자연스럽고 두려움을 가져온다. 그러므로 죽음은 인생의 원수이며 죄악의 결과다. 고린도전서 15:56에 말하기를, "사망이 쏘는 것은 죄요 죄의 권능은 율법이라"라고 하였는데 그것은 죽음이 부자연스럽고 "쏘는 것"이라는 말씀이다. 말하자면 크로샤이데가 말한 것처럼 "죽음은 권세 있게 다스리며 죄를 힘으로 삼는다"라는 것이다.[21]

기독교는 죽음을 "원수"라고 여긴다(고전 15:26). 이 원수가 배경으로 삼는 것은 바로 무적의 권세를 지닌 율법이다. 다시 말해 율법의 권세가 죄를 정하고 죄가 죽음을 가져왔다는 뜻이다. 이것은 쏘는 것과 같이 놀랄만한 현상이요 무서운 원수다. 인간의 힘으로는 도저히 율법의 권세를 이길 수가 없다. 이것을 이길 수 있는 이는 율법을 제정하신 하나님뿐이시다. 과연 하나님께서 예수 그리스도를 속죄자로 세우셔서 우리의 죄를 그에게 담당시키심으로써 우리에게 대한 율법의 요구가 성취되었다. 이것이 우리의 승리다. 이런 승리자에게는 죽음의 위협이 느껴지지 않는다. 다시 말해 속죄받은 사실을 믿는 자의 심령은 죽음 앞에서도 평화로울 뿐이다. 죄로 인하여 죽음이 왔으

---

21) Grosheide, "De dood heerscht als macht an handhaaft zijn macht in de zonde."

므로 죄를 용서받은 자는 죽음이 어찌하지 못한다. 하나님의 사죄를 받는 것만이 사망의 공포에서 벗어나는 유일한 비결이다. 예수 그리스도의 보혈로 말미암는 사죄를 믿으라! 그리하면 사망이라는 원수 앞에서도 두려워할 것이 없고 아무 문제가 없을 것이다.

10 네가 이 모든 말로 백성에게 말할 때에 그들이 네게 묻기를 여호와께서 우리에게 이 모든 큰 재앙을 선포하심은 어찌 됨이며 우리의 죄악은 무엇이며 우리가 우리 하나님 여호와께 범한 죄는 무엇이냐 하거든. 이 말씀은 선지자 예레미야가 하나님의 말씀을 가지고 유다 백성들에게 경고할 때 그들이 이렇게 질문할 것으로 예상된다는 뜻이다. 여기서 예상되는 그들의 질문을 통해 죄를 깨닫지 못하는 그들의 무지와 어두움이 폭로되었으며, 그들의 교만과 원망하는 마음도 그대로 나타나고 있다. 회개하지 않는 자들은 언제나 자기 죄악을 절실히 느끼지 못할 뿐만 아니라, 도리어 하나님 앞에서 교만하여 원망하는 법이다.

11-12 이 부분에는 유다 백성들이 벌 받는 이유가 밝혀져 있는데 한마디로 그들의 조상들이 하나님을 버렸기 때문이라고 말씀한다. 조상들이 저지른 죄의 대가를 후손들이 치르게 되는 이유는 후손들도 조상들이 범한 것과 동일한 죄를 그대로 계승하여 범하기 때문이다(애 5:7). 후손들이 회개하였더라면 조상들이 저지른 죄에 대하여 책임이 없었을 것이지만(렘 31:29-30; 겔 18:1-4), 그 당시 유다 백성들은 그들의 조상들보다 더욱더 악했으므로(12절), 조상들이 저지른 죄에 대해서도 값을 치러야만 했다(출 20:5). 유다 민족의 조상들이 범한 죄악들은 다음과 같다.

1) 우상숭배 죄. 이것은 구약 시대에 하나님의 백성이 흔히 범한 죄인데, 실제로 이것은 하나님을 버린 것과 마찬가지의 중대한 죄악이다. 11절에서는 "나를 버리고"라는 표현을 두 번이나 사용하면서 그들이 저지른 죄악의 심각성을 강조하고 있다. 하나님을 버리는 죄악은 우상숭배로 대표되는데, 이

런 죄악은 신약 시대 신자들의 삶에서도 발견된다. 사람들이 우상의 신당에 가서 절하거나 예물을 바쳐야만 우상숭배의 죄를 저지르는 것은 아니다. 사람들이 눈에 보이지 않게 하나님보다 다른 것을 더 사랑하고 탐하는 것도 명백한 우상숭배의 죄악이다(골 3:5).

2) 하나님의 법("내 법" חוֹרָתִי)을 지키지 않은 죄. 그것은 물론 조상들의 도덕적 타락을 가리킨다(삼상 15:23). 그리고 후손들 역시 도덕적으로 하나님을 청종하지 않았다고 지적한다. 이렇게 그들은 도덕적으로도 하나님의 말씀을 거역하였다. 종교적 부패는 언제나 도덕적 부패로 이어진다. 참된 도덕 사회를 이루는 비결은 참된 종교의 부흥이다. 미국에서 찰스 피니(Charles Finny)와 드와이트 무디(D. L. Moody)가 전도 집회를 통해 부흥 운동을 일으켰을 때는 감옥에 죄수들이 적었다고 한다.

13 **내가 너희를 이 땅에서 쫓아내어 너희와 너희 조상들이 알지 못하던 땅에 이르게 할 것이라.** 이것은 그들이 알지 못하던 다른 신들을 따른 죄악에 대한 징벌이다. 그들이 이방의 신들을 따랐으므로 이제 알지 못하던 타국으로 잡혀가게 된다. 이렇게 하나님께서 죄인들을 벌하시는 방식이 어떤 때에는 그들이 저지른 죄악의 성격과 대응하는 형태로 드러난다. 말하자면 그들이 알지 못하던 신들("다른 신들")을 섬긴 대가로 이제 그들이 "알지 못하던 땅"(이방 땅)으로 끌려가게 된다는 것이다. 6:12-13 해석을 참조하라.

너희가 거기서 주야로 다른 신들을 섬기리니 이는 내가 너희에게 은혜를 베풀지 아니함이라 하셨다 하라. 유다 백성들이 다른 신들을 섬기게 되었던 것은 말할 수 없는 큰 불행이다. 왜냐하면 그들이 과거에 하늘과 땅을 다스리시는 여호와 하나님을 그들의 하나님으로 모시게 되었던 것은 그들에게 이생과 내세에서의 구원을 의미하였기 때문이다. 이제 그들이 여호와 하나님을 잃어버린 것은 육신의 생명을 잃어버린 것보다 더 큰 불행이다. 하나님께서는 그들이 이러한 불행에 빠지게 된 원인은, 그들이 이제 하나님의 "은혜"(חֲנִינָה "하니나")를 더 이상 받지 못하게 되었기 때문이라고 하신다. 사람들이 하나님은 섬기게 되는 일은 그들의 어두운 마음으로 할 수 있는 것이 아니고 오직 하나님의 "은혜"로만 가능한 것이다.

14-15 여기서는 하나님께서 그의 백성 이스라엘 민족이 비록 북방의 바벨론으로 사로잡혀 갔으나, 마침내는 하나님의 은혜로 말미암아 본토로 돌아오게 될 것을 보여 주신다. 그들이 이와 같은 구원을 체험한 후에는 그들을 바벨론에서 건져 주신 하나님의 위대한 구원을 기억하고서 하나님을 섬기게 될 것이라고 말씀한다. **"여호와께서 살아 계심을 두고 맹세하리라"**(חַי־יְהוָה אֲשֶׁר)라는 말씀이 그런 뜻이다. 그들은 이러한 구원의 체험을 과거 출애굽의 구원 체험보다 더욱 기적적인 사건으로 느끼기 때문에, 이제부터는 바벨론에서 그들을 구원하신 놀라운 사실로 인하여 하나님을 높이게 될 것이다. 이것은 또한 신약 시대에 이루어질 그리스도로 말미암은 구원 운동으로 인하여 모든 나라들 가운데서 하나님을 섬기는 자가 많으리라는 것을 예표하기도 한다.

우리는 선지서를 읽으면서 하나님의 백성이 죄의 대가로 징계받을 일과 함께 그들이 받게 될 구원에 대해 예언하는 경우를 자주 발견할 수 있다. 이것이 여호와 하나님이 주시는 계시의 특징이다. 그는 공의로우신 동시에 자비로우시며, 죄를 벌하시는 동시에 구원을 약속하신다. 참된 성도들은 주님의 공의로우신 심판을 내다보고 회개하는 동시에, 그의 자비로우신 약속을 기대하면서 회개하는 법이다.

16-18 여기서는 하나님께서 또다시 앞서 이미 진술했던 것처럼 유다 백성들이 받을 징벌에 대하여 예언하신다. 요컨대 하나님께서 바벨론 군대를 동원하여 **"어부"**가 물고기를 낚거나 **"포수"**가 사냥하는 것처럼 유다 백성들을 남김없이 잡아서 멸망시키리라고 말씀하신다. 이런 말씀은 죄악이 얼마나 무서운 것인지를 보여준다. 사람들은 아무런 거리낌 없이 죄를 범하고 잊

어버리기까지 하나, 하나님의 심판은 마침내 그들의 죄악을 끝까지 추궁하여 남김없이 벌한다. 그러나 사람들이 자기가 지은 죄를 원통히 여기고 따라 잡아 회개하면, 도리어 하나님의 은혜를 받게 될 것이다.

그들이 그 미운 물건의 시체로 내 땅을 더럽히며. 이 말씀은 유다 백성들이 가증한 많은 우상으로 하나님이 주신 가나안 땅을 더럽혔다는 뜻이다. "그들의 가증한 것(우상)으로 내 기업(가나안 땅)에 가득하게 하였음이라"라는 말씀 역시 위의 문구와 같은 뜻을 지닌다.

19-21 이 부분은 예레미야의 기도인데, 신약 시대에 일어날 그리스도의 구원 운동을 예언하는 말씀이다.

민족들이 땅 끝에서 주께 이르러 말하기를 우리 조상들의 계승한 바는 허망하고 거짓되고 무익한 것뿐이라 사람이 어찌 신 아닌 것을 자기의 신으로 삼겠나이까(19-20절). 이것은 신약 시대에 이방인들의 신앙고백이 어떠할 것인지를 보여준다. 한마디로 그들은 조상들 때부터 섬겨 오던 우상들이 허무하다고 단정할 것이다. 그들은 사람이 만든 모든 신들을 섬기던 그들의 행위가 터무니없는 것이라고 결론짓는다.

여호와께서 이르시되 보라 이번에 그들에게 내 손과 내 능력을 알려서 그들로 내 이름이 여호와인 줄 알게 하리라. 이것은 하나님께서 유다 백성들이 바벨론에 잡혀가도록 벌하셨다가 얼마 후에 그들을 거기서 구원하심으로써 ① 그의 능력이 얼마나 놀라운지를 그들이 깨닫게 하시며, ② 따라서 그가 그의 백성을 끝까지 구원하시는 언약의 하나님 여호와이심을 알게 하겠다고 말씀하신다.

이 부분(19-21)의 말씀 역시 유다 백성들이 바벨론에서 하나님의 능력으로 풀려날 것을 가리키는 동시에, 장차 신약 시대에 일어날 그리스도의 구원 운동을 겸하여 예언한다. 왜냐하면 그 두 사건이 언제나 서로 연결되어 있기 때문이다. 유다 백성들이 바벨론에서 해방되는 사건은 장차 임할 그리스도의 구원 운동을 예표한다.

| 설교자료

1. 하나님의 백성은 언제나 환난에 대비하는 마음가짐으로 모든 일을 수행해야 한다(2절). 그들은 특별히 이 세상에서 애착의 대상들을 줄이고 모든 것을 하나님께만 집중해야 한다. 예수님께서 말씀하시기를, "무릇 내게 오는 자가 자기 부모와 처자와 형제와 자매와 더욱이 자기 목숨까지 미워하지 아니하면 능히 내 제자가 되지 못하고"라고 하셨다(눅 14:26; 참조. 고전 7:32-34).

2. 신자들은 이 세상을 대할 때 그곳이 죽음의 세상이라는 사실을 기억해야 한다(3-4절). 세상에 대하여 소망을 두고 세상에서 생명을 구하는 자마다 죄를 범하여 하나님을 떠나게 되고, 장차 임할 환난에 대하여 신앙으로 준비하지 못하게 된다. 그러므로 우리는 세상을 대할 때 그것을 죽음과 같은 것으로 간주해야 한다.

3. 신자들은 하나님이 보시기에 귀중하게 평가받는 죽음을 맞이해야 하며, 죽어 마땅하다는 평가를 받는 형벌의 죽음을 맞이해서는 안 된다(5-7절). 그리스도인은 의인의 죽음을 죽어야 한다(민 23:10; 시 116:15). 이와 반대로 끝까지 완악한 죄인들의 죽음은 아무 가치가 없을뿐더러 그들의 죽음을 안타깝게 여기는 자들도 없다.

4. 이 세상 사람들은 주님으로 인하여 즐거워하지 않고 세상에 속한 것들로만 즐거워하는데, 그것은 하나님의 진노를 쌓는 일이다. 하나님께서는 마침내 이 세상의 일들로 즐거워하는 자들에게 환난을 보내셔서 그들의 희락을 끊어버리신다(9절).

5. 완악하여 회개하지 않는 자들은 환난이 닥쳐올 때 그 이유를 알지 못하고 도리어 하나님을 원망한다(10절).

6. 신자들이 세상에 속한 것들을 하나님보다 더 좋아하고 하나님을 가벼이 여기는 것은 구약 시대 이스라엘 백성이 우상숭배의 죄를 범한 것과 마찬가지의 죄악이다. 양자는 똑같이 하나님의 진노를 격동시킨다(12절).

7. 참 마음으로 하나님을 섬기는 일은 하나님의 은혜를 받음으로써만 가능하다. 성도들은 참 마음으로 하나님을 섬길 수 있게 된 것을 행복하게 여겨야 한다(13절).

8. 하나님께서는 성도들에게 점점 더 큰 은혜를 주신다. 따라서 우리는 과거보다 미래에 우리가 얻은 구원이 더욱 완전하게 실현되는 것을 경험할 수 있다(14-15절). 그러므로 과거를 자랑하지 말고 미래를 고대하는 가운데 긴장을 늦추지 말고 현재의 삶을 정비하라.

9. 죄인들은 하나님의 심판을 피할 수 없다(16절). 특별히 신약 시대에 속한 자들로서 그리스도의 보혈로 말미암는 구원을 거부하는 자는 심판을 피할 수 없으며 살아 계신 하나님의 손에 빠져들게 된다(히 2:3). 그것이 무서운 일이다(히 10:31).

10. 예레미야는 신약 시대에 이방 민족들 가운데서 그들이 섬기던 우상이 헛되다는 사실을 깨닫고 원통히 여겨 회개할 사람들이 많을 것이라고 예언하였다(19-20절). 이처럼 수백 년 앞을 내다본 예레미야의 이 같은 예언을 가리켜 이적이라고 말하지 않을 수가 없다.

제 17 장

독일의 구약학자 아르투르 바이저(Arthur Weiser)에 따르면 본 장에는 서로 상관관계가 없는 단편적인 교훈들이 수록되어 있다고 한다.[22] 그러나 여기 기록된 내용이 선지자 예레미야가 전한 하나님의 말씀이라는 점은 틀림없는 사실이다.

↓ 내용분해

1. 유다의 죄와 그들이 받을 벌(1-4절)
2. 사람을 신뢰하지 말고 하나님만 믿을 것(5-11절)
3. 구원은 오직 하나님께만 있음(12-14절)
4. 선지자를 조롱하는 자들에 관한 기도(15-18절)
5. 안식일 성수를 권면하는 설교(19-27절)

---

22) Artur Weiser, Der Prophet Jeremia, 144. "In Kapitel 17 sind verschiedene Stucke zusammengestellt."

✜ 해석

1 유다의 죄는 금강석 끝 철필로 기록되되 그들의 마음 판과 그들의 제단 뿔에 새겨졌거늘. "금강석 끝 철필로"(בְּעֵט בַּרְזֶל בְּצִפֹּרֶן שָׁמִיר)라고 번역된 히브리어 문구를 바르게 옮기려면 "철필로, 금강석 끝으로"라고 번역해야 한다. "죄"가 "금강석 끝 철필로 기록되었다"는 말은 그것이 지울 수 없이 새겨졌다는 뜻이다. 이것은 죄를 범한 당사자도 자기 죄를 부인할 수 없도록 기록되어 있으므로 하나님의 심판이 임하게 되었다는 뜻이다. 그것이 그들의 "마음 판과 그들의 제단 뿔에 새겨졌다"는 말씀이 그런 뜻이다. 따라서 ① 그들의 "마음" 깊은 곳에 자리한 양심이 그들의 죄를 지적하고 있으며, ② 그들이 여호와께 제사할 때 사용하는 "제단 뿔"도 그들을 정죄하며 심판하고 있다. "제단 뿔"은 죄인에 대하여 사죄를 선고하는 역할을 하는 역할을 하는 도구지만(출 27:2, 29:12; 30:1-3, 10) 그것이 사람들을 정죄하며 심판하는 역할을 맡게 되는 이유는 사람들이 끝까지 회개하지 않기 때문이다(계 9:14; 14:18, 16-17). 사람이 죄를 끝까지 뉘우치지 않으면 이처럼 위험한 지경에 처하게 된다. 그들은 자신의 마음속에서부터 밀려 올라오는 정죄의 선언으로 말미암아 기쁨이 전혀 없고, 자비로운 하나님께 예배하는 장소인 제단마저도 그에 대하여 정죄와 심판을 선언할 지경이다. 그러므로 회개하지 않는 완악한 자는 자신이 지은 죄악을 드러내지 않고 숨겨둠으로써 무사할 것처럼 여기지만, 실상은 그러한 완악함으로 말미암아 그의 영혼이 어둠 가운데서 죄악에 짓눌려 살아갈 수가 없게 되는 것이다. 어떤 강도가 경찰에게 붙잡히지 않기 위하여 도피 생활을 하는 동안에 몸소 체험한 바를 진술하기를, "죄를 짓고는 못 살겠더라"라고 하였다고 한다.

사람이 불행하게도 죄를 범하게 되었다면 그는 곧바로 회개하고 죄를 벗어 버려야 한다. 그렇게 하지 않으면 그 자신이 자기가 범한 죄에게 붙잡히고 만다. 말하자면 그의 죄로 말미암은 하나님의 심판이 그를 따라잡는다는 것이다.

2 그들의 자녀가 높은 언덕 위 푸른 나무 곁에 있는 그 제단들과 아세라들을 생각하도다. 이 말씀은 "그들"(이스라엘 백성)이 바알 우상의 배우자인 "아세라"(אשרה) 우상을 섬겼으므로 그들의 자손들도 그 우상을 섬기게 된다는 뜻이다(Calvin). 부모들이 저지르는 죄는 알지 못하는 사이에 어린 자녀들까지도 물들이고 만다. 그러므로 그들의 범죄는 자신들을 죽일 뿐만 아니라 그들의 자녀들도 죽음에 이르게 만든다. 그것은 무지에서 비롯한 잔인한 처사가 아닐 수 없다.

3-4 여기서는 예루살렘이 그 백성의 죄로 인하여 당하게 될 바벨론의 침략에 대하여 진술한다. "**들에 있는 나의 산**"이라는 표현은 예루살렘에 자리한 성전산을 가리킨다.

3-4절에 기록된 말씀들은 죄악으로 말미암은 형벌이 실상은 살아 계신 하나님께서 보내신 것임을 잘 드러낸다. 말하자면 ① 그들이 하나님보다 "**재산**"과 "**보물**"과 "**산당들**"을 더욱 중하게 여겼으므로 하나님께서 그것들이 탈취 당하게 하시며, ② 그들이 하나님에게서 받은 "**기업**"(가나안 땅)을 우상숭배의 여러 가지 행위로 더럽혔으므로 하나님께서는 그들이 그 땅을 더는 소유하지 못하고 거기서 "손을 떼게" 하시며, ③ 그들이 그들의 구원자이신 하나님을 섬기지 않음으로써 그의 "**노를 맹렬하게 하여 영원히 타는 불을 일으켰으므로**" 그는 그들이 원수 바벨론을 섬기게 하리라고 하신다.

5-8절. 이 부분에서는 신자와 불신자가 맞이하게 될 결말이 어떠한 것인지를 밝혀 준다.

5 여호와께서 이와 같이 말씀하시니라 무릇 사람을 믿으며 육신으로 그의 힘을 삼고 마음이 여호와에게서 떠난 그 사람은 저주를 받을 것이라. 사람은 다른 사람을 의지하

는 만큼 여호와 하나님에게서 멀어지는 법이다. "육신"(בָּשָׂר "바사르")이라는 말은 "영"과 반대되는 개념으로서(사 31:3) 인간이나 땅에 속한 것들처럼 헛되이 소멸하게 될 것들을 가리킨다. 욥기 10:3과 시편 56:5을 참조하라. "힘을 삼는다"는 말은 도움으로 여긴다는 뜻이다. 유다 민족은 마땅히 하나님을 신뢰해야 할 민족인데도 불구하고 어떤 때에는 앗수르, 어떤 때에는 애굽을 의지하였다. 그러므로 이사야는 그들에 대하여 경고하여 말하기를, "애굽은 사람이요 신이 아니며 그들의 말들은 육체요 영이 아니라 여호와께서 그의 손을 펴시면 돕는 자도 넘어지며 도움을 받는 자도 엎드러져서 다 함께 멸망하리라"라고 하였다(사 31:3).

신자가 사람을 믿는다는 말은 무슨 의미이며 그것이 크나큰 죄가 되는 이유는 무엇인가? 여기서 "사람을 믿는다"(יִבְטַח בָּאָדָם "이브타흐 바아담")라는 말은 사람을 믿되 하나님을 대신할 정도로 사람에게 의지하는 것을 가리키는 표현이다. 왜냐하면 우리 본문에서는 "사람을 믿으며"라고 말할 뿐만 아니라, "마음이 여호와에게서 떠난(וּמִן־יְהוָה יָסוּר לִבּוֹ) 그 사람"이라고 말하는데, 여기서 마음은 사람의 생명과 사랑이 약동하는 인격의 깊은 자리를 의미하기 때문이다.

1) 이런 사람은 입으로는 하나님을 공경한다고 말하면서 마음(לֵב "레브")으로는 하나님보다 사람을 더욱 의지하고 신뢰한다. 그의 인격의 가장 깊은 곳에서는 하나님을 염두에 두지도 않는다. 이것이 바로 외식하는 종교인의 태도다. 하나님은 거짓을 가장 미워하신다.

2) 이런 사람의 마음가짐은 사실상 하나님을 아무것도 아닌 존재로 여기는 것이다. 여기서 한 걸음 더 나아가 그는 심지어 하나님을 사람보다 하찮게 여기고 무시하는 죄악을 저지르는 것이다. 왜냐하면 그는 오직 하나님께서만 주실 수 있는 구원이라는 문제에 있어서 아무것도 아닌 사람(אָדָם "티끌, 흙")을 의지하고 하나님을 떠나기 때문이다. 이것은 비진리를 극도로 높이고

진리는 극도로 낮추는 극단적인 죄악이며, 피조물을 창조주와 바꾸어 섬기는 극단적인 악행이다.

3) 더욱이 하나님께서 이스라엘 민족을 택하시고 그들이 여호와 하나님만 믿도록 특별히 구별하셨는데도 불구하고 그들이 하나님을 믿지 않고 다른 피조물을 의뢰한 것은 더욱 큰 죄악이다. 이것은 사랑을 거부하고 발로 걷어차는 악행이다. 사랑으로 기른 자식이 부모를 배반하는 죄는 부모의 가슴에 못을 박는 아픔을 주는 것이다.

4) 신앙은 하나님과 사람 사이의 관계에 있어서 단 하나의 교량인데, 그것이 없는 자는 하나님과 상관이 없게 되어버린다. 하나님은 복의 근원이시고, 빛이시고, 구원이시고, 생명이신데, 그에게서 끊어진 자는 바닥이 없는 어두운 구덩이 속으로 영원히 떨어질 뿐이다. 주님을 믿는 것만이 생명에 관한 문제를 해결하는 유일한 길이기 때문에 주님은 땅에 계실 때 병자들에게 "네 믿음대로 되라"라는 말씀도 많이 하셨고(마 8:13; 9:29), "네 믿음이 너를 구원하였느니라"라고도 종종 말씀하셨다(눅 7:50; 17:19).

6 그는 사막의 떨기나무 같아서 좋은 일이 오는 것을 보지 못하고 광야 간조한 곳, 건한 땅, 사람이 살지 않는 땅에 살리라. "사막의 떨기나무"(עַרְעָר בָּעֲרָבָה "아르아르 바아라바")는 열매가 없으므로 아무런 쓸모가 없는 나무다. 그것은 생명도 있고 뿌리까지 있으면서도 사람에게 아무런 유익을 주지 못한다. 나는 미국에서 광활한 사막 지방을 통과한 적이 있다. 그곳에는 사람에게 유익을 주지 못하는 초목들만 자라고 있었다. 그와 같이 하나님을 떠난 인생은 ① "좋은 일이 오는 것을 보지 못하는" 것처럼 소망이 없고, ② "사람이 살지 않는 땅에" 살아가는 것처럼 쓸쓸하여 위로와 기쁨이 없다.

하나님을 떠난 사람은 소망이 없다. 시편 39:5-7에 말하기를 "주께서 나의 날을 한 뼘 길이만큼 되게 하시매 나의 일생이 주 앞에는 없는 것 같사오니 사람은 그가 든든히 서 있는 때에도 진실로 모두가 허사뿐이니이다(셀

라) 진실로 각 사람은 그림자 같이 다니고 헛된 일로 소란하며 재물을 쌓으나 누가 거둘는지 알지 못하나이다 주여 이제 내가 무엇을 바라리요 나의 소망은 주께 있나이다"라고 하였다. 주님을 소유한 신자는 "이제 죽어도 좋다"라고 말할 만큼 만족함이 있으나, 세상에 속한 것을 많이 소유한 자는 오래 살수록 이 세상에 더 살고 싶어서 불만으로 허덕인다. 죄를 지었을지라도 이제 그리스도를 믿으면 소망이 있다.

하나님을 떠난 사람은 소망이 없는 고독으로 말미암아 영원히 고통당한다. 하나님을 모신 성도에게는 고독조차도 유익을 주지만, 하나님을 떠난 자가 느끼는 고독은 위로와 기쁨이 없는 영원한 지하감옥과 같다. 소망이 없고 기쁨이 없는 삶은 죽음만도 못한 것이다. 이는 마치 전갈이 사람을 쏠 때 맛보는 고통과 같아서 사람들이 죽기를 구하여도 얻지 못하고, 죽고 싶으나 죽음이 그들을 피하는 것과 유사한 삶이라는 것이다(계 9:5-6).

7 그러나 무릇 여호와를 의지하며 여호와를 의뢰하는 그 사람은 복을 받을 것이라. 본절과 다음절은 시편 1:1-3의 말씀과 동일한 교훈을 가르친다. 하나님께 복을 받을 자가 누구인지를 가르쳐주는 이 말씀은 바로 앞에서 가르쳤던 것처럼 저주받을 자가 누구인지에 대한 말씀과 대조를 이룬다.[23]

여기서 "여호와를 의지하며"(בְּטַח בַּיהוָה)라는 문구가 나온 뒤에 곧바로 또 다시 "여호와를 의뢰하는"(וְהָיָה יְהוָה מִבְטַחוֹ)이라는 문구가 나오면서 사실상 같은 표현을 반복하여 언급하는 이유가 무엇일까? 그것은 이 어구를 강조하기 위함이다. 말하자면 "여호와를 의지하되 참되게 의지하는 믿음"을 가지라고 요구하는 말씀이다. 사람들 가운데는 주님을 의지한다고 하면서 참으로 의지하지 않는 자들이 많다.

---

23) Artur Weiser, Der Prophet Jeremiah, 145. "Der Fluchspruch V. 5 und der Segespruch V. 7 bilden ein zusammengehoriges Paar."

설교 ▶ 믿음에 대하여 (7절)

예수님께서 그를 찾아온 병자들을 향하여 "너희 믿음대로 되라"라고 말씀하신 적이 한두 번이 아니었다(마 9:29). "네 믿음이 너를 구원하였느니라"라고 말씀하신 경우도 여러 번 있었다(참조. 눅 17:19). 피조물인 우리는 하나님을 의지하는 것이 본연의 자세. 멸망에서 구원하여 주시는 구주 앞에서 멸망 받을 죄인들은 그를 믿어 드리는 것이 본연의 자세라는 것이다. 사람들에게 주님을 믿지 않는 것보다 큰 죄악은 없다. 사람의 영혼이 멸망 받는 유일한 원인도 오직 한 가지, 한마디로 불신앙뿐이다. 그러므로 성경은 신앙을 가장 존중히 여겨 그것을 "승리"라고 하였고(요일 5:4), "하나님의 일"이라고 하였고(요 6:29), "의"라고도 하였다(롬 4:5). 누구든지 주님을 믿기만 하면 하나님의 것이 모두 다 그의 것이 된다(고전 3:22-23).

인간은 부패했기 때문에 주님을 믿기가 어려우나 하나님의 은혜로 되는 것이라는 점에서 쉬운 것이라고 말할 수 있는 측면도 있다. 이는 다음과 같은 이유에서다.

1. 약한 사람일수록 남을 의지하기는 쉽다. 그러므로 우리는 주님을 믿는 일마저도 스스로 하지 못하는 약한 자이기 때문에, 역설적으로 오히려 주님을 쉽게 믿을 수 있게 되었음을 깨달아야 한다.

2. 하나님은 진실하시므로 믿기 쉽다. 그는 수백 수천 년 전에 약속하신 말씀을 그대로 다 이루신다.

3. 그는 위대하신 하나님이므로 믿기 쉽다. 그는 사람이 할 수 없는 일들을 하신다. 그러므로 그는 우리의 사소하고 변변치 않은 기대에는 응하지 않

으시고 더 큰 것을 이루어 주시는 일이 많다. 그는 우리가 병드는 것, 죽는 것까지도 문제시하지 않으시고 그냥 두신다. 우리는 이런 불행을 당할 때 하나님이 우리를 도와주시지 않는 줄로 오해하고 믿음이 약해지기 쉽다. 그러나 우리는 그런 때에 더욱 그를 믿을만한 분으로 여겨야 한다. 말하자면 그는 너무나 위대하시므로 우리가 당하는 질병이나 죽음이나 재앙을 크게 문제시하지 않으시는데, 우리는 그런 불행 가운데서도 크신 하나님께서 그런 상황에서도 하실 일이 있는 줄로 알고 기뻐해야 한다. 우리가 그런 난관 가운데서 주님을 즐길 줄을 모른다면 욥을 시험했던 마귀의 올무에서 벗어날 수 없다. 사탄이 그때 말하기를, "욥이 어찌 까닭 없이 하나님을 경외하리이까 주께서 그와 그의 집과 그의 모든 소유물을 울타리로 두르심 때문이 아니니이까 주께서 그의 손으로 하는 바를 복되게 하사 그의 소유물이 땅에 넘치게 하셨음이니이다"라고 하였다(욥 1:9-10). 우리가 평안과 건강과 세상의 복락을 누릴 때에만 하나님이 좋다고 말하는 것은 사실상 이 세상의 쾌락을 좋아하는 것이지 하나님을 좋아하는 것이 아니다. 우리는 역경과 난제와 가난과 환난의 한가운데서도 하나님이 좋다고 고백하며 찬송할 줄 알아야 한다. 하나님께서는 우리가 그런 상황에서 드리는 찬송을 천사의 찬송보다 귀하게 여기신다.

4. 그가 우리의 믿음을 도와주시므로 우리는 그를 믿기 쉽다. 그가 우리에게 단번에 큰 믿음을 주시는 것이 아니라 우리 마음속에 믿음의 씨를 넣어 주시고 차차 길러 주신다. 등불을 켜고 기름을 대어주듯이 하나님께서 우리의 믿음에 기름을 공급하신다. 어리석은 처녀들은 이 기름을 공급받지 못하여 신랑을 맞이하는 자리에 머물 수 없었다(마 25:1-13).

마르틴 루터(Martin Luther)도 천둥소리를 듣고 무서워서 하나님께 기도한 때가 있었으나, 후에는 신앙의 연단을 받아서 위대하고 담대한 종교개혁

자로서 부패한 종교 권력과 투쟁할 만큼 위대한 신앙을 가지게 되었다. 전쟁터에 나아가는 군인도 처음에는 겁을 내지만 전투의 경험이 쌓이게 되면 나중에는 겁 없이 싸움터로 나가게 된다고 한다.

5. 그는 보이지 않는 영화로우신 하나님이시므로 믿기 쉽다. 사람들은 흔히 잘못 생각하기를, 하나님은 눈에 보이지 않는데 어떻게 그를 믿을 수 있는가 하고 의심한다. 그러나 그것은 진리를 모르고서 하는 말이다. 우리는 사실상 보이지 않는 것을 많이 믿는다. 우리는 사람의 "마음"이라는 것도 눈으로 볼 수 없으나 그것의 존재를 믿으며, 전자제품을 작동하게 해주는 전기라는 것도 눈에 보이지 않으나 우리는 그것의 존재도 믿는다. 하나님이 눈에 보이지 않으신다는 사실은 오히려 그의 존재가 고귀한 성품을 지니고 있음을 의미한다. 우리는 하나님이 눈에 보이지 않는다는 사실 때문에 그를 더욱 믿어야 한다. 위에서 제시한 논리들이 과연 옳은지 모르겠다고 여기는 이들도 있을 것이다. 그러나 사람들이 하나님을 전심으로 믿게 되면 위의 이론이 참되다는 사실을 깨닫게 된다. 예수님도 처음에 제자들에게 "와 보라"라고 말씀하셨고(요 1:39), 빌립도 나다나엘에게 "와 보라"(요 1:46)라고 하였다. 사람들에게 "와 보라"라고 말할 수 있는 이론만큼 상대방이 반박하지 못할 강력한 이론은 없다. 예수님을 믿는 것이 진리라는 사실을 깨닫고자 하는 자는 "힘껏" 잘 믿어 보는 것이 최선의 방편이다. 믿는다고 하면서도 힘껏 믿어 보지 않고서 기독교가 참인지 모르겠다고 불평하는 자는, 아무런 시도도 해보지 않고 낙심하는 부질없는 자다.

8 그는 물가에 심어진 나무가 그 뿌리를 강변에 뻗치고 더위가 올지라도 두려워하지 아니하며 그 잎이 청청하며 가무는 해에도 걱정이 없고 결실이 그치지 아니함 같으리라. 이 말씀은 ① 참으로 여호와를 믿는 자는 나무가 수분을 공급받듯이 하나님의

말씀을 계속하여 섭취해야 한다는 것을 비유한다. 하나님의 말씀을 물 마시듯이 섭취하는 자는 참으로 주님을 믿는 자다. 하나님의 말씀을 물 마시듯이 섭취한다는 말은 그 말씀을 겉으로만 듣지 않고, 그것을 살과 피와 같이 자신의 생명과 화합한다는 뜻이다(히 4:12). 우리는 음식을 먹고 마시듯이 주님을 믿어야 한다. 그렇게 해야만 신앙이 즐겁기도 하고 음미할 만한 맛도 있는 법이다. 그렇게 하지 못하는 이들은 사실상 믿음의 맛을 모르기 때문에 신앙생활이 그들에게 고역이 될 수밖에 없는 것이다. 이사야 선지자는 그런 자들을 가리켜서 "이스라엘아 너는 나를 괴롭게 여겼으며"라고 하였다(사 43:22). 주님을 먹고 마시듯이 믿으려면(요 6:53-58) 우리가 하나님의 말씀대로 살아야 한다. 이렇게 갈증을 느끼는 자가 물을 마시듯이 주님의 말씀을 섭취하는 자는 모든 시험을 능히 견딜 수 있다. 본문에 말하기를 "더위가 올지라도 두려워하지 아니하며 그 잎이 청청하며 가무는 해에도 걱정이 없고"라고 하였다. 신자는 시험을 당하지 않는 자가 아니다. 도리어 시험당할 일들이 그에게는 많다. 왜냐하면 그는 이 세상에서 그것들을 이기는 연단을 많이 받음으로써 신앙이 장성해야 하기 때문이다. 그는 이러한 시험들을 이길 힘을 하나님에게서 받기만 하면 되는데, 그와 같은 일은 그의 말씀을 물 마시듯이 섭취함으로써 이루어진다.

② 또한 이 말씀은 여호와를 믿는 자가 열매를 계속하여 맺으리라는 것을 보여준다. 시편 1:3에 말하기를, "그는 시냇가에 심은 나무가 철을 따라 열매를 맺으며 그 잎사귀가 마르지 아니함 같으니 그가 하는 모든 일이 다 형통하리로다"라고 하였다. 성경은 신자가 열매를 맺어야 한다는 점을 수시로 강조한다. 특별히 에스겔 47:6, 12은 우리에게 요긴한 교훈을 준다. 에스겔 선지자는 환상 중에 계시를 받는 중에 다음과 같은 장면을 목격한다. 요컨대 성전에서 흘러내리는 물이 큰 강과 같이 되어 바다로 흘러 들어가는데, 좌우 강변에는 나무가 심히 많다고 하였고, 그 나무들의 잎사귀가 시들지 아니하며,

먹을만한 과실이 끊이지 아니하고, 달마다 새로운 열매를 맺는다고 하였다. 이것은 신자들이 마땅히 언제나 청청하여 새롭고 생명 있고 열매를 맺어야 한다고 가르친다. 그들이 맺는 열매로 말미암아 사람들이 먹고살게 된다는 것이다. "열매"라는 것은 본래 남을 유익하게 하는 것이다. 예컨대 사과나무의 열매는 누구에게 유익을 주는가? 그것은 사람들에게 유익을 주는 것이 아닌가? 그렇다면 오늘날 신자들은 남들을 유익하게 하기 위하여 어떠한 열매를 맺는가? 우리는 성령의 아홉 가지 열매를 맺히고 있는가? 다시 말해 우리는 사랑, 희락, 화평, 오래 참음, 자비, 양선, 충성, 온유, 절제를 이루고 있는가?

9-11 사람은 자기 마음이 거짓되다는 사실을 깨닫지 못하므로 언제나 스스로 속는다. 오직 하나님께서만 사람 마음의 거짓된 내막을 아시고 바로 판단하시며, 따라서 바로 인도하실 수 있다. 그러므로 사람은 하나님을 절대로 신뢰하고 그에게 순종해야 한다. 사람이 자기 마음을 믿고 마음대로 행하는 일은 모두 다 실패하고 만다. 그것은 자고새가 자신이 낳지 않은 알을 품음과 같다.

만물보다 거짓되고 심히 부패한 것은 마음이라 누가 능히 이를 알리요마는(9절). 여기서 "마음"(לֵב)이라는 말은 누구라고 할 것도 없이 사람의 마음 전체를 가리킨다. 사람의 마음이 거짓되다는 것을 보여주는 증표들 가운데 가장 두드러지는 것은 사람이 스스로 생각하기를 "나는 선하다"라고 여긴다는 점이다(Laetsch). 그러므로 아우구스티누스(Augustine)는 기도하기를, "나를 선한 사람들로부터 구원하여 주소서"라고 하였는데, 말하자면 "나"를 스스로 선한 줄 생각하는 "나 자신"의 마음으로부터 구원하여 주시기를 구하는 기도다. "심히 부패"하였다는 말은 히브리어로 "아누쉬"(אָנֻשׁ)인데 이 말은 사람의 힘으로 "치료할 수 없다"(incurable)라는 뜻이다. 사람은 자기 마음이 이렇다는 사실을 깨닫지도 못한다. 그러므로 예레미야는 말하기를, "누가 능히 이를 알리요"(מִי יֵדָעֶנּוּ)라고 하였다.

나 여호와는 심장을 살피며 폐부를 시험하고 각각 그의 행위와 그의 행실대로 보응하나니(10절). 이 말씀은 오직 하나님만이 사람들의 깊은 속을 판단하실 수 있는 분이시므로, 그분만이 그들의 마음을 고치실 수 있음을 암시한다(히 11:20; 12:3). 잠언 4:23에 말하기를, "모든 지킬 만한 것 중에 더욱 네 마음을 지키라 생명의 근원이 이에서 남이니라"라고 하였다. 우리의 마음을 전지전능하신 하나님께 맡겨 그분이 우리 마음을 지키시게 하자(빌 4:6-7).

불의로 치부하는 자는 자고새가 낳지 아니한 알을 품음 같아서 그의 중년에 그것이 떠나겠고 마침내 어리석은 자가 되리라(11절). 이 말씀은 여호야김 왕이 그의 "중년", 다시 말해 36세에 죽은 사실로 성취되었다고 해석하는 학자도 있다.[24]

"불의로 치부"한다는 말은 무슨 의미인가? 그것은 물론 여러 가지로 나타난다. ① 다른 사람의 것을 드러내놓고 빼앗는 것이다. 하나님께 마땅히 바칠 것을 바치지 않는 것도 불의한 행위이다(말 3:8). ② 부정직한 사업으로 돈을 모으는 것이다. 잠언 21:6에 말하기를, "속이는 말로 재물을 모으는 것은 죽음을 구하는 것이라 곧 불려다니는 안개니라"라고 하였고, 잠언 10:2에는 말하기를, "불의의 재물은 무익하여도 공의는 죽음에서 건지느니라"라고 하였고, 잠언 13:11에는 말하기를, "망령되이 얻은 재물은 줄어가고 손으로 모은 것은 늘어가느니라"라고 하였고, 잠언 20:21에는 말하기를, "처음에 속히 잡은 산업은 마침내 복이 되지 아니하느니라"라고 하였고,

"자고새"(קֹרֵא "코레")는 오늘날 팔레스타인(Palestine)에 서식한다고 알려졌다(Delitzsch). 본 절에서 말하는 비유의 요점은 자고새가 다른 새의 알을 품어준다고 하더라도 결국은 알에서 깨어난 새끼들이 모두 다 달아나고 마는 것과 같이, 불의하게 모은 재산은 마침내 없어지고 그것을 모으느라고 노

---

24) Artur Weiser, Der Prophet Jeremia, 146. "An Jojakim, der mit 36 Jahren, 'in der Mitte seines Lebens' starb, hat sich die Wahrheit dieses Prophetenwortes vom Tor und dem Tod erfullt."

력한 자는 어리석은 자로 드러날 뿐이라는 것이다. 선지자의 이 같은 말씀은 재물을 불의하게 모으는 것을 예로 들면서 모든 다른 불의한 행동, 말하자면 거짓된 마음으로 행하는 모든 일도 이와 같으리라는 것을 가르친다.

12-13 선지자 예레미야는 여호와 하나님의 성소가 유다 땅에 있으며 여호와께서 이스라엘의 소망이신데도 불구하고 외식으로만 하나님을 공경하노라고 하는 유다 백성들을 그가 내던지실 수도 있다고 말한다.

영화로우신 보좌여 시작부터 높이 계시며 우리의 성소이시며(12절). 이 문구의 히브리어(כִּסֵּא כָבוֹד מָרוֹם מֵרִאשׁוֹן מְקוֹם מִקְדָּשֵׁנוּ)는 "원시부터 영화롭고 높은 보좌는 우리의 성소의 처소이며"라고 번역하는 것이 합당하다. 이것은 하나님께서 그의 영화로운 계시의 장소로 예루살렘을 선택하셨다는 뜻이다. 그만큼 유다 민족은 하나님의 특별한 은총을 입었다. 따라서 하나님은 이스라엘의 소망이시다. 그러나 유다 백성들이 겉으로는 여호와를 공경한다고 하면서도 마음으로는 그를 내버렸기 때문에, 여호와께서도 그들을 내버리실 것이다. 예로부터 특이한 계시의 은총을 입은 민족이라고 해도 외식하는 그들의 어리석은 행태를 묵인하지는 않으신다. 하나님께서는 외식하는 그들의 죄악으로 말미암아 그들을 주저함 없이 버리실 것이다.

"수치를 당할 것이라"(יֵבֹשׁוּ, "예보슈")라는 말은 실패를 당한다는 뜻이고, **"흙에 기록이 되오리니"**(בָּאָרֶץ יִכָּתֵבוּ, "바아레츠 이카테부")라는 말은 그들이 하늘의 기업을 저버렸으므로(13하) 그들을 땅에 속한 자(구원받지 못할 자)로 판정하시리라는 것을 의미한다. 이것은 생명책에 이름을 기록하는 것과는 정반대의 사건이다(Delitzsch).

생수의 근원(מְקוֹר מַיִם־חַיִּים). 하나님을 "생수의 근원"에 비유하는 예를 우리는 8절에서도 발견할 수 있다. 그는 인생들의 갈증(전 3:11)을 참되이 만족시켜 주시는 생수의 "근원"이시다. 2:13을 참조하라.

14 여호와여 주는 나의 찬송이시오니 나를 고치소서 그리하시면 내가 낫겠나이다 나

를 구원하소서 그리하시면 내가 구원을 얻으리이다. 이 말씀은 오직 하나님만이 홀로 구원자이심을 보여준다. 그를 가리켜 "나의 찬송"(תְּהִלָּתִי "테힐라티")이라고 말하는 이유는 모든 찬송을 오직 그에게만 드려야 하기 때문이다. 모든 참된 구원 행위는 오직 하나님께서 홀로 감당하시는 일이다. 과연 이러한 사실을 이어지는 구절에서 강조하였으니, 요컨대 "나를 고치소서 그리하시면 내가 낫겠나이다"라는 말씀도 우리를 영적으로 치료하여 주실 이가 오직 여호와뿐이시라는 뜻이며, "나를 구원하소서 그리하시면 내가 구원을 얻으리이다"라는 말씀 역시 그런 뜻이다. 여기서 "그리하시면"이라고 번역된 접속사 "베"(וְ)는 하나님의 독자적인 사역이 구원의 효력을 발휘하는 유일한 조건임을 암시하고 있다.

15 선지자 예레미야는 여기서 자기가 당하고 있는 박해 가운데 가장 아프게 여기는 조롱의 말 한마디를 내어놓는다. 그것은 그의 육신에 위해를 가하는 것보다 더욱 고통스러운 것이었다. 왜냐하면 그것은 여호와의 영광을 무시하는 조롱이었기 때문이다. 말하자면 **"여호와의 말씀이 어디 있느냐"**(אַיֵּה דְבַר־יְהוָה "아예 데바르 여호와")라는 조롱이었다. 그것은 그 당시에 말씀하고 계시던 여호와 하나님의 권위와 선지자의 권위를 무시하는 악독한 말이다.

16 여기서 선지자 예레미야는 자신이 감당하는 선지자 직분의 정당성을 먼저 진술한다. 한마디로 그가 선지자가 된 것은 그가 탐심으로 취한 일이 아니라 하나님께서 그에게 선지자 직분을 강권하여 맡기셨으므로 그가 순종하였다는 것이다.

나는 목자의 직분에서 물러가지 아니하고 주를 따랐사오며. 이 문구의 히브리어 원문(וַאֲנִי לֹא־אַצְתִּי מֵרֹעֶה אַחֲרֶיךָ)을 의역하면 "나는 목자의 직분을 맡는 데서 물러서지 않고 주를 따라 순종하였나이다"라고 할 수 있다. 라에취(Laetsch)도 이 구절을 그렇게 이해한다.

재앙의 날도 내가 원하지 아니하였음을 주께서 아시는 바라. 그가 선지자의 직분을 수행하는 삶은 한마디로 고통과 박해로 가득한 "재앙의 날"이 될 것을 뻔히 알고 있었는데, 그런 직분을 자원하여 탐했을 리가 없다는 것이다. 그는 탐심으로 선지자 직분을 취한 것이 아니라 하나님의 뜻에 순종하였을 뿐이다.

내 입술에서 나온 것이 주의 목전에 있나이다. 이것은 그가 주님께서 주시는 말씀을 그대로 모두 다 전했다는 뜻이다. 그는 선지자의 직분을 받을 때도 하나님께 순종하였을 뿐이고, 또한 하나님의 말씀을 전하는 직무를 실행하는 일에서도 어디까지나 순종으로 일관하였을 뿐이다.

17-18 유다 백성들이 회개하지 않았기 때문에 이제는 하나님께서 그가 본래 정하신 대로 그들을 벌하실 수밖에 없다. 아니, 그보다도 예레미야는 **"배나 되는 멸망"**으로 그들을 벌하시기를 간구한다. 멸망을 갑절이나 더해야 하는 이유는 그들이 최근에 와서 하나님의 말씀을 조롱하는 죄악까지 범했기 때문이다(15절)(Weiser).

19-27 이 부분에는 유다 백성들에게 안식일을 거룩히 지키라고 권면하시는 말씀이 기록되어 있다. 비평주의 신학자들은 이 부분에서 안식일을 지키라고 권면하는 말씀이 예레미야의 사상과 일치하지 않는다고 주장한다. 그들은 예레미야가 종교 생활에서 형식주의적인 요소들을 강조하지 않는 선지자였다고 말한다. 그들은 이 부분의 말씀이 포로 시대 이후의 사상적 경향과 부합한다고 주장한다(Kuenen, Cornill). 둠(Duhm)도 이 부분은 본서 가운데서 예레미야가 진정으로 기록한 부분이 아니라는 취지로 말하였고,[25] 바이저(Aurtur Weiser)도 말하기를, "이 부분은 그 사상적 내용과 형태로 보아 예레미야 시대 이후의 것으로 느껴진다"라고 하였다.[26]

---

25) Duhm, Das Buch Jeramia, 149. "(Das Stuck is langst als unecht erkannt."
26) Artur Weiser, Der Prophet Jeremia, 149. "Das Stuck…wird meist wegen seiner From und seines Inhalts a1s spatere fremde Zutat angesehen."

그러나 비평가들의 이 같은 말들은 옳지 않다. 예레미야는 종교의 영적 요소를 중요시하면서도 형식적인 부분을 무시한 것은 아니었다. 7:4에 기록된 말씀도 형식적 요소를 무시하는 의미는 아니다. 다만 그 당시에 유다 백성들이 진실한 마음으로 여호와를 신뢰하지는 않고 형식적인 요소인 성전만을 의뢰하는 잘못된 태도를 반대한 것이었다. 예레미야가 종교 생활에 있어서 일방적으로 치우치는 율법주의는 반대하되, 율법을 정당하게 지키는 것은 어디까지나 긍정하였다.[27]

안식일에 짐을 지고 예루살렘 문으로 들어오지 말며(21절). 이 말씀은 그 당시 유다 백성들 가운데는 안식일에도 다른 날과 같이 업무 관계로 물건들을 운반하는 일이 있었음을 보여준다(Laetsch). ① 선지자는 유다 백성들의 조상들도 안식일을 거룩하게 지키지 아니하였던 과거의 사실을 거울로 삼아서 당시 사람들을 경고하기도 한다(23절). 앞선 시대를 살았던 조상들이 잘못한 점을 되돌아볼 때 우리는 그것을 되풀이할 마음이 적어지는 법이다. ② 그때 유다 민족이 안식일을 거룩하게 지킨다면 하나님께서 그들을 축복하셔서 그들이 하나님께 제사하는 종교적인 행사를 평안한 가운데서 치르게 되리라고 말한다(24-26절; 참조. 신 28:1-14). 하나님께서 택하신 백성에게는 하나님을 섬기는 일이 가장 큰 복이다. ③ 안식일을 거룩하게 지키지 않는 일이 계속된다면 하나님께서 유다 나라를 파멸시키실 것이라고 경고한다(27절). 안식일을 거룩하게 지키는 일은 다른 계명들을 지키는 것보다는 쉬운 일이다(Calvin). 왜냐하면 안식일을 지키는 방법은 그날에 쉬는 것이기 때문이다. 유다 민족이 이처럼 쉬운 계명을 지키지 못했다면, 이보다 어려운 다른 계명들을 어떻게 지켰겠는가? 손쉽게 지킬 수 있는 계명을 어기고도 끝까지 회개하지 않는 것은 그 백성이 다른 많은 범죄에 대해서도 회개하지 않을 것을 보여

---

27) Laetsch, Bible Commentary, Jeremiah, 167.

주는 증표다. 그러므로 그 나라는 파멸하는 벌을 받아 마땅하다.

설교 ▶ 안식일을 지킴에 대하여(19-27절)

안식일에는 영업을 중지하고 하나님께 예배드려야 할 터인데, 그 당시 유대인들은 안식일에도 세상의 업무를 계속하는 의미에서 짐을 운반하였다. 이것은 그들이 안식일에 하나님께 예배드리지 않았다는 증거다. 안식일에는 하나님께 예배드려야만 그날을 거룩히 지킬 수 있다. 구약 시대와 신약 시대는 안식일을 지키는 세부적인 방침에서 다소 다른 점이 있으나 원칙은 동일하다.

1. 구약에서 안식일을 지키는 방법

구약 시대에 하나님께서 안식일 제도를 제정하신 목적은 신자들이 하나님의 천지 창조를 기념하면서 예배하는 동시에 출애굽의 구원을 기념하고 장차 그리스도를 통하여 이루어질 영적 안식을 예표하기 위한 것이다(골 2:16, 17). 그 시대에 안식일을 지키는 방법은 ① 영업을 하지 아니하고(출 34:21), ② 나무를 베어 땔감을 만들지 아니하고(민 15:32), ③ 음식을 만들지 아니하고(출 16:23), 조리를 위해 불을 피우지 않으며,[28] ④ 집을 건축하지 아니하고(렘 17:21), ⑤ 장사하지 아니하고(암 8:5), ⑥ 하나님께 제물을 드리며 예배를 위한 모임을 가지며(민 22:9; 왕하 4:23; 레 24:8), ⑦ 오락을 하지 아니하는 것이었다(사 58:13). 그러나 구약성경도 안식일을 기쁘게 지켜야 할 것을 가르친다(사 58:13).

---

28) Oehller, Theology of The Old Testament II, 89.

2. 신약 시대에 안식일, 다시 말해 주일을 지키는 방법

신약 시대의 주일은 구약 시대 안식일의 후신으로서 원칙상으로 서로 연속성을 갖는 것으로 여겨져야 한다. 다만 신약 시대에는 구약 시대에 안식일을 지키던 방식을 그대로 고수하기보다는 안식이 성취된 형태, 다시 말해 그리스도 안에서 안식일을 지킬 것을 가르친다. 골로새서 2:16-17에 말하기를, "그러므로 먹고 마시는 것과 절기나 초하루나 안식일을 이유로 누구든지 너희를 비판하지 못하게 하라 이것들은 장래 일의 그림자이나 몸은 그리스도의 것이니라"라고 하였다. 신약 시대의 주일이 구약 시대 안식일과 연속선상에 있는 것인 만큼 우리는 그날을 예배의 날로 지킬 것이고 육신을 위한 영업은 하지 않아야 한다. 다만 신약 시대의 신자들은 그리스도 안에서 은혜로 안식일을 지키기 때문에 우선 안식일의 형식적인 요소에 있어서 날짜는 구약 시대의 안식일과 달리했다. 신약 시대의 안식일은 일주일 가운데 그리스도께서 부활하신 첫날로 정하였다. 물론 이날에도 부득이한 일과 자비에 속한 일은 예외적으로 행할 수 있다는 사실을 예수님께서 특별히 가르쳐주셨다. 이 문제와 관련하여 예수님께서 친히 하신 말씀을 보자. 누가복음 13:15에 말하기를, "외식하는 자들아 너희가 각각 안식일에 자기의 소나 나귀를 외양간에서 풀어내어 이끌고 가서 물을 먹이지 아니하느냐"라고 하셨고, 또한 "안식일에 선을 행하는 것이 옳으니라"라고 하셨고(마 12:12). "나는 자비를 원하고 제사를 원하지 아니하노라 하신 뜻을 너희가 알았더라면 무죄한 자를 정죄하지 아니하였으리라"라고 하셨다(마 12:7).

3. 유대인과 바리새인들이 안식일을 지키는 방법

유대교의 분파인 바리새파에서는 안식일이 그리스도의 예표임을 알지 못하였으며 안식일의 형식적인 요소들을 성경보다 더욱 중요하게 여기고 발전시켰다. 그러므로 그들이 안식일을 지켜온 방식은 극히 율법주의적이었다.

그리하여 그들은 안식일의 영적 요소와 도덕적 요소, 다시 말해 하나님께 예배하고 기타 부득이한 일들과 자비와 선을 행하는 일의 중요성을 망각하고 말았다. 그들은 안식일을 지키는 일과 관련하여 수많은 세부적인 지침들을 제정했다. 예를 들자면 ① 옷을 만드는 직공은 안식일이 다가오는 저녁에 바늘을 들고 외출하지 말라고 하였다. 왜냐하면 집으로 돌아오는 시간에는 이미 안식일이 시작되었을 것인데 안식일에 바늘을 운반하는 죄를 범하게 될 것이기 때문이다. ② 안식일에 서기관들은 글 쓰는 펜을 가지고 가지 못한다고 하였다. ③ 안식일에는 옷에 벼룩이 있어도 털지 못한다고 하였다. 탈무드의 기초가 되는 "미쉬나"(Mishna)에는 이와 유사한 세칙들이 24개의 단편에 가득히 기록되어 있다.

| 설교자료

1. 사람들이 끝까지 회개하지 않고 깊이 간직하는 죄악은 "금강석 끝 철필"로 기록된 것과 같아서 지워버리기가 어려우며, 따라서 그런 죄를 품은 자에게는 하나님의 징계 밖에 남은 것이 없다(1-4절).

2. 종교적인 문제에 있어서는 사람을 의뢰하지 말고 오직 하나님만을 의지해야 한다. 5-8절 해석을 참조하라.

3. 모든 인류가 전적으로 부패했다는 사실을 깨닫는 자는 오직 하나님께만 소망을 둔다(9-10절). 로마서 3:4을 참조하라.

4. 불의한 방법으로 재물을 모으는 자는 결국 가난을 구하는 자가 되고 만다(11절). 잠언 23:4-5, 21:6, 28:20을 참조하라.

5. 사방으로 박해를 받으며 민족은 극도로 악해져만 가는 상황 가운데서도 예레미야는 하나님을 가리켜 "영화로우신 보좌"라고 부르며, "우리의 성소"라고도 하고, "이스라엘의 소망"이라고 하였는데 그의 이러한 신앙고백은 하나님께서 그에게 주신 확신으로 말미암은 것이었다. 하나님께서는 고독과 환난 중에서 끝까지 진리를 파수하는 자에게 소망과 확신을 주시는 법이다 (12-14절).

제 18 장

↓ 내용분해

1. 토기장이의 비유를 통해 모든 나라의 흥망성쇠에 대한 하나님의 주권을 교훈함(1-12절)
2. 유다 백성의 죄와 그들이 받을 징계에 대한 경고(13-17절)
3. 선지자가 음모자들의 일을 하나님께 고함(18-23절)

↓ 해석

1-3 하나님께서는 그의 말씀을 실물로 비유하여 보여주시는 경우가 많다. 그가 이렇게 하시는 이유는 우리가 말씀을 더욱 인상 깊게 깨닫게 하시기 위해서다. 그의 말씀은 우리의 실생활과 아무런 관계가 없이 단절된 위치에 있는 것이 아니고, 얼마든지 우리의 생활과 인류의 역사에 직접적으로 관련된 사안들로 비유될 수 있는 것이다. 하나님은 우리 안에 내재하시기 때문에 우리에게 자연스럽게 와 닿을 수 있는 교재들을 동원하셔서 우리를 가르

치신다. 이 세상에 가득한 만물은 모두 다 하나님께서 사람들을 가르치시는 일에 교재로 사용될 수 있다.

너는 일어나 토기장이의 집으로 내려가라 (2상). 이같이 말씀하신 이유는 토기장이의 집이 골짜기에 자리하고 있었기 때문이다. 하나님께서는 예레미야가 진리를 확신할 수 있게 만드시기 위하여 단순히 이론으로만 말씀하시기보다는 그가 직접 현장을 방문하여 실제로 보고 배우게 하신다. 우리는 어디를 가든지, 그리고 무엇을 보든지 간에 거기에서 하나님에 대해 알려 주는 교재들을 찾아낼 수 있어야 한다. "녹로"라고 번역된 히브리어 단어는 "오브나임"(אָבְנָיִם)인데, 이 말은 진흙으로 옹기를 만들 때 사용하는 틀을 가리킨다.

4 진흙으로 만든 그릇이 토기장이의 손에서 터지매 그가 그것으로 자기 의견에 좋은 대로 다른 그릇을 만들더라. 하나님은 그의 권능으로 잘못된 인간을 가지고도 선을 이루실 수 있다. 그러나 인간이 그의 잘못된 뜻을 돌이키기 전에는 하나님의 이와 같은 일이 있을 수 없다. 하나님을 사랑하는 자에게는 모든 일이 합력하여 선을 이룬다는 것(롬 8:28)도 이런 의미의 말씀이다. 하나님은 돌들로도 아브라함의 자손을 만드신다(마 3:9). 하나님의 손에 붙들린 인간은 진흙과 같다(욥 10:9; 33:6; 사 29:16; 45:9; 64:7). 그러므로 인간은 평안을 누릴 때 교만해질 이유가 없고, 환난 때에도 낙심할 필요가 없다. 그는 자신이 하나님의 손에 붙들린 진흙이라는 사실을 기억하고 절대적인 겸손과 절대적인 신앙을 지켜나갈 따름이다. 이것이 바로 그가 하나님 앞에서 취할 바른 태도이다.

5-6 그 때에 여호와의 말씀이 내게 임하니라 이르시되 여호와의 말씀이니라 이스라엘 족속아 이 토기장이가 하는 것 같이 내가 능히 너희에게 행하지 못하겠느냐 이스라엘 족속아 진흙이 토기장이의 손에 있음 같이 너희가 내 손에 있느니라. 여기서는 "토기장이"가 "진흙"에 대해 주권을 가지는 것과 마찬가지로 하나님께서 이스라엘 백성과 모든 나라에 대하여 절대적인 주권을 가지셨음을 말씀하여 주신다.

설교 ▶ **하나님의 절대적인 주권을 믿으라**(1-6절)

우리는 밤하늘을 수놓고 있는 수많은 별을 보면서 우리 자신이 얼마나 미미한 존재인지 느끼게 되는데, 땅 위의 모든 짐승이나 곤충이나 기타 사물들을 통해서도 하나님과 우리 사이의 관계에 대하여 깨달을 점이 많다. 우리는 무엇을 보든지 이런 깨달음을 가져야 한다. 기러기와 같은 철새들을 보면서도 우리는 깨달을 점이 있는데, 그것은 바로 지혜롭게 살 길을 찾아가야 한다는 사실이다. 죽음이 지배하는 세상에서 살아가는 인생으로서 우리는 생명의 주가 되시는 하나님을 찾아가야만 영생을 얻을 수 있다는 사실을 기억하자(참조. 암 5:4, 6). 우리는 토기장이가 일하는 모습을 통해서도 신앙적으로 깨달을 점이 있는데, 그것은 우리 인생들에 대한 하나님의 주권이다.

1. 하나님은 우리 모두에 대하여 전적으로 권능을 행사하신다. 하나님은 우리의 머리털까지 세신다고 하였고(마 10:30), 국가의 흥망성쇠도 그가 홀로 주장하신다(사 51:2). 이사야 40:15에 말하기를, "보라 그에게는 열방이 통의 한 방울 물과 같고 저울의 작은 티끌 같으며 섬들은 떠오르는 먼지 같으리니"라고 하였다.

2. 하나님의 절대적 주권을 기억하는 신자들은, ① 첫째 그를 두려워해야 한다. 그를 두려워한다는 말은 언제나 회개하는 마음으로 살아가는 것을 뜻한다. 하나님을 두려워하여 회개하는 자는 천국을 위하여 예비하는 자요, 회개하지 않는 자는 지옥을 위하여 예비하는 자다. ② 둘째 온유하게 그의 말씀에 순종해야 한다. 하나님은 금생과 내세의 모든 것을 주장하시는 주님이시니 그의 앞에서 불평할 수 있는 자가 누구겠는가? 우리 신자들은 바로 그로 말미암아 지옥에서 구원받았는데 이처럼 복된 형편에 처한 우리에게 무

슨 불평이 있겠는가? 우리는 어떠한 시련 가운데서도 말하기를, "이것을 행하시는 이가 주님이시니 그가 원하시는 대로 행하시는 것이 마땅하다"라고 해야 한다. ③ 셋째 겸손히 그를 신뢰해야 한다. 하나님은 절대 주권을 가지신 주님이시니, 우리는 그분께 우리 자신을 내어 맡겨야 한다. 사람들도 그의 통치 아래에 있고 마귀도 그의 다스림을 벗어날 수 없다. 우리가 아무리 연약하고 무가치하여도 우리 자신을 하나님의 사역에 사용될 재료로 내맡기면, 그는 우리의 구원을 완성하심으로써 영광을 거두신다.

7-8 여기서는 이스라엘 백성이 회개할 때 그들에게 소망이 있음을 밝혀 준다. 비록 그 백성이 머지않은 장래에 징계를 받도록 하나님의 선고가 내려진 처지에 있다 하여도, 그들이 회개하기만 하면 구원받을 소망이 있다는 것이다. 하나님은 이만큼 진실하게 회개하는 자를 기뻐하셔서 그를 벌하시리라는 선언까지도 철회하신다. 8절에서 **"돌이키면"**(שׁוּב)이라는 표현은 대단히 중요하다. 이 말은 "회개"라는 것이 단지 말에 그치는 것이 아니라 실제적인 삶과 행동을 바르게 교정하는 것이라는 사실을 알려 준다. 하나님께서는 인간의 이런 "돌이킴"을 기뻐하신다는 의미에서 재앙을 내리려 하셨던 뜻을 "돌이키시겠다"고 말씀하신다. 다시 말해 사람이 악에서 돌이키는 일과 하나님께서 재앙을 내리실 뜻에서 돌이키시는 일을 서로 대비시킴으로써 강조하는 것이다.

9-10 하나님께서는 여기서 어떤 국가를 건설하시려고 작정하신 후에도 그들이 악을 행하면 그의 계획을 철회하시겠다고 말씀하신다. 이것을 보면 주님은 악과 타협하시지 않는 하나님이심을 알 수 있다(시 5:4). 악은 주님의 "목소리를 청종하지 아니하는" 것이다(10상). 사람이 혹시 죄를 범했다고 해도 회개하라는 주님의 말씀을 청종하면, 그는 다시금 주님의 사랑을 받을 수 있다. 요컨대 "주님의 말씀을 청종하지 아니하는" 것이 멸망을 가져온다.

사무엘상 15:22-23에 말하기를, "순종이 제사보다 낫고 듣는 것이 숫양의 기름보다 나으니 이는 거역하는 것은 점치는 죄와 같고 완고한 것은 사신 우상에게 절하는 죄와 같음이라"라고 하였다.

11 하나님께서는 유다 민족의 죄악으로 인하여 그들을 벌하시겠다는 경고를 발하시며, 그들에게 회개하라고 권면하신다. 회개하라는 말처럼 귀한 말씀은 없다. 동양의 성현들도 말하기를 "충성된 말은 귀에 거슬리나 행위에 유익하다"(忠言逆耳利於行)라고 하였다. 회개하기를 거부하는 자에게는 망하는 길밖에 남은 것이 없다. 그러므로 잠언 16:20에 말하기를, "삼가 말씀에 주의하는 자는 좋은 것을 얻나니 여호와를 의지하는 자는 복이 있느니라"라고 하였고, 잠언 28:13에는 말하기를, "자기의 죄를 숨기는 자는 형통하지 못하나 죄를 자복하고 버리는 자는 불쌍히 여김을 받으리라"라고 하였다.

12 유다 백성들은 회개하라는 하나님의 경고를 헛된 말로 여겼다. 이것은 신자들의 세계에서 흔히 목격되는 고질적인 병폐다. 신자들이 입으로는 "회개"하라는 하나님의 말씀을 귀히 여기는 척하면서도 심령으로는 그 말씀을 중시하지 않으며 따라서 실제로 회개하지도 않는다.

13 하나님께서는 이스라엘이 범죄를 저지르는 것을 이상하게 여기신다. 이스라엘은 많은 나라들 가운데서 어느 나라도 받지 못한 은혜와 축복을 받았음에도 불구하고 하나님을 버렸다. 이것은 참으로 이상한 일이다.

"처녀 이스라엘"(בְּתוּלַת יִשְׂרָאֵל)이라는 표현이 여기서는 하나님의 영적 신부로 택함을 받아서 정결해야 할 존재로서의 이스라엘을 가리킨다(Calvin). 이처럼 복된 처지에 놓인 백성으로서 하나님을 버리는 일은 너무도 모순된 일이며 자연스럽지 않다. 그러므로 하나님께서는 다음 구절에서 이스라엘의 행동이 자연스럽지 않은 괴악한 것이라는 점을 지적하시면서, 자연계의 이치를 들어 꾸짖으신다.

14 레바논의 눈이 어찌 들의 바위를 떠나겠으며 먼 곳에서 흘러내리는 찬물이 어찌 마

르겠느냐. "레바논의 눈"이 "들의 바위를 떠나지" 않는다는 말은 "헬몬산"의 정상에 언제나 만년설이 덮여 있다는 뜻이다. "들의 바위"(שָׂדַי צוּר)라는 말은 헬몬산을 가리키는 별명이다(Delitzsch). 하나님께서는 헬몬산의 만년설은 이처럼 사시사철 사라지지 않고 산 전체를 덮고 있었으나 이스라엘 민족은 하나님 앞에서 변절하였다고 꾸짖으신다. 사람은 자연계의 현상을 통해서도 깨달음을 얻어야만 한다. "먼 곳에서 흘러내리는 찬물"은 헬몬산의 눈이 녹아 땅속 깊이 스며들어 먼 지방에까지 흐르는 것을 가리킨다(Delitzsch). 그것은 땅속 깊이 스며들어 흐르기 때문에 "찬물"이며, 증발되지 않으므로 "마르지도" 않는다. 이 구절에서는 자연계의 사물들도 이처럼 변절하지 않고 절개를 지키는데, 오히려 유다 백성들은 옛날부터 전승되어 내려온 하나님의 진리를 저버렸다는 사실을 탄식한다(참조. 15절).

15 "**옛길**"(שְׁבִילֵי עוֹלָם)이라는 말은 옛날부터 전해져 내려오는 하나님의 말씀이 가르치는 참된 종교를 가리킨다. 이것은 옛날부터 신자들이 성령에 의하여 양심적으로 믿어 내려온 것으로서 흠잡을 데가 없었다. "옛길"이 진리라는 증거는 그와 관련된 예언들이 모두 성취되었다는 사실이다. 그러나 그들은 이 길을 버리고 "**곁길**", 다시 말해 우상의 도를 따라갔다. 우상의 도는 "**닦지 아니한 길**"(דֶּרֶךְ לֹא סְלוּלָה)과 같아서 사람을 허무한 데로 인도할 뿐이다. 유다 백성들이 우상을 따른 일은 하나님을 알지 못하던 다른 민족이 그리한 것보다 더 큰 죄악이다. 그것은 알고도 지은 죄이며, 따라서 고의적인 범죄라는 것이다(히 10:26-31). 그것은 자연스럽지 않은(참조. 14절 해석) 괴이한 행동으로서 더욱 무거운 벌을 받을만한 일이다. 그러므로 16-17절에서는 그들이 받을 벌이 얼마나 무거울 것인지 진술한다.

16-17 이 두 구절은 유다 백성들이 범한 죄로 인하여(16절) 그들이 받을 벌에 대해 말한다.

그들의 땅으로 두려움과 영원한 웃음거리가 되게 하리니. 이 구절은 우리에게 다음과 같은 사실을 알려 준다. 한마디로 가나안 땅은 젖과 꿀이 흐르는 아름다운 땅인데도 불구하고(민 13:27) 그 땅이 놀랄 만큼 황폐해져서 행인들의 비웃음거리가 되는 이유는 그곳에 살던 유다 백성들의 죄 때문이라고 아니할 수 없다. 그처럼 아름답고 비옥했던 땅이 그렇게까지 비참해진 원인을 달리 설명할 길은 없다.

내가 그들을 그들의 원수 앞에서 흩어 버리기를 동풍으로 함 같이 할 것이며. 하나님께서는 "그들을 그들의 원수 앞에서 흩어 버리실" 것이라고 하셨는데, 이는 바벨론이 유다를 침략하게 만드심으로써 이루어질 것이었다. 이것 역시 그들의 죄로 말미암은 하나님의 징벌이 아니라고 할 수 없다. 하나님께서 그들에게 그 땅을 주시는 일도 기적으로 이루어졌지만, 그들이 범죄하였을 때 그 땅을 도로 빼앗으시는 일도 그의 특별한 간섭에 의하여 이루어졌다. 우리에게 무언가를 주시거나 빼앗으시는 이는 살아 계신 하나님이시다(욥 1:21).

그들의 재난의 날에는 내가 그들에게 등을 보이고 얼굴을 보이지 아니하리라. 이 말씀은 하나님께서 그들을 전쟁의 환난에서 구원하여 주시지 않고 모른 체하시겠다는 말씀이다. 그들은 하나님께서 이미 주신 말씀에 순종하지 않고 듣는 둥 마는 둥 하였으니만큼, 이제 이와 같은 보응을 받는 것이 마땅하다. 이 말씀도 그들이 일찍이 하나님을 등진 죄악을 상기시키는 방식으로 벌을 선언하시는 것이다. 우리가 하나님의 말씀을 정면으로 받아 순종하지 않고 듣는 둥 마든 둥 하면서 그 말씀을 등지면, 마침내 하나님께서 우리를 등지시고 돌보시지 않는 때가 온다.

18 그들이 말하기를 오라 우리가 꾀를 내어 예레미야를 치자. 유다의 지도자들은 예레미야를 통해 주어진 하나님의 말씀을 순종치 아니하였을 뿐만 아니라 그의 예언 운동을 저지하기 위해 대중을 충동한다. 그들의 이와 같은 운동은 ① 하나님을 의지하지 않고 사람을 의지하는 것이다. 그들이 서로를 향하여 "오라"(לְכוּ "레쿠")라고 말한 것은 사람들의 힘을 모으자는 취지의 표현이다.

② 그 당시에 제도적으로 존재하던 부패한 제사장들과 자칭 지혜자들과 거짓 선지자들의 말을 빌려서 예레미야의 예언 운동을 제지하고자 하는 것이었다. 언제든지 종교가 타락하게 되면 부패한 기득권 지도자들의 교권이 하나님의 참된 종을 가로막는다. 그러나 현재 권세를 누리고 있는 지도자 계층이 언제나 나쁘다는 말은 아니다. 어떤 경우에는 기득권 지도자들이 거짓 스승들의 운동을 방해하기도 한다.

오라 우리가 혀로 그를 치고 그의 어떤 말에도 주의하지 말자. 외식하는 종교가들은 신앙과 의리를 가지고서 형통을 구하기보다는 오직 말로 의인을 훼방하여 그들을 이기고자 한다. 시편 12:4을 참조하라.

19-20 나를 돌아보사 나와 더불어 다투는 그들의 목소리를 들어 보옵소서(19절). 예레미야는 여기서 하나님을 향하여 그의 대적들을 처벌해 주시기를 간구한다. 이것은 기도인 동시에 예언이다. 선지자의 기도 가운데 하나님의 뜻이 아닌 일을 이루어 주시기를 구하는 말씀은 없다. 하나님께서 그의 대적들을 처벌하시겠다고 말씀하신 것은 벌써 오래전부터 내려오는 예언의 말씀이었다. **내가 주의 분노를 그들에게서 돌이키려 하고 주의 앞에 서서 그들을 위하여 유익한 말을 한 것을 기억하옵소서**(20하). 그러나 선지자는 하나님께 그가 쏟아부으시려 작정하신 분노를 돌이켜 주시기를 기도하기도 하였다. 그런데도 하나님을 대적하는 유다 백성들은 끝까지 회개하지 않고 도리어 "**악으로 선을 갚고**" 그를 음해하는 운동을 전개하였으므로(18절), 예레미야는 이제 하나님께 그가 본래 예고하셨던 대로 그들을 벌하시기를 구한다. 이것이 그의 기도의 중심이다.

21-22 선지자를 대적하는 자들은 곧 하나님을 대적하는 자들이다. 왜냐하면 선지자는 하나님의 대언자로서 하나님을 대신하여 사역하는 자이기 때문이다. 그는 개인적인 감정으로 대적들과 원수를 맺은 것이 아니었다. 그는 그들의 구원을 위하여 기도하기까지 하였다. 그러나 그들이 끝까지 그를 대적했으니, 그것은 악으로 선을 갚는 악마적인 행동이다. 그들이야말로 공공연

하게 하나님을 대적하는 원수들이다. 이런 때에 그는 하나님께 그가 본래 작정하셨던 대로 그들을 벌하시기를 구할 수밖에 없다. 그런데 이때 내리는 벌로 말미암아 "기근"이 발생하고 "전장"에서 그들의 자녀들이 많이 죽을 것이다. 이것은 참으로 비참한 벌이 아닐 수 없으며, 그들이 하나님께서 보내신 선지자를 죽이려고 했던 죄악으로 말미암아 임하게 되는 것이다(22하-23절).

선지자를 대적하는 죄는 ① 실질적으로 하나님을 대적하는 것과 같은 죄악이므로 그로 말미암은 벌이 이처럼 무거운 것이며, ② 또한 선지자를 대적하는 그들의 태도는 바벨론의 침략을 받아 마땅한 그들의 죄를 회개하지 않는 태도를 보여주는 것이므로 그들은 이제 본래 정해졌던 대로 전쟁의 재앙을 당하는 일밖에 남은 것이 없다.

23 이 구절은 유다 민족이 정해진 대로 벌을 받게 해주시기를 구하는 예레미야의 결론적인 기도다. 위의 19-22절 해석을 참조하라.

| 설교자료

1. 우리는 토기장이와 진흙의 관계를 언제나 기억해야 한다. 토기장이는 ① 자신이 만드는 공예품의 재료가 되는 진흙이 녹로 속에서 어떻게 되어가는지를 끊임없이 주목하고 있으며, ② 자기 뜻대로 그릇을 만들며, ③ 자기 뜻대로 만들어지지 않은 진흙 덩어리는 곧바로 내다 버린다. 한편 진흙 자체는 토기장이의 손에 들려 있을 뿐이며 자체적으로 어떤 공예품이 되고자 하는 계획을 전혀 세우지 못한다. 진흙은 다만 토기장이의 손길을 기다릴 뿐이다.

앞에서 지적한 몇 가지 사실과 같이 우리는 하나님의 절대적인 주권 앞에서 진흙과 같이 어디까지나 피동적인 순종의 태도를 본성적으로 지니고 있어야 한다(1-10절).

2. 사람이 악에서 돌이키는 것은 너무도 귀한 일이다. 멸망할 위기에 처했던 사람이나 국가도 이처럼 귀한 일로 말미암아 구원받는다(7-8절). 그러므로 사람이 언제나 제일 먼저 마음을 써야 하는 것은 회개하는 일이다.

3. 사람은 자연계의 무수한 법칙들에 둘러싸여 있다. 사람은 그것들을 거부할 수 없다. 그렇다면 또한 그러한 법칙들이 보여주는 하나님의 영광도 부인할 수 없다. 특별히 그러한 법칙들은 사람들에게 수많은 도덕적 교훈을 상징적으로 가르치고 있다. 그것들 가운데서 무엇보다 중요한 불변의 법칙은 사람들에게 충절을 가르친다(14절).

4. 옛적부터 하나님께서 언약의 원리에 따라 신실하게 계시하신 말씀의 종교는 견고하게 닦아 놓은 유일한 생명의 길이다. 모든 다른 종교들은 거짓되고 불확실한 것이기 때문에 "닦지 아니한 길"이라고 하였다(15하).

5. 여호와의 참된 종교를 믿다가 중도에 내어버리는 자는 마침내 불신자들 앞에서도 비웃음거리가 된다(16절). 마태복음 5:13을 참조하라.

6. 진리를 배반하는 자들은 엄격한 사실을 토대로 삼기보다는 일시적인 언변으로 진리를 왜곡하고 이기려 한다(18절). 시편 12:4에도 말하기를, "그들이 말하기를 우리의 혀가 이기리라 우리 입술은 우리 것이니 우리를 주관할 자 누구리요 함이로다"라고 하였다.

7. 참된 선지자들과 선생들은 원수를 위해서도 선한 말을 한다(20절).

8. 하나님께서는 참된 선지자들을 통하여 그의 말씀을 끝까지 순종하지

않는 자들에 대하여 재앙을 예언적으로 선포하기도 하신다. 선지자의 기도는 예언의 말씀이기도 하다. 21-23절 해석을 참조하라.

제 19 장

✣ 내용분해

1. 유다 땅에 재앙을 내리시겠다고 말씀하시는 이유(1-5절)
2. 재앙의 내용(6-9절)
3. 옹기를 깨뜨려 유다 파멸의 참상을 보여주는 한편 재앙의 원인을 다시 말함(10-13절)
4. 예레미야가 유다 나라에 내릴 재앙에 대하여 성전 뜰에서 다시 예언함 (14-15절)

✣ 해석

1-2 가서 토기장이의 옹기를 사고. "옹기"라는 말은 히브리어로 "바크부크"(בקבק)인데, 이것은 목이 좁은 병으로서 속에 담긴 액체를 쏟을 때 "바크부크"라는 소리가 난다고 한다. 이러한 소리를 따라서 병의 이름을 지은 것이다. 이 같은 옹기는 진흙으로 만들었으며, 유약을 발라 구워서 광택이 나게

한 것이다. 하나님께서는 옹기 병이 깨지는 것과 같이 유다 나라가 깨어질 것을 실물로 교훈하시기 위하여 예레미야에게 옹기를 사라고 지시하셨다.

어른들(זְקֵן). 나라가 망하거나 흥하게 되는 일은 그 나라의 지도자들에게 달린 것이기 때문에 하나님께서는 유다 백성들 가운데서 특히 이런 자들에게 경고하려고 하신다.

하시드 문(שַׁעַר הַחַרְסוּת). 이것이 "질그릇 조각문"을 의미한다고 해석하는 학자들도 있는데, 일반적으로는 "태양문", 다시 말해 예루살렘 성의 동편 문을 가리킨다고 한다(Calvin).

힌놈의 아들의 골짜기(גֵּיא בֶן־הִנֹּם). 이곳을 가리켜 "도벳"(תֹּפֶת)이라고 부르기도 한다. 예레미야가 유다 민족의 어른들을 데리고 이곳으로 가서 그들에게 경고하는 목적은, 유다 온 땅이 아이들을 죽여 몰록 우상에게 바치는 불결한 지역인 "도벳"과 같이 저주받은 땅이 될 것을 실물로 보여주시기 위함이다. 유다 땅은 우상을 섬김으로 말미암아 더러워져서 결국에는 도벳과 같이 살육이 가득한 땅이 될 것이었다.

3 유다 나라를 망하게 만든 죄책이 "왕"들에게도 있지만, **주민들**(יֹשְׁבֵי) "요슈빔")에게도 있다.

너희 유다 왕들과 예루살렘 주민아 여호와의 말씀을 들으라 만군의 여호와 이스라엘의 하나님이 이같이 말씀하시되 보라 내가 이곳에 재앙을 내릴 것이라. 이 말씀은 힌놈의 아들의 골짜기인 도벳과 같이 더러워진 유다 땅에 전쟁의 재앙을 보내시겠다는 뜻이다. 마땅히 하나님을 섬겨야 할 유다 땅이 우상을 섬기는 곳으로 전락한 것은 너무도 기대와는 반대되는 결과였기 때문에 하나님의 진노를 격동시킨 것이다.

귀가 떨리니. 이 말씀은 환난이 찾아올 것이며 그에 대한 소식을 듣는 자가 놀랄 것이라는 뜻이다.

4 이는 그들이 나를 버리고 이곳을 불결하게 하며 이곳에서 자기와 자기 조상들과 유다

왕들이 알지 못하던 다른 신들에게 분향하며 무죄한 자의 피로 이곳에 채웠음이며. 하나님의 백성이 하나님을 "버린"(עזב "아자브") 죄악은 하나님이 그들을 버리셔서 이방인들의 손에 넘겨주실 일에 원인을 제공하였다. 하나님께서 죄인을 벌하시는 방법은 종종 이렇게 비례적으로 나타난다. 말하자면 그들이 범한 죄의 성격에 상응하는 방식으로 보응이 주어진다는 것이다.

"알지 못하던 다른 신들." 이스라엘의 하나님은 옛적부터 자신을 계시하시고 사람들에게 알게 하시며, 말씀대로 성취하심으로써 그의 진실성을 나타내신 참되신 하나님이시다. 그러나 이방의 우상들은 말하지도 못하며 아무것도 행하지 못하는 무능한 신들이다. 그들은 인격적으로 사람들과 교제하지 못한다. 그러므로 예수님도 사마리아 여자에게 말씀하시기를 "너희는 알지 못하는 것을 예배하고 우리는 아는 것을 예배하노니"라고 하셨다(요 4:22). "무죄한 자의 피로 이곳에 채웠"다는 말은 예레미야 시대에 참된 하나님의 사람들이 많은 박해를 받아 죽임을 당한 사실을 가리킨다(2:34; 7:6; 22:3, 17). 종교가 부패한 시대에는 의인을 죽이는 불의한 자들이 많아진다(시 14:4-6).

5 또 그들이 바알을 위하여 산당을 건축하고 자기 아들들을 바알에게 번제로 불살라 드렸나니 이는 내가 명령하거나 말하거나 뜻한 바가 아니니라. 여호와 하나님을 섬기던 유다 민족이 이방 우상인 바알을 섬기며, "아들들을···불살라 드렸다"는 것은 상상하기도 어려운 일이다. 어찌하여 그들은 그처럼 고상한 계시 종교인 여호와 신앙을 버리고 미신에 빠져들게 되었을까? 어떻게 태양 빛을 버리고 어두움을 빛이라고 생각하는 우매한 처지에 떨어졌을까? 그것은 다음과 같이 해석할 수 있다. 사람이 한번 미혹에 빠지기 시작하면 아주 어리석어지는 법이다. 누구든지 하나님의 말씀을 근거하지 않고 사람을 두려워하거나, 혹은 사람을 지나치게 따를 때는 미혹에 떨어진다.

"명령하거나 말하거나 뜻한 바가 아니니라." 이 같은 문구에도 하나님의 말씀이 강조되어 있다. 하나님께서 그의 말씀으로 가르치시지 않은 것을 그 누가 진리라고 주장할 수 있겠는가? 만일 누가 그러한 주장을 펼친다면, 그는 하나님보다 자기 자신을 더욱 높이는 무서운 죄를 범하는 것이다.

6-9 이 부분에서는 유다 백성들이 그들의 죄로 인하여 받을 재앙들을 지적한다.

1) 유다 땅이 "**도벳이나 힌놈의 아들의 골짜기**"보다 더욱더 불행한 "**죽임의 골짜기**"(גיא ההרגה)가 될 것이다(6절). 예레미야는 유다 땅이 "도벳", 혹은 힌놈의 아들의 골짜기와 같이 더러워졌다는 의미에서 이때 도벳 땅까지 가서 도벳을 본보기로 삼아 예언한 것이다. 그러므로 도벳이 "죽임의 골짜기"라고 칭해진다는 말은 요컨대 유다 온 땅이 "죽임의 골짜기"라고 칭해진다는 말씀으로 들어야 한다. 사람들이 우상을 섬김으로써 땅을 더럽히는데, 하나님은 전쟁을 그들에게 보내시어 그 땅이 시체로 말미암아 더러워지도록 벌을 내리신다.

2) 유다 백성들의 "계획"(עצה "아차트")이 실패하게 만드실 것이다(7절). 하나님의 말씀을 믿어야 할 그들이 인간의 지혜를 믿었기 때문에 하나님께서 진노하셔서 그들의 계획이 실패하게 만드신다. 이것이 바로 하나님께서 그가 택하신 백성에게 내리시는 벌이다.

3) 예루살렘 성은 황폐해지고 그곳을 지나쳐가는 행인들은 놀라서 그 성을 모욕할 것이다(8절). 여기서 "지나는 자"라는 표현은 이방인을 의미했을 것이다. 이스라엘 종교를 믿지 않는 이방인들도 유다 민족이 멸망하게 된 원인이 그 민족의 종교적 타락이었다고 비난한다(22:8-9). ① 유다 민족의 멸망은 하나님께서 내리신 벌로 인한 것이라는 사실이 분명하게 드러난다. ② 교회가 타락하게 되면 불신 사회만도 못한 곳이 되고 만다. 예수님도 말씀하시기를 "소금이 만일 그 맛을 잃으면 무엇으로 짜게 하리요 후에는 아무 쓸 데 없어 다만 밖에 버려져 사람에게 밟힐 뿐이니라"(마 5:13)라고 하셨다.

4) 유다 백성들이 적군에게 포위되었을 때 사람의 고기를 먹을 것이다(9절). 전쟁 시에 식량의 보급이 끊어지게 되면 사람들이 정신을 잃을 정도로 혼미해져서 심지어 자기 자녀를 죽여 그 고기를 먹는 지경에 이른다. 이런 일은 사람이 상상할 수도 없는 비극이다. 그러나 이런 환난이 땅 위에서 발생하는 이유는 사람들로 하여금 그러한 환난의 원인이 되었던 죄악이 얼마나 악독한 것인지를 깨닫게 하기 위함이었다. 사람들이 환난 전에 하나님을 거슬러 범했던 죄악들은 그들이 지금 이웃의 고기를 먹는 것과 같은 비참한 일이었다. 환난의 비참함을 보는 자는 그러한 환난의 배후 원인이 되는 죄악의 비참함을 회상할 줄 알아야 한다.

10-11 여기서는 하나님께서 예레미야에게 동행자들 앞에서 "**옹기를 깨뜨리고**" 예루살렘의 멸망에 대하여 실물을 통해 교훈하라고 지시하신다. 우리와 신학적 관점이 다른 빌헬름 루돌프(Wilhelm Rudolph)도 "본 장에서는 이렇게 상징적인 행동 예언을 우리에게 보여주고 있다"라고 말하였다.[29] 예루살렘은 마치 질그릇이 부서지듯이 파멸하고 말 것이다. 이것을 보면 하나님께는 유다 나라를 깨뜨리시는 일이 마치 옹기병 하나를 깨뜨리는 것만큼 쉬운 일이라는 사실을 깨달을 수 있다.

12-13 예루살렘은 "도벳"과 같이 시체들이 많은 땅이 될 것인데, 그것은 물론 바벨론 군대의 침략으로 말미암아 이루어질 일이었다. 이렇게 거룩한 땅이 시체들로 더러워지게 되는 원인은 유다 백성들이 먼저 우상숭배로 그 땅을 더럽힘으로써 하나님의 노를 격동한 데 있다.

예루살렘 집들과 유다 왕들의 집들이 그 집 위에서 하늘의 만상에 분향하고 다른 신들에게 전제를 부음으로 더러워졌은즉. 열왕기하 21:3, 23:12, 예레미야 32:29, 스바냐 1:5을 참조하라. 이것은 유다 백성들이 이방의 미신 숭배 사상을 수입하여

---

29) Wilhelm Rudolph, "In Kap. 19 begegnet uns erstmals eine symbolische Handlung des Propheten."

자기 집 옥상에서 하늘의 별들을 섬긴 죄를 지적한 말씀이다. 우상숭배는 땅을 더럽히는 죄악이며, 이에 대한 대가는 시체로 땅을 더럽히게 되는 무서운 형벌이다.

14-15 예레미야는 성전 뜰에서 다시 예언하였는데, 이때 다시 예언한 말씀 역시 유다 민족이 받을 재앙에 대한 것이다. 그들이 이와 같은 재앙을 받게 되는 이유는 그들이 하나님의 말씀을 순종하지 않았기 때문이다. 사무엘상 15:22-23을 참조하라.

| 설교자료

1. 사람이 범죄하고 회개하지 않으면 점점 어두워져서 결국은 상상하지도 못했던 무서운 죄악까지 범하게 된다. 하나님께서 특별히 계시의 말씀과 영광의 종교로 유다 백성들을 가르치셨는데도 불구하고, 그들은 자신들의 아들들을 우상에게 불살라 바치는 무서운 죄를 범했다. 이것은 그들이 과거에 범한 죄를 회개하지 않음으로써 영적 분별력이 어두워진 결과다(5절).

2. 하나님께서는 사람들의 완악한 죄악을 벌하시기 위하여 그들에게 재앙을 내리시되, 그들이 여러 가지 참혹한 광경을 목격하게 하신다. 요컨대 ① 그들의 땅을 살육의 골짜기가 되게 하시며(6-7절), ② 지나가는 사람들의 놀람과 모욕 거리가 되게 하시고(8절), ③ 그들이 자기 자녀들의 고기와 친구의 고기를 먹게 하시는 일과 같은 것들이다(9절).
그러므로 사람들은 자신들이 속한 사회나 국가에서 참혹한 광경을 목격할 때마다 그들이 일찍이 범했던 죄악의 참상을 되돌아보아야 한다.

3. 사람들이 죄악으로 땅을 더럽히면 하나님께서는 재앙으로 그 땅을 도

벳같이 더러운 땅이 되게 하신다(12-13절). 하나님께서는 사람들에게 그들의 죄악을 깨우치시기 위하여 그들의 죄악에 비례하는 방식으로 형벌을 내리신다. 시편 18:26 하반절을 참조하라.

4. 사람들이 목을 곧게 하고 완악한 자세로 하나님의 말씀을 순종하지 않으면 마침내 무서운 심판을 받게 된다(15절).

제 20 장

✤ 내용분해

1. 바스훌이 예레미야를 때리고 가둠(1-2절)
2. 예레미야가 바스훌에게 임할 재앙을 예언함(3-6절)
3. 예레미야의 기도(7-13절)
   1) 예레미야가 자신이 당하는 고난에 대하여 탄식함(7-10절)
   2) 예레미야가 믿음으로 위로를 얻음(11-13절)
4. 예레미야가 자신이 당하는 곤란으로 인하여 가졌던 마음의 고민을 기록함(14-18절)

✤ 해석

1-2 제사장 바스훌은 여호와의 성전의 총감독이라 그가 예레미야의 이 일 예언함을 들은지라 이에 바스훌이 선지자 예레미야를 때리고 여호와의 성전에 있는 베냐민 문 위층에 목에 씌우는 나무고랑으로 채워 두었더니. 예레미야는 유다 민족에게 임할 재앙에 대

하여 예언하였다는 이유로(19:14-15) 박해를 받게 되었다. 그는 제사장들의 우두머리였던 "성전의 총감독" 바스훌에게 매를 맞고 구금을 당한 것이다. 제사장의 우두머리가 이처럼 폭력을 사용한 것은 그 당시에 종교가 얼마나 타락했었는지를 여실히 보여 준다. "바스훌"(פשחור)이 예레미야를 폭행한 이유는 예레미야의 예언 때문이었는데, 바스훌의 이 같은 행동은 사실상 하나님의 말씀을 박해한 것이었다. 그 당시 종교 관련자들은 그만큼 하나님을 두려워하지 않고 형식과 겉치레로만 신앙생활을 유지했던 것이 분명하다. 진정한 종교의 요점은 하나님을 두려워하는 것이다.

3 다음날 바스훌이 예레미야를 목에 씌우는 나무 고랑에서 풀어 주매 예레미야가 그에게 이르되 여호와께서 네 이름을 바스훌이라 아니하시고 마골밋사빕이라 하시느니라. 예레미야는 그를 놓아주는 "바스훌" 앞에서도 그가 받은 예언의 말씀을 굽히지 않고 초지일관하여 장차 임할 재앙에 대해 예언했을 뿐만 아니라 바스훌 자신을 비롯하여 그의 가족과 친구들에게 재앙이 임할 것이라고 예언하였다. 이것은 예레미야가 사람의 얼굴을 두려워하지 않는 강직한 예언자였다는 사실을 알려준다(렘 1:17). 하나님 말씀의 대언자는 자기 자신을 돌아보지 않고 하나님의 말씀과 운명을 같이한다.

"네 이름을 바스훌이라 아니하시고 마골밋사빕(מגור מסביב)이라 하시느니라.""바스훌"은 "권세를 확장하는 자"라는 뜻인데, 이제부터는 그가 "마골밋사빕", 다시 말해 "사방에 두려움"이라는 이름을 가지게 된다. 한마디로 그는 이제부터 새로운 이름의 내용과 같이 두려운 환난을 겪을 것이며, 그 자신이 모든 두려운 환난의 원인이 되리라는 뜻이다. 그는 선지자를 구타했을 뿐 아니라 사람들이 하나님의 말씀을 순종하지 못하도록 방해한 자였다(6절). 사실상 그는 유다 민족에게 환난을 가져온 원인 제공자였다.

4-6 이 부분에서는 바스훌이 당할 환난의 내용을 말해 준다. 그것은 물론 바벨론의 침략을 가리키는데(4절), ① 그는 자신의 친구들이 칼에 죽는

것을 목격할 것이다(4상). 그는 하나님을 믿지 않고 하나님의 말씀을 대적하는 일에 한뜻이 되었던 친구들을 믿었다. 그러나 하나님께서는 그가 의지하던 세력들을 없애버리시겠다고 말씀하신다(사 3:1-3). ② 예루살렘의 모든 소유와 보물이 원수 바벨론에 탈취당할 것이다(5절). 악인들은 무엇보다도 물질을 의지하는 자들이기 때문에 그들에게는 물질이 없어지는 것이 곧 죽음과도 같이 여겨지는 법이다. ③ 그의 가족들과 그 자신도 바벨론에 사로잡혀 가게 될 것이다(6절). 하나님보다 가족을 더 사랑하는 거짓 지도자들은 가족이 포로가 되어 이방 땅으로 끌려가는 처참한 고통을 맛보게 된다.

7 여호와여 주께서 나를 권유하시므로 내가 그 권유를 받았사오며 주께서 나보다 강하사 이기셨으므로 내가 조롱거리가 되니 사람마다 종일토록 나를 조롱하나이다. 본 절은 예레미야가 선지자가 되었던 이유가 오직 하나님께서 그를 그러한 자리에 몰아 넣으셨기 때문이었음을 보여 준다. 그러나 이 말씀에 대하여 어떤 학자들은 해석하기를, 이 구절은 하나님을 향한 예레미야의 불평이라고 주장한다. 말하자면 그가 선지자 직분을 취한 것은 하나님의 뜻에 따른 것이었는데, 그가 선지자 사역을 수행하면서 박해만 받게 된 것을 여기서 불평하고 있다는 것이다. 바스훌이 그를 때리고 가둔 사건이(20:1-2) 대표적인 사례다. 본 절에서 "권유"(פִתִּיתַנִי)라는 단어가 누군가를 속인다는 의미를 지닌 것으로 볼 때 이 구절은 불평의 의미를 지닌다고 이해할 여지도 있을 것이다. 예레미야는 하나님께서 그를 보호하시겠다고 약속만 하시고 실제로 보호해주시지는 않으신다고 불평하였다는 것이다.

그러나 칼빈(Calvin)은 여기서 "권유"라는 단어를 속인다는 뜻으로 번역하면서도 이 구절 전체를 불평의 언사로 이해하지는 않는다. 그는 이 말씀을 풍자적인 표현으로 이해한다. 말하자면 타락한 유다 백성들은 예레미야를 가리켜 "민중을 속이는 자"라고 하였는데, 예레미야는 그들의 태도를 풍자하여 말하기를, "내가 민중을 속이는 자라면 주님이 나를 속인 것이다!"라고 말한 셈이라는 것이다. 한마디로 자신은 하나님의 말씀을 그대로 받아서 대중에게 전하는 것일 뿐이라는 뜻이다.[30]

여기서 우리는 ① 예레미야가 어느 정도로 하나님의 말씀을 전하는 일에만 몰두했는지를 엿볼 수 있으며, ② 하나님의 말씀만을 전하는 사역자의 권위가 하나님을 대리하는 권위라는 사실도 확인할 수 있다. 하나님의 말씀이 지니는 권위는 이처럼 하나님의 권위와 동일하기 때문에, 성경은 그 말씀 가운데 작은 부분이라도 멸시하는 자의 죄가 작지 않다고 경고한다. 신명기 12:32에 말하기를, "내가 너희에게 명령하는 이 모든 말을 너희는 지켜 행하고 그것에 가감하지 말지니라"라고 하였고, 요한계시록 22:18-19에는 말하기를 "내가 이 두루마리의 예언의 말씀을 듣는 모든 사람에게 증언하노니 만일 누구든지 이것들 외에 더하면 하나님이 이 두루마리에 기록된 재앙들을 그에게 더하실 것이요 만일 누구든지 이 두루마리의 예언의 말씀에서 제하여 버리면 하나님이 이 두루마리에 기록된 생명나무와 및 거룩한 성에 참여함을 제하여 버리시리라"라고 하였다.

8 내가 말할 때마다 외치며 파멸과 멸망을 선포하므로 여호와의 말씀으로 말미암아 내가 종일토록 치욕과 모욕 거리가 됨이니이다. 본 절은 유다 민족이 예레미야를 조롱하며 박해하게 되었던 원인을 보여 준다. 히브리어 원문에서 본 절 첫머리에 나오는 "키"(כִּי)는 이유 접속사로서 "왜냐하면"이라는 뜻이다. 그가 "말할 때마다…파멸과 멸망을 선포"한다는 말은 그가 말할 때마다 유다 민족에게 임할 전쟁, 바벨론 침공의 재앙을 선포한다는 뜻이다. 그가 하나님으로부터 받은 말씀이 그것밖에 없었으니 그는 오직 그것만을 말하였다. 그가 재앙의 선포를 반복했던 이유는 유다 민족이 회개하게 만들려는 것이었다. 그러나 그 당시 그의 선포를 듣는 자들은 그의 행동을 달갑게 여기지 않았다. 타락

---

30)　John Calvin, "O God, if I am an impostor, thou hast made me so for I have derived from thee all that I have."

한 인생은 그들의 죄악이 지적당하는 것을 싫어하며, 그들이 죄의 대가로 징계받으리라는 경고를 불쾌하게 받아들인다. 그러나 누구든지 그러한 지적을 기꺼이 받아들여 회개하기만 하면 오히려 축복을 받는 법이다. 사람의 죄악에 대한 지적과 경고는 오묘하게도 하나님 앞에서 그들이 복을 받는 일이 될 수 있다. 또한 그것은 범죄자의 생사를 좌우하는 분수령이 된다. 그러므로 잠언 28:13에 말하기를, "자기의 죄를 숨기는 자는 형통하지 못하나 죄를 자복하고 버리는 자는 불쌍히 여김을 받으리라"라고 하였다. 요한계시록 2:5, 16, 3:3, 19 절 참조하라.

9 내가 다시는 여호와를 선포하지 아니하며 그의 이름으로 말하지 아니하리라 하면 나의 마음이 불붙는 것 같아서 골수에 사무치니 답답하여 견딜 수 없나이다. 예레미야가 자신이 당하는 박해가 괴로워서 하나님의 말씀을 전하지 않으려 했을 때는 그의 "마음이 불붙는 것 같아서" 답답하여 견딜 수 없었다. 말하자면 그가 하나님의 말씀을 전하지 않고서는 견딜 수 없도록 마음속에 하나님의 강권을 받는다는 것이다. 그가 하나님의 말씀을 전하게 되었던 것은 어디까지나 하나님의 능력으로 말미암은 것이었으며, 자기 영웅심이나 주관적인 가능성에 따른 것은 아니었다. 오히려 주관적인 관점에서 예레미야는 낙심하였고 의기소침하였으며 그에게 맡겨진 사역을 기피하고자 하는 무기력한 마음밖에 없었다.

우리가 이런 점들을 통해 또다시 깨닫는 것은 예언자가 전한 말씀이 어디까지나 객관적인 대상이신 하나님으로부터 유래한 것이며, 예언자 자신의 마음에서 자생적으로 발생한 것은 아니라는 사실이다. 그런데 예레미야가 자신이 받은 말씀을 전하지 않으려고 했을 때 그의 마음이 불붙는 것과 같아서 골수에 사무치고 답답하여 견딜 수 없게 되었던 것은 어떤 이유에서였을까? 그것은 ① 그가 받은 말씀이 너무나도 분명하게 하나님에게서 온 것이기 때문이며, ② 그것이 너무도 참되기 때문이며, ③ 성령님께서 그가 그것을 전하지 않고는 못 견디도록 마음을 뜨겁게 하시기 때문이다.

설교▶ 예레미야의 마음이 불붙는 것과 같았던 이유(9절)

1. 하나님께서 부탁하신 참된 예언의 말씀을 전하지 않으려고 하니 양심이 괴로워졌기 때문이다. 사람이 양심의 가책을 느낄 때는 가슴이 두근거린다. 하나님이 주신 사명을 순종하지 않는 죄는 크다. 요나는 그에게 주어진 사명을 피하여 도망가다가 풍랑을 만났다(욘 1장). 예수님께서 엠마오로 가는 길에 두 제자를 만나 그들의 불신앙을 꾸짖으셨을 때 그들은 양심에 가책을 받아 그 마음이 뜨거워졌다(눅 24:25, 32).

2. 하나님께서 부탁하신 예언의 말씀이 진리라는 점을 깨닫는 확신이 너무나 컸기 때문이다. 사람은 확신이 생기면 마음이 움직이고 뜨거워지는 법이다. 사도행전 18:5에 "바울이 하나님의 말씀에 붙잡혀" 복음을 증언했다는 말씀이 그런 의미다.

3. 예레미야가 받은 예언은 유다 민족의 장래 운명을 결정하는 중대한 의미를 지닌 것이어서 그것을 전하지 않고서는 그의 마음이 평안할 수 없었기 때문이다. 하나님의 진리는 어떤 말씀이든지 이런 중대성을 지닌 것이다. 누가복음 12:49을 보면 예수님께서 말씀하시기를, "내가 불을 땅에 던지러 왔노니 이 불이 이미 붙었으면 내가 무엇을 원하리요"라고 하셨다. 이것은 그가 선포하실 복음의 말씀이 세상을 뒤집어엎을 중대성을 지닌 것임을 가리킨다.

4. 하나님의 말씀은 생명의 역동성을 지닌 것이므로 그것을 전하는 예레미야의 마음이 뜨거웠기 때문이다. 하나님의 말씀에는 생명력이 있다는 사

실에 대하여 성경은 자주 언급하는데, 베드로전서 1:23에 "너희가 거듭난 것은 썩어질 씨로 된 것이 아니요 썩지 아니할 씨로 된 것이니 살아 있고 항상 있는 하나님의 말씀으로 되었느니라"라고 하였다. 요한복음 6:63을 보면 예수님께서는 "내가 너희에게 이른 말은 영이요 생명이라"라고 하셨고, 사도 바울은 "모든 성경은 하나님의 감동으로 된 것"이라고 하였고(딤후 3:16), 전도서 저자는 "지혜자들의 말씀들은 찌르는 채찍들 같고 회중의 스승들의 말씀들은 잘 박힌 못 같으니 다 한 목자가 주신 바이니라"라고 하였다(전 12:11). 성경은 마치 목수가 못을 박듯이 하나님을 우리 심령에 단단히 결속시켜준다. 이것이 새 생명이다. 사도행전 6:7에 "하나님의 말씀이 점점 왕성하여"라고 하였으며, 사도행전 18:5에 "바울이 하나님의 말씀에 붙잡혀"라고 하였다. 데살로니가전서 2:13에는 "이 말씀이 또한 너희 믿는 자 가운데에서 역사하느니라"라고 하였으며, 데살로니가후서 3:1에 "주의 말씀이 너희 가운데서와 같이 퍼져 나가 영광스럽게 되고"라고 하였다. 그뿐 아니라 디모데후서 2:9에 "복음으로 말미암아 내가 죄인과 같이 매이는 데까지 고난을 받았으나 하나님의 말씀은 매이지 아니하니라"라고 하였다.

설교 ▶ 불붙는 마음으로 복음을 전하자 (9절)

어찌하여 예레미야는 주님의 이름으로 말하지 않으려고 하면 답답하여 견딜 수 없게 되었던 것일까?

1. 하나님의 말씀은 모든 인생의 눈앞에 놓인 중대한 문제를 해결하는 열쇠이기 때문이다. 예레미야가 전할 말씀은 그의 목전에서 멸망하게 될 유다 민족을 구원할 수 있는 중요한 말씀이었다. 그것은 그 당시에 사람들이 직면한 문제의 해결책이었다. 그때는 하나님의 말씀을 전하는 일이 가장 화급한

것이었다. 예레미야가 받은 말씀이야말로 그 시대를 살리기 위한 비전이었다. 비전을 품고 사는 사람은 언제나 그 마음이 뜨겁다. 오늘날 우리가 품은 비전은 무엇인가? 하나님께서 우리에게는 말씀하시지 않았는가? 하나님은 우리에게도 말씀하셨다. 예레미야와 다른 선지자들에게 주어진 하나님의 말씀은 사실상 신약 시대의 성도인 우리를 위한 것인데(롬 15:4; 고전 10:11), 우리가 받은 성경 말씀은, 말씀 운동의 역사에서 가장 탁월한 것이고 결론적인 성격을 지닌 것이다. 우리는 일개 민족을 구원시키는 데 그치고 마는 비전을 받은 것이 아니라 인류 전체를 구원시키는 비전을 받았다. 우리는 땅끝까지 가서 복음을 전해야 할 사명을 부여받았다. 우리에게는 이렇게 엄청난 사명이 주어진 것이다. 우리는 불청객처럼 스스로 나서서 하나님의 일을 해 보겠다고 하는 자들이 아니라, 하나님으로부터 직접 사명을 부여받은 자들이다. 그리고 우리가 전하는 메시지(message)는 절박하지 않은 머나먼 장래의 사건에 관한 것이 아니라 오늘날의 현실에 관련된 것이다. 예수 그리스도께서 죽었다가 다시 살아나신 사실을 믿는 것이야말로 내가 영생을 얻는 비결이며 더 나아가서 내 민족, 그리고 인류 전체가 영생할 길이다.

2. 그의 마음이 하나님의 말씀이 역사하기 위한 알맞은 무대가 되었기 때문이다. 성경은 하나님의 말씀이 불과 같다고 말한다. 예레미야 23:29에 말하기를, "여호와의 말씀이니라 내 말이 불 같지 아니하냐"라고 하였다. 이렇게 불과 같은 말씀을 느낄 수 있는 마음은 겁낼 줄 아는 연약한 마음인데, 그렇다고 해서 비겁한 마음을 의미하는 것은 아니다. 하나님께서 예레미야를 선지자로 세우려 하셨을 때 그는 자신의 부족함을 느끼고 사양하였다. 그는 자기 마음이 "만물보다 거짓되고 심히 부패한" 것임을 깨달았으며(17:9), 자기의 생일을 저주할 만큼(20:14) 자기를 부정하였다. 그는 이렇게 자신을 비천하게 여기고 겸비하였으므로 하나님의 말씀을 두려워하였다. 말씀 앞에

두려워하는 마음은 믿음에 해로운 것이 아니고, 제대로 사용하기만 하면 믿음에 유익을 가져다준다. 하나님의 말씀 앞에서 불신앙을 고집하는 자들은 그 마음이 완악하고 뻔뻔한 자들이다. 예레미야는 겁약한 마음의 소유자였으므로 하나님의 말씀을 두려워하였고 결과적으로 하나님께서는 그에게 더욱 신령한 말씀을 주셨다. 이리하여 그는 마음이 불타는 듯하게 되었다.

3. 그는 동족의 불행을 수수방관하지 않았기 때문이다. 그는 자기 민족의 장래가 "평강하다 평강하다"라고 말하는 거짓 선지자와 달리(6:11), 그들에게 닥칠 불행의 원인이 그들의 죄악이라는 사실을 깨달았다. 따라서 그는 괴롭다고 해서 그들의 죄악을 지적하지 않을 수가 없었다. 왜냐하면 그가 그들을 사랑하였기 때문이다. 그는 그들을 위하여 많이 울었다. 예레미야 9:1에 말하기를, "어찌하면 내 머리는 물이 되고 내 눈은 눈물 근원이 될꼬 그렇게 되면 죽임을 당한 딸 내 백성을 위하여 주야로 울리로다"라고 하였다.

우리 모두 불타는 마음으로 하나님의 복음을 전하자! 신약 시대의 선지자들은 바로 일반 성도들이다. 그러므로 하나님의 말씀을 전하는 것이 우리의 사명이다. 이 사명은 우리가 스스로 부여한 사명이 아니고, 우리의 왕이신 예수께서 주신 사명이다. 초기 교회의 신자들은 전도에 전심전력하였다. 사도행전 8:4에 말하기를, "그 흩어진 사람들이 두루 다니며 복음의 말씀을 전할새"라고 하였다.

10 나는 무리의 비방과 사방이 두려워함을 들었나이다 그들이 이르기를 고소하라 우리도 고소하리라 하오며 내 친한 벗도 다 내가 실족하기를 기다리며 그가 혹시 유혹을 받게 되면 우리가 그를 이기어 우리 원수를 갚자 하나이다. 여기서 예레미야는 자기가 당하는 모든 위험한 일에 대하여 말한다. 그것은 비방하는 일과 그를 해하려는 음모였다.

"그들이 이르기를 고소하라 우리도 고소하리라 하오며"(הַגִּידוּ וְנַגִּידֶנּוּ). 이 말은 예레미야의 원수들이 서로 모의하기를 예레미야에게서 허물을 찾으면 상대방에게도 알려달라고 요구한다는 뜻인데, 이것은 어떻게 해서든지 그를 잡아 죽이려는 음모를 꾸몄다는 뜻이다.

"내 친한 벗도 다 내가 실족하기를 기다리며." 다시 말해 그의 친한 친구들도 예레미야가 무슨 죄라도 저지르고 넘어지기를 원했다는 뜻이다. 여기서 이른바 "나의 친한 벗"(כֹּל אֱנוֹשׁ שְׁלוֹמִי)이라는 말을 직역하면 "나의 평화의 사람"이라는 뜻이다. 이러한 표현은 예레미야와 원만한 관계를 유지해오던 사람들을 가리킨다. 그들은 이렇게 겉으로는 친근하게 대하면서 마음속으로는 예레미야가 넘어지기를 바라고 있었다. "혹시 유혹을 받게" 된다는 말은 예레미야가 트집잡힐 사건이 있게 되리라는 뜻이다. 그들의 이와 같은 태도야말로 "입에 꿀이 있고 배에 칼이 있다"(口密腹劍)라는 속담처럼 사악한 것이었다. 이것은 드러내 놓고 대적하는 것과 마찬가지의 고통을 예레미야에게 안겨주었을 것이다.

11 본 절부터 13절까지는 예레미야가 위에 말한 것과 같은 역경 가운데서도 신앙을 잃지 않았다는 사실을 보여 준다. 이처럼 원수들이 벌떼같이 들고 일어날 때는 하나님을 생각하기가 쉽지 않으나, 그는 하나님이 그와 함께 해주시는 "두려운 용사"(גִּבּוֹר עָרִיץ: "기보르 아리츠")이심을 확신했기 때문에 자기를 대적하는 자들이 이길 수 없으리라는 것을 내다보았다. 그들이 예레미야를 이기지 못할 이유는 예레미야를 대적하는 일이 하나님을 대적하는 것과 같아서 지혜롭지 못한 일이기 때문이다. "큰 치욕을 당하오리니"라는 말은 대적들이 실패하게 되리라는 뜻이다.

12 의인을 시험하사 그 폐부와 심장을 보시는 만군의 여호와여 나의 사정을 주께 아뢰었사온즉 주께서 그들에게 보복하심을 나에게 보게 하옵소서. 여기서도 계속하여 예레미야의 신앙이 어떠한지를 보여 준다. 그는 자기의 중심, 곧 "폐부와 심

장"(כָּל־עֲלִילוֹת)에 불의함이 없다는 사실과 그가 자기 사정을 하나님께 고하였다는 사실에 근거하여 하나님이 그를 알아주시리라고 확신하면서 안전함을 느낀다. 신앙이 없는 자들은 겉으로 드러난 자신들의 의와 외형적으로 보장된 어떤 세력을 믿고 비로소 안심한다. 그러나 성도는 은밀한 가운데 보시는 하나님이 그의 편이 되어 주신다는 사실과 하나님이 그의 기도를 응답하신다는 사실을 안전 보장으로 삼는다.

13 여호와께 노래하라 너희는 여호와를 찬양하라 가난한 자의 생명을 행악자의 손에서 구원하셨음이니라. 이 말씀도 계속하여 예레미야의 신앙을 보여 준다. 그는 이처럼 위험한 상황에서도 노래하며 찬양하였다. 그는 미래에 주어질 구원을 이미 받은 것처럼 여기고 있다. "가난한 자"(אֶבְיוֹן "에브욘")라는 말은 박해받는 성도를 의미한다.

14-16 내 생일이 저주를 받았더면, 나의 어머니가 나를 낳던 날이 복이 없었더면 나의 아버지에게 소식을 전하여 이르기를 당신이 득남하였다 하여 아버지를 즐겁게 하던 자가 저주를 받았더면. 예레미야는 여기서 "내 생일이 저주(אָרוּר)를 받았더면"이라고 말하는가 하면(14절) 그가 태어났다는 소식을 아버지에게 전해준 자까지도 "저주를 받았더면"이라고 말할 만큼 비탄에 빠져 있다(15-16절). 여기에 난제가 있다. 바로 앞 절에서는 넘치는 신앙으로 찬송을 불렀던 예레미야가 어떻게 해서 갑자기 이런 절망에 빠지게 된 것일까? 그러나 이것은 문제 될 것이 없다. 예레미야는 여전히 신앙을 지니고 있었으면서도 그가 당하게 될 박해의 고난을 생각할 때는 차라리 태어나지 않았더라면 좋았으리라고 생각하게 될 만큼 절망을 느끼고 있었음을 묘사하는 것뿐이다. 이 부분의 말씀은 시적인 표현이며 그 요지는 그가 당하게 될 고통이 얼마나 큰지를 알리는 것이다. 선지자가 하나님의 말씀을 전하는데도 불구하고 그의 말씀을 들어야 할 자들이 도리어 선지자를 박해할 때 그가 느끼는 고통은 말할 수 없이 크다. 비록 고전적인 의미에서의 선지자는 아니었지만 타락한 종교를 개혁하기

위해 들고 일어났던 마르틴 루터(Martin Luther)도 그가 추진했던 개혁운동으로 인해 반대자들로부터 받은 고통은 말할 수 없이 큰 것이었다. 그가 당하는 이러한 고통을 신학자들도 알아주지 않았는데, 그때 그는 그들을 가리켜 "이론뿐인 신학자들"이라고 비평하였다. 엘리야도 동시대 사람들이 그를 박해했을 때 로뎀나무 아래서 죽기를 구하였다(왕상 19:4).

그가 아침에는 부르짖는 소리, 낮에는 떠드는 소리를 듣게 하였더면. 이것은 전쟁의 공포로 말미암아 발생하는 모든 소리를 의미한다.

17 **이는 그가 나를 태에서 죽이지 아니하셨으며 나의 어머니를 내 무덤이 되지 않게 하셨으며 그의 배가 부른 채로 항상 있지 않게 하신 까닭이로다.** "그가 나를 태에서 죽이지 아니하셨으며." 여기서 "그"라는 대명사가 하나님을 의미한다는 해석이 있다. 우리말 성경도 그런 해석을 따르고 있다. 그러나 다른 해석에서는 여기서 "그"라는 말이 앞 절에서 예레미야의 출생 소식을 아버지에게 전해주었던 사람을 가리키는 것으로 본다(15-16절). 이러한 해석을 채택할 때 발생하는 난제는 출생의 소식을 전하는 사람으로서 태어난 아기를 죽이지 않는 것이 과연 저주받을 일인가 하는 점이다. 그러나 다시 생각해 보면 그것도 문제 될 것이 없다. 왜냐하면 예레미야가 여기서 그 사람의 책임을 추궁하자는 의미에서 이런 말을 하는 것은 아니기 때문이다. 그는 다만 하나님의 말씀을 전하는 선지자로서 자신이 당하는 고통이 얼마나 심한 것인지를 시적으로 강조하는 것뿐이다. 칼빈은 이 부분에 기록된 예레미야의 발언은 그가 육신적인 감정에 치우쳐서 그릇되게 말한 것이라고 해석한다. 그렇다고 해도 그것은 일시적으로 그가 홀로 마음속에 품었던 생각으로서 이후에는 다시 돌이켰으니, 하나님이 아니고 단지 인생에 불과한 예레미야에게 충분히 있을 수 있는 일이었다.

18 본 절에 대하여는 위의 14-17절 해석을 참조하라.

| 설교자료

1. 예레미야는 거짓 선지자 바스훌에게 매를 맞고서도 조금도 위축되지 않고 그에게 하나님의 준엄한 심판의 말씀을 직언하였다(1-6절). 하나님 앞에서 확고한 사명감을 가지고 충성하는 자는 박해를 받을수록 더욱 강하고 담대해진다.

2. 거짓 선지자는 하나님보다 재물과 처자를 더욱 사랑하기 때문에, 하나님께서는 마지막에 그를 벌하실 때 그의 모든 소유와 가정을 잃어버리도록 하신다(5-6절). 이사야 3:1을 참조하라.

3. 하나님의 참된 종은 자기편에서 먼저 자신을 하나님께 바친 자가 아니고(롬 11:35), 하나님께서 그를 먼저 지목하심으로 말미암아 하나님께 붙들린 자다(7절). 요한복음 15:16과 빌립보서 3:12을 참조하라.

4. 하나님께서 주신 사명감으로 사역하는 자는 사사로운 일에 얽매여서는 안 되며 하나님이 세우신 군사로서 자신이 기뻐하지 않는 일이라고 해도 명령에 따라 수행해야만 한다(8-9절). 예레미야는 그러한 선지자였다. 그러므로 헬무트 람파르터(Helmut Lamparter)는 예레미야를 가리켜 "자기의 뜻을 거슬러 가면서 예언한 선지자"(Prophet Wider Willen)라고 하였고, 펠트캄프(Veldkamp)는 예레미야의 삶을 가리켜 "이중생활"(Ee Dubbelleven)이라고 하였다. 물론 이것은 거짓된 생활이라는 의미가 아니라 예레미야 자신의 소원은 다른 데 있음에도 불구하고 하나님의 명령을 따라 예언하는 일에 전념했다는 의미다.

5. 하나님의 참된 종은 하나님의 말씀에 따라 백성들의 죄악을 바로 꾸짖으며, 그들이 당하게 될 징계를 있는 그대로 직언하기 때문에, 자신이 죄인이라는 사실을 실감하지 못하는 인생들은 그를 박해한다. 그의 친구들마저도 영적인 안목에서 그를 이해하지 못한다면 결국 박해하는 자들의 무리에 가담하고 만다(10절).

    6. 누구든지 모든 사람에게 박해받으며 그의 편이 되어 주는 사람이 아무도 없는 가운데서라도 하나님을 위하여 굳게 서기만 하면, 하나님의 은혜가 그에게 임하여 그의 심령 중심에서 하나님을 용사로 느끼게 되고, 그와 함께 해주시는 하나님으로 실감하기 때문에 그는 마지막 승리를 내다볼 수 있다. 그뿐 아니라 그는 그와 함께하시는 용사이신 하나님께 기도할 수 있다는 사실로 만족하고 찬송하게 된다(11-13절).

    7. 백성들이 하나님의 말씀을 전하는 자의 말을 듣고서도 합당한 반응을 보이지 않을 때 말씀을 전하는 자가 받는 고통은 형용하기 어렵다. 이때 느끼는 고통은 체험해본 자들만 알 수 있다. 따라서 예언자의 삶은 고통스러운 것이다(14-18절).

제 21 장

✤ 내용분해

1. 바벨론의 침략을 받은 시드기야 왕이 예레미야에게 사신을 보내어 하나님께 기도해 주기를 요청함(1-2절)
2. 시드기야 왕에게 주는 말씀, 곧 유다는 패배하고 갈대아 군대가 예루살렘을 점령하리라고 함(3-7절)
3. 백성에게 주는 말씀, 곧 바벨론 군대에 항복하라고 권함(8-10절)
4. 다윗의 집에 주시는 말씀, 곧 회개하고 건짐을 받으라고 권함(11-14절)

✤ 해석

1-2 여호와께로부터 예레미야에게 말씀이 임하니라 시드기야 왕이 말기야의 아들 바스훌과 제사장 마아세야의 아들 스바냐를 예레미야에게 보내니라 바벨론의 느부갓네살 왕이 우리를 치니 청컨대 너는 우리를 위하여 여호와께 간구하라 여호와께서 혹시 그의 모든 기적으로 우리를 도와 행하시면 그가 우리를 떠나리라 하니. 이 부분에서는 시드기야 왕

이 국난을 당하여 예레미야에게 기도를 요청한다. 이것은 이미 15:11에서 예언된 말씀이 성취된 것으로, "내가 진실로 네 원수로 재앙과 환난의 때에 네게 간구하게 하리라"라고 하였다. 예레미야를 대적하던 시드기야 왕이 예레미야에게 이처럼 기도의 원조를 청하였으나, 그것은 하나님께서 원하시는 회개의 태도는 아니었다. "우리를 위하여 여호와께 간구하라"(נָא בַעֲדֵנוּ אֶת־יְהוָה)라는 시드기야의 발언은 단지 국난에 대한 하나님의 계시가 어떠한 것인지 알아보고자 했던 것일 뿐이고 진정한 회개의 자세는 아니었다.

그는 단순히 말하기를, "여호와께서 혹시 그의 모든 기적으로 우리를 도와 행하시면 느부갓네살이왕이 우리를 떠나리라"라고 하였는데 이것은 그의 잘못된 생각이다. 하나님께서는 죄인을 구원하시기에 앞서 먼저 그들이 회개하기를 원하신다. 하나님은 사람들이 회개하지 않는데도 불구하고 그들을 구원하여 주시지는 않는다.

악을 떠나 여호와께로 돌아오는 일에는 무관심하고 단순히 육체적 구원만을 추구하는 것은 오히려 하나님을 노엽게 하는 일이다. 그러므로 시드기야 왕의 청원이 들어오자마자 여호와께서 이를 거절하신다는 말씀이 즉시 예레미야에게 임하였다. 시드기야 왕이 예레미야에게 사신을 보내어 청원하던 그 순간에 "여호와께로부터 예레미야에게 말씀이 임하니라"라고 기록된 것이 그런 의미다.

설교▶ 시드기야 왕의 그릇된 종교 생활(1-2절)

시드기야 왕이 자신이 지은 죄는 생각하지 않고 선지자 예레미야에게 찾아와서 하나님께 기도해 달라고 요청하기만 했다. 이것은 다음과 같은 몇 가지 점에서 잘못된 태도였다.

1. 하나님의 말씀에는 순종하지 않으면서 단지 역경에서 벗어나기 위하여 하나님을 찾았다.

이와 같은 태도는 이교도의 미신과 같다. 이교도들은 삶에서 만나는 환난을 모면하기 위하여 신을 찾을 뿐이다. 요나가 탔던 배가 풍랑을 만났을 때 사공들이 두려워하여 각각 자신이 섬기는 신을 불렀다고 하였고(욘 1:5), 선장은 요나에게 나아가서 말하기를 "자는 자여 어찌함이냐 일어나서 네 하나님께 구하라 혹시 하나님이 우리를 생각하사 망하지 아니하게 하시리라"라고 하였다(욘 1:6). 신자가 위급할 때만 하나님을 찾고, 평안할 때는 그리하지 않는다면 그것은 이교도의 미신적 태도와 크게 다를 것이 없다.

2. 시드기야 왕은 국난을 당하여 자신은 하나님 앞에 나아가 기도하지 않고 선지자 예레미야가 자기 대신 간구해 주기만 청했다.

이것은 하나님을 의지하지 않고 사람을 의지하는 잘못된 태도다. 하나님께서는 먼저 시드기야 자신의 마음이 고쳐져서 하나님 앞에 나오기를 원하셨을 것이다. 그러나 시드기야 왕은 하나님께 친히 나아가는 일에는 손가락 하나도 움직이지 않고 뻔뻔스럽게 예레미야를 이용하려고 하였다. 이것은 참된 여호와 종교를 바르게 유지해나가는 자세가 아니다.

3. 시드기야 왕은 하나님의 이적을 구했다.

시드기야 왕이 그처럼 불신앙적인 마음가짐을 가지고서도 이적의 유익을 보려고 했던 것은 이적을 모독하는 행동이다. 이적은 인간의 사욕을 만족시키기 위한 것이 아니다.

3-4 예레미야가 그들에게 대답하되 너희는 시드기야에게 이같이 말하라 이스라엘의 하나님 여호와께서 이와 같이 말씀하시되 보라 너희가 성 밖에서 바벨론의 왕과 또 너희를 에

워싼 갈대아인과 싸우는 데 쓰는 너희 손의 무기를 내가 뒤로 돌릴 것이요 그것들을 이 성 가운데 모아들이리라. 유다 나라를 바벨론의 손에서 건져달라는 시드기야 왕의 청원에 대하여 하나님께서는 도리어 유다 백성들이 패배하게 하시겠다고 말씀하신다. 이것은 시드기야 왕이 청원한 것과는 정반대의 응답이다.

여기서 우리가 깨달을 수 있는 진리가 있는데, 죄인이 회개는 하지 않고 하나님의 도와주심만을 청할 때는 사태가 오히려 정반대 방향으로 역행하게 된다는 것이다. 하나님께서 그렇게 하시는 것은 그가 택하신 백성을 위한 사랑의 행위다. 회개할 줄은 모르고 육체적 도움만 바라는 그들의 사고방식은 깨져야만 한다. 그렇게 되는 일이 도리어 그들에게 소망을 가져다준다. 하나님께서 이스라엘에 대하여 그렇게 행동하심으로써 오히려 그는 자신이 이스라엘의 하나님이심을 나타내신다. 그러므로 예레미야 선지자는 4절 첫머리에서 "이스라엘의 하나님 여호와께서"라는 표현을 사용한 것이다.

5-7 내가 든 손과 강한 팔 곧 진노와 분노와 대노로 친히 너희를 칠 것이며 내가 또 사람이나 짐승이나 이 성에 있는 것을 다 치리니 그들이 큰 전염병에 죽으리라 하셨다 하라 여호와의 말씀이니라 그 후에 내가 유다의 왕 시드기야와 그의 신하들과 백성과 및 이 성읍에서 전염병과 칼과 기근에서 남은 자를 바벨론의 느부갓네살 왕의 손과 그들의 원수의 손과 그들의 생명을 찾는 자들의 손에 넘기리니 그가 칼날로 그들을 치되 측은히 여기지 아니하며 긍휼히 여기지 아니하며 불쌍히 여기지 아니하리라 하셨느니라. 여기서는 시드기야 왕이 기대하던 바와는 정반대의 현상이 전개될 것을 보다 구체적으로 보여준다. 이런 정반대 현상이 나타나게 되는 원인은 시드기야 왕과 유다 백성들이 회개하지 않았기 때문에 하나님께서 그들의 죄에 대해 진노하셨기 때문이다(5절). 하나님의 진노로 말미암은 형벌의 결과로 ① 사람과 짐승이 모두 전염병에 죽을 것이며(6절), ② 전쟁과 전염병으로 말미암아 죽고 남은 자들이 원수의 손에 잡힐 것이며(7절), ③ 잡힌 자들이 또다시 원수의 칼에 죽게 될 것이다(7하).

이처럼 참혹한 현상은 얼핏 보면 너무 잔인한 것처럼 느껴진다. 그러나 이런 참혹한 일을 보는 자들은 그 사건의 배후에 자리 잡은 유다 민족의 죄악이 얼마나 악독한 것이었는지를 볼 줄 알아야 한다. 그들의 생명이 보호받지 못하고 비참하게 죽임을 당했던 것 이상으로 그들의 죄악은 말할 수 없이 악독하였다는 것이다. 그들이 죽임을 당하는 참상은 사실상 그들의 죄악상을 보여주는 하나의 측면이라고 할 수 있다.

이 부분(5-7절)에서는 "내가"(אֲנִי "아니")라는 대명사가 행동의 주체로 드러나 있다. 그 전쟁에서 표면적인 정복자는 바벨론이었으나 사실상 전쟁을 수행하시는 이는 여호와 하나님이시다(W. Rudolf).[31] 끝까지 회개하지 않는 자에 대한 하나님의 태도는 이렇게 전쟁의 태세로 나타난다.

8-9 여호와께서 말씀하시기를 보라 내가 너희 앞에 생명의 길과 사망의 길을 두었노라 너는 이 백성에게 전하라 하셨느니라 이 성읍에 사는 자는 칼과 기근과 전염병에 죽으려니와 너희를 에워싼 갈대아인에게 나가서 항복하는 자는 살 것이나 그의 목숨은 전리품 같이 되리라. 여기서는 하나님께서 유다 백성들이 구원받는 길이 침략군에게 "항복하는" 것밖에 없다고 말씀하신다.

"그의 목숨은 전리품 같이 되리라." 전쟁을 치르면서 얻는 "전리품"은 고정적인 것이 아니라 어쩌다가 얻어지는 것이며 위태함을 무릅써야만 획득할 수 있는 것이다. 이처럼 유다 백성들의 목숨은 위기에 빠졌으며 그들이 적군에게 항복할 때야 겨우 구원을 얻게 된다.

유다 백성들이 바벨론에 항복함으로서 구원을 얻게 된다는 것은 단순히 굴욕적인 복종을 권장하는 말씀이 아니며, 실상은 하나님에 대한 복종의 표시로서 항복을 권장하는 것이다. 본래는 남 왕국 유다가 애굽과 화친 정책을 펼쳤던 것이 바벨론의 침략을 초래하였던 것인데, 하나님께서는 그것을 기뻐하시지 않았다. 왜냐하면 유다 민족이 하나님을 의지하지 않고 다른 나라를

---

31) Wilhelm Rudolf, "Jahwe selbst fuhrt diesen Kamp."

의지하는 것은 하나님의 백성으로서 반역을 꾀한 것이기 때문이다. 유다가 애굽에 아부하여 이방 풍속을 가져오고 많은 우상을 섬기게 되었을 때 하나님께서는 바벨론을 동원하셔서 유다를 침략하도록 하셨다. 그러므로 이제 유다 백성들은 바벨론에 항복하는 것이 바로 하나님께 순종함으로써 그의 진노를 피하는 방법이었다. 하나님께서 그의 백성에게 명령하시기를 침략군 바벨론에 항복하라고 하셨다는 사실은 오늘날 우리에게도 중요한 교훈을 준다. 하나님의 백성 된 신자들이 죄로 인하여 환난을 겪는 경우가 있다. 그 때 그는 환난에서 벗어나려고 백방으로 노력한다. 그러나 그것이 환난을 면하는 최선의 방법은 아니다. 왜냐하면 그 환난은 하나님께서 보내신 것이기 때문이다. 그는 도리어 환난을 피하려 하기보다는 그 앞에서 항복하고 회개하는 마음으로 그것을 달게 받아야 한다. 그것이 하나님께 순종하는 일이다. 만일 그가 그렇게 하지 않고 어디까지나 원망하기만 하면 그것은 하나님을 대항하여 싸우는 죄악이다.

10 **여호와의 말씀이니라 내가 나의 얼굴을 이 성읍으로 향함은 복을 내리기 위함이 아니요 화를 내리기 위함이라 이 성읍이 바벨론 왕의 손에 넘김이 될 것이요 그는 그것을 불사르리라.** "나의 얼굴을 이 성읍으로 향함"(כִּי שַׂמְתִּי פָנַי בָּעִיר הַזֹּאת). 이것은 하나님께서 예루살렘을 향하여 뜻을 정하셨음을 의미한다. 이제 유다가 멸망하게 되는 것은 우연한 일이 아니고 하나님께서 작정하시고서 실행하시는 것이니 유다 백성들의 항전은 결국 하나님을 대항하는 일이 되고 만다. 그러므로 그 때 유다 백성들은 바벨론과 더불어 싸우지 말고 항복하는 것이 올바른 길이다. 바벨론에 항복하는 일이 유다 백성들에게는 하나의 수치거리와 같이 여겨졌을지 모르나, 하나님의 뜻이라면 원수에게 항복하는 일도 주저하지 않아야 하는 것이었다. 하나님께서 성도들의 유익을 위해서는 원수를 일으키시는 일도 있으니 성도들은 하나님의 뜻을 바로 분별하고 원수에게 굴종하는 일까지라도 기꺼이 행해야 하는 경우가 있다.

11-12 유다 왕의 집에 대한 여호와의 말을 들으라 여호와께서 이와 같이 말씀하시니라 다윗의 집이여 너는 아침마다 정의롭게 판결하여 탈취 당한 자를 압박자의 손에서 건지라 그리하지 아니하면 너희의 악행 때문에 내 분노가 불 같이 일어나서 사르리니 능히 끌 자가 없으리라. 이 말씀은 유다 왕가, 다시 말해 집권자들을 대상으로 주신 것이다. 특히 이 부분에서 "여호와의 말/말씀"이라는 문구가 두 차례나 나오는데(11하, 12상), 이것은 강조를 위한 반복이다. 집권자들이 비록 자신들을 높이는 자들이라 할지라도 여호와의 말씀 앞에서는 낮아져야만 한다. "다윗의 집"(בֵית דָוִד)이라는 말은 그 집권자들의 지위가 얼마나 신성한 것인지를 보여준다. "다윗의 집"은 다윗과 같은 의로운 임금이 세운 기반 위에서 통치를 시행하는 자를 가리킨다. 이런 지위에 있는 자가 불의를 행한다는 것은 너무도 모순된 일이다. 그러므로 예레미야는 여기서 "다윗의 집"이라는 말을 내세우면서 저 집권자들에게 의로운 정치를 권고한다.

"아침마다"(לַבֹּקֶר "라보케르"). 이 말은 문자적으로 "아침에"라는 뜻인데, 특별히 재판장이 재판의 업무를 성실히 수행해야 한다는 것을 보여준다. 재판권을 가지고 있으면서도 그것을 행사하지 않고 방치하는 것은 자신의 업무에 태만한 불의한 일이다. 국가를 바로 다스리는 자들은 백성들의 송사를 신속하고 성실하게 다루어준다. 그리고 "정의롭게 판결"한다는 말은 바로 뒤에 이어지는 구절에서 설명된 것처럼 "탈취 당한 자를 압박자의 손에서 건지"는 것과 같은 일들을 가리킨다. 이것이야말로 모든 사람에게 정의를 시행하는 일이다. 저렇게 억울함을 당한 자를 돌아보는 집권자는 다른 모든 사람에게도 정의를 시행하게 되는 법이다. 탈취 당한 자는 대부분 약자인데, 사람들은 흔히 그런 자의 형편을 돌보아 주지 않는다. 대부분의 사람은 강한 자에게 아부하기 좋아하며, 혹은 세력 있는 자들에게서 뇌물을 받고 그들의 일만 성실하게 보살펴준다. 그러나 약자를 잘 돌보는 자는 이와 같은 그릇된 행동에 동참하지 않는다. 그러므로 예레미야는 정의로운 재판을 촉구하기 위하여 "탈취 당한 자를 압박자의 손에서 건지라"는 한마디 말을 제시한 것이다.

이와 관련하여 우리가 깨달을 수 있는 점이 있다. 요컨대 하나님을 공경하는 일은 단지 종교적 의식만으로 이루어지는 것이 아니라, 모든 사람에게 정의를 시행하는 것도 중요시한다는 사실이다. 그 당시 유다 사람들은 입으로는 하나님을 공경한다고 하면서 성전에서 온갖 제사 행위를 수행하는 일에만 전력을 쏟았다. 그들이 저지른 커다란 잘못은 정의를 시행하려 하지 않고 제사 행위를 통해서만 만족을 얻고 스스로 위로를 받으려 했던 일이었다. 하나님께서는 제사를 원하지 아니하시고 자비를 기뻐하신다(마 9:13). 하나님의 이러한 뜻을 받들어 사람들을 대할 때 올바른 태도를 보이고 행동하는 것이 신앙생활에 있어서 중요하다.

13 여호와의 말씀이니라 골짜기와 평원 바위의 주민아 보라 너희가 말하기를 누가 내려와서 우리를 치리요 누가 우리의 거처에 들어오리요 하거니와 나는 네 대적이라. "골짜기와 평원 바위." 이 말은 작은 산들이 골짜기를 만들고 거기에 평평한 땅이 자리 잡은 유다 지역을 가리킨다. 그들은 그 땅이 지리적으로 난공불락의 요새이자 바위와 같은 땅이라고 여겼다. 유다 백성들은 이러한 지리적 조건을 믿고 교만해졌다. 그들은 신약 시대의 교회와 마찬가지로 하나님만 의지해야 하는 처지였는데도 이처럼 하나님 대신에 다른 것을 의지하고 하나님께 대하여는 무관심하였다. 하나님께서는 사람이 그를 의지하는 대신에 다른 것을 의지하는 일을 우상숭배와 같이 여기시고 미워하신다. 그런 이유에서 그는 여기서 심한 표현을 사용하셨는데, 그것은 바로 "나는 네 대적이라"라고 하신 말씀이다.

14 내가 너희 행위대로 너희를 벌할 것이요 내가 또 수풀에 불을 놓아 그 모든 주위를 사르리라 여호와의 말씀이니라. 본 절에서는 하나님께서 유다 백성들을 그들의 행위대로 벌하시겠다고 선언하신다. 그들이 행했던 벌 받을 행위는 앞 절에서 말한 것과 같이 그들이 하나님 대신 다른 것을 의뢰했던 불신앙이었다. "수

풀에 불을 놓아 그 모든 주위를 사르리라"는 말씀은 그가 장차 유다에 바벨론 군대를 보내시어 유다를 침공하게 하실 일을 가리킨다.

| 설교자료

1. 주님을 믿는다고 하면서 외식하는 자들은 육체적으로 곤란한 때를 당해야 비로소 하나님의 도우심을 청하게 된다. 이것이야말로 진정한 종교를 이용하여 손해와 곤경을 피해 보려 하는 외람된 행동에 불과하다. 그들은 회개는 하지 않고 종교의 혜택만 받고자 하였다(1-2절).

2. 사람들이 회개치 않음으로써 당하게 되는 재앙은 하나님의 채찍이며, 그들이 회개하지 않는다면 그 재앙은 멈추지 않는다. 그러므로 하나님의 백성은 환난을 만날 때 그것이 하나님 모르시게 임하는 것이 아니라는 사실을 알고, 두려운 마음과 중심으로부터 우러나오는 회개의 자세로 처신해야만 신앙의 유익을 얻을 수 있다(3-6절). 요나는 그가 탔던 배가 풍랑을 만나 침몰할 위기에 처했을 때 배 안에 있는 모든 사람을 향하여, "나를 들어 바다에 던지라 그리하면 바다가 너희를 위하여 잔잔하리라 너희가 이 큰 폭풍을 만난 것이 나 때문인 줄을 내가 아노라"라고 하였다(욘 1:12).

3. 사람들은 환난을 직접 당해봐야 그것이 얼마나 무자비하고 혹독한 것인지를 깨달을 수 있다. 그것은 사람들을 아끼지 않고 모든 비참한 결과를 낳는다. 그러나 빛에 속한 자들, 다시 말해 진정한 신자들은 이와 같은 비참한 현상을 보고 그 배후에 인간의 죄악이 얼마나 악독하였는지를 회상한다(7절).

4. 하나님의 징벌로 인하여 환난에 처한 자들은 하나님께서 진노하신 이

유를 바로 깨닫고 하나님이 알려주시는 해결 방침에 순종해야만 한다. 유다 백성들이 갈대아 군대에 항복하는 것은 조국에 대해 불충한 일인 것처럼 보이지만 그렇게 하는 것이 하나님의 뜻이라면 그들은 주저하지 말고 항복해야 할 것이었다(8-10절).

5. 여호와의 종교를 믿는다고 하면서 모든 거룩하고 엄숙한 종교 제도를 외형적으로만 지지하면 되는 줄로 아는 자들은 종교의 진수를 모르는 자들이다. 여호와의 종교에서 외형적인 제도를 무시해서도 안 되겠지만, 이 모든 제도가 표상하는 신앙과 의리를 파수해야 한다. 이런 의미에서 하나님은 말씀하시기를, "너는 아침마다 정의롭게 판결하여 탈취 당한 자를 압박자의 손에서 건지라"라고 하신다(12절). 하나님께서 나라를 다스리는 정치인들을 향하여 기대하시는 바는 그들이 여호와의 종교 제도를 외면적으로 지키는 차원에 머물지 않고 그들이 맡은 사명대로 의리를 세우는 책임을 이행하는 것이다(11-12절).

6. 하나님은 외식하는 종교가들에 대하여 가장 심한 진노를 나타내신다. 왜냐하면 여호와의 종교는 진리와 신실성을 중심으로 하는 것인데 그들은 이와 정반대로 그들의 종교를 겉으로만 대함으로써 하나님을 대적하기 때문이다. 이런 자들에 대하여 하나님의 진노는 불과 같이 일어난다. 불은 ① 사람의 사정을 살펴주지 않으며, ② 태울 수 있는 것은 모조리 사르고야 마는 힘을 가졌으며, ③ 따라서 한번 붙은 불은 끄기가 어렵다(12하).

7. 하나님께서는 사람들이 그를 의뢰하지 않고 다른 대상을 의지하는 일을 지극히 싫어하신다. 이러한 불신앙의 죄악은 불과 같은 하나님의 진노를 불러일으키는 무서운 죄악이다(13-14절).

제 22 장

✤ 내용분해

1. 회개를 권고함(1-9절)
2. 군왕들의 장래에 대하여 담대히 예언함(10-30절)
   1) 여호아하스 왕에 대하여(10-12절)
   2) 여호야김 왕에 대하여(13-23절)
   3) 고니야(여호야긴) 왕에 대하여(24-30절)

✤ 해석

1 **여호와께서 이와 같이 말씀하시되 너는 유다 왕의 집에 내려가서 거기에서 이 말을 선언하여.** 예레미야가 이러한 예언을 하기 위해서는 오직 하나님의 말씀만 믿고 담대하게 자신의 사역에 임해야만 했었다. 왜냐하면 그는 "왕의 집"에 내려가서 예언해야 했기 때문이다. 그가 선포해야 하는 예언은 하나님의 뜻에 순종하지 않는 왕들이 격노할 만한 엄중한 말씀이었다.

2 이르기를 다윗의 왕위에 앉은 유다 왕이여 너와 네 신하와 이 문들로 들어오는 네 백성은 여호와의 말씀을 들을지니라. 1절 첫머리에 "여호와께서 이와 같이 말씀하시되"(כֹּה אָמַר יְהוָה)라는 표현이 사용되었는데, 또다시 본 절 끝에도 "여호와의 말씀을 들을지니라"(שִׁמְעוּ דְבַר־יְהוָה)라고 말하는 것은 앞의 말씀을 다시 진술하는 셈이다. 이같이 예레미야서는 하나님의 말씀이 지닌 권위를 힘껏 높이면서 듣는 자들이 그 말씀의 권위 앞에서 압도되어야 한다는 사실을 자주 보여준다. 이렇게 기독교는 계시의 종교로서 언제든지 하나님 말씀의 권위에 의지하여 그의 백성이 믿고 순종해야 한다는 점을 강조한다. 인간에게 지극한 권위를 가지고 임하는 하나님의 말씀에 대하여, 그들은 옳고 그름을 따질 필요조차 없다. 왜냐하면 그 말씀은 지극히 고상한 것이어서 무한히 깊고 오묘하며, 인간의 이론으로는 완벽하게 깨우칠 수도 없기 때문이다. 그러므로 하나님의 말씀이라면 다만 그대로 믿을 뿐이라는 주장이 가장 자연스러운 것이다. 과연 이런 권위로 임하는 종교야말로 인간이 의지할 만한 것이다.

3 정의와 공의를 행하여. 이 구절에 대해서는 다음에 이어지는 말씀이 구체적으로 해석하여 준다. "정의"라는 말은 히브리어로 "미슈파트"(מִשְׁפָּט)인데, 이것은 "판단"을 의미하는 것으로서 옳고 그름을 분별하는 일과 관련된다. 따라서 이 말은 결국 다음에 나오는 "공의"라는 용어와도 일맥상통하는 것이다. "공의"는 각 사람에게 합당한 권리를 찾아주는 것이다. 이러한 해석을 반영하는 구절이 바로 다음에 이어지는 "탈취 당한 자를 압박하는 자의 손에서 건지고"라는 표현이다.

이방인과 고아와 과부. 이 셋은 성경에서 흔히 불쌍히 여김을 받을 대상으로 분류되는 자들이다. 특별히 "이방인"(גֵּר, "게르")은 먼 나라에서 온 사람으로서 사고방식과 언어가 통하지 않는 환경에 처해 있을 뿐 아니라 본토인들에게 압제를 당하기 쉬운 처지에 있다. 그러므로 하나님께서는 이런 사람들을 "고아"나 "과부"와 같이 소외당하는 처지에 놓인 자들로 간주하신다. 불쌍히 여길 자를 불쌍히 여기는 것은 자비에 속하는 일이라고 할 수 있다. 그들("이방인과 고아와 과부")은 불쌍히 여김을 받아야 할 처지에 있기 때문에, 그들을 보호하기 위해서도 "공의"가 발동되어야 한다. 하나님께서는 특별히 참된 경건의 특징으로서 이처럼 불쌍한 자들을 돌아보는 일을 강조하신다. 그러므로 야고보서 1:27에 말하기를, "하나님 아버지 앞에서 정결하고 더러움이 없는 경건은 곧 고아와 과부를 그 환난중에 돌보고 또 자기를 지켜 세속에 물들지 아니하는 그것이니라"라고 하였다. 하나님을 공경한다고 스스로 자부하는 자들이 겉으로는 하나님을 공경한다는 간판 아래 숨어서 종종 불쌍한 자들을 돌아보지 않는 일을 예사롭게 행한다. 이렇게 습관에 물든 종교업자들은 사람들에 대하여 자비를 베풀어야 하는 의무를 철면피처럼 외면한다. 누가복음 10:31-32을 보면, 강도에게 맞아 죽어가는 사람을 제사장이나 레위 사람은 돌보지 않고 피해갔다. 우리가 특별히 주의할 점은 우리 본문에 있는 "이방인과 고아와 과부를 압제하거나 학대하지 말라"고 하신 말씀이다. 불쌍한 자들을 적극적으로 괴롭히는 것도 압제이겠지만, 무정하게 그들을 돌아보지 않는 것도 압제에 가까운 행동이라는 것이다. 호화로이 지내는 부자가 자기 집 문 앞에서 걸식하는 거지 나사로를 돌보지 않은 것이 잔인한 행동이 아니었는가(눅 10:19-21).

사람들은 흔히 하나님을 신실하게 공경한다고 하면서도 사람에게는 등한히 하고 무자비하게 행동하는 일이 많다. 오늘날도 하나님을 잘 공경한다는 명목으로 편가르는 다툼을 주저함 없이 행하는 자들이 있으며 신자들 사이에서도 서로 증오와 살기를 품고 원수를 맺는 일들이 많다. 이런 현상은 여호와의 참 종교가 가르치는 교훈에는 부합하지 않는다. 하나님을 잘 공경하기 위해서는 사람을 더욱 사랑해야만 하지 않겠는가? 형제를 미워하는 자가 하나님을 사랑한다고 말하는 것은 거짓말이다(요 4:20).

무죄한 피를 흘리지 말라. 이 말씀은 여호야김 왕이 선지자 우리야를 잔인하게 죽였던 사실을 염두에 둔 것이다(렘 26:20-30). "무죄한 피를 흘리"는 일은 한마디로 의인을 죽이는 죄악이다. 의인을 죽이는 일은 종교를 신봉하지 않는 정권에서나 행하는 일이라고 생각할 수도 있다. 하지만 이것은 외식하는 종교인들도 흔히 범하는 죄악이다. 예수님께서는 의인들의 비석을 꾸미는 종교가들, 다시 말해 바리새인들이 의인을 죽이는 자들이라는 의미로 말씀하셨다(마 23:29-32). 그들은 의인의 비석을 꾸미고 의인 행세를 하면서 자신들이 하나님을 공경하는 자라고 주장하지만 그들의 모든 행위가 외식이므로 그들은 마침내 의인들을 죽일 자들이다. 왜냐하면 그들은 자신들의 영광을 위하여 종교를 이용하는 자들이기 때문이다. 이런 자들은 참된 의인이 나타날 때 그들로부터 책망을 받을 수밖에 없는데, 그때 그들은 참된 의인들과 투쟁한다. 그리하여 결국 참된 의인들이 죽임을 당하는 것이다.

4-7 **너희가 참으로 이 말을 준행하면 다윗의 왕위에 앉을 왕들과 신하들과 백성이 병거와 말을 타고 이 집 문으로 들어오게 되리라 그러나 너희가 이 말을 듣지 아니하면 내가 나를 두고 맹세하노니 이 집이 황폐하리라 여호와의 말씀이니라 여호와께서 유다 왕의 집에 대하여 이와 같이 말씀하시니라 네가 내게 길르앗 같고 레바논의 머리이나 내가 반드시 너로 광야와 주민이 없는 성읍을 만들 것이라 내가 너를 파멸할 자를 준비하리니 그들이 각기 손에 무기를 가지고 네 아름다운 백향목을 찍어 불에 던지리라.** 이 부분에서는 선지자가 그 말씀의 대상인 유다 백성들의 순종을 촉구한다. 그는 이 단계에서 하나님의 명백한 지시에 따라 그 이상 더 기다릴 수 없어서 최후로 그들의 결단을 재촉한다. 하나님의 말씀에 순종하면 형통하겠지만(4절), 그렇지 않으면, 그 결과로 국가가 파멸할 수밖에 없는 중대한 단계였다. 하나님께서는 그들에게 이와 같은 사실을 확신시키기 위하여 "내가 나를 두고 맹세하노니"(שְׁבַעְתִּי ׃ בִּי)라고 말씀하신다. 하나님께는 자신보다 크거나 뛰어난 무엇이 없으므로 자신의 말씀이 확실함을 표현하시기 위하여 자기 자신 외에 다른 것으로는 맹세하실 수 없다. 그의 말씀은 언제나 참된 것이지만 그는 우리가 그러한 사

실을 믿게 하시기 위하여 이처럼 맹세로 말씀하신다(히 6:13).

예레미야 선지자는 유다 민족이 그가 선포하는 하나님의 말씀을 듣지 않으면 멸망하게 되리라는 사실을 알고 있었기 때문에 그들을 자극할 만한 사실적인 표현들을 많이 사용한다.

1) "이 집이 황폐하리라"(5절). 이것은 성전이 무너지게 되리라는 뜻인데 그것이야말로 유다 백성들에게 있어서는 가장 참혹한 재앙이었을 것이다. 그는 이와 같은 말로 그들의 죄악이 얼마나 큰지를 암시한다.

2) "네가 내게 길르앗 같고 레바논의 머리이나 내가 반드시 너로 광야와 주민이 없는 성읍을 만들 것이라.""길르앗"은 아름다운 목장으로 유명하고, "레바논"은 울창한 백향목으로 유명하다. 이 둘은 사실상 사람에게 즐거움을 주는 아름다운 낙토다. 그러나 유다 민족이 죄를 회개하지 않음으로 말미암아 "광야"와 같이 되리라고 선언한다. "광야"는 쓸쓸하고 기쁨이 없고 소출이 없는 곳으로서, 사람들에게 죄악을 연상시키는 처참한 장소다. 하나님께서는 자연계의 비참한 현상을 동원하셔서도 사람들의 죄악상을 암시하신다.

3) "내가 너 파멸할 자를 준비하리니", 여기서 "준비하리니"라는 말은 히브리어로 "베키다슈티"(וקדשתי)라는 동사 형태인데, 그 의미는 거룩하게 구별한다는 것이다. 이것은 하나님께서 바벨론을 통하여 유다 민족을 벌하실 일을 준비하실 것이라는 말씀이다. 바벨론이 유다를 침략하는 일은 하나님의 도구로 사용되는 것인데, 그 나라가 유다를 징벌하는 데 있어서 지나치게 하지 않는다면 그들은 하나님의 일을 하는 셈이 된다. 이것이야말로 거룩하게 구별된 일이라고 할 수 있다. 하나님께서는 그를 알지 못하는 사람들을 동원하셔서도 그의 거룩하신 뜻을 이루시는 경우가 많다. 그렇다면 신자들은 불신자들의 세계에 대하여 생각할 때 거기서도 하나님의 주권이 살아 역사하고 있음을 기억해야 한다. 우리는 불신자들의 세계에서 이루어지는 모든 일도 하나님이 모르시게 진행되는 것이 아님을 알아야 한다.

8-9 여러 민족들이 이 성읍으로 지나가며 서로 말하기를 여호와가 이 큰 성읍에 이같이 행함은 어찌 됨인고 하겠고 그들이 대답하기는 이는 그들이 자기 하나님 여호와의 언약을 버리고 다른 신들에게 절하고 그를 섬긴 까닭이라 하셨다 할지니라. 이것은 그 당시 유다 사람들의 마음이 너무도 완악하여 그들이 장차 당하게 될 바벨론의 침략으로 말미암은 재앙의 이유를 이해하지 못한다는 점에 대해 경고하는 말씀이다. 다시 말하면, 그들이 민족적으로 파멸할 위기에 처해 있으면서 그 이유조차도 알지 못하고 있으므로 예레미야는 이 일에 대하여 이방 사람들이 장차 증언할 것이라고 예고하는 것이다. 하나님을 공경한다는 사람들이 심령이 어두워져서 불신자들에게 비웃음을 살 만큼 추락하는 일이 역사상에 종종 나타난다. 요나는 하나님의 명령을 듣지 않고 다시스로 가던 중에 하나님을 알지 못하는 사람들로부터 책망을 받은 일이 있다. 이방인들이 요나에게 말하기를, "자는 자여 어찌함이냐 일어나서 네 하나님께 구하라 혹시 하나님이 우리를 생각하사 망하지 아니하게 하시리라"라고 하였다(욘 1:6).

여기서도 예레미야는 장차 이방인들이 유다 민족의 죄악을 지적하게 될 일을 내다 본 것이다. 이방인들은 다음과 같이 말하게 될 것이다. 요컨대 유다 백성들이 "자기 하나님 여호와의 언약을 버리고 다른 신들에게 절하고 그를 섬긴 까닭이라"라고 비난할 것이라는 뜻이다. 하나님께서 유다 민족을 택하시고 은혜로운 "언약"(בְּרִית "베리트")으로 그들을 인도하셨다는 것은 모든 이방인도 깨달을 수 있을 만큼 명백한 역사적 사실이었다. 언약의 원리에 따라서 인생들을 다루시는 일은 오직 여호와 하나님께서 하시는 사역이다. "언약"이라는 것은 하나님께서 친히 사람들을 찾아오셔서 자발적으로 그들의 하나님이 되시고, 그들은 그의 백성이 되도록 모든 조건을 마련하신 하나님의 단독 사역으로 성립된 은혜다. 이것은 그가 먼저 그들을 구원하시고 이에 더하여 그들이 장차 복을 받게 될 성결의 도리를 명하심으로써 그들이 오직 그만 섬기도록 하신 것이다. 이것은 어디까지나 은혜로 말미암은 것이다. 하나님께서는 이런 특이한 원리에 의하여 구약 시대에는 유독 이스라엘 민족과만 이런 관계를 맺으셨던 것이었다. 물론 이 일은 장차 세계 만민을 대상으로 진전될 것이었다. 그러나 유다 백성들은 그 당시에 배은망덕하여 하나님을 떠나서 다른 신들을 섬기는 죄를 범하였다. 이토록 위대한 은혜를 저버린 죄로 인하여 유다는 멸망하게 되고, 그들의 폐허를 지나가는 이방인들도 그들이 멸망하게 된 이유를 밝히 알게 되리라는 것이다.

10-12 이 부분에서는 요시야의 아들 여호아하스("살룸")가 외국에 사로잡혀 갈 일을 예언하면서, 포로 생활의 고통이 얼마나 두려운 것인지를 지적한다. 예레미야 선지자는 포로가 되는 일이 죽는 것보다 못하다는 취지로 그들에게 경고한다. 그는 이러한 경고를 통해 장차 포로가 되어 잡혀갈 유다 백성들의 불행을 그들 자신이 심각하게 받아들이도록 함으로써 그들의 회개를 촉구한다. 하나님께서는 인간들에게 고통을 허락하심으로써 그들이 죄를 떠나게 하시는데, 이것이 그의 선하신 경륜이다.

너희는 죽은 자를 위하여 울지 말며 그를 위하여 애통하지 말고 잡혀 간 자를 위하여 슬피 울라. 이 말씀은 세상을 떠난 의인들보다 살아남아 있는 죄인들이 오히려 불쌍하다는 의미다. 유다 백성들이 의로운 인물이었던 요시야 왕의 죽음으로 인하여 통곡했다는 사실이 성경에 기록되어 있다(슥 12:11). 그러나 그들은 의인의 죽음이 정작 그 자신에게는 얼마나 행복한 일인지를 아직도 모르고 있었던 것이었다. 이사야 57:1-2에서 말하기를, "의인이 죽을지라도 마음에 두는 자가 없고 진실한 이들이 거두어 감을 당할지라도 깨닫는 자가 없도다 의인들은 악한 자들 앞에서 불리어가도다 그들은 평안에 들어갔나니 바른 길로 가는 자들은 그들의 침상에서 편히 쉬리라"라고 하였다.

13-14 이 부분 말씀은 남 왕국 유다 말기의 악한 왕 여호야김의 행동에 대하여 꾸짖는 말씀이다. 여호야김 왕은 백성의 유익을 위하여 사용해야 할 왕권을 자기 마음대로 사용하여 개인의 향락을 누리는 데만 힘썼다. 그뿐 아

니라 그는 백성을 동원하여 노역을 시키고도 임금을 주지 않는 잔인한 일까지 감행하였다. 특별히 이와 같은 일은 하나님께서 극도로 미워하신다. 야고보서 5:4에, "보라 너희 밭에서 추수한 품꾼에게 주지 아니한 삯이 소리 지르며 그 추수한 자의 우는 소리가 만군의 주의 귀에 들렸느니라"라고 하였다. 그뿐 아니라 여호야김은 필요 이상으로 과도하게 왕궁을 장식하는 일에 국고를 탕진했다. 이와 같은 사치스러운 생활도 하나님께서 극히 미워하시는 것이다(참조. 사 3:16-26; 눅 12:16-21; 16:19; 약 5:5). 이렇게 임금이라는 자가 백성을 위해서 선정을 베풀지 않고 자기 자신을 위하여 정권을 사용한 일에 대해서 마땅히 하나님의 진노가 임하게 될 것이었다.

15-16 네가 백향목을 많이 사용하여 왕이 될 수 있겠느냐 네 아버지가 먹거나 마시지 아니하였으며 정의와 공의를 행하지 아니하였느냐 그 때에 그가 형통하였었느니라 그는 가난한 자와 궁핍한 자를 변호하고 형통하였나니 이것이 나를 앎이 아니냐 여호와의 말씀이니라. 이 부분에서는 하나님께서 여호야김 왕을 향하여 두 가지로 책망하신다. 요컨대 ① 여호야김이 자기 집을 화려하게 꾸미기 위하여 경쟁적으로 물자를 투자한다고 해서 왕권이 견고해지는 것은 아니라고 지적하신다. 분별력이 어두워진 왕은 집을 화려하게 꾸며서 자기 자신을 높임으로써 왕권을 굳건하게 세울 수 있다고 생각하였다. 하지만 진실은 그와 정반대였다. ② 하나님께서는 또다시 여호야김 왕의 부친이었던 요시야 왕의 선한 본보기를 들어서 그를 꾸짖으신다. 말하자면 요시야 왕은 "정의와 공의"를 통하여 백성을 다스렸기 때문에 "형통하였다"는 것이다. "정의와 공의"는 "가난한 자와 궁핍한 자를 변호"하여 주는 올바른 일을 통해 실현된다. 왕으로 세워진 자는 "정의와 공의"를 행하는 것이 그 자신에게도 유익한 길이다. 그것이 왕으로서 하나님을 인정하는 표징이다. 우리가 하나님을 안다는 사실은 실생활에서 증명되어야 한다. 누구든지 그가 표방하는 종교적 교훈과 반대되는 삶의 태도를 보인다면, 그의 신앙은 외식에 불과하다 유다 백성들이 성전에서 제

사 의식은 성실하게 지키면서 이웃 사람에 대하여 "정의와 공의"를 시행하는 일은 게을리하였다. 그들의 이런 종교 행위는 헛될 뿐 아니라 도리어 하나님을 진노하게 만드는 죄악이었다. 이 때문에 선지자들은 유다 민족을 책망하였다. 이런 책망이 선지서의 대부분을 차지하고 있다 해도 과언이 아니다. 하나님을 공경하는 사람들은 각기 그들의 일상생활에서 모든 옳은 행동으로 하나님을 나타내야 한다. 군인은 병영에서 올바른 행동을 보여야 하고, 통치자는 나라를 다스리는 일에서, 일반인들은 그들의 일상생활에서 올바른 태도를 보여주어야 한다.

예레미야가 여호야김 왕을 책망하는 일에 있어서 특별히 그의 부친의 모범적인 행적을 예로 들었던 것은 매우 적절하였다. 왜냐하면 여호야김은 우매한 임금이었으니만큼 이처럼 그에게 익숙한 실례, 다시 말해 그가 친근하게 알고 존경했던 인물을 본보기로 드는 것이 가장 효과적인 방법이었을 것이기 때문이다. 하지만 예레미야가 그런 방법을 동원했음에도 여호야김 왕은 끝까지 회개하지 않았으니, 그의 심령이 얼마나 어두워져 있었는지를 알 수 있다.

설교▶ 하나님을 아는 사람(16절)

하나님을 안다고 하는 것은 단순히 하나님에 대해 개념적인 지식을 가지고 있다는 말이 아니라, 그가 배운 지식 대로 실행하는 능력을 지니고 있다는 말이다. 이것은 하나님을 앎으로 인하여 그의 인격이 변화되는 힘있는 지식이다. 그런데 이런 지식은 가난한 자와 궁핍한 자를 변호해주는 일을 통해 그 존재가 증명된다. 여기서 이른바 가난한 자와 궁핍한 자는 그 환경이 불행하여 생활이 빈곤해진 자를 의미하기도 하지만, 특별히 불의한 세력으로부터 압박을 받아 곤경에 빠진 자를 가리킨다. 하나님께서는 이같이 가련한 자들의 편에 서신다. 시편 10:14에 말하기를, "외로운 자가 주를 의지하나이다 주는 벌써부터 고아를 도우시는 이시니이다"라고 하였고, 시편 10:18에는 말하기를, "고아와 압제 당하는 자를 위하여 심판하사 세상에 속한 자가 다시는 위협하지 못하게 하시리이다"라고 하였다. 이와 동일한 맥락에서 잠언 21:13에 말하기를, "귀를 막고 가난한 자가 부르짖는 소리를 듣지 아니하면 자기가 부르짖을 때에도 들을 자가 없으리라"라고 하였고, 잠언 28:27에 말하기를, "가난한 자를 구제하는 자는 궁핍하지 아니하려니와 못 본 체하는 자에게는 저주가 크리라"라고 하였다. 결론적으로 야고보서 1:27에, "하나님 아버지 앞에서 정결하고 더러움이 없는 경건은 곧 고아와 과부를 그 환난중에 돌보고 또 자기를 지켜 세속에 물들지 아니하는 그것이니라"라고 하였다.

17 그러나 네 두 눈과 마음은 탐욕과 무죄한 피를 흘림과 압박과 포악을 행하려 할 뿐이니라. 여기서는 여호야김 왕이 그의 부친 요시야와는 정반대로 백성들을 착취하고 의인을 죽이는 악한 일들을 자행했다는 사실을 지적하면서 그의 회개를 촉구한다. 한 나라의 통치자를 향하여 이렇게 그의 죄악을 지적하는 것은 오직 하나님만 의지하고 하나님의 말씀을 선포하는 선지자의 대담한 행동이었다. 여기서 우리는 여호와의 종교에서도 사람에게 행해야 할 윤리와 도덕을 중요하게 여긴다는 사실을 엿볼 수 있다. 하나님을 지극정성으로 공경한다고 말하면서도 사람에게 공의와 정의를 시행하는 일은 등한히 하는 일이 많은데, 그것은 여호와 종교의 본질에 대한 잘못된 깨달음에서 나오는 폐단이라는 것이다. 하나님께서는 택하신 백성이 하나님 자신을 위하여 수행해야 할 종교의식을 명하신 동시에, 그들이 이웃 사람에 대하여 실천해야 하는 윤리와 도덕도 명하시면서 그것이 참된 종교의 생명이 된다고 가르치신다. "압박과 포악"은 위에서 지적한 죄악들을 또 다른 표현으로 반복한 것일 뿐이다.

18-19 여기서는 여호야김 왕이 적군에게 죽임을 당하게 될 사실을 예언하면서 그의 죽음에 대해 슬퍼할 사람조차 없을 것이라고 거듭거듭 말한다. 그의 죽음이 이렇게까지 백성들에게 천시받게 되어 버린 이유는 그가 왕으로서 너무도 많은 죄를 범했기 때문이다. 여기서 이른바 **"내 형제여"**(אָחִי "아히")라는 말은 왕 자신을 가리키고, **"내 자매여"**(אָחוֹת "아호트")라는 표현은 왕후를 가리키는 것이라고 한다.

20 여기서는 높은 곳에서 여호야김 왕의 비운을 외치라고 하였는데, 이는 그 일이 너무나 확실하기 때문이다.

하나님의 말씀을 대언하는 선지자 예레미야는 유다 왕 여호야김의 죄악이 너무나도 컸으므로 그의 멸망이 확실하다는 사실을 성령으로 말미암아 분명하게 내다 보았다. "너를 사랑하는 자"라는 표현은 왕의 가족과 그의 근친들을 가리켰을 것이다.

21-22 여기서는 여호야김 왕이 하나님의 말씀에 순종하지 않았다는 사실을 지적하고, 따라서 그의 나라가 멸망하게 될 것을 예언한다. 그의 불순종은 그가 평안하였던 시절에 행해졌던 일이었다. 평안한 시기는 사실상 사람들의 신앙을 시험할 수 있는 때다. 신앙이 진실한 자는 평안할 때 방심하지 않고 하나님의 말씀으로 인하여 떨지만, 신앙이 진실하지 않은 자는 평안할 때 주님의 말씀에 귀 기울이지 않는다.

네가 어려서부터 내 목소리를 청종하지 아니함이 네 습관이라. 이 말씀을 보면 여호야김이 하나님께 불순종하여 멸망하게 된 것은 일시적인 일로 말미암은 것이 아니라 어려서부터 긴 세월을 거쳐오면서 쌓아 내려온 죄악이며, 또한 그것이 그의 천성과 같이 습관화되어 있었으므로 그는 아무런 가책조차 느끼지 못하는 철면피가 되어버린 것이다. 그렇다면 그에게 남은 것이라고는 멸망하는 일뿐이다. **"네 목자들은 다 바람에 삼켜질 것"**이라는 말은 유다를 다스리던 지도자들이 연기가 바람에 날려서 없어지듯이 모두 다 멸절되리라는 뜻이다.

23 레바논에 살면서 백향목에 깃들이는 자. 이 말은 그 당시 여호야김 왕이 높은 자리를 차지하고서 환난의 두려움을 모르고 교만했었던 사실을 비유한다. 이렇게 교만한 자들은 해산하는 여인의 고통과 같이 뜻밖에 임하는 괴로운 환난을 맞이하게 된다. 인생들은 마땅히 평안한 자리에서 교만해질 것이 아니라 도리어 환난을 만난 듯이 주님을 두려워하여 떨며 범죄하지 말아야 한다. 높은 자리나 평안한 자리는 사람들에게 위험하다. 왜냐하면 그런 자리가 그들을 방심하게 만들기 때문이다. 인생들은 마땅히 예상치 못하게 임하는 환난이 있음을 언제나 명심해야 한다.

24-27 여기서는 여호야김 왕의 아들 고니야가 사로잡혀 갈 것과 또한 그의 모친이 그렇게 될 것을 예언한다.

나의 오른손의 인장반지(חוֹתָם עַל־יַד יְמִינִי). 인장반지는 그것을 소유한 자에게 가장 친근한 보물로서 중요한 문서를 인증하는 도장으로 사용되었다. 고니야가 이처럼 하나님과 밀접한 관계를 맺고 있었다고 하더라도 그가 죄를 회개하지 않는다면 그는 사정없이 내던져지고 말 것이다. 하나님의 백성은 명목상으로 하나님 앞에서 특별한 권리를 가졌다는 사실을 자랑만 할 것이 아니라, 그에게 주어진 특별한 권리에 합당한 삶을 보여주는 것이 중요하다.

28-30 여기서는 고니야의 장래가 얼마나 비참할 것인지에 대해 탄식한다. 그가 내던져짐을 당하는 일은 마치 비천한 옹기그릇이 깨뜨려지고 버려지는 것과 마찬가지다. 범죄자가 회개하지 않을 때는 이렇게 사정없이 하나님 앞에서 내버림을 당한다는 사실을 여기서 강조한다.

땅이여, 땅이여, 땅이여, 여호와의 말을 들을지니라. 이것은 유다 백성의 비참한 종말을 대표하는 고니야와 그의 가족이 형통하지 못한 사실에 대하여 원통히 여기는 탄식이다. 이 탄식은 고니야가 겪은 비운을 온 세계에 선포함으로써 그 확실성을 강조하는 역할을 한다. "땅이여"라는 표현이 세 번 거듭된 것은 고니야 개인의 마지막 운명을 탄식하는 것이라기보다는 오히려 유다 왕국의 명운이 다한 것에 대하여 애탄하는 것이다.

| 설교자료

1. 하나님의 말씀은 어떤 처지에 있는 사람에게든지 그들의 처지에 따라 책임을 분배하여 정해준다. 그러므로 사람들은 그에게 맡겨진 직분에 따라 하나님으로부터 심판을 받게 될 것이다. 군왕들조차도 이러한 책임을 면할 수 없다(1절).

2. 권세를 손에 쥔 자들은 흔히 공의와 정의를 위반하기 쉽다. 왜냐하면 그들은 날마다 권리 행사할 수 있는 위치에 있으므로 탈선하기가 쉽기 때문이다. 그러므로 권리를 가진 자들은 특별히 이런 측면에서 자신을 삼가고 조심해야 한다. 권세를 가진 자들은 자신이 직접 정의와 공의를 어기지 않는 것만으로 충분한 것이 아니라, 남을 압박하는 자들을 단속하지 않는 것도 그들에게는 간접적으로 공의와 정의를 위반하는 일이 된다(3절).

3. 강한 것이 갑자기 약하여지거나 높았던 것이 돌연히 낮아지거나 화려하고 아름다운 것이 일순간에 황폐하여지는 것과 같은 일들은 하나님이 내리시는 심판이라는 사실이 분명하게 드러난다. 이런 불행한 일은 결단코 우연한 일이 아니고 하나님께서 섭리하셔야만 이루어지는 것이니, 그런 일을 당하는 자들은 오직 회개함으로만 심판에서 벗어날 받을 수 있다(6-7절).

4. 하나님의 백성이 끝까지 회개하지 않으면 그들은 결국 불신자들의 비웃음거리가 된다(8-9절).

5. 군왕들은 백성을 착취함으로써 그의 왕위를 견고하게 만들려고 해서는 안 된다. 오직 그들이 공의를 행하며 하나님을 인정하는 삶을 영위해야만 그들의 지위가 안전하다(13-16절).

6. 인간이 끝까지 자기 죄를 끝까지 회개치 않는다면 그는 멸망하는 것이 마땅하다. 그런 자들의 죽음에 대해서는 사실상 아무도 슬퍼하지 않을 것이다(17-18절).

7. 죄악을 끝까지 고집하는 자는 결국 불쌍히 여김을 받지도 못하는 비참한 지경에 처하는 벌을 받는다(20-23절).

8. 사람이 아무리 하나님의 사랑을 받는 처지에 있다고 할지라도 그가 죄를 범한 후에 끝까지 회개하지 않는다면, 그 역시 다른 죄인들과 마찬가지로 하나님으로부터 내던져짐을 당한다(24-30절).

제 23 장

✣ 내용분해

1. 이스라엘의 회복을 약속하심(1-4절)
2. 의로운 다윗의 가지(5-8절)
3. 거짓 선지자(9-32절)
4. 예레미야의 예언을 조롱함에 대하여(33-40절)

✣ 해석

1-2 양 떼를 멸하며 흩어지게 하는 목자(רֹעִים מְאַבְּדִים וּמְפִצִים אֶת־צֹאן). 이들은 그 당시 이스라엘의 지도자들(왕, 방백, 제사장, 거짓 선지자 등)인데, 그들은 "목자"라는 선한 이름을 가지고서 "양 떼(유다 민족을 비유함)를 흩어버리는" 악한 일을 자행하였다. 그러므로 하나님께서는 그들을 가리켜서 "양 떼를 멸하며 흩어지게 하는 목자"라고 말씀하신다.

몰아내고 돌보지 아니하였도다. 이것은 이스라엘의 지도자들이 양 떼(유다 백성)를 우리 안에 두고 보호해야 될 터인데 도리어 위험한 바깥으로 몰아낸다는 뜻이다. 이 말은 그들의 잘못으로 인하여 유다 민족이 이방 땅으로 끌려가게 될 일을 비유한다.

3-4 남은 것(שְׁאֵרִית "쉐에리트"). 이들은 환난 중에서 생존한 사람들을 의미한다. "그 우리로 돌아오게" 한다는 말은 포로로 잡혀갔던 유다 백성들을 본토로 돌아오게 하리라는 뜻이다. 한편 포로 귀환에 관한 예레미야의 예언은 그리스도로 말미암아 사람들을 하나님께 돌아오도록 하는 신약의 구원 운동을 가리키기도 한다.

두려워하거나 놀라거나 잃어 버리지 아니하리라. 진정한 목자는 양 떼에게 신선한 풀과 맑은 물을 공급해줄 뿐 아니라 그들에게 평안과 안식을 가져다준다.

위에 말한 것과 같이 흩어진 양 떼를 모으는 구원 사역을 이루시는 이가 하나님이시라는 사실을 우리는 기억해야 한다. 특별히 3절 첫머리에 나오는 "내가"(אֲנִי)라는 대명사에 우리는 주목해야 한다. 땅 위에 있는 거짓 목자들이 하나님의 백성을 해롭게 하지만(1-2절), 하나님은 그들을 그대로 방치하지 않으시고 마침내 개입하셔서 자기 양을 찾으신다. 그러므로 땅 위에 있는 하나님의 백성은 그 어떤 난관 가운데서도 낙심할 이유가 없다. 이 세상은 죄악 세상이고 또한 하나님의 백성의 원수들로 가득한 곳이니만큼 성도들은 끊임없이 곤경에 처한다. 예수님께서 말씀하신 대로 성도의 원수는 한집안 식구들 가운데도 있을 것이다. 그러나 하나님께서는 반드시 그를 구원해 주신다.

5-6 위에 기록된 것과 같이 유다 민족이 바벨론에서 해방될 일에 대한 예언에 뒤이어, 여기서는 그리스도로 말미암은 신약 시대의 구원 운동을 예언한다. 이렇게 이 두 가지 예언이 한자리에 등장하는 이유는 바벨론에서 유다 백성들이 해방된 사건 그 자체도 신약의 구원 운동을 지향하는 예언적인 사건이기 때문이다.

한 의로운 가지. "가지"라는 말은 히브리어로 "체마흐"(צֶמַח)인데, 이것은 일반적인 가지를 뜻하는 것이 아니라 베어 버리고 남은 뿌리에서 돋아난 "싹"을 가리킨다. 이것은 다윗의 혈통에 속하는 평범한 왕이 아니라 무너진 다윗 왕가에서 새로이 출발하실 예수 그리스도를 가리킨다.

여호와 우리의 공의(יְהוָה צִדְקֵנוּ). 여기서 "의로운 가지"를 가리켜 "여호와"라고 칭하였는데, 이것은 예수 그리스도가 사람이실 뿐만 아니라 하나님이시라는 뜻이다. 그의 "공의"로 말미암은 파급효과는 무궁한 생명이다. 예수 그리스도는 자신이 의로우실 뿐만 아니라, 우리의 의가 되어 주신다(고전 1:30).

이 부분에서 우리가 발견할 수 있는 진리는 새로운 시대에 주어질 구원이 하나님의 단독 사역으로 말미암은 구원이라는 사실이다. 여기서도 "내가"(אֲנִי)라는 대명사로 표현되는(5절) 하나님께서 모든 것을 이루신다. "참된 다윗 왕국(그리스도 왕국)은 하나님의 은혜로 건설되는 것이지 바벨론 왕의 은혜로 되는 것이 아니다."32)

7-8 그들이 다시는 이스라엘 자손을 애굽 땅에서 인도하여 내신 여호와의 사심으로 맹세하지 아니하고 이스라엘 집 자손을 북쪽 땅, 그 모든 쫓겨났던 나라에서 인도하여 내신 여호와의 사심으로 맹세할 것이며. 여기서 "맹세"한다는 말은 히브리어로 "요므루"(יֹאמְרוּ)인데, 이는 문자적으로 말한다는 뜻이다. 여기 나타난 두 가지 "맹세" 중에 이제는 먼저 주어진 것을 무시한다는 의미가 아니고, 두 번째로 주어진 맹세가 너무 위대하다는 사실을 생각하게 하는 말씀이다. 유다 백성들이 바벨론에서 구원받은 사건은 신약 시대의 구원 운동을 표상하는 것인 만큼 그때의 구원 운동은 위대하기 그지없는 것이었다.

9 이 구절부터는 거짓 선지자들에 관하여 경고한다. 거짓 선지자들이

---

32) A. Weiser, "Das echte davidsche Königtum ist von Gottes Gnaden und nicht von Gnadeo des babylonischen Konigs."

예레미야의 시대에 많이 출몰하였다(5:31, 14:13-18; 26:7-16; 28:1-17; 29:20-32; 37:18-21). 예레미야의 마음이 **"상하며", "뼈가 떨리며", "취한 사람 같"**이 된 이유는 무엇인가? 그것은 ① 거짓 선지자들의 죄악에 대한 하나님의 진노가 어떠하리라는 영감이 그에게 임하였기 때문이며(10절 이하에 그들의 죄악이 기록됨), ② 그들의 죄악으로 인하여 유다 민족이 수난당하게 될 일이 원통하기 때문이다(10하).

10 이 땅에 간음하는 자가 가득하도다. 히브리어 원문에서는 이 문구의 첫머리에 "왜냐하면"(כִּי)이라는 이유 접속사가 나오면서 본 절부터의 내용이 앞 절의 이유라는 사실을 밝혀준다. "간음하는 자"는 영적으로 하나님을 배반하는 자들, 다시 말해 거짓 선지자들의 예언을 따라 배교하는 자들을 가리킨다. 타락한 종교인들은 흔히 육체적으로도 음행의 죄를 범한다.

땅이 슬퍼하며 광야의 초장들이 마르나니. 이것은 가뭄으로 말미암아 초목이 말라 버리게 된 비참한 현실을 가리킨다. 이런 자연현상들도 그 땅에 거하는 사람들의 죄악 때문에 임한 천재지변이다. 14:1-9을 참조하라.

그들의 행위가 악하고 힘쓰는 것이 정직하지 못함이로다. "그들의 행위"(מְרוּצָתָם "메루차탐")라는 말은 그들이 달음질하는 방향, 곧 목적지를 가리킨다. 행위의 목적까지 악한 것은 낙오자들, 말하자면 타락한 자들의 특징이다. "힘쓰는 것이 정직하지 못하다"고 하였으니, 그들이야말로 악한 일에 도리어 용감한 자들이다(9:2). 그들은 죄악이 가득한 백성들로서 이제 하나님의 벌을 면하기 어렵다.

11 선지자와 제사장이 다 사악한지라(כִּי־גַם־נָבִיא גַם־כֹּהֵן חָנֵפוּ). 이 문구의 히브리어 원문은 "왜냐하면 선지자와 제사장까지도 더럽혔기 때문이다"라고 번역해야 옳다. 앞의 9-10절에서 진술한 유다 민족의 타락상은 그들의 지도자들인 선지자들과 제사장들이 먼저 더러워진 것이 원인이었다.

내가 내 집에서도 그들의 악을 발견하였노라. 말하자면 백성들 가운데 지도계층의 인사들이 하나님의 성전에서까지 우상을 섬기는 악을 자행했다는 뜻이다. 그렇다면 선지자와 제사장의 타락이 원인이 되어 유다 민족 전체가 부패해진 것이다.

12 본 절은 위에서 언급했던 종교 지도자들의 앞길이 어두운 길이 되리라는 것을 예언한다. "**어두운**" 길은 불행, 재앙, 사망, 멸망 등을 상징한다. 이러한 표현은 그들에게 임할 하나님의 벌과 재앙을 가리킨다. 하나님을 끝까지 반역한 자의 앞길은 어디까지나 비참할 뿐이다. 아모스 5:18-20을 참조하라.

13-14 여기서는 예레미야 시대에 있었던 남북 양국의 선지자들이 일반적으로 부패했다는 사실을 지적한다. "**사마리아**"는 북 왕국 이스라엘의 수도였고, "**예루살렘**"은 남 왕국 유다의 수도였다. 북 왕국 이스라엘은 여로보암 왕의 그릇된 종교 운동(왕상 12:27-33)으로 말미암아 혼합주의의 노선을 택하여 바알 종교와 타협하였다. 그리고 남 왕국 유다의 많은 선지자들도 도덕적으로 타락하여서 백성들의 악행을 오히려 조장하였다.

15 **그러므로 만군의 여호와께서 선지자에 대하여 이와 같이 말씀하시니라 보라 내가 그들에게 쑥을 먹이며 독한 물을 마시게 하리니 이는 사악이 예루살렘 선지자들로부터 나와서 온 땅에 퍼짐이라 하시니라.** "그들에게 쑥을 먹이며 독한 물을 마시게 하리라"는 말씀은 그들에게 재앙을 내리시겠다는 뜻이다. 하나님을 거역하는 자들에게는 마침내 피할 수 없는 재앙의 날이 오고야 만다. 그때는 소위 좋다고 하는 것들도 그들에게 쓰디쓴 맛을 내게 될 것이다(겔 7:19). 왜냐하면 그들이 모든 일의 주재자 되시는 하나님의 진노 아래 있기 때문이다. 그들은 어디서나 참된 평안을 맛보지 못한다. 아모스 5:18-20에 말하기를, "화 있을진저 여호와의 날을 사모하는 자여 너희가 어찌하여 여호와의 날을 사모하느냐 그 날은 어둠이요 빛이 아니라 마치 사람이 사자를 피하다가 곰을 만나거나 혹은 집에 들어가서 손을 벽에 대었다가 뱀에게 물림 같도다 여호와의 날은 빛 없는 어둠이 아니며 빛남 없는 캄캄함이 아니냐"라고 하였다.

16-18 이 부분에서는 거짓 선지자들의 교훈이 헛된 것임을 지적한다. 그들의 말이 헛된 이유는 다음과 같다.

1) 첫째, 그것이 인간의 마음에서 나오는 것이기 때문이다(16하). 인간의 마음은 만물보다 거짓되고 심히 부패한 것이다(17:9). 그러므로 사람의 마음에서는 그들을 죄에서 구원할 진리가 전혀 나올 수 없다. 인간은 자기 눈앞에 있는 일들도 근원까지 미루어서 알 수는 없는데, 어떻게 영원한 장래의 일을 제대로 분별할 수 있겠는가? 이런 구원에 관한 말씀은 오직 여호와의 입에서만 나올 수 있다.

2) 둘째, 그들이 하나님을 멸시하는 자들의 죄악을 부추기고(17절) 하나님과 정반대로 가기 때문이다. 하나님께서 예레미야를 통하여 말씀하시기를 회개하지 않는 유다 민족에게 전쟁의 재앙을 보내시리라고 경고하셨다. 그러나 거짓 선지자들은 이와 반대로 말하기를, "너희가 평안하리라···재앙이 너희에게 임하지 아니하리라"라고 하였다. 그들의 이와 같은 거짓말은 하나님과 그의 진리에 대한 반역 행위다. 이런 말을 믿는 자들은 마침내 거꾸러질 수밖에 없다.

3) 셋째, 그들은 여호와의 회의에 참여해보지도 못하고서 자기 뜻대로 말하는 자들이기 때문이다(18절). 여기서 "회의"라고 번역된 히브리어 단어는 "소드"(סוד)인데, 이는 "은밀한 교통"을 의미한다. 아모스 3:7에 말하기를 "주 여호와께서는 자기의 비밀을 그 종 선지자들에게 보이지 아니하시고는 결코 행하심이 없으시리라"라고 하였다. 거짓 선지자들은 하나님의 진정한 비밀을 성령으로 깨달은 적이 없다.

19-20 보라 여호와의 노여움이 일어나 폭풍과 회오리바람처럼 악인의 머리를 칠 것이라 여호와의 진노가 내 마음의 뜻하는 바를 행하여 이루기까지는 그치지 아니하나니 너희가 끝날에 그것을 완전히 깨달으리라. 여기서는 거짓 선지자들에 대한 하나님의 벌이 어떠할 것인지를 보여준다. "여호와의 노여움이 일어나 폭풍과 회오리바람

처럼 악인의 머리를 칠 것이라"라고 하였는데, 이것은 거짓 선지자들이 백성들에게 안전 보장을 약속하였던(17절) 교만한 말을 깨뜨리려는 의도에서 주어진 말씀이다. 그들은 교만하여 회개하지 않는 유다 민족의 미래에 대해 "평안하다"라는 한마디 말로 간략하게 결론을 내린다. 그러나 하나님께서는 그와 반대로 장차 수습할 수 없는 역경과 환난이 그들에게 임할 것을 분명히 하신다. 그것은 "폭풍과 회오리바람처럼" 임할 것이다. 그것은 사람들이 걷잡을 수 없이 정신을 못 차릴 정도로 임하는 환난이라는 것이다. 거짓 선지자들은 교만하게 자기들의 머리로 유다 민족의 장래에 대해 주저 없이 판단을 내렸다. 이제 "폭풍과 회오리바람" 같은 환난 앞에서 그들은 자신들의 머리로써는 어찌할 수 없이 되고 말 것이다. 교만하게 장래를 낙관하는 거짓 선지자들에 대하여 하나님께서는 마침내 "폭풍과 회오리바람처럼" 나타나신다.

"악인의 머리를 칠 것이라." 이 말씀 역시 교만하게 미래를 낙관하는 거짓 선지자의 사고방식을 하나님께서 깨뜨리실 것이라는 뜻이다. 인간들은 자기 머리로 미래를 계획하나 하나님께서는 그들의 계획을 무너뜨리신다. 인간은 오직 하나님만 의뢰해야 한다.

"내 마음의 뜻하는 바를 행하여 이루기까지는 그치지 아니하나니." 이것도 역시 거짓 선지자들의 교만을 깨뜨리는 말씀이다. 그들은 하나님께서 보내신 참된 선지자인 예레미야의 예언을 전적으로 무시하는 잘못을 범했다. 그러나 하나님께서는 그 마음에 뜻하시고 예언하신 바를 끝까지 이루시리라고 확언하신다.

"너희가 끝날에 그것을 완전히 깨달으리라." 하나님의 예언이 성취되어 가는 도중에는 그것이 어떻게 성취될지 그 내용을 분명하게 깨닫지 못하는 사람도 많다. 왜냐하면 예언의 성취는 종종 오랜 세월이 지난 후에 완성되며, 또한 여러 사건을 거쳐 가면서 매듭지어지기 때문이다. 특별히 예레미야가 예언한 내용은 회개하지 않는 유다 백성들이 바벨론에 포로로 사로잡혀 갔다가 얼마 후에 해방되리라는 말씀이었다. 이 사건은 장차 신약 시대에 이루어질 예수 그리스도로 말미암은 구원 운동의 모형이기도 하다. 그런 의미에서 예레미야의 예언이 성취되는 일에 관하여는 "끝날"(אַחֲרִית הַיָּמִים "아하리트 하야밈", 신약 시대)에야 사람들이 "완전히 깨달으리라"라고 말씀한다.

21-22 이 부분에서는 거짓 선지자들이 얼마나 열심을 내어 지극정성으로 활동("달음질")하고 있는지를 지적하는 동시에, 그들의 노력이 헛되다는 사실을 보여준다(22절). 하나님을 위한 효과적인 사역은 사람의 열심에 좌우되는 것이 아니라 하나님께서 그 사역자를 세우셨다는 사실에 달려 있다. 하나님은 그가 세우신 자와 동행하여 주신다. 그러므로 하나님께서는 이 부분에서 그가 참 선지자를 친히 보내셨다는 사실과 그가 그에게 진리를 알려주신다는 사실, 그리고 그들의 그의 회의(סוֹד "소드", 은밀한 교제)에 참여하였다는 사실의 중요성을 강조하신 것이다.

23-25 이 부분 말씀에서는 또다시 거짓 선지자들의 어리석음을 지적한다. 그들이 백성들을 속이며 자칭 선지자라고 하였을 때 그것은 너무도 명백한 사실 앞에서 스스로 속는 일이었다. 그들이 남들을 속이려고 하였으나 실상은 자신들도 속고 있었다. 하나님은 어디나 계시며 그들의 거짓된 행위를 어디서나 깊이 살피고 계신다. 그런데도 그들은 마치 하나님이 안 계시는 세상에서 살기라도 하는 듯이 자기 뜻대로 행동하며 대담하게도 거짓된 예언을 남발하는 것이다. 디모데후서 3:13에서 사도 바울은 거짓 스승을 가리켜 말하기를, "악한 사람들과 속이는 자들은 더욱 악하여져서 속이기도 하고 속기도 하나니"라고 하였다.

여호와의 말씀이니라 나는 가까운 데에 있는 하나님이요 먼 데에 있는 하나님은 아니냐. 하나님은 "가까운 데에" 계시는 하나님이실 뿐만 아니라 "먼 데에" 계시는 하나님이시기도 한데, 그는 **"천지에 충만"**하신 유일하신 분으로서 그가 계시지 않는 곳이 없다. 거짓 선지자들은 **"내가 꿈을 꾸었다 꿈을 꾸었다"**(חָלַמְתִּי

חֲלַ֫מְתִּי "할람티 할람티")라고 말하면서 백성들을 미혹하려고 하였다. 일반 대중은 "꿈을 꾸었다"라고 주장하는 자들에 대하여 흔히 초자연적 사역을 수행하는 자들로 인정해 준다. 사람들이 성경 말씀에는 흥미를 느끼지 못하는 경우가 많은데, 그들은 오히려 "꿈을 꾸었다"라고 주장하는 말에 대해서는 많은 관심을 기울인다. 이것이 어느 시대에나 목격되곤 하는 부패한 인간성의 잘못된 경향이다. 하나님께서 그의 말씀을 계시하실 때에 과거에는 꿈이라는 수단을 동원하셨던 일들도 없지 않다(참 28:12; 민 12:6). 그러나 그것은 ① 성문화된 계시인 신구약 성경 말씀이 완성되지 않았던 시대에 간헐적으로 나타났던 현상일 뿐이며, ② 또한 하나님이 특별히 사용하시는 종들에게 제한적으로 그리하셨던 것이었다. 성문화된 계시가 완성된 시대에는 그의 말씀이 성경에 온전히 기록되어 있으므로 하나님께서는 더 이상 꿈을 계시의 방편으로 사용하시지 않는다. 오늘날에 꿈을 통한 계시를 주장하는 것은 거짓 선지자들의 행태라고 성경이 분명히 가르친다. 신명기 13:1-3을 참조하라.

26-27 이 두 구절에서는 거짓 선지자들의 예언이 그들의 **"마음의 간교한 것"** 과 **"꿈 꾼 것"** 으로 성립되었다고 말한다. 이것을 보면 그들이 ①꿈을 통한 계시를 얻지 못하고서도 백성들을 속여 계시를 얻었다고 거짓말한 사실이 드러난다. 그들은 이렇게 고의적으로 남들을 속이기까지 하는 자들이다. 다시 말해 그들은 계획적으로 남들을 속이는 자들이다. 본의 아니게 거짓말을 하는 것도 죄인데, 그들은 이렇게 의도적으로 거짓을 말했던 것으로 보아 그들이 얼마나 위선으로 가득한 자들인지를 알 수 있다. ② 그들이 설령 실제로 꿈을 통한 계시를 얻었다고 할지라도 그것은 하나님께로 말미암은 계시가 아니고 그들의 "마음"의 산물이었다. 사람이 흔히 생각이 많고 마음이 복잡해지면 꿈을 꾸게 된다(전 5:3). 거짓 선지자들이 꿈을 통한 계시를 주장한 결과로 일반 대중들은 하나님의 참된 계시의 말씀("내 이름")을 잊어버리게 되고 등한히 여기게 되었다. 언제든지 하나님에게서 직접적으로 주어지는 계

시를 원하는 자들의 마음은 하나님께서 이미 완성된 형태로 우리에게 주신 성경 말씀을 등한히 여기게 된다. 이스라엘에는 예레미야 시대 이전에도 거짓 선지자들이 일어나 민중을 바알 우상에게로 유인하여 하나님의 말씀을 무시하도록 만들었던 과거가 있었다. 그러므로 우리가 확실히 깨달아야 하는 사실은 기록된 하나님의 말씀을 잊어버리게 만들거나 등한히 여기게 만드는 소위 새로운 운동이라는 것은 모두 다 진리에 속하지 않은 헛된 것이라는 사실이다.

28-29 여호와의 말씀이니라 꿈을 꾼 선지자는 꿈을 말할 것이요 내 말을 받은 자는 성실함으로 내 말을 말할 것이라 겨가 어찌 알곡과 같겠느냐 여호와의 말씀이니라 내 말이 불 같지 아니하냐 바위를 쳐서 부스러뜨리는 방망이 같지 아니하냐. 이 부분에서는 하나님께서 꿈을 거론하는 거짓 선지자들의 말과 참 선지자들이 전하는 하나님의 말씀이 지닌 가치를 대조시킨다. 이 점에 있어서 그는 꿈을 "겨"에 비유하는 반면에, 하나님의 말씀을 "성실함"(אֱמֶת "에메트"), "알곡"(בַּר "바르"), "불"(אֵשׁ "에쉬"), "방망이"(פַּטִּישׁ "파티쉬") 등에 비유하였다. 하나님의 말씀을 가리켜 "성실함"(참됨)이라고 표현한 것은 그 말씀이 "흙 도가니에 일곱 번 단련한 은" 같이 순수한 진리이기 때문이며(시 12:6), 하나님의 말씀을 "알곡"에 비유한 것은 그 말씀이 믿고 순종하는 자에게 양식이 되기 때문이며(마 4:4; 히 5:12-14; 렘 15:16), 그것을 "불"과 "방망이"에 비유한 것은 그 말씀의 능력이 끝까지 회개하지 않는 자들을 불로 삼키듯이, 방망이로 부서뜨리듯이 멸망시키기 때문이다(Calvin). 하나님의 말씀은 언제나 이렇게 두 방향으로 작용한다.

설교▶ 말씀의 효능(28-29절)

1. 말씀의 권위

28절 첫머리에 "여호와의 말씀이니라"라고 표현된 것은 하나님의 말씀이 지닌 권위를 강조하는 역할을 한다. 사도 바울은 에베소 교회의 장로들에게 말하기를, "지금 내가 여러분을 주와 및 그 은혜의 말씀에(וְעַתָּה אֶת כֶּם אַח) 부탁하노니"라고 하였다(행 20:32). 이것은 주님과 말씀을 대등하게 여기는 표현이니, 성경 말씀이 지닌 권위가 얼마나 큰지를 보여준다. 말씀의 권위는 바로 주님의 권위다. 헤르만 바빙크(Herman Bavinck)는 다음과 같이 말하였다. "사람의 말은 그것을 듣는 사람과 그 말 사이의 시간적 혹은 장소적 거리에 따라서 효력의 크고 작음이 좌우된다. 그러나 하나님의 말씀은 그렇지 않다. 그것은 언제나 그의 말씀이다. 하나님은 언제나 그 말씀과 함께 임재하여 계신다. 그는 언제나 그의 전지전능하심으로 그의 말씀과 함께 임하신다. 하나님의 말씀은 하나님 자신에게서 분리되어 있지 않으며 그리스도와 성령으로부터도 분리되지 않는다. 하나님의 말씀은 하나님에게서 떠나 독립되어 존재하는 것이 아니다. 성경 전체가 성령으로 영감되었고, 계속하여 성령으로 말미암아 보전되고 능력 있게 되는 것처럼 거기서 선별되어 전파되는 부분적인 말씀 역시 그러하다"(Geref. Dog. IV. 502).

한 나라의 임금의 권위는 무엇으로 나타나는가? 그것은 그의 말에 있지 않은가? 성경을 보면 주님 자신의 이름을 "하나님의 말씀"이라고 하였다(계 19:13). 하나님께서는 자기 자신을 우리에게 보여주시는 대신 그의 말씀을 우리에게 주셨다. 그러므로 크로샤이데(Grosheide)는 말하기를 "성경의 정경 개념은 하나님 개념과 동반된다"라고 하였다.[33] 사도 요한은 요한계시록 22:18-19에 말하기를, "내가 이 두루마리의 예언의 말씀을 듣는 모든 사람에게 증언하노니 만일 누구든지 이것들 외에 더하면 하나님이 이 두루마리에 기록된 재앙들을 그에게 더하실 것이요 만일 누구든지 이 두루마리의 예언의 말씀에서 제하여 버리면 하나님이 이 두루마리에 기록된 생명나무

---

[33] Grosheide, "Het canon begrip is met het Godsbegrip gegeben."

와 및 거룩한 성에 참여함을 제하여 버리시리라"라고 하였다. 여기서 우리가 이상하게 생각할 수 있는 점은 요한계시록 말씀의 일부를 가감하는 죄가 성경 전부를 폐지하는 것과 마찬가지로 구원에서 제외될 만큼 심각한 죄악인가 하는 것이다. 그러한 질문에 대해 우리는 다음과 같이 대답할 수 있다. 말하자면 성경의 한 부분을 경멸하는 죄는 결국 하나님의 권위를 멸시하는 죄이니, 성경의 다른 말씀들도 그렇게 취급할 가능성을 내포한다. 그러므로 성경의 일부를 잘못 다루는 일은 그만큼 두려운 일이 된다. 근대의 불합리주의(irrationalism)는 불합리성을 권위의 근원으로 생각하나, 하나님 말씀이 지니는 권위는 그런 엉터리 권위가 아니다. 하나님은 합리성을 지니신 분이시며 그분의 합리성은 초자연성까지도 포괄하는 것이다. 그러므로 전도자는 언제나 하나님 말씀의 권위를 인식하고 사명에 임해야 한다.

1) 신자는 하나님의 말씀이 지니는 권위 아래에서 믿음을 지켜나가야 한다. 무디(Moody)는 말하기를, "신앙은 하나님 앞에서 인간의 지식을 희생하는 것이다"라고 하였다.

2) 신자는 하나님의 말씀이 지니는 권위 아래에서 행동해야 한다. 이 권위 아래에서는 신자의 모든 행동이 일반인의 행동과 180도 다른 모습으로 나타나야 한다. 사도 바울의 행위가 일반인들의 행위와 얼마나 다르게 나타났었는지 기억하라. 그는 말하기를, "무명한 자 같으나 유명한 자요 죽은 자 같으나 보라 우리가 살아 있고 징계를 받는 자 같으나 죽임을 당하지 아니하고 근심하는 자 같으나 항상 기뻐하고 가난한 자 같으나 많은 사람을 부요하게 하고 아무 것도 없는 자 같으나 모든 것을 가진 자로다"라고 하였다(고후 6:9-10). 우리는 하나님의 말씀이 지니는 권위 아래에서 마치 하나님께 미친 사람처럼 되어야 한다. 베스도는 바울을 보고서 그가 미쳤다고 하였다(행 26:24). 우리는 지나치게 똑똑한 것이 오히려 걱정거리다.

3) 신자는 하나님의 말씀이 지니는 권위 아래에서 전도해야 한다. 전도

자는 "여호와께서 이르시되"라는 인식에 지배되어 움직여야 한다. 그의 설교는 "내가 생각하는 인생관은 이렇다"가 아니며, "내 경험에 의하면 진리는 이렇다"도 아니며, 심지어 "내 해석에 의하면 성경은 이렇다"도 아니다. 설교는 설교자가 하나님을 직접 모신 자리에서 "여호와께서 말씀하시되"라고 말하는 것이다.

2. 하나님 말씀의 사역

본문에 말하기를, "겨가 어찌 알곡과 같겠느냐 여호와의 말씀이니라 내 말이 불같지 아니하냐"라고 하였다. 이 말은 하나님의 말씀이 신자들의 영혼을 먹여 살릴 뿐 아니라 그들을 해치는 원수들을 정복하여 준다는 것이다.

30-32 여기서는 하나님께서 거짓 선지자들을 벌하실 일에 대하여 강조하신다. 이러한 강조의 의미를 드러내기 위하여 "여호와의 말씀이니라"(נְאֻם־יְהוָה)라는 표현이 세 번이나 반복되고 그에 호응하여 "치리라"라는 말씀도 세 번씩이나 반복된다. 이렇게 강조하시는 것으로 보아 하나님의 말씀을 바로 전하지 않는 일이 얼마나 무서운 죄악인지를 알 수 있다.

여호와의 말씀이라 그러므로 보라 서로 내 말을 도둑질하는 선지자들을 내가 치리라(30절). "서로 내 말을 도둑질하는"이라고 번역된 히브리어 문구 "메가느베이 데바라이 이쉬 메에트 레에후"(מְגַנְּבֵי דְבָרַי אִישׁ מֵאֵת רֵעֵהוּ)는 "각기 자기의 친구에게서 내 말을 도적질하는"이라고 번역해야 한다. 이 문구의 의미는 ① 거짓 선지자가 참 선지자의 말을 자기 친구인 거짓 선지자를 통하여 비밀스럽게 얻은 다음에 그것을 자신의 거짓된 사상과 혼합하여 사용하는 일을 가리킨다. 그가 이렇게 하는 목적은 간교하게도 자기의 거짓된 사상을 진리와 유사한 형태로 만들어서 진리처럼 보이게 하려는 데 있다. 진리를 혼합하지 않고 거짓된 사상만을 그대로 선전하게 되면 사람들이 그의 가르침이 거짓이라는 사실을 쉽사리 알아채고 배척하게 된다. 그러나 그것이 진리와 혼합되어 선전될 때는 사람들이 그것을 진리로 여기고 비판 없이 받아들이는데, 그것이 진정으로 위험한 일이다. ② 칼빈(Calvin)은 말하기를, 이 문구는 거짓 선지자들이 그들끼리 일치된 사상을 가지고 사람들에게 그것을 전할 때 그것이 백성들에게 있던 말씀에 대한 바른 신앙을 흔들어서 없애버리기 때문에 그것이 바로 도둑질이라고 하였다. 우리는 이 문구가 위의 두 가지 의미를 다 포함한다고 본다.

그들이 혀를 놀려 여호와가 말씀하셨다 하는 선지자. 이것은 그들이 자신들의 인간적인 사상을 전하면서 그것을 가리켜 하나님의 말씀이라고 주장하는 것을 의미한다. 인간의 말을 하나님의 말씀이라고 주장하는 것은 ① 하나님의 권위를 인간의 수준으로 낮추어 말하는 교만이고, 또한 ② 사람을 하나님의 자리에까지 높이는 불경스러운 일이다. 이런 행동은 하나님의 권위를 침해하는 죄악이므로 하나님께서 **"내가 치리라"**라고 말씀하신다.

"거짓 꿈을 예언" 한다는 말은 꿈을 빙자하여 거짓을 퍼뜨리는 악한 선전을 가리킨다. 마귀는 종종 꿈을 동원하여 사람들을 속인다. 왜냐하면 사람들이 흔히 꿈을 하나님의 지시로 여겨 비중 있게 다룬다는 사실을 마귀가 잘 알기 때문이다. 하나님께서 거짓 선지자들과 꿈의 관련성을 이렇게도 많이(23:25, 27-28, 32) 말씀하시는 것을 보면 하나님의 말씀을 참되이 전하는 자는 꿈을 하나님의 지시라고 생각하는 일을 금물로 여겨야 한다.

33-34 그 당시의 백성과 지도자들이 예레미야에게 찾아와서 조롱하기를, **"여호와의 엄중한 말씀이 무엇인가"**라고 하면서 선지자를 괴롭게 하였던 것으로 보인다. "엄중한 말씀"이라는 표현은 히브리어로 "마사"(משא)인데, 이는 "무거운 짐"이란 뜻이며 여기서는 재앙에 대한 예언을 의미한다. 선지자 예레미야는 사실상 그때의 모든 사람에게 그들의 죄로 인한 징벌이 가까운 장래에 임할 것이라고 거듭거듭 선포하였던 것이었다. 그가 여호와에게서 받

은 말씀이 그것이었으니 그는 그 말씀을 반복적으로 예언할 수밖에 없었다. 사실상 그 시대를 향하여 경고할 말씀은 그것뿐이었다. 그런 이유에서 예레미야는 바벨론의 침략으로 인한 전쟁에 대하여 거의 모든 장에서 반복적으로 가르친다. 이처럼 반복되는 예언은 사실상 그 시대 사람들의 회개를 독촉하는 말씀이었기 때문에 백성들이 달갑게 들어야만 하는 것이었다. 그런데도 그 당시 사람들은 지도자와 백성을 막론하고 다 함께 예레미야의 예언을 감사한 마음으로 받기는커녕 도리어 조롱하는 의미에서 묻기를, "여호와의 엄중한 말씀이 무엇인가"라고 비웃었던 것이었다. 이렇게 하나님의 말씀을 업신여기는 자들에 대하여 하나님은 선지자 예레미야의 입을 통하여 말씀하시기를, **"내가 너희를 버리리라"**라고 하셨다. 이 대답이야말로 사람을 두려워하지 않고 하나님의 말씀만을 직언하는 선지자의 담대한 성품을 보여준다. 선지자는 담대하다. 그의 담력은 자신에게서 우러나온 것이 아니고 하나님의 말씀에 대한 그의 확신과 사명감에서 나온 것이다.

예레미야는 그들을 버리시는 하나님의 구체적인 방침이 무엇인지에 대하여 34절에서 진술한다. 말하자면 "여호와의 엄중한 말씀이 무엇인가"라고 조롱하는 거짓 선지자와 제사장과 백성에게 벌을 내리시겠다는 것이다. 사람은 누구든지 자기 죄로 말미암아 천벌을 받게 되리라는 경고를 싫어한다.

35-36 여기서는 하나님께서 선지자 예레미야를 통하여 그 시대의 유다 백성들이 예레미야에 대하여 취해야만 했던 정당한 태도가 무엇인지를 보여주신다. 그것은 다음과 같다. 요컨대 이제부터는 **"여호와의 엄중한 말씀이 무언인가"**라고 묻는 조롱의 태도를 보이지 말고, 겸손하게 묻기를, **"여호와께서 네게 무엇이라 대답하셨으며 여호와께서 무엇이라 말씀하셨느냐"**라고 해야 한다는 것이다. 다시 말해 그들은 자신들의 완악한 마음으로 예레미야의 예언을 미워하여 그것을 "엄중한 말씀"이라고 비난할 것이 아니라, 그 말씀에 순종하고 회개해야 한다는 것이다. 만일 그들이 이러한 경고를 듣지 않고 계속

하여 "여호와의 엄중한 말씀이 무엇인가"라고 조롱한다면 그들은 중벌을 받을 각오를 해야 한다고 경고한다. 왜냐하면 그들이 살아 계신 하나님의 말씀을 망령되이 조롱하는 의미로 사용하였기 때문이다.

37 이 말씀은 앞의 35절 말씀의 반복이라고 할 수 있다. 70인역(LXX)에는 이 구절 말씀이 생략되어 있다

38-40 너희는 여호와의 엄중한 말씀이라 말하도다. 이 말씀의 히브리어 원문(אִם־מַשָּׂא יְהוָה תֹּאמֵרוּ)을 직역하려면 "그러나 만일 너희가 여호와의 엄중한 말씀이라고 하면"이라고 옮겨야 한다. 다시 말해 그들이 앞에 말씀하신 경고를 순종하지 않고 계속하여 조롱하는 뜻으로 "여호와의 엄중한 말씀"이라고 말하는 경우를 의미한다.

"그러므로"(38절)라는 접속사는 그들이 회개하지 않고 이처럼 계속하여 조롱하는 뜻으로 말할 때 야기될 결과를 가리킨다. 그 결과는 하나님께서 ① 그 민족을 "온전히 잊어 버리며", "조상들에게 준 이 성읍을 내버려", ② 그 민족으로 "영원한 치욕과 잊지 못할 영구한 수치를 당하게 하리라"라고 하신 말씀대로다. 이것은 유다 나라가 바벨론 침략으로 말미암아 파멸될 것을 가리킨다.

| 설교자료

1. 하나님께서는 자신이 택하신 백성이 망하도록 내버려 두시지 않는다. 거짓 목자들이 하나님의 양들을 흩을지라도 하나님은 마침내 그들을 모으신다(1-4절). 그러므로 예수님께서 말씀하시기를 "내가 그들에게 영생을 주노니 영원히 멸망하지 아니할 것이요 또 그들을 내 손에서 빼앗을 자가 없느니라 그들을 주신 내 아버지는 만물보다 크시매 아무도 아버지 손에서 빼앗을 수 없느니라"라고 하셨다(요 10:28-29).

2. 하나님께서 그의 택하신 백성에게 주시기로 예비하신 은혜는 현재보다 미래에 더욱 크고 많다(5-8절). 비유하자면 종은 그가 일하는 집의 주인으로부터 현재에 품삯을 받을 뿐이며 미래에 얻을 기업은 없지만, 자녀 된 자는 그 집에서 현재에는 품삯을 받지 않으나 장래에는 주인의 모든 것을 기업으로 물려받는 것과 마찬가지다.

3. 하나님의 말씀을 참으로 받은 자들은 그들이 전하는 생명의 복음에 순종하지 않고 범죄하는 무리를 대할 때 뼈가 떨리는 듯한 심정으로 그들의 장래를 염려한다(9-10절).

4. 거짓 선지자는 다름 아니라 자기 마음의 생각을 전하는 자다(16절). 예레미야는 "만물보다 거짓되고 심히 부패한 것은 마음"이라고 하였다(17:9). 참된 전도자는 하나님의 말씀만 전한다.

5. 거짓 선지자를 따르는 자들은 하나님의 말씀을 듣기 싫어하는데, 그것은 하나님을 멸시하는 죄악이다(17절). 데살로니가후서 2:10-12을 참조하라.

6. 하나님의 말씀은 알곡과 같아서 우리 생명의 양식이 되고, 불과 같아서 우리들의 죄를 태우는 듯이 멸하신다. 28-29절을 본문으로 한 설교를 참조하라.

7. 하나님의 말씀이 거듭하여 임한다고 해서 그 말씀을 대수롭지 않게 여기거나 심지어 천대하는 것은 사랑을 원수로 갚는 큰 죄악이다(33절).

제 24 장

⚜ 내용분해

1. 좋은 무화과와 나쁜 무화과(1-3절)
2. 무화과 비유에 대한 설명(4-10절)

⚜ 해석

1 바벨론의 느부갓네살 왕이 유다 왕 여호야김의 아들 여고냐와 유다 고관들과 목공들과 철공들을 예루살렘에서 바벨론으로 옮긴 후에. 유다 왕 "여고냐"를 필두로 하여 "고관들과 목공들과 철공들"이 바벨론으로 사로잡혀 가게 될 일은 하나님께서 예레미야를 통하여 이미 예언하신 일이었다(22:24-30). 예레미야 시대의 사람들은 이렇게 예언의 말씀을 그들의 귀로 직접 들었을 뿐만 아니라 바로 그 시대에 그대로 이루어진 사실까지 목격하게 되었다. 그들은 그만큼 하나님 말씀의 진실성을 당대에 체험할 수 있었다. 그러니 이제 그들은 사로잡혀 간 후에라도 회개하고 하나님 앞에 합당한 자들로 변모했어야 마땅했을 것

이었다(4-6절). 그러나 그들 가운데는 이러한 사실을 몸소 체험하면서도 끝까지 회개하지 않는 자들도 있었다. 본 장 8-10절에서 그러한 자들을 묘사하고 있다. 동일한 하나님의 말씀인데도 불구하고 사람들 가운데는 그 말씀으로 인하여 회개하는 자들이 있는 반면에 도리어 완악해지는 자들도 있다는 것은 전도자들이 부단히 경험하는 사실이다(참조, 고후 2:15-16).

본문에서 "철공들"이라고 번역된 용어는 히브리어로 "하마스게르"(הַמַּסְגֵּר)인데, 이 단어가 수놓는 사람, 조각하는 사람, 보석을 다루는 사람을 의미한다고 주장하는 학자들도 있으나, 블레이니(Blayney)는 갑옷 만드는 사람을 의미한다고 하였다. 유다 백성들은 이러한 무기 제조자들을 의지하고, 하나님을 의뢰하지 않았던 것이었다. 그러므로 하나님께서 이런 기술자들을 모두 그들 가운데서 제거하신 것이다. 하나님께서는 신자들이 그를 믿는 대신에 다른 것을 의지할 때 그들이 의지하는 모든 것을 빼앗아 가신다(사 3:1-2). 열왕기하 24:16을 보면 그 당시에 이런 기술자 천 명이 바벨론으로 붙잡혀 갔다고 한다.

예루살렘에서 바벨론으로 옮긴 후에 여호와께서 여호와의 성전 앞에 놓인 무화과 두 광주리를 내게 보이셨는데. 유다 백성들이 포로가 되어 바벨론으로 끌려간 후에 하나님께서 이런 계시를 보여주신 목적은 또다시 그의 자비가 어떠한지를 우리에게 보여주기 위함이다. 하나님께서는 그의 택하신 백성들이 죄악을 범했을 때 부득이하게 그들을 벌하시지만, 뒤이어 그들을 향한 그의 자비심이 불일듯이 일어난다는 것이다. 택함을 입은 백성이 수난당할 때 하나님의 마음은 그들과 함께하신다. "무화과"(הַתְּאֵנִים "트에님")는 가나안 땅의 특산물로서(신 8:8). 초여름에 첫 열매가 익고(사 28:4). 늦은 열매들은 한여름에 익기 시작한다. 이스라엘 역사에서 무화과나무는 대단히 가치 있는 것으로 인정받아왔다(렘 5:17; 욜 1:12). 무화과나무 아래 앉아서 누리는 삶은 평화와 행복의 상징이었다(왕상 4:25; 미 4:4). 그런데 여기서는 유다 백성들을 무화과 열매에 비유한다(참조. 마 21:18-22; 24:32-35; 눅 13:6-9).

2 한 광주리에는 처음 익은 듯한 극히 좋은 무화과가 있고 한 광주리에는 나빠서 먹을 수 없는 극히 나쁜 무화과가 있더라. "처음 익은 듯한 극히 좋은 무화과." 여기서 "처음 익은"(הבכרות "바쿠로트") 무화과는 초여름에 나는 열매로서 대단히 희귀한 것이니만큼 사람들이 얼른 그 열매를 따서 먹고자 한다(사 3:14; 호 9:10; 나 3:12). 그와 같이 하나님께서 바벨론에 붙잡혀 가서 회개하는 이스라엘 백성을 희귀하게 여기시며 은혜롭게 대하실 것이라는 의미다. 그들이 바벨론에 잡혀갔을 당시에 유다 본토에 남아 있는 자들은 잡혀가는 자들을 자신들보다 불행한 자로 여겼다. 그러나 만일 붙잡혀 간 그들이 환난으로 말미암아 자신들의 죄를 회개한다면, 도리어 바벨론에 잡혀간 그들이 복을 받을 것이다. 잡혀가는 것과 같은 외부적인 환난이나 불행이 문제가 아니라, 회개하는지가 중요한 문제다. 바벨론으로 잡혀간 자들이 회개할 것인지에 대해서는 시편 137편에 기록된 말씀을 통해 짐작할 수 있다. 사람이 "처음 익은…무화과"를 불 일 듯이 따 먹는 것과 같이 하나님께서는 회개하는 자들을 화급히 돌아보신다.

"나빠서 먹을 수 없는 극히 나쁜 무화과." 이것은 바벨론에 사로잡혀 가지 않고 유다 땅에 당분간 머물러 있게 된 시드기야 왕과 백성들을 비유한다. 이들은 아직 그 땅에 머물러 있었으므로 앞서 사로잡혀 간 자들을 불행하게 여기면서 자만하였다. 사람은 평안한 때를 만나면 교만해지는 것이 일반적인 현상이다. 교만은 실물을 뒤따르는 그림자와 같이 사람을 따라다닌다. 교만은 패망의 선봉이요 거만한 마음은 넘어짐의 앞잡이다(잠 16:18).

3 예레미야야 네가 무엇을 보느냐. 하나님의 계시가 환상의 형태로 임하는 이유는 그 계시를 확고히 인치기 위함이다(Calvin). 그리고 하나님의 계시가 문답식으로 주어지는 목적은 그 계시를 받는 자들이 그 말씀을 더욱 자세히 깨닫게 하려는 것이다.

4-5 여호와의 말씀이 또 내게 임하니라 이르시되 이스라엘의 하나님 여호와께서 이와 같이 말씀하시니라 내가 이곳에서 옮겨 갈대아인의 땅에 이르게 한 유다 포로를 이 좋은 무화과같이 잘 돌볼 것이라. 선지자 예레미야가 전한 예언은 오로지 순수하게 하나님의 말씀일 뿐이며 인간의 사상이 혼합되지 않았다는 점을 보장하는 의미에서 본문은 "여호와의 말씀이 … 임하니라"(וַיְהִי דְבַר־יְהוָה)라고 확인하는 한편(4절), "이스라엘의 하나님 여호와께서 이와 같이 말씀하시니라"(יְהוָה אֱלֹהֵי יִשְׂרָאֵל כֹּה־אָמַר)라고 덧붙인다(5절). 이런 중언체는 언제나 강조를 위한 수사적 기법이다.

5절에서 "잘 돌볼 것이라"는 말씀은 히브리어로 "아키르 … 레토바"(אַכִּיר … לְטוֹבָה)인데, 이는 누군가를 좋게 여긴다는 뜻이다. 이것은 하나님께서 사로잡혀 간 자들이 회개하는 모습을 보시고 좋게 여기심을 가리킨다. 이것은 다음 절에 이어지는 말씀, 다시 말해 "내가 그들을 돌아보아"(עֲלֵיהֶם וְשַׂמְתִּי עֵינִי) "나의 눈을 그들에게 붙여")라는 말씀과 같은 뜻이다. 이것은 하나님께서 그들을 귀하게 여기시고 마음을 다하여 보호하실 것을 가리킨다. 징계를 달게 받는 자들은 언제나 하나님의 사랑을 받는 법이다. 예레미야 31:20을 참조하라.

6 내가 그들을 돌아보아 좋게 하여 다시 이 땅으로 인도하여 세우고 헐지 아니하며 심고 뽑지 아니하겠고. 이 말씀은 물론 포로 되었던 유다 사람들이 본국으로 돌아올 것을 가리키는 것이라고 이해할 수 있다. 그러나 이처럼 포로 귀환 사건을 주지시키는 이유는 사실상 장차 신약 시대에 많은 사람이 하나님께로 돌아오게 될 영적 운동을 가리키기 위함이다. 그러므로 아르투르 바이저(Artur Weiser)는 바르게 지적하기를, "예레미야는 여기서 순전히 종교적인 관점에서 말한 것일 뿐이다. 이 구원의 약속의 성취되는 순간은 사람들이 전심으로 여호와께로 돌아오는 때다. 이런 종교적, 도덕적 운동은 인간적인 노력의 결과가 아니

고 결국 하나님의 은혜로 말미암아 이루어지는 것이다"라고 하였다.[34]

"세우고 헐지 아니하며 심고 뽑지 아니하겠고"라는 말씀은 하나님께서 일단 그의 백성에게 구원의 은혜를 베푸신 다음에는 영원히 멸하지 아니하신다는 궁극적인 구원을 비유하는 것이라고 이해할 수 있다. 여기서 말하는 구원은 육체적인 것이 아니고 영적인 것이다. 다음 구절이 이러한 사실을 보여주는데, 이것이야말로 신약 시대에 더욱 두드러지게 실현된 구원이다.

7 내가 여호와인 줄 아는 마음을 그들에게 주어서 그들이 전심으로 내게 돌아오게 하리니 그들은 내 백성이 되겠고 나는 그들의 하나님이 되리라. 여기서는 신약 시대에 이루어질 구원의 세 가지 측면을 보여준다.

1) "마음"으로 하나님을 "알게" 될 것이다. 여기서 "마음"이라는 단어는 히브리어로 "레브"(לֵב)인데 본래 심장(Heart)으로 상징되는 생명과 애정의 자리로서 인격의 중심을 이루는 부분이다. 단지 지식적으로만 하나님을 아는 것이 아니라 "마음"으로 하나님을 "아는" 것이야말로 구원을 가져다주는 참된 믿음이다(롬 10:10).

2) 여기서 말하는 것처럼 하나님을 "아는" 마음은 사람의 힘으로 얻을 수 있는 것이 아니며 오직 하나님께서 그들에게 주심으로써(נָתַתִּי) 소유할 수 있는 것이다. 이것이야말로 하나님의 단독 사역으로 말미암은 구원이다(God's Monergism).

3) 이것은 하나님 자신을 구원으로 삼는 구원관이다. 말하자면 "그들은 내 백성이 되겠고 나는 그들의 하나님이 되리라"(וְהָיוּ־לִי לְעָם וְאָנֹכִי אֶהְיֶה לָהֶם לֵאלֹהִים)라는 말씀이 그런 뜻이다. 이것은 기독교 구원관에 있어서 시종일관 가장 중요하게 강조되는 진리다.

---

34) Artur Weiser, Das Buch des Propheten Jeremia, 215. "Jermia denkt hier ausschliesslich in religiosen Kategorien. Die Bedingung fur die Erfullung der Heilszusage ist die Bekehrung zu Jahwe von ganzen Herzen, wie sie der alten

그리스도의 재림 이후에 이루어질 구원관도 이와 동일한 것이다(계 21:3). 그러므로 현세에서 내세의 구원을 맛보고자 한다면 모든 것을 다 버리고 주님을 제일로 여기는 삶을 영위해야 한다.

설교▶ 참된 구원(4-7절)

이 세상의 다른 종교들에서는 참된 구원관을 찾아볼 수 없다. 참된 구원은 하나님께서 홀로 이루어 주시는 것인데, 이것은 오직 기독교만이 제시할 수 있는 것이다. 우리 본문에서 계시된 구원도 어디까지나 하나님의 주권적 사역으로 말미암은 구원이다.

1. 하나님께서 구원받을 자들을 택하신다(6절).

6절에 말씀하시기를, "내가 그들을 돌아보아 좋게 하여 다시 이 땅으로 인도하여 세우고 헐지 아니하며 심고 뽑지 아니하겠다"라고 하신다. 구원받을 자들은 자력으로 일어선 것이 아니라 하나님께서 세워 주시는 것이 분명하다. 로마서 8:16에 말하기를 "성령이 친히 우리의 영과 더불어 우리가 하나님의 자녀인 것을 증언하시나니"라고 하였다(참조. 요 15:16). 참된 신자는 하나님께서 그를 세워 주심을 생각할 때 말로 표현할 수 없는 안정감과 희열을 느낄 수 있다.

2. 그들이 여호와 하나님을 알게 된 것도 하나님으로 말미암아 이루어진 일이다(7절).

사람은 학문적인 연구를 통하여 하나님에 대한 지식적인 개념을 가질 수는 있으나, 그를 참되게 인격적으로 알지는 못한다. 인생이 하나님을 참되이 알게 되면 그는 하나님으로 말미암은 기쁨과 사랑과 경외심을 품게 된다. 이것은 역동적인 지식인 동시에 체험적인 사건에 바탕을 둔 지식이다. 이것은 하나님께서 친히 주시는 것이다. 이와 같은 지식을 가진 자는 하나님을 전심으로 따른다.

3. 그들은 하나님의 백성이 되고 하나님은 그들의 하나님이 되신다(7절).

이것은 하나님께서 그의 백성과 언약하신 내용으로서 인간의 참된 구원을 성립시켜 주신다는 의미를 내포하고 있다. 하나님과 함께하는 것이 곧 영생이다. 하나님께서 이 세상에서도 그가 택하신 백성에게 역사하시는 목적은 이러한 언약의 열매를 거두시기 위함이다. 다시 말해 그가 택하신 사람을 인도하여 하나님 자신과 영원히 함께 있게 하시려는 것이다(참조. 요 12:26).

8 앞의 2-3절에서 이미 언급되었던 "나쁜 무화과"가 무엇을 가리키는지가 설명된다. "나쁜 무화과"로 비유된 자들은 예루살렘에 아직 남아 있는 자들이나 혹은 바벨론을 두려워하여 애굽 땅으로 도망간 자들이다. 그들은 그들보다 앞서서 바벨론에 잡혀간 자들을 보고 마땅히 겸손해지고 두려운 마음으로 하나님만 바라보고 그에게로 돌이켰어야 할 것이었다. 그러나 그들은 도리어 교만해져서 자기들에게 무슨 공로나 의가 있어서 사로잡혀 가지 않은 줄로 잘못 생각하였다. 이와 관련하여 누가복음 13:1-5을 읽어 보라. 사람들은 평안을 누릴 때 이처럼 위태한 마음가짐을 가지게 되는데, 그런 의미에서는 그들이 환난을 겪는 것이 도리어 유익한 점도 있다.

바벨론 군대를 피하여 애굽 땅으로 도망간 자들은 하나님을 믿지 않고 애굽을 의지하던 자들이었다. 그들은 이러한 행동으로 말미암아 더욱 불신앙으로 굳어졌다. 그러므로 하나님께서 이들을 가리켜서도 "나쁜 무화과 같이 버리시겠다"고 말씀하신 것이다.

9-10 위의 8절에서 묘사한 "나쁜 무화과" 같은 자들은 마침내 하나님께

버림을 받을 수밖에 없다. 그들은 ① "모든 나라 가운데 흩어질" 것이며, ② "환난을 당할" 것이며, ③ "부끄러움을 당하고", "말 거리가 되고", "조롱과 저주를 받게 될" 것이며, ④ "칼과 기근과 전염병"을 만나게 될 것이다. 위에 열거한 몇 가지 재앙들은 그들이 결코 구원받지 못하리라는 사실을 가리킨다.

| 설교자료

1. 하나님을 모르는 자들이 자신들의 무지한 욕심을 채우기 위하여 하는 일도 결국은 모두 하나님의 섭리하에서 그의 일을 이루게 된다. 바벨론 왕이 자기가 탐내는 것을 채우기 위하여 유다 나라의 목공들과 철공들을 사로잡아 갔으나, 그것은 국방에 있어서 하나님 대신에 목공들과 철공들을 의지하던 유다 민족의 불신앙을 벌하시는 하나님의 섭리에 따른 것이다(1절).

2. 사람들의 장래가 형통하거나 혹은 그렇지 못하게 되는 일도 모두 하나님의 판단에 달려 있다. 그런 의미에서 무화과의 두 가지 현상이 여호와의 전 앞에 나타나 보인 것이다(1하-2절).

3. 사람들이 처음 익은 무화과를 희귀하게 여겨서 얼른 따 먹는 것과 마찬가지로, 하나님께서는 징계받을 때 회개하는 자를 그처럼 귀히 여기신다(5절).

4. 영원한 구원을 얻는 자는 하나님을 알되 사랑의 원천이 되는 마음으로 하나님을 안다. 그것은 물론 하나님이 주신 선물이다(7상).

5. 하나님을 소유하게 되는 것이 바로 구원이다. 신자는 모든 것을 다 잃

어도 하나님을 잃지 않아야 한다(7하).

6. 하나님께서 어떤 자들을 그의 자비에 의하여 아껴 주셨는데도 불구하고, 그들이 은혜를 모르고 끝까지 패역하게 행동하면 그들은 더욱 큰 환난을 겪게 된다(8-10절).

제 25 장

✣ 내용분해

1. 선지자에게 불순종하는 유대인의 죄를 책망함(1-7절)
2. 유다 민족이 70년간 바벨론의 포로가 될 것을 예언함(8-11절)
3. 바벨론과 모든 나라들이 하나님의 진노를 당할 것이라고 예언함(12-38절)

✣ 해석

1 하나님 말씀이 예레미야에게 임한 사건과 관련하여 여기서 연대를 이중으로 설명한 것은 의미심장하다. 말하자면 **"여호야김 넷째 해"**라고 말하는가 하면 **"느부갓네살 원년"**이라고도 말했으니 이것을 보면 하나님의 말씀은 비역사적인 창작물이 아니며 추측에 따른 허구도 아니다. 하나님의 말씀은 언제나 역사성을 생명으로 삼는다. 이것이야말로 역사 세계에서 살아가는 우리가 확신할 수 있는 사실이다.

2 선지자 예레미야가 유다의 모든 백성과 예루살렘의 모든 주민에게 말하여 이르되. 여기서 "모든"(כֹּל "콜")이라는 말이 두 번 반복되는데 이것은 하나님 말씀이 지닌 또 다른 성격을 보여준다. 요컨대 하나님의 말씀은 어떤 편파적인 성격을 가진 것이 아니라 모든 백성에게 공명정대하게 임하는 우주적인 진리라는 점이다. 이 말씀은 땅끝까지 전파되어야 할 진리다. 그러므로 이 말씀을 받는 자들이 자기편에서 편파적인 마음이나 사욕을 가지고 접근하면 이 말씀을 참되게 받을 수 없다.

3-4 여기서는 하나님께서 그 말씀을 유다 사람에게 전하심에 있어서 철저하게 행하셨음에도 불구하고 그들이 회개하지 않는 완악한 태도를 보였음을 지적하신다. 하나님께서 그의 말씀을 전하심에 있어서 철저하게 행하셨다고 주장할 수 있는 근거는 ① 하나님께서 **"이십삼 년 동안"** 그 말씀을 전하셨고, ② **" 꾸준히 일렀"**으며, ③ **"그의 모든 종 선지자를 너희에게 끊임없이 보내"**셨다는 사실이다. 하나님께서 그렇게까지 하셨음에도 불구하고 그들은 듣지 않았고 심지어 들으려고 하지도 않았다. 인간은 너무도 부패했기 때문에 무엇보다도 옳은 말을 듣기 싫어하는 고질적인 병폐가 있다.

5 그가 이르시기를 너희는 각자의 악한 길과 악행을 버리고 돌아오라 그리하면 나 여호와가 너희와 너희 조상들에게 영원부터 영원까지 준 그 땅에 살리라. 본 절은 "이르시기를"(לֵאמֹר "레모르")이라는 동사로 시작하여 위의 3-4절에서 진술했던 여호와의 말씀에 담긴 내용을 소개한다. 그 내용은 그들이 악행에서 돌이키면 그들의 본토에서 언제까지나 살게 될 것이라는 말씀이었다. 하나님은 자비하셔서 범죄자들을 벌하시기보다는 그들의 회개를 기뻐하신다. 그들이 회개하기만 하면 하나님께서는 마땅히 벌하실 일도 멈추신다. 이렇게 여호와 하나님은 윤리적으로 인류를 대하신다. 말하자면 그는 그들의 죄악을 미워하시는 동시에 그들의 회개를 기뻐하신다. 그는 제물보다 순종을 기뻐하신다(참조. 삼상 15:22-23).

"너희와 너희 조상들에게 영원부터 영원까지 준 그 땅." 이것은 하나님께서 영원 전부터 유다 민족을 사랑하셨다는 사실을 보여주는 말씀이다. 다시 말해 하나님께서 택하신 백성이 하나님의 사랑을 받게 되는 일은 일시적으로 발생하는 우연한 일이 아니고 "영원부터 영원까지" 변하지 않을 하나님의 언약으로 말미암은 견고한 일이라는 것이다. 그러므로 택함을 입은 백성은 형통할 때나 고난받을 때나 변함없이 하나님의 이처럼 견고한 언약적인 사랑을 기억하고 변심하지 않아야 한다.

여기서 이른바 "영원부터 영원까지"(לְמִן־עוֹלָם וְעַד־עוֹלָם)라는 말은 본 구절에서 약속된 복된 땅이 단순히 가나안 땅만을 가리키는 것이 아니라 영원한 내세까지 암시하고 있음을 보여준다.

6 너희는 다른 신을 따라다니며 섬기거나 경배하지 말며 너희 손으로 만든 것으로써 나의 노여움을 일으키지 말라 그리하면 내가 너희를 해하지 아니하리라 하였으나. 여기서는 그 당시 그들이 저지른 악행이 무엇인지를 명백히 보여준다. 한마디로 그것은 하나님을 버리고 가짜 신들, 곧 우상들을 따른 일이었다. 여기 "다른 신"이란 말과 "너희 손으로 만든 것"이라는 표현은 결국 같은 대상을 가리킨다. 그들은 그 당시에 자신들의 손으로 만든 우상을 가지고 그것을 신으로 삼았던 것이었다. 인간이 우상을 만들어서 자기 신이라고 주장하고 섬기는 일은 옛적부터 행해져 오던 어두움에 속한 관습이었다. 이런 관습은 짐승들 가운데서는 목격되지 않고 오직 사람들에게만 나타난다. 이것은 사람들이 하나님을 잃어버렸다는 증표이기도 하다. 그들은 하나님을 잃어버렸으나 하나님 없이는 살아갈 수 없기 때문에, 하나님 대신 피조물을 하나님처럼 섬겨 보려고 하는 것이다. 하나님께서는 이런 행동을 크나큰 죄악으로 여기신다. 왜냐하면 그와 같은 죄악은 하나님을 직접적으로 대적하는 반역이기 때문이다. 특별히 하나님을 알 만큼 충분한 계시를 받은 유대인들이 이와 같은 행동을 하는 것은 더욱 큰 범죄다.

7 여기서 이른바 "**스스로 해하였느니라**"(לָהֶם רָעָה)라는 말씀은 사람이 손해를 보게 되는 일도 죄로 말미암은 보응이라는 사실을 힘있게 지적하는 것이다. 사람들은 우상을 섬김으로써 자신의 이익을 도모하려 하나, 결국 그것은 재앙을 자청하는 일일 뿐이다. 그러므로 다윗은 말하기를, "다른 신에게 예물을 드리는 자는 괴로움이 더할 것이라 나는 그들이 드리는 피의 전제를 드리지 아니하며 내 입술로 그 이름도 부르지 아니하리로다"라고 하였다(시 16:4).

8-11 여기서는 유다 민족이 하나님의 말씀을 순종한 않은 죄악의 보응이 얼마나 막대한 것인지를 보여준다. 하나님의 말씀을 청종하지 않는 일이 이렇게 무서운 죄악이지만, 이 땅 위에는 하나님 말씀을 청종하지 않는 것쯤은 대수롭지 않은 일로 생각하는 자들이 많다. 이제 유다 사람들이 하나님의 말씀을 청종하지 않은 결과로 받을 징벌들은 다음과 같다.

1) "**내 종 바벨론의 왕 느부갓네살**"이 그들의 "**땅**"에 와서 유다를 침략할 것이다(9상). 여기서 하나님이 이방 나라의 왕인 "느부갓네살"을 가리켜 "내 종"(עַבְדִּי, "아브디")이라고 말씀하신 것은 의미심장하다. 이것은 하나님께서 그를 알지도 못하는 이방의 무지한 왕까지라도 자기 임의대로 사용하신다는 것이다. 이러한 사실은 하나님의 절대적 주권이 이 세상 어디서든지 효력 있게 시행되고 있음을 보여준다.

2) "**이 땅과 그 주민과 사방 모든 나라를 쳐서 진멸**"할 것이다(9하). 유다 민족은 이웃 나라들을 의지하고 하나님을 잊어버린 경우가 많았다. 그러므로 하나님께서 그들의 이웃 나라들까지도 "진멸"하신다는 것이다. 이사야 3:1-2을 참조하라.

3) 유다 사람들이 그들의 죄악으로 말미암은 참상을 절실히 느끼게 될 것인데, 그들이 당하게 될 참상은 "**놀램**", "**비웃음 거리**", "**영원한 폐허**"가 되는 일과 같은 것들이다(9하-11절). 사람들이 당하는 모든 참혹한 일들은 모두

다 죄악을 상기시키는 역할을 하는 것이다.

4) 하나님을 잊어버리게 만드는 모든 활동을 끊어지게 만들 것이다(10절). 하나님께서 그들이 "기뻐하는 소리와 즐거워하는 소리와 신랑의 소리와 신부의 소리와 맷돌 소리와 등불 빛이 끊어지게" 하겠다고 말씀하셨는데, 그 이유는 그들이 이 세상 기쁨에 도취하여 하나님을 잊어버리는 죄를 많이 범했기 때문이다. "신랑의 소리와 신부의 소리" 역시 마찬가지다. 남편과 아내는 그들의 부부생활을 통해 하나님을 영화롭게 해야 하는데, 도리어 그 생활로 말미암아 하나님을 잊어버리는 일이 세상에는 많다. "맷돌 소리"는 사람들의 직업을 대표하는 표현이라고 볼 수 있다. 사업은 그 자체가 나쁜 것은 아니나, 사업을 하나님보다 더 중요하게 여기는 것도 이 세상에서 흔히 범하는 죄악이다. "등불 빛"은 성공이나 왕성함을 상징하는데, 사람들이 그것 때문에도 하나님을 잊어버리는 경우가 많다. 그러므로 이런 모든 것들을 그치게 만드시는 하나님의 심판이 반드시 임하고야 말 것이다.

12-14 **여호와의 말씀이니라 칠십 년이 끝나면 내가 바벨론의 왕과 그의 나라와 갈대아인의 땅을 그 죄악으로 말미암아 벌하여 영원히 폐허가 되게 하되 내가 그 땅을 향하여 선언한바 곧 예레미야가 모든 민족을 향하여 예언하고 이 책에 기록한 나의 모든 말을 그 땅에 임하게 하리라 그리하여 여러 민족과 큰 왕들이 그들로 자기들을 섬기게 할 것이나 나는 그들의 행위와 그들의 손이 행한 대로 갚으리라.** 여기서도 유다 민족을 징벌하시는 하나님의 도구였던 바벨론이 징계받게 되리라는 사실을 또다시 알려 준다. 이 점에 있어서 우리가 기억해야 할 중요한 몇 가지 점들이 여기에 기록되었다.

1) 바벨론이 세력을 유지할 연수(칠십 년")까지도 예언되었다는 점이다(12상). 이것을 보면 하나님께서는 그를 알지 못하는 어두움의 세계까지도 세밀하게 주장하고 계신다는 사실을 알 수 있다.

2) "바벨론…나라"가 "그 죄악으로 말미암아…영원히 폐허가" 되는 벌을 받으리라는 것이다(12하). 바벨론은 유다를 징계하는 도구로 사용되었으

나, 하나님의 징계를 집행하는 자들로서 분수에 넘치도록 유다 사람들을 괴롭히는 교만과 잔혹함이라는 죄악을 범하였다(슥 1:15). 그 죄악으로 인하여 그 나라는 "영원히 폐허가" 되어 다시는 나라를 이루지 못하게 되는 역사적 운명에 처하였다. 이것을 보면 죄인을 벌하기 위해 도구로 사용되는 자들도 얼마나 위태한 처지에 있는지를 알 수 있다. 그러므로 갈라디아서 6:1에 말하기를, "형제들아 사람이 만일 무슨 범죄한 일이 드러나거든 신령한 너희는 온유한 심령으로 그러한 자를 바로잡고 너 자신을 살펴보아 너도 시험을 받을까 두려워하라"라고 하였다.

3) 바벨론이 징계받게 되는 일은 예레미야가 기록한 예언대로 이루어질 것이라고 하였다(13절). "이방 나라들에 대하여" 예레미야가 기록한 "예언"들 가운데(46장; 47:1-7; 48장; 49:1-5, 7-22, 23-27, 29-33, 34-39; 50-51장) 특별히 50장과 51장은 바벨론 멸망을 예언하는 말씀이었다. 바벨론의 멸망에 대한 예언을 이처럼 기록으로 남기기까지 하신 이유는 그들에게 닥칠 일이 너무나도 확실하기 때문이다. "나의 모든 말"(כָּל־דְּבָרַי), 다시 말해 하나님의 말씀은 그대로 이루어지지 않을 수 없다. 하나님이 예언하신 모든 말씀은 이미 지나간 역사적 사실과 마찬가지의 진실성을 지닌다.

4) 바벨론이 여러 나라를 정복하던 시절이 있었으나, 이제는 그들이 정복당하고 그 나라들을 "섬기게" 될 것이라고 말씀한다(14절). 이것은 행한 대로 보응하시는 하나님의 원리에 따른 것이다. 예레미야가 예언한 말씀대로 바사 왕 고레스가 많은 나라들을 속국으로 삼은 후에 그들과 연합하여 바벨론을 정복하게 되었다.

15-16 이스라엘의 하나님 여호와께서 이같이 내게 이르시되 너는 내 손에서 이 진노의 술잔을 받아가지고 내가 너를 보내는 바 그 모든 나라로 하여금 마시게 하라 그들이 마시고 비틀거리며 미친 듯이 행동하리니 이는 내가 그들 중에 칼을 보냈기 때문이니라 하시기로. 이 말씀은 남 왕국 유다를 비롯하여 많은 나라가 바벨론에 정복당할 것을 가

리키는 예언이다. 그 나라들의 목록이 18-26절에 기록되어 있다. 그 나라들이 바벨론에 의해 당하게 될 일은 우연한 사건이 아니고 그들의 죄악에 대한 하나님의 채찍이다. 이런 맥락에서 하나님께서는 예레미야에게 그의 진노의 잔을 모든 나라가 마시게 하는 행동 계시를 주셨다. "진노의 술잔"(הַחֵמָה הַיַּיִן כּוֹס)이라는 표현은 "진노의 포도주잔"이라고 번역하는 것이 합당하다. "술"은 취하게 하는 것인데 나라가 멸망할 때는 술 취한 사람들이 흔히 보여주는 두 가지 현상이 나타난다. ① 그들의 죄악이 가득하여 흘러넘쳐서 죄를 범하는 일에 취하기라도 한 것처럼 덤벼들고 있으며, ② 그로 말미암아 하나님의 진노가 임할 때도 그들은 취하여 비틀거리듯이 어찌할 줄 모르고 망하게 된다. 이런 의미에서 "진노의 술잔"이란 표현이 선지자들의 글에 자주 등장하고 있다(사 51:17, 22; 렘 49:12, 51:7; 겔 23:31-34; 합 2:16). "칼을 보낸다"는 말은 하나님께서 전쟁의 재앙을 보내시리라는 뜻이다.

17 내가 여호와의 손에서 그 잔을 받아서 여호와께서 나를 보내신바 그 모든 나라로 마시게 하되. 예레미야는 모든 나라가 진노의 잔을 마시게 하라는 하나님의 명령을 받들어 그대로 순종하여 실행한다. 이것은 예레미야가 각 나라를 방문하여 실제로 술잔을 마시게 했다는 의미는 아니다. 이것은 다만 예레미야가 장차 모든 나라의 멸망을 선포한 행위를 가리키는 것일 뿐이다. 이것은 1:10에 기록된 말씀대로 시행한 것이다. 거기서 말하기를, "보라 내가 오늘 너를 여러 나라와 여러 왕국 위에 세워 네가 그것들을 뽑고 파괴하며 파멸하고 넘어뜨리며 건설하고 심게 하였느니라"라고 하였다.

예레미야가 그 당시 세계 국가들의 멸망에 대하여 예언하는 것은 단순한 인간의 심리로는 불가능한 일이다. 왜냐하면 ① 그와 같은 담력은 인간의 한계를 초월한 것이기 때문이며, ② 그렇게 많은 나라에 대하여 구체적이고도 정확하게 예언하는 일은 전지전능하신 하나님께서 시키신 것이 아니고는 이루어질 수 없기 때문이다. 과연 예레미야의 예언대로 세계의 역사가 진행되었으니, 하나님께서 그 당시 세계를 심판하심으로써 그의 예언을 성취하셨다.

18 **예루살렘과 유다 성읍들과 그 왕들과 그 고관들로 마시게 하였더니 그들이 멸망과 놀램과 비웃음과 저주를 당함이 오늘과 같으니라.** 이것은 유다 나라가 바벨론으로 말미암아 패망하게 될 것을 예언한 말씀이다.

"멸망과 놀램과 비웃음과 저주." 이 네 가지도 유다 민족의 죄악을 연상시키는 두려운 말씀이다. 여기서 "오늘날과 같으니라"(היום כהיום)라는 말씀은 델리취(Delitzsch)에 의하면 "이제 드디어 이루어질 일과 같다"라고 번역될 수 있다. 칼빈(Calvin)은 말하기를 이것이 비록 미래에 성취될 일이지만 확실성을 지닌 것이기 때문에 이렇게 표현되었다고 한다.

여기에 하나님의 심판 원리 가운데 한 가지가 드러난다. 요컨대 하나님께 은혜를 많이 받은 자가 순종하지 않을 때 누구보다도 먼저 벌을 받는다는 것이다. 하나님은 많이 받은 자에게서는 많이 찾으신다(눅 12:48; 참조. 마 25:30).

19-26 이 구절들에서는 위에서 언급한 것처럼 멸망에 참여할 국가들을 열거한다. "**애굽**"은 유다 백성들이 하나님보다 더 의지하던 나라이므로 가장 먼저 심판받을 대상으로 등장한다. "**모든 섞여 사는 민족들**"은 애굽으로 이주하여 살던 족속들을 가리킨다. "**우스**"는 애굽의 국경 가까이 자리 잡고 있던 땅인 듯한데, 칼빈(Calvin)은 그렇게 생각하지 않고 다만 유다 동쪽에 있는 땅이라고 주장하였다. "**아스글론과 가사와 에그론과 아스돗**"은 블레셋에 속한 도시들로서 다 함께 블레셋 영토를 대표한다. 블레셋은 대대로 유다 민족을 대적하던 원수였다.

"**아스돗의 나머지 사람**"이라는 표현은 그 도시가 애굽 왕 프삼메티코스 1세(Psammetich I)의 침략으로 말미암아 무너진 뒤에 남은 자들을 의미한다. "**에돔**", "**모압**", "**암몬**"에 대하여는 49:7-22, 48:1, 49:1-6을 참조하라. "**두로**"와 "**시돈**"은 지중해 연안의 이방 나라인 베니게를 가리키고, "**바다 건너쪽 섬**"

은 지중해 연안에 자리 잡은 국가들을 의미하고, **"드단"**, **"데마"**, **"부스"**는 아라비아 북쪽에 있는 세 족속이다. **"살쩍을 깎은 모든 자"**라는 표현도 아라비아 모든 사막에 살던 족속들을 가리킨다(Delitzsch).

광야에서 섞여 사는 민족들. 이것은 아라비아 사막 지방에 사는 유목 민족들을 가리킨다. **"시므리"**는 바사와 아라비아 사이에 자리 잡은 지역에서 살던 족속인 듯하다. 예레미야가 이 모든 나라를 열거하는 목적은 사람들이 익히 알지 못하는 작은 족속도 하나님의 심판을 면할 수 없다는 점을 보여주기 위함이다. **"엘람"**은 페르시아만의 동해안과 북해안에 거주한 민족으로서(창 14:5), 그 나라의 수도 니느웨가 함락된 후에(BC 612년) 메대 족속에게 흡수되었다. **"메대"**는 유명한 족속으로서 고레스 왕 시대에 바사와 합병하게 되었다.

세삭 왕은 그 후에 마시리라. 여기서 이른바 **"세삭 왕"**은 바벨론 왕을 의미한다. 바벨론 왕이 하나님이 내리시는 진노의 잔을 **"마시"**는 일이 마지막에 이루어지는 이유는 그가 위의 모든 나라를 멸망시키는 도구로 사용된 이후에 그가 지나치게 포학하였던 죄로 인하여 멸망할 것이기 때문이다. 택하심을 받지 않은 자가 하나님의 진노를 시행하는 도구로 사용되기는 하지만 그 자신은 하나님을 섬기지 않고 자신의 죄악을 채우는 일에만 관심을 보이기 때문에, 그는 하나님의 상급을 받을 수 없고 마침내 망하고야 만다.

27-29 여기서는 모든 나라가 하나님의 진노로 말미암아 임하는 벌을 면할 수 없다는 사실에 대하여 말씀한다.

너희는 내가 너희 가운데 보내는 칼 앞에서 마시며 취하여 토하고 엎드러져 다시는 일어나지 말아라(27절). 이것은 죄악이 가득하여 흘러넘치는 나라가 하나님의 진노 아래서 패망하는 광경을 비유한다. 선지자 예레미야의 예언과 같이 그 당시의 모든 나라는 술에 취한 사람처럼 거꾸러질 것이라고 한다. 하나님의 말씀은 반드시 이루어지고야 마는 것이니, 사람들이 그대로 이루어지기를 아무리 거부한다고 해도 결국 그대로 이루어지지 않을 수는 없다(28절). 신구약 성경의 모든 말씀은 모두 다 이처럼 능력 있는 말씀이다. 하나님의 말씀은 단순한 이론이 아니라 장차 현실로 드러날 역사다. 그러므로 우리는 이 말씀 앞에서 다만 믿음으로 굴복할 뿐이다.

보라 내가 내 이름으로 일컬음을 받는 성에서부터 재앙 내리기를 시작하였은즉 너희가 어찌 능히 형벌을 면할 수 있느냐 면하지 못하리니(29절). 베드로전서 4:17-19에 말하기를, "하나님의 집에서 심판을 시작할 때가 되었나니 만일 우리에게 먼저 하면 하나님의 복음을 순종하지 아니하는 자들의 그 마지막은 어떠하며 또 의인이 겨우 구원을 받으면 경건하지 아니한 자와 죄인은 어디에 서리요 그러므로 하나님의 뜻대로 고난을 받는 자들은 또한 선을 행하는 가운데에 그 영혼을 미쁘신 창조주께 의탁할지어다"라고 하였다. 하나님께서 그의 백성에게 고난을 주시는 이유는 그들이 망하게 하시려는 것이 아니라 사랑으로 징계하시기 위함이다. 그는 사랑하는 자에게 채찍을 대신다(히 12:5, 6). 히브리서 12:8에 말하기를, "징계는 다 받는 것이거늘 너희에게 없으면 사생자요 친아들이 아니니라"라고 하였다. 욥기 5:17-18에는 말하기를, "볼지어다 하나님께 징계 받는 자에게는 복이 있나니 그런즉 너는 전능자의 징계를 업신여기지 말지니라 하나님은 아프게 하시다가 싸매시며 상하게 하시다가 그의 손으로 고치시나니"라고 하였다.

그러나 택하심을 받지 못한 자들이 받는 재앙은 마침내 그들을 멸망하게 만든다. 그들은 끝까지 회개하지도 않는다.

30-31 여기서는 또다시 하나님께서 예레미야에게 모든 나라에 대한 그의 진노에 대하여 예언하라고 명령하신다. 이렇게 하나님께서 거듭거듭 부탁하시는(참조. 15, 27절) 이유는 모든 나라가 하나님의 심판을 받을 것이 너무도 확실하기 때문이다.

여호와께서 높은 데서 포효하시고 그의 거룩한 처소에서 소리를 내시며. 이것은 모든 나라가 심판받게 되는 일이 인간에게서 시작된 것이 아니라 천지를 주관하시는 하나님에게서 시작된다는 의미다. 이와 같은 심판을 땅 위의 세력으로는 막을 수 없다.

그의 초장을 향하여 크게 부르시고. 이것은 유다 민족을 향하여 심판을 선고하시는 말씀이다.

세상 모든 주민에 대하여 포도 밟는 자 같이 흥겹게 노래하시리라. 이 말씀은 무수한 사람의 죽음을 가져오게 될 전 세계적인 두려운 심판을 가리킨다(사 63:3). "뭇 민족과 다투시며"(31절)라는 말씀은 하나님께서 모든 나라의 불의에 대하여 재판하실 것을 가리킨다.

32 만군의 여호와께서 이와 같이 말씀하시니라 보라 재앙이 나서 나라에서 나라에 미칠 것이며 큰 바람이 땅 끝에서 일어날 것이라. "나라에서 나라에 미칠 것이며"라는 말씀은 불의에 대하여 보응을 받는 일이 한 나라에서만 일어나는 것이 아니라, 모든 나라에서 동일하게 일어나리라는 것을 보여준다. 다시 말해 죄인들은 예외 없이 모두 다 심판받는다는 의미다. 그러므로 하나님의 심판이 이웃 나라에 임하는 것을 목격하는 자는 그것을 남의 일로 여길 것이 아니라 나 자신에게도 임박한 일로 간주해야 한다. "큰 바람"은 재앙을 의미하는데 그것이 "땅 끝에서 일어날 것"이라는 말은 그 재앙이 먼 거리를 문제시하지 않고 기적적인 방식으로 미치게 되리라는 것을 암시한다. 이것은 가공할 전쟁을 통하여 이루어지는 일인데, 현대 핵무기의 위력을 생각해보면 그 의미를 이해할 수 있을 것이다. 이 말씀은 그 시대에 바벨론으로 말미암아 이루어질 세계 전쟁을 예언하는 동시에, 이 세상 끝날에 있을 최후의 무시무시한 전쟁에 대한 예표라고 할 수 있다.

33 여호와에게 죽임을 당한 자가 땅 이 끝에서 땅 저 끝에 미칠 것이나. 앞 절 하반절에 대한 해석을 참조하라.

시신을 거두어 주는 자도 없고(אל יספדו). 여기 사용된 히브리어 표현은 시신이 수습되지 못한다는 뜻인데, 한마디로 시체를 그냥 내버려 두고 가져가지 않는 것을 의미한다. 그 전쟁에서 사람들이 너무 많이 죽을 것이기 때문에 수많은 시체가 땅 위에 널려 있으리라는 것을 가리킨다. 이것은 하나님께서 사람들에게 그들의 한평생이 얼마나 헛된 것인지를 보여주시는 일이기도 하다. 그들은 그렇게까지 몸을 아껴가며 범죄하면서 하나님을 저버렸으나, 결국은 저렇게 비천한 모습으로 드러나고 만다. 하나님을 경외하는 것이 인생의 본분이니, 마지막까지 남아 있을 것은 오직 그것뿐이다(전 12:12-13).

34-37 칼빈(Calvin)은 이 부분이 유다 백성들을 대상으로 주어진 예언이라고 해석하나, 바이저(Artur Weiser)는 이 부분도 여러 이방 임금들을 대상으로 주어진 예언이라고 말한다.[35]

이 부분에서는 특별히 지도자들의 죄책이 얼마나 무거운 것일지를 보여준다. **"목자들"**(הָרֹעִים "하로임")이라는 표현과 **"양 떼의 인도자들"**(אַדִּירֵי הַצֹּאן "아디레 하촌")이라는 표현이 모두 여섯 번 나온다. 지도자들이 그들의 권세와 지위를 가지고 한동안 세도를 누릴 때는 그들의 권세가 영원히 지속될 것이라고 생각하였다. 그러나 권세는 잠깐일 뿐이고 그들에게는 영원한 절망과 고뇌가 임하고야 만다(花無十日紅). 그러므로 지도자가 겸손하지 못하면 도리어 화를 당한다. 야고보서 3:1에 말하기를, "내 형제들아 너희는 선생된 우리가 더 큰 심판을 받을 줄 알고 선생이 많이 되지 말라"라고 하였다.

이 부분(34-37절)에서는 지도자들이 장차 받을 심판의 참상이 어떠할 것인지 알려 주기 위하여 여러 가지 표현들이 사용되었는데, 예컨대 **"애곡하라"**(הֵילִילוּ "헬릴루"), **"뒹굴라"**(הִתְפַּלְּשׁוּ "히트팔르슈"), **"도망할 수 없겠고"**라는 표현 등이다.

---

35) Artur Weiser, Das Buch des Propheten Jeremia. p. 227. "Der Schluss des Kapitels wendt sich an die Könige der bedrohten Volker."

기한이 찼음인즉. 말하자면 하나님께서 그들의 회개를 위하여 기다리시는 시간이 모두 소진되었다는 의미다. "**평화로운 목장들**"은 그들이 다스리던 국가들을 가리킨다.

38 그가 젊은 사자 같이 그 굴에서 나오셨으니 그 호통치시는 분의 분노와 그의 극렬한 진노로 말미암아 그들의 땅이 폐허가 되리로다 하시니라. 본 절에서 하나님을 "젊은 사자"에 비유한 것은 그가 마지막 심판 때까지 회개하지 않는 자들을 아끼지 않으시리라는 점을 보여준다. 심판 때까지 회개하지 않는 자는 결국 죄악과 일체를 이룬 자다. 하나님은 죄악에 대해서는 "사자"와 같이 두렵고 강력한 분으로 나타나신다.

"그들의 땅이 폐허가 되리로다." 말하자면 그들의 나라가 황량하게 되었다는 뜻이다.

| 설교자료

1. 하나님께서는 사람들을 구원하시기 위하여 그들이 회개하기를 권고하시되, 한두 번만 하시고 마는 것이 아니라 오랜 세월 동안 그리고 간절히 권고하신다. 그런데도 그들은 여전히 그의 말씀에 귀 기울이지 않는 태도를 계속 고집한다. 이것은 인간이 전적으로 부패했음을 보여주는 대표적인 현상이다(3-4절).

2. 하나님께서는 인간이 죄를 범한다고 해서 당장 벌하시는 것이 아니라, 그가 회개하기만 하면 여전히 은혜를 베푸신다(5절).

3. 누구든지 하나님 대신에 자기 손으로 성취한 업적이나 소유를 의지하면 그것은 사실상 우상숭배의 죄악이며 하나님을 노엽게 하는 일이다(6절).

4. 범죄하는 자는 자기 자신을 스스로 해롭게 하는 결과를 가져온다(7절).

5. 하나님께서는 그를 알지 못하는 이방 나라의 어둡고 우매한 사람이라도 그가 행하실 일을 위하여 도구로 사용하시는 경우가 있다. 그러므로 성도는 아무리 어두운 사회 한가운데 처했을지라도 그곳에 하나님께서 개입하실 것을 믿고 안심할 수 있다(9절).

6. 사람들이 세상의 기쁨과 가정의 향락을 제일로 여기다가 하나님을 잊어버리고 마는데 이러한 죄악으로 인하여 심판받는 날이 반드시 찾아온다(10-11절).

7. 하나님의 뜻대로 죄를 벌하는 일에 사용된 도구가 교만하여 포학하게 행하면 마침내 하나님으로부터 벌을 받고야 만다(12-14절).

8. 하나님께서 모든 나라에 대하여 예언하신 말씀은 모두 다 그대로 이루어졌다. 하나님의 말씀은 이론에 그치지 않고 반드시 이루어진다(15-26절).

9. 하나님의 말씀이 이루어지는 것을 막을 자는 없다, 27-28절 해석을 참조하라.

10. 하나님께서 사랑하시는 성도는 누구보다도 먼저 징계받을 수 있다는 사실을 기억해야 한다, 29절 해석을 참조하라.

11. 이 세상 끝날에 가공할 만한 범세계적인 전쟁이 일어나리라는 것은 하나님께서 정하신 바다(30-33절).

12. 지도자들의 죄책은 지도를 받는 자들의 죄책보다 무겁다. 34-36절 해석을 참조하라.

13. 하나님께서는 죄인들을 오래 참으시지만, 그들이 끝까지 회개하지 않으면, 마침내 그들을 아낌없이 벌하신다. 이렇게 하나님께서 회개하지 않는 죄인들을 벌하시는 분노가 맹렬하다는 의미에서 예레미야는 하나님을 사자에 비유하였다(38절). 성경은 이런 관점에서 주님의 진노가 맹렬하다는 의미에서 말하기를, "그의 아들에게 입맞추라 그렇지 아니하면 진노하심으로 너희가 길에서 망하리니 그의 진노가 급하심이라"라고 하였고(시 2:12), "자주 책망을 받으면서도 목이 곧은 사람은 갑자기 패망을 당하고 피하지 못하리라"라고 하였다(잠 29:1). 호세아 5:14을 참조하라.

제 26 장

⚜ 내용분해

1. 회개를 권면하는 설교(1-7절)
2. 예레미야가 당시의 종교가들에게 체포됨(8-9절)
3. 예레미야가 해를 면함(10-24절)

⚜ 해석

1 유다의 왕 요시야의 아들 여호야김이 다스리기 시작한 때에 여호와께로부터 이 말씀이 임하여 이르시되. 여기서도 하나님의 말씀이 공허한 환상과는 달리 역사성을 지닌 진실한 사실로서 인간 세계에 임했다는 사실을 보여준다. 이 말씀이 임한 시기가 여기 명백히 기록되어 있는데, 그 시기가 구체적으로 "유다의 왕 요시야의 아들 여호야김의 다스리기 시작한 때"라고 설명한다.

2 여호와께서 이와 같이 말씀하시니라 너는 여호와의 성전 뜰에 서서 유다 모든 성읍에서 여호와의 성전에 와서 예배하는 자에게 내가 네게 명령하여 이르게 한 모든 말을 전하되 한

마디도 감하지 말라. 여기서 우리가 생각해보아야 할 말씀은 ① "여호와의 성전에 와서 예배하는 자에게" 유다 나라가 멸망하지 않고 보전될 수 있는 길을 알려 주셨다는 점이다. 신자들은 이렇게 국가의 소망을 좌우하는 중대한 비결을 하나님의 계시에 의존하여 깨달을 수 있는 특권을 가졌다. 오늘날도 우리는 성경을 통하여 영생의 길을 발견할 뿐만 아니라, 우리가 속한 민족이 살아날 길도 알 수 있다. 그 길이란 다름 아니라 아래에서 말하는 것과 같이 그 민족이 죄악을 떠나는 것이다. ② 선지자 예레미야는 그가 하나님으로부터 받은 말씀을 한마디도 감하지 말고 그대로 모두 전하라는 명령을 받았다. 전도자는 하나님의 말씀을 전할 때에 자기 뜻대로 가감할 수 없다. 왜냐하면 그가 전하는 말씀은 하나님의 말씀이기 때문이다. 신명기 4:2을 참조하라.

"감하지 말라"(אַל־תִּגְרַע דָּבָר). 여기서 사용된 히브리어 문구의 의미는 "한 마디도 그냥 지나치지 말라"는 것이다. 예레미야가 전해야 하는 말씀은 유다 민족이 회개하지 않으면 멸망할 것이라는 두려운 예언이었는데, 그러한 말씀은 듣는 자들의 감정에 상처를 주기 쉬운 것이다. 그런 이유에서 말씀을 전하는 자들은 사람들의 마음을 상하지 않게 하려고 하나님의 말씀을 감하기 쉬운 것이다. 그러므로 하나님께서 "한 마디도 감하지 말라"고 당부하셨다. 완악한 자들에게는 강하게 말하지 않으면 아무런 충격도 주지 못한다. 그러므로 전도자는 그들에 대하여 인정사정 봐주지 말고 할 말을 해야 한다.

3 그들이 듣고 혹시 각각 그 악한 길에서 돌아오리라 그리하면 내가 그들의 악행으로 말미암아 그들에게 재앙을 내리려 하던 뜻을 돌이키리라. 하나님께서 죄인들을 경고하시는 목적은 그들이 악한 길에서 떠나게 하시려는 것이다. "혹시"(אוּלַי "울라이")라는 말은 하나님께서 그들이 회개할지에 대해 알지 못하신다는 의미의 표현이 아니다. 하나님께서는 그들이 회개하지 않을 것을 아시면서도 끝까지 그들의 회개를 원하시는 의미에서 이런 표현을 사용하신다. 이것은 그의 자비의 표현이다. 여기서 "각각"(אִישׁ "이쉬")이라는 표현은 회개 운동에 있어서

집단적인 회개보다 각 개인의 개별적 회개가 절대적으로 필요함을 강조한다. 스가랴 12:12-14에서도 이와 같은 취지의 말씀이 주어졌는데, 그 구절에 거듭 거듭 나오는 "따로"(לְבָד "레바드")라는 표현이 이런 의미를 전달하는 것이다.

"그 악한 길에서 돌아오리라." 이 구절에 대한 히브리어 원문(מִדַּרְכּוֹ הָרָעָה וְיָשֻׁבוּ אִישׁ)은 "그 악한 길에서 돌이키리라"라고 번역해야 한다. 이것은 물론 악을 버리고 하나님께로 돌아오리라는 의미를 지닌다. 누구든지 하나님께로 돌아오지 않는다면 우리는 그가 악에서 완전히 떠난 것이라고 인정할 수 없다.

4-6 여기서는 하나님께서 그의 말씀에 대한 유다 민족의 역사적인 불순종에 대해 통탄하시면서도 또다시 그들의 순종을 촉구하시는 자비로운 태도를 보여주신다. 그는 죄인들을 오래 참으신다. 그러나 하나님께서 이같이 참으시는 일이 무제한으로 계속되는 것은 아니다. 그는 또한 공의로우신 하나님이시다. 따라서 끝까지 회개하지 않는 자들을 벌하시는 날이 반드시 도래할 것이다.

내가 이 성전을 실로 같이 되게 하고(6상). "실로"(שִׁלֹה)는 이스라엘 민족이 가나안 땅에 진입하면서 성막과 법궤를 모셔두었던 처소였다(수 18:1; 삼상 1:3; 4:10-22). 그때로부터 엘리 제사장이 별세할 때까지 "실로"는 신정 국가 이스라엘의 중심지가 되었다. 엘리 제사장이 별세한 이후로 사무엘이 사역하던 초창기에 그곳은 황폐하게 되었다.

이 성을 세계 모든 민족의 저줏거리가 되게 하리라(6하). 말하자면 예루살렘이 바벨론으로 말미암아 황폐하게 되어 이방인들이 업신여기고 저주하는 대상이 되리라는 뜻이다. 하나님의 교회는 신자들이 하나님의 말씀에 순종함으로써 하나님을 영화롭게 하기 위한 조직인데 그들이 말씀에 순종함으로써 하나님을 영화롭게 하는 일에 게으르게 행한다면 하나님께서는 교회가 불신자들에게까지 밟힘을 당하도록 버려두신다. 그러므로 예수께서 말씀하시기를, "너희는 세상의 소금이니 소금이 만일 그 맛을 잃으면 무엇으로 짜게 하리요 후에는 아무 쓸 데 없어 다만 밖에 버려져 사람에게 밟힐 뿐이니라"라고 하셨다(마 5:13).

7 **제사장들과 선지자들과 모든 백성이 듣더라.** 그들이 예레미야의 말씀을 들은 이유는 순종하기 위해서가 아니라 트집을 잡기 위해서였다. 그들은 외식하는 제사장들과 거짓 선지자들이었다.

8-9 "제사장들과 선지자들과 모든 백성"이 예레미야를 죽이고자 한 이유는 무엇이었는가?

1) 그것은 그들이 예레미야를 거짓 선지자로 오해하였기 때문이었다. 예루살렘은 영원히 하나님의 거처가 될 것이라는 하나님의 약속이 있는데도 불구하고(시 132:14) 예레미야는 그때 머지않아 예루살렘 성이 모든 나라의 저주 거리가 되리라고 예언하였다. 그들은 예레미야의 이 같은 예언을 믿을 수 없었다. 그들은 이렇게 하나님의 약속을 오해하였던 것이었다. 예루살렘이 영원히 하나님의 거처가 되리라는 약속은 유다 민족이 범죄하고 회개하지 않음에도 불구하고 그렇게 되리라는 의미는 아니다. 물론 위에서 언급했던 하나님의 약속이 영적으로는 마침내 이루어지고야 말 것이다. 말하자면 영적 이스라엘은 영원히 망하지 않는다는 것이다. 그러나 역사상으로 지상의 예루살렘은 유다 사람들의 죄악으로 인하여 폐허가 되어버린 것이 사실이다. 하나님의 말씀을 오해한 결과는 이렇게 심각한 것인데, 한마디로 참 선지자를 거짓 선지자로 여기게 되는 것이다. 그러니 하나님의 말씀을 바로 깨닫는 일이 그만큼 중요하다고 할 수 있다.

2) 그들이 예레미야를 죽이고자 한 이유 가운데 또 한 가지 생각할 만한 것은 그 당시 유다 사람들이 하나님보다 성전 건물과 기타 종교의식에 의존하는 그릇된 사상을 지니고서 성전이 자리 잡고 있는 예루살렘 도성에 대하여 지나친 숭배심을 가지고 있었다는 점이다. 그들은 하나님의 말씀에는 순종하지 않으면서도 여호와의 성전이 예루살렘에 자리하고 있는 한 유다 민

족은 평안을 누릴 것이라고 믿었다(7:4). 그런데 예레미야는 그들의 생각과는 달리 예루살렘이 황무하여질 것이라고 예언하였기 때문에, 유다 백성들은 이제 발광할 정도로 분노한 것이다. 이것은 스데반을 죽였던 무리가 가졌던 사고방식과 동일하다(행 6:10-14).

10-11 유다 임금을 돕는 고관들은 백성들이 예레미야를 죽이려 했던 사건을 재판하기 위하여 **"새 대문**(성전의 동쪽 문)**의 입구"**에 모여 앉았는데, 이 때 제사장들과 선지자들이 예레미야를 고소하였다. 그들이 고소한 죄목은 예레미야가 **"이 성**(예루살렘 성)**에 관하여 예언하였다"**는 것이었다. 8-9절 해석을 참조하라.

12-15 예레미야는 제사장들과 선지자들의 그를 고소하는 자리에서 자기가 했던 예언의 정당성을 주장하는 동시에 그의 원수들이 자기를 죽이는 것은 위험한 일이라고 증거한다.

1) 그가 비록 성전과 예루살렘을 쳐서 예언하였지만, 그것은 어디까지나 하나님께서 시키신 일이기 때문에 정당하다고 주장하였다(12절). 예레미야는 어디까지나 하나님이 주신 소명에 대한 확신 가운데 담대하게 자신을 변론하였다. 그것은 모든 전도자가 표본으로 삼아야 할 마음가짐이다.

2) 그를 대적하는 자들이 이때까지 범해온 잘못을 고치기만 하면 하나님께서 재앙을 보내지 않으실 것이라고 증거한다(13절). 이것은 어디까지나 그를 대적하는 자들과 모든 유다 백성들이 받아들여야 했던 복음이었다. 이것은 그들을 해롭게 하는 말씀이 아니고 그들의 안전을 보장해주는 사랑의 말씀이었다. 그들이 예레미야가 지적했던 죄악들(4-5절)을 범하지 않았다면 예레미야가 선포한 이 같은 말씀이 미친 사람의 말이었을지 모르나, 그들이 그러한 죄악들을 범한 것이 확실한 마당에는 그가 선포하는 말씀을 절대적인 진리로 받아들여야 할 것이다.

3) 예레미야는 자신을 고소하는 자들을 향해 만일 그들이 자신을 죽인

다면 그들에게 위험한 일이 있을 것이라고 경고한다(14-15절). 이것은 예레미야가 그를 대적하는 원수들을 사랑하였기 때문에 준 말씀이지 결코 그 자신의 생명을 보호하기 위해서 했던 말은 아니었다. 선지자는 자신의 생명보다 남들의 생명을 더욱 귀히 여기고서 행동한다(13:17). 패역무도한 자들이 의인을 죽이고자 마음먹으면 얼마든지 죽일 수는 있으나, 그들은 그들이 흘린 무죄한 피에 대한 보응이 자신들에게 돌아오리라는 사실은 알고 있어야 한다. 하나님께서 보내신 선지자를 대적하여 무죄한 피를 흘리는 것은 바로 하나님을 대적하는 무서운 죄악이다.

16 고관들과 모든 백성이 제사장들과 선지자들에게 이르되 이 사람이 우리 하나님 여호와의 이름으로 우리에게 말하였으니 죽일 만한 이유가 없느니라. 이 구절에서 우리가 발견할 수 있는 사실은 "제사장들과 선지자들"로 구성된 종교 지도자들이 하나님의 사람인 예레미야를 죽이려 하였던 반면에, 도리어 다른 사람들, 다시 말해 "고관들과 모든 백성"은 그를 옹호하고 나섰다는 점이다. 종교 지도자들이 부패하면 이 세상에서 그 누구보다도 악한 자들이 되고 만다. 그들은 자기들이 차지한 교권을 유지하기 위해서 거룩한 종교를 사악한 방식으로 이용하며, 하나님께서 세우신 참된 종들을 박해한다.

17-19 여기서는 장로 중 몇 사람이 예레미야를 변호한다. 여기서 "장로"라고 번역된 단어는 히브리어로 "자칸"(זָקֵן)인데, 이는 연로한 자를 의미한다. 그 당시 예루살렘의 노인들이 그들의 경륜을 바탕으로 종교 지도자들에게 예레미야를 죽이지 말라고 충고하였다. 이러한 충고는 유다 왕국의 과거 역사에서 히스기야 왕이 하나님의 말씀을 굳건하게 전했던 미가 선지자를 죽이지 않았을 때 복을 받았던 사실을 본보기로 들어 말한 것이었다.

이 성전의 산은 산당의 숲과 같이 되리라. 이것은 미가 3:12에서 인용한 말씀인데, 사람들이 예배하기 위하여 구름같이 모이던 성전산이 황폐해져서 다른 산들의 봉우리와 다른 점이 없게 되리라고 예언하는 것이다. 미가 선지자의 이 같은 예언은 예루살렘과 성전을 사랑하는 자들의 귀에 거슬리는 말이었을 것이다. 그러나 히스기야 왕은 그의 말을 달게 듣고 하나님을 두려워하여 기도하게 되었다. 그로 말미암아 하나님께서는 유다 나라를 재앙에서 구원하셨다.

히스기야 왕은 충성된 선지자의 말에 순종함으로써 복을 받은 임금이었다. 옛글에도 말하기를, "좋은 약이 입에는 쓰나 병을 낫게 하고, 충성된 말이 귀를 거스르나 행실에 유익하니라"라고 하였다.

우리가 이같이 하면 우리의 생명을 스스로 심히 해롭게 하는 것이니라. 말하자면 예레미야를 죽이면 유다 나라에 크게 손해가 될 것이라는 의미다.

20-24 유다의 종교 지도자들과 백성들이 예레미야를 죽이려고 했던 그 당시에 "우리야"라는 또 다른 인물이 예레미야처럼 유다 민족을 쳐서 예언한 후에 애굽으로 피신하였다가 마침내 체포되어 다시 유다로 끌려와서 처형당했던 사실이 여기 기록되었다. 그러나 "**예레미야**"는 "**아히감**"이라는 용감한 인물의 보호로 말미암아 피살당하지 않았다. "**평민의 묘지**"는 기드론 골짜기에 있는 묘지를 가리킨다(참조, 왕하 22:6).

설교 ▶ 우리야와 예레미야(20-24절)

1. "우리야"라는 선지자는 성경에서 오직 이 부분에만 나오는데, 그는 "예레미야"와 비교하면 그리 두드러지지 않는 인물이다. 예레미야는 예루살렘을 무대로 삼아 예언하였으나 우리야는 그렇지 못하였다. 그러나 그는 마침내 순교하기까지 충성했으니 그도 하늘에서는 예레미야보다 못하지 않게 위대한 선지자로 여겨졌을 것이다.

2. 우리야가 당한 일과 예레미야가 당한 일은 서로 대조된다. 우리야는 애

굽에까지 도망쳤으나 마침내 본국으로 끌려와서 순교하게 되었는데, 그것도 우연한 일이 아니다. 예레미야는 그를 당장 죽이려고 달려드는 분노한 폭도들 앞에서 "아히감"이라는 사람의 보호를 받아 죽음을 면하였다. 이것도 우연한 일이 아니다. 우리가 여기서 깨달을 수 있는 사실은 사람들에게 일어나는 모든 일은 하나님의 전능하신 손으로 말미암아 배정된 것들이라는 점이다. 하나님께서는 특별히 그가 사랑하시는 자들에 대하여 한 사람에게는 이렇게 행하시고 또 다른 사람에게는 저렇게 행하신다. 하나님께서 사랑하시는 자들 가운데도 어떤 이는 부유하고 어떤 이는 가난하며, 어떤 이는 건강하고 어떤 이는 병약하며, 그 밖에 여러 가지 방식으로 그들의 처지는 서로 다르다. 그러나 이 모든 형편을 배정하시는 일은 하늘에 계신 아버지의 사랑으로 이루어지는 것이다. 그러므로 신자들은 각자 자신에게 주어진 서로 다른 처지에 대하여 만족하기를 배워야 할 뿐이고, 수수께끼 같은 이 문제의 근원을 다 알려고 할 이유는 없다. 우리가 이 세상에 거하는 동안에는 모든 일이 거울로 보는 것같이 희미하다. 우리가 내세에 들어간 이후에야 모든 일이 밝히 드러날 것이다(고전 13:12).

3. 예레미야가 죽임을 당할 뻔했던 위험한 시기에 아히감이라는 인물이 세력을 얻어서 예레미야를 건지게 되었던 것도 하나님께서 하신 일이었다. 이것도 일종의 이적이다. 이적은 반드시 천사가 직접 나타나거나 번개가 번쩍이는 것 같은 기이한 일들로만 이루어지는 것은 아니다. 하나님께서 행하시는 이적에는 이처럼 특별한 사건들도 있고 일반적인 것들도 있는데, 그것은 우리의 일생을 통하여 그의 섭리에 따라서 이루어지는 일들이다. 이런 일들은 우연한 것이 아니며 하나님의 사랑으로 말미암아 이루어지는 역사들이다.

| 설교자료

1. 회개는 재앙을 면하는 유일한 길이다(3절).

2. 자비로우신 하나님께서는 순종하지 않는 백성들까지도 모두 회개하게 만드시려고 끝까지 권고하신다. 그런데도 그들이 끝까지 회개하지 않는다면 그들은 멸망 받아 마땅하다(4-6절).

3. 하나님의 참된 종을 박해하는 것은 타락한 종교가들의 특징이다(8-11절).

4. 하나님의 참된 종은 자기를 보내신 이가 하나님이시라는 분명한 소명감을 가지고서 굳건하게 자기에게 주어진 사명을 감당한다(12절).

5. 하나님의 참된 종은 사람들이 하나님의 말씀에 순종하여 구원받기를 원하며, 그들이 의인을 박해함으로써 그들의 죄에 대한 보응을 받게 되는 것을 원하지는 않는다(13-15절).

6. 의인의 충성된 말은 귀에 거슬리나, 그 말씀에 귀를 기울이고 순종하는 자들은 하나님의 축복을 받는다(17-19절).

7. 하나님의 말씀을 강경하게 전하던 의인이라도 피신하는 경우가 있다. 그것은 비겁한 죄가 아니고 무모한 희생을 피하는 방편이 되기도 한다(20절).[36]

---

36) 참조. 왕상 17:1-5; 19:1-8; 렘 36:19, 26; 마 2:13-23; 10:23; 20:13-20; 눅 4:28-30; 요 8:59; 행 9:23-25.

8. 일개 개인이 단독으로 폭도들의 요청을 거부하면서 의인을 보호하는 것은 대단히 희귀한 경건의 행동이라고 말할 수 있다. 그는 오직 하나님만 두려워하고 대중을 무서워하지 않는 용감한 신자다(24절).

제 27 장

✤ 내용분해

1. 줄과 멍에라는 상징물을 통하여 많은 나라가 바벨론에 정복될 것을 예언함(1-7절)
2. 바벨론을 섬기라고 권고함(8-15절)
3. 성전 기구들 가운데 남은 것을 바벨론으로 옮겨 가게 될 것을 예언함 (16-22절)

✤ 해석

1 유다의 왕 요시야의 아들 여호야김이 다스리기 시작할 때에 여호와께서 말씀으로 예레미야에게 임하시니라. 여기서 이른바 "여호야김이 다스리기 시작할 때"(יְהוֹיָקִים בְּרֵאשִׁית מַמְלֶכֶת)라는 표현은 "여호야김의 즉위 초에"라고 번역해야 한다. 그리고 여기서 "여호야김"이라는 이름은 사실상 "시드기야"(צִדְקִיָּהוּ)라는 이름 대신에 필사자가 실수로 잘못 기록한 것이다(Orelli, Aalder). 여기서도 하나님

의 말씀은 인간의 환상이나 공허한 창작물이 아니며 역사적으로 분명하게 성취되는 것임을 보여주기 위해 구체적인 연대를 기록한다. "여호와께서 말씀으로 예레미야에게 임하시니라"(הָיָה הַדָּבָר הַזֶּה אֶל־יִרְמְיָה מֵאֵת יְהוָה לֵאמֹר)라는 히브리어 문구를 바르게 번역하려면 "이 말씀이 여호와께로부터 예레미야에게 와서 말하기를"이라고 해야 한다.

2 여호와께서 이와 같이 내게 말씀하시되 너는 줄과 멍에를 만들어 네 목에 걸고. "줄과 멍에"(מוֹסֵרוֹת וּמֹטוֹת)라는 표현에서 "줄"은 멍에를 붙들어 매기 위한 것이고, "멍에"는 나무로 만든 제어 장치다. 하나님께서 예레미야가 그의 목에 "멍에"를 메고 다니도록 하신 일은 유다 나라와 그의 동맹국들이 장차 바벨론을 섬기게 될 것을 보여주기 위한 행동 예언이다. 이것은 침묵을 통한 설교이고 시각적으로 보여주는 실물 교훈이다. 정국이 급박하게 돌아가는 상황에서는 하나님께서 언어가 아니라 인상적인 행동을 통하여 사람들에게 경고하신다.[37] 그뿐 아니라 그 당시 유다 사람들은 너무도 완강하게 선지자의 말을 듣지 않았으므로 하나님께서는 말이 아니라 상징적인 예언을 통하여 그들의 눈앞에 인상적인 장면을 연출하신 것이다.

3-4 유다의 왕 시드기야를 보러 예루살렘에 온 사신들의 손에도 그것을 주어 에돔의 왕과 모압의 왕과 암몬 자손의 왕과 두로의 왕과 시돈의 왕에게 보내며 그들에게 명령하여 그들의 주에게 말하게 하기를 만군의 여호와 이스라엘의 하나님께서 이와 같이 말씀하시되 너희는 너희의 주에게 이같이 전하라. "시드기야" 왕을 보려고 방문한 사신들은 바로 그 당시에 국제 정세의 위기 가운데 유다의 동맹국들이 유다와의 동맹을 강화하기 위하여 파견한 외교 사절들이었다. 여기서 말하는 동맹들은 우리 본문에 기록된 바와 같이 "에돔", "모압", "암몬", "두로", "시돈" 등이다. 이러한 국가들은 유다와 연합하여 바벨론을 대항할 태세를 갖추고자 하였다. 그러

---

37) Ds. H. Veldkamp, Een Dubbelleven, 53.

나 하나님의 뜻은 이 나라들이 바벨론에 대항하지 않고 순종하여 섬기는 것이었다. 이런 의미에서 예레미야는 동맹국들에서 찾아온 사신들의 손에도 "줄과 멍에"를 주어서 그들의 "왕"에게 전하도록 하였다.

예레미야가 하나님의 명령을 받들어 이와 같은 행동을 취하였을 때 ① 그가 행한 일은 유다 왕과 사신들의 눈에 어리석은 행동으로 보였을 것이다. 그들은 서로 단합하여 바벨론과 겨루어 일전을 준비하려고 계획하는 단계였는데, 싸움도 해 보지 않고 항복하라는 권고는 그들에게 받아들이기 어려운 제안이었을 것이다. ② 그뿐 아니라 예레미야의 그 같은 행동은 위험한 것이었다. 권력을 잡은 자들이 흥분하여 전쟁을 준비하고 있는데 일개 개인이 그것을 만류하려고 시도하는 것은 권세가들의 분노를 격동시킬 만한 일이었을 것이다. 그러나 예레미야는 만군의 여호와께서 주신 준엄한 명령에 따라 담대히 그의 사명을 이행한 것이다. 이렇게 행동하는 것이야말로 전도자가 갖추어야 할 마음가짐이다. ③ 예레미야가 이렇게 행동한 일은 단순한 정치적 개입이 아니었다. 예레미야는 다만 그가 하나님으로부터 받은 대로 이행하는 것일 뿐이었는데, 그것이 정치가들에게 거슬리는 일로 받아들여졌다 할지라도 그것은 하나님의 명령에 따른 일이니만큼 실상은 종교적인 행동이었다. 하나님의 말씀이 정치의 영역에 개입할 권리가 없는 것도 아니다. 하나님의 말씀은 그가 창조하신 천지 만물 가운데 무엇에 대해서든지 주권을 가지고 임한다. 진정한 종교는 하나님과 사람 간의 관계를 명확하게 규정하는 것을 목표로 하는데, 종교적인 사역이 본성상 영적인 세계에 속한 것이라 해도, 그것이 관계하는 영역은 창조세계 전체에 확장될 수 있는 것이다. 진정한 종교는 인간 생활의 모든 측면에 대해서 개입해야만 하는 것이다. ④선지자 예레미야가 예언한 말씀의 요지는 하나님께서 바벨론을 일으키셔서 그 시대의 세계를 주장하도록 경륜하셨으니 유다와 그의 동맹들은 바벨론을 섬겨야 한다는 것이다. 한마디로 이것이 그들에게는 살길이라는 것이다.

하나님께서 이 같은 예언을 유다에게만 아니라 이방 나라들을 향해서도 전하게 하셨으니, 이것을 보면 하나님은 다른 민족들에게도 살길을 알려 주시는 하나님이심을 알 수 있다. 다시 말해 하나님은 이방인에게도 하나님이시므로 생명을 가져다주는 복음을 이방인들에게도 전하여 주신다(롬 3:29-30).

여기서 이른바 "그들의 주"라고 번역된 히브리어(אֲדֹנֵיהֶם)는 문자적으로 "그들의 주들"인데, 말하자면 이방 나라의 왕들을 가리킨다. "만군의 여호와 이스라엘의 하나님"(יְהוָה צְבָאוֹת אֱלֹהֵי יִשְׂרָאֵל)이라는 성호는 두 가지 의미를 지니고 있는데, ① 첫째 천지 만물을 주관하시는 하나님("만군의 여호와")이신 동시에, ② 둘째 이스라엘 민족에게 알려지신 참되신 하나님이시라는 뜻이다. "만군의 여호와"라는 성호에 대해서는 7:3에 있는 같은 말 해석을 참조하라.

5-6 하나님께서 선지자 예레미야를 통하여 유다와 그의 동맹국들을 향하여 바벨론을 섬기고 복종해야 한다는 점에 대해 실물 예언으로 교훈하시는 것은(3-4절) 바벨론을 높이기 위함이 아니었다. 그것은 사실상 하나님 자신의 주권에 순종하라는 교훈과 동일한 것이다. 바벨론이 자기 힘으로 거대한 바벨론 제국이 되었던 것이 아니며, 하나님께서 그 당시 이방 나라들을 공의대로 심판하시기 위하여 바벨론을 일으키셨기 때문에 바벨론이 강대국이 되었던 것이었다. 그가 어떤 나라들은 낮추시고 어떤 나라들은 높이시는데, 그것은 역사적으로 나타난 하나님의 심판 행위다. 이런 의미에서 그는 말씀하시기를 "내가 보기에 옳은 사람에게 그것을 주었노라"(וּנְתַתִּיהָ לַאֲשֶׁר יָשַׁר בְּעֵינָי) 라고 하신다. 이 문구를 좀 더 정확하게 번역하면, "나의 소견에 옳은 대로 땅을 누구에게든지 주었노라"라는 문장이 된다. 이 말씀을 보면 이 세상에서 어떤 나라가 권세를 잡는 것은 우연한 일이 아니고 하나님의 손안에서 이루어지는 일이다. 그러므로 신자들은 어떤 강대국을 대할 때 그 나라 자체를 찬양할 것이 아니라, 심판할 권세를 가지시고 그 나라의 배후에서 역사하시는 하나님을 두려워하며 찬양해야 한다. 신자들은 이런 점에서도 하나님을

의뢰하는 신앙을 강화할 수 있는 깨달음을 얻을 수 있다. 말하자면 그리스도인들은 나라들이 일어나고 쓰러지는 현상을 관찰하면서 그 안에서도 살아계신 하나님의 위엄을 깨닫게 되며 그를 두려워하게 된다는 것이다.

이렇게 국가들을 심판하시는 하나님께서는 절대적인 주권을 가지시고 그 당시에 알려진 세계의 모든 땅을 느부갓네살 왕에게 주셨다. 그가 그렇게 하신 이유는 느부갓네살을 통하여 정치적인 방면에서 하나님의 뜻을 이루시기 위함이었다. 이런 의미에서 그 당시 세계의 독재자였던 느부갓네살 왕도 하나님의 종으로 세움을 받았다고 할 수 있는데, 본문에서 "내 종"(עַבְדִּי)"아브디")이라고 말씀하신 것이 그런 뜻이다.

들짐승들을 그에게 주어서 섬기게 하였나니. 다시 말해 들짐승들도 느부갓네살 왕에게 순종한다는 뜻이다. 이것은 하나님께서 바벨론 제국에 허락하신 세력이 얼마나 강력한 것인지를 강조하는 수사적 표현이다.[38]

7 모든 나라가 그와 그의 아들과 손자를 그 땅의 기한이 이르기까지 섬기리라 또한 많은 나라들과 큰 왕들이 그 자신을 섬기리라. 본 절은 바벨론이 권세를 누리는 시기가 오래 지속되지 못하여서 "아들과 손자"의 시대까지 유지되는 정도에 그치리라는 점과 또한 바벨론이 마침내 여러 다른 나라들로 말미암아 패배당하게 될 것이라는 사실까지 예언한다. 이 말씀을 보면 하나님께서 어떤 자에게 권세를 주시면서도 그 권세를 받은 자를 계속해서 주관하실 뿐만 아니라 그가 집권하는 기한까지 작정하고 계심을 알 수 있다. 그만큼 하나님께서는 인간세계를 전적으로 주장하신다. 그러므로 인간은 언제 어디서나 오직 하나님께 순종할 태세를 갖추고서 살아가야 한다.

"많은 나라들과 큰 왕들이 그 자신을 섬기리라." 이것은 이미 앞에서 해

---

38) Aalders, Koret verklaring, Jeremia. 38. "Om de volstrektheid van Babel's heerschappij te accentueeren wordt gezegd datzelfs de dieren door God aan Nebukadnezars macht onderworpem zijn."

석한 바와 같이 여러 나라 왕들이 연합하여 바벨론을 침공하여 패배시키고, 마침내 바벨론이 여러 나라들을 섬기게 된다는 뜻이다. 이 같은 예언은 바사 왕 고레스를 통하여 성취되었다. 고레스 왕은 여러 민족을 통합하여 마침내 바벨론을 정복하게 되었다.

8 여호와의 말씀이니라 바벨론의 왕 느부갓네살을 섬기지 아니하며 그 목으로 바벨론의 왕의 멍에를 메지 아니하는 백성과 나라는 내가 그들이 멸망하기까지 칼과 기근과 전염병으로 그 민족을 벌하리라. 여기서는 하나님께서 바벨론을 섬기지 않는 나라들이 당하게 될 재앙을 선언하신다. 하나님께서 세우신 나라에 복종하지 않는 것은 바로 하나님의 뜻에 순종하지 않는 행동이기 때문에 그는 그런 자를 벌하신다.

하나님께서 세우신 나라를 섬기는 일은 결단코 비굴한 복종이 아니다. 그것은 하나님을 두려워하는 마음에서 행하는 복종이니, 그러한 행동으로 인하여 복종하는 자가 양심의 자유를 침해받는 것은 아니다. 그는 그러한 복종 행위로써 하나님을 섬긴다(롬 13:1). 이 세상 국가들이 자주독립을 유지하는 것은 하나님께서 제정하신 원칙이지만(행 17:26), 때로는 하나님께서 강대국을 일으키셔서 범죄한 나라들을 벌하시는 일들이 있다. 이런 때에 하나님께 징벌받는 민족들이 회개하는 마음으로 그들을 통치하는 강대국에 복종하는 것이 하나님의 뜻이다. 다만 그들은 하나님의 뜻에 배치되지 않는 범위 내에서만 강대국의 권세에 복종해야 할 것이다.

9 너희는 너희 선지자나 복술가나 꿈꾸는 자나 술사나 요술자가 이르기를 너희가 바벨론의 왕을 섬기게 되지 아니하리라 하여도 너희는 듣지 말라. 여기서 "너희 선지자"(נְבִיאֵיכֶם "네비에켐")라는 표현은 거짓 선지자를 의미하고, "복술가"(קֹסְמֵיכֶם "코스메켐")라는 용어는 살촉을 던져서 그것이 떨어진 위치를 통하여 예언하는 점술가 가리키고, "술사"(עֹנְנֵיכֶם "오느님")라는 말은 시간과 때의 길흉을 점치는 자라고 한다. 그러나 어떤 학자들은 이것이 하늘에 있는 구름을 보

고 인간이 어떻게 행할지를 말해 주는 점술가라고 주장하기도 한다. 그리고 "요술자"(מְכַשְּׁפִים "카샤핌")이라는 말은 주문을 외우는 자들을 가리킨다. 위에서 열거한 모든 점술가들은 여호와 하나님의 계시를 받는 자들이 아니라 이방 종교를 배경으로 속임수를 베푸는 자들이다. 그 당시에 유다 민족이 어느 정도로 심각하게 부패했는지는 그들이 이처럼 속임수를 행하는 점술가들의 말에 귀를 기울였다는 사실을 통해서도 알 수 있다. 이처럼 속임수를 행하는 자들은 그들이 하나님의 말씀에서 허용하지 않은 수단과 방법을 동원하여 신의 지시를 가르쳐 주는 자들이라고 주장하였다. 부패한 사람들은 광명정대한 계시의 말씀인 신구약 성경에 관심을 보이기보다는 이처럼 기괴한 속임수를 행하는 자들의 거짓된 유혹에 넘어가는 일이 많다. 계시의 말씀이 부패한 인간의 본성에는 흥미 없는 것처럼 보여도 사실상 그것은 천지 만물을 창조하신 능력의 말씀이 되는 것이다. 예레미야는 그 당시에 하나님으로부터 직접 받은 계시의 말씀에 따라서 유다 민족이 바벨론 왕을 섬기게 되리라고 예언하였다. 그러나 위에서 말한 거짓 선지자들은 그와 반대로 백성들을 가르쳤다. 그러므로 예레미야는 유다 사람들에게 권면하기를 이처럼 속이는 자들의 말에 귀를 기울이지 말라고 하였다.

10 그들은 너희에게 거짓을 예언하여 너희가 너희 땅에서 멀리 떠나게 하며 또 내가 너희를 몰아내게 하며 너희를 멸망하게 하느니라. "그들은 너희에게 거짓을 예언하여 너희가 너희 땅에서 멀리 떠나게 하며." 그 당시 유다 사람들은 거짓 선지자들의 말만 믿고서 하나님 앞에서 회개하지 않았는데, 그러한 죄로 말미암아 그들은 마침내 바벨론으로 잡혀 가게 될 것이다. 거짓된 교훈이 초래하는 악한 결과는 이렇게 심각하다.

11 그러나 그 목으로 바벨론의 왕의 멍에를 메고 그를 섬기는 나라는 내가 그들을 그 땅에 머물러 밭을 갈며 거기서 살게 하리라 하셨다 하라 여호와의 말씀이니라 하시니라. 여기서는 바벨론 왕에게 복종하는 나라가 평안하게 될 것을 예언한다. 그러한 평

안의 원인도 역시 하나님으로 말미암는다는 사실을 보여주기 위해 본문에서는 "내가" 또는 "여호와의 말씀"이라는 표현이 사용되었다. 이 말씀을 보면 ① 모든 참된 평안을 허락하시는 이가 하나님이시라는 사실을 알 수 있다. 그러므로 우리는 우리가 누리는 모든 참된 평안에 대하여 여호와 하나님께 참된 감사를 올려드려야 한다. ② 하나님은 모든 불신 세계 가운데서도 대주재시라는 사실을 알 수 있다. 그는 모르시는 일이 없고, 그의 주권이 개입하지 않은 곳이 없다. 그는 사람들이 밭을 갈고 생계를 유지하는 것과 같이 지극히 평범한 일에도 일일이 개입하셔서 그것을 가능하게 해주시는 분이시다. 그러므로 우리는 어디서든지 그를 찾기만 하면 만날 수 있다.

12-15 여기서는 예레미야가 위의 말씀(7-11절)에 기록된 내용대로 유다 왕 시드기야에게 고했음을 보여준다.

1) 예레미야는 시드기야 왕에게 **"바벨론 왕"**과 **"그의 백성을 섬기"**라고 말하였다(12절). 일국의 대권을 쥐고 있는 왕을 향해 다른 나라 왕과 그의 백성을 섬기라고 말하는 것은 얼핏 보면 크나큰 모욕이고 그를 말할 수 없는 비참한 처지에 떨어뜨리는 무자비한 말처럼 여겨진다. 그러나 선지자는 그 어떤 왕보다도 높으신 하나님의 대언자로서 이런 말도 서슴지 않고 전하였다. 그가 그러한 말을 전했던 이유는 유다 왕 시드기야가 그렇게 낮아지는 것만이 하나님께 순종하는 일이며, 따라서 그것만이 그가 살아날 수 있는 길이었기 때문이다. 하나님께서 우리를 징계하실 때 우리가 마음을 다해 기꺼이 순종하면 그는 도리어 우리를 정죄하지 않으신다. 하나님께서 바벨론 왕을 세우신 이유는 유다 왕과 그 민족을 징계하시기 위함이었으니, 유다 민족은 이제 그러한 하나님의 징계에 기꺼이 순종하는 것만이 유일한 구원의 길이다. 이런 의미를 담아 본문에서는 **"그리하면 사시리라"**(חיה "비흐유")라고 하였다.

2) **"바벨론의 왕을 섬기지 아니하는 나라"**들이 받을 환난을 시드기야 왕에게 상기시킨다(13절). 그 환난은 **"칼과 기근과 전염병에 죽"**는 것이다. 하나

님께서 바벨론을 세워 그 시대의 모든 나라들을 징벌하시는 장면에서 유다 왕이라고 해서 그러한 징계에서 벗어날 수 있는 것은 아니었다. 하나님은 공의로우셔서 그가 택하신 백성이라도 죄를 범하면 그의 죄에 따라 벌하신다. 이렇게 하나님께서는 유다 왕에게 그가 바벨론에 순종하지 않을 때 받게 될 징벌을 상기시키심으로써 그가 회개하기를 원하셨다. 하나님께서는 사람들이 회개하게 만드실 때 회개하는 자에게 주어질 생명과 회개하지 않는 자에게 주어질 환난을 대조적으로 그의 앞에 보여주시면서 그들을 깨우치신다.

3) "바벨론의 왕을 섬기게 되지 아니하리라 하는 선지자의 말을 듣지 말라"고 하였다. 왜냐하면 "그들은 거짓을 예언"하는 자들이기 때문이다(14-15절). 그 당시 활동하던 거짓 선지자들은 예레미야와는 다르게 유다 민족에게 환난이 닥칠 것이라고 경고하지 않았다. 그들은 유다가 바벨론 왕을 섬기지 않을 것이라는 낙관적인 예언을 전하였다. 하지만 이것은 유다 민족이 바벨론을 섬기게 되리라는 하나님의 말씀을 반대하는 것이니 크나큰 죄악이고, 그 당시의 부패한 유다 사회가 스스로 안전하다고 느끼게 만들어 줌으로써 그들이 회개할 생각을 품지 못하게 하였으니 그것 역시 크나큰 죄악이다.

16-17 선지자 예레미야는 "**제사장들과 그 모든 백성에게**" 거짓 선지자의 말을 듣지 말라고 권면한다. 그 당시 거짓 선지자들이 말하기를, 바벨론 왕이 여호와의 집 기구를 가져간다고 할지라도 그것을 속히 되찾아 오게 될 것이라고 하였다. 이것은 하나님께서 바벨론을 동원하여 유다 민족을 칠십 년간 벌하실 것이라고 하신 말씀을 깎아내리고 그들의 낙관주의적인 교훈을 끝까지 유지해 보려고 하는 간악한 계략이었다. 그들은 일찍이 예언하기를, "평강하다 평강하다"라고 하면서(렘 6:14), 예루살렘이 멸망할 것이라는 예레미야의 예언과 대립하였다. 그러나 결국 예레미야의 예언대로 바벨론 군대가 예루살렘 성벽을 무너뜨리고 성전 기구를 바벨론으로 가져가기까지 하였다 (제1차 침공은 여호야김 왕 제3년에[BC 605]; 제2차 침공은 여호야긴 왕의 즉위년

에[BC 597]). 이 장면에서 거짓 선지자들은 교묘하게 설명하기를, 오래지 않아서 성전 기구도 속히 돌아오게 될 것이라고 주장하였다. 이것은 자신들의 처음 주장을 정당화시키기 위한 간사한 변명이다.

이때 제사장들은 하나님의 말씀을 분별할 줄 모르고 거짓 선지자의 말에만 귀를 기울인 것으로 보이는데, 그렇다면 그 시대가 얼마나 부패했었는지를 알 수 있다. 제사장들의 입술에서는 지식을 발견할 수 있어야 할 터인데(말 2:7), 그때는 그렇지 못하였다. 그러므로 예레미야는 그들도 백성과 함께 거짓 예언을 들었던 일에 대해 회개해야 한다고 말하였다. 회개한 결과와 회개하지 않은 결과가 여기서도 대조적으로 표현되었는데, 요컨대 **"그리하면 살리라 어찌하여 이 성을 황무지가 되게 하려느냐"**라고 하신 말씀이다.

18 만일 그들이 선지자이고 여호와의 말씀을 가지고 있다면 그들이 여호와의 성전에와 유다의 왕의 궁전에와 예루살렘에 남아 있는 기구를 바벨론으로 옮겨가지 못하도록 만군의 여호와께 구하여야 할 것이니라. 여기서 예레미야는 진정한 선지자가 지닌 한 가지 특징을 보여준다. 한마디로 진정한 선지자는 하나님을 만나고 그와 더불어 참되이 교통할 수 있다는 것이다. "만군의 여호와께 구하여야 할 것이니라"라는 말씀이 그런 뜻이다. 여기서 "구한다"라는 말은 히브리어로 "이프게우"(יִפְגְּעוּ)인데, 이것은 "만난다"라는 뜻을 지닌 동사다.

그 당시 활동하던 거짓 선지자들이 그들의 주장대로 참 선지자였다면 예루살렘에 남아 있는 성전 기구들이 더 이상 더 바벨론으로 옮겨지지 않도록 참되게 기도했어야 할 것이다. 그런데 그들은 하나님을 참되이 섬기지도 않았거니와 그들에게는 참된 기도도 없었다.

19-20 기둥들과 큰 대야와 받침들. "기둥들"에 대하여는 열왕기상 7:15 이하를 참조하고, "큰 대야"에 대하여는 열왕기상 7:23 이하를, "받침들"에 대하여는 열왕기상 7:27을 각각 참조하라. 바벨론 군대가 예루살렘을 약탈해갔는데도 불구하고 이런 것들이 예루살렘에 아직 남아 있었다는 사실은 진노

중에라도 긍휼을 잊지 아니하시는(합 3:2), 하나님의 자비의 표적이다. 이런 기구들이 바벨론 군대의 제1차 침공과(BC 605) 제2차 침공(BC 597) 이후에도 남아 있었다는 것이다. 바벨론의 제1차 침공에 대하여는 다니엘 1:1-4을 참조하고 제2차 침공에 대하여는 열왕기하 24:14-16을 각각 참조하라.

21-22 예루살렘에 남아 있던 성전 기구들이 바벨론으로 옮겨졌던 것은 주전 587년에 있었던 바벨론 군대의 제3차 침공 때였다(왕하 25:9-10), 제3차 침공 시에는 바벨론 군대가 이처럼 철저하게 모든 것을 약탈해갔고, 대제사장들은 피살되었으며, 시드기야 왕은 눈이 뽑힌 채로 바벨론으로 끌려갔다(왕하 25:1-21). 이때 예루살렘이 겪었던 침략으로 인하여 그 도시는 문자 그대로 황무지가 되어 버렸다(27:17하). 그러므로 고고학적 발굴을 통해서도 솔로몬 성전이나 다윗 왕조 궁궐들의 유적이 별로 발견되지 않는다.

그러나 22절에서 우리가 볼 수 있는 것처럼, 하나님께서는 이런 모든 비참한 사실들까지도 기억하시고 마침내 그가 유다 민족을 돌아보시며 심지어 성전 기구들까지 도로 찾아오실 것이라고 말씀하신다. 하나님께서는 택하신 백성에게 징계를 내리시지만, 이후에는 반드시 그들을 도로 찾으신다. 그는 자기 백성을 잊지 않으신다. 이사야 49:15에 말하기를, "여인이 어찌 그 젖 먹는 자식을 잊겠으며 자기 태에서 난 아들을 긍휼히 여기지 않겠느냐 그들은 혹시 잊을지라도 나는 너를 잊지 아니할 것이라"라고 하였다.

| 설교자료

1. 하나님께서는 그의 백성을 말씀으로만 가르치시는 것이 아니라 수많은 상징적 행위를 동원하여 가르치신다. 하나님께서는 이렇게 그의 교훈을 우리에게 전하시기 위하여 모든 수단을 동원하신다. 그는, 우리가 어떤 방면에서든지 진리를 깨닫도록 만드신다(2절). 우리가 자연계를 관찰할 때도 갖

가지 형태로 거기에 담긴 신령한 교훈을 접하게 된다. 우리가 눈을 들어 인간 사회를 바라볼 때 그곳에서도 이와 같은 교훈을 찾아볼 수 있다. 그러나 이렇게 상징적으로 표현되는 하나님의 말씀을 바로 깨닫는 일은 성령으로 말미암지 않고서는 불가능하다. 예수님께서는 공중에 날아다니는 새를 통하여서도 신자들을 향한 하나님의 사랑을 가르치시면서 하나님께서 그들을 얼마나 안전하게 보호하시는지에 대해 말씀하셨다(마 10:29). 그는 무화과나무에 열매가 없는 것을 보시고서 그것을 유대인의 종교적 외식을 꾸짖는 교재로 삼으셨다(마 21:19).

2. 하나님의 말씀은 보편적 진리이기 때문에, 어떤 한 나라에만 국한된 것이 아니고 모든 나라들에 대하여 동일하게 적용되는 진리다(3-4절).

3. 하나님께서는 모든 것을 자기 뜻대로 행하시는데, 그것은 언제나 절대적 진리다. 사람들이 그가 하시는 일에 대하여 완전히 이해하지 못하는 때에도 그가 하시는 일은 항상 옳은 것이다. 그의 절대적 주권은 동시에 절대적 선이라는 뜻이다(5절). 다니엘 4:35에 말하기를, "땅의 모든 사람들을 없는 것 같이 여기시며 하늘의 군대에게든지 땅의 사람에게든지 그는 자기 뜻대로 행하시나니 그의 손을 금하든지 혹시 이르기를 네가 무엇을 하느냐고 할 자가 아무도 없도다"라고 하였다.

4. 하나님께서는 사람들의 장래 모든 일까지 전부 작정하시고 주장하신다(7절). 그러므로 인생은 언제 어디서나, 그리고 슬플 때나 즐거울 때나 하나님께 순종할 태세를 갖추고 있어야 한다.

5. 하나님께서 세우신 권세나 권위에 대하여 순종하지 않는 자들은 평

안을 누리지 못한다(8절). 평안을 누리는 비결은 하나님의 뜻에 합당한 순종이다.

6. 유일무이하신 하나님께서 베푸시는 계시의 말씀을 믿지 않는 자의 인생은 언제나 어두움이 주장하기 때문에, 그들은 어떤 방법으로도 어두움에서 벗어날 수 없다. 그러므로 그들은 밝음을 얻기 위하여 온갖 수단을 다 동원해본다. 예컨대 거짓 선지자, 복술가, 꿈꾸는 자, 술사, 요술자 등에게 도움을 구한다는 것이다(9절). 그러나 어두움은 그들에게 항상 머물러 있다.

7. 하나님께서는 사람들을 회개시키기 위하여 그들이 회개할 때 살아날 소망이 있음을 보여주시는 동시에 그들이 회개하지 않을 때는 두려운 재앙이 임하게 될 것도 보여주신다(12-13, 17절).

8. 참된 기도는 하나님의 사람의 증표다(18절). 찰스 하지(Charles Hodge)는 말하기를 "기도하는 영혼은 지옥에 가지 않는다"라고 하였다.

9. 하나님께서는 자신에게 속한 모든 것을 세밀하게 간섭하신다. 심지어 그는 자기에게 속한 성전 기구들까지도 세밀한 계획에 따라 처리하신다(22절). 성전의 기구들을 하나님보다 더 의지했던 유다 사람들을 벌하시기 위하여 하나님께서는 그것들을 그 당시에 세계를 제패했던 강대국 바벨론의 손아귀에 옮기셨다. 그러나 그는 마침내 그것들을 다시 찾을 날을 정하시고 그가 정해신 대로 찾겠다고 약속하셨다. 하나님께서는 그의 영광을 결단코 사람에게 빼앗기지 아니하신다. 이사야 48:11에 말하기를, "나는 나를 위하며 나를 위하여 이를 이룰 것이라 어찌 내 이름을 욕되게 하리요 내 영광을 다른 자에게 주지 아니하리라"라고 하였다.

제 28 장

✤ 내용분해

1. 거짓 선지자의 예언(1-4절)
2. 참 선지자의 대항(15-17절)
   1) 진정한 예언인지 아닌지를 아는 방법(5절)
   2) 정중한 태도를 취함(6-11절).
   3) 쇠 멍에로 나무 멍에를 대신함(예언을 더욱 확고하게 함)(12-14절)
   4) 하나님의 벌을 선언함(15-17절)

✤ 해석

1 거짓 **"선지자 하나냐"**가 예레미야에 대하여 거짓으로 예언할 때 그 자리에는 **"제사장들과 모든 백성"**이 있었다. 하나냐는 이처럼 거짓말하는 데 있어서 담대하였다. 거짓된 것이 참된 것에 대항할 때는 참된 것이 강할수록 그에 대항하는 거짓된 것도 강한 모습으로 나타난다. 토머스 크랜머(Thomas

Cranmer)는 말하기를, "주님께서 교회를 세우시면 마귀는 그 옆에 예배당을 세운다"³⁹⁾라고 하였다.

2-4 이 부분에 나오는 거짓 선지자 하나냐의 거짓된 예언 한마디를 보면, "**만군의 여호와 이스라엘의 하나님이 이같이 일러 말씀하시기를**"(שְׂרָאֵ֖ל לֵאמֹ֑ר כֹּֽה־אָמַ֞ר יְהוָ֧ה צְבָא֛וֹת אֱלֹהֵ֥י)이라는 말로 시작하여, "**여호와의 말씀이니라**"(נְאֻם־יְהוָֽה)라고 말하면서 선지자 예레미야의 어투를 그대로 모방한다. 그는 이렇게 하나님의 이름을 도용하였다. 그리고 그가 베풀었던 거짓 예언의 실체는 모두 백성들의 소원에 영합하는 내용의 거짓말들이었다.

1) "**바벨론 왕의 멍에**"가 벌써 꺾이기라도 한 것처럼 머지않은 장래에 그것이 폐기될 것이라고 예언하였다(2절). 그 당시 바벨론 왕에 대한 유다 민족의 증오심은 극도에 달하였다. 그러므로 바벨론 왕의 멍에가 꺾인다는 예언의 말은 백성들에게 대단히 유쾌하게 들렸을 것이다. 그러나 이 같은 호언장담이 혈과 육에 속한 민족적 감정을 일시적으로 만족시켜주었을지는 모르겠지만, 그것이 하나님의 거룩하신 의지를 전해주는 말은 전혀 아니었다. 진리는 혈과 육에 아부하지 않고, 공의에 따라서 혈과 육을 심판하고 참되이 살길을 제시하는 법이다.

2) "**바벨론의 왕 느부갓네살이 이 곳에서 빼앗아 바벨론으로 옮겨 간 여호와의 성전 모든 기구를 이 년 안에**" 예루살렘으로 도로 가져오며 또한 바벨론으로 잡혀간 포로들을 귀환시킬 것이라고 예언하였다(3-4). "**이 년 안에**"(בְּע֖וֹד שְׁנָתַ֣יִם יָמִ֑ים)라는 표현은 "날수로 이 년이 다 되기 전에"라는 뜻이다. 하나냐가 이렇게도 속히 유다의 국운이 회복되리라고 예언하는 것은, 칠십 년 후에야 유다의 국운이 회복되리라는 예레미야의 진실한 예언과는 배치되는 것으로서 사실상 유다의 패망이 크게 걱정할 일이 아니라는 뜻이다. 이것은 다

---

39) Thomas Cranmer, "Wherever the dear Lord builds His church, the devil has a chapel near by."

른 거짓 선지자들이 유다 사람들에게 아부하여 말하기를, "평강하다 평강하다"(8:11)라고 거짓말했던 것을 옹호하는 궤변이다. 27:16 해석을 참조하라.

여기서 포로들보다도 성전 기구에 대해 먼저 언급하는 이유는 그 당시 외식하는 제사장들이 하나님보다도 성전 기구를 더 중요하게 여겼기 때문이다. 거짓 선지자는 그 당시의 시대 정신에 부응하여 이렇게 말한 것이다.

5-6 아멘, 여호와는 이같이 하옵소서 여호와께서 네가 예언한 말대로 이루사 여호와의 성전 기구와 모든 포로를 바벨론에서 이 곳으로 되돌려 오시기를 원하노라. 예레미야의 이 말씀은 ① 그의 온유한 성품을 드러낸다. 그는 거짓 선지자 하나냐의 거짓말로 인하여 격분하는 대신에 차분한 목소리로 하나냐가 말한 대로 되었으면 좋겠다고 말한다. ② 유다 백성과 그들의 종교에 대한 그의 뜨거운 사랑을 보여준다. 예레미야는 일찍이 하나님의 거룩하신 의지에 따라 유다 민족이 심판받게 되리라는 사실을 선포하였다. 그렇다고 해서 그에게 자기 민족에 대한 사랑이 없었던 것은 아니었다. 자기 민족이 받게 될 심판에 대해 예언하는 그의 마음은 사랑으로 불타오르고 있었다. 13:17을 참조하라. 사랑 없이 진리를 말하는 자는 열매를 거두지 못한다.

7-8 그러나 너는 내가 네 귀와 모든 백성의 귀에 이르는 이 말을 잘 들으라 나와 너 이전의 선지자들이 예로부터 많은 땅들과 큰 나라들에 대하여 전쟁과 재앙과 전염병을 예언하였느니라. "나와 너 이전의 선지자들이 예로부터 많은 땅들과 큰 나라들에 대하여 전쟁과 재앙과 전염병을 예언하였느니라." 여기서 예레미야는 자신과 과거의 선지자들이 동일한 예언의 원리에 따라 사역했음을 지적한다. 나라들이 받을 재앙에 대하여 말하는 것은 예로부터 참된 선지자들이 해왔던 일이었다(신 28:15-29:29). 이와 같은 예언의 행태는 근거가 없는 새로운 방식이 아니라 도리어 옛날부터 내려오는 하나님의 언약에 근거한 계시의 성격을 지닌다.

이런 점에서 우리는 거짓 선지자의 예언 방식과 진정한 선지자의 예언 방식이 대조되는 것을 목격할 수 있다. ① 거짓 선지자는 사람들을 회개시키는 것을 목적으로 하지 않기 때문에 백성들이 듣기 좋아하는 말만 전한다.[40] 그러나 참 선지자는 사람들을 회개시키기 위하여 장차 임할 심판을 서슴지 않고 선언한다. ② 거짓 선지자들은 언제나 혈육에 이끌려 판단하고 행동한다. 그들은 하나님의 일에 전념하여 생각하거나 말할 줄 모른다. 그런 이유에서 그들은 사람들의 의지를 거스르는 말을 하지 못한다. 그러나 참 선지자들이 말하는 하나님의 말씀은 혈육을 거스른다. 혈과 육은 하늘나라를 받지 못한다. 자기 혈육을 미워하지 않는 자는 예수님의 제자가 될 수 없다.[41]

9 평화를 예언하는 선지자는 그 예언자의 말이 응한 후에야 그가 진실로 여호와께서 보내신 선지자로 인정 받게 되리라. 예레미야는 여기서 참된 예언자의 자격을 성립시키는 조건은 그가 선포한 예언의 성취 여부에 달렸다고 말한다. 이것은 신명기 18:21-22에 근거한 말씀이다. 예레미야는 어디까지나 모세를 통한 하나님 말씀에 부합하는 주장을 펼치고 있으니, 그는 하나님의 언약적 계시 운동에 속한 참된 예언자라는 사실이 명백하다. 만일 하나냐에게 양심이 있었다면 예레미야가 이런 말을 전했을 때 가슴이 두근거리지 않을 수 없었을 것이다. 왜냐하면 유다 나라와 백성이 평안할 것이라고 그가 선포했던 예언의 진실 여부가 머지않아 2년 안에 증명될 것이었기 때문이다. 그러나 그는 양심이 마비된 거짓말쟁이였으니 당연히 뻔뻔스러운 태도를 유지했을 것이다. 거짓말하는 자들은 그들의 거짓말이 머지않아 들통날 것을 무서워하지도 않는다. 반면에 참된 선지자 예레미야는 하나냐의 말이 거짓이라는 사실이

---

40) Ds. H. Veldkamp, Een Dubblleven, 68. "De valse profetie kent het woord bekering niet. Daarom roept zij ook niet op tot bekering. Zij verkondigt het evangelie naar demens."

41) Ds. H. Veldkamp, Een Dubbelleven 68. "De boodschap Gods gaat altijd tegen vlees en bloed in. Deze kunnen het Koninkrijk Gods niet beerven. Wij zullen in het Rijk Gods niet komen, tenzij wij opnieuw geboren worden. Wie zijn eigen vlees niet haat, kan Jezus' disdpel niet zijn, en evenmin wie niet liefheeft wat Hij Hefheeft."

2년 안에 밝혀지리라는 것을 확실히 내다보았으며, 또한 앞으로 70년이 지나면 유다 사람들이 바벨론에서 돌아오게 되리라는 사실도 확신하고서 이 구절에 기록된 말씀을 선포한 것이었다.

10-11 선지자 하나냐가 선지자 예레미야의 목에서 멍에를 빼앗아 꺾고 모든 백성 앞에서 하나냐가 말하여 이르되 여호와께서 이와 같이 말씀하시니라 내가 이 년 안에 모든 민족의 목에서 바벨론의 왕 느부갓네살의 멍에를 이와 같이 꺾어 버리리라 하셨느니라 하매 선지자 예레미야가 자기의 길을 가니라. 여기서도 거짓 선지자와 참 선지자의 대조가 나타나는데, ① 거짓 선지자 하나냐는 발악하며 "예레미야의 목에서 멍에를 빼앗아 꺾"었다. 사람이 발악하는 것은 증오와 악독을 내뿜는 행동이며 사실상 살인 행위다. 그리고 하나냐가 예레미야의 목에서 멍에를 빼앗아 꺾은 일은 하나님께서 주신 계시의 말씀을 모독하는 행동이기도 하다. ② 참 선지자 예레미야는 침묵하고 그 장면을 피하여 "자기 길을" 갔다. 이것은 하나님의 사람의 사람이 언제든지 갖추어야 할 지혜로운 태도다. 그는 사람들의 악독한 박해 앞에서는 침묵한다. 이런 때의 침묵은 사실상 승리를 내다보는 왕의 침묵이라고 할 수 있다. "봉황새는 높이 날면서 좁쌀을 먹지 않는다."

12-14 선지자 하나냐가 선지자 예레미야의 목에서 멍에를 꺾어 버린 후에 여호와의 말씀이 예레미야에게 임하니라 이르시기를 너는 가서 하나냐에게 말하여 이르기를 여호와의 말씀에 네가 나무 멍에들을 꺾었으나 그 대신 쇠 멍에들을 만들었느니라 만군의 여호와 이스라엘의 하나님께서 이와 같이 말씀하시니라 내가 쇠 멍에로 이 모든 나라의 목에 메워 바벨론의 왕 느부갓네살을 섬기게 하였으니 그들이 그를 섬기리라 내가 들짐승도 그에게 주었느니라 하라. 여기서는 하나님께서 선지자 예레미야에게 다시 주신 말씀을 전한다. 예레미야는 이 말씀을 하나냐에게 전하도록 명령받았다. 그 말씀의 요지는 다음과 같은데, "네가 나무 멍에를 꺾었으나 그 대신 내가 쇠 멍에를 만들었느니라"라는 것이었다.

설교 ▶ 나무 멍에를 꺾으면 쇠 멍에를 메운다는 말은 무슨 뜻인가?
(12-14절)

1. 유다를 위시하여 모든 나라가 바벨론에 굴복하게 되리라는 하나님의 결정을 사람이 꺾을 수 없다는 뜻이다. 만일 사람이 그 예언의 말씀을 꺾으려 한다면 그의 노력은 허사로 돌아갈 것이다. 왜냐하면 설령 사람이 그것을 꺾을 수 있다고 해도 하나님께서는 무쇠와 같이 강한 능력으로 그가 예언하신 내용을 그대로 성취하시고야 말 것이기 때문이다.

2. 바벨론 왕에게 복속하여 순종하는 것(מוֹטוֹת עֵץ "모토트 에츠", "나무 멍에")을 그 시대의 나라들이 거부한다면 그때는 "쇠 멍에"(מוֹטוֹת בַּרְזֶל "모토트 바르젤")와 같이 더욱 참혹한 노예살이를 하게 된다는 뜻이다. 이것은 언제나 진리이다. 사람이 마땅히 받아야 할 제재나 징계를 회피하고 받지 않으면 반드시 그보다 더 무서운 제재나 환난을 받게 되는 법이다. 존 번연(John Bunyan)의 〈천로역정〉을 읽어 보면, "기독자"(Christian)와 "소망"(Hope)이 길을 걸어가는데, 찌르는 차돌과 가시들이 가득한 길이 나타나자 그곳을 피하여 다른 길로 갔으나 그들은 홍수를 만났으며, "낙심"이라는 거인에게 붙잡혀 옥에 끌려가 많은 매를 맞고 고생하던 중에 하나님의 은혜로 겨우 빠져 나왔다. 그러므로 하나님이 주시는 환난의 멍에를 달게 받아들이고 감당하는 자는 축복을 받을 것이나 그렇게 하지 않는 자는 더 험한 곤경을 만나게 된다.

1) 사람이 율법의 멍에를 메기 싫어하면 불법의 멍에가 그에게 임한다. 개인이나 사회나 국가나 교회는 율법적 제재를 통하여 안녕과 질서를 유지한다. 개인이나 사회나 국가나 교회가 율법의 제재를 거부하게 되면 그때는 율법보다 더 무거운 "불법"으로 말미암은 해독과 고통을 받게 될 것이다.

2) 사람이 양심의 멍에를 메는 것은 도리어 유쾌한 일이지만, 그것을 거부할 때는 자신을 죽을 지경의 고통에 빠뜨리는 무서운 정욕의 멍에를 짊어지게 된다. 사람마다 자기 마음속에 양심의 율법이 있다. 그것은 그가 잘못된 길을 걸어갈 때 언제나 경고를 발한다. 사람이 만일 그러한 경고의 소리에 귀를 기울이고 순종하지 않으면, 그는 결국 자신의 모든 저급한 성품의 지배를 받다가 마침내 불행과 형벌에 떨어지게 되는 것이다. 그가 자신의 저급한 성품의 지배를 받기 시작하면, 그는 너무나 빠르게 타락하여 걷잡을 수 없게 된다. 그것은 마치 여행자가 알프스산맥의 눈 덮인 봉우리에서 미끄러져 떨어짐과 같을 것이다. 그러므로 "처음에는 사람이 죄를 짓다가 나중에는 죄가 사람을 좌우한다"라고 말하는 것이다.

3) 사람이 그리스도의 멍에를 거부하면 결국 사람을 패망하게 만드는 무서운 불경건의 멍에를 메게 된다. 그리스도의 멍에는 쉽고 가벼우나(마 11:30), 그리스도 없이 살아가는 불경건의 멍에는 쇠 멍에와 같이 무겁다. 그리스도를 믿지 않는 자는 그리스도께서 주시는 환난의 멍에를 달게 받지 않고 그것에 대하여 반항하게 된다. 이러한 반항은 사실상 발뒤꿈치로 송곳을 차는 것과 같이 미련한 행동이다. 새가 자기 둥지를 머리로 들이받으면 자기 몸이 상할 수밖에 없다. 그리스도께서 주시는 섭리로 임하는 역경을 달게 받아들이라. 그리하면 그가 받아들인 역경은 섭리로 말미암아 부드러워진다.

15-17 여기서는 **"예레미야"**가 거짓 선지자 **"하나냐"**를 향하여 그가 맞이하게 될 죽음에 대하여 예언한다. 한마디로 그는 하나냐에게 **"네가 금년에 죽으리라"**라고 말한 것이다. 이 예언대로 하나냐는 **"그 해 일곱째 달에"** 죽었다.

| 설교자료

1. 거짓 선지자는 참 선지자가 말하는 것을 모방하여서 사람들이 자기 말을 믿게 만든다(1-4절). 그들은 양의 옷을 입고 나타나지만 그들의 마음속에는 노략질하는 이리가 숨어 있다(마 7:15). 요한계시록 13:11을 참조하라.

2. 참 선지자는 원수를 악으로 대항하지 않고 온유함으로 불의에 맞선다(6절).

3. 참 선지자는 하나님의 언약 체계에 속하는 역사적 진리와 단절된 개인주의적 사상가가 아니며, 자유주의적 사상가도 아니다. 그는 참된 예언자들과 지도자들로 말미암아 과거로부터 이어져 내려온 하나님의 말씀 체계에 의존하는 사역자다(8절).

4. 예언의 성취는 이적과 함께 기독교의 두 기둥을 이루는 것이라고 할 수 있다. 실제 역사에서 성취될 수 있는 참된 예언을 전파하는 자가 하나님께서 보내신 진정한 선지자다. 거짓 선지자는 진리와 사실에 근거하여 예언하는 자가 아니라, 사악한 행동을 통하여 진리를 이기려고 하는 자다(10-11절).

5. 사람이 마땅히 받아야 할 고난을 회피하게 되면 그보다 무서운 고난이 들이닥친다(13-14절). 아모스 5:19에 말하기를, "마치 사람이 사자를 피하다가 곰을 만나거나 혹은 집에 들어가서 손을 벽에 대었다가 뱀에게 물림 같도다"라고 하였다.

6. 거짓 선지자는 하나님의 말씀과 정반대되는 사상을 전파하다가(10-

11절), 그것이 성취되지 않을 때는 부끄러움을 당하고 자신도 멸망을 받는다 (16-17절). 거짓된 말로 하나님을 끝까지 대적하는 자는 천벌을 받는다(17절).

제 29 장

✤ 내용분해

1. 예레미야가 바벨론에 있는 포로들에게 편지하여 그 땅에 정착하여 살라고 권면함(1-10절)
2. 유다 땅에 남아 있는 자들도 마침내 포로가 될 것을 예언함(15-20절)
3. 거짓 선지자들의 비참한 장래에 대한 예언(21-32절)

✤ 해석

1 선지자 예레미야가 예루살렘에서 이같은 편지를 느부갓네살이 예루살렘에서 바벨론으로 끌고 간 포로 중 남아 있는 장로들과 제사장들과 선지자들과 모든 백성에게 보냈는데. 여기서 "포로 중 남아 있는 장로들"(אֶל־יֶתֶר זִקְנֵי הַגּוֹלָה)이라는 히브리어 표현은 아직 살아남아 있는 노인들을 의미한다. 선지자가 보내는 편지에서 먼저 경험 많은 노인들을 대상으로 발언을 시작한 것은 의미심장하다. 환난의 시기에는 경험이 많은 노인들의 지도를 따르는 것이 지혜로운 일이다. 예레미야

는 그 편지를 통하여 그들에게 하나님의 말씀을 전한다.

"제사장들과 선지자들." 이들은 일찍이 예레미야를 죽이려고 모의했던 자들 편에 가담했었을 것이다(26:11). 그러나 하나님의 사람은 그들에게도 여전히 하나님의 말씀을 전함으로써 그들을 선한 길로 인도하고자 한다. 그들은 지도자의 자리에 있었던 자들이었으므로 백성들에 앞서서 먼저 거론된다.

2-3 그 당시에 사로잡혀 갔던 자들의 숫자가 만 명(왕하 24:14)이라고 하는데, 거기에 용사 칠천 명과 대장장이 천 명이 더해졌을 것이다(왕하 24:16). 특별히 부유층과 지식층과 권력층의 사람들이 포로로 잡혀갔는데, 이것은 유다 민족이 다시 일어나지 못하도록 하려는 방침이었다. 유다 민족이 그토록 비참해진 것은 여호와 하나님께서 내리신 벌이었다. **"궁중 내시들"** 이란 표현은 히브리어로 **"사리심"**(הַסָּרִיסִים)인데, 여기서는 높은 관리들을 의미하는 것으로 사용되었다. **"엘라사"** 는 요시야 왕을 돕던 자로서(왕하 22:8-14), 예레미야의 말을 잘 따르던 자였다(왕하 22:12; 참조. 렘 26:24). **"그마랴"** 도 선한 사람으로서 요시야 왕의 종교개혁에 가담한 자였다(왕하 22:8; 대하 34:14). 하나님은 언제나 그의 일을 위하여 진실하고 충성된 일꾼들을 요구하신다(딤후 2:2).

4-5 너희는 집을 짓고 거기에 살며 텃밭을 만들고 그 열매를 먹으라. 요컨대 유다의 포로들은 그들이 속히 해방될 것이라는 거짓 선지자들의 말에 현혹되지 말고 그곳에서 오랫동안 살아가게 될 것을 염두에 두고 대책을 마련하라는 뜻이다. 만일 그들이 머지않아 해방될 줄로 착각하고 그 땅에 마음을 붙이지 않는다면, 그들은 오래 않아서 원망과 낙심과 불신앙의 상태에 떨어지게 될 것이었다. 왜냐하면 그들의 포로 생활이 쉽사리 끝나지 않고 칠십 년이나 계속될 것이기 때문이다.

6 아내를 맞이하여 자녀를 낳으며 너희 아들이 아내를 맞이하며 너희 딸이 남편을 맞아 그들로 자녀를 낳게 하여 너희가 거기에서 번성하고 줄어들지 아니하게 하라. 여기서 예

레미야가 유다의 포로들에게 "아내를 맞이하"라(קְחוּ נָשִׁים "크후 나쉼")고 권고한 것도 동일한 맥락에서 그들이 그곳에서 오래 머물게 될 것을 염두에 두고 방침을 세우라는 의미에서 한 말씀이다. "너희 딸이 남편을 맞아"라고 말씀한 것을 보면 그때 그들이나 그들의 아들들이 취할 아내들은 이방 여자들이 아니었다. 그들이 취한 아내가 이방 여자였을 것이라는 코닐(Cornill)의 추측은 옳지 않다.

"번성하고 줄어들지 아니하게 하라." 하나님께서는 그의 백성이 번창하는 것을 원하신다(창 15:5).

7 너희는 내가 사로잡혀 가게 한 그 성읍의 평안을 구하고 그를 위하여 여호와께 기도하라 이는 그 성읍이 평안함으로 너희도 평안할 것임이라. 하나님의 백성은 가는 곳마다 다른 사람들에게 평안을 가져다주는 자들이다. 그들은 주님과 함께함으로써 만민에게 축복의 기관이 되어야 한다(창 22:18). 특별히 이때 유다 민족이 바벨론에 사로잡혀 갔던 것은 하나님께서 그들을 징계하신 결과이니, 그들이 잘 순종하여 사로잡혀 간 땅에 평안을 끼치도록 힘쓰는 것이 올바른 자세일 것이다.

8-10 그 당시에는 거짓 선지자들이 복술이나 꿈을 통해 유다 민족을 유혹하였다. 한마디로 그들은 유다의 포로들이 오래지 않아서 해방된다고 거짓되게 예언하였다. 예레미야는 유다 사람들에게 그들의 거짓말에 현혹되지 말라고 경고한다. 그는 말하기를 해방의 날은 포로 생활 칠십 년을 채운 뒤에 찾아올 것이라고 하였다.

설교 ▶ 소망(4-10절)

하나님께서, 바벨론에 사로잡혀 간 유다의 백성들을 대상으로 주신 소망의 말씀이 이 구절들(5-10절)에 나타난다.

1. 하나님께서는 바벨론에서 생활 안정과 공적 평안에 힘쓰라고 말씀하신다 (5-7절).

그 당시 거짓 선지자 하나냐는 바벨론에 사로잡혀 갔던 유다 사람들이 2년이 차기 전에 해방되어 돌아올 것이라고 말하였다(28:1-3). 하나냐의 말을 듣는 포로들은 "머지않아 돌아갈 터이니 이곳에서 안정적인 생활을 영위하기 위해 노력할 필요가 없다"라고 생각했을 것이다. 그러나 예레미야는 여호와의 말씀을 전하면서 생활의 안정을 구하라고 권면한다. 사람은 어려운 환경에 처할 때 낙오자가 되기 쉽다. 혹여 좋은 기회가 찾아오기를 바라고 태만하게 지내거나, 그렇지 않으면 불의한 일에 빠져들기 쉽다. 그러나 하나님께서는 바벨론에 포로로 잡혀가서 역경에 빠진 유다 사람들에게 정상적인 생활에 힘쓰라고 말씀하신다. "너희는 집을 짓고 거기에 살며 텃밭을 만들고 그 열매를 먹으라 아내를 맞이하여 자녀를 낳으며 너희 아들이 아내를 맞이하며 너희 딸이 남편을 맞아 그들로 자녀를 낳게 하여 너희가 거기에서 번성하고 줄어들지 아니하게 하라 너희는 내가 사로잡혀 가게 한 그 성읍의 평안을 구하고 그를 위하여 여호와께 기도하라 이는 그 성읍이 평안함으로 너희도 평안할 것임이라"(5-7절)라고 하셨다. 이 모든 말씀에 나타난 하나님의 권면은 다만 이 세상에서 잘 살아가라는 말씀 외에 다른 것이 없는 듯하다. 그러나 사실은 그와 같은 권면도 주님을 믿는 일에 유익을 준다.

1) 이처럼 낯선 이국땅으로 끌려온 사람들에게 곧바로 고국으로 돌아가지 못하고 오래오래 그곳에서 살 것이니 그에 대해 각오하고 준비하라고 하시는 것은 하나님께서 내리시는 징계에 순종하라는 뜻이다.

2) 그들에게 말씀하시길 농사를 지으며 가정을 이루라고 하셨는데, 이러한 생활의 형태는 신앙에 유익한 것이다. 사람이 생계를 위해서 힘쓰지 않으면 그의 신앙도 타락하기 쉽다. 신앙은 결코 공중누각을 짓는 것이 아니라 현실의 삶을 무대로 하는 활동이다. 삼백 년 동안 하나님과 동행했던 에녹은

가정을 이루었고 자녀를 낳았다(창 5:21-22). 물론 사람마다 은사가 각각 달라서 바울과 같이 어떤 사람들은 결혼하지 않고 주님을 위해 일하기도 하였다(마 19:12; 고전 7-7).

3) 그들은 당면한 환경에서 최선을 다하여 바르게 살아가는 훈련을 해야만 했었다. 인간은 그가 처하게 된 환경이 바로 하나님의 선물이라는 사실을 깨달아야 한다. 우리는 덴마크(Denmark)의 역사를 잘 안다. 덴마크의 사람들도 고대에는 주변의 다른 민족들처럼 대단히 미개한 부족이었다. 주후 800년대부터 수백 년간 그들은 해적으로 활동하면서 야만적인 행동들을 일삼아왔었다. 그러나 그들이 기독교의 복음을 받아들인 이후로는 해적 생활을 청산하고 농업국으로 변신하여 현재와 같은 선진 문명국가가 되었다. 그 나라가 한때는 외세의 침략으로 말미암아 국토를 잃기도 하였으나, 달가스(Dalgas, 1824-1895)라는 탁월한 인물이 일어나서, "밖에서 잃은 국토를 안에서 찾자!"라는 표어를 세우고 국토를 개간하여 농작물의 수확량을 늘렸다. 이처럼 바르게 살아가는 민족은 자신들에게 주어진 환경에 낙심하지 않고 소망을 가지고서 분투하고 노력한다.

4) 하나님께서 바벨론에 사로잡혀 갔던 유다 사람들에게 그곳의 평안을 위하여 힘쓰라고 명령하신다. 장차 그들이 그곳에서 해방되는 일도 온전히 하나님의 능력에 달린 것임을 기억하고서 그들은 아무것도 염려할 필요 없이 오직 주님만 의지하고 공적인 안녕과 질서를 위하여 힘쓰면 된다는 것이다. 그런 의미에서 하나님께서는 "너희는 내가 사로잡혀 가게 한 그 성읍의 평안을 구하고 그를 위하여 여호와께 기도하라 이는 그 성읍이 평안함으로 너희도 평안할 것임이라"라고 하셨다(7절). 그 당시에 바벨론으로 끌려간 유다 사람들은 그들이 거주하게 된 땅에 대하여 설령 좋은 일이라고 해도 협력하고 싶은 마음이 없었을 것이다. 그러나 하나님께서는 신자들이 어디로 가든지 그들이 속한 사회에 복이 되기 위하여 의로운 마음으로 힘쓰기를 원하

신다. 왜냐하면 인생들이 나아갈 길은 언제나 의로운 것이어야만 하며 또한 그렇게 할 때만 형통할 수 있기 때문이다. 요셉은 애굽에 팔려 가서도 그가 속한 나라에 유익을 주었다(창 39:1-41:57). 사람이 자기가 처한 환경에서 공익을 위해 힘쓰는 것은 하나님이 원하시는 의로운 행동이다. 의로움으로 행하는 자는 남들에게 유익을 끼치는 동시에 자기 자신도 유익을 얻는다(잠 11:4). 공익을 위하는 일은 특히 사람들이 모두 함께 전체적으로 잘 되는 결과를 낳는다. 무엇보다도 의로운 일은 하나님을 기쁘시게 한다. 우리는 이 땅에서 살아가면서 언제나 의로운 편을 택하는 자세를 지켜야 한다.

우리는 때에 따라 무언가를 결정할 때 어느 편이 하나님의 뜻에 합당한 것인지 확신하지 못하여서 어려움을 당하기도 한다. 두 가지 길이 앞에 놓여 있는데, 어느 길로 가는 것이 주님의 뜻인지 결정해야 하는 순간들이 찾아오기 마련이다. 한 길은 쉽고 평안하며 세상에서 형통할 수 있는 길이고, 다른 한 길은 그렇지 못하나 의로운 길이다. 이때 그리스도인은 그의 앞에 놓인 두 길 가운데서 후자를 선택해야만 한다. 하나님께서는 언제나 의의 편에 서 계신다. 시편 11:7에 말하기를, "여호와는 의로우사 의로운 일을 좋아하시나니 정직한 자는 그의 얼굴을 뵈오리로다"라고 하였고, 시편 14:5에는 말하기를, "그러나 거기서 그들은 두려워하고 두려워하였으니 하나님이 의인의 세대에 계심이로다"라고 하였다. 땅 위에서는 의인이 일시적으로 그가 한 행동으로 말미암아 보람 있는 열매를 거두지 못하는 일이 많다. 그러므로 시편 97:11에는 말하기를, "의인을 위하여 빛을 뿌리고 마음이 정직한 자를 위하여 기쁨을 뿌리시는도다"라고 하였다. 여기 "뿌린다"라는 말은 심는다는 뜻이다. 그러므로 의인이 그가 행한 의로운 일에 대하여 얼마 간은 열매 없는 어두운 시간을 보낼 수 있으나 반드시 열매를 거두는 날이 찾아온다. 그러므로 갈라디아서 6:9-10에 말하기를 "우리가 선을 행하되 낙심하지 말지니 포기하지 아니하면 때가 이르매 거두리라 그러므로 우리는 기회 있는 대로 모든 이에게 착한 일을 하되 더욱 믿음의 가정들에게 할지니라"라고 하였다. 이처럼 의인이 걸어가는 길은 생명과 기쁨을 향하여 나아가는 길이므로 그는 결국 죽음을 면하게 되는 것이다. 잠언 11:19에 말하기를 "공의를 굳게 지키는 자는 생명에 이르고 악을 따르는 자는 사망에 이르느니라"라고 하였고, 잠언 14:32에는 말하기를, "악인은 그의 환난에 엎드러져도 의인은 그의 죽음에도 소망이 있느니라"라고 하였고, 시편 17:15에는 말하기를, "나는 의로운 중에 주의 얼굴을 뵈오리니 깰 때에 주의 형상으로 만족하리이다"라고 하였다. 우리가 신앙으로 의로움을 지키면 하늘나라에 들어가게 된다. 그뿐 아니라 우리는 의리를 지킴으로써 우리가 속한 세속 사회도 평안하게 만들 수 있다. 더글러스 맥아더(Douglas McArthur) 원수가 인천에 상륙하여 공산군을 물리치고 남한을 구원한 사건은 자기중심적인 영웅심만으로는 할 수 없는 일이었다. 그것은 의를 사모하는 불타는 마음에서 비롯된 것이었다. 물론 그의 이와 같은 의로운 행동이 반드시 영적인 동기에서 행해진 것이었다고 말하기는 어렵다. 그러나 일반 은총의 영역에 속하는 의로운 행위도 만일 그것이 참된 일이라면 모두 다 하나님의 선물이다.

 우리나라 국민 가운데도 공익을 위하지 않고 사리사욕을 채우는 일을 우선시하는 자들이 적지 않다. 일례를 들자면 백성들이 잘사는 사회를 만들기 위하여 희생적으로 일하는 일꾼들이 거의 없다는 사실이다. 민생 문제를 해결하기 위하여 희생적으로 봉사하는 관료나 정치인이 별로 없으니 일부 백성들은 가난하고 궁핍해져서 마침내 도둑질을 업으로 삼아 살아간다. 잠언 29:2에 말하기를, "의인이 많아지면 백성이 즐거워하고 악인이 권세를 잡으면 백성이 탄식하느니라"라고 하였고, 잠언 11:11에도 말하기를, "성읍은 정직한 자의 축복으로 인하여 진흥하고 악한 자의 입으로 말미암아 무너지느니라"라고 하였고, 잠언 14:34에는 말하기를, "공의는 나라를 영화롭게 하고 죄는 백성을 욕되게 하느니라"라고 하였다.

2. 소망의 근거(8-10절)

8-10절 말씀을 보면 바벨론에 사로잡혀 갔던 유다 백성들의 소망은 오직 하나님의 말씀에 달려 있었다. 이런 의미에서 하나님께서는 그들에게 거짓 선지자의 말에 귀 기울이지 말라고 하셨다(8-9절). 거짓 선지자들은 유다 사람들에게 자기 생각대로 아첨하여 말하기를, 2년 안에 유다 사람들이 바벨론에서 해방된다고 하였다(28:1-3). 그것은 귀로 듣기에는 아주 좋은 말이었지만 실제로는 거짓말이었다. 거짓 선지자들은 하나님으로부터 말씀을 받지도 않고서 하나님의 이름을 빌려 자신들의 생각을 설파하였다. 그러나 그 당시 유다 사람들은 말로 형용할 수 없는 난관에 봉착했었는데, 그런 상황에서는 오직 하나님의 말씀을 바로 붙잡는 것만이 참된 소망이다. 이런 방법을 깨우쳐주는 의미에서 본문 8절에는 말하기를, "만군의 여호와 이스라엘의 하나님께서 이와 같이 말하노라"(כֹּה אָמַר יְהוָה צְבָאוֹת אֱלֹהֵי יִשְׂרָאֵל)라고 하였고, 9절 끝에서는 "여호와의 말씀이니라"(נְאֻם־יְהוָה)라고 하였고, 10절 첫머리에서는, "여호와께서 이와 같이 말씀하시니라"(כֹּה אָמַר יְהוָה)라고 하였다. 또한 11절에서도 "여호와의 말씀이니라"(נְאֻם־יְהוָה)라고 하였고, 14절에서는 "이것은 여호와의 말씀이니라"(נְאֻם־יְהוָה)이라는 표현을 두 번이나 사용한다.

하나님의 말씀이 우리에게 소망이 되는 이유는 그 말씀이 지닌 권위 때문이다. 이 권위는 어떠한 성격을 지닌 것인가! 그 말씀은 하나님 자신을 대리하는 역할을 한다는 점에서 권위가 크다. 성경은 하나님을 가리켜 "말씀"이라고 표현하기까지 한다(요 1:1). 사실상 하나님께서는 자신을 우리의 육안에 보여 주시는 대신에 그의 말씀을 주신 것이다. 그러므로 크로샤이데(Grosheide)는 말하기를, "성경의 정경 개념은 하나님 개념을 수반한다"라고 하였다. 이만큼 하나님 말씀인 성경의 권위는 지극히 높은 것이다.

11 여호와의 말씀이니라 너희를 향한 나의 생각을 내가 아나니 평안이요 재앙이 아니

니라 너희에게 미래와 희망을 주는 것이니라.

설교▶ 하나님께서 그의 자녀인 백성을 도우시는 방법(11절)

　하나님께서 재앙을 당한 그의 백성에게 말씀하시기를, "너희를 향한 나의 생각을 내가 아나니 평안이요 재앙이 아니니라 너희에게 미래와 희망을 주는 것이니라"라고 하셨다. 하나님께서는 언제든지 그의 자녀에 대하여 부모가 베푸는 것보다 더욱 깊은 사랑을 가지고 다가오신다. 그러므로 그의 자녀들에 대한 그의 행동은 모두 다 그들을 사랑하는 동기에서 비롯된 것이다. 그가 그들에게 재앙을 내리실 때도 그들로 하여금 그러한 재앙 가운데서 망하게 하시려는 것이 아니라 결국 평안을 얻게 하고 그들의 영혼이 장래의 소망을 가지도록 하시려는 것이다. 참사랑은 마침내 평안을 가져다주는 것이지만 그것이 나타나는 방식이 언제나 평안은 아니다. 어떤 때에는 하나님의 사랑이 자녀들을 아프게 하는 방식으로 나타나기도 한다.

　1. 어떤 경우에는 신자들에게 고통스러운 징계가 찾아오기도 하는데, 그것도 결국은 그들의 영혼이 잘 되게 하기 위한 것이다. 하나님께서는 우리의 육신보다 영혼을 중시하시고 우리의 영혼이 잘되도록 역사하신다. 그러므로 욥기 5:17-18에는 말하기를, "볼지어다 하나님께 징계 받는 자에게는 복이 있나니 그런즉 너는 전능자의 징계를 업신여기지 말지니라 하나님은 아프게 하시다가 싸매시며 상하게 하시다가 그의 손으로 고치시나니"라고 하였다. 예수님께서도 영혼 구원을 중점적으로 생각하셨다. 마태복음 10:28에 말하기를, "몸은 죽여도 영혼은 능히 죽이지 못하는 자들을 두려워하지 말고 오직 몸과 영혼을 능히 지옥에 멸하실 수 있는 이를 두려워하라"라고 하셨다.

2. 하나님은 질병으로도 그의 자녀들을 유익하게 하신다. 하나님께서 사랑하시는 자녀들 가운데도 질병으로 고통당하는 자들이 적지 않다. 선지자 엘리사도 병으로 앓다가 별세했다(왕하 13:14, 20). 그에게서 병이 떠나지 않은 것은 하나님께서 그를 사랑하지 않으셔서가 아니었다. 그는 병상에 누워 있으면서도 하나님과 동행하며 예언 사역을 하였다.

에바브로디도라는 인물도 하나님께 충성하다가 병에 걸려 목숨을 잃을 위기에 처하기까지 하였고(빌 2:27). 디모데도 종종 병으로 고생했다(딤전 5:23). 아메리카 인디언을 위하여 몸을 바친 유명한 선교사 데이비드 브레이너드(David Brainerd)는 수시로 기도의 응답을 받는 신실한 하나님의 종이었으나 그도 폐병으로 앓다가 30세에 별세하였다.

3. 하나님은 그의 자녀들이 때때로 죽음을 맞이할 위기에 처하기까지 환난을 겪도록 허락하심으로써 그들을 유익하게 하신다. 칼빈(Calvin)의 제자였던 테오도르 베자(Theodor Beza)는 프랑스혁명 때 육백 번이나 죽을 뻔한 위기를 맞았었다고 한다. 그에게 유독 죄악이 많았기 때문에 그처럼 많은 환난을 겪은 것은 아니었을 것이다. 그는 그와 같은 환난으로 말미암아서 역사에 이름을 남기는 위대한 은혜의 종이 되었다.

4. 하나님께서는 그의 자녀들이 죽음을 맞이하게 하심으로써 그들을 도와주시기도 하신다. 이사야 57:1-2에 말하기를, "의인이 죽을지라도 마음에 두는 자가 없고 진실한 이들이 거두어 감을 당할지라도 깨닫는 자가 없도다 의인들은 악한 자들 앞에서 불리어가도다 그들은 평안에 들어갔나니 바른 길로 가는 자들은 그들의 침상에서 편히 쉬리라"라고 하였다. 이 말씀은 다음과 같은 의미를 전달한다. 말하자면 여기서 말하는 것과 같이 성도가 어떤 때에는 땅 위에 더 머물러 있음으로써 그의 영혼이 해를 입을 경우도 있는데,

그런 때에는 하나님께서 그를 데려가신다는 것이다. 그뿐 아니라 하나님께서 그의 자녀들이 의를 위하여 죽임을 당하도록 인도하심으로써 그들을 유익하게 하시는 일도 있다. 그러므로 민수기 23:10에 말하기를, "나는 의인의 죽음을 죽기 원하며 나의 종말이 그와 같기를 바라노라"라고 하였다.

5. 하나님께서 그의 자녀들을 도와주시되 오랫동안 기다리시다가 도와주시기도 하신다.

이것은 그의 무한한 지혜로 말미암은 경륜이다. 철없는 아이들은 아직 익지 않은 푸른 과일 열매를 따 먹기도 한다. 그러나 장성한 사람은 그처럼 무모한 일을 하지 않는다. 이사야 30:18에 말하기를 "그러나 여호와께서 기다리시나니 이는 너희에게 은혜를 베풀려 하심이요 일어나시리니 이는 너희를 긍휼히 여기려 하심이라 대저 여호와는 정의의 하나님이심이라 그를 기다리는 자마다 복이 있도다"라고 하였다(참조. 사 25:9; 26:8; 33:2; 40:31; 49:33).

12-14 너희가 내게 부르짖으며 내게 와서 기도하면 내가 너희들의 기도를 들을 것이요 너희가 온 마음으로 나를 구하면 나를 찾을 것이요 나를 만나리라 이것은 여호와의 말씀이니라 나는 너희들을 만날 것이며 너희를 포로된 중에서 다시 돌아오게 하되 내가 쫓아 보내었던 나라들과 모든 곳에서 모아 사로잡혀 떠났던 그 곳으로 돌아오게 하리라 이것은 여호와의 말씀이니라.

설교 ▶ 기도에 대하여 (12-14절)

1. 하나님께 기도하면 그가 응답하신다(12절).

하나님을 가리켜 "기도에 응답하시는 분"이라고 부르기도 한다. 말하자면 그의 별명은 "기도 응답자"이시다. 시편 65:2에 말하기를, "기도를 들으시는 주여"라고 하였다. 그는 사람들이 이러한 별칭을 그에게 붙여드리는 일을 기뻐하신다. 히브리서 11:6에 말하기를, "믿음이 없이는 하나님을 기쁘시게 하지 못하나니 하나님께 나아가는 자는 반드시 그가 계신 것과 또한 그가 자기를 찾는 자들에게 상 주시는 이심을 믿어야 할지니라"라고 하였다. 그뿐 아니라 하나님은 "변하지 않는 자"라는 이름도 가지고 계신다(말 3:6). 히브리서 13:8에도 말하기를, "예수 그리스도는 어제나 오늘이나 영원토록 동일하시니라"라고 하였다. 그러므로 하나님께서는 옛날에 성도들의 기도에 응답하셨던 것과 동일하게 오늘날에도 성도들의 기도에 귀를 기울이신다. 그는 기도를 들어주시는 일에 있어서 대상을 차별하시지 않는다. 시편 65:2에 말하기를, "기도를 들으시는 주여 모든 육체가 주께 나아오리이다"라고 하였다. 여기서 모든 "육체"라는 표현은 지극히 연약하고 비천한 모든 인생을 가리킨다. 하나님께서는 기도에 응답하실 때 하늘에서 기적적인 소리를 발하심으로써 역사하시는 방식을 일반적으로 사용하시지는 않으신다. 그는 기적을 통해서도 기도에 응답하시지만, 대다수의 경우는 고요하고 잠잠하게 일반적인 섭리를 통하여 성도들의 소원을 이루어 주신다. 아프리카에서 사역하던 어떤 선교사가 한번은 전도하러 가는 길에 강을 건너야 했는데, 마침 그 시기에 위협적인 홍수가 발생하여서 강을 건널 수 없는 지경이었다. 그때 그는 그 자리에서 기도하였는데, 기도를 마치고 일어나 보니 커다란 나무가 바람에 넘어져 강 이쪽에서 저쪽 언덕까지 다리 모양으로 걸쳐져 있었다. 그리하여 그 선교사는 무난히 그 강을 건너가게 되었다고 한다.

　우리는 어떤 때에 우리의 기도에 응답이 없는 것조차도 기도의 응답이라는 사실을 알아야 한다. 왜냐하면 하나님께서는 우리의 기도에 응답하지 않으시는 일이 우리에게 오히려 유익한 경우에는 우리가 기도한 대로 응답하시지 않기 때문이다. 바울은 일평생 자기에게 가시와 같은 고통이 있었다고 고백한다. 그는 하나님께 그의 가시를 없애달라고 세 번 기도했지만 하나님께서는 그 기도를 들어주시지 않으셨다(고후 12:7-9).

그렇다면 어떤 기도가 응답을 받는가?

1) 확정적이고 명백한 소원을 동반한 기도가 응답받는다. 확정적인 소원이 없는 기도는 형식적으로 흐르기 쉬우며 그 안에 진실함과 간절함이 담겨 있지도 않다. 그런 기도에는 확신도 없고, 역사하는 능력도 없다. 확정적인 소원을 가진 기도는 기도자가 먼저 자신이 구하는 내용을 성경에 비추어 많이 묵상한 후에, 그것을 하나님께 구하라는 성령님의 감화를 받아서 드리는 기도다. 그뿐만 아니라 먼저 기도자가 하나님과 더불어 약속을 맺음으로써 그가 드리는 기도에도 확신을 가질 수 있다. 말하자면 그는 "하나님께서 이렇게 하여 주시면 나는 거기에 따라서 저렇게 행하겠습니다" 하고 약속한다. 하나님과 더불어 약속하지 못하는 자는 진실하지 못한 자이므로 그는 하나님께 기도할 자격도 없다. 미국의 어떤 목사는 1931년에 텍사스(Texas) 지방에 수 개월간 비가 오지 않았을 때 하나님께 기도하였는데, 그 결과 비가 내렸다고 한다. 그는 하나님과 약속하기를, "제가 우선 교회에서 집회를 열고 여러 차례 설교하는 도중에 교인들이 죄를 회개하는 은혜를 받으면, 하나님께 비를 주시도록 간절히 기도하자고 공포할 것이며, 또한 그러한 발표가 있은 지 24시간 안으로 비가 오면 하나님께서 기도에 응답하신 것으로 이해할 것이며, 24시간이 지난 후에 비가 오면 기도 응답으로 여기지 않겠습니다"라고 하였다고 한다. 그 목사는 과연 약속한 대로 집회를 열었고, 교인들에게 회개하는 마음이 생기는 것을 목격하고서 다 같이 합심하여 비가 오게 해달라고 기도하자고 권하였는데, 하나님께서 그들의 기도를 들으시고 24시간이 지나지 않아서 큰비를 주셨다고 한다. 진정한 기도는 막연하지 않으며, 소원에 있어서 확정성과 명백성을 지닌다. 누가복음 11:5에서 예수님께서 가르치신 기도 역시 떡 세 덩어리를 구하는 구체적인 기도였으며, 떡을 좀 달라고 구하는 애매한 기도가 아니었다.

우리에게 있어서 확정적이고 명료한 특성을 가진 기도는 사람들의 영혼을 구원해 주시기를 소원하는 기도다. 우리가 어떤 사람을 회개시켜 구원받도록 하기 위한 간구는 하나님의 뜻에 따른 기도라는 점에서 확정적이고 명료한 기도다. 화재가 발생했을 때 우리는 급히 서둘러서 먼저 소방서에 이 사실을 알려야 한다. 그때 우리는 "집이 전부 불타게 생겼으니 빨리 오시오"라고 해야 한다는 것이다. 만일 그렇게 하지 않고 "내 집에 불이 날지도 모르니 와보시오"라고 통지한다면 그것은 어리석은 행동이다. 우리는 막연하게 기도하지 말고 구체적이고 명확한 소원을 가지고 간절하게 기도해야 한다.

2) 전능하신 하나님께 위대한 일을 구해야 응답을 받을 수 있다. 예레미야 33:3에 말하기를, "너는 내게 부르짖으라 내가 네게 응답하겠고 네가 알지 못하는 크고 은밀한 일을 네게 보이리라"라고 하였다. 하나님 앞에 나아와 사소한 일이나 구하는 것은 위대하신 하나님을 무시하는 처사다. 그러므로 시편 81:10에 말하기를, "나는 너를 애굽 땅에서 인도하여 낸 여호와 네 하나님이니 네 입을 크게 열라 내가 채우리라"라고 하였다. 여기서 이른바 애굽에서 인도하여 내셨다는 말은 하나님의 전능하시고 위대하심이 얼마나 큰지를 보여 주는 말씀이다. 하나님은 이렇게 위대하신 분이시며, 그리하여 그는 이스라엘 백성들에게 입을 크게 열라고 촉구하신다. "입을 크게 열라"라는 말은 위대한 것을 구하라는 의미이다. 예수님은 우리가 진실하게 기도하기만 하면 위대한 일들을 허락하시겠다는 취지에서 말씀하기를, 우리의 믿음이 겨자씨 한 알만큼만 되어도 우리가 산을 옮길 수 있으리라고 하셨고(마 17:20), 또한 믿는 자에게는 모든 것이 가능하다고도 말씀하셨다(막 9:23; 참조. 마 21:21-22; 막 11:22-24; 눅 17:5-6).

우리는 성경에서 위대한 일들을 구했던 성도들이 만족스러운 기도 응답을 받았다는 사실을 확인할 수 있다. 여호수아는 아모리 족속과 전쟁을 치르는 도중에 기도하기를, 해와 달을 머물게 해달라고 구하여서 그대로 응답받았으며(수 10:12-14). 엘리사는 엘리야의 권능보다 갑절이나 되는 영감을 구하였을 때 그가 구한 대로 응답받았다. 엘리야는 권능을 여덟 차례 행하였으나(왕상 17:1-6, 8-16, 17-23; 18:36-38; 10:5-7; 왕하 1:9-12; 2:8, 11), 엘리사는 열여섯 차례나 행하였다(왕하 2:14, 21-22, 23-25; 3:16-20; 4:1-7, 8-17, 18-37, 38-41, 42-44; 5:1-19, 20-27; 6:5-7, 13-17, 18-20; 7:1-16; 13:20-21). 미국 휘튼 칼리지(Wheaton College)의 교장이었던 C. A. 블랜차드에 따르면, 펜실베이니아주에서 철도 기관사가 죽었는데 그의 아내가 기도하여 되살린 사실이 보도된 적이 있다고 한다(Getting Things From God). 기관사가 죽었을 때 담당 의사는 그의 사망을 공식적으로 분명히 확인했다고 한다. 그때 기관사의 아내는 그가 죽었으나 반드시 살아날 것이라고 말하며, 13시간 동안 쉬지 않고 기도하였는데, 그 결과 과연 13시간 후에 죽었던 자가 다시 살아났다고 한다. 이때 그 아내가 그의 기도가 응답받을 것이라고 확신할 수 있었던 이유는 과거에 그가 남편의 영혼 구원을 위해 기도했을 때 하나님께 분명한 약속을 받았었기 때문이었다. 그런데 사망에 이르기까지 아직 회개하지도 않았고 예수 그리스도를 영접하지 않았던 남편이 이대로 죽고 만다면 그의 영혼이 결국 멸망하고 말 것인데 그것은 주님께서 약속하셨던 내용과 다른 것이었으니, 그렇다며 하나님께서는 반드시 그를 다시 살리셔서 그에게 믿음을 주시어 구원받게 해 주시리라는 확신이 그 여자에게 생겨났던 것이었다. 또한 핀란드에 사는 어떤 여자는 기도를 통하여 하나님의 성전을 건축하기 위해 드려진 연보를 기적적으로 불려놓았다고 한다.[42] 여기 기록된 이적의 확실성을 조사하기 위하여 고든 박사는 핀란드에 직접 찾아가기까지 하였다.

---

42)　S. D. Gordon, Finish Gold Story.

2. 전심으로 하나님을 찾으라(13절).

하나님을 찾는 것은 생명과 같이 중요한 일이다. 여호와를 찾아야만 산다는 것이 성경의 교훈이다. 아모스 5:4에 말하기를, "너희는 나를 찾으라 그리하면 살리라"라고 하였고, 6절에도 말하기를, "너희는 여호와를 찾으라 그리하면 살리라"라고 하였다. 여호와를 찾는 것이 사는 길이므로 우리는 전심으로 여호와를 찾아야 한다. 전심으로 찾는다는 말은 다음과 같은 뜻이다.

1) 전적으로 그를 의뢰하는 신앙으로 찾는다는 뜻이다. 하나님을 향하여 우리가 전적인 신뢰심을 보이는 것이 참되게 믿는 것이다. 사람이 어떤 방면에서는 하나님을 믿는다고 하면서도 어떤 일에 있어서, 특히 어려운 일이 닥칠 때는 그를 의지하지 않고 자기 자신을 의지하는 경우가 있다. 그것은 하나님에 대한 불신이다. 하나님을 지나치게 의지하는 것은 위험한 일이라고 여기는 것은 어리석은 생각이다. 특별히 우리가 고대하는 구원을 성취하는 일에 있어서 우리가 한편으로는 그것이 하나님의 능력으로 이루어지는 것으로 여기면서도 어떤 측면에서는 우리 자신의 힘을 의지하는 행태를 보인다. 하지만 그런 태도는 우리가 얻게 될 구원에서 어떤 부분들은 사람의 능력을 그 근원으로 삼는 것이니 모순적인 마음가짐이라고 할 수 있다. 우리의 구원은 오로지 하나님의 힘으로만 성취되는 것임을 기억해야 한다. 우리가 얻을 구원 가운데 어느 작은 요소 하나라도 사람의 힘에 의지하는 것이라면 그것은 그만큼 무가치한 구원이 되고 마는 것이다. 만일 어떤 사람이 대리석으로 집을 지으면서 골조의 부분에 건축 자재로 썩은 나무를 사용한다면, 그 집은 반드시 무너지고 말 것이다. 그러므로 전심으로 하나님을 찾는다는 말은 우리의 구원을 위해 필요한 모든 것이 오로지 하나님으로 인하여 이루어진다는 사실을 믿고 그분께 나의 전체를 드려서 맡긴다는 뜻이다. 심지어 우리가 드리는 기도조차도 우리 힘으로 이루어지는 것이 아니며 하나님의 능력으로 말미암아 이루어진다는 사실을 깨달아야 한다. 다른 모든 축복은 하나님

으로부터 오는데 기도 생활만은 우리 자신의 노력으로 이루어진다고 여기는 사상은 어리석은 것이다.

2) 전심으로 하나님을 찾는다는 말은 죄를 용납하지 않는 성결한 마음가짐으로 그를 찾는다는 뜻이다. 시편 66:18에 말하기를, "내가 나의 마음에 죄악을 품었더라면 주께서 듣지 아니하시리라"라고 하였다. 우리의 마음이 주님 앞에 나아가는 일에 방해가 되는 장애물은 오직 죄악뿐이다. 죄를 범하고자 하는 생각이 우리 마음에 일어나는 일은 금할 수 없으나, 그런 생각을 마음속에 오래 품고 있는 것은 그 죄악에 사로잡히는 일이다. 우리 마음은 주님만을 전적으로 구하고, 다른 것은 그것보다 적은 열심을 가지고 찾아야 한다. 그렇게 해야만 정결한 마음이 유지된다. 마음이 정결한 자가 하나님을 볼 수 있다(마 5:8). 신자는 성결을 생명으로 삼아야 한다.

3) 전심으로 하나님을 찾는다는 말은 우리가 하나님께 나아가기만 하면 하나님께서는 결코 우리를 버리지 않으실 것을 믿는다는 뜻이다. 고대 그리스 도시국가 아테네에서 의회가 모였을 때 어떤 새 한 마리가 맹금류에게 쫓겨서 의회원 한 사람의 품으로 날아 들어왔다. 그때 그 의원은 그의 품으로 날아 들어온 새를 잡아 죽였다. 그러자 의회에서는 그의 잔인한 행동을 정죄하여 그를 사형에 처했다고 한다. 일개 인간들도 이처럼 연약한 새 한 마리에 대해서도 자비를 베푸는 일이 옳다고 여기는데, 하나님께서 그의 앞에 나아와서 자비를 구하고 구원받고자 하는 사람들을 내버려 두시겠는가! 예수님은 말씀하시기를, "아버지께서 내게 주시는 자는 다 내게로 올 것이요 내게 오는 자는 내가 결코 내쫓지 아니하리라"라고 하셨다(요 6:37). 이사야 49:15에 말하기를, "여인이 어찌 그 젖 먹는 자식을 잊겠으며 자기 태에서 난 아들을 긍휼히 여기지 않겠느냐 그들은 혹시 잊을지라도 나는 너를 잊지 아니할 것이라"라고 하였고, 시편 27:10에는 말하기를, "내 부모는 나를 버렸으나 여호와는 나를 영접하시리이다"라고 하였다.

4) 전심으로 하나님을 찾는다는 말은 아무 조건 없이 그를 찾는 것을 뜻한다. 이것은 사드락, 메삭, 아벳느고의 신앙과 같은 것이다. 그들은 폭군 느부갓네살 왕에게 대답하기를 하나님께서 그들을 풀무 불에서 건져주시든지 않든지 관계없이 그를 섬기겠다고 대답하였다. 다니엘 3:17-18에 말하기를, "왕이여 우리가 섬기는 하나님이 계시다면 우리를 맹렬히 타는 풀무불 가운데에서 능히 건져내시겠고 왕의 손에서도 건져내시리이다 그렇게 하지 아니하지라도 왕이여 우리가 왕의 신들을 섬기지도 아니하고 왕이 세우신 금 신상에게 절하지도 아니할 줄을 아옵소서"라고 하였다. 사드락, 메삭, 아벳느고는 어떤 조건을 걸고서 하나님을 섬긴 자들이 아니었다. 그들은 풀무 불 가운데서 죽임을 당하더라도 오직 하나님만 섬기겠다고 대답하였다. 우리는 가정적으로나 민족적으로 풀무 불과 같은 환난에 처하는 경우가 있다. 그러나 우리는 하나님께서 이런 환난을 면하게 하여 주셔야만 그를 섬기겠다는 태도를 보이는 조건부 신자가 되지 말자. 하나님께서 우리를 환난 가운데서 건져주시든지, 건져주시지 않든지 우리가 무조건적 신앙을 가지기만 하면 그는 우리가 환난을 잘 견디도록 힘을 주신다.

5) 전심으로 하나님을 찾는다는 말은 시간상으로도 중단하지 않고 계속하여 찾는다는 뜻이다. 성경에서는 신자들에게 "쉬지 말고 기도하라"(살전 5:17)라고 권면한다. 그런데도 신자들은 기도하는 일에 심히 게으르다. 이것은 크나큰 죄악이다. 하나님께서 우리에게 항상 기도하라고 말씀하셨는데 그 말씀을 지키지 않는 것은 심각한 반역이다. 사무엘은 기도하기를 쉬는 것은 큰 죄라고 생각하였다(삼상 12:23). 역대하 16:9에 말하기를, "여호와의 눈은 온 땅을 두루 감찰하사 전심으로 자기에게 향하는 자들을 위하여 능력을 베푸시나니"라고 하였다.

15-19 이 부분에서는 선지자 예레미야가 바벨론에 사로잡혀 갔던 유다

사람들 가운데서 활동하던 거짓 선지자들의 운동을 막기 위하여 경고한다. 말하자면 그 당시에 바벨론에서 살던 유다의 포로들이 말하기를 "우리에게도 선지자들이 있다"라고 하였으나 사실상 그들이 선지자라고 여겼던 자들은 거짓 선지자들이었고, 그들은 거짓말로 말하기를 포로들이 머지않아 예루살렘으로 귀환하게 될 것이라고 예언하였던 것이었다. 그러므로 예레미야는 여기서 말하기를, 예루살렘에 남아 있는 왕이나 백성까지도 결국은 극심한 환난 가운데 여러 나라로 흩어져서 학대를 당하게 될 것이라고 하였다(16-18절). 이것은 물론 바벨론 포로들이 오래지 않아 유다 본토로 돌아가 평안히 살게 되리라는 거짓 선지자의 말이 성취될 수 없다는 것을 확증하는 것이다.

너희가 말하기를 여호와께서 우리를 위하여 바벨론에서 선지자를 일으키셨느니라(15절). 말하자면 바벨론으로 사로잡혀 간 포로들은 말하기를, 자기들 가운데도 선지자들이 있다고 하였다. 그러나 그들 가운데서 활동하던 자들은 거짓 선지자들이다.

그들에게 상하여 먹을 수 없는 몹쓸 무화과 같게 하겠고(17하). 24:1-7 해석을 참조하라.

내가 그들을 쫓아낸 나라들 가운데에서 저주와 경악과 조소와 수모의 대상이 되게 하리라(18하). 하나님의 은혜를 많이 받은 유다 민족이 하나님의 말씀에 순종하지 아니하였으므로 마침내 이방인들의 "비웃음"거리가 된다. 누가복음 12:48에 말하기를, "무릇 많이 받은 자에게는 많이 요구할 것이요 많이 맡은 자에게는 많이 달라 할 것이니라"라고 한다(참조. 마 5:13).

내가 내 종 선지자들을 너희들에게 꾸준히 보냈으나 너희는 그들의 말을 듣지 않았느니라 여호와의 말씀이니라(19하). 25:3-4 해석을 참조하라. 유다 땅에 남아 있는 사람들이 저렇게(17-18절) 벌을 받게 되는 이유는 그들이 하나님의 말씀을 순종하지 않았기 때문이다. 순종하지 않는 죄는 저렇게 위태한 것이다. 사무엘상 15:22-23을 참조하라.

20 **그런즉 내가 예루살렘에서 바벨론으로 보낸 너희 모든 포로여 여호와의 말씀을 들을지니라.** 여기서는 사로잡혀 갔던 유다 사람들에게 그들을 유다 땅에서 포로로 내어 보내신 이가 바로 하나님 자신이심을 상기시킨다. 본문에서 "내가 예루살렘에서 바벨론으로 보낸 너희 모든 포로여"(כָּל־הַגּוֹלָה אֲשֶׁר־שִׁלַּחְתִּי)라는 말씀이 그런 뜻이다. ① 하나님께서는 그가 사랑하시는 백성에게도 이방 나라에 포로로 끌려가는 환난을 주시기도 하신다. 왜냐하면 환난은 참으로 그들에게 유익하기 때문이다. 그들이 환난을 받는 동안은 하나님을 가까이하지만 환난이 물러간 뒤에는 다시 하나님을 멀리하는 습성으로 돌아간다. 하나님께서는 그들을 사랑하셔서 이런 환난을 그들에게 주시는 것이므로, 그들에게 여호와의 말씀을 들으라(וְאַתֶּם שִׁמְעוּ דְבַר־יְהוָה)라고 강조하여 말하는 것은 당연한 일이다. 히브리서 12:7-13을 참조하라. ② 하나님께서 그들을 징계하셨으므로 그들을 다시 구원하실 수 있는 능력도 그에게 있다. 욥기 5:17-18에 말하기를, "볼지어다 하나님께 징계 받는 자에게는 복이 있나니 그런즉 너는 전능자의 징계를 업신여기지 말지니라 하나님은 아프게 하시다가 싸매시며 상하게 하시다가 그의 손으로 고치시나니"라고 하였다. 유다 사람들을 구원하실 수 있는 하나님께서 그들에게 자기 말씀을 들으라고 요구하시는 것은 지당한 일이다. 그가 이렇게 그들에게 자기 말씀을 들으라고 요구하시는 목적은 포로들이 오직 하나님의 말씀만 청종하고 거짓 선지자들의 말에 현혹되지 않게 하시려는 것이다. 그러므로 다음 절에서는 거짓 선지자들이 누구며 또한 그들이 장차 받을 징벌이 어떤 것인지를 지적하신다.

설교▶ 순종에 대하여(15-20절)

1. 여호와의 말씀을 순종하는 것만이 생명의 길이다.

예수님도 순종으로 구원을 이루시고 순종하는 자들에게 구원의 근원이 되셨다(히 5:8-9). 천국은 하나님께서 절대적 권위로 다스리시는 곳이니, 그곳에 참여할 백성인 그리스도인들이 순종을 배우지 못하면 그곳에 들어갈 수 없다. 로마서 1:5에 말하기를, "모든 이방인 중에서 믿어 순종하게" 한다고 하였다. 그리고 고린도후서 10:5에서는 바울의 전도가 사람들의 "모든 생각을 사로잡아 그리스도에게 복종하게" 한다고 하였다. 사람들이 자기가 하고 싶은 대로 하다 보면 복종하기가 어렵다. 사람이 신앙으로 순종하기 위해서는 언제나 자기가 하고 싶은 대로 하지 않을 필요가 있다. 신앙적 순종은 알고 보면 쉬운 것이다. 왜냐하면 그것이야말로 사람들이 살아갈 길이기 때문이다. 독수리가 공중에 날아다니면 암탉은 자기 병아리들을 날개 아래 모은다. 그때 병아리들은 모두 어미에게 순종하여 모여든다. 독수리가 내려와서 어미 닭을 해치더라도 병아리들은 목숨을 건질 수 있다. 그와 마찬가지로 그리스도의 계명에 순종하는 것은 그의 안에 피하는 기쁜 일이다. 예수 그리스도의 명령은 사실상 우리의 생명을 속박하는 것이 아니다. 그의 명령은 폭군의 명령이 아니고 자비로운 구주이신 예수님의 명령이다. 그는 생명의 주님이시다. 그가 한편 손 마른 사람에게 손을 펴라고 말씀하신 것은 그 환자를 속박하시려는 것이 아니고, 그의 생명을 해방하시기 위한 것이다. 인간은 허물과 죄로 죽었으므로 이 세상 풍조와 마귀의 명령을 따라간다. 그러나 이제 메시아가 오셔서 우리에게 주시는 명령은 우리를 마귀의 권세에서 해방하시기 위한 명령이다.

복종은 심리적인 측면, 다시 말해 신앙을 근간으로 삼는다. 그러나 복종에는 행위적인 측면도 중요한데, 그것은 신앙의 외적 발현이라고 할 수 있다. 신앙이 행동으로 표현되지 않는다면 그것은 온전하지 못한 신앙이다.

2. 하나님의 말씀을 순종하지 않는 자는 멸망한다.

1) 순종하는 일이 순종하지 않는 일보다 어렵다고 여기는 사람은 어두움

에 속한 자로서 하나님으로부터 멀어지고 만다. 모든 올바른 행위는 사람을 사람답게 만들어 주지만, 올바르지 않은 모든 행위는 사람 되는 법을 거스르는 것이기 때문에 그 사람에게 해악을 끼침으로써 정상적인 사람으로서 살아가지 못하게 만든다. 그것은 순조로운 생활이 아니다. 그러므로 실제에 있어서 옳은 것을 행하지 않는 것은 역경을 택하는 것이다.

2) 듣기만 하고 순종하 않으면 마음이 완악해진다. 히브리서 3:7-8에 말하기를 "그러므로 성령이 이르신 바와 같이 오늘 너희가 그의 음성을 듣거든 광야에서 시험하던 날에 거역하던 것 같이 너희 마음을 완고하게 하지 말라"라고 하였다.

21-22 이 부분에서는 ① 거짓 선지자 골라야의 아들 **"아합"**과 마아세야의 아들 **"시드기야"**가 하나님의 이름으로 거짓을 예언하였다고 말한다. 그들의 이와 같은 행동은 하나님의 이름을 악용하여 모독할 뿐만 아니라 하나님을 거짓말하는 자로 여기는 중대한 죄악이다. 하나님은 거짓말을 하실 수 없다(롬 3:4; 민 39:19). 그런데 거짓 선지자들은 하나님의 이름을 그들의 거짓말에 이용하였으니 그것은 그들의 거짓된 행동이다. ② 하나님께서는 이들 거짓 선지자를 바벨론 왕 느부갓네살의 손에 붙이시겠다고 하신다. 그가 그렇게 예언하시는 목적은 그의 예언대로 그들이 죽임을 당하는 모습을 목격하는 백성들로 하여금 그 두 사람이 거짓 선지자라는 사실을 확실히 깨닫도록 하려는 데 있다. 예언은 언제나 그것의 성취를 목격하는 자들로 하여금 확신을 얻도록 하려는 것이다(요 13:19; 16:4).

우리가 여기서 또 한 가지 기억해야 하는 사실은 하나님께서 사람들의 죄악을 벌하심에 있어서 악한 사람들의 손을 통해서도 그 일을 시행하신다는 것이다. 하나님께서 하시는 일은 이 세상에서 아침저녁으로 일어나는 역사적 사건들을 통하여 이루어지는 것이 적지 않다. 그러므로 독실한 신자는 그가 경험하는 모든 사건 가운데서도 하나님께서 하시는 일이 있음을 깨닫고 두려워하기도 하며 기뻐하기도 하며 조심하기도 하며 경건하게 처신한다.

23 이는 그들이 이스라엘 중에서 어리석게 행하여 그 이웃의 아내와 간음하며 내가 그들에게 명령하지 아니한 거짓을 내 이름으로 말함이라 나는 아는 자로서 증인이니라 여호와의 말씀이니라 하시니라. 본 절은 위에서 말한 거짓 선지자들이 천벌을 받게 되는 이유를 밝혀 준다. 여기서 이른바 "어리석게"라고 번역된 히브리어 "네발라"(נְבָלָה)는 어리석음(Folly)을 의미하는데, 문맥상으로는 특별히 아주 심각하고 불결한 죄악을 의미한다(Delitzsch). 창세기 34:7을 참조하라. 모든 중대한 죄악은 사실상 모두 다 어리석은 것이다. 왜냐하면 ① 중대한 죄악은 아주 명백한 진리를 끝까지 어기는 것이기 때문이며, ② 무서운 죄의 대가를 마침내 범죄자 자신이 받게 되리라는 것을 모르고 범한 것이기 때문이다.

거짓 선지자 두 사람(아합, 시드기야)이 범한 중대한 죄악 두 가지는 "간음"과 "거짓"을 하나님의 "이름으로 말함"이었다. 이 두 가지 죄악을 누가 범하였는지 사람들은 일반적으로 알지 못한다. 왜냐하면 사람들은 음행하는 죄악을 은밀한 가운데서 범하여, 거짓 예언도 그리하기 때문이다. 거짓 선지자들도 하나님의 이름으로 모든 선량한 말을 사용하면서 행하는데, 성령의 은혜와 진리에 충만하지 않고는 그것의 문제점을 분별하기가 어렵다. 그러므로 어떤 때에는 군중들이 거짓 선지자를 따르기도 한다. 그러나 이러한 문제에 있어서 하나님께서만은 확실한 증인이 되실 수 있다. 위의 본문에서 "나는 알고 있는 자로서 증인이니라"(אָנֹכִי הַיּוֹדֵעַ וָעֵד)라는 말씀이 그런 뜻이다.

24-28 이 부분에서는 거짓 선지자 느헬람 사람 **"스마야"**의 악행을 지적한다. 스마야의 악행은 그가 바벨론 포로들 가운데서 거짓 선지자 노릇을 하면서 예루살렘에 있는 **"제사장 마아세야의 아들 스바냐"**에게 편지했던 일이었다(25절). 스마야가 보낸 편지의 내용은 다음과 같다.

1) 그는 여호와의 종교에 대하여 모든 거룩한 규례를 바로 아는 척하면서

진리의 파수꾼인 듯이 제사장 스바냐를 직무 태만죄로 꾸짖었다. 요컨대 그는 편지하기를, **"네가 어찌하여 너희 중에 선지자 노릇을 하는 아나돗 사람 예레미야를 책망하지 아니하느냐"**라고 하였던 것이었다(27절). 이것을 보면 스마야는 자기 자신이 참 선지자인 듯이 자기의 위세를 드러낸다. 언제든지 거짓 선지자들은 자신들을 참 선지자로 소개하는 법이다. 고린도후서 11:13-15에 말하기를, "그런 사람들은 거짓 사도요 속이는 일꾼이니 자기를 그리스도의 사도로 가장하는 자들이니라 이것은 이상한 일이 아니니라 사탄도 자기를 광명의 천사로 가장하나니 그러므로 사탄의 일꾼들도 자기를 의의 일꾼으로 가장하는 것이 또한 대단한 일이 아니니라 그들의 마지막은 그 행위대로 되리라"라고 하였다.

2) 스마야는 예레미야를 가리켜 **"미친 자와 선지자 노릇을 하는 자"**(תְנַבֵּא מְשֻׁגָּע וּמִ)라고 비난하였다. 이 세상에 속한 자들이 하나님께 속한 자들을 가리켜 미쳤다고 말하는 것은 어찌 보면 불가피한 현실이다. 왜냐하면 세상에 속한 자들은 하나님께 속한 자들의 실상을 이해하지 못하기 때문이다. 예수님의 가족들도 예수님을 가리켜 저가 미쳤다고 하였고(막 3:21), 베스도도 바울을 가리켜 그가 미쳤다고 하였다(행 26:24). 스마야와 예레미야가 충돌한 지점은 다음과 같다. 스마야의 주장은 다른 거짓 선지자들의 주장과 동일하게(28:3) 바벨론에 거하는 유다의 포로들이 오래지 않아서 유다 본토로 돌아가게 되리라는 것이었고, 예레미야의 주장은 유다 백성들의 포로 생활이 오랫동안 지속되리라는 것이었다(29:28). 스마야를 비롯한 모든 거짓 선지자들은 하나님의 음성을 들은 적도 없으면서 다만 민족주의적이고 혈통적인 충동과 기대심을 가지고서 유다 백성들의 잘못된 애국심에 호소한 것이었던 반면, 예레미야는 그의 민족을 사랑하지 않은 것은 아니었으나 냉정하게 진실에 의지하여 그가 깨달은 하나님의 뜻에 따라 유다 민족의 장래에 관한 진리를 말한 것이었다. 혈육에 의존하여 백성들을 이끌어가는 소위 애국자들

은 그들의 주장이 비록 의로운 것같이 보일지라도 그들의 하나님의 뜻을 분별하지 못하고 덤벼든다면 거짓 스승이 되고 마는 것이다. 비록 대중이 그들을 따른다고 할지라도 그들은 거짓 스승일 뿐이다. 그러나 예레미야는 고요한 하나님의 음성에 의지하여 사람들을 가르쳤으니, 그야말로 진정한 선지자였다. 거짓 선지자들이 의도했던 귀환은 유다 땅을 목표로 삼는 것이었던 반면, 예레미야가 의도했던 귀환은 하나님께로 돌이키는 것을 요점으로 삼는 귀환이었다.

너희는 집을 짓고 살며 밭을 일구고 그 열매를 먹으라. 이 말씀에 대하여는 본 장 5-6절 해석을 참조하라.

29-32 여기서는 거짓 선지자 스마야가 받을 벌에 대하여 진술한다. 그가 받을 징벌은 그에게 후손이 없으리라는 것과 그 자신이 하나님의 백성으로서 누릴 축복을 받지 못하리라는 것이었다(32하).

하나님께서 주시는 약속의 말씀을 그대로 믿지 않는 자는 하나님의 약속이 내포하고 있는 축복을 받지 못하게 된다. 스마야는 칠십 년이 지난 후에야 유다 백성들이 포로 상태에서 해방된다는 하나님의 약속을 반역하였으니만큼("그가 나 여호와께 패역한 말을 하였기 때문에") 위에서 예언된 재앙을 당하는 것이 마땅하다.

| 설교자료

1. 우리는 하나님의 말씀대로 살아가면서 조급하게 마음먹지 말고 하나님의 약속이 이루어지기까지 평안한 마음으로 기다려야 한다(4-6절). 이런 의미에서 신앙은 한마디로 기다림의 행위라고 말할 수 있다. 이사야 40:31에서 "여호와를 앙망하는 자"는 하나님을 묵묵히 기다리는 자를 뜻한다.

2. 진정한 신자는 불신자들로 가득한 사회에서 살아가면서도 그들이 속한 사회가 형통한 길을 만날 수 있도록 도와주는 역할을 한다(7절). 요셉이 애굽 사람의 집에 종으로 있을 때 여호와께서 그와 함께하셨으므로 주인의 집에 하나님의 복이 임하였다(창 39:1-6).

3. 하나님께서는 우리가 그를 온전히 신뢰하게 만드시기 위하여 우리가 하나님의 말씀 외에 다른 모든 거짓된 지도를 따르지 않게 막으신다(8-9절).

4. 하나님께서 자기 백성을 벌하시는 징계의 기간에도 한정이 있다(10절). 그가 이러한 징계를 시행하시는 목적은 그들의 유익과 평안과 소망을 위함이다(11절).

5. 신자들은 징계를 받는 동안 하나님을 찾되 전심으로 찾아야 한다. 우리가 하나님을 전심으로 찾으면 그는 우리를 만나주신다(13-14절).

6. 하나님의 말씀을 순종하면 형통하고, 순종하지 않으면 재앙을 만나게 된다. 16-19절 말씀에 대한 해석으로 주어진 설교를 참조하라.

7. 하나님의 말씀을 전하는 자는 마땅히 근신하며 그의 말씀을 바르게 전파해야 한다. 만일 그가 그렇게 하지 않으면 그는 죽임을 당하거나 혹은 하나님께 징벌을 받아 마땅한 거짓 선지자의 무리에 속한 자로 여김을 받게 된다(21-32절).

제 30 장

❧ 내용분해

1. 유다 나라의 회복에 대한 확언(1-11절)
2. 그들은 징계를 받으나 마침내 하나님께서 고쳐주심(12-17절)
3. 회복의 내용(18-24절)
   1) 국토를 회복하심(18절)
   2) 국운을 회복하심(19-20절)
   3) 이상적인 군주제도를 회복하심(21절)
   4) 하나님과 그의 백성 간의 교제를 회복하심(22절)

❧ 해석

1-2 여호와께로부터 말씀이 예레미야에게 임하여 이르시니라 이스라엘의 하나님 여호와께서 이와 같이 말씀하여 이르시기를 내가 네게 일러 준 모든 말을 책에 기록하라. 본 장에서도 예레미야는 자기가 전하는 말씀이 여호와 하나님의 말씀이라는 점

은 네 차례나 강조한다. 여기서 1절 첫머리에 "여호와께로부터 말씀이···임하"였다(הַדָּבָר אֲשֶׁר הָיָה ··· מֵאֵת יְהוָה לֵאמֹר)라고 하였고, 2절에서도 "이스라엘의 하나님 여호와께서 이와 같이 말씀하여 이르시기를"(אָמַר־יְהוָה אֱלֹהֵי יִשְׂרָאֵל לֵאמֹר כֹּה)이라고 하였다. 그리고 3절 첫머리에서는 "여호와의 말씀이니라"(נְאֻם־יְהוָה)라고 하였고, 3절 끝에서도 다시 한번 "여호와께서 말씀하시니라"(אָמַר יְהוָה)라고 덧붙인다. 이같이 반복을 통하여 강조하는 것은 예레미야의 전형적인 문체다. 이러한 방식은 그가 전하는 예언이 거짓 선지자들의 말과는 다르다는 사실을 보여 주기 위한 것이다. 신약 시대나 구약 시대에 활동했던 하나님의 참된 종들은 하나님의 말씀에 다른 불순한 요소들을 혼합하지 않는다(신 4:2; 12:32; 고후 2:17).

"내가 네게 일러 준 모든 말을 책에 기록하라." "책에"(אֶל־סֵפֶר)라는 표현은 "책으로"라고 번역할 수도 있다. 하나님께서 이처럼 말씀을 기록하라고 명령하신 이유는 장차 유다 민족이 회복되리라는(3절) 예언의 성취가 아직 미래에 속한 일이었기 때문이다. 그것이 성취될 때 사람들은 예레미야가 기록한 예언 문서를 펼쳐보고서 그것이 여호와의 말씀이었다는 사실을 깨닫게 될 것이다. 하나님은 이러한 목적에서 예언의 말씀을 기록하라고 명령하셨던 것이었다. 그러므로 요한복음 13:19에서 예수님도 말씀하시기를, "지금부터 일이 일어나기 전에 미리 너희에게 일러 둠은 일이 일어날 때에 내가 그인 줄 너희가 믿게 하려 함이로라"라고 하셨다.

3 여호와의 말씀이니라 보라 내가 내 백성 이스라엘과 유다의 포로를 돌아가게 할 날이 오리니 내가 그들을 그 조상들에게 준 땅으로 돌아오게 할 것이니 그들이 그 땅을 차지하리라 여호와께서 말씀하시니라. 23:3과 29:14을 참조하라. 하나님께서 "포로를 돌아가게"(וְשַׁבְתִּי אֶת־שְׁבוּת) 하시리라는 약속을 그들에게 주신 목적은 그때 당시의 백성들을 위로하시기 위함이었다. 그들은 이때 주신 말씀을 소망으로 삼고 주님을 기쁘시게 하도록 힘을 기울였어야 했을 것이다. 하나님께서는 자기 백

성을 절망 상태에 버려두시지 않는 법이다. 소망이 없는 백성은 죽은 백성이다. 그러나 살아 계신 참 하나님을 섬기는 백성에게는 언제나 소망이 있다. 왜냐하면 하나님께서 그들이 현재 당하고 있고 장차 당하게 될 비운을 "돌이키실"(שׁוּב) 날이 반드시 도래할 것이기 때문이다. 그들은 다만 살아 계신 하나님을 바로 믿고 순종하기만 하면 되는 것이다.

4-6 여호와께서 이스라엘과 유다에 대하여 하신 말씀이 이러하니라 여호와께서 이와 같이 말씀하시되 우리가 무서워 떠는 자의 소리를 들으니 두려움이요 평안함이 아니로다 너희는 자식을 해산하는 남자가 있는가 물어보라 어찌하여 모든 남자가 해산하는 여자 같이 손을 자기 허리에 대고 모든 얼굴이 겁에 질려 새파래졌는가. 유다 사람들은 그들이 범한 죄에도 불구하고 그들이 받게 될 징벌을 두려워하지 않았는데, 그러므로 하나님께서는 여기서 그들의 공포심을 불러일으키시기 위하여 이렇게 말씀하신 것이었다. 요컨대 그들이 당하게 될 징벌은 남자들이라도 해산의 고통을 당하듯이 두려워 떨게 될 것이라는 의미이다.

"모든 남자가 해산하는 여자 같이." 해산의 고통은 아이를 낳아본 여자들만 아는 것이다. 해산의 고통은 ① 삶과 죽음의 경계를 넘나드는 고통이며 말로는 표현할 수 없는 것이라고 한다. ② 해산하는 여자는 산고를 당하는 동안에는 이로 말미암아 치를 떨게 된다고 한다. 그와 마찬가지로 유다 민족은 장차 바벨론 군대에 침략당할 때 남자 장정들도 산고를 당하는 여자들처럼 겁을 먹고 심약해지며 고통에 빠지게 될 것이라고 하나님께서는 미리 경고하신다. 하나님의 백성이 이같이 두려운 고난을 경험하게 되는 것은 그들이 범한 죄로 말미암은 것이니, 그들은 그러한 고난이 찾아올 때 마땅히 두려워할 줄 알아야 한다. 두려움을 느낄 줄 아는 자라야 참된 회개를 할 수 있다.

"떠는"이라고 번역된 히브리어 단어 "하라다"(חֲרָדָה)는 "떨림"이라는 명사 형태다. 이것은 사람들을 떨게 만드는 객관적인 사건이 존재한다는 것을 시사한다. "두려움"(פַּחַד)이라는 단어도 마찬가지다.[43] 니느웨 사람들이 회개하게 된 이유는 그들이 장차 당하게 될 환난에 대한 두려움을 예감하였기 때문이었다(욘 3:1-10). 물론 사람들을 회개로 이끄는 공포심은 오직 하나님만을 두려워하는 공포심이다. 그런 공포심이 아니라 단지 환난 자체만을 두려워하거나 사람을 두려워하는 공포심을 가지는 자는 하나님 앞에서 회개할 마음을 품지 않는다. 그러나 참된 성도들은 환난을 겪을 때마다 그것이 주님의 손에서 비롯된 채찍으로 알고 하나님 앞에 회개한다. 예레미야애가 3:37-38에 말하기를, "주의 명령이 아니면 누가 이것을 능히 말하여 이루게 할 수 있으랴 화와 복이 지존자의 입으로부터 나오지 아니하느냐"라고 하였고, 예레미야애가 3:1에는 말하기를, "여호와의 분노의 매로 말미암아 고난 당한 자는 나로다"라고 하였다.

7 슬프다 그 날이여 그와 같이 엄청난 날이 없으리라 그 날은 야곱의 환난의 때가 됨이로다 그러나 그가 환난에서 구하여 냄을 얻으리로다. "그 날이여 그와 같이 엄청난 날이 없으리라"(גָדוֹל הַיּוֹם הַהוּא מֵאַיִן כָּמֹהוּ)라는 표현은 사실상 유다 민족이 징벌을 받을 날을 묘사한 것인데, 이는 사실상 예언서에서 "여호와의 날"(יוֹם יְהוָה)이라고 묘사하는 것과 동일한 의미를 지닌다. 젤린(Sellin)은 이것을 오해하여 말하기를, 이날은 이방인들에게만 심판의 날이고 이스라엘 백성들에게는 구원의 날이라고 하였다. 물론 성경은 이날이 이방 민족들에게 심판을 내리는 날이라고 말하기도 한다. 예컨대 이사야 13:6-9에서는 바벨론이 멸망하는 날을 가리켜 그렇게 표현하였고, 예레미야 렘 46:10에서는 갈그미스, 다시 말해 앗수르가 멸망하는 날(BC 605년)에 대해서도 동일한 표현을 사용하였다. 그러나 이것은 유다와 예루살렘을 심판하는 날을 의미하는 표현으로도 사용되었다(겔 13:5; 암 1:12; 2:1, 21, 22). 그러므로 "여호와의 날"이라는 표현

---

43) Duhm, Hand Commentar III. 239. חֲרָדָה und פַּחַד bedeuten objektiv das, was Beben Furcht hervorbringt."

은 죄를 벌하시는 하나님의 위엄이 드러나는 때를 가리킨다. 그뿐 아니라 "여호와의 날"은 한편으로 종말론적인 의미도 내포하고 있다. 다시 말하면 세계적인 종말 심판의 시기를 가리키기도 한다(욜 2:31; 3:14; 말 3:23; 4:5).[44]

본 절에서는 "여호와의 날"이 하나님께서 바벨론을 유다로 보내시어 유다 사람들을 벌하시는 때를 의미한다.

"그가 환난에서 구하여 냄을 얻으리로다." 이 말씀을 보면 예언은 흔히 미래에 일어날 일에 대한 요약식 표현, 혹은 압축식 표현이라는 사실을 알 수 있다. 여기 한 구절에는 유다가 장차 당할 바벨론의 침략과 이에 따르는 유다 백성들의 바벨론 포로 생활이라는 사건이 포함되어 있을 뿐만 아니라, 그들 민족이 이후에 해방될 사건까지도 포함되어 있다. 하나님은 천년을 하루와 같이 여기시는 위대하신 분이시다(벧후 3:8). 신자들은 무슨 일에나 조급해하지 말고 시간을 들여 주님을 기다릴 줄 알아야 한다. 그가 잠깐이라고 표현하신 시간이 우리에게는 영원보다 긴 시간일 수도 있다.

8-11 이 부분에는 유다 민족이 장차 바벨론의 압제를 받다가 하나님의 은혜로 말미암아 해방될 일에 대하여 자세히 말한다. 여기서도 다른 부분에서와 마찬가지로 유다의 민족적 해방을 예언하는 동시에 사람들이 메시아로 말미암아 죄에서 놓임을 받는 영적 해방에 대한 예언도 겸하여 진술한다. 하나의 예언이 두 가지 방식으로 해석될 수 있는 이유는 무엇인가? 우리는 다음과 같이 설명할 수 있다. 유다의 역사에서 일어나는 민족적 해방이라는 사건은 그것 자체가 독립적인 의미를 지니는 것이 아니다. 그것 자체는 장차 임할 메시아의 구원 운동을 예언하는 역할을 하는 도구일 뿐이다. 그러므로 신약성경의 저자들은 유다 민족이 바벨론에서 해방되리라는 선지자의 예언들이 그리스도의 구원 운동을 통하여 성취되었다고 여겼으므로 구약 선지

---

44) G. Ch. Aalders, Obadia, 39-40.

자들의 말을 인용하였던 것이었다(사 52:11; 고후 6:17).

그날에(בַּיּוֹם הַהוּא). 이것은 유다 민족이 바벨론에서 포로로 살아가던 시대의 끝을 가리키는 말이다. 이 부분(8-11절)에 진술된 구원 사건을 우리는 다음 몇 가지로 분석할 수 있다.

1) "내가 네 목에서 그 멍에를 꺾어 버리며 네 포박을 끊으리니"(8절). 이것은 하나님께서 유다 백성들을 바벨론의 압제로부터 해방하실 것을 예언한다. 이렇게 해방되는 날에 이방인의 땅, 다시 말해 바벨론에서 유다 사람들을 옭아맸던 종살이도 끝이 난다. 이것은 그리스도께서 그의 피로 우리를 사서 건지신 후에는 마귀가 더 이상 우리에게 죄악의 심부름을 시키지 못하게 되었음을 상징하기도 한다.

2) "그들의 하나님 여호와를 섬기며…그들의 왕 다윗을 섬기리라"(9절). 이것은 신약적인 구원의 특징이 어떠한 것인지를 보여 준다. 구원은 신자가 죄에서 해방되고 하나님을 참으로 섬기게 되는 것이다(계 22:3). 특별히 여기서 "다윗을 섬기리라"(וְעָבְדוּ ... אֵת דָּוִד)라고 말하는 것은 그들이 메시아이신 예수 그리스도를 섬기리라는 뜻이다. 사람이 마귀를 섬기면 멸망을 받으나, 하나님과 메시아를 섬기면 생명과 참된 자유를 얻는다. "다윗을" 섬긴다는 말은 확실히 유다 백성이 바벨론에서 해방되는 사건관 직접적으로 관련된 예언은 아니다. 사실상 이 말씀은 그리스도로 말미암는 신약 시대의 구원 운동을 예언하는 것이다. 예언서에 등장하는 "다윗"은 사실상 메시아를 가리킨다(호 3:5). 특별히 에스겔 34:23을 보면, 우리 본문을 해석해 주는 말씀이 나온다. 거기서 말하기를, "내가 한 목자를 그들 위에 세워 먹이게 하리니 그는 내 종 다윗이라 그가 그들을 먹이고 그들의 목자가 될지라"라고 하였다. 여기서 "한 목자"(רֹעֶה אֶחָד)라는 말은 뒤에 이어지는 "다윗"(דָּוִד)이라는 표현과 동격을 이루는 명사다. 그렇다면 "한 목자"(단수 명사)는 다윗의 뒤를 잇는 왕조, 다시 말해 여러 명의 왕을 의미하는 것이 아니라 한 명의 구체적이고 특별한

인물을 가리킨다. 어떤 학자들은 이것이 특정 개인을 의미하지 않는다고 주장하나 알더스(Aalders)는 다음과 같은 이유를 들어 확실히 이것이 특정 개인으로서의 메시아를 가리킨다는 사실을 논증하였다. 그가 제시하는 논거는 에스겔 34장(특히 15절)에서 하나님을 양의 목자라고 표현하면서 결국 하나님과 다윗을 동일시하였다는 사실이었다.[45]

3) 두려움을 없애주고 평안하게 만들어 준다(10절). 여기 "야곱"이라는 표현은 물론 유다 민족을 가리키는 대표적 명칭이다. 신약 시대에는 이 명칭이 새로운 이스라엘, 다시 말해 참된 교회를 가리키는 용어로 사용된다. 10절에 "두려워하지 말라"라는 취지의 말씀이 세 번이나 등장한다. 그리고 "태평과 안락"(וְשַׁאֲנַן שָׁקַט)이라는 표현도 사용되었다. 이와 같은 평안은 유다 사람들이 바벨론의 압제에서 해방됨으로써 어느 정도까지는 성취될 수도 있었을 것이지만, 근본적으로는 그리스도의 속죄로 인하여 성도들이 심령 깊은 곳에서부터 느끼게 되는 영적 평안이야말로 이 예언에서 의도하는 성취라고 말할 수 있다.

4) 하나님께서 그의 백성과 함께하여 주시는 구원을 의미한다(11상). 이것이야말로 임마누엘(עִמָּנוּ אֵל)의 구원 운동이라고 묘사할 수 있는데(고후 6:16하; 계 21:3), 이것은 신약적인 의미에서의 메시아적 구원 운동이다. 하나님께서 구약 시대의 성도들에게도 그가 함께하여 주시는 은혜를 베푸셨으나, 신약 시대에 그리스도로 말미암아 이러한 은혜는 절정에 이르렀다.

5) 하나님께서 그의 원수인 이방 국가들을 진멸하시는 반면 그가 택하신 백성에게는 징계를 내리심으로써 정결하게 만드신다(11하). 이것은 하나님께서 구약 시대나 신약 시대를 막론하고 그의 백성을 위한 구원을 완성하시는

---

45) G. Ch Aalders, Commenttaar op het oude Testament. Ezechiel II. 167. "dat eerst gezegd wordt, dat de HEERE self de herder van zijn schapen wesen zal en vlak daarop dat de knecht David zal zijn, waarbij dus-God en David als gelijkwaardig naast elkander worder gesteld, ja feitelijk ge-identificeerd."

원리를 보여 준다. 구원을 받는 자는 오직 하나님께서 택하신 백성뿐이다. 그러나 하나님께서는 그들을 성화시키시기 위하여 사랑으로 채찍질하시고 죄를 물으신다. 여기서 "법"이라고 번역된 단어는 히브리어로 "미슈파트"(מִשְׁפָּט) 인데, 이는 "판단"이라는 뜻이다.

12-15 이 부분에서는 유다 민족이 그들의 죄로 말미암아 경험하게 될 전쟁의 재앙이 얼마나 두려운 것일지를 미리 보여 준다. 여기서는 미래의 사건에 대한 진술이 마치 환난이 벌써 임하기라도 한 것처럼 생생하게 주어진다. 이것은 미래에 임할 환난의 확실성을 시사하는 문체다.[46] 이것은 물론 장차 임할 바벨론의 침략을 예언하는 말씀이다. 선지자는 여기서 유다 민족이 이때의 침략으로 인한 피해를 모면할 길이 없으리라고 선언한다.

이 점에 있어서 예레미야는 비유적으로 다양한 표현을 동원하여 말하기를, ① 그 **"네 상처는 고칠 수 없고 네 부상은 중하도다"** 라고 하였고(12절), ② **"네 송사를 처리할 재판관이 없"** 다고 하였고(13상), ③ **"네 상처에는 약도 없고 처방도 없"** 다고 하였고(13하), ④ **"너를 사랑하던 자**(유다가 의지하던 다른 나라들)**가 다 너를 잊고 찾지 아니"** 한다고 하였고(14상), ⑤ **"네 고통이 심하도다"**(그때는 유다가 아무리 부르짖어도 그들에게 임한 고통을 피할 수 없다는 의미, 15상)라고 하였다.

위의 모든 진술은 유다가 경험하게 될 전쟁의 재앙을 사람의 힘으로는 피할 수 없다는 사실을 강조하는 역할을 한다. 이렇게 그들이 재앙을 피할 수 없는 이유는 그때 주어지는 환난이 하나님의 징벌로 임한 것이었기 때문이다. 우리 본문에 **"네 악행이 많고 네 죄가 허다하므로 내가"** 유다를 징벌하였다는 말씀이 두 차례나 나온다(14하, 15하). 죄로 말미암아 마땅히 받게 되어

---

[46] G. Ch. Aalders, Korte Verklaring, Jeremia, 75. "de schildering van de reeds toegebrachte worde kan zeer goed profetie van het nog komende zijn."

있는 하나님의 징벌을 사람이 피해 보려고 해도 결코 피할 수 없다. 그러나 사람이 그 징벌을 당하기 전에 회개하면 그것을 피할 수 있다.

16-17 여기서는 하나님께서 마침내 유다를 침략하는 자들을 패배시키시고 유다를 구원하시리라는 사실을 예언한다. 이것은 물론 메대-바사 왕국이 바벨론을 쳐서 물리칠 때를 내다보고 예언한 것이다. 하나님의 백성이 극도로 멸시를 받을 때 하나님께서는 마침내 그들을 구원하여 주신다. 바벨론 사람들이 유다 민족을 가리켜 말하기를, "**그들이 쫓겨난 자라 하매 시온을 찾는 자가 없은즉**"이라고 하면서 그들을 조롱할 때 하나님께서 간섭하시어 그들을 치료하여 주시리라는 말씀이다. 성도들은 이 세상에서 멸시와 천대를 받을 때 도리어 하나님의 사랑을 경험할 기회가 그들에게 가까운 줄 알고 슬기롭게 인내해야 한다. 그들이 천대와 멸시를 당할 때 악독해지거나 교만해지면 하나님께서 그들을 기뻐하시지 않으며 또한 구원해 주시지도 않는다.

18-22 이 부분 역시 위의 말씀에 이어서 유다 사람들이 바벨론에서 해방되어 본토로 돌아와 번성하게 될 것을 예언한다. 그뿐 아니라 여기서도 보다 먼 장래에 찾아올 메시아의 복된 시대에 대해 예언한다. "**그들에게서 감사하는 소리가 나오고 즐거워하는 자들의 소리가 나오리라**"(19절)라고 하였는데 여기서 본토로 돌아온 백성들은 회개한 자들임이 분명하다. 그들은 하나님께 감사할 줄 아는 자들이다. 그들이 세상에서도 하나님의 축복을 받아 성읍을 재건하고 궁궐을 소유하며(18절) 번영을 누리다가 영화롭게 되는 것도 귀한 일이지만, 그보다도 하나님을 공경하는 일에 견고하여지는 복을 받은 것이 더욱 귀한 일이다. 20절에 말하기를, "**그 회중은 내 앞에 굳게 설 것이며**"(תִכוֹן וַעֲדָתוֹ לְפָנַי)라고 하였는데, 여기서 "회중"(עֵדָה "에다")은 오늘날의 교회와 같은 것이다.

"**영도자**"(אַדִּיר "아디르")나 "**통치자**"(מֹשֵׁל "모쉘")와 같은 표현들을 메시아를 가리키는데 그는 특별히 하나님께 접근하는 자, 다시 말해 중보자의 사역을 감당하는 자다(21하). 그러므로 이 예언은 신약 시대를 내다보는 말씀이다.

너희는 내 백성이 되겠고 나는 너희들의 하나님이 되리라. 이 말씀도 메시아로 말미암는 구원이 완성된 상태를 가리킨다(고후 6:16하; 계 21:3, 7).

유다 민족이 바벨론에서 해방되리라는 예언과 함께 메시아 예언이 나오게 되는 경위에 대하여, 본 장 8-11절에 대한 해석 가운데 서론을 참조하라. 유다 민족이 바벨론에서 해방되는 사건은 사람을 죄악의 권세에서 해방하시는 그리스도의 구원 운동에 대한 모형이다. 그러므로 이 둘이 서로 혼합되어 한자리에서 동시에 예언된 것은 자연스러운 일이다. 예언은 역사와 달라서, 시간상으로는 산재해 있는 여러 가지 사건을 한자리에서 하나의 사건처럼 묘사할 수 있는 것이다. 그러므로 하나의 예언에 대한 성취가 여러 차례에 걸쳐 주어지기도 한다.[47]

23-24 하나님께서 마침내 진노를 발하셔서 그의 백성의 원수들을 멸절시키시고 그의 백성은 구원하실 터인데, 선지자는 이러한 사실을 예언하며 경고하여 말하기를, "**너희가 끝날에 그것을 깨달으리라**"(בְּאַחֲרִית הַיָּמִים תִּתְבּוֹנְנוּ בָהּ)라고 하였다. 그들이 "끝날"에야 "그것을 깨달으리라"라고 말씀하는 이유는 다음과 같다. 요컨대 그 예언이 성취된 후에야 그것을 목격하는 모든 사람이 하나님께서 그 일을 하셨다는 사실을 깨닫게 될 것이기 때문이다.

| 설교자료

1. 예언을 책에 기록하라고 말씀하신 이유는 기록된 예언의 내용이 반드시 이루어질 것을 보증하기 위함이다. 그렇지 않고서야 누가 감히 자기의 예

---

[47] Grosheide, Hermeneutiek p. 202. "De profetie kan dan ook meer dan een vervulling hebben, de historie teekent eenmaal gebeurde feiten."

언을 영구히 보존하기 위하여 책에 기록하라고 말할 수 있을 것인가(2절).

2. 앞날에 임할 무서운 재앙을 상기시키는 일은 사람을 겸손하게 만들고 회개의 자리로 인도하는 일에 필요하다(5-7절).

3. 하나님께서 성도들에게 이 세상에서 육체적인 해방을 허락하시는 목적은 장차 그들이 그리스도로 말미암아 완전한 구원을 얻어 누리게 될 영원 무궁한 내세를 바라보게 하기 위함이다(8-11절).

4. 회개하지 않은 무수한 죄로 말미암아 임하는 재앙을 물리칠 장사는 없다. 하나님께서 내리시는 벌을 누가 제거할 수 있겠는가(12-15절).

5. 천대와 멸시를 받는 성도는 마침내 하나님의 도우심을 경험하게 된다(17-20절). 미 7:7-10을 참조하라.

6. 사람이 하나님께 가까이 나아가게 되는 일은 무엇과도 비교할 수 없이 고귀한 복이다. 그러나 이것은 사람의 힘으로는 쟁취할 수 없고 오직 하나님께서 허락하셔야만 누릴 수 있는 것이다(21절).

7. 하나님께서 우리의 하나님이 되신다는 사실이 우리에게는 구원이다(22절). 우리는 구원에 대한 이러한 관점을 절대적인 진리로 받아들일 수 있다. 우리에게 하나님보다 더 복된 것은 아무것도 없다. 시편 16:2에 말하기를 "내가 여호와께 아뢰되 주는 나의 주님이시오니 주 밖에는 나의 복이 없다 하였나이다"라고 하였다. 이사야 12:2을 참조하라.

8. 하나님께서 죄인들을 벌하시는 일은 그들이 죄를 범할 때마다 나타나는 것이 아니고 오래 참으시다가 폭풍이나 회오리바람처럼 임하는 것이다(23절). 그것은 죄인들이 예상하지 못했을 때 도둑과 같이 임하는 법이다(살전 5:2). 이처럼 일단 하나님의 진노가 나타난 때에는 그들을 벌하시는 일에도 확실한 성과를 나타낸다.

제 31 장

↓ 내용분해

1. 평화와 영광과 기쁨과 풍부함으로 회복됨(1-17절)
2. 유다 민족들은 회개할 것이며 하나님께서는 그들을 영접하실 것임(18-20절)
3. 그들은 번성하고 가축들도 왕성하여질 것임(21-30절)
4. 하나님께서 새 언약을 주심(31-37절)
5. 이 언약에 대한 보증으로 예루살렘 성이 재건됨(38-40절)

↓ 해석

1 **여호와의 말씀이니라 그 때에 내가 이스라엘 모든 종족의 하나님이 되고 그들은 내 백성이 되리라.** 여기서도 "여호와의 말씀이니라"(נְאֻם־יְהוָה)라는 문구로 시작하는데, 이것은 예레미야 선지자의 전형적인 문체를 나타낸다. 그는 자신이 전하는 말이 오직 여호와의 말씀뿐이라는 사실을 이처럼 강조한다. "그 때

에"(בָּעֵת הַהִיא)라는 문구는 앞 장 끝자락에 있는 "끝날"(אַחֲרִית הַיָּמִים)을 가리키는데, 더 나아가 바벨론에서 유다 민족이 해방되어 돌아올 시기로 상징되는 신약 시대를 가리키는 표현이다. "이스라엘 모든 종족"(מִשְׁפְּחוֹת יִשְׂרָאֵל)이라는 문구가 여기서는 남 왕국 유다와 북 왕국 이스라엘의 열 지파를 모두 가리키는 역할을 한다. 따라서 본 절의 예언이 바사 왕 고레스 원년에 유다 백성이 바벨론 포로에서 해방된 하나의 사건을 통해 모두 성취되었다고 말할 수는 없다. 왜냐하면 그때에도 이스라엘의 열 지파는 완전히 가나안 땅으로 귀환하지 못했기 때문이다. 그러므로 이 말씀은 유다 민족이 바벨론에서 해방된 사건을 바탕으로 장차 신약 시대에 이루어질 범세계적인 새 이스라엘 운동, 다시 말해 그리스도 교회의 복음 운동으로 말미암아 하나님께로 돌아오는 모든 택한 백성을 가리킨다. 그러므로 라에취(Laetsch)는 "이스라엘 모든 종족"이 이스라엘의 신자들과 이방 그리스도 신자들을 가리키는 것이라고 보았는데 이것은 정당한 해석이다.[48]

"내가 이스라엘 모든 종족의 하나님이 되고 그들은 내 백성이 되리라"(אֶהְיֶה לֵאלֹהִים לְכֹל מִשְׁפְּחוֹת יִשְׂרָאֵל וְהֵמָּה יִהְיוּ־לִי לְעָם)라는 말씀은 하나님께서 그의 백성을 구원하심으로써 성취되는 사건이다. 이것이야말로 그가 가져다주시는 구원이 복된 이유를 설명해주는 말씀이다. 이 말씀은 우리가 장차 받을 구원을 묘사하는 가장 적절한 표현이라고 할 수 있다. 구원은 어떤 의미에서 우리에게 복된 것인가? 구원이란 하나님이 우리의 하나님이 되시고 우리는 그의 백성으로 하나님과 참된 관계를 누리는 것이기 때문에 복된 사건이다. 이와 같은 관계를 벗어나게 되면 참된 구원이란 있을 수 없다. 구약성경은 이러한 성격을 지닌 구원을 내다보고 예언하였는데,[49] 신약 시대에 그리스도께

---

48) Laetsch, Bible Commentary, Jeremiah, 244.
49) 참조. 창 17:7; 출 29:45-46; 레 11:45; 22:33; 25:38; 26:12, 45; 민 15:41; 신 26:17-18, 29:12; 렘 7:23; 겔 34:30.

서 오셔서 말씀이 육신이 되심으로써 이러한 예언을 성취하셨다. 그리스도를 믿는 자들은 이제부터 하나님을 그들의 하나님으로 모시게 되고, 그들 자신은 하나님의 백성이 되는 것이다. 최후의 심판과 종말의 날에는 이것이 그리스도의 재림으로 말미암아 완성된 형태로 나타날 것이다(계 21:3). 이러한 점을 고려한다면 우리 본문은 사실상 하나님의 백성에게 구원을 약속하는 말씀이라고 이해될 수 있다. 바이저(A. Weiser)는 이것을 가리켜, "언약 형식의 말씀"(Die Bundesformel)이라고 표현하였는데 이것은 아주 적절한 묘사라고 할 수 있다.[50]

2 여호와께서 이같이 말씀하시니라 칼에서 벗어난 백성이 광야에서 은혜를 입었나니 곧 내가 이스라엘로 안식을 얻게 하러 갈 때에라. 본 절에서도 또다시 말씀하시는 이가 여호와시라는 사실을 강조한다. "칼에서 벗어난 백성이 광야에서 은혜를 입었"다는 말은 이스라엘이 애굽에서 환난을 피하여 광야로 나오게 되었던 역사적 사실을 가리킨다는 해석이 있지만, 이 같은 해석은 받아들이기 어렵다(G. Ch. Aalders). 이것은 유다 민족이 바벨론의 침략 전쟁으로 인하여 죽을 뻔한 위험에 처했다가 바벨론으로 잡혀갔으며 거기서 그들이 회개함으로써 다시 한번 하나님께 은혜를 얻어 해방될 것을 가리킨다. 물론 이것은 예레미야에게 있어서 아직 미래에 속한 일이다.

"내가 이스라엘로 안식을 얻게 하러 갈 때에라." 이 말씀은 하나님께서 확실히 "이스라엘"을 해방하시기 위하여("안식을 얻게" 하려고) 출정하실 것이라는 의미이다. "갈 때에라"라는 표현은 히브리어로 "할로크"(הָלוֹךְ)라는 부정사 형태인데, 라에취(Laetsch)는 이것을 "이스라엘은 갈지어다"(Let Israel go)라고 번역했으나, 칼빈(Calvin)과 기타 학자들은 하나님께서 가신다는 의미로 번역하였다.

---

50) Artur Weiser, Das Buch des Propheten Jeremia, 274.

이 구절은 하나님의 능력이 얼마나 위대한 것인지를 우리에게 보여준다. "칼에서 벗어난 백성"이라고 하였는데, 이것은 근근이 명맥을 유지해가는 백성을 가리킨다. 하나님은 그와 같은 상황에서도 그들을 구원하실 수 있다. 그뿐 아니라 광야와 같이 의지할 곳이 없는 척박한 환경에 처한 그들에게도 하나님께서는 은혜를 베푸실 수 있다. 이같이 능력이 많으신 하나님을 믿고 의지하는 일은 귀하다. 믿지 아니하는 자에게는 하나님께서 이런 능력을 보여 주시지 아니하시므로, 그들은 마치 하나님이 계시지 않은 것처럼 무시하고 의심하는 태도로 일관하며 나아간다.

3 옛적에 여호와께서 나에게 나타나사 내가 영원한 사랑으로 너를 사랑하기에 인자함으로 너를 이끌었다 하였노라. 이 문구에서 칼빈(Calvin)은 타르굼(Targum)에서 제시하는 해석을 따라 다음과 같은 의미를 발견한다. 요컨대 어떤 불평하는 자가 말하기를, "옛적에 여호와께서 이스라엘 백성에게 나타나셨으니 오늘날은 구원하실 수 없다"라고 말하지만 그에 대하여 선지자는 하나님을 대신하여 대답하기를, "내가 옛적에 나타나 사랑을 베풀었으나, 그것은 영원한 계약을 의미하는 것이므로 그 사랑은 영원한 것이다"라고 말씀하신다는 것이다. 그러나 이 구절의 의미는 하나님께서 옛적에 이스라엘 백성에게 나타나 언약하신 대로 그는 "무궁한"(עוֹלָם "영원한") 사랑으로 그 백성을 사랑하시기 때문에 앞으로도 변함없이 그들을 바벨론에서 인도하여 내실 것이라는 말씀이다. 여기서 "이끌었다"라는 표현은 히브리어로 "메샤크티카"(מְשַׁכְתִּיךְ)인데, 이것은 어떤 일을 지속한다는 의미로도 번역할 수 있다(Delitzsch). 그러므로 "인자함으로 너를 이끌었다"라는 말은 "너에게 인자를 계속하여 베풀리라"라는 의미다. 하나님의 구원 언약은 옛날에 체결되었으나 그것이 영원한 언약이기 때문에 우리를 구원하시는 그의 사랑은 영원토록 계속된다. 이 영원한 사랑은 옛적부터 "나"를 대상으로 주어진 것이었으니, 나를 향한 주님의 사랑이 얼마나 뜨거운지 깨달을 수 있다! 하나님의 사랑은 그가 택하

신 백성 전체를 위하는 동시에, 그 가운데 하나인 "나" 개인에게도 그만큼 강렬하게 다가오는 사랑이다.

4 **처녀 이스라엘아 내가 다시 너를 세우리니 네가 세움을 입을 것이요 네가 다시 소고를 들고 즐거워하는 자들과 함께 춤추며 나오리라.** 여기서 "이스라엘을 가리켜 "처녀"(בְּתוּלָה "베툴라")라고 부른다는 점은 주목할 만한 사실이다. 사실상 이스라엘은 우상숭배의 죄악에 빠짐으로써 처녀의 자격을 잃어버린 자들이었다(18:13, 15). 그러나 하나님께서는 그들을 과거에 순진한 "처녀"(2:2-3)였던 모습 그대로 보아주신다. 그가 이스라엘을 용서하셨으므로 이처럼 그들을 순전한 처녀로 대하시는 것이다(34절).

"다시 너를 세우리니." 이 말씀은 바벨론에 사로잡혀 갔던 이스라엘 백성들을 본국으로 귀환시키셔서 나라의 권세를 다시 회복하게 만드실 것을 가리킨다.

이와 같은 말씀은 포로로 살아가는 비참한 처지에 놓여 있는 그들에게 용기를 북돋아 주시기 위한 사랑의 약속이다. "소고를 들고 즐거워하는 자들과 함께 춤추며" 나오는 것은 고대 근동 지방에서 공동체 내에 축하할 만한 기쁜 일이 있을 때 처녀들이 흔히 행하던 풍속이었다(삿 11:34; 시 68:25). 이런 기쁨의 축하는 유다 민족이 바벨론에서 해방된 사건을 기념하여 거행될 것이었다.

5 **네가 다시 사마리아 산들에 포도나무들을 심되 심는 자가 그 열매를 따기 시작하리라.** 이제 다시는 침략자가 가나안 땅에 침입하지 않을 것이기 때문에 사마리아 산지의 포도가 군대의 노략 거리가 되지 않고(사 62:8) 그것을 심은 자들의 수확물이 될 것이다. 여기서 "따기 시작하리라"라는 표현은 히브리어로 "힐렐루"(הִלֵּלוּ)인데 이 동사는 세속적인 용도로 사용하는 것을 뜻한다. 레위기의 율법(레 19:23-25)에 따르면 어떤 땅에 과실을 심으면 그 열매를 3년 동안은 할례받지 못한 부정한 것으로 여겨서 그냥 내버린다. 그리고 4년째에

거두는 열매는 하나님께 드리고, 5년째에 거두는 열매를 드디어 심은 자가 먹을 수 있었다. 다시 말해 5년째의 열매가 종교적인 용도가 아닌 세속적인 용도, 다시 말해 심은 자가 먹을 수 있도록 허용된다는 것이다. 이 말씀은 유다 사람들이 바벨론에서 돌아와서는 평안한 환경에서 시간적인 여유를 가지고 농사하며 살게 되리라는 것을 시사한다.

6 에브라임 산 위에서 파수꾼이 외치는 날이 있을 것이라 이르기를 너희는 일어나라 우리가 시온에 올라가서 우리 하나님 여호와께로 나아가자 하리라. 이것은 유다 지파뿐만 아니라 북 왕국 이스라엘의 열 지파도 돌아와서 이제는 유다와 연합하게 될 것을 예언하는 말씀이다. 솔로몬의 사후에 북쪽의 열 지파가 갈라져 나간 후에 북 왕국 이스라엘의 첫 번째 왕이었던 여로보암은 그의 백성들이 남쪽의 예루살렘에 있는 성전을 방문하지 못하도록 금하였다. 그는 예루살렘 성전을 방문하고자 하는 백성들의 열망을 잠재우기 위하여 북쪽 지역에도 별도의 종교 시설을 마련하기까지 하였다(왕상 12:29-31). 이처럼 장벽으로 가로막혀 있던 두 나라 사이의 기막힌 사정도 이제는 해소되고, 북쪽 나라 이스라엘 사람들도 예루살렘 성전으로 올라가서 참되이 하나님께 예배드리게 되리라는 말씀이다. 이러한 예언은 유다 민족이 바벨론에서 해방됨으로써 먼저 부분적으로 성취되었고, 이후에는 그리스도의 복음 운동을 통하여 완전히 성취되었다고 해석할 수 있다. 그러므로 라에취(Laetsch)는 말하기를, 시온에 올라간다는 것은 그리스도의 교회에 동참하는 것을 가리킨다고 하였고, 갈릴리 사람들과 사마리아 사람들이 복음을 받아들였다는 사실이 이 같은 예언의 성취라고 하였다.[51]

코닐(Cornill)은 이 구절의 순정성을 부인하는데, 그가 이 구절을 예레미야의 발언으로 인정하지 않는 이유는 이스라엘의 종교를 영적인 관점에서

---

51) Laetsch, Bible Commentary Jeremiah, 246.

바라보는 예레미야가 "시온에 올라가서"와 같은 표현을 사용했을 리가 없기 때문이라고 한다. 그러나 그의 견해는 옳지 않다. 이스라엘 종교의 영적 성격을 강조하는 예레미야도 얼마든지 이처럼 구약 시대의 정취를 반영하는 "시온"과 같은 표현을 사용할 수 있는 것이다.

7 여호와께서 이와 같이 말씀하시니라 너희는 여러 민족의 앞에 서서 야곱을 위하여 기뻐 외치라 너희는 전파하며 찬양하며 말하라 여호와여 주의 백성 이스라엘의 남은 자를 구원하소서 하라. "야곱"은 유다 민족을 상징하는 명칭이다. "기뻐 외치라"라는 말은 그 민족이 해방될 것을 확신하는 의미에서 그들의 소망을 기쁘게 만방에 알리라는 뜻이다. 하나님께서 예언하시는 말씀은 이미 이루어진 것이나 다름없는 참된 말씀이기 때문에 그것을 만방에 알리는 일을 부끄러워할 이유가 없고 오히려 기뻐해야 한다.

"여러 민족의 앞에 서서"(בְּרֹאשׁ הַגּוֹיִם)라는 히브리어 표현을 칼빈(Calvin)은 "만국의 머리에서"(at the head of the nations)라고 문자적으로 번역하였다. 말하자면 만국 앞에서 공개적으로 유다 백성의 해방에 대하여 전파하면서 즐거워하라는 뜻을 담고 있다는 것이다. 그러나 알더스(Aalders)는 이것이 이스라엘, 곧 유다 민족을 가리킨다고 주장한다. 그 민족은 본래 신정 국가이므로 만국 중에 뛰어난 지위를 지닌 백성이다(Orelli). 신명기 4:7, 26:19과 암 6:1을 참조하라. 그 민족이 다시 하나님의 은혜를 받아 바벨론에서 본토로 귀환하게 됨으로써 신정 국가로서의 권위를 다시 발휘하게 된 것이다. "남은 자"(שְׁאֵרִית "슈에리트")라는 용어는 택함을 받은 백성으로서 회개하는 자들(슥 12:10; 13:1)을 가리킨다. 그들은 비록 숫자는 많지 않으나 유다 민족 전체를 대표하는 역할을 한다.[52]

---

52) G. Ch. Aalders, Korte Verklaring, Jeremia, II. 80. "in beginsel en naar het wezen is het wel het geheele volk dat gered wordt maar het getal is het toch slechts eene minderheid."

하나님께서 여기에서 명하신 기도는 택하신 백성의 구원을 위한 것이다. 하나님께서는 그가 택하신 백성을 반드시 구원하실 것이다. 그런데도 그는 백성들에게 구원을 위하여 기도하라고 명령하시는데, 이것은 기이한 말씀처럼 여겨질 수도 있다. 그가 반드시 이루실 것인데도 그 일이 성취되도록 하시기 위하여 우리가 기도할 것을 요구하시는 것은 그의 오묘한 경륜에 속한 일이다.

8 보라 나는 그들을 북쪽 땅에서 인도하며 땅 끝에서부터 모으리라 그들 중에는 맹인과 다리 저는 사람과 잉태한 여인과 해산하는 여인이 함께 있으며 큰 무리를 이루어 이 곳으로 돌아오리라. 이 말씀은 하나님의 구원하시는 능력이 얼마나 위대한지를 보여준다. 요컨대 포로 되었던 유다 민족을 "북쪽 땅" 바벨론에서 인도해 오시며, 머나먼 "땅 끝에서부터" 모으실 것이라고 말한다. 이런 일은 기적의 영역에 속한 것이니 오직 하나님께서만 하실 수 있다. 그뿐 아니라 "맹인과 다리 저는 사람과 잉태한 여인과 해산하는 여인"과 같이 여행하기에 불가능한 자들도 먼 길을 여행하여 본국으로 "돌아오리라"라고 다짐하시는데, 이것은 그의 구원 운동이 전적으로 하나님의 능력으로 말미암아 이루어질 것을 보여준다. 주님 앞에는 장애물이라는 것이 존재할 수 없다. 라에취(Laetsch)는 여기 이 말씀이 신약 시대에 수다한 무리가 여호와 하나님께로 돌아올 것을 예언한다고 해석한다(엡 2:11-22; 행 15:7-17). 여기서 "무리"라고 번역된 히브리어 "카할"(קָהָל)은 조직을 갖춘 회중을 의미하는데, 이것은 교회를 뜻하는 단어이기도 하다. 다시 말해 "카할"은 교회, 혹은 "에클레시아"(ἐκκλησία)에 해당하는 단어인데, 예수님께서도 자신을 중심으로 모인 회중을 가리켜 "에클레시아"라고 부르셨다.[53] 그러므로 "큰 무리를 이루어 이 곳으로 돌아오리라"

---

53) Herman Bavinck, Geref. Dog, IV. Kampen, 1911, 299. "Het was trouwens Christus zelf, die het eerst het woord λη'θ' ἐκκλησία τοεπαστε op de gemeente welke Hij rondom zich vergaderde. Mt. 16:18, 18:17."

라고 하신 말씀은 신약 시대에 사람들이 그리스도로 말미암아 교회를 이루어 하나님을 섬기게 될 것을 예언한다.

9 그들이 울며 돌아오리니 나의 인도함을 받고 간구할 때에 내가 그들을 넘어지지 아니하고 물 있는 계곡의 곧은 길로 가게 하리라 나는 이스라엘의 아버지요 에브라임은 나의 장자니라. "울며 돌아오리니"(בִּבְכִי יָבֹאוּ)라는 말은 기쁨의 눈물과 과분한 은혜로 말미암아 감격하여 회개하는 눈물을 흘리며 돌아온다는 의미다.[54] 구원받기로 선택된 사람들은 하나님에게서 은혜를 받을 때도 마음이 부드러워지지만, 하나님께 징벌받을 때도 마음이 부드러워진다. 그러나 구원받지 못하는 자들은 언제나 그와 반대이다.

"그들이···나의 인도함을 받고 간구할 때에"(וּבְתַחֲנוּנִים אוֹבִילֵם)라는 문구는 "그들이 간절히 기도할 때에 내가 그들을 인도하리라"라고 번역하여야 한다(Laetsch). 과연 이 예언과 같이 포로 된 유다 사람들은 바벨론에서 눈물 흘리며 간절히 기도하였다(시 127:1 이하). 하나님께서 주시는 구원의 은혜는 언제나 간절히 기도하는 자들에게 임하는 법이다(출 2:23-25). "물 있는 계곡"이라는 표현은 히브리어로 "나할레 마임"(נַחֲלֵי מַיִם)인데, 이것은 사막이나 광야의 메마른 땅에서 간간이 흐르는 물(stream of waters)을 가리킨다. 바벨론에서 사막 길을 통과하여 가나안 땅으로 돌아오는 여행자들에게 이것은 말할 수 없이 귀한 존재였다(시 84:6). 사막에서 올바른 길이란 이처럼 물을 구할 수 있는 지역을 경유하는 길이다. 이것은 또한 신약 시대의 복음을 비유하기도 한다.

"나는 이스라엘의 아버지"라는 말은 하나님께서 유다 민족을 보호하시는 신이시라는 사실을 가리킨다. "에브라임"은 북 왕국 이스라엘의 열 지파

---

54) Franz Delitzsch, "with tears of joy, and with contrition of heart over favour so undeserved, they come." 참조. 슥 12:10-14.

를 대표하는 이름이다. 하나님께서 "에브라임"을 가리켜 "장자"라고 표현하신 것은 그들을 바벨론에서 구원하심에 있어서 유다 민족과 동일하게 행하실 것을 가리킨다.

10-11 이방들이여 너희는 여호와의 말씀을 듣고 먼 섬에 전파하여 이르기를. 하나님께서 "이방들"에게도 유다가 장차 바벨론에서 풀려나리라는 예언을 "전파하"라고 명하신 이유는 그러한 예언이 진리라는 사실을 전 세계적으로 나타내시고 힘써 장담하시기 위함이다. 바이저(A. Weiser)는 말하기를, "여호와는 세계의 주님이시므로 그가 이스라엘 민족에게 행하신 일들은 세계 모든 나라들에도 의미를 지닌다"라고 하였다.[55]

"섬에"라고 번역된 단어는 히브리어로 "바이임"(בָאִיִּים)인데, 여기서 "이임"은 복수명사로서 문자적으로 "섬들"을 뜻한다. 아마도 그 당시에 알려진 이방 나라들 특히 지중해 건너편 나라들을 가리키는 것으로 보인다. 칼빈(Calvin)은 여기서 섬들이 이탈리아(Italy), 스페인(Spain), 그리스(Greece), 프랑스(France) 등을 가리킨다고 하였다.

이스라엘을 흩으신 자가 그를 모으시고. 신명기 30:4을 참조하라. 이 말씀은 하나님께서 유다 민족을 바벨론에서 해방하시고 인도하여 내실 수 있다는 점을 증명하기 위해 신뢰할 만한 근거를 제시한다. 말하자면 이스라엘을 벌하시기 위하여 그들을 "흩으신" 이가 하나님이시므로 그들을 구원하시기 위하여 다시 "모으실" 권위와 능력을 지니셨다는 것이다. 그러므로 하나님께 징계받은 자는 그에게 임한 징계가 하나님으로부터 말미암았다는 사실을 깨닫는 것이 귀하다. 성도가 그러한 사실을 깨달으면 그를 다시 회복하여 주실 힘이 오직 하나님께만 있는 줄 알고 회개하며 소망을 하나님께 둔다. 그는 생

---

55) Arthr Weiser, Das Buch der Propheten Jeremia, 278. "Weil Jahwe der Herr der Welt ist, darum hat das was er an Israel tut, auch fur die Volker Bedeutung."

각하기를 "나를 아프게 하신 이가 나를 치료하시지 못하시겠는가? 그는 넉넉히 나를 치료하실 수도 있다"라고 믿고서 기뻐하게 된다. 욥기 5:17-18을 참조하라.

목자가 그 양 떼에게 행함 같이 그를 지키시리로다. 목자가 "양"을 지키는 일이 영원한 것처럼, 하나님께서 그의 백성을 "지키시"는 일도 그러하다. 우리의 구원은 주님께서 우리와 영원토록 함께하여 주시는 임마누엘(עִמָּנוּ אֵל)의 은혜에 달려 있으며, 따라서 우리의 구원은 든든하다.

여호와께서 야곱을 구원하시되 그들보다 강한 자의 손에서 속량하셨으니. "야곱"은 유다 백성을 가리키는 대표적인 명칭이다. "속량하셨으니"라는 말은 히브리어로 "가알"(גָּאַל)인데, 이것은 하나님께서 그의 백성을 구원하시기 위하여 그들의 목숨 대신 다른 이의 생명을 내어 주셨음을 의미한다(사 43:1-4). 이때 하나님께서는 유다 백성을 바벨론에서 구원하시기 위하여 그들 대신 바벨론 사람들이 메대-바사 군대의 손에 죽임을 당하도록 하실 것이었다. 그가 이렇게 그의 백성을 "속량"하신 사랑은 그들에게 감사하는 믿음을 가져다준다. 또한 하나님께서 강한 자의 손에서 그들이 놓아주시는 권능의 역사도 그들의 믿음을 고취시킨다. 하나님께서 우리에게 베푸시는 구원의 은총은 이런 것이다.

12 그들이 와서 시온의 높은 곳에서 찬송하며 여호와의 복 곧 곡식과 새 포도주와 기름과 어린 양의 떼와 소의 떼를 얻고 크게 기뻐하리라. 유다 백성이 바벨론에서 돌아오게 될 장소는 그들의 본향이었는데, 여기서는 유다 백성이 그곳에서 물질적인 풍요를 맛보게 되리라고 암시한다. 그러나 이와 같은 묘사는 사실상 구약성경에서 하나님을 마음에 모시는 신령한 은혜를 비유하는 전형적인 표현이다. 칼빈(Calvin)은 말하기를, "선지자들은 신약 시대의 교회인 그리스도의 나라에 관하여 말할 때 그 시대의 사람들이 깨달을 수 있도록 외형적 비유

예레미야 선지자가 이 부분에서 주는 말씀은 신약 시대에 성취될 복음적 은혜의 부요함에 대한 예언이다. 라에취(Laetsch)는 말하기를, 여기서 "곡식"은 생명의 떡을 비유하고, "포도주"는 복음을, "기름"은 성령의 은사를, "어린 양의 떼와 소의 떼"는 다른 모든 신령한 은사들을 상징한다고 해석한다. 우리가 이 구절에 대해 라에취(Laetsch)가 제시하는 구체적인 알레고리적 해석을 수용하는 것이 올바른 것인지는 모르지만, 적어도 이 구절 말씀이 비유적인 표현이라는 점만은 부인할 수 없는 사실이다. 둠(Duhm)도 말하기를, 이 말씀은 사람들이 시온에 와서 곡식이나 가축의 고기를 받게 되리라는 의미로 해석될 수 없고, 다만 그들이 시온에 와서 여호와께 받은 은혜를 즐기게 되리라는 뜻이라고 하였다.[57]

그 심령은 물 댄 동산 같겠고 다시는 근심이 없으리로다 할지어다. 이사야 58:11을 참조하라. 여기서 "심령"이라고 번역된 단어는 히브리어로 영혼을 의미하는 "네페쉬"(נֶפֶשׁ)다. 그들의 영혼이 "물 댄 동산 같다"(כְּגַן רָוֶה)라고 하였는데, 물이 마르지 않는 동산에는 모든 좋은 수목이 풍성한 것과 마찬가지로, 하나님의 신령한 은혜로 언제나 충만한 영혼은 풍성한 생명력을 지니고 있다. 이런 말씀을 보면 이 부분의 예언은 신령한 은혜가 넘치게 될 신약 시대를 가리키는 것이 분명하다.

"다시는 근심이 없으리로다." 이 말씀도 또다시 신약 시대에 주어지는 신령한 은혜를 통해서만 성취될 수 있는 것이다(롬 5:3; 요 16:20-22).

---

56) John Calvin, Commentaries, Jeremiah, Ⅳ.82. "They describe the kingdom of Christ in a way suitable to the Comprehension of a rude people, and hence they set before them external images."

57) Marti, Hand Commentar Ⅲ. Das Buch Jeremia, 247. "Die Strophe kann nicht sagen wollen, dass man auf dem Zion Korn und Rinder empfangt, sondern nur dass man auf dem Zion uber die von Jahwe an den grossen Festen jubult(D. B. Duhm)."

설교 ◆ 물 댄 동산(12절)

"물 댄 동산"이라는 문구에서 우리는 신령한 의미를 깨달을 수 있다. ① 동산에 대는 물이 사시사철 흐르는 것과 같이 우리가 받는 은혜는 언제나 새로워져야 한다. 생명은 옛것으로 머무르지 않는다. 우리 몸의 피도 쉬지 않고 순환한다. ② 물 댄 동산이 물에 흠뻑 적셔지는 것과 같이 신자는 하나님의 말씀과 성령에게 지배되어 자신의 자유를 기꺼이 포기하는 은혜의 심오한 깊이에 도달해야 한다. ③ 하나님의 말씀과 성령은 물과 같이 깊이 침투한다. 물은 땅속 깊이 침투하여 토양을 적시는 작용을 수행한다. 그것이 땅속으로 침투하여 들어가는 것과 같이 하나님의 말씀도 그러하다. 성경 자체가 그 말씀을 먹을 음식과 마실 물에 비유하였다. 아모스 8:11에 말하기를, "양식이 없어 주림이 아니며 물이 없어 갈함이 아니요 여호와의 말씀을 듣지 못한 기갈이라"라고 하였다.

설교자가 말씀을 선포하기 위해 강단에 올라가기 전에 먼저 그 자신이 물과 같은 하나님의 말씀에 흠뻑 잠겨야 한다. 그는 생수와도 같은 말씀에 녹아들어야 한다. 또한 하나님의 말씀을 듣는 자들도 물에 적셔지듯이, 물을 마시듯이, 그 말씀을 마음속 깊이 받아들이고 먹어야 한다.

13-14 이 부분에는 먼저 13절에서 **"기쁨"**을 의미하는 표현이 네 차례("즐거워하겠고", "즐거워하리니", "즐겁게 하며", "기쁨을 얻게") 나오고, 이어서 14절에는 **"흡족하게"**, **"만족하게"**라는 표현이 뒤따르는데, 이 모든 말씀은 하나님께서 은혜 주신 결과를 보여준다. 이처럼 은혜를 받은 성도에게 나타나는 현상은 사람의 심령과 관계된 것인데, 이것 또한 신약 시대에 복음을 믿는 자들에 나타나는 심리적인 현상이다.

15 여호와께서 이와 같이 말씀하시니라 라마에서 슬퍼하며 통곡하는 소리가 들리니

라헬이 그 자식 때문에 애곡하는 것이라 그가 자식이 없어져서 위로 받기를 거절하는도다. 이 말씀은 유다 민족이 주전 586년경에 바벨론으로 사로잡혀 가게 되는 사건에 대한 예언이다. 선지자 예레미야는 이때의 사건을 시적인 언어로 표현하고 있다. 말하자면 베냐민 지파의 조상인 "라헬"이 사로잡혀 가는 그의 후손들을 위하여 통곡한다고 표현한 것이다. 라헬은 이미 죽은 지 오래되었는데 어떻게 통곡한다는 것일까? 그러나 이것은 시적 표현이니 문제 될 것이 없다. 시문학에서는 시간을 초월하는 가상의 표현을 사용하는 경우가 많다. 이러한 초시간적 표현은 유다 민족에게 장차 임할 고통이 매우 극심하리라는 것을 알리기 위해 사용된 것이다.

"라마"(רָמָה)는 베냐민 지경에 있는 고을인데, 그곳에 라헬의 무덤이 있다(창 35:19). 어떤 해석가들은 여기서 "라마"가 지명이 아니고 단지 "높은 장소"를 의미할 뿐이라고 이해한다.[58] 마태복음에서는 헤롯이 자행한 베들레헴 영아 학살 사건을 가리켜 이 구절의 예언에 대한 성취라고 해석하였다(마 2:17-18). 예언은 미래의 사건들을 압축하여 하나의 사건으로 표현하는 경우가 있다. 그러므로 그러한 예언은 한 가지 이상의 사건들로 성취된다.

"자식이 없어져서." 이것은 라헬의 자손들이 바벨론의 침략으로 인하여 많이 죽고 사로잡혀 가게 될 사건을 가리킨다.

16 **여호와께서 이와 같이 말씀하시니라 네 울음 소리와 네 눈물을 멈추어라 네 일에 삯을 받을 것인즉 그들이 그의 대적의 땅에서 돌아오리라 여호와의 말씀이니라.** 이 구절의 말씀도 앞 절에 이어지는 시적 표현이며 라헬을 가상의 대화 상대자로 삼아 예언을 이어간다. 여기서는 그가 받을 하나님의 위로에 대하여 말한다. 이 구절은 "여호와께서 이와 같이 말씀하시니라"(כֹּה אָמַר יְהוָה)라는 말씀으로 시작

---

58) Targum(Aramaic), the Codex Sinaiticus(Greek, LXX), Codex Alexandrinus(Greek, LXX), Aquila(Aramaic), the Vulgate(Latin), Calvin.

하여, "여호와의 말씀이니라"(נְאֻם־יְהוָה)라는 문구로 끝맺는다. 이렇게 함으로써 본 절에서 주어지는 위로의 약속이 인간의 상상력으로 만들어낸 것이 아니라 하나님께서 주신 것이라는 사실이 보장된다. 하나님의 백성이 죄로 말미암아 극심한 고생과 슬픔을 경험하게 되는 것도 사실이지만(히 12:5-13; 렘 31:15), 이후에는 그들에게 하나님의 위로가 충만하게 임하는 것도 분명한 사실이다. 그러므로 예레미야애가 3:30-32에 말하기를, "자기를 치는 자에게 뺨을 돌려대어 치욕으로 배불릴지어다 이는 주께서 영원하도록 버리지 아니하실 것임이며 그가 비록 근심하게 하시나 그의 풍부한 인자하심에 따라 긍휼히 여기실 것임이라"라고 하였고, 미가 7:8-9에는 말하기를, "나의 대적이여 나로 말미암아 기뻐하지 말지어다 나는 엎드러질지라도 일어날 것이요 어두운 데에 앉을지라도 여호와께서 나의 빛이 되실 것임이로다 내가 여호와께 범죄하였으니 그의 진노를 당하려니와 마침내 주께서 나를 위하여 논쟁하시고 심판하시며 주께서 나를 인도하사 광명에 이르게 하시리니 내가 그의 공의를 보리로다"라고 하였다.

"네 일에 삯을 받을 것인즉." 이 말은 유다 민족이 구원의 위로를 받게 되는 일이 바벨론에서 그들이 고생한 대가라는 의미가 아니다. 그들이 바벨론에서 고생이라는 과정을 겪었으니 이제는 하나님께서 그들이 해방의 즐거움을 누리도록 하실 것이라는 뜻이다.

17 너의 장래에 소망이 있을 것이라 너의 자녀가 자기들의 지경으로 돌아오리라 여호와의 말씀이니라. 여기서도 유다 민족에게 소망의 위로를 상기시킬 때 또다시 여호와의 말씀이 지니는 권위에 의존하기 위하여 "여호와의 말씀이니라"(נְאֻם־יְהוָה)라는 문구를 사용한다. "너의 장래"라는 표현은 히브리어로 "아하리테크"(אַחֲרִיתֵךְ)인데, 이것은 문자적으로 "너의 마지막 끝"(your latter end)이라는 의미다. 신자가 현재 드러나는 자신의 형편을 척도로 삼게 되면 하나님께서 그에게 베푸시는 사랑을 제대로 측량하지 못한다(Calvin). 신자에게 더 좋은

복락은 미래에 주어진다. 하나님께서 지금 당장은 신자를 기뻐하시지 않는 것처럼 보인다고 해도 신자들은 진실한 태도로 회개하면서 인내함으로 기다려야 한다.

18-20 에브라임이 스스로 탄식함을 내가 분명히 들었노니 주께서 나를 징벌하시매 멍에에 익숙하지 못한 송아지 같은 내가 징벌을 받았나이다 주는 나의 하나님 여호와이시니 나를 이끌어 돌이키소서 그리하시면 내가 돌아오겠나이다 내가 돌이킨 후에 뉘우쳤고 내가 교훈을 받은 후에 내 볼기를 쳤사오니 이는 어렸을 때의 치욕을 지므로 부끄럽고 욕됨이니이다 하도다 에브라임은 나의 사랑하는 아들 기뻐하는 자식이 아니냐 내가 그를 책망하여 말할 때마다 깊이 생각하노라 그러므로 그를 위하여 내 창자가 들끓으니 내가 반드시 그를 불쌍히 여기리라 여호와의 말씀이니라. 이 부분에 기록된 말씀은 에브라임으로 대표되는 북 왕국 이스라엘이 유다 민족 전체를 대표하여 회개의 태도를 보여준다. 이스라엘 민족의 구원(16-17절)은 회개를 전제로 한다.

설교▸ 회개 없는 자에게 구원이 있을 수 없다(18-20절)

하나님께서는 이제 이스라엘을 대표하는 에브라임의 회개가 참된 것이 되리라고 예견하신다. 그렇다면 그들의 회개는 어떤 특징을 지니고 있는가?

1. 에브라임이 스스로 탄식하였다는 사실이 명백하다.

"스스로 탄식함"이라는 말은 히브리어로 "미트노데드"(מִתְנוֹדֵד)인데, 이것은 자기 자신에 대하여 깊이 슬퍼하는 태도를 가리킨다(Orelli). 사람이 이러한 슬픔을 느끼게 되는 원인은 그가 자신을 지으신 창조주를 거슬렀던 크나큰 죄인임을 깨닫고 거룩하신 심판주를 대적했던 죄악을 원통히 여기기 때문이다. 그것이야말로 바짝 마른 땔감 무더기가 장작불을 대항하여 싸우려고 하는 것과 같은 어리석음에 대한 뼈아픈 탄식이다. 범죄하고도 뉘우치지는 않고 핑계만 늘어놓거나 자기 자신에게 아첨하는 자의 미래에는 멸망밖에 없다. 그러나 진실한 마음으로 슬퍼하며 스스로 탄식하는 자에게는 하나님께서 구원의 은총을 베풀어주신다. 그러므로 고린도후서 7:10은 말하기를, "하나님의 뜻대로 하는 근심은 후회할 것이 없는 구원에 이르게 하는 회개를 이루는 것이요 세상 근심은 사망을 이루는 것이니라"라고 하였다. 회개하는 자가 이렇게 "스스로 탄식"한다는 말은 단순히 심리적 근심에 머무르는 것을 의미하지는 않는다. 그는 죄를 범한 자기 자신을 낮고 천하게 여긴다. 따라서 그는 이제 죄악을 끊어 버리고 떨쳐 일어나기 위하여 이 세상에 속한 일들에서는 손해를 감수하기로 다짐한다. 그러므로 예수님께서는 마치 죄를 범한 손과 발을 찍어버리듯이, 또한 죄를 범한 눈을 뽑아버리듯이 손해를 당할 것을 각오하라고 말씀하신다. 탕자도 지난날의 잘못을 뉘우치면서 다짐하기를, "지금부터는 아버지의 아들이라 일컬음을 감당하지 못하겠나이다 나를 품꾼의 하나로 보소서 하리라"라고 하였다(눅 15:19). 죄악에 물든 몸은 더러워진 몸이니, 이제부터는 천대와 멸시와 고통을 당할 것을 각오하는 것이 진리에 합당한 마음가짐이다. 십자가에 못 박혀 죽어가던 강도도 그가 저지른 죄로 인하여 해를 당하는 일을 당연하게 받아들이는 의미에서 말하기를, "우리는 우리가 행한 일에 상당한 보응을 받는 것이니 이에 당연하거니와"라고 하였다(눅 23:41).

2. 진심으로 회개하는 자는 징계를 달게 여긴다.

18절 상반절에 말하기를, "주께서 나를 징벌하시매 멍에에 익숙하지 못한 송아지 같은 내가 징벌을 받았나이다"라고 하였다. 사람이 고통을 받을 때 그것이 자기 죄로 말미암은 줄로 아는 것이야말로 겸손한 태도이며 또한 회개하는 자의 마음가짐이다. 두려운 환난을 겪을 만큼 두드러진 잘못이 없었던 욥조차도 그가 회개하였을 때 모든 변론이 종결되었고 하나님의 축복을 받을 수 있었다. 욥기 42:5-6에 말하기를, "내가 주께 대하여 귀로 듣기만 하였사오나 이제는 눈으로 주를 뵈옵나이다 그러므로 내가 스스로 거두어들이고 티끌과 재 가운데에서 회개하나이다"라고 하였다. 욥의 친구였던 엘리바스, 빌닷, 소발은 한목소리로 주장하기를 욥이 당하는 고난은 그의 죄로 말미암은 것이라고 하였는데(욥 2:11), 욥은 그들의 말을 인정하지 않았었다. 그러나 그가 여호와의 말씀을 들은 후로는 마침내 "내가 회개하나이다"라고 고백하였던 것이었다(욥 42:6). 진심으로 회개하는 자는 징계를 달게 받는 자다. 잠언 10:17에 말하기를 "훈계를 지키는 자는 생명 길로 행하여도 징계를 버리는 자는 그릇 가느니라"라고 하였고, 잠언 13:18에는 말하기를, "훈계를 저버리는 자에게는 궁핍과 수욕이 이르거니와 경계를 받는 자는 존영을 받느니라"라고 하였고, 잠언 29:1에는 말하기를, "자주 책망을 받으면서도 목이 곧은 사람은 갑자기 패망을 당하고 피하지 못하리라"라고 하였고, 욥기 5:17-18에 말하기를, "볼지어다 하나님께 징계 받는 자에게는 복이 있나니 그런즉 너는 전능자의 징계를 업신여기지 말지니라 하나님은 아프게 하시다가 싸매시며 상하게 하시다가 그의 손으로 고치시나니"라고 하였다. 징계를 달게 받아들이지 않는 것은 멸망을 향해 가는 자들의 특징이다. 요나는 회개하고 징계를 감수하면서 말하기를, "나를 들어 바다에 던지라"라고 하였다(욘 1:12).

3. 진심으로 회개하는 자는 하나님만 바라본다.

18절에 말하기를, 에브라임은 "멍에에 익숙하지 못한 송아지 같"다고 하였다. 멍에에 익숙하지 못한 송아지는 주인의 명령을 잘 따르지 않는다. 이스라엘도 송아지와 같이 자기 힘으로는 개과천선할 수 없는 자라는 사실을 바로 깨닫고 탄식한다. 그는 하나님의 능력으로만 자신의 회개가 이루어질 줄을 안다. 그는 또 말하기를 "나를 이끌어 돌이키소서 그리하시면 내가 돌아오겠나이다"(וַהֲשִׁיבֵנִי וְאָשׁוּבָה)라고 하였다. 우리가 하나님을 믿는 것만이 우리에게 모든 좋은 것을 가져다준다. 두 명의 시각장애인이 예수님께 찾아와서 그들의 눈을 고쳐 주시기를 구했을 때 예수님께서 그들에게 물으시기를, "내가 능히 이 일 할 줄을 믿느냐"라고 하셨다. 그때 그들이 대답하기를, "주여 그러하오이다"라고 하였더니 예수님께서 그들의 눈을 만지시며 말씀하시기를, "너희 믿음대로 되라"라고 말씀하셨고 즉시 그들의 눈이 밝아졌다(마 9:27-30). 여기 기록된 사건은 오직 믿음만이 우리에게 하늘에 속한 참된 복을 가져다준다는 사실을 가르쳐 준다. 우리가 우리 자신을 위하거나 우리 자신의 능력을 의지할 때 우리는 마귀의 도구가 되어 결국 멸망하고 만다. 그러나 우리에게 믿음이 있으면 우리는 우리 자신으로부터 해방될 수 있으며 오직 하나님만을 의지하는 자리로 나아갈 수 있다. 그것이 우리의 구원이다.

4. 진심으로 회개하는 자는 과거의 죄악을 원통하게 여긴다.

19절을 보면 북쪽의 에브라임이 하나님의 징계를 통하여 교훈을 받고 돌이킨 후에는 "뉘우쳤고"(נִחַמְתִּי "니함티"), "볼기를 쳤다"(סָפַקְתִּי עַל־יָרֵךְ "사파크티 알 야레크")라고 하였다. "볼기"라고 번역된 "예레크"라는 히브리어 단어는 사실상 "허벅다리"(הִנָּחֵם)를 뜻하는데 허벅다리를 치는 것은 원통함을 표시하는 행동이다. 그들은 이렇게까지 철저하게 회개할 것이라고 말하는 것이다. 죄가 무엇인지 깨닫지 못하는 자들은, 죄악을 문제시하지 않는다. 잠언 14:9에 말하기를, "미련한 자는 죄를 심상히 여겨도"라고 하였다. 그러나 하나님의 징계를 당해서 죄악이 무엇인지 깨닫는 자는 그것을 지극히 미워한다. 비둘기는 독수리를 미워할 뿐만 아니라 독수리 털만 보아도 놀란다고 한다.[59]

---

59) 이것은 박물학자 Androvaldus의 말이다.

설교자의 입에서 "죄"라는 단어가 나올 때 그것을 무심하게 듣는 자는 마치 죄를 그림 속에 있는 사자처럼 대수롭지 않게 여기는 것이다. 그러나 실제로 죄악 때문에 징계를 당해본 사람은 그것을 심히 두려워할 수밖에 없다. 칼빈(Calvin)은 말하기를, "우리가 고통으로 인하여 자신을 반성하게 될 때야 우리는 죄가 어떤 것인지를 깨닫는다"라고 하였다.[60] 평안은 우리가 깨어 있지 못하게 만들고 깊은 잠에 빠지게 하는 마취제와도 같다. 고난이 아니고는 사람에게 죄라는 것이 무엇인지 알려줄 수 있는 길이 없다. 그러므로 하나님께서는 그가 사랑하시는 자를 채찍질하신다(히 12:5-6). 징계를 받는 일이 없는 신자는 도리어 자신이 택하심을 받지 못한 자가 아닌가 두려워하는 마음을 가져야 한다.

19절에 나타난 에브라임의 기도는 참된 회개의 기도가 어떤 것인지를 보여준다. 그는 징계를 당한 결과로 자신의 죄를 깨닫고 자신을 부끄럽게 여기면서 기도한다. 말하자면 자신은 "뉘우쳤고", "볼기를 쳤고", "치욕을 지고", "부끄럽고", "욕되다"라고 표현한 것이다. 이런 기도가 참된 기도다. 위대한 설교자였던 찰스 스펄전(Charles Spurgeon) 목사는 말하기를, "자신이 깨어지는 기도만이 최선의 기도다"라고 하였다.[61]

5. 진심으로 회개하는 자는 하나님의 사랑을 받는다.

20절에 말하기를, "내가 그를 책망하여 말할 때마다 깊이 생각하노라"라고 하였다. 잠언 28:13에 말하기를, "자기의 죄를 숨기는 자는 형통하지 못하나 죄를 자복하고 버리는 자는 불쌍히 여김을 받으리라"라고 하였다.

---

60) John Calvin, Sermons from Job, trans. by Leroy Nixon, 277.
61) Charles Spurgeon, "Broken prayers are the best prayers."

21 처녀 이스라엘아 너의 이정표를 세우며 너의 푯말을 만들고 큰 길 곧 네가 전에 가던 길을 마음에 두라 돌아오라 네 성읍들로 돌아오라. "이스라엘" 백성을 가리켜 "처녀"(בְּתוּלַת "베툴라")라고 표현하는 이유는 그 백성이 주님을 신랑과 같이 모셔야 할 자들이기 때문이다(고후 11:2). 여기서 하나님은 그들이 바벨론에서 유다로 되돌아갈 소망을 가지도록 주의시키신다. 요컨대 그는 그들이 되돌아갈 길을 기억하고 있어야 한다는 의미에서 "이정표를 세우며…푯말을 만들"라고 명령하신다.

하나님께서 그의 백성이 죄를 범할 때 그들을 징벌하시는 것은 그들을 낙심시키고자 하심이 아니라 그들이 새로운 소망을 가지도록 하시기 위함이다. 그들은 징계받는 과정에서 소망을 잃어버리기 쉬운데 이것은 그들이 경계해야만 하는 일이다. 우리 민족이 휴전선으로 나라가 분리된 지 오래되었다고 해서 통일의 소망을 저버린다면 그것은 하나님의 뜻대로 행하는 태도가 아니다. 우리는 장차 돌아갈 소망을 단단히 가지고 힘써 기도하며 믿고 회개할 따름이다. 믿고 회개하는 것이 진정한 의미에서 귀환을 준비하는 일이라고 말할 수 있다. 하나님을 신뢰하고 회개하는 것은 비유컨대 "이정표를 세우며, 푯말을 만드는" 운동이다.

22 반역한 딸아 네가 어느 때까지 방황하겠느냐 여호와가 새 일을 세상에 창조하였나니 곧 여자가 남자를 둘러 싸리라. 여기서 "방황하겠느냐"(תִּתְחַמָּקִין "티트하마킨")라는 말은 불확실한 태도로 주저하는 모습을 가리킨다. 신자는 신앙의 길에 전념하고 매진하면서 심령의 평안을 누려야 한다.

"여호와가 새 일을 세상에 창조하였나니." 이 말씀은 이스라엘 백성을 바벨론에서 해방하여 본국으로 돌아가게 하실 하나님의 능력을 염두에 둔 것이다. 이사야 43:19을 참조하라.

"여자가 남자를 둘러 싸리라"(נְקֵבָה תְּסוֹבֵב גָּבֶר). 이 말씀에 대한 해석은 여러 가지다. ① 동정녀 마리아가 남자이신 예수님을 잉태하여 해산할 것을 의미한다는 해석이 있다. ② 여자로 비유된 교회가 남자로 비유된 하나님을 찾으리라는 것을 의미한다는 해석도 있다. ③ 바이저(A. Weiser)는 위의 문구가 "부부 관계의 회복을 의미하는 것으로서 생육하고 번성하라(창 1:28; 렘 31:27)는 창조의 축복을 찾아 누리는 일을 뜻하는 것으로 보인다"라고 해석하였다.[62] 그러나 이러한 해석보다는 다음의 주장이 더욱 자연스럽다. ④ 이스라엘이 사로잡혀 바벨론으로 끌려갈 당시에는 여성같이 약하였다. 그러나 그렇게 여성같이 연약했던 이스라엘이 후에는 하나님의 은혜를 입어서 남성스러운 바벨론 사람들을 극복하고 해방되리라는 뜻이라고 한다(Calvin, Henry, Blayney). 이 같은 네 번째 해석이 바람직한 이유는 여기서 "남자"라고 번역된 히브리어 "가베르"(גֶּבֶר)가 일반적으로 남자를 의미하는 말이 아니고, 국방에 헌신하는 군사나 힘센 장수를 가리키기 때문이다. 이 구절에서 우리가 발견할 수 있는 대조는 두 가지 서로 다른 성별 간의 대조가 아니고, 약자와 강자 간의 대조다. 그러므로 위의 문구가 의미하는 바는 연약한 이스라엘이 강력한 바벨론을 이기고 나오게 되리라는 예언이다. "둘러 싸리라"라고 번역된 히브리어 "소베브"(סֹבֵב)는 전쟁에서 적군을 포위하여 공격하는 것을 가리키기도 한다.

23 만군의 여호와 이스라엘의 하나님께서 이와 같이 말씀하시니라 내가 그 사로잡힌 자를 돌아오게 할 때에 그들이 유다 땅과 그 성읍들에서 다시 이 말을 쓰리니 곧 의로운 처소여, 거룩한 산이여, 여호와께서 네게 복 주시기를 원하노라 할 것이며. 이 말씀은 앞 절에 이어서 이스라엘이 바벨론에서 해방되어 고국으로 귀환할 것을 예언한다. "다시 이 말을 쓰리니"(עוֹד יֹאמְרוּ אֶת־הַדָּבָר הַזֶּה)라는 표현은 이스라엘이 포로가 되기 이전의 전성시대에 말하였던 것과 같이 이제 국운이 회복되어 또다시

---

62) Artur Weiser, Das Buch des Propheten Jeremia, 282. "Dann läge vielleicht in dem Satz 'das Weib umgibt den Mann' eine Andeutung der Erneuerung des Schöpfungssegens der Furchtbarkeit, 1. Mose 1, 28; vgl. Jer. 31:27."

그런 축복의 말을 하게 될 것을 가리킨다. 그 축복의 내용은 다음과 같다.

1) 그들이 예루살렘을 "의로운 처소"이자 "거룩한 산"이라고 부를 것이다. 그곳은 일찍이 황폐하게 되어 하나님께서 떠나신 곳이었으나 이제는 하나님께서 다시 그곳에 거하실 것이므로 이처럼 고귀한 이름을 회복할 수 있었다. "의로운 처소"(נְוֵה־צֶדֶק "느베 체테크")라는 표현에 대해서는 23:6과 이사야 1:21을 참조하고, "거룩한 산"(הַר הַקֹּדֶשׁ "하르 하코데쉬")라는 표현에 대해서는 시편 2:6, 48:2과 이사야 11:9, 27:13을 참조하라. 황폐하고 적막하여 하나님께 버림받은 장소가 되었던 그곳도 하나님께서 다시 그의 영광을 나타내시는 처소로 삼으신다. 칼빈(Calvin)은 말하기를, 교회의 모습이 전혀 나타나지 않는 곳, 이를테면 지옥을 방불케 하는 곳에도 하나님의 능력은 교회를 일으키실 수 있다고 하였다.

2) 그들은 "여호와께서 네게 복 주시기를 원하노라"(יְבָרֶכְךָ יְהוָה)라고 말할 것이다. 이것은 예루살렘이 다시 여호와께 축복받을 만한 장소가 되었기 때문에 나올 수 있는 기원이다. 따라서 과연 이 기원대로 이루어질 것이다. 이런 기원의 대상이 될 만하고 또 이처럼 기원하는 자들이 살아가고 있는 사회는 복되다. 그 땅에 이러한 복이 주어지는 이유는 여호와 하나님께서 그 가운데 거하시기 때문이다.

24 유다와 그 모든 성읍의 농부와 양 떼를 인도하는 자가 거기에 함께 살리니(סְעוּ בָעֵדֶר וְיָשְׁבוּ בָהּ יְהוּדָה וְכָל־עָרָיו יַחְדָּו אִכָּרִים וְנָ). 이 말씀은 다음과 같이 번역되어야 한다. "유다와 그 모든 성읍의 농부들과 양 떼를 인도하는 자들이 함께 거하리로다." 이것은 이스라엘이 바벨론에서 돌아온 후에 유다와 거기 속한 모든 성읍이 평화로우리라는 것을 보여준다. 칼빈(Calvin)은 이 말씀 역시 교회의 회복을 상징하는 것으로서 그리스도의 교회 시대를 전적으로 포함하는 예언이라고 해석하였다(Jeremiah, IV. 117). 그렇다면 이것은 그리스도로 말미암는 교회의 영적 평안을 가리키는 말씀일 것이다.

25 이는 내가 그 피곤한 심령을 상쾌하게 하며 모든 연약한 심령을 만족하게 하였음이라 하시기로. 이 말씀의 히브리어 원문은 "왜냐하면"(כִּי)이라는 이유 접속사로 시작함으로써 이것이 앞 절 말씀에 대한 이유라는 사실을 보여준다. 그들은 어떻게 해서 평안히 거할 수 있게 되었는가(24절)? 하나님께서 이스라엘을 바벨론으로부터 해방하여 돌아오게 하심으로써 그들이 심령의 만족을 얻게 하셨기 때문이다. 그러나 이 말씀은 그리스도께서 신자들의 죄를 대속하여 주시는 은혜로 말미암아 신자들이 영적으로 만족을 얻으리라는 것을 예언하기도 한다. 예수 그리스도는 이 예언을 성취하는 자로서 말씀하시기를, "수고하고 무거운 짐 진 자들아 다 내게로 오라 내가 너희를 쉬게 하리라"라고 하셨다(마 11:28).

26 내가 깨어 보니 내 잠이 달았더라. 어떤 학자들은 이것은 선지자의 말이 아니고 하나님께서 친히 하시는 말씀의 연속이라고 해석한다. 그러나 하나님께서 주무신다는 개념이 성경의 전반적인 사상과 조화되지 않는다(시 121:14). 그러므로 이것은 선지자의 관점에서 표현된 말씀으로 이해하는 것이 올바른 해석이다.[63] 하나님께서 사람의 꿈을 방편으로 삼으셔서 계시를 주시는 경우가 있다는 것은 명백한 사실이다(단 2:1-5, 28-29; 4:2-7; 7:1-13). 그러나 아브라함 카이퍼(A. Kuyper)가 지적했던 것과 같이 꿈은 계시의 방편으로서 비중 있게 자리 잡지는 못했다.[64] 신구약 성경이 기독교회의 정경으로서 완전히 자리 잡은 후에는 계시의 방편으로서의 꿈은 완전히 정지되었다.

예레미야의 "잠이 달았"던 이유는 그가 꿈 가운데서 본 계시가 그의 마음을 기쁘게 만들었기 때문이다. 23-25절이 보여주는 것처럼, 그가 보았던 계시는 복된 것이었다. 이 계시는 순전한 위안을 가져다주었다(Delitzsch).

---

63) Targum, Raschi, Kimchi, Venema, Dahler, Hitzig, Hengstenberg, Delitzsch, Laetsch.

64) Abraham Kuyper, Encyclopaedie Der Heilige Godgelleerdheid, II. 445. "Slechts zooveel mag gezegd, dat 'de droom' in de scala der openbaringsmiddelen niet hoog staat."

27-28 여호와의 말씀이니라 보라 내가 사람의 씨와 짐승의 씨를 이스라엘 집과 유다 집에 뿌릴 날이 이르리니 깨어서 그들을 뿌리 뽑으며 무너뜨리며 전복하며 멸망시키며 괴롭게 하던 것과 같이 내가 깨어서 그들을 세우며 심으리라 여호와의 말씀이니라. 이 말씀은 하나님께서 흩어져 살던 남북 왕국을 모두 다 본국으로 돌아오게 하시어 그들의 인구가 번성하게 하실 것을 예언한다. 유다 민족이 바벨론에 포로로 잡혀 간 후에는 그 땅이 폐허와 같이 되었으며, 인적이 드문 장소가 되었다. 그러나 이제 그들을 귀환시키시고 백성들을 그 땅에 심으시는 이가 "여호와"시니 이제 그곳에 인구가 다시 번성하게 될 것은 확실하다(Aalders). 하나님의 새로운 백성이 번성하는 일과 구원 운동은 전적으로 하나님의 창조 사역으로 말미암는다.[65] 그러므로 그 일은 참으로 반드시 이루어지고야 만다. 이 예언은 유다 민족이 바벨론에 포로 되었던 자리에서 해방됨으로써 어느 정도는 성취되었으나 그보다도 그리스도의 복음 운동으로 말미암아 영적인 관점에서도 성취되고 있다.

"내가⋯깨어서"(שָׁקַד). 이것은 1:12에서 말했던 것과 같이 여호와 하나님께서 그의 말씀을 잊지 않으시고 깨어 계시면서 그의 열정으로 백성들의 구원을 이루심을 가리킨다. 그는 두 가지 일을 통하여 그가 살아 계심을 나타내신다. 하나는 그들의 죄를 징벌하시는 것이고("뿌리 뽑으며 무너뜨리며 전복하며 멸망시키며 괴롭게 하던 것과 같이"), 다른 하나는 그들이 회개할 때 그들을 다시 세워 주시는 것이다. 이와 같은 하나님의 양면적인 사역을 우리는 1:10에서도 목격할 수 있다. 욥기 5:17-18을 참조하라.

29-30 그 때에 그들이 말하기를 다시는 아버지가 신 포도를 먹었으므로 아들들의 이가 시다 하지 아니하겠고 신 포도를 먹는 자마다 그의 이가 신 것 같이 누구나 자기의 죄악으로

---

[65] A. Weiser, Das Buch des Propheten Jeremia, 284. "Das neue Gottesvolk und sein Heil sind ausschliesslich Gottes Schöpfung und Werk."

말미암아 죽으리라. 이 말씀은 그 시대의 유다 사람들이 하나님을 향하여 원망하는 말을 계속하여 내뱉지 못하게 되었던 것처럼 신약 시대에도 하나님의 공의가 두드러지게 나타날 것을 가리킨다. 유다 사람들은 원망하며 말하기를, 하나님께서 그들의 조상들이 저질렀던 죄를 자손들에게 전가하셔서 그들이 대가를 치르게 하신다고 불평하였다. 그것은 출애굽기 20:5에 기록된 말씀을 오해한 것이었다. 거기서 말하기를, "나 네 하나님 여호와는 질투하는 하나님인즉 나를 미워하는 자의 죄를 갚되 아버지로부터 아들에게로 삼사 대까지 이르게 하거니와"라고 하였다. 이 말씀은 죄를 저지른 자의 자손이 삼사 대까지 모두 다 그들의 조상들이 지었던 죄의 대가를 일률적으로 치르게 될 것이라는 의미는 결코 아니다.

1) 이 말씀은 다만 죄를 범한 자가 죄의 대가를 스스로 치르지 않으면, 그의 자손 세대에서라도(삼사 대 안에) 그 대가를 치르는 자가 있으리라는 것을 가리키는 말씀이다. 설령 그의 자손들 가운데 어떤 자가 조상의 죄로 말미암아 징벌받는 경우에라도 그것은 물론 물리적이고 세속적인 형벌일 것이며 그의 영혼이 멸망하는 자리에까지 이르는 것은 아니다.

2) 그러나 위의 해석보다도 다음과 같이 해석하는 것이 더욱 자연스럽다. 말하자면 어떤 범죄자의 자손들이 조상의 범죄를 계승하며 회개치 않는다면, 그들 역시 조상들이 저지른 죄의 대가를 그대로 치른다는 의미다. 그것은 에스겔 18:14-19 말씀을 보아도 알 수 있다. 과연 인류 역사는 이와 같은 원리에 따라 진행되어 내려왔다. 악한 사람의 자손이라고 하여 모두 악한 것은 아니었다. 르호보암 왕은 악한 인물이었으나(대하 13:7). 그의 아들 아비야는 흠이 없고 경건한 신앙인이었으므로 형통한 길을 걸어갔고(대하 13:19). 아하스 왕은 우상을 숭배한 자로서 악하였으나(대하 28:22). 그의 아들 히스기야는 경건하고 선한 왕이었으므로 하나님의 축복을 받았다(왕하 10:14-19; 20:1-7). 아몬도 악한 왕이었으나(대하 33:22, 23), 그의 아들 요시야는 선한 왕

으로서 유다의 종교개혁을 주도하였다(왕하 23:25).[66] 그러므로 유다 사람들이 출애굽기 20:5에 기록된 구절을 해석하기를, "아버지가 신 포도를 먹었으므로 아들들의 이가 시다", 다시 말해 아버지가 범한 죄의 대가로 그의 아들들은 무조건 벌을 받는다고 주장하는 것은 잘못된 해석이다. 그들은 하나님의 말씀을 바로 깨닫지 못하여 그런 말을 한 것이다. 그러나 앞으로 하나님의 계시가 더욱 밝히 드러나게 될 신약 시대에는 그처럼 잘못된 말을 하지 않게 될 것이다. 그때에는 "신 포도를 먹는 자마다 그의 이가 신 것같이 사람들은 각기 자기 죄악으로만 죽으리라"라고 말하게 될 것이다. 이 말씀에 대한 해석은 에스겔 18:4에 밝히 드러난다. 거기서 말하기를, "모든 영혼이 다 내게 속한지라 아버지의 영혼이 내게 속함 같이 그의 아들의 영혼도 내게 속하였나니 범죄하는 그 영혼은 죽으리라"라고 하였다. 이 말씀을 보면 아버지나 자식을 막론하고 모든 사람이 재앙과 복을 받는 일은 각기 개인이 창조자이신 하나님 앞에서 행한 대로 이루어지는 것을 알 수 있다. 그러므로 불효하는 자식을 둔 아버지가 아들의 행동에 대해 어느 정도 책임감을 느끼는 것은 바람직하나, 아버지를 본받지 않고 방탕하게 살아가는 자녀의 불행에 대한 책임을 전부 걸머지는 의미에서 너무 과도한 근심에 빠지는 것도 옳지 않다. 그런 일에 있어서는 오직 하나님을 바라보고 기도할 뿐이며, 자녀가 그의 행동으로 인하여 심한 징계를 당하여도 하나님을 원망하지 않아야 할 것이다. 왜냐하면 자녀의 생명을 주재하시는 이는 창조주 하나님이시며 자녀의 자유에 대한 책임도 부모에게 속한 것이 아니고 어디까지나 자녀들 자신의 것이기 때문이다. 여기서 "신 포도"라는 용어는 히브리어로 "보세르"(בֹּסֶר)인데, 이 말은 아직 익지 않은 포도를 가리킨다(Köhler, noch nicht reife Trauben).

---

66) 이 점과 관련하여 하이델베르크 교리문답(Heidelberg Catechism)에 대한 자카리아스 우르시누스(Zacharias Ursinus)와 카스파르 올레비아누스(Caspar Olevianus)의 주석서 534-535쪽을 참조하라.

31 여호와의 말씀이니라 보라 날이 이르리니 내가 이스라엘 집과 유다 집에 새 언약을 맺으리라. 여기서 이른바 "이스라엘 집과 유다 집"은 남북 왕국을 모두 합한 이스라엘 민족을 가리킨다. 이것은 이방인들까지도 포함하여 택하심을 입은 하나님의 모든 백성을 대표하는 명칭이다. "새 언약"이라는 말은 히브리어로 "베리트 하다샤"(בְּרִית חֲדָשָׁה)인데, 이것은 신약 시대에 나타날 구원의 언약을 의미한다. 이것은 물론 구약 시대의 언약과는 성격이 다른 새로운 종류의 언약인데, 한마디로 그리스도로 말미암은 구원 운동을 근거로 세워진 언약이라고 할 수 있다. 여기서 "새 언약"이 바벨론에서 귀환할 유다 백성들의 새로운 국가 운동을 가리킨다고 해석할 수 없는 이유는, 이것이 율법 운동의 연속선상에 있는 것이 아니기 때문이다.

새 언약 운동이 실질적으로 구약 시대의 언약과 완전히 다른 것은 아닌데, 왜냐하면 하나님께서 자신이 과거에 주신 계시와 모순되는 새로운 계시를 주시지는 않으시기 때문이다. 그러므로 새 언약이 옛 언약과 다른 점은 다만 그 외형 문제에 관계된 것뿐이다. 이 언약에 관한 문제는 나의 이사야서 주석 55:3에 대한 해석을 참조하라.

32 이 언약은 내가 그들의 조상들의 손을 잡고 애굽 땅에서 인도하여 내던 날에 맺은 것과 같지 아니할 것은 내가 그들의 남편이 되었어도 그들이 내 언약을 깨뜨렸음이라 여호와의 말씀이니라. 하나님께서는 이 "새 언약"이 그가 이스라엘 백성을 애굽에서 인도하여 내신 후에 그들과 맺으셨던 시내산 언약과는 다르다고 말씀하신다. 시내산 언약에서는 하나님께서 그들의 남편(בַּעַל "바알")이 되어 주셨음에도 불구하고 그들이 언약을 지키지 않았다. 여기서 이른바 "내가 들의 남편이 되었어도"라는 말씀은 "하나님께서 이렇게까지 그들과 가까운 관계를 맺으셨음에도 불구하고"라는 뜻이다. 이스라엘 백성은 이처럼 근본적으로 하나님을 떠나 죄악에 빠져드는 길을 선택하였다(출 32장; 민 14, 16장; 참조. 시 95:8-11; 렘 7:25-28; 행 7:51- 53). 위의 말씀은 여기서 소개하는 새 언약이 얼

마나 위대한 것인지를 보여준다. 옛 언약도 위대하였지만("내가 그들의 남편이 되었어도"), 그들이 옛 언약에 내포된 축복을 누리지 못하고 어겼으니 인간의 본성이 얼마나 패역한 것인지를 알 수 있다. 그런데 인간이 이러한 본성을 지고 있음을 아시면서도 그들에게 구원을 약속하시는 새 언약이야말로 비할 데 없이 위대한 언약이라고 말할 수밖에 없다. 하나님은 자비로우셔서 그가 택하신 백성을 어디까지나 구원하시고야 만다. 이제 이 새 언약의 위대함에 대하여 아래 33-34절에서 밝히고 있다.

33 그러나 그 날 후에 내가 이스라엘 집과 맺을 언약은 이러하니 곧 내가 나의 법을 그들의 속에 두며 그들의 마음에 기록하여 나는 그들의 하나님이 되고 그들은 내 백성이 될 것이라 여호와의 말씀이니라. 여기서 "그 날 후에"라는 말은 히브리어로 "아하레 하야밈 하헴"(אַחֲרֵי הַיָּמִים הָהֵם)인데 이것은 신약 시대를 가리키는 표현이다. "이스라엘 집"이라는 말의 의미는 혈통 상의 이스라엘을 가리키기보다는 유대인이나 이방인을 막론하고 하나님께 택하심을 받은 모든 백성을 가리킨다. "그들의 속"(בְּקִרְבָּם "키르밤")이라는 말은 그들의 인격 내부(inward parts)를 가리키고, "그들의 마음에 기록"한다는 말은 하나님께서 그의 백성을 다루심에 있어서 이제부터는 그들의 심령을 중시하실 것을 보여준다. 이것이 신약 시대의 특징이다(요 4:23). 이것이 바로 하나님께서 친히 자기 백성을 거듭나게 하시는 구원 운동을 가리키는 말씀이다. 바이저는 말하기를, "예레미야가 이 말씀을 전할 때 그는 자신의 개인적인 체험을 바탕으로 하였을 것이다"라고 하였다.[67] 구약 시대에는 하나님께서 그의 백성들을 거듭나게 하시는 중생의 은혜가 신약 시대처럼 풍부하게 나타나지는 않으나, 그런 은혜가 구약 시대에도 있었다는 것만은 틀림없는 사실이다. "마음"이라는 말은 히브리어로

---

67) 이 점과 관련하여 하이델베르크 교리문답(Heidelberg Catechism)에 대한 자카리아스 우르시누스(Zacharias Ursinus)와 카스파르 올레비아누스(Caspar Olevianus)의 주석서 534-535쪽을 참조하라.

"레브"(לב)인데, 이 단어는 애정의 근원이 되는 심령 한가운데를 가리키는 동시에 사실상 인격의 통치 능력이 자리 잡은 영역을 가리키기도 한다. 이처럼 마음속 깊은 자리에 하나님의 율법을 기록할 수 있는 분은 오직 하나님뿐이시다. 왜냐하면 사람의 마음속 깊은 부분을 지으신 분도 하나님이시기 때문이다.

"나는 그들의 하나님이 되고 그들은 내 백성이 될 것이라." 이 말씀은 흔히 하나님께서 그의 백성과 언약을 체결하실 때 자주 사용하시는 표현이다. 하나님과 그의 백성 사이에 참되게 성립되는 이런 복된 관계는 사실상 그들의 구원을 의미한다.

34 그들이 다시는 각기 이웃과 형제를 가리켜 이르기를 너는 여호와를 알라 하지 아니하리니 이는 작은 자로부터 큰 자까지 다 나를 알기 때문이라 내가 그들의 악행을 사하고 다시는 그 죄를 기억하지 아니하리라 여호와의 말씀이니라. 새 언약의 시대에 사람들이 더 이상 서로를 향하여 "너는 여호와를 알라 하지 아니하리"라는 말씀은 새 언약의 시대가 도래하면 이제는 전도할 필요가 없을 것이라는 의미가 아니다. 이것은 성령의 풍성하신 사역을 통하여 사람들이 진정으로 하나님을 알게 되는 효과가 나타날 것이라는 사실을 강조하는 것일 뿐이다(Calvin).

"내가 그들의 악행을 사하고 다시는 그 죄를 기억하지 아니하리라." 히브리어 원문에서는 이 구절의 첫머리에 "왜냐하면"(כי)이라는 이유 접속사가 있어서 이 구절이 앞 절 말씀의 이유임을 보여준다. 말하자면 하나님께서 인생들의 죄악을 사해 주시는 사역이 모든 사람에게 하나님이 어떤 분이신지를 알려준다는 뜻이다. 이것은 얼핏 보면 이상한 말씀처럼 여겨진다. 그러나 신약 시대의 복음 운동은 그리스도의 보혈을 믿는 자의 죄가 사해지는 운동이다. 이렇게 사죄를 받은 자만이 하나님과 더불어 영적 교통을 누림으로써 하나님을 참되이 알게 된다. 주를 알고 그를 경외하게 되는 일은 오직 죄 사함을 받는 일로 말미암아 가능해지는 것인데, 이것이 하나님께서 정하신 경류이다. 그러므로 시편 130:3-4에 말하기를, "여호와여 주께서 죄악을 지켜 보실진대 주여 누가 서리이까 그러나 사유하심이 주께 있음은 주를 경외하게 하심이니이다"라고 하였다.

설교 ▶ 하나님의 언약에 참여하는 행복(31-34절)

하나님께서는 우리 인생들, 그중에서도 특히 그의 백성을 인도하심에 있어서 언약이라는 방법을 사용하신다. 우리 본문에 "새 언약을 맺으리라"라는 말씀이 있고(31절), "언약은 이러하니"라는 말씀도 있다(33절). 히브리서 8:8-13의 말씀을 보면 여기서 말하는 "새 언약"은 신약 시대의 그리스도로 말미암은 구원 운동을 가리킨다.[68] 하나님의 언약에 참여하는 행복은 어떠한 것인가?

1. 하나님께서 인류와 언약을 맺으셨다는 사실 자체가 복된 일이다.

하나님께서 우리와 맺으신 것과 같은 언약을 천사들과는 맺지 않으신다. 천사는 자손을 낳지 않는 자들이며 따라서 한 천사가 다른 천사들과 더불어 연대 관계를 이루지도 않는다. 그러므로 어느 한 천사가 다른 천사들을 대표하거나 대신할 수도 없다. 그러나 모든 인생은 하나의 조상인 아담에게서 났으므로 아담 한 사람이 모든 인류를 대표하거나 대신할 수 있다. 하나님께서 아담에게 말씀하시기를, "선악을 알게 하는 나무의 열매는 먹지 말라 네가 먹는 날에는 반드시 죽으리라"라고 하신 것(창 2:17)은 하나의 계약이다. 아담이 이 계약을 지켜내지 못한 결과 아담 한 사람만 죽는 것으로 마무리되는 것이 아니라 인류 전체가 죽음이라는 운명에 처하게 되었다(롬

---

68) Artur Weiser, Das Buch des Propheten Jeremia, 287. "Jeremia redet hier aus eigener Erfahrung."

5:12-14). 이것은 얼핏 보면 모든 인류에게는 억울한 일처럼 여겨진다. 그러나 다시 생각해 보면, 구원도 이와 동일한 언약의 원리로 인류에게 찾아오게 되었으니, 결과적으로 그것은 크나큰 은혜의 방편이 되었다고 말할 수 있다. 우리는 우리 자신이 잘나서 구원받는 것이 아니라, 우리를 대표하시고 대신하시는 둘째 아담이신 예수 그리스도 때문에 구원받는 것이다. 참으로 놀라운 은혜가 아닐 수 없다! 타락한 천사들은 이런 은혜를 받지 못하였다.

2. 하나님의 언약은 그의 백성에게 중생을 약속하였으니 그것이 복이다.

1) 본문 33절에 말하기를 "내가 나의 법을 그들의 속에 두며 그들의 마음에 기록하여 나는 그들의 하나님이 되고 그들은 내 백성이 될 것이라"라고 하였다. 이 말씀은 하나님께서 성령의 능력으로 그의 백성을 거듭나게 하실 것을 가리킨다. 사도 바울이 이와 같은 일을 염두에 두고 말하기를, "너희는 우리로 말미암아 나타난 그리스도의 편지니 이는 먹으로 쓴 것이 아니요 오직 살아 계신 하나님의 영으로 쓴 것이며 또 돌판에 쓴 것이 아니요 오직 육의 마음판에 쓴 것이라"라고 하였다(고후 3:3). 중생(거듭남)이라는 말은 이렇게 우리 심령에 새로워지는 사건이 일어나리라는 것을 가리킨다. 다시 말하면 이것은 성령께서 인생들을 찾아오셔서 그들과 영원히 함께 거하심으로써 그들의 인격이 새로운 방향으로 변화되는 것을 의미한다. 말하자면 ① 전에는 마귀를 향하여 살아가던 사람이 이제부터는 하나님을 향하여 살아가게 되는 역사가 일어나는데, 이것이 새로워진 결과이고, ② 중생한 자에게는 하나님의 성령이 영원토록 함께하시는데, 이것 역시 새로워진 결과다. 이제부터 하나님은 그의 하나님이 되시고 그는 하나님의 백성이 된다(33하). 본문에서는 이렇게 변화된 관계를 가리켜 하나님을 아는 것이라고 말한다(34절). 이것이야말로 죽었던 자가 다시 살아난 것과 마찬가지로 놀라운 사건이다. 죽은 자의 특징은 아무것도 알지 못한다는 것인데, 이제 그가 하나님을 안다

고 말한다는 것은 그가 새 생명을 얻었음을 의미한다.

2) 중생한 자가 하나님을 알게 되는 이유는 본문에서 이미 설명한 것처럼 (33절) 하나님께서 그의 마음속에 말씀을 기록하셨다는 사실 때문이다. 여기서 다시 한번 중생의 의미를 세세히 밝혀보자면, 중생한 자는 ① 하나님의 말씀을 깨닫게 되고, ② 말씀을 깨달음으로써 하나님을 아는 데까지 이르며, ③ 이러한 깨달음은 그의 마음속에서부터 성령으로 말미암아 주어지는 것이다. 이런 의미에서 본문도 말하기를, "그들이 다시는 각기 이웃과 형제를 가리켜 이르기를 너는 여호와를 알라 하지 아니하리니"라고 하였다(34절). ④ 하나님을 안다는 말은 무엇을 의미하는가? 그것은 우리의 죄를 대속하여 주시는 하나님을 안다는 뜻이다. 중생한 자는 회개하고 사죄함을 얻는 속죄의 사랑을 받는 것으로부터 하나님을 아는 지식이 시작되며, 회개를 많이 할수록 더욱 밝히 하나님을 알게 된다. 사죄의 은총을 베푸시는 하나님을 알게 되는 것이야말로 하나님을 아는 참된 지식이다. 왜냐하면 인간은 죄인이라는 것이 확실하고 하나님은 절대적으로 거룩하시다는 것이 확실하니, 하나님과 우리의 관계가 죄 사함에서 출발하지 않는다면 우리는 하나님을 알 길이 없기 때문이다. 그러므로 본문에서 말하는 것처럼, "내가 그들의 악행을 사하고 다시는 그 죄를 기억하지 아니하리라"라고 하셨던 것이었다(34절).

사죄하시는 하나님을 알게 된 자들은 얼마나 행복한 자들인가! 그들은 죄 사함도 받고 하나님도 알게 된 것이다. 이 두 가지 사실은 천하보다 귀하다.

설교 ▶ 죄 사함을 받음에 대하여(33-34절)

1. 인생의 목적이 무엇인가?

사람이 이 세상에서 살아가는 목적은 육체의 쾌락을 누리기 위함이 아니라 오직 하나님을 알고 그를 즐거워하기 위한 것이다. 오로지 육체적 쾌락만을 위하는 것은 짐승의 생활과 다름이 없다. 그렇다면 하나님을 알고 하나님을 즐거워하는 삶이란 무엇인가? 그것은 본문 말씀에서 보여주는 것처럼 "나는 그들의 하나님이 되고 그들은 내 백성이" 되는 삶이다. 이것이 바로 사람이 하나님을 알고 그를 즐거워하는 삶이 가리키는 의미다. 또한 "작은 자로부터 큰 자까지 다 나를 알기 때문이라"라고 하신 말씀도 하나님을 아는 지식에 관한 말씀이다. 하나님을 참으로 아는 것이 구원이다. 그런데 사람이 하나님을 알게 되는 일은 사람 편에서 쉽사리 이룰 수 있는 것이 아니다. 시편 14:2-3에 말하기를, "여호와께서 하늘에서 인생을 굽어살피사 지각이 있어 하나님을 찾는 자가 있는가 보려 하신즉 다 치우쳐 함께 더러운 자가 되고 선을 행하는 자가 없으니 하나도 없도다"라고 하였다. 이렇게 하나님을 바로 아는 것은 희귀한 일이다. 그러므로 잠언 1:7에 말하기를, "여호와를 경외하는 것이 지식의 근본이거늘 미련한 자는 지혜와 훈계를 멸시하느니라"라고 하였다. 사람들이 이렇게 하나님을 아는 지식이 없는 채로 만족을 얻으려고 하나 매번 실패하고 만다. 죄악이 많고 소망 없는 이 세상에서 우리는 무엇으로 만족을 누리며 살아갈 수 있을까? 무엇이든지 붙잡아 보면 결국은 모두 다 유감스러운 일밖에 남는 것이 없다. 어떤 사람들이 사막을 여행하다가 음식을 구하지 못해 굶주려 죽을 지경이 되었다. 그들이 사막에서 큰 자루를 하나 얻었는데, 혹시라도 먹을 것이 들어 있는가 하고 들여다보았는데 그 안에는 커다란 진주가 가득하였다. 그러나 사막에서 굶주림으로 죽게 된 그들에게는 아무리 값비싼 진주라도 소용이 없었다. 그와 마찬가지로 사람을 영원히 만족시킬 수 있는 것은 이 세상에 하나도 없다. 우리에게 영원한 만족을 가져다줄 수 있는 것은 오직 하나님의 말씀뿐이다. 그러므로 아모스 8:11에 말하기를, "내가 기근을 땅에 보내리니 양식이 없어 주림이 아니며 물이 없어 갈함이 아니요 여호와의 말씀을 듣지 못한 기갈이라"라고 하였다.

2. 하나님을 아는 자들이 많아지는 때는 언제인가?

여기 본문 말씀을 보면 하나님을 아는 자들이 많아지는 시대가 있다고 말씀한다. 요컨대 "이는 작은 자로부터 큰 자까지 다 나를 알기 때문이라"라고 하였다(34절). 그렇다면 어떻게 해서 이처럼 복된 일어나게 된 것인가? 그것은 아래 이어지는 말씀에 설명되어 있는데, 히브리어 원문에는 이어지는 하반절 첫머리에 "왜냐하면"(כִּי)이라는 이유 접속사가 있다. 하반절 말씀은 "내가 그들의 악행을 사하고 다시는 그 죄를 기억하지 아니하리라 여호와의 말씀이니라"라는 구절이다. 여기서 "왜냐하면"이라는 접속사로 미루어볼 때 죄 사함을 받는 것이 곧 하나님을 알게 되는 원인이 된다는 뜻이 된다. 죄는 우리를 하나님으로부터 멀리 떼어놓고 우리의 심령이 어두워지게 만드는데, 그러한 죄를 용서받지 않고서는 그 누구도 하나님을 아는 행복에 도달할 수 없다. 그렇다면 어떤 자가 사죄받을 수 있는가? 자기 죄를 회개하고 예수 그리스도를 믿는 자만이 사죄의 은총을 받을 수 있다. 사죄받는 일은 이처럼 오직 믿음으로만 이루어지는 것이기 때문에 사실상 너무나 용이한 것이며 따라서 수많은 사람이 하나님을 아는 자리에 도달할 수 있는 것이다. 예수 그리스도를 믿는 일이 용이한 것이라고 말할 수 있는 근거는 무엇인가?

1) 그것은 여기 계시된 예수 그리스도로 말미암는 사죄가 하나님의 말씀을 통하여 약속되었기 때문이다. 33절에도 말하기를, 이것이 하나님께서 "이스라엘과 맺을 언약"이라고 하였고, 34절 끝에서는 이것이 "여호와의 말씀"이라고 하였다. 하나님의 약속과 그의 말씀의 진실성은 천하보다 견고한 것이다. 상대방이 진실한 사람일수록 우리는 그의 말을 쉽게 믿을 수 있다. 그러므로 누구든지 회개하고 하나님의 약속을 믿음으로써 사죄의 은총을 받아야 한다. 우리가 범한 죄는 우리의 몸을 괴롭히며, 우리의 환경을 기쁘지 않게 변화시켜버리며 우리의 양심에 고통을 가져다주고 우리가 영원토록 하나님을 떠난 자로서 비탄 가운데 머무르게 만들어버린다. 하나님께 우리의

죄를 용서받는 것보다 요긴하고 시급한 일이 어디 있겠는가!

2) 죄를 용서받는 일은 하나님의 무한하신 자비에 근거하여 이루어지는 것이기 때문에 사람들이 어려움 없이 거기 참여할 수 있으며, 또한 거기 참여하는 자들의 숫자가 많을 수 있다. 하나님께서 아브라함에게 약속하신 대로 죄를 용서받고 구원에 참여하는 자들의 숫자가 밤하늘의 별과 같이 많고 바닷가의 모래와 같이 많을 것이다(창 15:5; 22:17). 하나님의 자비는 무한하시므로 죄 용서를 위한 길도 그만큼 크게 열려 있다. 누구든지 예수 그리스도를 믿기만 하면 이러한 행복에 참여하게 된다. 다만 한 가지 우리가 기억해야 할 것은 누구든지 믿는 일에 있어서 진실해야 한다는 것이다. 진실은 믿음의 생명이며 필수불가결한 것이다. 왜냐하면 진실이 없는 것은 믿음이 아니기 때문이다. 우리 모두 믿음으로 죄를 용서받고, 하나님을 알고, 그를 즐거워하는 행복한 삶을 살아가자.

35-36 여기서는 하나님께서 앞에서 약속하신 대로 그의 백성을 영원히 버리지 않으시리라는 사실을 강력하게 보장해준다. 요컨대 "**해**"와 "**달**"과 "**별들**"이 하나님의 규정에 따라 언제나 그들의 사명을 다하고 있으며, "**바다**"의 "**파도**"도 규정에 따라 변함없이 밀물과 썰물을 반복하는 것처럼 하나님께서는 그의 백성을 버리지 않으신다는 것이다. 다시 말해 "자연 질서에 변동이 없는 것처럼, 역사상에 나타난 하나님의 구원 질서도 그의 손안에서 든든히 이루어져 간다"는 것이다.[69] 우리는 자연 계시를 통해서도 하나님의 진실성을 깨달을 수 있다. 우리는 이러한 영역에서도 하나님을 찬송할 근거를 발견할 줄 알아야 한다.

---

69) Artur Weiser, Das Buch des Propheten Jeremia, 289. "Wie die Ordnung der Natur, so ruht auch Gottes Heilsordnung in der Geschichte fest in seiner Hand."

37 여기서도 또다시 하나님께서 그가 택하신 백성 **"이스라엘"**을 그들의 죄로 말미암아 버리지 않으시리라는 사실을 다른 방식으로 보장하신다. 말하자면 "하늘과 땅"("**땅의 기초**")은 사람들이 측량하기가 불가능한 것인데, 만일 누군가가 "**하늘을 측량할 수 있으며 밑에 있는 땅의 기초를 탐지할 수 있다면**" 하나님께서도 그의 백성을 버리실 수 있다는 것이다. 이 말씀은 물론 하나님께서 그의 백성을 결단코 버리지 않으실 것이라는 뜻이다.

38 **보라, 날이 이르리니 이 성은 하나넬 망대로부터 모퉁이에 이르기까지 여호와를 위하여 건축될 것이라 여호와의 말씀이니라.** 여기서부터는 유다 민족이 바벨론에 포로로 잡혀갔다가 다시 돌아와서 재건할 성전에 대하여 말한다. 예레미야가 예언하던 당시에는 아직 성전이 무너지지도 않았는데 그는 이처럼 앞날을 겹겹이 내다보고 예언하는 것이다. 그는 장차 성전이 무너질 것이며 백성들은 이방 땅에 사로잡혀 갔다가 하나님의 은혜로 다시 돌아와 성전을 재건하게 될 것을 내다보았다.

"하나넬 망대"(מִגְדַּל חֲנַנְאֵל)는 예루살렘 성벽의 동북쪽 모퉁이에 자리 잡고 있었으며(느 3:1; 슥 4:10), "모퉁이"(שַׁעַר הַפִּנָּה)는 예루살렘 도성 서북쪽을 가리킨다(왕하 14:13; 대하 26:9). 본 절은 장차 재건될 예루살렘 성의 북쪽 전면에 대해 간략하게 진술한다.

39 **측량줄이 곧게 가렙 언덕 밑에 이르고 고아로 돌아.** "측량줄"은 예루살렘을 재건할 때 사용될 도구 가운데 하나였다. "가렙 언덕"과 "고아"는 어디인지 알 수 없으나 문맥으로 보아 예루살렘 서쪽에 있었던 듯하다. 이것은 그 당시에 예루살렘 도성을 더욱 확장할 것이라는 양적 의미보다는, 그 도성을 이전보다 거룩하게 하리라는 질적 의미를 내포하고 있다.

40 **시체와 재의 모든 골짜기와 기드론 시내에 이르는 모든 고지 곧 동쪽 마문의 모퉁이에 이르기까지 여호와의 거룩한 곳이니라 영원히 다시는 뽑거나 전복하지 못할 것이니라.** "시체와 재의 모든 골짜기"라는 표현은 힌놈의 아들의 골짜기를 가리키며(왕

하 23:10; 렘 7:32-33; 19:11-13), "기드론 시내"는 예루살렘의 동쪽 외곽을 둘러싸고 있는 협곡이다(왕하 24:4). "마문"은 예루살렘 성전의 동남쪽에 있다.

"여호와의 거룩한 곳이니라 영원히 다시는 뽑거나 전복하지 못할 것이니라." 이 구절을 보면 위의 38-40절 말씀은 유다 민족이 바벨론에서 해방되어 돌아와 예루살렘을 재건한 것으로는 완전히 성취되었다고 말할 수 없다. 이것은 오히려 예수 그리스도로 말미암는 신약 시대의 구원 운동을 통하여 최종적으로 성취되었다고 볼 수 있다. 스가랴 14:11을 참조하라.

| 설교자료

1. 누구든지 하나님을 자기 하나님으로 모시고 그의 백성이 되었다면 그것보다 더한 행복은 없다. 그것은 영원한 생명이요 영원한 기업으로서 우리에게 영원무궁토록 만족을 주는 것이다(1절).

2. 하나님은 그의 백성을 사랑하시되 영원무궁토록 사랑하신다. 그러므로 그의 택하심을 받아 그의 백성이 된 자는 언제든지 평안을 누리며 하나님께 감사할 수밖에 없다(3절). 시편 136편을 참조하라.

3. 하나님을 즐거워하는 자는 절로 춤이 나올 만큼 커다란 기쁨을 누리는 자들이다. 특별히 성도가 어떤 일을 당하든지 하나님께서 세워 주시는 은혜를 받을 때 더욱 그러하다. 하나님께서 그의 편이 되셔서 그를 위해 주시는데 누가 감히 그를 대적하겠는가(4절)! 로마서 8:31-39을 참조하라.

4. 하나님께서 우리를 도와주실 때는 우리에게 있는 부족함 결점, 또는 어찌할 수 없는 불리한 조건이 하나도 문제 될 것이 없다. 하나님께서는 때때

로 그에게 교만하게 덤벼드는 강한 자들을 부끄럽게 만드시기 위하여 가장 약한 자들을 세워 주신다(8절). 고린도전서 1:26-29을 참조하라.

5. 하나님의 말씀은 한 모퉁이에서 조용히 전파해야 하는 떳떳하지 못한 말씀이 아니라 만방에 널리 전파하여 세상 사람들에게 그 성취를 목격하고 증언하라고 도전할 수 있는 말씀이다(10절).

6. 하나님의 은혜를 계속하여 받는 자의 심령은 물 댄 동산과 같다. 12절 해석을 참조하라.

7. 사람은 비록 현재에는 부러워할 만한 모습을 갖추지 못했다 하더라도 미래에는 좋은 결과를 낳을 수 있는 것을 선택해야 한다. 그것이 하나님께서 인생을 향하여 품으시는 소원이다. 그는 신자들을 위하여 좋은 것은 미래를 위하여 남겨 두시고, 그들이 하나님께 소망을 품도록 계획하셨다(17절). 시편 31:19, 39:7과 로마서 8:24-25을 참조하라.

8. 신자들이 비록 죄를 깨달아서 회개한다고 하지만 그들은 아직도 멍에에 익숙하지 못한 송아지와 같은데, 우리는 그러한 사실을 깨닫고 언제나 하나님의 도우심을 바라보며 믿음을 지켜야 한다(18절). 다시 말해 신자는 언제든지 자기의 힘으로 의를 이룰 것처럼 착각하지 말고, 오직 두렵고 떨림으로 하나님의 도우심을 입어 순종하는 삶을 살아야 한다(참조. 빌 2:12-13).

9. 하나님으로부터 멀리 떠난 자는 다시 그에게로 돌아가야 한다는 사실을 잊지 말아야 한다(21-22절).

10. 하나님께서 함께하여 주시면 우리는 단잠을 잘 수 있다(26절; 참조. 시 2:5; 127:2).

11. 하나님은 그가 말씀하신 일을 한치도 틀림없이 이루어 주신다. 그는 졸지도 않으시고 주무시지도 않으며(시 121:4), 그가 말씀하신 내용을 털끝만큼도 빠뜨리지 않으시고 그대로 다 이루신다(28절).

12. 사람은 누구든지 남을 원망하지 말고 자기의 죄책을 자기가 짊어져야 한다(29-30절).

13. 천지의 주재이신 하나님께서 티끌과 같은 우리 인생을 찾아오셔서 우리와 언약을 맺으셨다는 것은 말할 수 없이 큰 은혜다. 31-34절 본문 해석에 이어지는 설교("하나님의 언약에 참여하는 행복")를 참조하라.

14. 우리는 자연계를 관찰하면서 거기에서도 하나님과 관계된 신령한 진리들을 발견할 수 있어야 한다. 성도는 자연계에서도 하나님의 영광을 보고 두려워하기도 하며, 기뻐하기도 하며, 하나님을 향한 믿음을 더욱 굳건하게 세우기도 한다(35-37절).

15. 그리스도의 보혈로 말미암아 이루어지는 구원 운동 앞에서는 "시체와 재의 모든 골짜기"와 같은 흉악한 인생들도 성화될 수 있다(40절). 이 같은 구원 운동은 최종적이고 영원한 것이므로 그것은 인생의 영혼 깊은 곳에 뿌리를 내리고서 출발하는 것이다. 그것은 한마디로 사람들이 심령에 중생의 은혜를 받아 영원히 망하지 않는 영생을 얻는 운동이다(참조. 요 6:37, 40, 44; 10:28-29). 그러므로 본문에 말하기를, "영원히 다시는 뽑거나 전복하지 못할

것이니라"라고 하였다. 이것은 스가랴 14:20-21에 기록된 말씀과도 일맥상통한다. 거기서 말하기를, "그 날에는 말 방울에까지 여호와께 성결이라 기록될 것이라 여호와의 전에 있는 모든 솥이 제단 앞 주발과 다름이 없을 것이니 예루살렘과 유다의 모든 솥이 만군의 여호와의 성물이 될 것인즉 제사 드리는 자가 와서 이 솥을 가져다가 그것으로 고기를 삶으리라 그 날에는 만군의 여호와의 전에 가나안 사람이 다시 있지 아니하리라"라고 하였다.

제 32 장

✤ 내용분해

1. 예레미야가 옥에 갇힘(1-5절)
2. 밭을 구매하는 행동을 통해 이스라엘의 귀국에 대한 소망을 가르쳐 보여줌(6-15절)
3. 밭을 구매한 일이 가리키는 뜻을 상세히 탐문하는 기도와 하나님의 응답(16-44절)

✤ 해석

1 유다의 시드기야 왕 열째 해 곧 느부갓네살 열여덟째 해에 여호와의 말씀이 예레미야에게 임하니라. 여기서도 기독교의 계시는 역사성을 생명으로 한다는 사실이 드러난다. 다시 말해 선지자에게 임한 하나님의 말씀은 실체 없는 허망한 상상과 같이 연대기적인 제한 없이 임하는 것이 아니라는 뜻이다. 여기서도 예레미야에게 하나님 말씀이 임한 시기가 유다의 연대기와 바벨론의 연대기를

사용하여 이중적으로 명확하게 묘사되어 있다.

2 그 때에 바벨론 군대는 예루살렘을 에워싸고 선지자 예레미야는 유다의 왕의 궁중에 있는 시위대 뜰에 갇혔으니. 이제 예레미야가 예언했던 말씀이 그대로 성취되어 바벨론 군대가 예루살렘까지 진군하여 성을 포위하였다. 그런 상황에서도 유다의 지도자들은 예레미야를 박해하고 감금하였다. 이것을 보면 그들은 영적으로 시각장애인이며 극도로 악한 자들이었음이 드러난다. 그들은 선지자 예레미야의 예언이 그대로 성취되는 것을 목격하고서도 선지자를 박해한 것이다.

3-5 이 구절들은 그 당시에 예레미야가 시위대 뜰에 갇히게 된 이유를 보여준다. 그것은 다름 아니라 그가 바벨론의 느부갓네살 왕이 유다를 점령하게 될 것이며 시드기야 왕이 바벨론에 포로로 잡혀갈 것이고 유다 민족이 마침내 패배할 것이라고 예언하였기 때문이다. 하지만 이것은 예레미야가 그의 동족 유다 백성들과 그의 나라를 싫어하고 미워하여서 개인적인 감정으로 선포했던 저주가 아니었다. 그는 다만 그 자신도 말하고 싶지 않은 일들을 하나님 앞에서 그가 받은 사명으로 말미암아 불가피하게 계시의 말씀을 직언한 것이었을 뿐이다(참조. 20:7-9). 이것은 물론 그 당시에 시드기야 왕을 비롯하여 유다의 정치와 종교 지도자들이 회개하도록 하려는 충언이었다. 그러나 예레미야 시대 유다의 지도자들은 하나같이 악한 자들이었기 때문에 이처럼 충직한 하나님의 종을 오히려 박해하였다. 언제나 악한 통치자가 출현하게 되면 간신들은 활개를 치고 충신들은 박해받는 법이다.

입이 입을 대하여 말하고 눈이 서로 볼 것이며. 이 말씀은 시드기야 왕이 바벨론으로 끌려가서 느부갓네살 왕의 목전에 서게 되리라는 예언이다. 34:4을 참조하라.

시드기야는 내가 돌볼 때까지 거기에 있으리라. 이 말씀은 하나님께서 시드기야 왕의 영혼을 불러 가시는 때까지 바벨론에 있으리라는 뜻이다.

6-15 이 부분의 말씀은 예레미야가 시위대 뜰에 감금되어 있던 동안에

그가 하나님으로부터 받았던 계시를 따라 행동 예언을 수행한 것을 묘사한다. 하나님의 말씀은 매이는 법이 없다(딤후 2:9). 감옥에 갇힌 예레미야에게도 하나님의 말씀은 임하였고 그로 말미암아 그는 감옥 안에서도 여전히 선지자로 사역하였다. 이때 예레미야가 했던 행동 예언은 하나님의 계시에 따라 그의 사촌에게서 **"밭을 사는데 은 십칠 세겔을 달아 주"**는 것이었다(9절). 이것은 유다 나라가 바벨론으로 인하여 패망한 후에도 반드시 그들이 포로로 잡혀갔던 바벨론 땅에서 다시 고국으로 돌아와 본토에서 토지를 사고파는 평안한 시절이 도래할 것을 보여주는 것이다. 예레미야의 이 같은 행동 예언을 통하여 우리가 깨달을 수 있는 몇 가지 영적 교훈이 있는데, ① 선지자는 하나님과 동행하기 때문에 폐허 가운데서도 하나님의 능력으로 말미암는 복된 재건의 날을 내다볼 수 있다는 점이다. ② 선지자의 예언 행동은 어디까지나 신앙으로 시작하여 신앙으로 마무리된다는 점이다. 달리 말하자면 그의 신앙은 하나님의 말씀을 유일한 근거로 삼는다는 뜻이다. 그는 하나님의 말씀이라면 그것은 어디까지나 신뢰할 수 있는 것임을 알았다. 8절 첫머리에 있는 **"여호와의 말씀과 같이"**(כִּדְבַר יְהוָה)라는 문구와 8절 끝자락에 있는 **"이것이 여호와의 말씀인 줄 알았으므로"**(וָאֵדַע כִּי דְבַר־יְהוָה הוּא)라는 문구가 그의 행동에 근거를 제공하는 말씀이었다.

이 점에 있어서 우리는 캠벨 모건(Campbell Morgan)이 했던 발언을 기억한다. 그는 예레미야의 담대하고 신앙적인 행동에 대하여 다음과 같이 평하였다. ① 그처럼 어두운 시대에도 예레미야는 하나님께서 주신 확실한 광명, 말하자면 하나님의 계시에 의존하여 행동하였다는 것이다(8-10절). 물론 예레미야는 하나님께서 말씀하신 대로 그의 사촌 하나멜이 찾아와서 그에게 밭을 사라고 하였으므로 그것이 분명한 하나님의 뜻인 줄로 확신하고 순종하여 그의 밭을 샀던 것이었다. 신앙은 맹목적인 행동이 아니고 하나님께서 계시하시는 그의 의지를 분별하는 지성적인 행동이다. ② 예레미야는 하나님의 뜻을 질문하여 깨닫고자 하는 자세를 잃지 않았다는 것이다(16-25절). 신앙은 일종의 모험이기 때문에, 신자 자신의 마음속에 그가 선택하고 수행하는 행동에 대해서도 완전히 이해하지 못하는 부분들이 있다는 것이다. 그렇다고 해서 마음속에 하나님의 뜻에 대하여 의구심을 갖는다는 말은 아니다.

이 기업을 무를 권리가 네게 있느니라(7절). 여기서 "기업을 무를 권리"라는 문구의 히브리어 표현(מִשְׁפַּט הַגְּאֻלָּה)은 "기업을 물러서 소유할 권리"를 뜻한다. 레위기의 율법에 따르면, 제사장 가문에 속한 자는 땅을 매매할 때 자기 가문 사람에게만 팔 수 있었다(레 25:32-34).

여호와의 말씀과 같이(כִּדְבַר יְהוָה)(8절). 이 말씀은 이때 일어난 일련의 사건들을 통하여 예레미야가 하나님에 대한 신앙을 더욱 공고하게 할 수 있었음을 시사한다(7절). 하나님께서 말씀하셨던 대로 과연 그의 사촌 하나멜이 실제로 그를 찾아와서 밭을 사라고 하였으므로 그는 신앙적인 행동의 연장선상에서 그의 밭을 샀던 것이었다. 하나님은 사람의 눈에 보이지 않으신다. 따라서 사람들은 하나님을 보고서 그를 믿게 되는 것이 아니라 그가 주시는 말씀이 지닌 초자연적인 진실성과 영적 감흥으로 말미암아 그를 믿게 되는 것이다. 하나님의 말씀은 이처럼 불신앙적인 심리도 녹여버리고 그의 마음에 신앙을 불러일으키는 권세를 가지고 있다.

십칠 세겔(9절). 이것은 노동자의 2개월 월급에 해당한다.

봉인하고 봉인하지 아니한 매매 증서를 내가 가지고(11절). 이것은 예레미야가 하나멜에게서 밭을 샀다는 증서 두 장을 만들어서 하나는 봉인하고 하나는 봉인하지 않았다는 말이다. "봉인"한 증서는 아무도 그 내용에 손대지 못하도록 영구히 보존하기 위한 것이며, "봉인하지 아니한" 증서는 누구에게나 보이기 위한 문서로 작성된 것이다. 예레미야가 이렇게 문서를 두 장씩 작성했던 것은 그 당시에 통용되던 매매의 법규에 따른 것이었다. 이것을 보면 신앙의 행위는 인간 생활의 특정 부분에만 관계하는 것이 아니라, 토지를 매매하는 일과 같이 사람들이 일상적으로 행하는 평범한 모든 활동에 관계되는 것임을 알 수 있다. 그러므로 펠드캄프(Veldkamp)는 말하기를, "그리스도인은 평범한 일도 신앙으로 행하기 위하여 은혜를 받아야 한다"라고 하였다.[70]

바룩(ברוך)(12절). 그는 공증 대서인과 같은 어떤 공직자는 아니고, 선지자 예레미야의 젊은 친구로서 그의 서기 역할을 하였을 것이다. 36장을 참조하라.

토기에 담아 오랫동안 보존하게 하라(14절). "토기"(בכלי־חרש)는 습기를 막아주는 역할을 하였기 때문에 문서를 장기간 손상 없이 보관하기 위한 저장장치로 사용되었다.

사람이 이 땅에서 집과 밭과 포도원을 다시 사게 되리라(15절). 말하자면 예레미야가 밭을 사고 매매 증서를 토기에 담아 영구히 보존한 것과 같이, 마침내 유다 사람들이 바벨론으로부터 돌아와서 안정적인 사회를 이루고 토지를 매매하는 일도 정상적으로 이루어질 것이라는 뜻이다.

16-25 이 부분에서 예레미야는 하나님께 의문을 표한다. 한마디로 이제 잠시 후에는 바벨론 사람들이 유다 땅을 점령하게 될 것인데, 하나님께서는 무슨 의도로 그에게 그 땅에서 밭을 사라고 명령하셨는지 질문한 것이다. 그는 기도하는 가운데 먼저 하나님의 권능과 공의에 대한 신앙을 고백한 후에 (16-24절), 그의 기도 끝자락에 이르러 그가 품은 의문을 토로하였다. 이것이 성도가 기도할 때 취해야 할 올바른 자세다.

설교 ▶ 성도는 하나님을 믿고 그를 더욱 신뢰하기 위하여 진리를 탐구한다(16-25절)

성도는 결단코 불신하려는 마음가짐으로 하나님에 대하여 의문을 품는

---

[70] Veldkamp, Een Dubbelleven, 139. "Maar hij ontvangt de genade om 'gewoonm' te doen."

법이 없다. 예레미야는 믿음으로 진리 탐문의 기도를 시작한다. 그의 믿음은 앞에서 이미 언급했던 것과 같이 하나님의 권능과 은혜와 공의를 믿는 믿음이었다. 우리가 그의 믿음을 가리켜 참된 믿음이라고 말할 수 있는 이유는 그가 옥고를 치르는 가운데서도 그러한 믿음을 지켰기 때문이다. 그가 수비대 뜰에 갇혀서 고생하는데도 불구하고 하나님께서는 권능을 나타내셔서 그를 구원하시지 않으셨다. 그런데도 그는 하나님에 대한 믿음을 잃지 않았다. 참으로 믿음은 환난의 물결을 지나서야 비로소 굳건하게 세워지는 기회를 얻는 법이다. 신자들이 평안할 때는 믿음이 있다고 말하기도 하고 믿기 위해서 애쓰기도 한다. 그러나 주지하는 것처럼 평안할 때의 믿음은 그림 속에 그려진 아름다움 그림처럼 아직은 관념적인 믿음에 그치기 쉬운데, 물론 모든 경우에 그렇다는 말은 아니다. 신자가 스스로 맛을 느낄 수 있을 만큼 뚜렷한 믿음은 환난을 거치면서 얻어지는 법이다. 흰 글씨는 검은 바탕에 쓰고, 검은 글씨는 흰 종이에 쓰는 법이다. 그와 같이 믿음이 정상적으로 발휘되는 좋은 기회는 평안한 시기가 아니라 환난의 시기라고 말할 수 있다. 물론 그렇다고 해서 평안한 시기에는 참된 믿음을 가질 수 없다고 말하는 것은 아니다.

예레미야가 그런 환난의 시기에 하나님의 권능과 은혜와 공의를 더욱 신뢰하게 된 원인은 어디 있었는가? 그것은 말할 필요도 없이 앞의 8절에서 이미 확인할 수 있는 것처럼 그의 신앙이 하나님의 말씀이 지닌 진실성에 토대를 둔 것이었기 때문이다. 본문에서 "여호와의 말씀과 같이"(כִּדְבַר יְהוָה)라는 표현이나 "이것이 여호와의 말씀인 줄 알았으므로"(וָאֵדַע כִּי דְבַר־יְהוָה הוּא)와 같은 표현들은 예레미야의 신앙이 무엇에 근거하고 있는지를 잘 보여준다. 여호와의 말씀이 지닌 진실성이 그처럼 그의 마음을 완전히 지배하였고, 그에게 사모하는 마음과 즐거워하는 마음을 가져다주었으며, 여호와를 온전히 신뢰할 수 있게 해주었다. 시편 기자가 하나님의 말씀을 가리켜 "꿀과 송이꿀보다 더 달다"라고 노래할 수 있었던 것도 하나님의 말씀이 지닌 진실성 때문일 것이다(시 19:10). 하나님의 말씀이 지닌 진실성과 풍미와 아름다움이 우리의 심령을 적실 때 우리는 마음속 깊은 곳에서 하나님을 찬송하며 기쁨으로 그를 신뢰할 수 있는 것이다.

1. 여호와의 권능에 대한 신앙

본문 17절에 말하기를, "슬프도소이다 주 여호와여 주께서 큰 능력과 펴신 팔로 천지를 지으셨사오니 주에게는 할 수 없는 일이 없으시니이다"라고 하였는데, 우리말 성경에서 "슬프도소이다"라고 번역된 히브리어 감탄사 "아하"(אֲהָהּ)는 반드시 비탄의 의미를 내포하고 있는 것이 아니라 일반적 탄성을 표현하는 것일 수도 있다. 신자가 하나님의 권능에 대해 상고할 때 그가 천지와 만물을 창조하신 사건보다 더 큰 것을 상상하기는 어렵다. 그러므로 시편 121:1-2에 말하기를, "내가 산을 향하여 눈을 들리라 나의 도움이 어디서 올까 나의 도움은 천지를 지으신 여호와에게서로다"라고 하였다.

2. 하나님의 은혜를 믿음

본문 18절에 말하기를, "주는 은혜를 천만인에게 베푸시며"라고 하였다. 여기서 "천만인에게"(לַאֲלָפִים)라는 용어는 많은 숫자의 사람들을 가리킨다. 은혜는 소수의 몇몇 사람에게만 주어지는 것이 아니고 수많은 사람에게 주어지는 것이며, 그런 이유에서 은혜라고 할 수 있는 것이다. 만일 우리가 하나님의 은혜를 몇몇 사람에게만 전매특허처럼 주어지는 것으로 여긴다면 우리는 하나님의 위대하신 경륜을 크게 오해한 것이다.

3. 하나님의 공의를 믿음

18절에 다시 말하기를, "아버지의 죄악을 그 후손의 품에 갚으시오니"라고 하였다. 우리가 이 말씀을 대할 때 하나님께서 무죄한 자들에게까지 조상들이 치러야 할 죄의 대가를 떠넘기시는 것은 부자연스러운 일이 아닌가 하고 오해해서는 안 된다. 하나님께서 이렇게 하시는 것은 자연스러운 일이다. 왜냐하면 ① 아비와 그의 자손들은 육신의 원리에 있어서는 한 몸이니만큼 조상의 죄가 자손들에게까지 영향을 미칠 수 있기 때문이다. ② 하나님은 온전히 성결하시며 모든 성결의 근원이시다. 또한 성결은 죄를 용납하지 않고 징벌하는 본성을 지니고 있다. 그러므로 이처럼 성결하신 하나님께서 죄를 벌하시는 것은 자연스러운 일이며 결단코 전제적인 폭거가 아니다. 이것은 물이 아래로 내려가는 일과 같으며 불꽃이 마른 장작을 태우는 일과 같은 것이다. 그러나 우리가 여기서 기억할 것은 하나님께서 진노 중에도 긍휼을 베푸신다는 사실이다(합3:2). 다만 여기서는 예레미야가 하나님의 진노에 대해서만 집중하여 말씀하면서 그가 베푸시는 긍휼에 대해서는 언급하지 않은 것뿐이다. 하나님께서 죄인을 벌하시는 방법을 우리 인간의 편협한 마음으로 다 측량하기는 어렵다. 칼빈(Calvin)은 하나님의 이와 같은 징벌 행위를 "오묘한 일"이라고 묘사했으며, 또한 우리가 이런 점을 생각할 때 그 앞에서 겸손히 처신해야만 할 것이라고 말하였다. 하나님의 징벌 행위가 이처럼 오묘한 것이기 때문에 예레미야는 말하기를, "주는 책략에 크시며 하시는 일에 능하시며 인류의 모든 길을 주목하시며 그의 길과 그의 행위의 열매대로 보응하시나이다"라고 하였다(19절).

이렇게 예레미야는 시위대 뜰에 갇혀 있으면서도 새삼스럽게 그의 신앙을 고백하면서 하나님의 능력과 은혜와 공의에 대한 믿음을 표현하였다. 이제 그는 하나님의 이 세 가지 덕을 이스라엘 백성 가운데서 역사적으로 성취된 사건들을 통해서도 증명하고자 한다. 그는 하나님께서 이스라엘 백성들을 애굽 땅에서 건지시고 약속의 땅 가나안에 정착하여 왕국을 세우게 하시는 역사 가운데서 나타내신 징조와 기사를 통해 하나님의 능력을 예시하는 한편 그 과정에서 보여주신 하나님의 은혜를 증거하고(21-22절), 이스라엘 백성이 하나님께 불순종했을 때 바벨론 군대를 동원하셔서 유다 땅을 점령하게 하신 사건을 들어서 하나님의 공의를 증거하였다(23-24절).

1) 하나님의 덕과 행사를 나타냄에 있어서 이스라엘의 역사를 예로 들어 설명하는 것은 지극히 타당하다. 왜냐하면 하나님께서 특별히 구약 시대에는 이스라엘 백성을 통하여 세계 인류를 위한 계시 운동을 수행하셨기 때문이다. 구약 시대에 하나님의 계시 운동으로 이루어진 이스라엘의 역사는 전 인류에게 등대와 같은 것이었다.

2) 이스라엘을 대상으로 한 하나님의 계시 운동은 모든 인류가 이를 통해 믿음에 이르도록 만드시기 위하여 이루어진 것이었다. 말하자면 하나님의 계시 운동은 언약이라는 체제에 속한 것으로서, 하나님께서 말씀하신 후에는 반드시 그대로 성취하시는 운동이었다. 본문 22절에 말하기를, "맹세하신 바(미리 약속하신 바) 젖과 꿀이 흐르는 땅을 그들에게 주셨으므로"라고 하였고, 24절에는 말하기를, "이 성이 이를 치는 갈대아인의 손에 넘긴 바 되었으니 주의 말씀대로 되었음을 주께서 보시나이다"라고 하였다.

4. 선지자가 하나님 앞에서 마음에 품고 있던 의문을 말함(25절)

선지자가 가지고 있던 의문은 이제 갈대아 사람들이 유다를 점령했는데도 불구하고 하나님께서 선지자에게 유다 땅에 있는 밭을 사라고 하신 이유가 무엇인가 하는 것이었다. 말하자면 유다의 영토가 전부 이방인의 수중에 들어갔는데 이제 와서 땅을 사는 것이 무슨 의미가 있겠는가 하는 의문이다. 그러나 이것은 앞에서 말한 바와 같이 예레미야가 하나님의 행사를 옳지 않게 여기는 태도를 드러낸 것이 아니고, 하나님의 행사라면 무엇이든지 신뢰하는 믿음을 바탕으로 하나님의 뜻을 더 밝히 이해하고자 했던 것뿐이다.

26-44 이 부분에는 앞서 예레미야가 드린 질문에 대한 하나님의 답변이 기록되었다. 하나님의 대답은 한마디로 하나님께는 능치 못하신 일이 없다는 것이다(27절). 그는 이스라엘 민족의 하나님 여호와이실 뿐 아니라 "모든 육체"(כׇּל־בָּשָׂר "콜 바사르") 다시 말해 세계 만민의 하나님도 되시는 무소불능하신 신이시라는 뜻이다.

설교▶ 무소불능하신 하나님(26-44절)

1. 이스라엘을 벌하심에 있어서 무소불능하심(28-35절)

그가 이스라엘을 갈대아 사람들의 손에 붙이셨던 것도 그의 능력으로 행하신 일이었다. 그는 이방의 강대국이었던 바벨론(갈대아)조차도 그의 도구로 사용하신다. 유다 민족이 이와 같은 징계를 받게 된 이유는 그들이 하나님 앞에서 극도로 악을 행하였기 때문이다. 그들이 어느 정도로 악을 행하였는지에 대해 본문 30절에서는 예컨대 "이스라엘 자손과 유다 자손이 예로부터 내 눈 앞에 악을 행하였을 뿐이라"(אַךְ עֹשִׂים הָרַע בְּעֵינַי), 또는 "나를 격노하게 한 것뿐이니라"(אַךְ מַכְעִסִים אֹתִי)라고 표현한다. 여기서 "뿐이라"라고 번역된 "아크"(אַךְ)라는 부정 접속사는 선보다 악을 좋아하여 그리로 기울어지는 그들의 성향을 반영하고 있다. 그들은 이처럼 악을 행하는 일에는 신속하고 강력하였으며, 또한 사실상 악을 자신들에게 가득 채웠던 것이었다. 그렇다면 여기서 말하는 "악"은 무엇을 가리키는 것인가? 그것은 30절에서 묘사하는 것처럼 "그의 손으로 만든 것", 다시 말해 우상을 섬긴 죄악을 의미한다(34-35절). 우리는 이 점과 관련하여 한 가지 의문을 가질 수 있다. 여러 민족 가운데서 오로지 유다 민족만이 여호와 하나님에 대한 계시를 받은 자들이었는데, 어찌하여 그들은 어리석게도 그들의 역사 가운데서 수많은 우상을 섬겼는가 하는 점이다. 이에 대해 우리는 다음과 같이 답할 수 있다. ① 우상숭배는 점술과 마술, 그리고 거짓 예언을 동반한다. 그런데 사람들은 난관에 봉착할 때 그들의 사욕으로 인하여 난제를 재빨리 손쉽게 해결하기를 희망하는 본능이 있다. 이런 본능을 만족시켜줄 수 있다고 약속하는 것이 바로 위에서 말한 점술과 마술, 거짓 예언 등이다. 그러므로 유다 백성들도 사람인지라 흔히 이런 욕심 때문에 우상숭배로 기울어졌던 것이었다(렘 27:9). ② 그 당시 우상숭배의 풍습에는 또한 신전 창기 제도가 포함되어 있었다. 그러므로 많은 사람이 음욕에 이끌려서 이처럼 추잡하고 거짓으로 가득한 종교에 기울어지기도 하였다. ③ 인류 전체는 아담과 하와의 범죄로 말미암아 여호와 하나님을 떠나게 되었다. 한마디로 모든 사람은 그들의 조상들이 하나님 앞에서 죄를 범하여 벌을 받은 결과로 특히 종교적으로 마음이 어두워졌는데 그 결과 그들은 불행하게도 하나님을 모르게 되어버린 것이다(고전 1:21). 자연계에 대한 그들의 지식은 나날이 발전해간다. 그러나 종교에 대한 그들의 지식은 과거에도 유치하였고, 오늘날에도 예수 그리스도께서 세우신 계시 종교의 테두리를 벗어나면 여전히 옛날과 똑같이 유치할 뿐이다. 오늘날 아무리 문명화된 선진국의 국민이라 하더라도 그들의 종교는 고대 원시인들이 지녔던 것과 마찬가지로 여전히 우상숭배 또는 신화주의로 기울어져 있을 뿐이다. 이러한 현상을 보더라도 성경 말씀이 참되다는 사실을 확인할 수 있다. 성경 말씀에 따르면 이 세상이 자기 지혜로는 하나님을 알지 못한다고 하였다(고전 1:21).

    설령 사람이 하나님을 참되게 알 만한 계시의 교훈을 받는다고 하더라도 그들에게 주어진 계시의 말씀에 순종하지 않는 순간 그들은 마음이 어두워져서 우상을 섬길 수밖에 없게 된다. 왜냐하면 참된 계시, 곧 여호와 하나님을 알게 하는 복음의 진리는 하나뿐인데, 그 진리를 신실하게 받아들이고 순종하지 않는 자는 결국 우상을 숭배하는 자가 될 수밖에 없기 때문이다. 빛이 싫어서 떠난 자가 어두움을 피할 길은 없다. 인간은 본성적으로 타율주의, 곧 계시의존주의를 싫어하고 자율주의를 좋아하는데, 이것이 바로 타락한 모든 인생에게서 발견되는 성향이다. 그들은 자율적으로 하나님이 창조하신 피조물을 가지고 자신들의 신을 만들어 섬기며, 결국은 자기 자신을 섬기게 되는데, 이것이 바로 신화주의 혹은 우상숭배다. 이 점에 있어서는 현대인들도 마찬가지다. 오늘날 가장 고차원적인 사색의 형태라고 부를 수 있는 철학조차도 결국 인간이 스스로 만들어낸 사상을 절대적인 기준이자 신으로 숭배하는 신화주의에 불과하다. 고대인이나 현대인을 막론하고 모든 사람이 이러한 신화주의에 참여하고 있는데, 이러한 신화주의를 파괴하는 유일한 무기는 오직 위로부터 계시된 하나님의 말씀뿐이다.

본문 말씀을 보면 유다 사람들이 얼마나 자율적으로 생각하고 행동하는 것을 좋아했으며 하나님의 말씀에 순종하기를 싫어했는지를 알 수 있다. 이러한 사실을 하나님께서는 되풀이하여 말씀하심으로써 강력하게 지적하셨는데, 요컨대 31-32절에서는 "나의 노여움과 분노를 일으켰다"라는 취지의 말씀을 두 차례 반복하셨고, 33절에서는 그들이 하나님의 말씀을 순종하지 않았다는 점을 세 차례나 각각 다른 형태로 말씀하셨는데, 곧 "등을 내게로 돌리고", "얼굴을 내게로 향하지 아니하며", "교훈을 듣지 아니하며"라는 말씀이다. 그리고 34-35절에서는 그들이 얼마나 심하게 우상숭배의 죄악에 빠졌는지를 지적하신다. 하나님께서는 그가 주신 계시를 따라서 하나님을 섬기지 않고 인간의 자율적인 생각으로 자신이 만든 거짓 신을 섬기는 그들의 어리석음을 꾸짖으신다. 하나님께서는 그들의 행위가 어디까지나 신본주의가 아니라 자율주의라는 의미에서 말씀하시기를, "그들이 이런 가증한 일을 행하여 유다로 범죄하게 한 것은 내가 명령한 것도 아니요 내 마음에 둔 것도 아니니라"라고 선언하신다(35하).

2. 무소불능하신 하나님께서 이방 나라에 포로로 잡혀갔던 유다 사람들을 귀

환시키실 것이라고 말씀하신다(36-44절).

물론 이 말씀은 유다 사람들이 바벨론에 사로잡혀 갔다가 칠십 년 후에 하나님의 은혜로 본토로 돌아오게 될 사건을 가리킨다. 그러나 다른 선지자들의 글과 마찬가지로 여기서도 바벨론에서의 귀환은 겸하여 신약 시대에 그리스도를 통하여 범세계적 구원 운동이 일어날 것을 예시하는 사건으로 여겨진다. 그러므로 이 부분에 사용된 문구들은 하나같이 종말론적인 색채를 띠고 있는데, 예컨대 "그들은 내 백성이 되겠고 나는 그들의 하나님이 될 것이며"(וְהָיוּ לִי לְעָם וַאֲנִי אֶהְיֶה לָהֶם לֵאלֹהִים)(38절), "항상 나를 경외하게 하고"(לְיִרְאָה אוֹתִי כָּל־הַיָּמִים)(39절), "영원한 언약을 그들에게 세우고"(לָהֶם בְּרִית עוֹלָם)(וְכָרַתִּי)(40절), "나를 경외함을 그들의 마음에 두어"(וְאֶת־יִרְאָתִי אֶתֵּן בִּלְבָבָם)(40절)와 같은 표현들이 신약 시대에 실현될 구원의 축복과 관계된 예언들이다. 이 예언의 성격에 대해서는 12:14-17의 해석을 참조하라.

43-44절 말씀은 하나님께서 예레미야에게 밭을 사라고 지시하신 사건의 의미를 가르쳐준다. 말하자면 바벨론으로 사로잡혀 갔던 유다 백성들이 장차 본토로 돌아오게 될 터인데, 그때에는 그들이 그 땅에 평안히 거하면서 자유로이 토지를 매매하게 되리라는 것이다.

| 설교자료

1. 올바른 책망을 받고도 끝까지 회개하지 않는 자들은 결국 완악해져서 하나님의 예언이 성취되는 것을 목격하고서도 회개하기는커녕 도리어 예언자를 박해하기까지 한다. 마음이 완악해진 자는 이렇게 하나님마저도 두려워하지 않는 무서운 죄악에 빠진다(1-5절).

2. 참된 신앙으로 말미암은 행위는 하나님의 말씀이 진실하다는 사실을

깊이 느낄 때 나타나는 법이다. 8절에서 "여호와의 말씀과 같이"라는 문구나 "내가 이것이 여호와의 말씀인 줄 알았으므로"라는 문구가 이런 사실을 보여준다.

3. 참된 신앙은 비현실적인 공상의 세계에서 드러나는 것이 아니라 역사 속에서 살아가는 사람들의 평범한 삶을 통하여 발휘되는 것이다. 그런 의미에서 신앙은 상품을 사고파는 행위와 같은 일상적인 사건들과도 밀접하게 관련되어 있다고 말할 수 있다(9-12절).

4. 천지 만물이 하나님의 능력으로 창조되었다는 사실을 부인하는 것은 결국 세상이 우연히 만들어졌다고 주장하는 셈인데, 그것은 천지가 하나님의 권능으로 말미암아 창조되었다는 주장보다 더욱 믿기 어려운 것이다. 왜냐하면 아무것도 없는 데서 무언가가 저절로 생겨나는 법은 없기 때문이다. 하나님께서 그의 권능으로 천지 만물을 창조하셨다는 것은 아무도 의심할 수 없는 진리다(17절).

5. 은혜와 공의는 우주 만물 가운데서 작용하고 있는 법칙인데, 이 두 가지 요소가 만물의 근원이신 창조주 하나님께 속한 것이라는 사실을 우리는 부인할 수 없다(18절).

6. 하나님께서 이스라엘 민족에게 나타내신 심판과 구원의 역사는 그가 살아 계심을 온 인류에게 보여주는 등대와 같다(20-24절).

7. 신자가 하나님께 대하여 의문을 가질 수는 있으나, 참된 신자라면 그는 주님 안에서 그것이 해결될 것이라고 확신하는 가운데 그런 의문을 품어

야 한다. 그것은 의심하기 위한 의문이 아니라 하나님을 더욱 확실히 믿기 위한 탐문이다(25절).

8. 하나님께서는 유다 민족의 멸망을 선언하실 때 그들의 죄악을 책망하셨다. 그들이 그렇게 죄악을 저지를 줄을 미리 아시고도 하나님께서 그들을 택하신 이유는 그들을 사랑하시기 때문이다(30-33절).

9. 이스라엘 민족의 역사는 우상숭배로 점철되어 있다. 그러한 사실을 보더라도 우리는 모든 인류가 보편적으로, 특히 종교의 영역에서 타락했다는 사실을 알 수 있다(고전 1:21). 그들은 하나님의 계시에 순종하는 동안만 참된 종교 생활을 유지할 수 있으며, 모든 인생은 하나님의 계시를 떠나는 순간 우상숭배의 길로 떨어질 수밖에 없다(34-35절).

10. 하나님께서는 사람들에게 "한 마음과 한 길"을 주심으로써 그들이 하나님을 가장 합당하게 섬길 수 있도록 만들어 주신다(39절). "한 마음"은 갈라지지 않은 단순한 마음을 가리킨다. 죄악을 행하는 자의 마음은 언제나 복잡하게 갈라져 있다. 수많은 악한 생각들로 복잡하여진 마음으로는 하나님을 섬기지 못한다. 한 사람이 두 주인을 섬길 수는 없는데, 신자는 마땅히 하나님만 섬겨야 한다(마 6:24).

제 33 장

본 장은 이스라엘 백성에게 더 자세한 구원 약속을 말해 준다(A. Weiser).

↓ 내용분해

1. 이스라엘의 회복(1-14절)
2. 메시아에 대한 약속(15-16절)
3. 영원한 왕권과 제사장 직분(17-26절)

↓ 해석

1 예레미야가 아직 시위대 뜰에 갇혀 있을 때에 여호와의 말씀이 그에게 두 번째로 임하니라 이르시되. 하나님의 사람은 옥중에 있었고 사람들은 그를 배척했으나 하나님은 그를 찾아오신다. 시편 69:33에 말하기를, "여호와는 궁핍한 자의 소리를 들으시며 자기로 말미암아 갇힌 자를 멸시하지 아니하시나니"라고

하였고, 시편 79:11에는 말하기를, "갇힌 자의 탄식을 주의 앞에 이르게 하시며 죽이기로 정해진 자도 주의 크신 능력을 따라 보존하소서"라고 하였고, 시편 102:20에는 말하기를, "이는 갇힌 자의 탄식을 들으시며 죽이기로 정한 자를 해방하사"라고 하였다.

2 **일을 행하시는 여호와, 그것을 만들며 성취하시는 여호와, 그의 이름을 여호와라 하는 이가 이와 같이 이르시도다.** 여기서는 유다 백성들을 바벨론의 손으로 징계하여 새롭게 만들 수 있는 참된 구원자가 여호와시라는 의미에서 "일을 행하시는 여호와, 그것을 만들며 성취하시는 여호와"라고 하였다. 특별히 여기서 "여호와"(יהוה)라는 이름이 세 번 사용되면서 우리가 그 이름의 의미를 상고하도록 요구한다. "여호와"라는 성호의 의미는 그의 주권대로 그의 백성을 구원하시는 일에 있어서 어디까지나 그가 맺으신 언약대로 성취해 가시고 변함이 없으심을 가리킨다. 말하자면 여호와라는 성호는 영원하시고 자존하시는 하나님으로 번역될 수 있는데, 그 의미는 "나는 나대로 존재하며 나대로 간다"라고 말씀하실 수 있는 영원불변하신 자요, 절대적인 자주자라는 것으로서, 하나님은 구속 사역에 대해 임의적이고 최종적인 완성자라는 의미다.

3 **너는 내게 부르짖으라 내가 네게 응답하겠고 네가 알지 못하는 크고 은밀한 일을 네게 보이리라.** 그 당시 예레미야는 시위대 뜰에 갇혀서 기도하는 가운데 있었을 것이다. 그러므로 하나님께서 그의 기도를 독려하시는 의미에서 말씀하시기를, "부르짖으라"(קרא "케라")라고 하셨다. "부르짖음"은 특별히 간절하고 열렬한 기도를 가리킨다. 하나님께서는 예레미야의 의문을 풀어 주시기 위하여 앞에서도 길게 말씀하신 바 있으나(32:26-34), 이제 또다시 기도 응답의 형식으로 그의 의문에 대한 해답을 이어가신다. 신자가 신령한 진리를 연구함으로써 그것을 깨달을 수도 있으나, 그렇게 되면 그는 교만해지기 쉽다. 그러나 그가 기도함으로써 하나님의 초자연적인 응답을 통하여 얻는 깨달음은

그를 더욱 겸손하게 만들어 주기까지 한다. 기도 중에 얻은 깨달음은 하나님의 선물이라는 사실이 명백하므로 그것을 받은 자가 교만해질 수 없다.

"네가 알지 못하는 크고 은밀한 일"(גְּדֹלוֹת וּבְצֻרוֹת לֹא יְדַעְתָּם). 이것은 무엇을 의미하는가? 이것은 이 아래 말씀이 보여주는 것과 같이 유다 민족이 바벨론 군대로 인하여 패배를 경험한 후에 장차 하나님의 은혜를 입어 복되고 영광스럽게 재건될 것을 가리킨다. 그런데 이러한 일이 예레미야에게 벌써 여러 차례 계시된 바 있고, 그가 이미 예언하기도 하였는데 어찌하여 이것을 예레미야가 "알지 못하는" 것이라고 표현하였는가? 예레미야로서도 이것을 알지 못한다는 말씀은 그조차도 아직 이러한 사실을 실제로 완전한 분량에 이르기까지 체험하지는 못했다는 의미다. 그것은 특별히 "은밀한 일"(בְצֻרוֹת "베추로트")이라는 히브리어 용어의 뜻이 잘 나타내고 있다. 히브리어에서 "베추로트"는 "단절된" 것 또는 "도달할 수 없는 것"을 의미하는데, 말하자면 사람이 자기 속에서는 찾을 수 없는 것을 의미한다.

4-5 하나님께서는 유다 민족이 그들을 멸망시키려 침략해온 바벨론과 더불어 항전하는 일이 헛되며, 마침내 많은 희생자가 발생하게 되리라고 경고하신다. 그리고 그들이 패배하게 되는 원인은 하나님께서 그들의 죄로 인하여 그들을 돌아보지 않으실 것이기 때문이라고 말씀하신다.

무리가 이 성읍의 가옥과 유다 왕궁을 헐어서 갈대아인의 참호와 칼을 대항하여(הַהֲרֻסִים עַל־בָּתֵּי הָעִיר הַזֹּאת וְעַל־בָּתֵּי מַלְכֵי יְהוּדָה הַנְּתֻצִים אֶל־הַסֹּלְלוֹת וְאֶל־). 여기 기록된 히브리어 직역하면 다음과 같다. "갈대아인의 흉벽(סֹלְלוֹת 우리가 자세히는 알 수 없는 그 당시의 무기)과 칼로 말미암아 헐린 이 성읍의 가옥들과 유다 왕궁들에 관하여는"이라고 할 수 있다(Calvin, Delitzsch).

"싸우려 하였으나"라는 말은 유다 사람들이 갈대아 군대, 다시 말해 바벨론 군대와 더불어 항전하려 하였다는 것을 뜻한다. 하지만 유다 사람들이 항전한다 해도 하나님께서 그들의 죄악으로 인하여 그들을 돕지 않으실 것이라고 말씀한다. 이 점에서도 우리는 여호와의 참된 종교가 모든 이방 종교와 달리 탁월한 면모를 지니고 있음을 볼 수 있다. 모든 이방 종교는 그 종교를 신봉하는 민족의 윤리 문제를 거론하지 않고 나라의 운명이 위태할 때는 아무 조건 없이 그들이 섬기는 신들이 그들을 도울 것이라고 가르친다. 그러나 여호와 하나님께서는 그를 섬기는 백성들이 악을 버리지 않고 회개하지 않을 때는 그들을 이방 세력의 손에 넘겨주신다고 말씀하신다. 이처럼 참된 종교는 어디까지나 종교 윤리를 생명으로 삼는다. 하나님의 속성 가운데 한 가지 중요한 요소는 거룩함인데, 윤리적으로 성결하지 못하고 죄를 회개하지 않으면서 여호와의 이름을 부르는 자들은 하나님께 아첨하는 무리에 불과하다.

6-7 그러나 보라 내가 이 성읍을 치료하며 고쳐 낫게 하고 평안과 진실이 풍성함을 그들에게 나타낼 것이며 내가 유다의 포로와 이스라엘의 포로를 돌아오게 하여 그들을 처음과 같이 세울 것이며. 이 말씀을 보면 위에 벌써 진술된 것과 같이 하나님으로 말미암은 유다 민족의 재앙이 결코 영원한 멸망을 의미하는 것이 아니고 다시 하나님의 은혜로 새롭게 재건되기 위한 과정일 뿐이다. 이 부분에 기록된 말씀은 인간의 어두운 마음으로는 생각하기 어려운 것이다. 그 당시 상황을 있는 그대로 표현하자면, 바벨론의 강력하고 두려운 군대가 유다와 예루살렘을 점령하였고 유다 백성들의 부패상은 더할 나위 없을 만큼 심각한 것이었으니 만큼, 그 민족의 장래에는 소망이 없을 것이라고 여겨졌었다. 이처럼 캄캄한 가운데서 어떻게 장래의 소망을 확언할 수 있었겠는가? 그러나 우리 본문 6-26절에서는 유다 민족이 회복되리라는 점에 대하여 대여섯 차례나 힘주어 말하고 있다. 이것은 사람에게서 나온 말이 아니고, 오직 하나님에게서 주신 말씀이다.

"이 성을 치료하며 고쳐 낫게 하고"라는 말씀은 하나님께서 유다 민족을 징계하신 이유가 그들에게 유익을 주시기 위함이었다는 사실을 보여준다. 하나님께서 사랑하시는 자들을 파멸에 이르게 하시는 행동은 언제나 새로운 재건을 위한 것이다. 그러므로 욥기 5:17-19에는 말하기를, "볼지어다 하나님께 징계 받는 자에게는 복이 있나니 그런즉 너는 전능자의 징계를 업신여기지 말지니라 하나님은 아프게 하시다가 싸매시며 상하게 하시다가 그의 손으로 고치시나니 여섯 가지 환난에서 너를 구원하시며 일곱 가지 환난이라도 그 재앙이 네게 미치지 않게 하시며"라고 하였다. 사람이 환난을 겪더라도 그것이 하나님의 손안에서 징계받는 의미에서의 환난이라면 그가 설령 빠져나올 길이 전혀 보이지 않는 지경에 처했더라도 그에게는 소망이 있다. "인간이 아무것도 할 수 없게 되는 순간부터 하나님이 일하기 시작하신다."[71]

"진실"이라고 번역된 히브리어 단어는 "에메트"(אֱמֶת)인데, 이는 사회적으로나 국가적으로 견고한 상태를 뜻한다. 이 말은 유다 사람들이 바벨론에서 해방되어 본국으로 돌아오게 되어 이루게 될 사회를 염두에 둔 것이라고 말할 수 있으나, 특별히 장차 신약 시대에 그리스도를 믿는 신자들이 누리게 될 영적 생활의 견고함을 비유한다.

8-11 **내가 그들을 내게 범한 그 모든 죄악에서 정하게 하며 그들이 내게 범하며 행한 모든 죄악을 사할 것이라.** 그들을 "죄악에서 정하게" 하시는 일은 오직 죄 용서를 통해서만 성립된다. 그러므로 8절 하반절의 내용은 그 상반절의 약속을 성립시키는 방법론이라고 할 수 있다. 하나님께서 그의 백성을 구원하심에 있어서 언제나 죄 용서를 그에 대한 열쇠로 사용하신다. 아르투르 바이저(A. Weiser)도 말하기를, "소망 없는 세상에서 우리의 유일한 소망의 근거는 우리를 용서하여 주시는 하나님의 사랑뿐이다"라고 하였다.[72]

이 성읍이 세계 열방 앞에서 나의 기쁜 이름이 될 것이며. 말하자면 하나님께서 택

---

71) Veldkamp, Een Dubbellven, 148. "Maar het einde van de mens is het begin van God."
72) Artur Weiser, Das Buch des Propheten Jeremia, 304-305. "Die vergebende Liebe Gottes ist der alleinige Ankergrund der Glaubenshoffnung in einer hoffnungslosen Situation."

하신 백성을 상징하는 예루살렘이 하나님께는 기쁨의 존재가 된다는 뜻이다. 이것은 그 자신들도 기쁨을 지니고 있으므로 그들이 소유한 기쁨이 바로 그들을 특징짓는 요소가 될 것을 가리킨다. 여기서는 두 가지 중요한 은혜의 사실이 진술된다. 요컨대 하나님께서 그 백성의 죄를 용서해주신 것이 첫 번째 사실이고(8절), 그로 말미암아 그들에게 임한 기쁨과 찬송이 또 하나의 사실이다(9-11절). 캠벨 모건(Campbell Morgan)은 이 두 가지가 서로 원인과 결과의 관계를 지니는 것으로 보았다. 그리고 그는 말하기를, "인류를 향한 하나님의 구원 역사는 결국 그들에게 기쁨을 가져다주는 것을 최종적인 목표로 삼는다. 성경은 처음부터 끝까지 인간들에게 눈물이 있음을 말하고 있다. 그러나 이 성경의 궁극적인 진리는 기쁨이다. 그것은 요한계시록 7:17에서 말씀하는 것과 같이, "하나님께서 그들의 눈에서 모든 눈물을 씻어" 주시는 것이다. 그런데 하나님께서 사람들을 이러한 영적 즐거움으로 인도하시기 위하여 먼저 그들의 생활을 정결케 만드신다. 사람은 죄악 문제를 해결하기 전에는 기쁨이 없다."[73)]

이 단락(8-11절)에 기록된 말씀에 따라 기쁨을 몇 가지로 분류할 수 있는데, ① 먼저 예루살렘이라는 성읍 자체가 세계 열방 앞에서 하나님을 기쁘시게 하는 이름이 될 것이다(9절). 예루살렘은 여기서 신약 시대의 참된 교회를 상징한다. 참된 교회는 하나님에게도 기쁨이 되고 모든 민족에게 영생의 복음을 참되이 전하는 복된 기관이므로 모든 나라들에도 기쁨이 될만하다. 그들은 이 교회를 통하여 복음을 듣게 되는데, 우리 본문에서 **"모든 복을 들을 것이요"** 라는 말씀이 그런 뜻이고, **"모든 복과 모든 평안으로 말미암아 두려워하며 떨리라"** 라는 말씀도 마찬가지로 그런 뜻이다. 복음을 듣는 자는 기뻐하되 역시 하나님을 두려워하는 마음으로 기뻐한다. 그러므로 시편 2:11에

---

73) Campbell Morgan, *Studies in the Prophecy of Jeremiah*, 240.

말하기를, "여호와를 경외함으로 섬기고 떨며 즐거워할지어다"라고 하였다. ② 기쁨에는 하나님의 백성이 사회적으로 누리는 기쁨도 있다(10-11상). 사회생활에서도 진정한 기쁨은 복음을 믿는 자들의 마음속에만 존재한다. 여기서 이른바, **"유다 성읍들과 예루살렘 거리에서 즐거워하는 소리, 기뻐하는 소리, 신랑의 소리, 신부의 소리"**들은 사회생활과 관계된 기쁨의 소리들이다. ③ 또한 종교적으로 하나님께 감사하는 기쁨도 있다(10, 11하). 하나님께 감사하는 것은 참으로 종교적인 신앙생활이 목표로 삼는 진정한 결실이라고 할 수 있다. 우리가 하나님께 참으로 감사할 수 있다면, 그것은 이적보다 귀한 것이다.

설교▶ 신구약 성경이 인류에게 주는 최후의 선물은 기쁨이다(8-11절)

기독교의 복음은 인류의 문제를 참되이 해결해 주기 때문에 진실한 믿음을 가진 자에게는 마음속 깊이 기쁨을 가져다준다. 예수 그리스도께서 팔레스타인 땅에 머물고 계셨을 때 그는 신자들에게 기뻐하라는 말씀을 자주 하셨는데, ① 그는 우리가 과거에 저지른 잘못을 용서해주시면서 기뻐하라고 당부하셨고(마 9:2), ② 또한 그는 현재 우리와 동행하여 주시면서도 기뻐하라는 의미에서 말씀하시기를, "나니 두려워하지 말라"라고 하셨고(마 14:27), ③ 그는 장래에도 변함없이 우리를 구원해 주실 것이라는 의미에서 "세상에서는 너희가 환난을 당하나 담대하라 내가 세상을 이기었노라"(요 16:33)라고 하셨다. 위에서 말하는 세 가지 기쁨이나 담대함은 사실상 인간의 전반적인 삶에 깊이 관련되어 있는데, 말하자면 과거, 현재, 미래에 모두 영향력을 행사한다. 복음은 이처럼 신자들에게 초자연적 기쁨을 보장하여 준다는 의미에서 그들은 환난 중에도 기뻐하는 태도를 유지할 수 있다(롬 5:3-4).

① 불신앙에는 기쁨이 없다. 확고한 무신론자였던 볼테르(Voltaire)는 삶에 아무런 기쁨을 느끼지 못하고서 탄식하기를, "나는 차라리 태어나지 않

았더라면 좋을 뻔하였다"라고 하였다. ② 사람이 돈으로도 진정한 기쁨을 구하지 못한다. 미국을 대표하는 부자 가운데 하나였던 굴드(Gould)는 임종을 앞두고서 말하기를, "나는 땅 위에서 가장 비참한 마귀였다"라고 하였다. ③ 향락주의에도 참다운 기쁨은 없다. 바이런 경(Lord Byron)은 한평생 쾌락을 탐했던 자로서 그의 마지막 생일에 글을 쓰기를, "나의 생애의 꽃과 열매는 가버렸다. 이제 버러지와 종양 덩어리와 슬픔만이 나의 것이로구나"라고 하였다.[74]

존 뉴턴(John Newton) 목사는 화재를 당해 전 재산을 잃어버린 신자의 가정을 방문하여 위로하기를, "기뻐하라"라고 하였다. 그때 집 주인이 묻기를, "재산을 다 잃어버렸는데 무엇을 기뻐하라는 것입니까?"라고 하였더니 그는 대답하기를 "당신은 화재가 앗아갈 수 없는 재산인 하늘의 기업을 소유하고 있으니 기뻐해야 합니다"라고 하였다. 미얀마에서 사역했던 선교사 아도니람 저드슨(Adoniram Judson)은 언제나 기뻐했기 때문에 천사라는 별명을 얻었다. 한번은 그가 뉴잉글랜드(New England)의 어느 거리를 걸어가고 있었는데, 그때 어떤 소년이 그의 얼굴빛을 보고 큰 감명을 받았다고 한다. 그 소년은 자라서 유명한 목사가 되었는데, 그가 바로 트럼불(H. C. Trumbull) 목사다.

12-13 여기서는 죄 용서받아 기쁨을 얻는 신자들의 공동체에는 물질적인 축복도 주어질 것을 보여준다. 예수님께서 말씀하시기를, "너희는 먼저 그의 나라와 그의 의를 구하라 그리하면 이 모든 것을 너희에게 더하시리라"라고 하셨다(마 6:33). 사람들은 영적 축복보다 물질적 축복을 먼저 구한다. 그러나 하나님께서는 그렇게 하시지 않는다. 죄를 깨끗하게 하지 않고서 소유하

---

74) Lord Byron, "The flowers and fruits of life are gone The worm, the canker, and the grief are mine alone."

는 물질적인 풍요는 사실상 그리 오래 가지 못한다. 영국의 유명한 웰링턴 공(Duke of Wellington)은 교육 문제로 열린 토론회에서 말하기를, "만일 당신들이 종교를 떠나서 아이들을 교육한다면 그들은 약삭빠른 마귀들이 될 것이다"라고 하였다. 우리가 먼저 영적 축복을 받아야 물질적인 축복도 건전하게 받을 수 있다.

양 떼가 다시 계수하는 자의 손 아래로 지나리라. 이것은 사회가 평안하고 개인의 삶이 안정됨으로써 양을 키우는 사업도 순조롭게 되어 목자가 다시 양들의 숫자를 헤아리게 될 것을 가리킨다.

14-18 여기서는 신약 시대에 그리스도께서 다윗의 후손으로 오실 것이라고 예언한다. 이것은 사무엘하 7:12-16, 열왕기상 2:4, 8:25, 9:5 등에 약속된 메시아 예언을 되풀이하여 말한 것이다. 예레미야가 이러한 예언의 말씀을 선포했던 때는 다윗 왕가의 혈통이 완전히 끊어지는 비참한 일이 벌어지는 시기였다. 그런데도 그는 여기서 장차 다윗의 왕통을 계승하는 통치자가 탄생할 것이라고 예언한다. 이 같은 예언은 사람에게 주어지는 일종의 선견지명 같은 것으로는 감히 할 수 없는 것이다. 이것은 오로지 아무것도 없는 가운데서 모든 것을 있게 하시는 하나님만 주실 수 있는 예언이다. 하나님은 절망적인 폐허 가운데서도 영광스러운 나라를 건설하실 수 있으며, 그 일을 예언하실 수도 있다. 여기서 이른바 **"한 공의로운 가지"**(15절)라고 번역된 히브리어 문구인 "체마흐 체다카"(צֶמַח צְדָקָה)는 메시아를 가리키는 명칭이다(사 4:2; 렘 23:5; 슥 3:8; 6:12). 다윗 왕가의 혈통에 속하는 모든 임금이 악한 자들이었으나 오직 예수 그리스도만은 영적으로 다윗의 왕위를 이어받은 자로서(눅 1:32) 완전히 의로우신 분이시다. **"그가 이 땅에 정의와 공의를 실행할 것이라"**라는 말씀은 그가 그의 말씀과 성령에 의하여 그의 백성을 다스리실 것을 의미하는 예언이다.

이 성은 여호와는 우리의 의라는 이름을 얻으리라(וְזֶה אֲשֶׁר־יִקְרָא־לָהּ יְהוָה צִדְקֵנוּ)(16하).

주님의 이름이 예루살렘 성으로 대표되는 그의 백성과 관련된 사건들에 대하여 사용되는 경우가 성경에 종종 나타난다(렘 14:9; 15:16; 25:29; 단 9:18-19; 대하 7:14; 사 63:19; 암 9:12). 이렇게 주님의 이름이 그의 백성과 관련하여 언급되는 것은 주님의 축복이 그들에게 임한다는 의미인 동시에(민 6:27), 그들이 주님께 속한 자들이라는 뜻이기도 하다(계 3:12; 22:3). 그뿐 아니라 그것은 주님과 교회가 한 몸이라는 의미도 내포하고 있다. 주님과 교회가 한 몸이라는 사실은 교회가 주님의 몸이며 그리스도는 교회의 머리라는 신약성경의 교훈을 통해서도 분명하게 드러난다.[75] 그러므로 바울은 교회를 가리켜 "그리스도"라고까지 말하기도 하였다(고전 12:12). 물론 이런 말씀은 교회가 본질적으로 그리스도와 동격이라는 의미는 아니고 다만 교회가 그리스도의 돌보심을 받고 그리스도께 속하였다는 의미다. 교회는 주님이신 그리스도와 이처럼 긴밀한 관계에 놓여 있으므로 교회를 구성하는 성도들이 주님을 믿는 믿음으로 하나가 될 때 주님의 의가 교회에 전가된다.

이스라엘 집의 왕위에 앉을 사람이 다윗에게 영원히 끊어지지 아니할 것이며(17하). 이것은 예수 그리스도께서 영적으로 다윗의 왕권을 물려받으실 것과 그의 왕위 영원하실 것을 예언하는 말씀이다(눅 1:21-33).

내 앞에서 번제를 드리며 소제를 사르며 다른 제사를 항상 드릴 레위 사람 제사장들도 끊어지지 아니하리라(18절). 이 말씀도 예수 그리스도로 말미암은 속죄제사의 효과가 영원무궁할 것을 예언한다. 히브리서 7:15-25을 참조하라. 이와 같은 말씀들은 그리스도로 말미암는 왕권과 제사 제도를 진술하되 구약성경의 표현을 사용하여 나타낸 것이다. 예언은 언제나 그 말씀을 선포하는 시대와 관련된 역사적 자료를 사용하여 나타남에도 불구하고 해석하는 자가 그 예언을 그 당시의 역사에 억지로 적용하려 해서는 안 된다. 예언자는 자신이 속

---

75) 참조. 고전 12:27; 엡 1:22-23; 4:12, 15, 16; 5:23, 28-32; 골 1:18, 24; 2:19.

한 환경과 지식을 배경으로 말씀을 선포하므로 그의 표현에 있어서 제한된 성격을 드러낼 수밖에 없다. 그러나 해석자는 그것을 풍유화하지도 말아야 할 것이며, 기계적으로 역사에 적용하지도 말고, 오직 선포된 말씀 속에서 예언적인 의미만을 취해야 한다.

19-22 하나님께서 정하신 것은 창조 질서에 있어서도 변하는 법이 없다. 그러므로 야고보서 1:17에 말하기를, "그는 변함도 없으시고 회전하는 그림자도 없으시니라"라고 하셨다. 그러므로 그는 구원 질서에 있어서도 언약하신 대로 성취하시고 그리스도가 다윗의 후손으로 오시도록 하실 것이라고 말씀하신다. 여호와 하나님의 구원 운동은 시작부터 마지막 완성에 이르기까지 언약 운동의 특성을 유지한 채로 실행되어 간다. 그는 말씀하신 대로 실행하시는 참되신 하나님이시며, 따라서 예수 그리스도를 보내시기로 하신 언약을 그대로 성취하셨다.

하나님께서 구속 사역을 언약이라는 방식으로 이루어 가심으로써 우리가 받는 혜택은 다음과 같다. ① 그가 언약하신 대로 독생자를 보내시어 구속 사역을 완성하시는 관계로 우리는 그의 언약이 성취될 것이라는 믿음을 가지고 살아가게 된다. 구속 사역에 관련된 언약의 성취는 현재뿐만 아니라 미래, 그리고 더 나아가서는 영원에 이르기까지 우리와 관련된 축복을 내포하고 있다. 그것은 우리에게 요구되는 축복이다. 그러므로 우리는 그것에 대하여 믿음과 소망을 가지지 않을 수 없다. ② 우리는 하나님의 구원 언약이 성취되는 사건들을 하나님께서 주시는 계시의 말씀으로 받으며, 또한 우리는 그 말씀을 통하여 거룩하게 되어가는 은혜를 받는다. 베드로후서 1:4에 말하기를, "이로써 그 보배롭고 지극히 큰 약속을 우리에게 주사 이 약속으로 말미암아 너희가 정욕 때문에 세상에서 썩어질 것을 피하여 신성한 성품에 참여하는 자가 되게 하려 하셨느니라"라고 하였다. 언약의 성취에 관련된 말씀은 성령님의 능력으로 주어진 것이므로 그 말씀을 믿는 영혼들은 성령께서 그들을 거룩하게 하시는 역사를 체험하게 된다. 이방 종교에서는 그들의 경전을 하늘에서 주어진 약속으로 여기지 않는다. 따라서 이교도들은 그들의 경전이 어떤 영적인 능력을 가져다준다고 생각하지도 않는다. 예컨대 불교와 같은 종교가 그러하다. ③ 언약의 성취를 통하여 이루어지는 구원은 신자들에게 위로를 가져다준다. 말하자면 구원은 환난의 시대나 시험의 시기에 우리의 심령에 충만한 기쁨을 가져다줌으로써 우리가 그것을 끝까지 견디게 만들어 준다. 왜냐하면 구원으로 말미암은 축복들은 너무나 위대한 것이고 하나님께서 친히 약속하신 진실한 것이며, 또한 그리스도로 말미암아 "아멘"(אָמֵן)이 되고 확실히 성취될 것이기 때문이다. 하나님께서 언약하신 내용은 변하는 법이 없을 뿐만 아니라, 어떤 우연적인 사태로 인하여 훼방을 받는 일도 없다. 하나님의 약속은 우리 자신에게 있는 어떤 조건에 따라 좌우되지도 않는다. 그 약속은 하나님께서 그리스도 안에서 이미 성취하셨고 마침내 완성하실 것이다.

내 종 다윗에게 세운 나의 언약. 이 문구에 대하여 사무엘하 7:12-16, 열왕기상 2:4, 8:25, 9:5을 참조하라.

그의 자리에 앉아 다스릴 아들. 이 말씀은 앞의 17절에서 말한 것과 같이 메시아를 가리킨다.

레위인 제사장에게 세운 언약. 18절 말씀에 대한 해석을 참조하라.

하늘의 만상은 셀 수 없으며 바다의 모래는 측량할 수 없나니 내가 그와 같이 내 종 다윗의 자손과 나를 섬기는 레위인을 번성하게 하리라. 이 말씀은 그리스도를 믿는 자들의 숫자가 많아지리라는 것을 의미한다. 이것은 일찍이 아브라함에게 약속하셨던 말씀대로 이루어지는 것이다. 창세기 22:17과 롬 4:18을 참조하라.

23-26 이 구절들은 그 당시 유다 민족과 이스라엘 민족이 하나님께 택하심을 입은 백성인데도 불구하고 그들이 스스로 완전히 망할 것이라고 두려워하고 낙심하는 것을 옳지 않게 여기시는 말씀이다. 이 점에 있어서 그는 또

다시 위의 20절에 언급한 것처럼 언약의 원리에 의하여 그가 택하신 백성을 버리지 않으실 것이라는 사실에 대하여 논증하신다. 언약의 원리에 대하여는 19-22절 해석을 참조하라.

| 설교자료

1. 하나님의 진실한 종이 옥중에 수금되어 있을 때 비록 사방은 막혔을지라도 하늘은 그에게 열려 있다(1절).

2. 우리는 언제든지 일을 성취하시는 이가 여호와 하나님이신 줄 믿어야 한다. 그가 하시는 일이 우리 눈에는 인간을 통하여 이루어지는 것처럼 보이지만 실제에 있어서 그가 행하신 것이다. 악한 세력을 무너뜨리는 이도 여호와 하나님이시고(5절), 구원하실 자를 구원하시는 이도 여호와 하나님이시다(6-7절).

3. 여호와 하나님께서 그의 백성을 구원하시는 최종적인 목적은 그들이 기쁨을 누리도록 만드시려는 것이다(8-11절).

4. 하나님께서는 장차 징계받을 처지에 놓인 유다 사람들에게 그들이 장차 바벨론에서 본국으로 돌아오게 되리라는 소망을 보여주시는 동시에, 그보다도 장차 신약 시대에 오실 그리스도로 말미암는 최후의 구원, 다시 말해 영적 구원을 보여주신다(14-18절). 그가 이렇게 하시는 이유는 바벨론에서의 포로 상태에서 해방되어 귀환하는 일보다 그리스도를 통하여 죄악에서 구원받아 영생을 누리게 되는 일이 더욱 중요하기 때문이다. 이는 마치 아브라함이 가나안 땅에서 나그네로 생활하면서 그의 고향 갈대아 우르를 생각하

기보다 하늘에 있는 본향을 사모하였던 것과 마찬가지다(히 11:13-16).

5. 하나님께서 그의 백성을 구원하시는 구원 운동은 언약의 원리에 근거하여 이루어진다(19-26절). 그는 살아 계시고 진실하신 하나님이시므로 그의 말씀으로 언약을 체결하시고 그대로 이루셔서 그의 백성이 절대적으로 그를 신뢰하게 만드신다. 하나님의 백성이 하나님께 대하여 맺는 언약의 관계는 언제나 신앙을 방편으로 한 것이다. 신앙은 언제나 언약을 대상으로 한다. 로마서 10:17을 참조하라.

제 34 장

✣ 내용분해

1. 시드기야 왕이 장차 바벨론으로 포로되어 갈 것을 예언함(1-7절)
2. 시드기야 왕이 자유하게 해주었던 노예들이 다시 종으로 삼음(8-11절)
3. 하나님께서 노예들에 대한 시드기야 왕의 행위를 책망하심(12-22절)

✣ 해석

1 바벨론의 느부갓네살 왕과 그의 모든 군대와 그의 통치하에 있는 땅의 모든 나라와 모든 백성이 예루살렘과 그 모든 성읍을 칠 때에 말씀이 여호와께로부터 예레미야에게 임하여 이르시되. 여기서는 아래 2절부터 시드기야 왕에 대하여 예언할 말씀의 배경을 설명한다. 그 당시의 환경은 한마디로 강대국 바벨론과 그에 속한 나라들이 연합하여 남 왕국 유다를 공략할 때였다. 선지자 예레미야가 이처럼 긴박한 시기에 대하여 언급하는 목적은 시드기야 왕이 얼마나 거짓 선지자들의 허망한 거짓말에 말에 미혹되어 있었는지를 보여주려는 것이다. 이처

럼 많은 나라들이 연합 전선을 이루어서 침공하여 오는데도 시드기야 왕은 하나님께 도움을 구하지 않고 애굽을 의뢰하면서 진심으로 회개치 않았다. 8-11절 해석을 참조하라.

2-5 예레미야는 여기서 장차 시드기야 왕이 당할 일들에 대하여 자세히 예언한다. 이렇게 자세히 예언하는 목적은 이후에 시드기야 왕이 그런 일들을 당할 때 예레미야의 예언이 과연 하나님의 말씀이었음을 깨닫고 양심의 가책을 받아 그때에라도 회개하도록 만들려는 것이다. 이때 주어진 자세한 예언은 다음과 같다. 곧 ① 바벨론 왕이 예루살렘 성을 불사를 것이라고 하였다(2절). ② 시드기야 왕이 바벨론 왕을 대면하게 될 것이며 마침내는 사로잡혀 갈 것이라고 하였다(3절). 여기서 이른바 "**네 눈은 바벨론 왕의 눈을 볼 것이며 그의 입은 네 입을 마주 대하여 말할 것이요**"라는 표현은 시드기야 왕이 바벨론 왕을 직접 대면하게 될 것을 의미한다. 열왕기하 25:1-7을 참조하라. ③ 그처럼 위태한 전쟁의 난리 가운데서도 시드기야 왕 자신은 살륙을 당하지 않고 마침내 평안히 죽을 것이라고 하였다(4-5절). 이 같은 예언은 인간의 지혜로는 감히 할 수 없는 말이다.

하나님께서 위의 세 가지 내용으로 시드기야 왕에게 예언하신 사건은 하나님께서 참으로 시드기야 왕의 영혼을 사랑하셔서 그를 회개시켜 구원하시려는 의도를 보여준다. 그처럼 세밀한 예언의 성취를 직접 체험하는 자가 어떻게 영혼의 변화를 받지 않을 수 있겠는가? 신앙은 사람의 심령이 하나님 말씀의 진실성을 직접 경험함으로써 변화를 받아 오직 하나님만 믿게 되는 심리와 행동이다.

6-11 이 부분에서는 시드기야 왕의 불신앙에 대하여 기록한다. 시드기야 왕은 유다 땅에 남아 있던 모든 성읍까지 바벨론 군대에 빼앗긴 때에(6-7절) 절박한 위협을 느끼고서 일시적으로 회개하는 심정으로 하나님 앞에서 서약한 바가 있었다. 그것은 하나님의 말씀대로 유다의 노예들을 놓아주도록

한 것이다(8-10절). 그러나 애굽 군대가 바벨론 군대를 치러 올라온다는 소문으로 인하여 바벨론 군대가 예루살렘을 떠난 후에(34:21:, 37:5). 시드기야 왕은 모든 위험이 제거되었다고 생각하고서 다시 하나님을 배신하고 노예 해방을 취소하였다(11절). 이것은 그가 하나님 앞에 큰 죄악을 범한 것이다.

설교▶ 하나님의 이름을 더럽힌 죄악(11절)

시드기야 왕의 행동이 하나님의 이름을 더럽혔다고 말할 수 있는 이유는 다음과 같다.

1. 시드기야 왕이 본래 노예를 해방하기로 언약하였던 일이 실상은 육체적 위험을 면해보려고 하나님 앞에서 거짓으로 행한 일이었기면 때문이다. 육체의 욕심을 채우기 위하여 하나님 앞에서 회개하는 흉내만 내는 일, 다시 말해 노예를 해방하기로 언약한 일은 하나님을 기만하는 죄악이다. 이런 행동은 하나님의 이름에 합당한 경건의 자세가 아닐뿐더러 도리어 그를 농락하는 죄가 된다.

2. 그 당시 유다 사회에서 노예는 가장 비천한 자들이었는데, 시드기야 왕은 그들을 자유롭게 놓아줌으로써 하나님의 이름을 높일 수 있었다. 그러나 시드기야 왕은 이처럼 가련한 노예들에게 자유를 주겠다고 하나님 앞에서 맹세했다가 그것을 번복하였으니, 이것은 참으로 그들에게 잔인한 행동이었다. 잠언 14:31에 말하기를, "가난한 사람을 학대하는 자는 그를 지으신 이를 멸시하는 자요 궁핍한 사람을 불쌍히 여기는 자는 주를 공경하는 자니라"라고 하였다.

3. 시드기야 왕의 그와 같은 행위는 하나님의 권위를 무시한 죄악이다. 그가 하나님 앞에서 언약했던 것을 이제 배반했으니 그것은 참으로 하나님을 업신여긴 죄악이다.

12-16 이 부분에서 하나님은 다음과 같은 사실을 밝히신다. ① 노예를 해방하라는 말씀이 본래 율법(출 21:2; 신 15:15)에 근거한 요구라는 점이다(13-14절). ② 유다의 조상들이 이 같은 율법에 대해 불순종해 왔다는 사실을 여기서 지적하신다(14하). ③ 시드기야 왕과 그 당시 백성들도 조상들과 마찬가지로 하나님과의 약속을 배신하면서까지 노예를 해방하라는 율법의 말씀을 불순종한 죄에 대하여 책망하신다(15-16절). 위의 세 가지 사실들은 그 당시 유다 사람들의 죄악이 얼마나 큰 것인지를 보여준다. 노예의 해방에 관한 율법은 하나님께서 이스라엘 백성들을 애굽에 노예 되었던 상태에서 구출하여 주시면서 제정하신 것이었으며, 그들에게 하나님의 은혜와 사랑을 상기시키기 위해 주신 법이었다(13절). 그러나 그들은 이처럼 의미심장한 율법을 예사롭게 여기고서 위반한 것이다. 그뿐 아니라 그들의 조상들까지도 이러한 율법을 위반했으니, 만일 그들이 회개하지 않는다면 그들은 범죄한 조상들의 후손으로서 조상들의 죄까지도 떠안게 된다. 예레미야애가 5:7에 말하기를, "우리의 조상들은 범죄하고 없어졌으며 우리는 그들의 죄악을 담당하였나이다"라고 하였다. 그뿐 아니라 시드기야 왕과 그 당시 사람들은 하나님 앞에서 그 법을 지키겠다고 맹세하고서도 변심하여 약속을 어겼으니 이것은 주님을 노엽게 하는 죄악이다.

17-22 하나님께서는 노예 해방 문제에 대하여 약속을 배반한 시드기야 왕과 백성에게 내리실 벌을 여기서 선언하신다. **"내가 너희를 대적하여 칼과 전염병과 기근에게 자유를 주리라"**라는 말씀은 약속을 위반한 데 따르는 벌이 어떠한 것인지를 보여준다. 칼빈(Calvin)에 의하면, "내가 너희를 대적하

여…자유를 주리라"(קְרֹא לָכֶם דְּרוֹר)라는 히브리어 문구는 "내가 너희를 대항하여 자유를 선언하여"라고 번역해야 한다. 이 말씀은 그들이 하나님의 말씀을 듣지 아니하였으므로 하나님께서 그들을 자유롭게 내버려 두심으로써 전쟁의 재앙을 당하게 하실 것이라는 의미이다. 이 재앙은 다음과 같이 몇 가지로 분류할 수 있다.

1) 그들을 "**칼과 전염병과 기근에게 자유를 주리라…내가 너희를 세계 여러 나라 가운데에 흩어지게 할 것**"이라고 하였다(17하). 유다 사람들이 그들의 죄로 인하여 이처럼 전쟁의 재앙을 당하리라는 것은 예레미야가 그의 선지자의 임무를 시작했던 때부터 40여 년 동안 거듭거듭 외쳐왔던 말씀이다.[76] 예레미야서에는 이와 동일한 말씀이 자주 나온다. 그가 이런 말씀을 자주 선포한 이유는 ① 이것이 그 시대에 주신 하나님의 말씀이기 때문이며, ② 그가 이 일에 대하여 확신하였기 때문이다. 예레미야의 예언은 그의 사역 초기에 곧바로 이루어지지 않았고 40년 동안이나 외친 후에 이루어졌으니, 이러한 사실을 보면서도 신자들이 하나님의 말씀을 받았을 때 오래 참으면서 끝까지 믿음을 포기하지 않아야 한다는 것을 알 수 있다. 하나님의 물레방아는 천천히 찧지만, 마침내 완전히 가루를 만든다.[77]

2) 많은 사람이 죽임을 당할 것이다(18-20절). 그들이 이러한 벌을 받을 수밖에 없도록 만든 죄악이 무엇인지는 특별히 18-19절이 밝히 보여준다. 그것은 바로 그들이 노예를 해방하겠다고 하나님과 더불어 엄숙하게 맺었던 언약을 파기한 죄악이다. "송아지를 둘로 쪼개고 그 두 조각 사이로 지나"는 일은 언약 체결의 엄숙함을 보여주는 고대의 관습이었다(창 15:10). 그러한 행동에 담긴 의미는 그들이 언약을 깨뜨리는 경우 그들 자신이 그 쪼개어진 송

---

76) 참조. 렘 5:17; 6:25; 9:16; 11:12; 12:12; 14:12, 16; 15:2; 16:4; 19:7; 20:4; 21:7, 9; 24:10; 25:29; 32:24, 36.
77) Laetsch, Bible Commentary, Jeremiah, 280. "God's mills grind slowly, but surely and crushingly."

아지처럼 죽임을 당할 것을 각오해야 한다는 엄숙한 언약인 것이다(Calvin). 그러한 언약을 파기하는 죄악이 얼마나 두려운 것인지를 강조하기 위하여 우리 본문에서는 "**송아지를 둘로 쪼개고 그 두 조각 사이로 지나**"는 일에 대하여 거듭 말하고 있다(18상, 19상).

3) 하나님께서 그들을 징계하시는 방법(21-22절)은 예루살렘을 포위했던 바벨론 군대가 애굽 군대를 치기 위하여 잠시 떠났다가 다시 돌아와서 예루살렘을 공략하도록 하신 것이었다. 시드기야 왕과 그의 백성은 노예 해방 문제에 대하여 하나님 앞에서 엄숙히 맹세했음에도 불구하고 바벨론 군대가 잠시 떠나간 틈을 타서 마음이 해이해졌고 언약을 종잇장처럼 파기해버렸던 것이었다. 그러므로 하나님께서는 바벨론 군대를 다시 보내셔서 그들을 멸망시키도록 하신다. 이 점에 있어서 우리가 기억해야 할 것은 신자들이 평안한 때에 하나님의 말씀을 지키는 일에 있어서 환난 때보다 해이해지는 일은 하나님을 멸시하는 큰 죄악이라는 것이다. 이 같은 죄악은 너무나 간교한 것이므로, 하나님께서는 떠나갔던 군대까지도 돌이키셔서 그들을 파멸시키실 만큼 진노하셨던 것이었다.

"**그들이 이 성을 쳐서 빼앗아 불사를 것이라**"라는 말과 "**내가 유다의 성읍들을 주민이 없어 처참한 황무지가 되게 하리라**"라는 말은 위의 17절에서 이미 유사한 표현으로 진술한 내용을 재차 언급함으로써 강조하는 역할을 한다. 히브리 문장에는 이런 강조체가 많다.

| 설교자료

1. 죄로 말미암아 극도의 위험을 당하면서도 심령 깊은 곳에서부터 회개할 줄을 모르는 자는 그 심령이 완악해진 자다(1절). 시드기야 왕은 이런 위기 상황에도 중심으로 회개하지 않았다(11절).

2. 하나님께서는 극도의 위기를 당한 자를 버리지 않으시고 그들을 회개시키기 위하여 말씀을 주신다. 2-5절 해석을 참조하라.

3. 하나님께서는 유다 사람들이 바벨론의 노예로 전락하게 될 비참한 현실을 앞두고서 그들에게 그들의 사회에서 그때까지 압제당하고 있던 노예들에 대하여 자비를 베풀도록 요구하셨다. 유다 민족이 바벨론의 노예로 전락하게 되는 일을 그들 자신이 슬프고 안타깝게 여긴다면, 그들은 자기들 밑에서 압제당하고 있던 노비들의 억울한 사정을 돌아볼 마음을 품었어야만 할 것이었다. 그러므로 바벨론 침공의 위기에 처해 있었던 시드기야 왕과 그의 백성은 하나님께서 주신 율법에 근거하여 노비들을 해방하는 선한 일을 단행할 필요가 있었다. 그들이 하나님의 율법을 어겨 이때까지 노비들을 해방하지 않았던 죄를 회개했더라면, 그들의 회개 운동은 그들을 바벨론의 침략으로부터 구원하였을 것이다. 마태복음 7:12에 말하기를, "그러므로 무엇이든지 남에게 대접을 받고자 하는 대로 너희도 남을 대접하라 이것이 율법이요 선지자니라"라고 하였다.

4. 위험에 직면했을 때는 하나님 앞에서 어느 정도 회개하는 태도를 보여주다가 위기가 지나간 다음에 다시 변심하는 일은 하나님을 농락하는 큰 죄악이다(6-11절).

5. 조상들의 죄 때문에 후손들에게까지 징벌이 임하는 경우가 있다. 그것은 후손들이 그들의 조상들이 범했던 것과 동일한 죄를 반복하면서 돌이키지 않는 경우다. 12-16절 해석을 참조하라.

6. 사람이 하나님께 순종하려고 뜻을 정했다가 변심하는 일은 하나님을

노엽게 하는 범죄다(16-17절). 이스라엘 백성이 출애굽 하여 광야에 거하는 동안에 그와 같은 잘못을 많이 범했다. 그와 같은 잘못은 하나님을 기만하고 하나님께 아첨하는 죄악이다. 시편 78:36-37에 말하기를 "그러나 그들이 입으로 그에게 아첨하며 자기 혀로 그에게 거짓을 말하였으니 이는 하나님께 향하는 그들의 마음이 정함이 없으며 그의 언약에 성실하지 아니하였음이로다"라고 하였다.

7. 신자들은 하나님 앞에서 서약할 때 (세례받을 때 신앙 고백의 증거로 서약하는 일을 포함하여) 그들이 맹세한 약속을 지키는 여부가 그들의 생사를 좌우하는 사안이 된다는 사실을 기억해야 한다(18-19절). 그러므로 시편 15:4에 말하기를, "그의 마음에 서원한 것은 해로울지라도 변하지 아니하며"라고 하였다.

8. 인간이 죄를 회개하고 선을 행하려 하다가 그 뜻을 번복하면 하나님께서도 그 사람에게 베푸시려고 하셨던 자비를 거두어들이신다(20-22절).

제 35 장

✣ 내용분해

1. 레갑 족속의 모범적 순종(1-11절)
2. 유다 나라가 하나님의 말씀에 복종하지 않은 것을 책망함(12-17절)
3. 레갑 족속에게 축복을 약속함(18-19절)

✣ 해석

1-2 유다의 요시야 왕의 아들 여호야김 때에 여호와께로부터 말씀이 예레미야에게 임하여 이르시되 너는 레갑 사람들의 집에 가서 그들에게 말하고 그들을 여호와의 집 한 방으로 데려다가 포도주를 마시게 하라 하시니라. 하나님께서는 그의 백성을 가르치시기 위하여 종종 실물 교훈이라는 방법을 사용하신다. 이런 방법은 신자의 생활에서도 종종 체험되는 것이다. 신자들의 주변에서 일어나는 일들이 하나님의 섭리로 이루어지는 것이니, 신자들은 그런 실제 사건들을 통하여 영적 교훈을 받을 줄 알아야 한다. "레갑 족속"(בֵּית הָרֵכָבִים)은 사실상 "미디안 족

속"인데 모세의 장인 호밥이 속하였던 족속이기도 하다(민 10:29). 이 족속의 또 다른 이름은 "겐 족속"이다(삿 1:16). 이 족속이 이스라엘 백성들 사이에서 많이 살고 있었다(삿 4:11, 17; 삼상 27:10; 30:29). 겐 족속은 이스라엘과 친근하게 지내왔던 자들로서 여호와 하나님을 충성되게 섬겼다(삿 4:11, 17-23; 5:24-31; 왕하 10:15-28).

3-5 하나님의 사람 하난의 아들들의 방. "하나님의 사람"(אִישׁ הָאֱלֹהִים)은 선지자를 의미한다. "방"(לִשְׁכָּה)은 성전의 부속실들을 의미하는데, 그것들은 사무실이나 창고 또는 일하는 사람들이 머무는 방으로 사용되었다.[78] 그런데 "모든 레갑 사람들"이 인도함을 받은 "방"은 성전의 유력한 사람들의 방과 가까운 곳에 있었다(4하). 특별히 이와 같은 방을 택한 이유는 여호와께서 시키신 일이 공명정대하게 실행되기를 원하였기 때문이다(Calvin). 유다 민족 전체를 가르치기 위한 일은 이렇게 공적으로 실행되는 것이 마땅하다.

마시라 권하매(5절). 예레미야가 레갑 사람들에게 이같이 권면한 목적은 하나님께서 예레미야에게 분부하신 일을 그대로 어김없이 이행하기 위한 것이었다. "레갑 족속"은 그들의 조상 요나답의 교훈을 따라 포도주를 마시지 않는 규칙을 굳게 지켜왔다. 이제 하나님의 사람 예레미야가 그들에게 포도주를 마시라고 권면한 것은 권위 있는 유다 선지자의 명령이었다. 그들이 이 명령에 순종하였는가? 이때 그들이 선지자의 명령에 순종하지 않았다는 사실이 아래에 기록되어 있다. 그들은 그만큼 조상들의 교훈을 굳게 파수하고자 하였다. 이처럼 사람들이 일개 조상들의 교훈도 이처럼 굳게 파수하는데, 하물며 신자들이 하나님의 명령을 얼마나 성심을 다하여 굳건하게 지켜야 하겠는가! 히브리서 12:9-10을 참조하라.

6-11 이 부분에는 예레미야의 권면에 대한 레갑 사람의 대답이 기록되어

---

78) 참조. 36:10, 12, 20; 대상 23:18; 28:12; 대하 31:11 이하; 스 8:28-29; 느 10:38-40.

있다. 레갑 사람들의 대답은 그들의 조상 요나답이 교훈했던 것처럼 "**영원히 포도주를 마시지 말며 너희가 집도 짓지 말며 파종도 하지 말며 포도원을 소유하지도 말고 너희는 평생 동안 장막에 살아**"야 한다는 것이었다(6-7절). 레갑 족속은 위의 다섯 가지 가르침을 250년 동안 실천해왔다. 그 다섯 가지 지침은 어떤 목적으로 주어진 것이었는가? 그것은 그들이 ① 유목 생활이라는 거주 방식을 고수하여 일정한 영토를 차지하지 않음으로써 외국 세력의 침략을 면하기 위한 것이었으며, ② 도시에서 집단생활을 영위함으로써 야기되는 도덕적 부패를 면하기 위한 것이었으며, ③ 포도주를 과도하게 애용함으로써 육체와 정신에 해악이 미치는 일을 피하기 위함이었으며, ④ 이렇게 조상들의 교훈을 준수하게 함으로써 효도하는 삶이 몸에 배도록 하기 위함이었다 (Laetsch). 위에 기록된 레갑 족속의 풍속에는 장점도 있지만 단점도 있었는데, 따라서 우리는 모든 사람이 그와 같은 생활방식을 추구해야 한다고 주장하기는 어렵다. 그러나 우리가 그들의 풍속에서 본보기로 삼을 만한 것은 그들의 효심이다. 부모를 공경하는 일은 하나님께서 명령하신 것이다(출 20:12; 엡 6:1).

그러나 바벨론의 느부갓네살 왕이 이 땅에 올라왔을 때에 우리가 말하기를 갈대아인의 군대와 수리아인의 군대를 피하여 예루살렘으로 가자 하고 우리가 예루살렘에 살았노라(11절). 이것은 요나답과 그의 족속, 다시 말해 레갑 사람들이 유다 산지의 시골 지역에서 살았으나, 바벨론 왕이 그 지역을 침략해 들어옴으로써 그들이 피하여 든든한 성벽이 있는 예루살렘으로 이주하였다는 뜻이다. 그들은 어디서 살게 되든지 영구적인 정착을 도모하지 않고 있었으므로(7절), 그만큼 다른 민족들보다 쉽사리 피난을 감행할 수 있었던 것이었다. "수리아인의 군대"는 아람 군대를 의미하는데, 그들 군대가 유다를 침략했던 것은 여호야김 왕이 느부갓네살을 반역한 직후에 일어났던 일이었다(왕하 24:2).

12-16 여기서는 하나님께서 레갑 족속을 본보기로 삼아 유다 사람들을

꾸짖으신다. ① 레갑 족속은 조상들의 명령이라도 그처럼 힘을 다해 순종하는데, 유다 사람들은 하나님의 명령에도 순종하지 않았다는 것이다(16절). ② 레갑 족속은 그들의 조상 요나답 한 사람이 단 한 번 지시했던 명령을 끝까지 지켜오고 있는데, 유다 사람들은 살아 계신 하나님께서 수많은 선지자를 통하여 부지런히 말씀하여 주시는데도(14하, 15상) 그 말씀을 순종하지 않았다는 것이다. ③ 레갑 족속은 "포도주를 마시지 말라"(14상)라는 말씀처럼 육신 생활에 관계된 명령조차도 귀하게 여겨서 순종해오고 있는데, 유다 사람들은 그보다 훨씬 중요한 하나님의 윤리적 교훈과 종교적 교훈(악한 길에서 떠날 것과 다른 신을 따르지 말라는 말씀, 15상)에도 순종하지 않는다고 탄식하신다.

설교 ▶ 인간들의 모순(12-16절)

사람에게는 사랑도 있고 신뢰심도 있고 순종심도 있다. 그러나 그들은 마땅히 사랑하고 신뢰하고 순종해야 할 대상에게는 그리하지 않고 엉뚱한 대상에게 사랑과 신뢰와 순종을 쏟아붓고 있다.

1. 사람들이 다른 사람들은 뜨겁게 사랑하면서도 정작 그들이 마땅히 사랑해야 할 하나님께 대하여는 그리하지 않는다. 모든 사람은 남편이나 아내나 자식들이나 부모를 향하여 얼마나 불타는 사랑을 보여주는가? 그러나 하나님을 향해서는 이런 사랑을 보여주지 않는다. 우리는 부모와 처자보다도 하나님을 더욱 사랑해야 한다(마 19:29; 눅 14:26).

2. 사람들은 다른 사람들을 신뢰하면서도 하나님께 대하여는 신뢰심을 보여주지 않는다. 사람들이 흔히 다른 사람들의 말을 들을 때에 그가 하는

말이 진실한지는 확인해 보지도 않고 막연히 사실이라고 믿는 일이 많다. 그러나 그들이 하나님의 말씀에 대하여는 믿음을 가지는 일을 주저한다. 또한 사람들은 눈에 보이지 않는 일들에 대해서도 이 세상에 속한 현상들은 잘 믿으면서도, 정작 하늘에 속한 일들에 대해서는 이상하리만치 불신하는 태도를 보인다.

3. 사람들이 사람의 권위에 대하여는 순복하면서도 하나님의 권위에 대하여는 순복하는 자세를 보여주지 않는다. 이렇게 하나님께 대하여는 순종하지 않으면서 사람들에 대하여는 비교적 순종하는 태도를 보이는 현상에 대하여 아우구스티누스(Augustine)는 "아름답지만 악한 일"(splendid vice)이라는 표현을 사용하였다. 물론 사람들에게도 그들에게 마땅히 보여주어야 할 순종의 자세를 취하는 일은 칭찬할 만한 일이지만, 하나님께는 순종하지 않고 사람에게만 순종하는 것은 잘못된 일이다 아우구스티누스의 표현은 이런 의미를 담고 있다.

4. 사람들이 생명 없는 전통을 잘 따르면서도 정작 살아 계신 하나님이 주시는 생명의 말씀은 따르지 않는다. 우리는 물론 과거의 좋은 일들을 거울로 삼아야 한다. 그러나 우리가 그것에 치중하면서 하나님의 말씀으로 말미암은 현재의 사역을 제대로 받아들이지 못한다면 그것은 큰 잘못이다. 우리는 기도와 간구, 그리고 특별히 생명의 말씀인 성경으로 말미암아 날마다 영적으로 새로 태어나야 한다. 우리는 영적인 삶을 유지할 때 성장과 진보가 있으며, 개척과 정복을 이루어갈 수 있을 것이다. 만일 우리가 영적인 삶을 유지하지 못하고 죽은 전통만 따른다면 퇴보해갈 뿐이며, 늘 새롭게 임하는 현실을 정복하지 못한다.

18-19 칼빈(Calvin)은 이 부분에서 하나님이 레갑 사람들에게 그들의 후손이 영원히 유지될 것을 약속하신다고 해석하는데, 이것은 레갑의 후손들 가운데서 하나님을 섬길 자들이 계속해서 일어나게 되리라는 것을 의미한다. 열왕기하 10:15을 참조하라. "내 앞에 설 사람"이라는 표현은 히브리어로 "오메드 레파나이"(עֹמֵד לְפָנַי)인데, 이는 주님을 섬길 자를 묘사하는 문구다. 알더스(G. Ch. Aalders)도 그와 동일한 맥락으로 해석하였다.[79]

| 설교자료

1. 하나님께서는 죄로 인하여 어두워진 사람들을 깨우치고자 하시는 마음이 간절하신 것만큼 그들을 가르치시는 방식도 여러 가지로 나타난다. 그는 실물 교훈을 많이 사용하신다. 성령으로 말미암아 영적인 눈이 밝은 성도는 자기 삶의 주변에서 하나님의 실물 교훈을 자주 체험한다(1-2절).

2. 하나님의 말씀은 언제나 역사성을 생명으로 삼는다. 그것이 하늘에서 유래한 말씀이지만 인간들에게 수용되기 위하여서는 명백한 역사적 사실을 통하여 임한다. 하나님께서 레갑 사람들을 본보기로 삼아서 유다 백성들을 가르치시는 실물 교훈을 시행하심에 있어서 세부적인 역사적 사건을 동원하신다. 여기에 관계된 인물들을 소개할 때도 그들의 이름만 거론하는 것이 아니라 그들의 조상들의 이름까지 밝히고 있으며, 성전의 부속실들을 가리킬 때도 그 정확한 위치까지 자세히 말하고 있다(3-4절).

---

79) G. Ch. Aalders, Korte verklaring, Jeremia, 132. "'Voor den Heere staan' is n. l. de uitdrukking voor den Heere dienen."

3. 레갑 사람들이 준수해왔던 다섯 가지 덕목은 단순하고 청빈한 삶을 장려한다는 장점을 가지고 있다(6-7절). 사람들은 생활의 양태가 복잡할수록 더욱 거짓되고 부패해지게 된다. 그러나 ① 레갑 자손의 생활 양식과 같은 것이라 하더라도 하나님을 위한 것이 아니면 진정한 경건을 소유하지도 못하며 축복을 누리지도 못한다. ② 레갑 자손의 생활 양식은 유목 민족으로서는 의미 있는 것이지만, 다른 환경에서 살아가는 민족들에게는 어떤 면에서는 적합하지 않다. 다른 민족들의 환경도 하나님이 지으셨으니 그것도 무시해서는 안 된다. 어쨌거나 레갑 사람들이 조상들에게서 물려받은 가르침을 순종했던 정신만은 귀하다. 조상들의 가르침을 존중하는 일은 그것이 효도라는 점에서 아름다운 덕이라고 할 수 있다. 왜냐하면 하나님께서 부모를 공경하라고 하셨기 때문이다(출 20:12). 에베소서 6:1을 참조하라.

4. 하나님께서는 그의 백성을 가르치시되, 부모가 자식을 가르치는 것보다 더욱 간절한 심정으로 하신다. 시편 27:10에 말하기를, "내 부모는 나를 버렸으나 여호와는 나를 영접하시리이다"라고 하였다. 그러므로 우리 본문에서 "내가 너희에게 말하고 끊임없이 말하여도"(וְאָנֹכִי דִּבַּרְתִּי אֲלֵיכֶם הַשְׁכֵּם וְדַבֵּר)라는 문구와, "내가 내 종 모든 선지자를 너희에게 보내고 끊임없이 보내며"(וָאֶשְׁלַח אֲלֵיכֶם אֶת־כָּל־עֲבָדַי הַנְּבִאִים הַשְׁכֵּים וְשָׁלֹחַ)라는 문구는 그가 그 백성을 가르치심에 있어서 얼마나 간절하셨는가를 보여준다(14-15절).

제 36 장

✣ 내용분해

1. 예레미야가 모든 예언을 바룩에게 필사하게 하고 그것을 낭독하여 선포하게 함(1-10절)
2. 지도자들이 그것을 알아본 후에 여호야김 왕에게 고하고 또한 그의 앞에서 읽게 되었을 때 왕이 그 두루마리를 불사름(11-26절)
3. 예레미야가 왕에게 다시 심판의 예언을 하고 바룩에게 다른 두루마리에 모든 예언을 필사하게 함(27-32절)

✣ 해석

1-2 유다의 요시야 왕의 아들 여호야김 제사년에 여호와께로부터 예레미야에게 말씀이 임하니라 이르시되 너는 두루마리 책을 가져다가 내가 네게 말하던 날 곧 요시야의 날부터 오늘까지 이스라엘과 유다와 모든 나라에 대하여 내가 네게 일러 준 모든 말을 거기에 기록하라. 여기서도 우리는 또다시 하나님의 계시가 지닌 역사성을 밝히 보게 된다.

말하자면 여기서 하나님의 말씀이 예레미야에게 임했던 연대까지 명백히 밝혀졌는데, 그가 예언했던 말씀은 실체 없는 환상이 아니라 하늘로부터 임했던 계시가 역사화하여 하나님의 백성들을 믿음으로 인도하고자 했던 운동이었다.

그리고 여기서 우리가 주목해야 하는 사실은 하나님께서 그 예언을 기록하도록 하셨다는 점이다. ① 여기에 기록된 내용은 요시야 왕의 시대부터 여호야김 왕의 시대까지 40년 동안 예레미야가 유다 민족의 장래에 대하여 자세히 예언한 것이니, 그 분량이 상당하다. 그런데도 그것을 기록에 옮긴다는 것은 그의 예언이 어디까지나 성취된다는 보장이 있었기 때문이다.

미래의 일을 말해 놓고 그것을 문서로 기록하기까지 했다는 것은 성취에 대한 보장이 없이는 생각할 수 없는 일이다. 예레미야 시대에 거짓 선지자들도 많았으나 그들의 예언은 기록에 남아 있지 않다. 그들이 기록에 남기지 않은 이유는 그들의 예언이 결국은 거짓된 것으로 드러나리라는 것을 알았기 때문이다. ② 하나님께서 그의 예언을 기록하도록 하신 것은, 그가 그 백성을 회개하게 하시려는 일에 있어서 얼마나 간절한 마음을 품으셨는지를 보여준다. 그들이 귀로 듣고서는 회개하지 아니하였으므로, 이렇게 기록으로 그의 말씀을 읽어서 회개하도록 하신 것이다. ③ 그리고 우리는 이 점에 있어서 하나님의 말씀은 기록된 형태로도 계속하여 하나님의 말씀이라는 사실을 생각하게 된다.

3 유다 가문이 내가 그들에게 내리려 한 모든 재난을 듣고 각기 악한 길에서 돌이키리니 그리하면 내가 그 악과 죄를 용서하리라 하시니라. 신자들이 회개하기만 하면 하나님께서는 그가 내리시려고 작정하셨던 재앙도 멈추신다. 이것을 보면 하나님께서 얼마나 인간의 죄악을 용서하시기를 기뻐하시는지 알 수 있다. 사람의 잘못을 일흔 번씩 일곱 번이라도 용서하라고 권면하신 그리스도의 심정은 하나님 아버지의 심정을 보여주는 것이다(마 18:22). 그는 용서하시기를 기뻐

하시는 하나님이시다(참조. 미 7:18-20).

4 이에 예레미야가 네리야의 아들 바룩을 부르매 바룩이 예레미야가 불러 주는 대로 여호와께서 그에게 이르신 모든 말씀을 두루마리 책에 기록하니라. 예레미야가 자기 제자 바룩에게 명령하여 그에게 임한 여호와의 말씀을 기록하여 전하도록 하였으니 이 일에 대하여 우리가 생각할 것이 있다.

1) 하나님께서 기적적인 방법을 사용하셔서 예레미야를 석방하실 수 없었던 것은 아니었다. 그러나 그가 그렇게 하시지 않고 그를 대리하여 바룩을 통하여 그의 예언을 전하도록 하셨다. 이것을 보면 하나님께서는 그의 진실하고 충성된 종이라고 해서 그의 신변에 관하여는 언제나 기적적인 방법으로 관계하시는 것은 아니다. 고난은 하나님께서 성도의 구원을 완성하시고 그의 말씀 사역을 완성하시기 위하여 마련된 필수불가결한 요소다. 하나님께서 예레미야를 통하여 하실 일이 아직 많이 남아 있는데도 불구하고 그를 감금된 채로 내버려 두시는 것은 하나님께 초자연적 권능이 부족했기 때문이겠는가? 물론 그런 것은 아니다.

2) 하나님께서는 예레미야의 예언을 구전으로만 유다 사람들에게 전하도록 하시지 않고, 바룩을 통하여 그것을 기록하여 낭독하도록 하셨다. 이것은 예언자를 통하여 하나님의 말씀이 지니는 권위를 그대로 내세우기 위함이었다. 말하자면 하나님께서는 바룩이 전하는 내용이 바룩 자신의 권위에 의존하지 않고, 선지자 예레미야의 권위에 의존하도록 하신 것이다. 예언의 말씀을 기록하게 하신 목적이 여기에 있다. 오늘날에도 성경의 권위는 그것을 낭독하는 사람에게 있는 것이 아니라, 그것을 기록한 선지자들과 사도들에게 있는 것이다. 성경은 그들의 권위에 의존하는 전도 문서다. 다시 말해 그것은 바로 하나님의 말씀을 그대로 전하는 권위에 의존한 것이다.

3) 하나님께서 바룩에게 지시하셔서 이같이 예언의 말씀을 기록하게 하신 또 한 가지 목적은 그의 말씀을 정확하게 보관하여 전하시기 위함이었다.

5-6 나는 붙잡혔으므로. 하나님의 참된 종이었던 예레미야가 하나님 말씀을 자유롭게 전하지 못하도록 "감금"되어 있었음에도 하나님께서는 초자연적인 방법으로 간섭하지 아니하시고 그의 종이 그런 고난을 감당하도록 내버려 두신 일은 얼핏 생각하면 이해가 되지 않는다. 그러나 그런 고난을 통하여 종들의 거룩한 사역을 이루어 가시는 일도 하나님의 경륜이다. 4절 해석을 참조하라. "너는 들어가서"라고 번역된 히브리어 문구(וּבָאתָ אַתָּה)를 문자적으로 번역하면, "너는 가서"라는 뜻이다. "금식일"은 그 당시에 어떤 재앙으로 인하여 선포된 듯하다. 이런 기회에는 백성들이 모여서 회개하는 법이다. 그러므로 그때는 바룩이 두루마리에 기록한 하나님의 예언을 백성에게 낭독하기에는 절호의 기회였다. 하나님께서는 그의 말씀을 전파하심에 있어서 가장 많은 사람을 대상으로 전파할 수 있는 장소와 시기를 선정하신다. 왜냐하면 하나님의 말씀은 누구든지 들어야만 하기 때문이다. 하나님의 말씀은 평상 아래 둘 것이 아니며 모퉁이에 치워둘 것도 아니고, 온 천하에 공포해야 하는 세계적이고 우주적인 대진리다.

7 그들이 여호와 앞에 기도를 드리며 각기 악한 길을 떠나리라 여호와께서 이 백성에 대하여 선포하신 노여움과 분이 크니라. "그들이 여호와 앞에 기도를 드리며"(תִּפֹּל תְּחִנָּתָם לִפְנֵי יְהוָה)라는 히브리어 표현을 직역하면 "그들의 간구가 여호와 앞에 떨어지며"라고 해야 한다. 이 말씀은 그들의 간구가 형식에 그치는 것이 아니라 하나님 앞에 바로 상달됨을 의미한다. 그 시대에 유다 사람들이 하나님 앞에 기도하지 않았던 것은 아니었으나, 모두 다 형식에 불과한 기도였고 하나님께서 들으시는 참된 기도는 하지 못하였다. 그러므로 선지자는 그의 제자 바룩의 사역으로 말미암아 하나님의 말씀이 그들에게 효과를 발휘하고 그들의 기도가 참된 결실을 맺기를 희망한다.

"각기 악한 길을 떠나리라." 이 문구에 있어서 "떠나리라"라는 동사는 히브리어로 "울라이"(אוּלַי)라는 표현을 동반하는데, 이것은 상당한 의심을 보이면서도 약간의 소망을 품는 심리상태를 보여주는 것이다. 그 당시 유다 사람들은 종교 행사에 있어서 너무나도 겉치레를 중시하였기 때문에 좋은 열매를 기대하기 어려웠던 것이었다. 그러나 하나님께서는 그처럼 외식하는 자들까지라도 할 수만 있으면 바르게 변화되기를 최후까지 간절히 원하신다. 그는 이렇게 자비로우신 하나님이시다.

"여호와께서 이 백성에 대하여 선포하신 노여움과 분이 크니라." 이 문장은 히브리어 원문에서 "왜냐하면"(כִּי)이라는 이유 접속사로 시작한다. 이것은 유다 사람들이 혹시라도 회개하게 될 이유를 보여준다. 바룩이 예레미야의 예언을 낭독함으로 말미암아 유다 사람들이 혹시라도 회개하게 될 이유는 그의 예언이 하나님의 진노와 재앙을 선포하기 때문이다. 하나님께서 완악한 죄인들이 회개하도록 만드시기 위하여 재앙을 방편으로 사용하기도 하신다. 단단한 옹이가 박힌 나무는 날카로운 도끼로 쪼개야 하는 것과 마찬가지로 외식하는 자들은 심한 재앙을 통해서만 굴복시킬 수 있다. 시편 18:26에 말하기를, "사악한 자에게는 주의 거스르심을 보이시리니"라고 하였다.

8-10 바룩은 예레미야의 예언을 그가 책에 기록한 그대로 모든 유다 사람들 앞에서 낭독하는 일을 실행에 옮긴다. 그 당시에 박해받고 있던 예레미야의 예언을 대신 낭독하여 전하는 것은 상당한 위험을 감수해야 하는 일이었다. 그것은 그 자신도 박해받을 것을 각오한 자만 할 수 있는 일이었다. 바룩이 예레미야의 예언을 낭독한 사건에 대한 구체적인 정황은 9-10절 말씀에 기록되어 있다. 그것은 여호야김 왕의 재위 5년 9월에 이루어진 일이라고 하는데, 둠(Duhm)에 의하면 그 같은 연대는 봄에 시작되는 바벨론의 역법에 따른 계산으로서 9월이면 겨울철에 해당한다고 한다.[80]

---

80) Duhm, Das Buch Jeremia, 291. "Es war der 9. Monat, nach v. 22 ein Wintermonat: Baruch rechnet wie Hesekiel nach dem babylonischen Jahr, das im Frühling beginnt."

예루살렘 모든 백성과 유다 성읍들에서 예루살렘에 이른 모든 백성이 여호와 앞에서 금식을 선포한지라(קִרְאוּ צוֹם לִפְנֵי יְהוָה כָּל־הָעָם בִּירוּשָׁלִַם וְכָל־הָעָם הַבָּאִים מֵעָרֵי יְהוּדָה בִּירוּשָׁלִָם). 이 말씀을 보면 금식을 선포한 주체가 백성이고 임금이 아니다. 이렇게 거국적인 종교 행사를 진행하는 일에서도 왕은 앞장서서 솔선하여 행동을 취하지 않을 만큼 완악하였다. 그런 상황이었으니 그는 예레미야의 예언을 낭독하는 사건과 관련하여 회개하는 태도를 보여주기는커녕 도리어 낭독된 예언 문서를 칼로 베어 불태워버리는 만행을 저질렀던 것이었다. 그러므로 그처럼 좋은 기회가 주어졌음에도 회개의 운동은 실효를 거두지 못하고 말았다. 일반적으로 회개의 운동이 위에서 아래로 퍼져나가는 것은 순조로우나, 아래서부터 위로 거슬러 올라가기는 어려운 법이다. 니느웨 성읍에 선지자 요나의 입을 통해 멸망이 선포되었을 때도 니느웨의 왕이 솔선하여 회개하였기 때문에 회개의 운동이 전국적으로 확대되어 열매를 거두게 되었다(욘 3:4-10).

"새 문"은 동쪽 문을 가리키는 것으로 생각된다. 일반적으로 그곳에서 대규모 집회가 열렸다고 한다. **"서기관 그마랴"**는 임금의 서기였다. 바룩은 이런 고위층 관리의 사무실을 강단처럼 사용하여 나라의 재앙을 선포하는 무서운 예언을 광장에 모인 군중들에게 낭독하여 들려주었다. 이것을 보면 바룩 자신도 하나님 말씀을 전하는 일에 있어서 사명감을 가지고 담대히 행동하였던 것이 사실이다. **"낭독"**이라고 번역된 히브리어 단어인 **"카라"**(קְרָא)는 큰 소리로 읽는 것을 가리킨다.

11-20 이 부분의 말씀에서 우리의 명심해야 하는 두 가지 사실이 있다.

1) 이 기록이 어디까지나 역사적 사실을 있는 그대로 전한다는 점이다. 여기 기록된 사람들의 이름들을 보면, 개인을 소개하기 위하여 그의 이름만 밝히는 것이 아니라 그의 조상들의 이름까지 덧붙여서 소개하고 있다. 본서의 저자 예레미야가 이렇게 했던 이유는 그가 소개하는 자들의 이름을 다른

사람도 사용하는 경우가 있을 것이기 때문에 조상들까지 소개해야만 누구인지 분명히 드러나게 될 것이기 때문이었다. 이것은 유다 민족 가운데서 일반적으로 행해지던 풍습이었다. 11, 12, 14절에 나오는 인명들에 대해 일률적으로 조상들의 이름까지 소개되고 있다는 사실에 우리는 주목해야 한다.

 2) 바룩이 낭독한 예레미야의 예언을 들었던 그 당시의 지도자들은 하나님의 말씀에 대해 분명한 태도를 보여주지 않다가 결국은 회개하지 못하는 지경에 이르게 되었다는 점이다. ① 그들은 예레미야의 예언이 담고 있는 재앙의 선포가 그들 민족의 회개를 촉구하는 사랑의 경고라는 사실을 모르고 그것이 국가에 대한 반역 행위이자 불순한 선전인 것으로 오해하였다. 그래서 그들은 그것을 위험하게 여기고 서로 찾아다니며 그 말을 놓고 논쟁하기도 하고(13, 16, 20절), 또한 예레미야의 예언을 낭독했던 바룩을 불러 심문하기도 하였다(14-18절). 그들의 시대는 그만큼 영적으로 어두워져 있었다. 백성의 지도자들은 마땅히 민족의 회개를 위하여 장차 닥치게 될 재앙을 경고하는 선지자의 예언을 심각하게 여기고 경청하는 태도로 들었어야 할 터인데, 그들은 오히려 예언의 말씀을 위험한 것으로 치부하였다. ② 그들은 바룩과 예레미야에게 함께 숨으라고 충고하였는데, 그것은 하나님의 예언자를 어느 정도 존중하고 아끼는 마음을 가지고 있었다는 사실을 보여준다(19절; 참조. 25절). 그러나 그들은 분명한 태도로 하나님의 예언을 받아들이지 않았으며 그리하여 회개하지도 않았다(24절). 주님을 따르는 자로서 언제나 분명하지 못하게 모호한 태도만을 보여준다면 그들은 하나님을 진정으로 따르지도 못할 뿐만 아니라 마침내 주님을 대적하는 편으로 기울어서 그들의 무리에 가담하는 결과를 낳고 많다. 북 왕국 이스라엘의 엘리야 선지자는 하나님 앞에서 분명한 자세를 보여주지 못하는 우유부단한 자들을 꾸짖어 말하기를, "너희가 어느 때까지 둘 사이에서 머뭇머뭇 하려느냐 여호와가 만일 하나님이면 그를 따르고 바알이 만일 하나님이면 그를 따를지니라"라고 하였

다(왕상 18:21).

21-25 이 부분에는 바룩이 기록한 예언 문서를 바룩 여호야김 왕이 칼로 베고 불사른 악한 행동이 기록되어 있다. 그는 아첨하는 말이나 좋아하고 장차 닥쳐올 재앙에 대하여 직언하면서 회개를 독촉하는 충성된 말을 배척한 어리석은 왕이었다. 그는 그렇게 교만하여 ① 자신이 흘린 피에 대해 책망하는 경고 앞에 굴복하지 아니하였고, ② 자기 자신과 그의 나라까지도 멸망할 위기에 처해 있다는 엄연한 진실 앞에서도 겸허하게 순종하기를 원하지 않았다. 언제나 국가를 망치는 임금은 아부하는 자들을 좋아하고 바른말을 간언하는 충직한 신하들을 배척한다. 그는 그렇게 어리석은 왕이었다. 그는 그에게 직언하는 신하가 진실로 그를 위하고 사랑하는 자라는 사실을 알지 못한다. 어떤 사람이 화산 아래 터를 닦고 그곳에 집을 지으려고 하는데, 한 친구가 충고하기를, "당신의 집이 세워지는 자리로 용암이 흘러 내려올 것이오"라고 하면 그것이 진실로 친절한 말이 아니겠는가? 혹은 한 여행자가 눈밭 위에서 잠이 들었는데, 어떤 사람이 그가 얼어 죽기 전에 그를 흔들어 깨운다면, 그것이 얼마나 고마운 일이겠는가? 이와 같은 진실한 사랑을 배척하는 자는 재앙을 피하지 못한다.

26 왕이 왕의 아들 여라므엘과 아스리엘의 아들 스라야와 압디엘의 아들 셀레먀에게 명령하여 서기관 바룩과 선지자 예레미야를 잡으라 하였으나 여호와께서 그들을 숨기셨더라. 여호야김 왕은 하나님의 말씀을 기록한 문서를 파기했을 뿐만 아니라 이제는 바룩과 예레미야를 붙잡아서 그들을 해하고자 한다. 하나님의 말씀을 파괴하는 자는 하나님을 멸시하는 가장 큰 죄를 범하는 자다. 그러므로 여호야김 왕에게 있어서 사람들을 해하는 일쯤은 별 문제가 아니었을 것이다. 그러나 악한 자가 극도로 발악하여 극악무도한 행동을 계속할 때는 하나님께서 역사하시는 법이다. 그러므로 시편 119:126에 말하기를, "그들이 주의 법을 폐하였사오니 지금은 여호와께서 일하실 때니이다"라고 하였다. 그때 하

나님께서는 바룩과 예레미야를 숨기셨다. 그들이 왕을 피하여 숨었던 일에 대하여 우리가 생각할 것은, ① 그들에게 숨으라고 요청한 자들이 유다의 관리들이었다는 점이다(19절). 하나님께서 어떤 때는 일반인들을 통하여 성도들을 보호하시기도 한다. 이것은 하나님의 섭리적인 역사다. ② 하나님께서 숨기신 자들을 사람들이 찾아내지 못한다는 사실이다. 그러므로 시편 27:5에 말하기를, "여호와께서 환난 날에 나를 그의 초막 속에 비밀히 지키시고 그의 장막 은밀한 곳에 나를 숨기시며 높은 바위 위에 두시리로다"라고 하였다. 이사야 26:20을 참조하라. ③ 박해받는 성도에게 하나님께서 역사하시는 방식은 여러 모양이라는 점이다. 그가 어떤 이들은 순교의 자리에 나아가도록 내어 주시는가 하면(26:20-23), 어떤 이들은 이렇게 숨기신다. 하나님께서 이루어 가시는 모든 선한 일들을 인간의 편협한 생각으로 한 방향에서만 규정하려 하는 것은 어리석은 잘못이다. 하나님께서 하시는 일들은 사람이 생각하는 방향으로만 제한되어 있지 않다.

27-31 이 부분에는 ① 하나님께서 예레미야에게 그의 예언을 다른 두루마리에 다시 기록하라고 하신 사실을 말씀하고 있다(28절) 여호야김 왕이 바룩의 손으로 기록된 예언 문서를 파괴하였으나, 그렇다고 해서 하나님의 말씀을 증언하는 역사가 후퇴하지는 않는다. 하나님의 말씀은 사람에게 매이지 않는다(딤후 2:9; 참조. 눅 19:40). 사람들이 하나님의 심판을 믿지 않는다고 해서 심판이 그들에게 임하지 않는 것은 아니다. 그러므로 불신자들과 박해자들에 대해서도 계속하여 심판의 경고가 임하는 것이다. ② 하나님께서는 유다 왕 여호야김에게 임할 심판을 선포하신다(29-31절). 하나님의 말씀을 무거운 짐으로 여겨 배척하는 자에게는 그보다 더욱 무서운 말씀이 임하는 법이다. 하나님의 말씀을 배척할 때마다 죄가 많아지는 동시에 징벌도 많아진다. ㉠ 하나님께서 여호야김 왕에 대해 지적하신 죄악은 바벨론 군대에 의해 유다 나라가 파멸되리라는 예언을 그가 멸시하였다는 사실이다(29절).

누구든지 자기가 받을 천벌로 인하여 회개하기는커녕 오히려 그것을 멸시하면 그는 그에게 주어질 벌을 기어이 받고야 만다. 왜냐하면 그는 교만한 자이기 때문이다. 잠언 10:5을 참조하라. 천벌이 임하리라는 사실을 인정하지 않는다고 해서 그에게 벌이 임하리라는 하나님의 뜻이 변하는 것은 아니다. ⓒ 여호야김 왕에게는 후계자가 없고 그 자신은 비천한 방법으로 죽임을 당할 것이라고 말씀하신다(30절). 그에게 후계자가 없게 되리라는 말씀은 얼핏 보면 이후에 성취되지 않은 듯하다. 왜냐하면 그의 아들 여호야긴이 그의 사후에 왕위에 올랐기 때문이다. 그러나 여호야긴 왕은 즉위한 지 얼마 지나지 않아 느부갓네살 왕에 의해 바벨론으로 사로잡혀 갔으니(왕하 24:10-13), 그것이 바로 이 예언의 말씀이 성취된 방식이었다.

그리고 여호야김 자신의 시체는 버림을 당할 것이라고 예언되었는데, 이러한 예언이 과연 성취되었는가? 역대하 36:6에 말하기를, "바벨론 왕 느부갓네살이 올라와서 그를 치고 그를 쇠사슬로 결박하여 바벨론으로 잡아가고"라고 하였는데, 여기 "바벨론으로 잡아가고"라고 번역된 문구의 히브리어(להליכו בבלה)는 잡아갔다는 의미가 아니고, "바벨론으로 잡아가려고"라는 뜻이다. 이 문구로 보아서는 그가 바벨론으로 호송되어 가던 도중에 죽었을 것이므로 그의 시체는 내버려졌을 가능성이 얼마든지 있다(C. W. E. Naegelsbach).

내가 일찍이 그들과 예루살렘 주민과 유다 사람에게 그 모든 재난을 내리리라 선포하였으나 그들이 듣지 아니하였느니라. 이 말씀은 죄인들이 그들의 죄로 인하여 임한 하나님의 경고를 믿음으로 경청하지 않았던 것이 벌 받을 죄라는 뜻이다. 하나님의 말씀을 멸시하는 일처럼 큰 죄는 없다. 그 죄는 사실상 하나님을 멸시하는 죄악이다. 예레미야 19:15을 참조하라.

32 이에 예레미야가 다른 두루마리를 가져다가 네리야의 아들 서기관 바룩에게 주매 그가 유다의 여호야김 왕이 불사른 책의 모든 말을 예레미야가 전하는 대로 기록하고 그 외에

도 그 같은 말을 많이 더 하였더라. "예레미야"는 하나님의 권고에 따라 이제 그가 선포했던 예언의 말씀을 "다른 두루마리"에 다시 기록하게 하였다. 이 두 번째 기록에는 첫 번째 기록에 포함되지 않았던 예언들도 첨부되어 있다. 하나님의 말씀은 이처럼 박해를 받을수록 더욱 힘있게 전파되는 법이다.

설교 ▸ 하나님의 말씀을 기록한 문서의 성격에 대하여(27-32절)

이 본문을 보면 하나님께서는 그의 말씀을 기록한 성경을 어디까지나 보존하시며 소중하게 다루신다는 사실이 드러난다. 여호야김 왕은 성경을 불사른 죄로 벌을 받게 되었으며(36:20-31), 예레미야는 바룩에게 지시하여 그것을 다시 기록하게 하되, 그가 전하는 대로 기록하도록 하였다(32절). 이것을 보면 성경은 하나님의 말씀을 받은 자에 의해서만 기록되었음을 알 수 있다.

1. 여호야김 왕이 성경을 불사른 것은 중벌을 받을 죄악이었다.

그것이 중벌을 받아야 하는 죄가 되는 이유는 무엇인가? 그것은 기록된 하나님의 말씀도 그 자체에 있어서는 하나님의 말씀이기 때문이다. 성경이 직접적으로 하나님의 말씀이라는 사실에 대해서는 성경이 스스로 증거하고 있다. 로마서 3:2, 사도행전 4:24-25, 13:34-35, 히브리서 1:6을 참조하라.

칼 바르트(Karl Barth)는 성경이 그 자체로 하나님의 말씀이라는 사실을 부인하고, 다만 하나님의 말씀에 대한 증인(Zeugnis)일 뿐이라고 말함으로써 성경의 권위를 깎아내린다. 그의 말은 한마디로 우리가 성경을 대할 때 본문의 세세한 내용에 그렇게 매일 필요 없다는 뜻이다. 따라서 그는 성경을 해석할 때 역사주의(historicism)를 반대한다. 그는 하나님의 은혜로운 말씀이 하나님께서 말씀하신 상태 그대로 기록으로 저장되어 있다는 점을 인정하지 않는다. 그는 성경에 오류와 흠이 없다면 그것은 성경이 아니라고 말하였다. 그러나 네덜란드 개혁교회의 정통 신학자 헤르만 바빙크(Herman Bavinck)는 그리스도께서 무오류하심과 같이 성경도 그러하다고 강변하였다. 그는 성경 말씀에는 흠과 티가 없다고 하였다. 그러나 바르트(Barth)는 성경에 오류가 없다고 주장하면 그것은 가현설(Docetism, 그리스도가 진정한 의미에서 인성을 지니지 않으셨다는 그릇된 학설)을 설파하는 것이라고 하였다(C. D. I/2, 509-10). 그는 성경에 하나님의 말씀이 담겨 있다고 말하지 않고, 그 대신 언제든지 성령이 그것으로 하나님 말씀이 되도록 하시는 한도에서만 하나님 말씀이 된다고 하였다. 그는 이런 견해를, "기독교의 성경 이해"(The Christian Understanding of the Bible, 1948)라는 제목의 강의에서 수직선적 이원론을 강조했다. 이것은 내재적 신학에 대한 저항의 성격을 지닌 반동 신학(Reaction theology)의 일종이었다. 바르트는 정경(canon)이 아직 종결되지 않았다고 주장하면서, 정경의 범위를 최종적으로 확정하려 하는 것은 우리의 판단으로 하나님을 가두려 하는 잘못이며, 사람이 하나님의 계시를 판정하는 잘못이라고 주장하였다(C. D. I/2 476).

위에서 설명한 것과 같은 바르트(Barth)의 사고방식은 교회 역사의 권위 있는 공의회에서 정경으로 확정한 신구약 성경 66권만을 하나님의 말씀으로 여기지 않는 잘못된 것이다. 이런 사고방식은 역사적-문법적(Grammatico-historical) 해석방법으로 성경을 연구하는 일을 등한히 여기게 만든다.

2. 성경을 기록한 목적

1) 하나님께서 주신 계시의 말씀을 후세에 전하기 위함이다. 계시는 역사적 사건인데, 역사는 시공간을 초월하는 사건이 아니다. 따라서 계시는 역사적 제한조건들을 경유하면서 전파되어야 한다. 이것이 그 말씀을 기록한 목적이다(롬 15:4).

2) 계시의 말씀을 변함없이 정확하게 전승하기 위함이다. 하나님의 말씀이 구전으로만 전해진다면 내용이 변형되거나 와전되기 쉽다. 왜냐하면 그것을 전하는 사람이 불완전하고 거짓되기 때문이다. 사람이 하나님의 말씀을 전할 때는 진실하게 전하려고 노력해야 한다. 그것이 전도자의 생명이다. 진실하게 말하는 힘은 성경을 깊이 연구할 때 생기는 법이다. 기록된 성경은 진리 전승의 정확성을 위한 것이다.

3) 모든 세대의 사람들이 복음을 듣게 하기 위함이다. 로마서 10:17에 말하기를, "그러므로 믿음은 들음에서 나며 들음은 그리스도의 말씀으로 말미암았느니라"라고 하였다. 말씀을 듣는 것은 기록된 말씀을 읽는 것과 다르다. 말씀을 듣는 일은 인격체를 통한 증거의 방식이다. 하나님께서는 사람을 하나님의 형상으로 지으셨으므로, 사람들은 하나님의 형상인 사람의 증거를 통하여 하나님을 알게 된다. 살아서 움직이는 인격이 하나님의 말씀을 증언하는 것은 이처럼 중요한 일이다. 증인은 그의 존재와 생활방식에서 하나님을 닮아야 한다. 그런데 그가 하나님의 말씀을 증언하기 위해서는 문서로 기록된 하나님의 말씀을 부지런히 읽고 연구해야 한다. 사람이 무언가를 확신 있게 알기 위해서는 많은 연구를 해야 한다. 한두 마디 들은 것만으로는 확신을 보존하지 못한다.

4) 예언의 성취를 천하만국에 드러내기 위함이다. 고대 근동의 국가들과 이스라엘에 대한 예언의 말씀은 구전으로만 전해진 것이 아니라 양피지와 파피루스 문서에 분명하게 기록된 것이다. 이렇게 전해진 예언의 말씀은 천하만국을 향해 제시하는 증거 서류와도 같다. 이 증거 서류는 진실성을 담보로 세상을 향하여 도전한다.

| 설교자료

1. 하나님의 말씀은 구두로 전하는 것보다 기록으로 전하는 것이 어떤 측면에서는 더욱 극대화된 효과를 발생한다. 특별히 기록을 통한 전도는 전도자가 물리적으로 접촉할 수 없는 영역에까지 동일한 영향력을 발휘할 수 있다(1-3절).

2. 선지자의 직임을 받지 않은 자들은 선지자들이 전하는 전도의 내용과 동일한 말씀을 담은 성경을 있는 그대로 전파함으로써 선지자의 사명을 감당하게 되는 셈이다(5-10절).

3. 하나님께서 죄인들에게 임할 재앙에 대해 말씀하시면서 그들에게 경고하시는 것은 그들을 회개시키심으로써 구원하시려는 크나큰 사랑의 증거다. 그러나 많은 사람이 이런 사랑의 경고를 오히려 무서운 저주로 오해하거나 위험하여 여겨 배척한다(11-25절).

4. 하나님의 말씀은 박해에 직면할수록 더욱 힘있게 전파된다(27-31절). 32절 해석을 참조하라.

제 37 장

✤ 내용분해

1. 시드기야 왕이 예레미야에게 기도를 요청함(1-5절)
2. 예레미야가 갈대아의 승리를 예언함(6-10절)
3. 예레미야가 수금되었다가 풀려나 시위대 뜰에 유치됨(11-21절)

✤ 해석

1-2 요시야의 아들 시드기야가 여호야김의 아들 고니야의 뒤를 이어 왕이 되었으니 이는 바벨론의 느부갓네살 왕이 그를 유다 땅의 왕으로 삼음이었더라 그와 그의 신하와 그의 땅 백성이 여호와께서 선지자 예레미야에게 하신 말씀을 듣지 아니하니라. "고니야"의 또 다른 이름은 "여호야긴"인데(왕하 24:6), 그는 예루살렘에서 잠깐 왕위에 올랐었으나 곧바로 바벨론으로 사로잡혀 감에 따라 그의 숙부 시드기야가 느부갓네살에 의해 왕으로 세움 받았다. 그러나 시드기야를 비롯하여 그 당시 유다 백성들이 선지자 예레미야의 말씀을 듣지 않고 바벨론에게 반역하는 길

을 선택했던 것이었다. 열왕기하 24:19-20과 역대하 36:11-13을 참조하라.

예레미야가 전하는 말씀을 따르지 않았던 그들은 생각하기를 그들이 하나님의 말씀을 순종하지 않은 것은 아니며 다만 인간 예레미야의 말에 순종하지 않은 것일 뿐이라고 자신들을 정당화했을 것이다(Calvin). 그러나 하나님께서 예레미야를 세우셔서 그의 말씀을 전하게 하셨다는 증표는 얼마든지 있었다. 특별히 예레미야는 유다 나라가 바벨론에 의해 침략당할 것이라고 예언하였었고 그 같은 예언은 그가 선포했던 특징적인 예언이었는데, 이제 유다의 왕과 백성들 앞에서 그의 예언이 그대로 이루어진 것이 사실이다. 참된 선지자와 거짓 선지자의 구분은 그 예언이 성취되는 여부에 달린 것이다. 신명기 18:22에 말하기를, "만일 선지자가 있어 여호와의 이름으로 말한 일에 증험도 없고 성취함도 없으면 이는 여호와께서 말씀하신 것이 아니요 그 선지자가 제 마음대로 한 말이니 너는 그를 두려워하지 말지니라"라고 하였다.

3-4 시드기야 왕이 셀레먀의 아들 여후갈과 마아세야의 아들 제사장 스바냐를 선지자 예레미야에게 보내 청하되 너는 우리를 위하여 우리 하나님 여호와께 기도하라 하였으니 그때에 예레미야가 갇히지 아니하였으므로 백성 가운데 출입하는 중이었더라. "여후갈"이라는 인물에 대해서는 38:1을 참조하라.

"너는 우리를 위하여 우리 하나님 여호와께 기도하라." 시드기야 왕이 하나님의 말씀에는 순종하지 않으면서도 예레미야에게는 자기를 위하여 여호와 하나님께 기도해 주기를 요청한다. 하지만 그의 요청에는 그의 두 가지 허물이 드러난다. ① 시드기야 왕은 자기 스스로는 기도할 수 없는 완악한 인물이었다. 그는 하나님의 말씀에 순종하지 않았을 뿐만 아니라 불순종하는 자신의 행위에 대하여 회개할 마음조차 없었고 하나님 앞에 나아갈 엄두도 내지 못하였기 때문에 자기 스스로는 기도하지 못하였던 것이었다. ② 하나님의 말씀에 순종하지는 않으면서 역경에 처하였을 때 그의 도우심만 받고

자 하는 것은 사실상 하나님이 어떤 분이신지 대단히 오해한 것이다. 하나님은 사람들 자기 멋대로 이용할 수 있는 도구가 아니다. 윤리적이고 도덕적인 문제와 성결에 관한 사안들은 거들떠보지도 않고 인간적인 욕심과 소원의 성취를 위해서만 신을 찾는 것은 이교도들이 행하는 일이다.

펠드캄프(Veldkamp)는 시드기야 왕이 예레미야에게 기도를 요청한 일을 가리켜 말하기를, "그것은 신앙이 아니며 순전히 이교적인 행동이다"라고 하였다.[81] 하나님께서는 예레미야에게 이런 요구에는 응하지 말라고 벌써 여러 차례 말씀하셨다(7:16; 11:14; 14:11; 15:1).

5 바로의 군대가 애굽에서 나오매 예루살렘을 에워쌌던 갈대아인이 그 소문을 듣고 예루살렘에서 떠났더라. 그 당시에 애굽의 바로였던 호브라(Hophra, BC 588-569년)가 바벨론 군대(갈대아 군대)에 대항하기 위하여 애굽에서 출발하였다. 이렇게 된 것은 유다가 군사원조를 요청하였기 때문이었을 것이다. 이때 바벨론 군대는 애굽 군대와 싸우기 위해 예루살렘을 떠났다.

6-10 여호와의 말씀이 선지자 예레미야에게 임하여 이르시되 이스라엘의 하나님 여호와께서 이와 같이 말씀하시니라 너희를 보내어 내게 구하게 한 유다의 왕에게 아뢰라 너희를 **도우려고 나왔던 바로의 군대는 자기 땅 애굽으로 돌아가겠고 갈대아인이 다시 와서 이 성을 쳐서 빼앗아 불사르리라 여호와께서 이와 같이 말씀하시니라 너희는 스스로 속여 말하기를 갈대아인이 반드시 우리를 떠나리라 하지 말라 그들이 떠나지 아니하리라 가령 너희가 너희를 치는 갈대아인의 온 군대를 쳐서 그 중에 부상자만 남긴다 할지라도 그들이 각기 장막에서 일어나 이 성을 불사르리라.** 시드기야 왕의 시대에도 유다 민족은 선지자 예레미야의 말을 듣지 않고 하나님보다 애굽 군대를 더욱 의지하였다. 바벨론 군대가 예루살렘을 에워쌌을 때도 애굽에 의존하고 그들을 신뢰하는 유다 백성들의 마음은 변하지 않았다. 때마침 애굽 왕 바로의 군대가 유다 나라를 위

---

81) Veldkamp, Een Dubbelleven, 190. "Het is geen geloof...Het is puur heidendom."

기에서 건지기 위하여 출동함에 따라 바벨론 군대(갈대아 군대)는 예루살렘을 버리고 떠났다. 그렇게 되자 애굽을 의지하던 유다 사람들은 지금까지도 본래 하나님을 불신해오던 차에 더욱더 의기양양하게 애굽을 의지하는 그들의 태도를 정당화하고 그들을 향한 신뢰를 강화하였을 것이다. 이런 때에도 하나님은 그들을 버리지 아니하시고 그들의 마음을 돌이키시려고 예레미야를 통하여 다시 말씀하시기를, ① 바로의 군대는 후퇴하여 애굽으로 다시 돌아가리라고 하셨으며(7절), ② 바벨론 군대(갈대아 군대)는 다시 예루살렘으로 돌아와서 그 성을 불사를 것이니 결코 그들의 군대가 유다 땅을 완전히 떠난 것이라고 착각하지 말라고 하셨으며(8-9절), ③ 설령 유다 사람들이 바벨론 군대를 쳐서 부상자만 남도록 한다고 하더라도 남겨진 바벨론의 부상자들이 예루살렘 성을 불사르리라고 하셨다(10절). 말하자면 하나님께서 친히 유다 나라를 벌하시는 것이므로 예루살렘 도성은 틀림없이 망하게 될 것이라는 뜻이다. 누가 하나님의 뜻을 거스르고 그를 이길 수 있겠는가!

위의 세 가지 말씀은 하나님께서 끝까지 유다 민족을 사랑하셔서 주신 말씀이었다. 하나님께서는 그의 백성들이 애굽을 의뢰하지 않고 하나님을 의지하게 만드시기 위하여 이렇게 간곡한 말씀을 그들에게 주셨다. 그는 죄인들을 벌하시는 일을 좋아하는 신이 아니시고 마지막까지도 죄인들을 권면하여 회개하게 만드시려고 힘쓰신다. 바벨론 군대가 애굽 군대와 더불어 싸우기 위하여 예루살렘을 떠났을 당시에 유다 사람들이 마음속에 품었을 생각들이 하나님 보시기에 얼마나 완악한 것이었을까? 본래 하나님을 떠났던 그들의 마음이 하나님으로부터 더욱 멀리 떠났으리라는 점은 충분히 짐작하고도 남는다. 그러나 하나님께서는 그들을 당장 벌하지 않으시고 오래 참으시며 그들의 마음이 다시금 제자리로 돌아오기를 권면하셨다.

11-13 갈대아인의 군대가 바로의 군대를 두려워하여 예루살렘에서 떠나매 예레미야가 베냐민 땅에서 백성 가운데 분깃을 받으려고 예루살렘을 떠나 그리로 가려 하여 베냐민 문에

이른즉 하나냐의 손자요 셀레먀의 아들인 이리야라 이름하는 문지기의 우두머리가 선지자 예레미야를 붙잡아 이르되 네가 갈대아인에게 항복하려 하는도다. 11절에서 갈대아인의 군대가 예루살렘을 떠났다고 말씀하는 것은 이미 5절에서 진술한 내용을 되풀이한 것이다. 그러므로 이것은 바벨론 군대가 예루살렘에서 두 번째로 떠났다는 뜻이 아니다.

어떤 학자들은 "백성 가운데 분깃을 받으려고"(לַחֲלִק מִשָּׁם בְּתוֹךְ הָעָם)라는 히브리어 표현이 예레미야가 베냐민 지파의 땅에서 어떤 "토지의 분깃을 받으려고"라는 의미라고 주장하지만, 칼빈(Calvin)은 이 구절을 "백성 중에 고요히 거하려고"라는 의미로 해석하였다. 말하자면 갈대아인의 군대가 예루살렘을 떠나감에 따라 애굽의 군대를 의뢰하는 유다 사람들이 들고 일어나서 예레미야를 박해하게 될 가능성이 짙어졌다. 이런 때에 예레미야는 예루살렘을 떠나 한적한 곳에서 고요히 지내려고 하였다. "베냐민 문"이라는 것은 예루살렘의 북쪽에 위치한 문을 가리킨다(38:7; 슥 14:10). 이것을 에브라임 문이라고 부르기도 하였다(왕하 14:13; 느 8:16).

"네가 갈대아인에게 항복하려 하는도다." 이것은 대적들이 예레미야에게 씌웠던 거짓된 누명이다. 하나님의 참된 종들은 거짓된 자들에게서 이렇게 모함을 당하는 일이 일반적인 현상이다. 그 당시 유다 백성들은 친애굽적인 경향에 휩쓸려서 바벨론을 대적하려고만 하였다. 그러나 바벨론 군대는 사실상 하나님께서 그들에게 보내신 하나님의 도구였다. 그러니만큼 예레미야는 바벨론 군대에 투항하는 일을 반대하지 않았다(21:8-10). 그가 그와 같은 입장을 고수했던 일은 지극히 신본주의적인 동기에서 비롯한 것이었다. 그는 유다 나라를 사랑하지 않았던 것은 아니었으나, 그가 자기 백성을 사랑한 방식은 어디까지나 종교적이었다. 요컨대 그는 자기 민족이 하나님의 인도하심을 따라야만 바르게 설 수 있다고 믿었다.

14 예레미야가 이르되 거짓이다 나는 갈대아인에게 항복하려 하지 아니하노라 이리야

가 듣지 아니하고 예레미야를 잡아 고관들에게로 끌어 가매. "거짓이다"라는 말은 히브리어로 "쉐케르"(שֶׁקֶר)인데 이것은 거짓말을 뜻하는 명사다. 예레미야는 이리야가 자기에게 덮어씌우는 누명이 사실과 반대된다고 지적한다. 그가 예루살렘에서 떠났던 것은 사실이지만, 그는 개인의 생명을 보전하기 위하여 바벨론 군대에 투항하려고 했던 것이 아니었다. 그는 유다의 지도자들과 백성들에게 바벨론에 항복하라고 누누이 권면했으나(21:9; 38:2). 그것은 유다 나라가 그렇게 해야만 하나님의 뜻에 순종할 수 있었기 때문이었다. 그렇다고 해서 그는 자기 혼자 살려고 구차한 행동을 취하는 간사한 인물은 아니었다. 이런 의미에서 그는 말하기를, "나는 갈대아인에게 항복하려 하지 아니하노라"라고 했던 것이었다.

15 고관들이 무죄한 예레미야를 때리고 감금했다는 말씀을 보면 그 당시 백성들을 다스리던 유다의 관리들이 얼마나 무법하고 부패한 자들이었는지를 엿볼 수 있다.

16-17 예레미야가 뚜껑 씌운 웅덩이에 들어간 지 여러 날 만에 시드기야 왕이 사람을 보내어 그를 이끌어내고 왕궁에서 그에게 비밀히 물어 이르되 여호와께로부터 받은 말씀이 있느냐 예레미야가 대답하지 있나이다 또 이르되 왕이 바벨론의 왕의 손에 넘겨지리이다. 시드기야 왕이 예레미야를 석방하고 그에게 하나님의 계시가 임했는지를 물어보았던 태도는 그가 유다의 고관들보다는 선량한 성품을 갖추고 있었음을 보여준다. 그러나 성경을 보면(대하 36:11-13), 시드기야 왕을 가리켜 악한 왕이라고 규정한다. 이것을 보면 그는 선량한 측면이 있음에도 불구하고 인격이 유약하여 간사한 신하들로 인해 잘못된 방향으로 나아갔음이 분명하다.

시드기야 왕이 선지자에게 하나님의 계시가 임했는지 물어보았던 것은 그가 순종할 마음을 품고서 그리한 것이라기보다는 다만 미궁에 빠져서 아무런 결단성도 없이 두려워하는 마음으로 물어본 것일 뿐이다. ① 이런 의미에서 그는 또다시 이교도의 태도를 보여준 것이다. 회개함으로써 삶의 방향을 돌이키는 용단은 내리지 못한 채로 단순히 공포심에 휩싸여 미래의 일에 대해서만 물어보는 것은 하나님의 선지자를 일개 점쟁이와 같이 여기는 잘못된 태도다(3절 해석 참조).

② 이 점에 있어서 우리는 예레미야가 물리적으로 감금당하여 자유를 누리지 못하는 신세가 되었던 사실을 목격하는 동시에, 시드기야 왕은 죄악과 두려움에 사로잡혀 자유를 누리지 못하는 또 다른 형태의 포로라는 사실을 깨달을 수 있다. 사실상 영적인 관점에서 말하자면, 자유인은 시드기야 왕이 아니고 선지자이며, 감옥에 갇힌 자는 예레미야 선지자가 아니고 시드기야 왕이었다(Veldkamp). 그 당시 시드기야 왕은 얼마나 큰 두려움에 사로잡혀 있었던가! 그가 예레미야를 면회할 때(17절), "비밀히"(בַּסֵּתֶר) 했던 것만 보더라도 우리는 그러한 사실을 알 수 있다. 시드기야 왕은 어째서 비밀히 예레미야를 찾아왔던 것일까? 그것은 그가 예레미야를 박해하는 신하들을 두려워했기 때문이었다. 그는 왕이면서도 이처럼 자기 수하에 있는 신하들조차도 믿지 못하고 두려워하였으며, 그리하여 의인이었던 예레미야를 접촉하는 일도 비밀리에 행하였던 것이었다. 누구든지 그 자신이 의를 사모하면서도 의로운 대의명분을 위하여 몸을 던지지 않는다면 그는 언제나 이처럼 비겁한 자가 되어서 두려하지 않아야 할 것들까지도 두려워하게 된다. 의에 투신한 자들만이 담대한 마음을 품을 수 있다. 잠언 28:1에 말하기를, "악인은 쫓아오는 자가 없어도 도망하나 의인은 사자 같이 담대하니라"라고 하였다.

시드기야 왕의 물음에 대하여 예레미야 선지자는 또다시 담대하게 답변한다. 이번에도 그는 여느 때와 같이 그 당시 유다의 지도자들이나 일반 백성들이 듣기 싫어하는 예언의 말씀을 되풀이하였다. 특별히 시드기야 왕의 신변에 닥칠 직접적인 위험에 대해 경고를 발한다. 이것은 물론 자기가 죄인이라는 사실을 알지 못하는 일국의 왕으로서는 듣기 싫어할 만한 말이다. 그 당시의 지도자들은 누구라도 이런 말을 듣기 싫어하였다. 38:1-4을 참조하라.

18-19 예레미야가 다시 시드기야 왕에게 이르되 내가 왕에게나 왕의 신하에게나 이 백성에게 무슨 죄를 범하였기에 나를 옥에 가두었나이까 바벨론의 왕이 와서 왕과 이 땅을 치지 아니하리라고 예언한 왕의 선지자들이 이제 어디 있나이까. 이 구절들은 예레미야가 자신을 변호하기 위하여 토로했던 말들이다. 그러나 우리가 기억해야 할 점이 있는데, 어떤 때는 하나님의 일을 맡은 일꾼이 자신을 변호하는 일이 개인을 위한 것이 아니라 그에게 주어진 거룩한 직분을 보호하기 위한 일이 되기도 한다는 것이다. 예수님께서도 이런 의미에서 자신을 변호하셨던 경우가 있었다(요 18:23). 선지자는 이런 변호를 통하여 그가 선포한 예언의 정당성을 입증하고자 한다. 이런 의미에서 그는 말하기를, "내가 왕에게나 왕의 신하에게나 이 백성에게 무슨 죄를 범하였기에 나를 옥에 가두었나이까"라고 하였다(18절). 말하자면 그가 선포한 예언에 무슨 잘못이 있는가 하는 질문이다. 그는 자기가 예언했던 말씀과 정반대의 내용을 전했던 거짓 선지자들의 예언이 맞았는가 확인하는 의미에서 다시 묻기를, "바벨론의 왕이 와서 왕과 이 땅을 치지 아니하리라고 예언한 왕의 선지자들(거짓 선지자들)이 이제 어디 있나이까"라고 하였다(19절). 그 당시에 바벨론 왕이 유다를 침략하였는데, 이를 통하여 예레미야의 예언은 옳았던 반면에 거짓 선지자들의 예언은 옳지 않았던 것으로 드러났다. 그러므로 그들은 이제 얼굴을 들고 나타나지 못할 지경이 되었다. 이런 의미에서 예레미야는 질문하기를 왕의 선지자들(거짓 선지자들)이 이제 "어디 있나이까"(איה)라고 하였던 것이었다.

20 내 주 왕이여 이제 청하건대 내게 들으시며 나의 탄원을 받으사 나를 서기관 요나단의 집으로 돌려보내지 마옵소서 내가 거기에서 죽을까 두려워하나이다. 이 구절은 예레미야가 시드기야 왕에게 자기 생명을 보호하여 달라고 탄원하는 내용이다. 그는 왕궁에 끌려 오기 전까지 서기관 요나단의 집에 갇혀 있었는데, 이제 다시 그를 그리로 돌려보내지 말아 달라고 요청한 것이다. 그 이유는 그가 거기서 죽임을 당할까 두려워했기 때문이었다. 여기서 예레미야 선지자는 죽

음을 피하고자 하는 그의 심리를 충분히 드러내었다. 이것은 선지자가 초자연적인 하나님의 사역을 수행하는 동시에 평범한 인간으로서의 자연적인 심리도 가지고 있었다는 사실을 보여준다. "엘리야는 우리와 성정이 같은 사람"이었다(약 5:17). 하나님의 사람이 구차하게 생명을 보전하고자 애쓰는 것은 옳지 않으나, 그런 경우를 제외하고는 죽기를 두려워하는 것이 사람에게는 자연스러운 반응이다. 자연도 하나님의 창조로 말미암아 존재하게 된 것이다. 따라서 자연적인 심리상태에도 하나님의 영광을 나타내는 측면이 있다. 예레미야는 자신이 아직도 하나님의 사명을 완수하지 못한 것으로 여겼기 때문에 이제 그가 요나단의 집에 다시 감금되어 거기서 죽어버리는 일은 그가 소원해야 하는 바가 아니었다. 빌립보서 1:23-24을 참조하라. 그러므로 우리는 이때 예레미야가 죽음을 두려워했던 태도를 비난할 이유는 없다. 우리는 그의 이와 같은 태도를 오히려 인간으로서 꾸밈이 없는 자연스러운 것으로 받아들여야만 한다.

21 이에 시드기야 왕이 명령하여 예레미야를 감옥 뜰에 두고 떡 만드는 자의 거리에서 매일 떡 한 개씩 그에게 주게 하매 성중에 떡이 떨어질 때까지 이르니라 예레미야가 감옥 뜰에 머무니라. "시드기야 왕"은 예레미야를 동정하여 그를 요나단의 집에 가두는 대신 "감옥 뜰에 두고" 그에게 떡을 공급해 주었으며, 그리하여 예레미야는 생명을 보전할 수 있었다. 그가 만일 완전히 석방되었더라면 그를 미워하는 박해자들이 그를 해하였을지도 모르며, 또한 식량이 부족하던 시절에 굶주려서 죽게 되었을지도 모른다. 그러나 시드기야 왕이 그를 "감옥 뜰에" 머물게 하고 "매일 떡 한 개씩" 그에게 공급해 주었기 때문에 그는 신변의 안전을 보장받았을 뿐만 아니라 목숨을 유지하기 위한 음식도 공급받을 수 있었다. 하나님께서 어떤 때는 그가 사랑하시는 자들을 버리시는 것처럼 보이지만 그는 오히려 그런 방법으로 자기 사람들을 오묘하게 보호하신다.

| 설교자료

1. 선지자 예레미야의 예언이 성취되어 고니야(여호야긴) 왕과 많은 무리가 바벨론으로 사로잡혀 갔음에도 불구하고, 시드기야 왕과 그의 신하들, 그리고 유다 백성들은 여전히 예레미야가 전하는 하나님의 말씀에 순종하지 않았는데(1-2절), 이는 그들이 얼마나 완악한 자들이었는지를 보여준다. 하나님의 말씀을 듣고도 회개하지 않는 자는 심령이 점점 어두워질 뿐만 아니라 자기 자신을 높이는 데만 급급하여 하나님의 말씀 앞에서 솔직하게 자복하거나 순종하기를 싫어한다.

2. 누구든지 자기 자신은 하나님의 말씀을 순종하지 않으면서 하나님의 도우심만 받고자 하는 것은 이교적인 미신사상으로 하나님을 대하는 잘못된 태도다(3절).

3. 하나님은 자비로우셔서 그를 신뢰하지 않고 다른 대상을 더욱 의지하는 무리조차도 곧바로 내버리지 않으시며, 그들의 마음을 돌이키시기 위하여 그들에게도 진리의 말씀을 주신다(5-10절).

4. 성도는 거짓된 무리로 인하여 거짓 누명을 쓰게 되거나 악독한 박해를 받는 경우가 많다(11-15절). 그러나 성도는 이처럼 박해를 받게 되더라도 남을 박해하지는 않는다.

5. 진리의 말씀에 전적으로 투신하지는 않고 그 말씀을 어느 정도 사모하기만 하는 자들은 사실상 악을 행하는 것이나 다를 바가 없다. 11절 해석을 참조하라.

6. 하나님의 사람이 자기가 전하는 진리의 유익을 위해서는 때에 따라 세상 앞에서 자신을 변호할 수도 있다(18-19절).

제 38 장

✣ 내용분해

1. 예레미야가 그의 예언으로 인하여 진흙 구덩이에 던져짐(1-6절)
2. 구스 사람 에벳멜렉이 시드기야 왕에게 고하여 예레미야를 구출함 (7-13절)
3. 예레미야가 시드기야 왕에게 비밀히 예언함(14-28절)

✣ 해석

1 맛단의 아들 스바댜와 바스훌의 아들 그다랴와 셀레먀의 아들 유갈과 말기야의 아들 바스훌이 예레미야가 모든 백성에게 이르는 말을 들은즉 이르기를. 여기 거명된 네 명의 고관들은 시드기야 왕의 심복들이었다(참조. 5절). "셀레먀의 아들 유갈과 밀기야의 아들 바스훌"은 이미 앞부분 21:1과 37:3에서 각각 거론된 적이 있었다. "맛단의 아들 스바댜와 바스훌의 아들 그다랴"의 이름은 여기를 제외하고 성경 다른 곳에서는 나타나지 않는다. 여기서 두 번째로 거론된 그다랴

를 가리켜 바스훌의 아들이라고 하였는데, 그다랴의 아버지 바스훌은 아마도 예레미야를 때리고 감금하기까지 하였던 바스훌과 동일 인물인 듯하다(20:1-2). 이들이 예레미야의 말을 청취했던 이유는 예수 시대의 바리새인들처럼 그를 고발하기 위한 빌미를 찾기 위해서였다. 예레미야가 감옥 뜰에 갇혀 있으면서도(37:21) 계속하여 예언하기를 쉬지 않았기 때문에 백성들은 그의 말을 들을 수 있었다. 이것을 보면 예레미야는 갇혀 있는 와중에도 영적인 관점에서는 충분히 자유를 누리고 있었다. 하나님의 종은 물리적으로 갇힐 수 있지만 그가 전하는 하나님의 말씀은 절대로 갇히지 않는다(딤후 2:9).

2-3 여호와께서 이와 같이 말씀하시되 이 성에 머무는 자는 칼과 기근과 전염병에 죽으리라 그러나 갈대아인에게 항복하는 자는 살리니 그는 노략물을 얻음 같이 자기의 목숨을 건지리라 여호와께서 이와 같이 말씀하시니라 이 성이 반드시 바벨론의 왕의 군대의 손에 넘어가리니 그가 차지하리라 하셨다 하는지라. 이 말씀은 21:9-10 말씀과 거의 유사하다. 이것을 보면 예레미야는 이런 말을 한 번만 전했던 것이 아니라 셀 수 없이 많이 전했다는 것을 알 수 있다. ① 그러므로 그가 전했던 말씀대로 실현될 때 그것을 목격한 자들은 그 일이 예언의 성취라는 점을 의심할 수 없다. ② 회개하지 않는 자들이 들어야 하는 말은 그들이 회개하지 않는 동안에는 언제나 동일한 말일 것이다.

"그는 노략물을 얻음 같이 자기의 목숨을 건지리라"(נַפְשׁוֹ לְשָׁלָל וָחָי)라는 말씀은 그들이 자칫하면 잃어버릴 뻔했던 생명을 보전하였기 때문에 그에 따른 기쁨도 크리라는 것을 가리킨다.

4 이에 그 고관들이 왕께 아뢰되 이 사람이 백성의 평안을 구하지 아니하고 재난을 구하오니 청하건대 이 사람을 죽이소서 그가 이같이 말하여 이 성에 남은 군사의 손과 모든 백성의 손을 약하게 하나이다. 이 말씀을 보면 유다의 "고관들"은 확실히 예레미야의 예언을 오해하였다. 위에서 예레미야가 선포했던 예언은 결단코 백성들의 "재난을 구"한 것(דֹּרֵשׁ "도레쉬")이 아니었다. 그의 예언은 그들의 죄악으로 인

하여 그들에게 임할 환난에 대해 경고함으로써 그들이 회개하도록 만들고, 그리하여 하나님께서 그들에게 내리시려 작정하셨던 전쟁의 재앙이 유보되어 유다 땅에 평안한 날이 찾아오게 하려는 것이었다. 그들은 예레미야의 예언에 숨겨진 의도를 정반대로 해석하는 어리석음을 범했다. 언제든지 죄에 대한 책임을 떠안으려 하지도 않고 그렇다고 해서 회개하지도 않는 자들은 이처럼 유익한 경고를 저주와 같이 여긴다. 이 같은 오해가 발생하는 원인은 다음과 같다. 요컨대 그들이 죄로 인하여 징계받게 된다는 말씀 앞에서 죄에 대해 책임질 생각은 하지 않고 선지자가 예고한 징벌만을 좋지 않게 생각하기 때문이다. 사실은 그런 경고의 말씀을 듣고 회개하는 자가 복이 있는 사람이다. 회개는 영광에 이르는 길이며 결코 나락으로 떨어지는 길이 아니다. 잠언 28:13에 말하기를, "자기의 죄를 숨기는 자는 형통하지 못하나 죄를 자복하고 버리는 자는 불쌍히 여김을 받으리라"라고 하였다.

"그가 이같이 말하여 이 성에 남은 군사의 손과 모든 백성의 손을 약하게 하나이다." 이러한 반응도 사실은 예레미야의 유익한 말을 해로운 것으로 오해하고 받아들이는 공연한 걱정이었다. 물론 바벨론과의 전쟁도 불사하려 했던 군인들의 사기가 "우리는 항복해야만 살 수 있다"라고 했던 예레미야의 예언으로 인하여 약해지리라는 것은 사실이다. 그러나 사실은 바벨론을 대적하려는 군인들의 사기가 꺾이는 일이 그 당시 유다 민족에게는 오히려 유익한 방향이었다. 그 이유는 유다 사람들이 바벨론에 항복하는 것이 하나님의 뜻이었기 때문이다.

5 시드기야 왕이 이르되 보라 그가 너희 손 안에 있느니라 왕은 조금도 너희를 거스를 수 없느니라 하는지라. 본 절에는 시드기야 왕이 선지자 예레미야의 지도대로 따르지 못한 불신앙의 원인이 드러나 있다. 시드기야 왕이 보여주었던 불신앙의 원인은 다음과 같다. ① 그는 하나님보다 사람을 더 두려워하였다. 그는 자기 수하에 있는 신하들을 두려워하였다. ② 그는 책임감이 없는 인물이었

다. 그는 일국의 왕으로서 정당한 권리를 행사하지도 않았고, 하나님의 선지자가 죽고 사는 문제에 대해서도 무관심하였다. 말하자면 그는 의인을 살리는 일에 그에게 주어진 정당한 권한을 행사하지 않았다. 이는 마치 빌라도가 군중을 두려워하여 예수님을 십자가에 못 박도록 내어 주었던 것과 같다(요 19:16).

진리와 의에 대하여 무관심한 자들은 하나님을 신뢰하지 못한다. 그들은 언제나 신앙으로 흔들림 없이 바로 서지 못하고 형편에 따라 이리저리 기울어지고 만다.

6 그들이 예레미야를 끌어다가 감옥 뜰에 있는 왕의 아들 말기야의 구덩이에 던져 넣을 때에 예레미야를 줄로 달아내렸는데 그 구덩이에는 물이 없고 진창뿐이므로 예레미야가 진창 속에 빠졌더라. "구덩이"라는 말은 히브리어로 "보르"(בּוֹר)인데, 이것은 요나단의 집에 있었던 지하 감옥(37:15)을 가리키는 것이 아니라 본래는 물이 고여 있던 깊은 웅덩이를 가리키는데, 그 웅덩이가 그 당시에는 물이 말라서 바닥에 진창만 남아 있었다. 고대 근동 지역에서는 건기에 사용할 물을 저장하기 위하여 이처럼 구덩이를 파 두는 경우가 많았다. 우리 본문에 "진창"이라고 번역된 히브리어 "티트"(טִיט)는 물이 섞인 진흙(mud)을 의미한다. 유대 역사가 요세푸스(Josephus)에 따르면 그때 구덩이의 진창이 예레미야의 목에까지 차올라왔다고 한다. 예레미야애가 3:55, 57을 보면 그가 구덩이에서 기도했는데 그때 하나님께서 가까이 오셔서 말씀하시기를 "두려워하지 말라"라고 하셨다.

7-13 이 부분에는, 예레미야가 왕의 환관 구스 사람 에벳멜렉으로 말미암아 그 빠졌던 구덩이에서 구출된 사건이 진술된다. "환관"이란 말은, 히브리 원어로 싸리쓰(סָרִיס)이니 성적(性的) 불구자로서(신 23:1), 왕궁에서 특별히 궁녀들에게 수종하는 자들이다. 왕상 22:9; 왕하 9:32; 24:15; 25:19; 대상 28:1 참조.

설교▶ 구스 사람 에벳멜렉의 선행에 대하여(7-13절)

1. 그는 그 당시의 유다 사람들이 그렇게 종교적으로 부패했음에도 불구하고 일개 외국인으로서 여호와를 섬기는 참된 종교에 헌신하였다(7-8절). 사람은 흔히 환경의 영향으로 부패해지기 쉬운 법인데, 그는 그렇게 되지 않았다.

2. 그는 모든 악한 관리들이 하나님의 종 예레미야를 박해했는데도 불구하고 아무런 배후세력이 없는 외국인으로서 담대하게 그들을 정죄하고 예레미야를 구출하기 위해 발 벗고 나섰다(9절). 그 당시에 유다의 완악한 관리들을 가리켜 악하다고 단죄하는 것은 여간한 용기가 아니고서는 불가능한 일이다.

3. 그는 예레미야를 구출할 때 조심스럽고 신중하게 자기 손으로 직접 그 일을 수행하였다(11-13절). 그가 **"헝겊과 낡은 옷"**을 예레미야의 **"겨드랑이에 대고 줄을 그 아래에 대"**라고 지시한 것은 예레미야의 몸이 상하지 않도록 배려한 주의 깊은 행동이었다. 우리는 성경 말씀에서 이방인들이 여호와를 의뢰하는 참된 신앙을 보여주는 경우를 종종 발견할 수 있다. 선한 사마리아 사람이 보여주었던 자선 행위(눅 10:30-37), 열 명의 나병환자 가운데 하나였던 사마리아 사람이 예수님께 감사하기 위해 찾아왔던 일(눅 17:11-19), 구스 내시가 성경을 진지하게 탐구하면서 보여주었던 열정적인 신앙(행 8:26-40), 가이사랴의 백부장 고넬료의 신앙(행 10:1-30), 하인의 병을 고치기 위해 예수님을 찾아왔던 백부장의 신앙(마 8:5-13), 우물가에서 예수님을 만났던 사마리아 여자의 신앙(요 4:1-29), 그리고 수로보니게 여자의 신앙(마 15:21-28) 등이다.

유다 사람들인 한결같이 불신앙적인 태도를 보여주는 마당에 이처럼 독보적인 신앙의 길을 걷는 이방인들이 나타난 사실은 ① 여호와의 종교를 조상들로부터 물려받고서도 제대로 믿음을 보여주지 못했던 유다 사람들을 부끄럽게 만들었으며, ② 그처럼 존귀한 생명의 종교가 결국 유다 사람들에게보다 이방인들에게 구원의 혜택을 더 많이 끼치리라는 것을 예언하기도 한다. 많이 받았음에도 마음이 교만해져서 하나님의 부르심에 순종하지 않는 자는 결국 가진 것마저 빼앗기고 다른 사람들이 그의 소유를 차지하게 된다는 것은 하나님의 심판 원리다. 마태복음 20:16에 말하기를, "이와 같이 나중 된 자로서 먼저 되고 먼저 된 자로서 나중 되리라"라고 하였다. 마태복음 21:43을 참조하라.

14 시드기야 왕이 사람을 보내어 선지자 예레미야를 여호와의 성전 셋째 문으로 데려오게 하고 왕이 예레미야에게 이르되 내가 네게 한 가지 일을 물으리니 한 마디도 내게 숨기지 말라. "여호와의 성전 셋째 문"이 어떤 문을 가리키는지 확실히 알 수 없으나, 그곳은 아마도 고요한 장소였기 때문에 그곳에서 시드기야 왕과 예레미야 사이에 밀담이 오고 갔을 것이다.

"내가 네게 한 가지 일을 물으리니 한 마디도 내게 숨기지 말라." 예레미야는 바벨론의 세력하에 있는 유다의 국난에 대하여 그가 받았던 계시의 말씀을 벌써 여러 차례 시드기야 왕에게 말하였다(21:4-10, 32:4; 34:2-6). 그리 하였는데도 불구하고 시드기야 왕은 여기서 예레미야가 받았던 계시, 다시 말해 "한 가지 일"(דָּבָר "다바르")에 대하여 특별히 세밀하게 묻는다. 이처럼 하나님의 말씀을 믿지 않는 자들은 이미 알려진 말씀은 믿지 않으면서 공연히 더욱 자세한 내막을 캐려고 한다. 이것은 불신앙의 병폐가 보여주는 증상이라고 할 수 있다. 우리는 이러한 일과 관련하여 예수님을 믿는 일에 전적으로 투신하지는 않고 난해한 질문만 던졌던 유다 총독 빌라도의 간사한 태도를 시드기야 왕의 행동과 비교해 볼 수 있다. 요한복음 18:33-38, 19:10-11을 참조하라. 그리고 어디까지나 진리를 믿지 않으려 하는 바리새인들이 예수님의 권능으로 치료받은 시각장애인에게 여러 차례 질문만 던졌었던 사실도 이와 같은 맥락을 보여준다(요 9:13-33). 하나님의 말씀을 귀로 듣기만 하고 믿지는 않았던 사람들이 많았는데 그중에 벨릭스도 포함된다(행 24:22-25).

15-16 예레미야가 시드기야에게 이르되 내가 이 일을 왕에게 아시게 하여도 왕이 결코 나를 죽이지 아니하시리이까 가령 내가 왕을 권한다 할지라도 왕이 듣지 아니하시리이다 시드기야 왕이 비밀히 예레미야에게 맹세하여 이르되 우리에게 이 영혼을 지으신 여호와께서 살아 계심을 두고 맹세하노니 내가 너를 죽이지도 아니하겠으며 네 생명을 찾는 그 사람들의 손에 넘기지도 아니하리라 하는지라. 여기서 예레미야는 시드기야 왕의 요구에 응하기 전에 그가 전하는 말씀에 대해 왕이 신중한 태도로 순종해야 할 것이라고 주의시킨다(15절). 이에 대하여 시드기야 왕은 그가 예레미야를 살해하지도 않고 보호할 것이라고 서약하였다(16절).

시드기야 왕은 이때까지 예레미야의 예언을 신중히 대하지 않았고 그를 죽이려 했던 신하들의 모의에 아무 생각도 없이 쉽사리 따라가기까지 하였던 것이었다(5절). 그러므로 예레미야는 왕에게 질문하기를, "왕이 결코 나를 죽이지 아니하시리이까?"라고 하였다. 이 말은 결코 예레미야가 죽음을 두려워하여서 했던 말이 아니라 다만 시드기야 왕이 지금까지 예레미야의 생명을 쉽사리 악인들에게 내어 주면서 그의 예언을 신중히 듣지 않았던 부주의한 태도에 대해 경고하는 것일 뿐이다.

일부 학자들은 이 구절에 나타난 예레미야의 말이 사실상 그가 죽음을 두려워하여 했던 말이라고 해석한다. 선지자와 사도들은 주님을 위하여 생명을 바치는 일을 기쁘게 여겼으나, 그렇다고 해서 사명을 다하기도 전에 일부러 죽음을 무릅쓰지는 않았다. 그들도 죽음을 피해야 하는 상황에서는 피하기를 주저하지 않았다. 37:20에 대한 해석을 참조하라.

17-18 예레미야가 시드기야에게 이르되 만군의 하나님이신 이스라엘의 하나님 여호와께서 이와 같이 말씀하시되 네가 만일 바벨론의 왕의 고관들에게 항복하면 네 생명이 살겠고 이 성이 불사름을 당하지 아니하겠고 너와 네 가족이 살려니와 네가 만일 나가서 바벨론의 왕의 고관들에게 항복하지 아니하면 이 성이 갈대아인의 손에 넘어가리니 그들이 이 성을 불사를 것이며 너는 그들의 손을 벗어나지 못하리라 하셨나이다. 이 말씀은 또다시 과거에 자주 예언했던 내용(21:8-9; 22:11 이하; 38:1 이하)을 반복한 것이다. 2-3절 해석을 참조하라. 이런 발언은 사실상 하나님 앞에서 회개할 줄 모르는 그 시대에 반역자로 몰릴 위험이 있는 위험한 말이었다(38:4; 37:13). 그러나 예레미야는 그것이 하나님께서 그의 시대에 주신 말씀이라고 믿었으므로 그것을 핵심으로 삼아 예언했던 것이었다. 이때로 말하면 바벨론 군대가 예루살렘을 포위하고 있었던 위태한 시기였다. 시드기야 왕에게 주는 선지자의 예언에서 "항복하면⋯살겠"다고 했던 것은 결코 국가를 반역하는 말이라고 할 수 없다. 하나님을 모르는 민족도 그런 위기에는 적군에게 항복하는 것만이 지혜로운 일이고 민족을 구원하는 일이라는 사실을 안다. 하물며 살아 계신 여호와 하나님의 인도를 따라야만 보존될 수 있는 유다 나라가 하나님의 선지자 예레미야의 예언대로 따라야 한다는 것은 명백한 사실이다.

19-20 바벨론 군대에 항복하라는 예레미야의 권고를 들을 시드기야 왕은 말하기를, 그가 항복하지 못하는 이유는 이미 항복한 유다 사람들이 두렵기 때문이라고 말한다. 이미 항복한 유다 사람들은 시드기야 왕과는 다른 이유에서 그러한 행동을 취했으니만큼 친애굽 정책을 펼치던 시드기야 왕이 이미 항복한 유다 사람들을 뒤따라 항복하게 되면 백성들에게 조롱거리가 된다는 것이다. 그러나 시드기야 왕의 이 같은 행동은 예레미야의 권위가 바로 하나님의 말씀에서 유래한 권위라는 사실을 아직도 믿지 못하였기 때문에 가능했던 것이었다. 누구든지 하나님의 말씀을 순종하는 일에는 뒤처진다 해도 그가 하나님에게서 받을 은혜는 마찬가지다. 예수님의 말씀에 따르

면 한 데나리온의 품삯을 약속받고 포도원에 일하러 왔던 일꾼들 가운데 나중에 도착한 자나 일찍 도착한 자나 모두 동일하게 한 데나리온의 품삯을 받았다(마 20:1-16). 시드기야 왕은 다만 회개하고 여호와의 말씀에 순종하여 따르기만 하면 되었으며, 아무 다른 문제도 염두에 두지 않았어야만 했다. 회개하는 영혼은 오직 하나님만 상대하여 행동한다. 그렇게 하면 하나님께서 그의 앞길을 전부 맡아 주실 것이었다. 이런 의미에서 예레미야는 말하기를, **"그 무리가 왕을 그들에게 넘기지 아니하리이다 원하옵나니 내가 왕에게 아뢴 바 여호와의 목소리에 순종하소서 그리하면 왕이 복을 받아 생명을 보전하시리이다"**라고 하였다.

21-23 이 부분의 말씀은 또다시 18절의 내용을 반복한 것이다. 말하자면 시드기야 왕이 하나님의 말씀을 듣지 않았을 경우 그에게 임할 재앙을 다시 일러준다.

그 여자들은 네게 말하기를 네 친구들이 너를 꾀어 이기고 네 발이 진흙에 빠짐을 보고 물러갔도다 하리라(22하). 시드기야 왕은 그가 항복할 때 그를 조롱하는 자들이 있을 것이라고 공연하게 염려를 표현하고 있었으나(18절), 예레미야 선지자는 사실 그가 항복하지 않는 경우는 더 견디기 어려운 조롱이 있을 것이라고 여기서 말한다. 말하자면 그의 궁녀들이 바벨론으로 사로잡혀 가면서 그를 조롱하리라는 것이다. 그들이 당하게 될 조롱은 다음과 같은데, 시드기야 왕의 친구였던 거짓 선지자들이 시드기야 왕을 꾀어 물웅덩이에 빠뜨린 것처럼 왕이 백성들을 실패하는 길로 몰아넣고 물러갔다는 것이다. 이 조롱은 실상 시드기야 왕이 모든 거짓 선지자들에게 속아서 나라를 망쳤다는 의미를 담고 있다.

24-28 이 부분 말씀은 시드기야 왕이 예레미야의 예언대로 따르기는커녕 그 예언의 내용을 들었던 일까지도 고위 관리들에게 들통날까 두려워했다는 사실을 보여준다. 그는 이렇게 비겁한 사람이었다. 그가 가진 공포심의

원인은, ① 거짓 선지자들과 한 무리나 되는 관리들의 거짓된 가르침에서 벗어날 만한 신앙과 용기가 없었기 때문이었다. 그는 원래 하나님의 말씀에 대해 무지하고 어두워져 있었으니만큼 빛과 어둠을 밝히 분별하지 못하였다. 그러므로 왕은 온 천하에 공포되어야 할 예레미야의 예언 내용을 감추어 두기를 원하였다. ② 그가 하나님보다 사람을 더 두려워했기 때문이었다. 생사의 문제가 오직 하나님께만 달려 있다고 믿는 자는 사람을 두려워하지 않는다. 그러나 누구든지 자기의 성공과 실패의 문제가 사람에게 달린 것으로 아는 자는 언제든지 하나님의 말씀대로 신앙적인 용단을 내리는 일이 없고 오직 사람들을 두려워할 뿐이다.

이렇게 시드기야 왕은 하나님의 말씀이 드러날까 두려워하고, 고관들은 그 말씀을 박해하였으니만큼, 예레미야는 예루살렘이 함락되는 그날까지 감금된 채로 지낼 수밖에 없었다(28절). 예레미야의 예언은 그대로 성취되어 과연 바벨론 군대는 예루살렘을 포위했는데, 그때 유다 민족의 지도자들은 이 사실을 보면서도 믿지 않고 선지자를 박해하기까지 하였다.

25절에서 **"네게 말하기를"**(וְאָמְרוּ אֵלֶיךָ)이라는 히브리어 문구는 "그들(고관들)이 네게 말하기를"이라고 개역해야 옳다.

| 설교자료

1. 예레미야의 예언에 대해 시드기야 왕이 불신했던 결정적인 이유는 그를 둘러싸고 있는 신하들의 압력 때문이었다. 바벨론 군대가 예레미야의 예언대로 예루살렘을 포위하고 있는데도 불구하고(32:1-2) 시드기야 왕은 여전히 예레미야의 예언에 대해 불신앙의 태도를 보였던 것이었다(32:5하). 요컨대 그처럼 절박한 위기에 처해서도 바벨론에 항복하기를 거부한 것은 얼핏 보면 이해하기 어려운 일처럼 보인다. 그러나 자세한 내막을 들여다보면,

상당수의 거짓 선지자들(유다 궁정의 고관들 가운데도 거짓 선지자들이 있었다)이 시드기야 왕을 미혹한 것이 사실이다(1-5절).

    2. 악한 무리는 거짓을 내세움으로써 진리를 매장해버리는 법이다. 이런 악한 운동을 전개하는 데 있어서 그들은 할 수 있는 대로 은밀하게 행하기를 힘쓴다. 그들은 예레미야의 예언 활동을 무기력하게 만들려는 간교한 계획을 성공시키기 위하여 그를 깊은 구덩이에 빠뜨려 버렸다(6절). 거짓은 언제나 밝은 곳에서 활동하지 못하고 음흉한 방법을 사용한다.

    3. 구스 사람 에멧멜렉은 구약성경에 나타난 선한 사마리아 사람이라고 할 수 있다(7-13절). 그가 예레미야를 구출하기 위하여 취한 행동은 얼마나 세밀하면서도 대담한 것이었는가? 그가 취했던 세밀한 행동의 한 가지 예로서 그는 헝겊과 낡은 옷으로 예레미야의 겨드랑이를 감싼 후에 그 아래로 줄을 대도록 하였다. 누가복음 10:30-37을 보면 선한 사마리아 사람이 강도 만난 사람을 구조할 때도 그와 같이 세밀한 행동을 취하였다. 그는 강도 만난 자에게 "가까이 가서 기름과 포도주를 그 상처에 붓고 싸매고 자기 짐승에 태워 주막으로 데리고 가서 돌보아 주니라⋯그가 주막 주인에게 데나리온 둘을 내어 주며 이르되 이 사람을 돌보아 주라 비용이 더 들면 내가 돌아올 때에 갚으리라 하였으니"라고 하였는데, 그는 모두 합하여 아홉 가지 세밀한 행동으로 강도 만난 사람을 도와주었다. 그가 취한 아홉 가지 행동은 그가 불쌍한 사람을 돕기 위해 최선을 다했음을 보여주는 증표다. 그는 사랑을 베푸는 일에 있어서 열매를 맺기 위하여 만반의 태세를 갖추었다. 이것은 사랑을 끝까지 이루는 데 있어서 유종의 미를 거두는 모습이다. 사랑은 실제로 죽음과 같이 강해야만 하는 동시에(아 8:6), 신실성을 그 생명으로 삼아야 한다.

4. 시드기야 왕은 진리에 대하여 중심에서 우러나오는 진지한 결정은 내리지 못한 채 겉치레로 물어보기만 하였는데, 그것은 모든 우유부단한 회색분자들이 흔히 취하는 행동이다. 하나님께서는 사람들이 진리 앞에서 차든지 덥든지 하기를 원하신다. 미지근한 태도는 주님께서 토하여 버리실 정도로 미워하신다(계 3:14-16).

5. 외적에게 위협을 당하여 국가가 위태한 상황에서 거짓된 애국자들이 많이 일어나 어떻게 해서든지 적군과 더불어 싸우겠다고 주장하고 나설 때, 그들에게 투항할 것을 권고한 예레미야의 처지는 극히 외로운 것이었다. 그러나 그는 모든 위험을 무릅쓰고 시드기야 왕에게 어쨌거나 유다가 바벨론에 항복해야만 살 수 있다고 끊임없이 말하였다(렘 38:17-23). 그가 이렇게 끝끝내 동일한 말을 하면서 조금도 후퇴하지 않은 이유는 그것이 자기 생각에서 나온 말이 아니고 하나님께서 주신 말씀이었기 때문이다. 일개 국가의 세력보다 강하신 여호와 하나님의 말씀에 대하여 확신을 가진 자가 역경과 난관 중에서도 요동하지 않을 것은 명백하다. 예레미야의 담력과 지조는 자기 자신에게서 난 것이 아니라 하나님의 말씀에서 난 것이다.

6. 하나님의 말씀을 토대로 삼아 뜻을 정하지 못한 자는 언제나 요동하기 쉽다. 그는 하나님의 말씀이 반대를 받는 상황에서는 하나님의 말씀을 듣는 일조차도 당당하게 하지 못하고 은밀하게 행한다. 시드기야 왕이 바로 그런 인물이었다(24-28절). 이런 점에 있어서 시드기야 왕은 예레미야와 정반대의 모습을 보여주었다.

제 39 장

↓ 내용분해

1. 예루살렘은 함락되고 유다 왕과 백성은 포로로 잡혀감(1-10절)
2. 느부갓네살 왕이 예레미야를 보호하라고 지시함(11-14절)
3. 에멧멜렉이 받은 축복(15-18절)

↓ 해석

1-2 유다의 시드기야 왕의 제구년 열째 달에 바벨론의 느부갓네살 왕과 그의 모든 군대가 와서 예루살렘을 에워싸고 치더니 시드기야의 제십일년 넷째 달 아홉째 날에 성이 함락되니라 예루살렘이 함락되매. 여기서부터 예레미야는 자신이 선포했던 예언이 온전히 성취되었던 사실을 그대로 기록한다. 다시 말해 본 장에서부터 41장까지는 예언의 말씀이라기보다는 그것이 성취된 역사적 사실들을 중심으로 기록했으니, 얼핏 보면 이 부분은 아무런 영적 교훈이 없는 하나의 역사적 문집인 것처럼 여겨진다. 그러나 사실상 이 부분에서는 예언 성취의 확실성과

정밀성을 보여주기 때문에 우리는 이런 점에 초점을 맞추어서 이 부분을 읽어야 한다. 예레미야는 40년 동안 유다 나라가 바벨론에 패망하리라는 예언을 거듭거듭 말하여 왔다. 그런데 이제 바벨론 군대가 예루살렘 성벽 앞까지 진군해서 18개월 동안 성을 포위하고 있다가 드디어 예루살렘 성을 함락시키는 순간이 다가왔다. 사람들이 자연법칙을 어길 수 없는 것과 마찬가지로 그들은 하나님의 예언 성취도 막을 수 없다. 예레미야의 예언은 이제 역사(history)가 되었다.

3 **바벨론의 왕의 모든 고관이 나타나 중문에 앉으니.** "중문"은 예루살렘 성 전체를 감시할 수 있는 요지에 자리 잡은 중요한 문이었다. 그들이 아직 성안으로 들어가지는 않고 먼저 예루살렘 도성 내부의 모든 형편을 감시하기 위하여 "중문"에 앉았다는 뜻이다. 이러한 사실은 1:15 상반절 말씀에 대한 성취다. 거기서 말하기를, "내가 북방 왕국들의 모든 족속들을 부를 것인즉 그들이 와서 예루살렘 성문 어귀에 각기 자리를 정하고"라고 하였다.

네르갈사레셀과 삼갈네부와 내시장 살스김이니 네르갈사레셀은 궁중 장관이며. 여기에 나열된 이름들은 하나같이 바벨론의 고유한 인명들이며, 유다 민족이 바벨론 세력에 의해 장악되었다는 사실을 상징적으로 보여준다. 그러나 그와 같은 사건의 배후에는 여호와 하나님께서 이들을 먼 나라에서 예루살렘까지 오게 하신 사실이 있음을 우리는 기억해야 한다.

4-10 이 부분에서는 시드기야 왕과 예루살렘에 대한 예레미야의 예언이 성취되었다는 사실을 보여준다. 시드기야 왕에게 일어난 일들이 예언의 성취로서 이루어졌다는 점은 다음과 같은 사건들을 통해 분명해진다. ① 그가 도망하되 밤에 "왕의 동산 길을 따라 두 담 샛문을 통하여 성읍을 벗어나서" 도망쳤다는 점이다(4절). 이것은 에스겔이 예언했던 대로 이루어진 것인데, 그는 예언하기를, "무리가 성벽을 뚫고 행장을 그리로 가지고 나가고 그 중에 왕은 어두울 때에 어깨에 행장을 메고 나가며"라고 하였다(겔 12:12). ②

그는 그물에 걸리듯이 바벨론 군대에 의해 붙잡혔다(5절). 이것도 역시 에스겔의 예언대로 이루어진 것인데, 그는 말하기를, "내가 또 내 그물을 그의 위에 치고 내 올무에 걸리게 하여"라고 하였다(겔 12:13). ③ 그는 바벨론 왕 앞에 끌려와서 심문을 당하였다(5하). 이것은 예레미야가 예언한 대로 이루어진 것이었다. 예레미야 렘 34:3에 말하기를, "네 눈은 바벨론 왕의 눈을 볼 것이며 그의 입은 네 입을 마주 대하여 말할 것이요 너는 바벨론으로 가리라"라고 하였다. 본 장 5절에도 역시 그런 말씀이 있다. ④ 그의 두 눈이 뽑혔다(7절). 이렇게 되리라는 사실도 에스겔 12:13에 예언되어 있는데, 요컨대 "그가 거기에서 죽으려니와 그 땅을 보지 못하리라"라는 말씀이다. 그가 거기서 죽을 것인데도 그 땅을 보지 못하는 이유는 그의 두 눈이 뽑혔기 때문이다.

예루살렘 도성이 불태워진 것과 백성들이 바벨론으로 사로잡혀갔던 것도 예언의 성취로 일어난 일이다(9절).[82]

11-14 여기서는 전쟁의 난리 중에도 예레미야는 보호를 받을 것이라고 했던 예언이 성취되었음을 보여준다. 예레미야 1:8에 말하기를, "너는 그들 때문에 두려워하지 말라 내가 너와 함께 하여 너를 구원하리라 나 여호와의 말이니라"라고 하였고, 예레미야 15:21에는 말하기를, "내가 너를 악한 자의 손에서 건지며 무서운 자의 손에서 구원하리라"라고 하였다. 15:11을 참조하라.

15-18 여기서는 예레미야를 구덩이에서 건져내어 준 **"에벳멜렉"**에게 하나님의 축복이 약속된다. 그것은 바벨론으로 말미암은 전쟁의 폭풍이 예루살렘에 불어닥칠 때 하나님께서 그를 구원하여 주시겠다는 말씀이었다.

네가 노략물 같이 네 목숨을 얻을 것이니(18절). 이 말씀은 에벳멜렉이 그토록 위험한 전쟁의 와중에서도 하나님의 보호로 구원받아 그의 기쁨이 구사일생

---

82) 예루살렘의 멸망과 바벨론 포로 생활에 대한 예언들은 다음 구절들에도 있다. 4:20; 5:17, 19; 6:8, 21, 26; 7:15, 20, 33-34; 8:3, 10; 9:7, 11, 16; 10:21; 11:23; 12:12, 14, 17; 13:9, 24; 15:1-4, 14; 16:4, 13; 17:27; 19:3, 9, 11; 20:4-5; 21:10; 38:18, 23.

으로 목숨을 보전한 자의 기쁨과 같을 것이라는 뜻이다. 38:2에 있는 같은 말 해석을 참조하라.

이는 네가 나를 믿었음이라. 에벳멜렉이 신앙으로 행한 용감한 일들에 대하여는 38:7-13에 대한 설교를 참조하라.

| 설교자료

1. 하나님의 예언은 그대로 성취되고야 마는 것이므로 예언된 내용과 동일하게 실제 현장에서 이루어졌다는 사실이 역사를 통해 전해지고 증명된다(1-10절). 그러므로 하나님께서 예언하신 말씀을 듣는 자들은 마치 실제 이루어진 사건을 대하는 것과 같은 자세로 그 말씀을 대해야 한다. 히브리서 11:1-2에 말하기를, "믿음은 바라는 것들의 실상이요 보이지 않는 것들의 증거니 선진들이 이로써 증거를 얻었느니라"라고 하였다.

2. 예레미야는 그의 굳센 예언 때문에 바벨론 왕에게 알려졌을 것이다. 그러나 이 같은 전쟁의 상황에서 하나님을 알지 못하는 이방 왕이 예레미야를 보호하라고 특별히 칙령을 내렸던 것은 단순히 인간적인 친절에서 비롯된 것이라고 볼 수 없다. 그것은 차라리 하나님께서 느부갓네살 왕의 마음을 감동하셔서 그렇게 되었던 것이라고 이해하는 것이 옳다. 하나님께서는 이때까지 예레미야를 유다의 모든 악한 무리의 손에서도 구원하셨다. 그런데 이제 바벨론의 침략으로 말미암은 전쟁의 재앙 한가운데서 예레미야가 구원받지 못한다면, 그도 역시 모든 거짓 선지자들이 맞이하게 되는 처지와 다를 바가 없게 되는 셈이니(23:12), 하나님께서 그렇게 되도록 놔두실 리는 만무하다. 특별히 느부갓네살 왕이 명령하기를, "그를 데려다가 선대하고 해하지 말며 그가 네게 말하는 대로 행하라"라(렘 39:12)고 했던 것은 그가 예레미야

를 보호하는 일에 대단한 관심과 친절을 보였다는 사실을 가르쳐준다. 그뿐 아니라 군대 장관들이 예레미야를 아히감의 아들 그다랴에게 맡겨 보호받도록 했던 것도 깊은 배려에서 나온 방침이라고 할 수 있다. 그 당시에 예레미야에게 반대했던 유다 사람들의 정서를 잘 잘 알고 있었던 그다랴는 그처럼 혼란하고 위태한 시기에 예레미야를 잘 보호할 수 있었다. 이런 일은 모두 다 하나님의 인도로 말미암아 이루어진 것이라고 생각할 수밖에 없다(11-14절).

3. 하나님께서 세우신 일꾼을 대접한 자는 결단코 상을 잃지 않는다. 예수님께서 말씀하시기를, "누구든지 제자의 이름으로 이 작은 자 중 하나에게 냉수 한 그릇이라도 주는 자는 내가 진실로 너희에게 이르노니 그 사람이 결단코 상을 잃지 아니하리라"라고 하셨다(마 10:42). 에벳멜렉은 선지자 예레미야를 죽음의 자리에서 구출하였으므로 하나님께서 그의 생명을 전쟁의 소용돌이 가운데서도 건지시겠다고 약속하셨다. 불쌍한 자를 도와주는 자는 마침내 불쌍히 여김을 받는다. 잠언 14:31에 말하기를, "가난한 사람을 학대하는 자는 그를 지으신 이를 멸시하는 자요 궁핍한 사람을 불쌍히 여기는 자는 주를 공경하는 자니라"라고 하였고, 잠언 21:13에는 말하기를, "귀를 막고 가난한 자가 부르짖는 소리를 듣지 아니하면 자기가 부르짖을 때에도 들을 자가 없으리라"라고 하였다.

제 40 장

✣ 내용분해

1. 느부사라단이 예레미야를 석방함(1-6절)
2. 그다랴 총독이 바벨론에게 복종할 것을 맹세함(7-12절)
3. 총독을 거스르는 이스마엘파의 음모에 대한 밀고(13-16절)

✣ 해석

본 장에 기록된 내용도 예레미야가 지금까지 줄기차게 예언했던 말씀들이 성취된 역사적 사실들을 보여준다. 39:1-2에 대한 해석을 참조하라.

1 사령관 느부사라단이 예루살렘과 유다의 포로를 바벨론으로 옮기는 중에 예레미야도 잡혀 사슬로 결박되어 가다가 라마에서 풀려난 후에 말씀이 여호와께로부터 예레미야에게 임하니라. "예레미야도 잡혀 사슬로 결박되어 가다가." 예레미야는 일찍이 느부갓네살 왕의 명령에 따라 바벨론 군대 내에서 특별 취급을 받아 안전이

보장되어 있었으나(39:14), 그 후 예루살렘이 혼란한 와중에 그도 바벨론 군사들에게 체포되어 포로들 가운데 하나로 바벨론으로 끌려가던 중에 있었다. 그러나 그는 "라마"라는 지역에 이르렀을 때 풀려날 수 있었다. "라마"는 예루살렘 북쪽으로 8킬로미터가량 떨어진 지역이다. 31:15의 같은 말에 대한 해석을 참조하라.

"말씀이 여호와께로부터 예레미야에게 임하니라." 여기서 이른바 "말씀"은 어떤 내용을 담고 있는 것이었는가? 그것은 새로운 예언이 아니라 3절 이하에서 묘사하는 사건들을 가리킨다. 다시 말해 하나님께서 그의 예언을 성취하시는 사건들도 하나님의 계시 운동의 일환이라는 것이다.

2-3 사령관이 예레미야를 불러다가 이르되 네 하나님 여호와께서 이 곳에 이 재난을 선포하시더니 여호와께서 그가 말씀하신 대로 행하셨으니 이는 너희가 여호와께 범죄하고 그의 목소리에 순종하지 아니하였으므로 이제 이루어졌도다 이 일이 너희에게 임한 것이니라. 바벨론 왕의 사령관이 말하기를, 유다에 임한 전쟁의 재앙은 하나님께서 이미 예언자를 통하여 예언하신 대로 이루어진 것이라고 하였는데, 한마디로 유다 민족이 회개하지 않았기 때문에 마침내 그런 재앙이 임했다는 것이다. 이것은 예레미야의 예언에 나타난 사상과 완벽하게 동일하다. 그렇다면 바벨론 군대의 사령관은 어디서 이런 사상을 얻게 된 것이었을까? 이 문제에 대하여 두 가지로 해석할 수 있을 것이다. ① 바벨론 군대의 사령관은 비록 이방 사람이지었만 하나님의 계시를 깨닫고서 그런 말을 하였다는 것이다. ② 이 두 구절에 표현된 내용은 예레미야가 예언했던 말씀의 요지로서 40년 동안 유다 땅에서 거듭하여 선포되었던 것이니만큼 유다 사람들은 그것을 암기할 수 있을 만큼 널리 알고 있었을 것이다. 그러므로 그 땅을 점령한 군대의 사령관이었던 그도 백성들이 하나같이 되뇌는 말을 듣고서 예레미야가 예언했던 내용을 알게 되었을 것이라는 해석도 가능하다.

우리가 이 사건과 관련하여서 기억할 사실이 있는데, 하나님의 백성이 영적으로 어두워졌을 때는 하나님께서 이방인을 동원하셔서 영적 진리를 고백하게 하심으로써 그의 백성들을 부끄럽게 만드신다는 점이다. 요나는 하나님께서 주신 사명을 피하려고 다시스로 도망가던 중에 배 아래층에서 잠자다가 이방인들에게 책망받게 되었다. 그때 이방 사람이었던 선장이 요나에게 말하기를, "자는 자여 어찌함이냐 일어나서 네 하나님께 구하라 혹시 하나님이 우리를 생각하사 망하지 아니하게 하시리라"라고 하였다(욘 1:6).

4-6 여기서도 39:11-14에서와 마찬가지로 바벨론 군대가 예레미야를 보호한 사실에 대하여 진술한다. 여기 기록된 말씀은 예레미야의 신변을 보호하기 위해 취해진 조치들이 얼마나 철저했는지를 보여준다. ① 바벨론 군대의 사령관은 예레미야가 바벨론으로 따라갈지 아니면 유다 땅에 남을지를 자유롭게 선택할 수 있게 해주었다(4상). ② 또한 어디든지 그가 원하는 갈 수 있도록 자유를 보장해주었다(4하). ③ 미스바에 거하는 총독 그다랴에게 갈 수 있게 허락해 주었다(6상). ④ 그에게 양식과 선물을 주어서 보냈다(5하). 이방 나라의 군대 사령관이 이렇게도 세밀하고 자상하게 예레미야를 보호한 일은 우연히 이루어진 것이 아니고 하나님의 인도로 말미암은 것이었다. 그것은 하나님께서 이전에 하셨던 예언의 성취로 이루어진 일이었다. 예레미야를 보호하시리라는 예언의 말씀은 1:8, 19; 15:20-21 같은 구절들에 기록되어 있다.

"**미스바**"는 예루살렘 서북쪽으로 7킬로미터가량 떨어져 있는 고원 지대에 자리 잡은 마을이었다.[83]

7-16 여기서부터는 바벨론 군대에 패배당하여 사방으로 흩어졌던 군인들이 이제 총독 그다랴의 수하에 모여들게 되었고, 또한 모압과 암몬과 에돔 등지에 흩어져 있던 유다 사람들도 다시 모이게 되었음을 보여주는 동시

---

83) 참조. 수 18:26; 삿 20:1-3; 21:1; 5:8; 삼상 7:5-17; 10:17; 왕상 15:22; 대하 16:6; 느 3:7, 15, 19.

에(7-12절), 그들 가운데서 발생한 불행한 일들에 대하여 알려준다. 여기에 연속하여 일어나는 사건들은 그 당시에 그다랴의 수하에 모여든 자들도 예레미야 24장에서 예언했던 "나쁜 무화과"처럼 극도로 무가치한 자들이라는 사실을 알려준다(41:1-43:7). 그리하여 그들은 마침내 다시 흩어지고 말았다. 이것은 24:1-10에 예언된 말씀의 성취로서 이루어진 일이었다. 그곳에 기록된 예언의 말씀은 시드기야 왕과 그의 고관들과 예루살렘에 남아 있는 자들을 "나쁜 무화과"에 비유한 것이었다. 시드기야 왕과 함께 유다 땅에 남아 있던 자들은 결국 세 번째 호송 때 바벨론으로 끌려갔는데(39:1-10), 그때 남은 자들 가운데 7-12절에 기록된 무리가 포함되어 있었을 것이다. 이때 남은 무리가 얼마나 "나쁜 무화과"와 같이 악한 자들이었는지에 대해 13절 이하에서 기록하고 있다. 이 무리는 그렇게 악한 열매를 맺음으로써 또다시 예언의 말씀대로 흩어지고 만다. 43:7-44:30을 참조하라.

들에 있는 모든 지휘관과 그 부하들(7절). 이들은 바벨론 군대가 유다 사람들을 세 번째로 압송해갔던 전쟁 때에 패배당하고 들로 도망쳤던 군인들과 그들을 따라갔던 백성들을 의미한다. 성경이 역사적 사건을 기록하는 방식은 언제나 정확하고 치밀하여 사건에 연루된 사람의 이름을 기록할 때 그들의 조상의 이름까지 밝힌다(8절). 이 점과 관련하여 36:12 해석을 참조하라. 이들의 이름 가운데 특별히 "이스마엘"이라는 자와 "요하난"이란 자가 첫머리에 나타난다는 점은 주목할만하다. 이 두 사람은 이 무리의 장래 운명을 좌우할 인물들이다. "이스마엘"은 총독 그다랴를 살해함으로써 유다 민족에게 재앙이 임하도록 만들었던 인물이고(41:2), "요하난"은 하나님과 그의 선지자 예레미야를 반역하고 무리를 인도하여 애굽으로 내려갔던 인물이다(43:7). 이런 악인들의 지도를 따랐던 그 당시의 무리는 결국 예레미야의 예언대로 "나쁜 무화과" 열매가 되는 결말을 맞이하고 말았다(24:1-10).

너희는 갈대아 사람을 섬기기를 두려워하지 말고 이 땅에 살면서 바벨론의 왕을 섬기라

그리하면 너희에게 유익하리라(9절). 이 말씀은 그다랴가 자기를 찾아온 피난민들을 위해 그들의 앞길을 열어주었던 것이 하나님의 뜻에 따른 일이었음을 밝힌다. 하나님께서는 예레미야를 통하여 바벨론에 항복하는 것이 살길이라고 이미 가르쳐 주셨다(21:8, 9). 그다랴는 의인이었던 아히감의 아들로서(26:24), 하나님의 섭리에 따라 유다 총독이 되었으며, 그가 백성들을 다스렸던 원칙은 어디까지나 하나님의 뜻에 순종하는 것으로서, 유다 땅에 남아 있던 백성들을 선한 길로 인도하는 귀한 일을 하였다. 이때도 피상적인 애국자들은 덮어놓고 바벨론에 저항하는 것이 나라를 위하는 유일한 길이라고 주장했을 것이지만, 진리에 바탕을 둔 진정한 애국자는 하나님의 뜻에 먼저 순종하면서 백성을 지도하였다. 그러므로 신본주의에 바탕을 둔 진정한 애국자는 민족 지상주의가 아니라 하나님 지상주의 원칙에 따라 행동하기 때문에 혈기 방자한 피상적인 애국자들에게는 민족의 반역자로 몰리기 쉬운 측면이 있었다.

너희는 포도주와 여름 과일과 기름을 모아 그릇에 저장하고 너희가 얻은 성읍들에 살라(10절). 이 말씀은 돌아온 피난민들이 전쟁의 재앙을 두려워할 필요 없이 안전하게 살 수 있다는 뜻이다. 식료품을 "그릇에 저장"하는 일은 외세의 침략에 대한 염려가 없을 때만 할 수 있는 행동이다. 총독 그다랴가 이처럼 안전 보장을 약속할 수 있었던 이유는 그가 예레미야의 신앙과 사상을 이어받아 유다 민족의 장래에 대하여 하나님의 말씀으로 말미암은 확신이 있었기 때문이었다. 그러므로 이처럼 귀한 지도자를 살해한 이스마엘의 행동은(15절) 하나님의 뜻을 거스르는 만행이었다. 그야말로 나쁜 무화과 열매를 맺게 하는 어리석은 행동이라고 말할 수밖에 없다. 예레미야 24장에 기록된 "나쁜 무화과"에 관한 예언을 참조하라.

모압과 암몬 자손 중과 에돔과 모든 지방에 있는 유다 사람도 바벨론의 왕이 유다에 사람을 남겨 둔 것과 사반의 손자 아히감의 아들 그다랴를 그들을 위하여 세웠다 함을 듣고 그 모

든 유다 사람이 쫓겨났던 각처에서 돌아와 유다 땅 미스바에 사는 그다랴에게 이르러(11-12절). "모압", "암몬", "에돔" 족속은 대대로 유다 민족을 괴롭혔던 원수들이다. 그런 민족들 가운데서 피난처를 구했다가 다시 돌아오는 유다 사람들에게도 바벨론에 투항하라는 하나님의 말씀이 달갑게 들리지는 않았을 것이다. 그리하여 그들 가운데서 총독 그다랴를 살해할 인물이 일어난 것이었다(참조. 14절). 그들이 그다랴의 통치하에 있는 유다 땅으로 돌아온 것은 잘한 일이었으나, 총독은 마땅히 그들을 세심하게 감시했어야만 했을 것이었다. 교회를 다스리고 운영해가는 일에 있어서도 이단자들의 무리에 속해 있다가 교회로 돌아오는 신자들이 나오는 것은 환영할 만한 일이다. 그러나 교회를 책임 맡은 자가 그들에 대하여 너무 안심하거나 방임하면 교회가 해를 입을 위험이 있다.

포도주와 여름 과일을 심히 많이 모으니라(12하). 10절에 있는 같은 말 해석을 참조하라.

들에 있던 모든 군 지휘관들(13상). 7절에 있는 같은 말 해석을 참조하라.

암몬 자손의 왕 바알리스가 네 생명을 빼앗으려 하여 느다냐의 아들 이스마엘을 보낸 줄 네가 아느냐 하되 아히감의 아들 그다랴가 믿지 아니한지라(14절). 이 말씀을 보면 요하난이 총독 그다랴에게 그를 암살하려는 계획에 대해서 밀고하였음을 알 수 있다. 우리는 이런 사실과 관련하여 몇 가지 생각할 것이 있다.

1) 예레미야의 신앙적 전통을 계승하였던 총독 그다랴가 하나님의 뜻에 따라 유다의 남은 백성들을 선하고 유익한 길로 인도해가는 복된 시절에 마귀가 침투해 들어왔다는 점이다. 하나님의 성전이 세워진 곳에는 마귀도 집회 장소를 만드는 법이다.[84] 우리에게 잘 알려진 격언 가운데도 "호사다마"(好事多魔)라는 말이 있다. 우리는 좋은 일이 있을 때 더욱더 조심해야 한다.

---

84) Veldkamp, "Waar God zijn tempel bouwt satan zijn kapel".

2) 그다랴가 요하난의 밀고를 듣고도 그의 말을 믿지 않았을 뿐 아니라 진위를 확인해 보지도 않았던 것은 어리석은 일이었다. 사랑이란 다른 사람이 나에게 악을 행하려 할 때도 그것을 넓은 아량으로 덮어 주는 것이다. 하지만 사랑이 열매를 맺고 지속되기 위해서는 방어하는 일도 필요하다. 공동체를 책임 맡은 치리자는 공동체에 해를 끼칠 수 있는 일들을 미연에 방지하기 위하여 주위 잘 살피고 방어할 줄 알아야 한다. 그다랴는 이런 면에서는 무책임하였다.

3) 이때 요하난이 총독의 암살을 막기 위해 그에게 밀고했던 것은 선한 일이었으나 그는 후일에 하나님의 뜻에 순종하지 않는 악한 무리의 지도자가 되고 말았다(43:7). 그리하여 이때 잡혀가고 남아 있던 백성들도 멸망을 피할 수 없었다. 이것 역시 나쁜 무화과나무에 관한 예레미야의 예언(24장)이 성취된 것이었다.

| 설교자료

1. 하나님께서 환난에서 구원하시려고 작정하신 성도가 일시적으로 곤경에 처하는 일이 발생할 수도 있으나 마침내 하나님께서 그를 반드시 구원하신다(1절).

2. 전도자는 모든 사람이 하나님의 말씀을 익숙하게 기억할 수 있도록 힘써 부지런히 전해야 한다. 그가 그렇게 해야만 그의 말씀이 사실로서 성취될 때 불신자들도 그런 사실을 인정하고 하나님께 영광을 돌릴 수 있다(2-3절).

3. 하나님께서는 약속하신 대로 성도를 보호하실 때 물 샐 틈 없이 철저하게 역사하신다. 하나님께서는 사람들을 동원하셔서 이런 보호사역을 수

행하시는 경우가 많다(4-6절).

4. 하나님께서는 진노 중에도 긍휼을 기억하시고 불에서 꺼낸 그슬린 나무와 같은 백성(죽다가 살아남은 백성)에게도 살길을 주신다(슥 3:2). 이 일을 위하여 그는 그다랴를 유다의 총독으로 세우셨다(7-12절).

5. 우리는 하나님의 말씀이라면 아무 조건 없이 단순하게 믿어야 한다. 그러나 사람들에 대해서는 그를 아무 조건 없이 사랑하면서도 그에게 무한한 신뢰를 보낼 것이 아니라 지혜롭게 처신해야 한다. 그다랴 총독이 다른 사람을 의심하지 않았던 것은 그의 선량한 마음에서 비롯된 것이었을 수 있으나, 그가 자기를 죽이려는 음모에 대한 밀고를 받고도 아무런 대책을 세우지 않고 사람을 무조건 믿었던 것은 공동체를 책임진 행정가로서 잘못한 일이었다(13-16절).

제 41 장

✦ 내용분해

1. 이스마엘의 반란(1-10절)
2. 요하난이 이스마엘을 치려고 일어남(11-18절)

✦ 해석

본 장에 기록된 역사적 사실들은 계속하여 예레미야의 예언이 성취되는 모습을 보여준다. 예레미야는 일찍이 예언하기를, 유다 사람들 가운데 다수가 바벨론으로 잡혀가고 남아 있는 사람들도 평안하지 못할 것이라고 하였다. 그는 이 남은 백성을 가리켜 "나쁜 무화과"라고 하였다(24:1-10).

1 일곱째 달에 왕의 종친 엘리사마의 손자요 느다냐의 아들로서 왕의 장관인 이스마엘이 열 사람과 함께 미스바로 가서 아히감의 아들 그다랴에게 이르러 미스바에서 함께 떡을 먹다가. 여기서 "왕의 종친"(זֶרַע הַמְּלוּכָה)이라고 번역된 히브리어는 사실상 왕의

후손, 다시 말해 왕족이라는 뜻이다. 이스마엘이 유다의 왕손이었으므로 그는 그 당시 유다 지역에 대한 통치권을 쥐고 있던 그다랴를 제거하려고 했던 것이었다. 왕권을 세습하고자 하는 그릇된 사고방식을 지닌 자들은 오직 왕의 후손들만 왕위를 물려받을 수 있다고 생각하였다.

"느다냐의 아들로서 왕의 장관인 이스마엘." 어떤 학자들은 여기서 "왕의 장관"이라는 문구가 삽입되어야 할 이유가 없다고 해석한다(Laetch). 그렇다면 이 문구는 본래 "느다냐의 아들 이스마엘"(יִשְׁמָעֵאל בֶּן־נְתַנְיָה)이었다는 것이며, "왕의 장관"이라는 문구는 그 아래 이어지는 "열 사람"이라는 문구 바로 위에 놓여 있는 것이 히브리 원문(רַבֵּי הַמֶּלֶךְ וַעֲשָׂרָה אֲנָשִׁים)의 순서라는 점을 고려할 때 그 열 사람이 바로 왕의 장관이라고 말할 수 있다는 것이다. 그러나 델리취(Delitzsch)는 우리 한글성경과 일치하는 번역을 선택한다. "장관"(רַבִּים "라빔")이라는 표현은 단순히 왕을 섬기는 고관들을 가리키는 직함이다.

"떡을 먹다가." 이것은 그들이 총독 그다랴의 대접으로 식사를 진행하던 중이었다는 말이다. 음식 대접을 받는 와중에 음식을 대접하는 집주인을 살해하는 일은 살인 중에서도 가장 악독한 살인 방법이다(요 13:18). 유다 민족이 바벨론으로 사로잡혀 가고 그 남은 자들 가운데서 이처럼 악한 일이 또다시 연출되었다는 사실은 그야말로 예레미야의 예언 중에 "나쁜 무화과" 예언이 성취되었음을 보여주는 역사적 사건이다(4장). 예레미야 선지자는 39-41장에서 특별히 그의 예언이 성취되는 정황을 보여주는 역사적 사건들에 대하여 말한다. 특히 40:7-41:18은 유다 땅에 남아 있던 백성들이 심히 불행한 처지에 빠지게 되리라는 것을 보여준다.

2-3 이스마엘 일당이 그다랴와 그의 지지자들, 그리고 갈대아 군사들을 일시에 죽인 사실은 그 당시 유다 땅을 다스리던 정부를 전복시키려고 시도하는 내란인 동시에 바벨론을 대적하는 행동이었다. 그것은 결국 그 시대에

유다 민족에 대하여 취하신 하나님의 처사에 반대하여 저항하는 크나큰 죄악이었다. 이스마엘이 이런 행동을 취했던 것은 유다 민족의 평안을 위한 일이라기보다는 자기 개인의 정권욕을 채우기 위한 행동이었다. 우리가 이 부분의 기록을 보고서 생각해야 할 점은 하나님의 섭리를 따르지 아니하고 민중의 평안을 목표로 삼지 않으면서 개인의 사욕을 위하여 정권을 장악하려고 시도하는 자들은 모두 다 하나님 앞에서 정죄를 받는다는 사실이다. 이 부분의 말씀은 특별히 정치가들이 교훈과 모범으로 삼아야 할 금과옥조다.

4 그가 그다랴를 죽인 지 이틀이 되었어도 이를 아는 사람이 없었더라. 이스마엘이 그다랴를 죽이고서 "이틀이 되었어도" 이에 대한 정보가 외부로 새어 나가지 못했던 것을 보면 그가 이때 사람을 얼마나 많이 죽였는지를 짐작할 수 있다. 이것이야말로 유다 땅에 남은 백성의 멸절을 의미할 정도로 광범위한 살육이 아니었겠는가 하고 생각된다. 이런 의미에서 예레미야는 유다 땅에 남아 있는 백성을 "나쁜 무화과"에 비유하여 예언하였다(24장).

5-7 이 부분에서는 이스마엘이 행한 또 하나의 무서운 살인 행위를 보여 준다. 그는 무죄한 사람 팔십 명 가운데 칠십 명을 무자비하게 죽였다.

그 때에 사람 팔십 명이 자기들의 수염을 깎고 옷을 찢고 몸에 상처를 내고 손에 소제물과 유향을 가지고 세겜과 실로와 사마리아로부터 와서 여호와의 성전으로 나아가려 한지라. 이 말씀을 보면, 이 "팔십 명"은 유다의 멸망을 슬퍼하는 표지를 몸에 지닌 채 하나님께 예물을 드리기 위해 성전으로 나아오는 도중이었다. "몸에 상처를 내"는 일과 같은 행동은 하나님의 율법이 금지하는 일이다(레 19:28; 신 14:1). 그러함에도 불구하고 이들이 그런 행동을 취했다는 사실은 그 당시 유다 사회의 지도자들이 영적으로 어두워져 있었고 율법에 무지했다는 것을 보여 준다. 그들은 정치적인 성향을 전혀 보여주지 않았는데도 불구하고 이스마엘은 그들을 죽이려고 마음먹었는데, 그의 계획은 그 땅의 백성들을 거의 몰살시키는 것이나 마찬가지였다. 그러니만큼 그 땅의 거주민들은 상당수가 죽임을 당했을 것으로 추정된다.

이스마엘 일당은 그들을 죽이기 위한 계획으로 그들과 뜻을 같이하는 것처럼 꾸미기 위하여 그들처럼 슬피 우는 체하였다. 이스마엘 일당은 이런 방법으로 그들을 속여서 결국 살해했으니, 그들이야말로 간교한 살인마라고 할 수 있다. 이렇게 악한 무리가 그 땅의 남은 백성을 휩쓸었으니 예레미야의 "나쁜 무화과" 예언(24장)이 그대로 성취되었다고 말할 수 있다.

8 그 중의 열 사람은 이스마엘에게 이르기를 우리가 밀과 보리와 기름과 꿀을 밭에 감추었으니 우리를 죽이지 말라 하니 그가 그치고 그들을 그의 형제와 마찬가지로 죽이지 아니하였더라. 위에서 언급한 팔십 명 가운데 "열 사람"은 이스마엘에게 뇌물을 주고 죽음을 면하였다. 이것을 보면 이스마엘 일당은 올바른 정치를 부패시키는 역적들일 뿐 아니라, 이에 더하여 물질을 탐하는 도둑들이었다.

"우리가 밀과 보리와 기름과 꿀을 밭에 감추었으니." 말하자면 그들이 여기에 구체적으로 명기된 식료품들을 밭 가운데 있는 어떤 웅덩이 속에 감추어 두었다는 뜻이다. 그들은 이 식료품을 이스마엘에게 뇌물로 제공하고 죽임을 당할 수밖에 없는 상황을 모면하였다. 이러한 기사를 통해서도 우리는 그 시대가 무법천지였다는 것을 알 수 있다.

9-10 여기서는 ① 그때 이스마엘이 많은 사람을 죽였다는 사실을 보여준다(9절). 그가 죽인 시체들을 모두 다 "구덩이"에 던졌다는 말이 이런 의미를 지니고 있다. 이 구덩이는 남 왕국 유다의 아사 왕이 이스라엘 왕 바아사를 두려워하여 팠던 것이라고 설명한다(왕상 15:22; 대하 16:6). 그렇다면 그것은 상당히 규모가 있는 구덩이였을 것이라고 짐작할 수 있다. ② 많은 사람을 사로잡아 갔다(10절). 그러한 사실은 본문에 "사령관 느부사라단이 아히감의 아들 그다랴에게 위임하였던 바 미스바에 남아 있는 모든 백성을 이스마엘이 사로잡되"라는 구절을 통해 확인할 수 있다.

암몬 자손에게로 가려고 떠나니라. 이러한 사실을 보면 이스마엘이 바벨론을 대적하는 암몬 족속의 왕 바알리스의 음모에 의해(40:14) 움직였다는 것을 알 수 있다. "암몬" 족속은 롯의 둘째 딸의 후손들이다(창 19:38). 그 민족은 이스라엘의 숙적이었으며 대대로 이스라엘을 괴롭혀왔다.[85] 본문에서도 암몬 족속과 합세한 이스마엘의 무력 행동이 총독 그다랴를 통한 하나님의 사역을 크게 방해하였다는 사실을 지적한다.

11-15 이 구절들은 이스마엘의 악행을 목격하고 그에 대항하여 일어난 요하난의 의거에 대하여 말한다. 그때 이스마엘의 포로들 가운데 여덟 사람을 제외하고 거의 전부가 이스마엘을 배반하고 요하난 편으로 투항하였다. 이렇게 요하난은 피 한 방울 흘리지 않고 전쟁에 승리하였으며, 이스마엘은 패배하였다. 죄악이 가득하여 흘러넘치는 자에게는 이처럼 하나님의 섭리적인 개입으로 말미암아 패망하는 날이 반드시 찾아오고야 만다.

기브온 큰 물 가. 이 장소는 미스바의 동북쪽에 자리하고 있다. "미스바"에 대하여는 40:6에서 같은 말에 대한 해석을 참조하라. 오늘날에도 그곳에는 거대한 저수지가 있다. 사무엘하 2:13을 참조하라.

암몬 자손. 9-10절에 나오는 같은 말 해석을 참조하라.

16-18 "요하난"은 정의감이 투철한(13-15절) 용사였으며 그와 동시에 애국심이 강렬한 민족주의자였다고 평가할 수 있다. 그러나 그도 여호와 하나님의 뜻에 순종하는 선한 인물은 아니었다는 사실이 이 부분에서 드러난다. 그렇게 말할 수 있는 이유는, 하나님께서 예레미야를 통하여 예언하신 대로 바벨론 군대에 투항할 생각이 그에게는 없었으며, 그 대신에 애굽으로 가는 길을 택했기 때문이다. 하나님의 뜻에 순종하지 않는 민족주의적인 애국자는 진정한 애국자가 아니므로 그는 결국 실패하고 만다. 그러므로 이스마엘

---

85) 삿 3:13; 10:6, 9, 18; 삼상 11:1-11; 삼하 10-12장; 대상 19장; 20:1-3; 대하 20:1-30; 왕하 24:2; 25:25. 다음 구절들도 참조하라. 렘 49:6-9; 겔 25:1-7; 암 1:13-15; 습 2:8-11; 느 4:3, 7; 13:21-31.

만 하나님 앞에 합당하지 않은 인물이었던 것이 아니라 요하난 역시 마찬가지였다.

이렇게 유다 민족의 마지막 길은 예레미야의 예언대로(24장) 그들 중에 남은 백성까지 더욱 불행해지는 처지로 전락하고 만다. 선한 지도자였던 그다랴는 암살당하였고, 이스마엘은 남은 백성을 모조리 살해하는 만행을 저질렀으며, 요하난도 결국 하나님을 배반하고 말았다. 요컨대 본 장의 역사적 사실은, 24장의 예언이 성취된 것이라고 말할 수 있다.

| 설교자료

1. 유다 민족이 바벨론으로 사로잡혀 간 뒤에 유다 땅에 남아 있던 백성은 일시적으로 평안한 삶이 보장되는 것처럼 보였으나(7-12절), 그나마 겨우겨우 사회 질서가 잡혀가는 듯하던 마당에 주민들을 살육하는 만행이 폭풍과 같이 전개되었다(1-10절). 그러나 이것은 일찍이 예레미야가 예언했던 대로(24장) 성취된 사건이었다. 이처럼 혼란한 상황 가운데 이루어진 비참한 일들도 하나님 모르게 진행된 것은 아니라는 사실을 우리는 한시도 잊지 말아야 한다. 그러므로 우리는 어떤 환경에서 처하든지 오직 그곳에서 주님을 믿고 순종할 따름이다.

2. 정의감이 투철하고 용맹 무쌍한 지도자라도 하나님의 말씀대로 민중을 지도하지 않는 자라면, 그도 악한 지도자들과 마찬가지로 민중을 불행에 빠뜨리고 만다(11-18절). 하나님의 뜻에 순종하는 지도자는 때때로 반역자라는 혐의를 뒤집어쓰는 일이 있더라도 그가 과연 진정한 지도자다. 바벨론에 항복하는 것은 민족적으로 굴욕을 당하는 일처럼 보여도 그것이 하나님의 뜻이기 때문에 애굽으로 도망하는 것보다 월등히 나은 길이다. 민족의 참

된 지도자는 국가도 초월하고 민족도 초월하고 혈통도 초월하여 오직 하나님 제일주의를 원칙으로 삼아 말하고 생각하고 행동한다. 바벨론에 항복하고 느부갓네살 왕을 섬기는 것이 하나님의 뜻이고 명령인데, 어찌하여 요하난은 이러한 명령을 버리고 애굽으로 도망치려 하였던가? 그는 정의감과 용맹심을 겸비한 인물이었지만 하나님의 백성들을 그릇된 길로 인도함으로써 그들을 파멸시키고 말았다(43:7).

제 42 장

✤ 내용분해

1. 요하난 일당이 예레미야에게서 하나님의 뜻을 구하고자 함(1-6절)
2. 예레미야가 요하난 일당에게 예언하면서 애굽으로 가지 말라고 권면함(7-18절)
3. 요하난 일당의 겉치레를 책망함(19-22절)

✤ 해석

1-3 이에 모든 군대의 지휘관과 가레아의 아들 요하난과 호사야의 아들 여사냐와 백성의 낮은 자로부터 높은 자까지 다 나아와 선지자 예레미야에게 이르되 당신은 우리의 탄원을 듣고 이 남아 있는 모든 자를 위하여 당신의 하나님 여호와께 기도해 주소서 당신이 보는 바와 같이 우리는 많은 사람 중에서 남은 적은 무리이니 당신의 하나님 여호와께서 우리가 마땅히 갈 길과 할 일을 보이시기를 원하나이다. 유다 사람들 가운데 바벨론으로 사로잡혀 가고 남은 백성이 요하난의 지도를 따라 애굽으로 피신하려는 생각을 품

고 있었다는 사실은 앞 장 16-18절에서 확인할 수 있다. 이제 이들이 총동원하여 선지자 예레미야를 찾아와서 하나님의 계시를 통하여 그들의 앞길을 인도해 주기를 구한 것이다. 그러나 우리가 명심해야 할 것은 이들이 예레미야를 통하여 하나님의 인도하심을 받기를 요청하기는 하였으나 그들은 이미 유다 땅에 머물러 있지는 않겠다는 전제하에 그렇게 하였다는 사실이다. 이스마엘이 그다랴와 그에게 속한 모든 사람을 죽이고 도망쳤던 사건이 마침내 바벨론 왕의 노를 격동할 것이라는 사실을 그들은 알고 있었다(41:18). 따라서 그들은 가나안 땅에서는 자신들의 생명을 부지할 수 없다는 점을 너무나도 분명하게 인지하고 있었으며, 그런 정황에서 외국 땅으로 피신하고자 했던 것이었다.

그들은 소수의 남은 백성이 외국으로 나가지 않고 유다 본토에서는 보존되지 못할 것이라고 여겼었다. 그러므로 그들은 예레미야에게 찾아와서 말할 때에 자신들을 가리켜 "이 남아 있는 모든 자"(כָּל־הַשְּׁאֵרִית הַזֹּאת)라고 하였고, "우리는 많은 사람 중에서 남은 적은 무리이니"(נִשְׁאַרְנוּ מְעַט מֵהַרְבֵּה)라고도 하였다. 그들이 이렇게 호소하였던 것은 가나안 땅이 그들에게 위험하여 그곳에서는 그들이 안전하게 거하지 못하리라고 믿었기 때문에, 다른 장소로 피난함으로써 소수의 백성이나마 목숨을 보전할 수 있으리라는 기대에서 그리한 것이다. 그러므로 이들은 으레 국외로 피신하겠다는 방침을 정해 놓고서 하나님의 인도를 구하였던 것일 뿐이다. 그러므로 이들의 사고방식은 처음부터 잘못된 것이었다. 한마디로 그들은 자기들의 생각과 욕심대로 행동할 방침을 먼저 정해 놓고서 하나님의 인도를 구하였으니 처음부터 방향이 잘못된 것이다.

"당신의 하나님 여호와"(יְהוָה אֱלֹהֶיךָ). 그들은 여호와 하나님을 가리켜 예레미야의 하나님이라는 의미에서 이렇게 말한다. 그렇다면 그들은 어찌하여 "우리 하나님"이라고 말하지는 못했던 것일까? 그 이유는 그들도 하나님께서 특별히 예레미야의 기도를 들으신다는 사실을 알고 있었으며, 예레미야 선지자야말로 하나님께서 계시를 주시는 참된 선지자라고 믿었기 때문이었다. 예레미야가 예언했던 대로 과연 바벨론 군대가 쳐들어와서 유다 사람들을 많이 잡아갔으니만큼, 백성들은 이제 예레미야를 권위 있는 선지자로 여길 만하였다. 그뿐 아니라 그 땅에 바벨론 군대가 침공해 왔을 때도 예레미야의 처신은 어디까지나 하나님의 종으로서의 신분에 부끄럽지 않은 것이었다. 예레미야의 시대처럼 전란으로 말미암아 시국이 혼란한 때에는 하나님을 의지하지 않는 자들은 세상 권력에 아부하기 마련이다. 더구나 바벨론 군대에 투항하는 것이 살길이라고 믿었던 예레미야로서는 하나님의 뜻에 따라 유다를 침공해 들어온 바벨론 군대에 대하여 인간적으로 친근감을 가지고 접근하기 쉬웠을지도 모른다. 그가 만일 그렇게 했더라면, 그는 당시 유다 백성들 사이에서 신임을 잃고 말았을 것이다. 그러나 그는 어디까지나 하나님의 말씀을 선포해야만 했기에 백성들에게 바벨론 군대에 투항해야 산다고 외쳤을 뿐이며, 개인적으로는 끝까지 하나님의 사람으로서의 인격을 투명하게 보전하였다. 그뿐 아니라 하나님의 섭리대로 그다랴를 유다 총독으로 임명함으로써 바벨론이 유다 백성들을 회유하려 했던 시대에도 그는 어디까지나 하나님의 사람으로서의 위신을 지켰다. 그러니만큼 바벨론 침공 이후에 그 땅에 남아 있던 부패한 유다 사람들도 우리 본문에서와 같이 그의 지도를 구했던 것만은 사실이다.

4 예레미야는 백성들의 요청을 받아들여 그들을 위해 하나님께 기도하기를 허락한다. 그는 여기서 하나님을 가리켜 "너희 하나님"(אֱלֹהֵיכֶם)이라고 불렀는데 이것은 하나님이 그들의 하나님이시라는 뜻이다. 그는 이러한 표현을 통해 하나님과 유다 백성들 사이의 관계가 언약을 토대로 맺어진 관계임을 밝혀 주며, 따라서 그들 편에서 일방적으로 하나님을 멀리할 수 없고, 또한 하나님의 말씀에 어디까지나 순종해야 한다는 점을 암시한다.

5-6 그들이 예레미야에게 이르되 우리가 당신의 하나님 여호와께서 당신을 보내사 우리에게 이르시는 모든 말씀대로 행하리이다 여호와께서는 우리 가운데에 진실하고 성실한 증인이 되시옵소서 우리가 당신을 우리 하나님 여호와께 보냄은 그의 목소리가 우리에게 좋든지 좋지 않든지를 막론하고 순종하려 함이라 우리가 우리 하나님 여호와의 목소리를 순종하면 우리에게 복이 있으리이다 하니라. 그 당시에 유다 군중들은 이 구절들에 기록된 표현들을 동원하여 순종을 약속하였는데, 약간은 과장되고 지나친 문구들을 사용하고 있다. 예컨대 ① "모든 말씀대로 행하리이다"라고 한 것은 죄인인 자신들의 무능함을 인정하지 않는 과분한 표현이다. ② "여호와께서는 우리 가운데에 진실하고 성실한 증인이 되시옵소서"라고 한 것은 자신들의 실행력과 여호와 하나님의 진실성을 대비시키는 교만한 표현으로서, 상대방이 자기들의 말을 믿어 주도록 유인하는 위선적인 언사다. 죄인인 우리 인생들은 결코 이런 맹세를 남발할 수가 없다. ③ "그의 목소리가 우리에게 좋든지 좋지 않든지를 막론하고 순종하려 함이라"라고 표현한 것도 너무 지나친 자신감에서 비롯된 것이다.

위의 세 가지 표현 가운데에는 하나님께서 도와주셔야만 인생이 올바른 길로 행할 수 있다는 신앙심은 전혀 나타나지 않는다. 이런 식으로 자신들의 믿음을 표현하는 일은 언제나 기대하지 않았던 어긋난 결과를 가져오는데, 이것은 흔히 외식하는 행악자들이 말하는 방식이다. 예수님께서는 이런 일을 금하시기 위하여 말씀하시기를, "도무지 맹세하지 말지니 하늘로도 하지 말라 이는 하나님의 보좌임이요 땅으로도 하지 말라 이는 하나님의 발등상임이요 예루살렘으로도 하지 말라 이는 큰 임금의 성임이요 네 머리로도 하지 말라 이는 네가 한 터럭도 희고 검게 할 수 없음이라 오직 너희 말은 옳다 옳다, 아니라 아니라 하라 이에서 지나는 것은 악으로부터 나느니라"라고 하셨다(마 5:34-37).

베드로의 경우를 돌이켜보아도 그는 무엇이나 스스로 장담한 일에 있어서는 언제나 실패하였으나, 다만 주님의 판단을 의지하는 겸손함으로 고백한 언사만이 참된 열매를 맺었다(요 21:15-17). 지나친 자기주장은 교만일 뿐만 아니라, 되지 못하고도 된 줄로 알고서 스스로 속는 자리에 떨어진다(갈 6:3).

7 십일 후에 여호와의 말씀이 예레미야에게 임하니. 예레미야는 민중의 요구에 따라 그들의 앞길을 보여주는 계시를 "십일" 동안 기다렸다. 그러한 계시는 어찌하여 즉시 임하지 않았던 것일까? 그것은 ① 그 당시에 외국으로 도피하려고 서두르던 백성들에 대한 하나님의 적절한 처사였다. 하나님께서는 그들이 애굽으로 도망가지 않고 유다 땅에 머물러 살아가기를 원하셨던 것이었다. 그들에게 필요한 태도는 침착한 마음가짐으로 하나님의 지시에 순종하는 자세였다. 그들은 재빨리 어딘가로 찾아가는 일에만 집중할 것이 아니라, 기다리는 법을 배워야만 했었다. ② 둘째로 예레미야가 그들에게 알려주고자 했던 내용이 너무나 중대한 것이었기 때문이다. 이처럼 중대한 일을 앞에 두고서는 시간을 들여가면서라도 하나님의 지시대로 해결을 받을 때, 그들의 지도하에 있는 백성들도 말씀에 순종하게 될 가능성이 농후해진다.

우리가 해결하기 어려운 문제와 맞닥뜨릴 때는 잠잠히 기도하며 기다리는 것이 가장 중요한 일이다. 하나님의 계획과 의지를 정확히 모르면서 확신 없이 행동하는 것은 언제나 위험하다.

8-9 예레미야는 그가 받은 계시를 백성들에게 발표하기 위하여 그들 모두 빠짐없이 모이도록 지시하였다. 그가 이렇게 지시했던 이유는 이처럼 중대한 일에 있어서는 한 사람도 빼놓지 않고 누구나 순종하여야 할 것이기 때문이었다. 예레미야를 통해 주어지는 하나님의 계시에 순종하면 살 것이고 순종하지 않으면 죽을 것이니, 이러한 계시를 발표하는 일에는 모든 백성이 빠짐없이 모여야만 했던 것이었다.

10 너희가 이 땅에 눌러 앉아 산다면 내가 너희를 세우고 헐지 아니하며 너희를 심고 뽑지 아니하리니 이는 내가 너희에게 내린 재난에 대하여 뜻을 돌이킴이라. 예레미야에게

임한 하나님의 계시는 애굽으로 가려고 계획했던 남은 백성이 이제 그곳으로 가려던 생각을 포기하고 가나안 땅에 머물러 있어야 한다는 것이다. 그들은 떠나야 산다고 말하지만, 하나님께서는 그들에게 그곳에 남아 있어야 산다고 말씀하신다. 하나님께서는 그들이 그 땅에 머물기만 하면 그들의 안정시키시겠다는 의미에서 말씀하시길, "내가 너희를 세우고 헐지 아니하며 심고 뽑지 아니하리"라고 하셨다. 하나님께서 하시는 일을 누가 막을 수 있겠는가! 하나님께서 반드시 그렇게 하시고야 마는 이유에 대해서는 본 절 하반절이 밝혀 준다. 그것은 바로 "이는 내가 너희에게 내린 재난에 대하여 뜻을 돌이킴이라"라고 하신 말씀이다. 말하자면 하나님께서 이때까지 바벨론 군대를 보내어 많은 사람을 사로잡아 가게 하셨으니, 이제는 그것으로써 그의 진노가 그치게 되었다는 뜻이다. 바벨론 군대가 유다 땅을 침략하는 일은 하나님께서 내리시는 진노의 범위 안에서만 이루어졌다는 것이다. 이제 하나님의 진노가 그쳤으므로 포학한 바벨론 군대도 유다 민족에 대하여 군사적인 행동을 취하지 못한다.

그때 유다 사람들은 마땅히 하나님께서 그들에게 주신 이 한마디의 말씀을 애굽보다 더 의뢰해야 하며, 바벨론 군대가 다시 침공해 들어올 가능성을 보여주는 현실보다는 하나님의 이 같은 말씀 한마디에 근거하여 안정을 누리고 그에 따른 대책을 수립했어야만 했다. 그러나 그들 중에 누구에게 이런 믿음이 있었는가? ("믿음은 바라는 것들의 실상이요 보이지 않는 것들의 증거니", 히 11:1).

11-12 여호와의 말씀이니라 너희는 너희가 두려워하는 바벨론의 왕을 겁내지 말라 내가 너희와 함께 있어 너희를 구원하며 그의 손에서 너희를 건지리니 두려워하지 말라 내가 너희를 불쌍히 여기리니 그도 너희를 불쌍히 여겨 너희를 너희 본향으로 돌려보내리라 하셨느니라. 여기서는 하나님께서 그들에게 바벨론의 왕을 "겁내지 말라"(אַל־תִּירְאוּ)라고 말씀하신다. 이 부분에서 "겁내지 말라", 혹은 "두려워하지 말라"라는 말씀이 거듭 나온다. 그가 이렇게 말씀하시는 이유는 그들이 이스마엘 사건

때문에 바벨론 왕이 다시 유다 백성들을 대상으로 군사 행동을 취할 것이라는 공포심에 사로잡혀 있었기 때문이다. 그들은 이러한 공포심 때문에 애굽으로 내려가는 일을 확고하게 정해진 방침으로 여기고 있었던 것이었다. 사람의 마음속을 깊이 아시는 하나님께서는 그들의 이와 같은 병적인 태도를 예리하게 지적하신다. 잠언 29:25를 참조하라. 하나님께서는 아무런 대책도 없이 무턱대고 그들에게 두려워하지 말라고 말씀하신 것이 아니었다. 그는 그들이 바벨론을 두려워할 일이 아니라 그 대신에 하나님 자신을 신뢰하고 의지하라는 의미에서 말씀하시기를 "내가 너희와 함께 있어 너희를 구원하며 그의 손에서 너희를 건지리니"라고 하셨고, 또한 "내가 너희를 불쌍히 여기리니 그도 너희를 불쌍히 여겨 너희를 너희 본향으로 돌려보내리라"라고 하신다. 하나님은 바벨론 왕의 마음도 주장하셔서 느부갓네살 왕이 유다 땅에 남은 백성을 긍휼히 여기도록 만드실 수 있다(참조. 잠 16:7). 이처럼 폭군의 마음에도 그의 백성을 불쌍히 여기는 생각을 불러일으키실 수 있는 이는 오직 하나님뿐이시다. 그러므로 신자는 어떤 어려움 가운데서도 염려할 것이 없고 오직 하나님을 믿을 뿐이다.

"너희 본향으로 돌려보내리라"(הֵשִׁיב אֶתְכֶם אֶל־אַדְמַתְכֶם). 이 히브리어 문구를 직역하면 "너희를 너희 땅으로 돌려보내게 하리라"라고 해야 한다. 그 당시 민중이 애굽 땅으로 가기 위해 출발하여 베들레헴 근처 게룻김함에 머무르고 있었기 때문에, 그들은 앞으로 생활의 안정을 위해서는 유다 땅으로 돌아가야만 했을 것이었다. 그러므로 하나님께서는 그들이 고향으로 돌아가는 것을 가능하게 해주시겠다고 약속하신다.

13-14 그러나 만일 너희가 너희 하나님 여호와의 말씀을 복종하지 아니하고 말하기를 우리는 이 땅에 살지 아니하리라 하며 또 너희가 말하기를 아니라 우리는 전쟁도 보이지 아니하며 나팔 소리도 들리지 아니하며 양식의 궁핍도 당하지 아니하는 애굽 땅으로 들어가 살리라 하면 잘못되리라. 하나님께서는 애굽으로 가려 했던 그 당시의 백성들을 만

류하시고 가나안 땅에 머물도록 하시는 동시에, 그들이 하나님의 인도하심에 순종할 때 얻게 될 구원을 약속하셨다. 이렇게 하나님께서는 사람들이 옳지 않은 길에서 돌이켜 바른길로 가게 만드시기 위하여 그들이 순종할 때 누리게 될 모든 축복을 보여주시는데, 이것이 바로 그가 백성들을 지도하시는 원리다. 그와 동시에 그는 다른 한편으로 그들이 불순종할 때 뒤따르게 될 재앙에 대해서도 예고하시는 법이다. 그는 사람을 회개시키기 위하여 이렇게 두 가지 방향을 제시하시면서 그들이 스스로 결단을 내리게 하신다. 그 당시 백성들의 마음속에는 오직 애굽 땅만이 살기 좋은 평화의 땅으로 각인되어 있었을 것이다. 그러므로 그들은 "애굽 땅으로 들어가 살리라"라고 굳게 다짐했던 것이었다. 그러나 하나님께서는 그들의 그런 마음가짐을 기뻐하시지 않는다. 하나님께서는 오래전부터 이스라엘 백성에게 애굽을 마음에도 두지 말라고 경계하셨다(신 17:16; 사 30:2; 31:1). 하나님을 의뢰하지 않고 애굽을 의지하는 것은 이 세상에 미련을 두고 세상을 사랑하는 것이므로 하나님의 백성은 이런 사상을 버려야 한다.

15-16 너희 유다의 남은 자여(שְׁאֵרִית יְהוּדָה). 그 당시에 유다 백성을 이렇게 부르는 이유는 그들이 이처럼 의미심장한 호칭(사 10:20, 21, 22; 11:11, 16; 14:22; 16:14; 렘 23:3; 31:7; 40:11; 암 5:15; 미 2:11; 5:7)을 통해서 신령한 뜻을 깨닫게 하시려는 것이었다. 선지자들이 이구동성으로 선포한 사상은 "유다의 남은 자"를 하나님께서 보호하시고 구원하신다는 것이었다. 그러므로 그 당시 유다의 남은 백성들은 자신들의 특별한 위치를 인식하고 하나님의 말씀에 순종해야 했을 것이었다.

이스라엘의 하나님(אֱלֹהֵי יִשְׂרָאֵל). 이 말씀 역시 하나님께서 원칙적으로 그가 택하신 백성 이스라엘의 편이 되어 주시리라는 것을 암시한다. "남은 자"는 하나님께서 이제부터 그들의 하나님이 되어 주심으로써 그들과 특별한 관계를 맺으시고 그들을 구원해 주실 것을 기억해야 한다. **"고집하면"**(תִּשְׂמוּן פְּנֵיכֶם

םוש)이라는 히브리어 문구는 문자적으로 "너희의 얼굴을 확정함"을 의미하는데, 말하자면 각오, 결심 등을 가리킨다. 이런 표현을 보더라도 그 당시의 백성들은 이미 애굽으로 피신하기로 마음을 굳히고 있었다는 사실을 알 수 있다. 하나님께서는 여기서 하나님의 말씀을 듣고도 완악하게 순종하지 않는 죄로 인하여 그들에게 닥치게 될 징벌이 얼마나 무서운 것인지를 보여준다. 하나님을 배반하고 다른 것에서 평안과 행복을 얻기 위해 그것을 따라가는 자에게는 그가 갈구하던 평안과 행복이 불안과 불행으로 바뀐다. 여기에는 **"따라가서"**라는 표현이 반복하여 등장하는데, 이는 하나님께서 완악한 죄인을 어디까지라도 추격하셔서 그들을 벌하신다는 사실을 분명하게 보여준다. 우리가 죄를 범하고서도 그 죄를 따라잡아 바르게 고치지 않고 지나가면 마침내 그 죄악의 벌이 우리를 따라잡아 못살게 만든다. 그러므로 우리는 우리가 저지르는 죄악에 대하여 선제적으로 공세를 취함으로써 그 죄악을 붙잡아 회개함으로써 처리해야 한다.

17 예레미야 44:14과 예레미야애가 2:22을 참조하라.

18 바벨론으로 사로잡혀 가고 남은 유다 사람들은 이제 하나님의 자비를 힘입게 될 자들인데, 그러한 사실을 깨닫지 못하고 하나님을 신뢰하지 못하여 애굽으로 내려간다면 그것은 하나님의 사랑을 배척하는 악독한 불신앙이다. 예레미야는 이와 같은 자들을 가리켜, "나쁜 무화과"와 같다고 예언하였다(24장). 그러므로 이런 자들에게는 하나님의 진노는 마치 내리붓는 것처럼 급하게 임한다. 이런 의미에서 우리 본문에 **"노여움과 분"**을 "부으리니"(ךתנ)라고 하였다.

너희가 가증함과 놀램과 저주와 치욕 거리가 될 것이라. 여기서 "가증함"(הָעַאֲ)이라는 단어는 한 사람이 다른 사람을 저주할 때 맹세의 대상으로 인용하는 것을 의미한다. 여기에 열거한 네 가지("가증함, 놀램, 저주, 치욕 거리")는 하나님을 거역한 남은 자들이 하나님께 극심하게 징계받음으로써 이방 사람들의 세계에서도 그들을 손가락질할 정도가 되리라는 것을 가리킨다. 하나님의 말씀을 많이 받은 자들이 하나님을 거역하면 그들은 누구보다도 많은 벌을 받아야만 한다.

19-22 여기서도 예레미야는 "**유다의 남은 자들아**"라고 부르면서 말한다. 15절 첫머리에 나오는 "너희 유다의 남은 자여"라는 말의 해석을 참조하라. 예레미야는 그들의 마음이 하나님의 권면을 듣고도 끝까지 순종하지 않고 애굽으로 내려가려 하는 모습을 보고서 이 구절들에 기록된 말씀을 선포한다. 여기에 나타난 말씀의 요지는, 그 백성이 스스로 속인다는 것이다(20하). 왜냐하면 하나님께서 선지자를 통하여 애굽으로 내려가지 말라고 명백하게 말씀해 주셨는데도 불구하고(19절) 그들이 순종하지 않았는데(21절), 그것은 그들이 처음에 하나님의 인도를 받겠다고 청원했던(20절) 태도와는 모순되기 때문이다.

| 설교자료

1. 사람이 자기 욕심대로 갈 길을 정해 놓고 하나님께 어떤 길이든지 인도해 주십사고 구하는 것은 자기 마음을 모르고서 스스로 속아 넘어가는 태도인 동시에, 하나님을 농락하는 죄악이다(1-3절; 참조. 20-21절). 발람도 그러한 죄를 범했었다(민 22:2-35). 하나님께 기도하는 자들 가운데 오직 하나님의 뜻만을 순종하고자 하는 확실한 마음의 준비를 갖추고서 간구하는 자가 많지 않다. 잠언 16:2에 말하기를, "사람의 행위가 자기 보기에는 모두 깨끗하여도 여호와는 심령을 감찰하시느니라"라고 하였다.

2. 사람이 하나님 앞에서 무언가를 서약할 때는 신중하게 해야만 한다. 그러나 유다의 남은 자들은 마음속으로는 이미 애굽으로 내려갈 생각을 확

고하게 굳히고서도 하나님께 지도를 구하는 의미에서 청원하기를, 하나님의 지시가 자기들에게 좋든지 좋지 않든지 순종하겠다고 거짓되게 말하였다 (5-6절). 이러한 태도는 그들이 하나님 앞에서 경솔하고 방자하게 발언한 죄악이다. 전도서 5:2에 말하기를, "너는 하나님 앞에서 함부로 입을 열지 말며 급한 마음으로 말을 내지 말라 하나님은 하늘에 계시고 너는 땅에 있음이니라 그런즉 마땅히 말을 적게 할 것이라"라고 하였다.

3. 사람이 자기가 취할 태도나 혹은 어떤 결정에 있어서 하나님의 뜻이 어디에 있는지 확실히 알지 못할 때는 하나님의 뜻을 분명히 깨달을 때까지 시간을 두고 기다리는 것이 최선의 길이다. 하나님의 뜻을 깨달을 때까지 기다리는 것도 신앙의 태도다.[86] 이곳 본문에서 바라본다는 말은 기다린다는 뜻이다. 하나님의 뜻을 알고자 하는 유다의 남은 백성은 십 일 동안 기다릴 수밖에 없다(7절).

4. 바벨론 군대가 아무리 두려울지라도 유다의 남은 백성에 대해 하나님께서 보장하신 안전을 흔들거나 변경하지 못한다. 유다 땅에 남아 있던 백성들을 유다 땅에 평안히 거하게 하시리라는 하나님의 약속 한마디는 모든 두려움과 걱정을 없애버리는 능력을 지닌 것이었다. 그러므로 그들은 그때 그의 말씀으로 인하여 마음에 평안을 얻어야만 했을 것이다(10-12절).

5. 하나님의 자비로운 약속을 귀담아듣지 않고 그것보다 세상에 속한 애굽이라는 세력을 안전의 방편으로 여기는 사상은 멸망을 자초하게 될 극악한 죄악이다(13-19절).

---

86) 참조. 시 25:3; 33:20; 37:9; 62:1, 5; 69:3, 6; 사 8:17; 40:31; 49:23; 애 3:25; 합 2:3; 습 3:8; 미 7:7.

제 43 장

본 장 역시 앞 장들(40:7-42:22)과 마찬가지로 "나쁜 무화과" 예언(24장)이 이루어져 가는 정황을 보여준다.

✤ 내용분해

1. 요하난이 예레미야의 예언에 불순종하여 부하들을 거느리고 애굽으로 내려감(1-7절)
2. 예레미야가 애굽 역시 바벨론 군대에 정복될 것을 예언함(8-13절)

✤ 해석

1-2 예레미야가 유다의 남은 백성에게 주시는 하나님의 말씀을 그대로 전했음에도 불구하고, 그의 말씀이 마치자마자 그 남은 백성의 지도층에 속한 사람들이 예레미야가 전한 하나님의 말씀을 반박하기 시작했다. 그들은

예레미야가 전한 말이 도리어 거짓이라고 모함하며 하나님께서 그런 말씀을 하시지 않았다고 주장했다. 그들의 이와 같은 태도는 ① 하나님의 뜻을 배반하는 행위였다. 그들이 예레미야에게 그들이 나아갈 길을 하나님께 여쭈어 달라고 먼저 부탁하지 않았었는가(42:1-2)! ② 하나님께서 말씀하시는 사실을 부인하는 불신앙의 태도다(2하). 하나님께서 선포하시는 말씀을 부인하는 일은 인간의 육체적 욕심을 따라 하나님의 뜻에 순종하지 않는 자들에게서 찾아볼 수 있는 악한 사상이다. 하나님께 순종하지 않는 악한 마음을 가진 자들은 언제든지 하나님의 말씀이 지니는 권위를 인정하지 않으려고 한다. 하나님의 말씀이 갖는 권위는 오직 그의 뜻을 행하고자 하는 자들만 깨달을 수 있는 것이다(요 7:17).

유다 남은 백성을 인솔했던 요하난과 그의 일당은 그들의 강렬한 욕심을 따라서 애굽으로 가고자 했던 것이었기 때문에 애굽으로 내려가서는 안 된다고 하는 하나님의 말씀을 부인하고 나서려고 한다. 이런 태도는 이루 말할 수 없이 악독한 교만이다. 본문은 그러한 자들을 가리켜서 **"오만한 자"**라고 하였다.

3 이는 네리야의 아들 바룩이 너를 부추겨서 우리를 대적하여 갈대아 사람의 손에 넘겨 죽이며 바벨론으로 붙잡아가게 하려 함이라. 그들은 여기서 예레미야가 전해준 하나님의 말씀에 담긴 내용을 가리켜 그것은 예레미야의 제자 바룩이 조작해 낸 말이라고 깎아내리면서 예레미야가 바룩에게 속아서 부추김을 당한 것이라고 여겼다. 다시 말하면 애굽으로 가지 말라는 예레미야의 예언은 유다의 남은 백성을 또다시 갈대아인의 손에 붙이기 위해 바룩이 조작해낸 것이라는 뜻이다. 이러한 비난은 예레미야를 향한 그들의 생트집이었다. 하나님을 두려워하지 않는 자들은 자신들의 야욕을 채우기 위해서 올바른 주장을 펼치는 지도자를 거짓말쟁이로 몰고 거짓된 말로 그를 훼방하려고 한다. 그들은 이처럼 진리를 훼방함으로써 진리를 이길 수 있다고 착각하는 자들이

다. 시편 12:4에 말하기를, "그들이 말하기를 우리의 혀가 이기리라 우리 입술은 우리 것이니 우리를 주관할 자 누구리요 함이로다"라고 하였다.

그러나 그들의 이와 같은 훼방은 근거 없는 허망한 계략이다. 바룩은 시종일관 예레미야를 수종하는 자로서 예레미야의 지도만을 따랐던 제자였다. 이러한 사실은 그가 예레미야의 지시대로 예레미야가 예언한 말씀들을 기록하여 모든 백성의 귀에 낭독했다는 사실을 보아서도 알 수 있다(36:1-10). 그는 이런 일로 말미암아 예레미야가 당했던 것과 동일한 고난을 당하기까지 하였던 것이었다(36:11-19). 바룩은 바벨론 군대가 예루살렘 성에 들이닥쳤을 때 예레미야와 함께 하나님의 지도에 따라 움직였고, 적군의 세력을 이용하는 것과 같은 처세를 전혀 하지 않았다.

4 이에 가레아의 아들 요하난과 모든 군 지휘관과 모든 백성이 유다 땅에 살라 하시는 여호와의 목소리를 순종하지 아니하고. "유다 땅에 살라 하시는 여호와의 목소리를 순종하지 아니하고." 하나님께서 이스라엘 백성들에게 가나안 땅을 주신 것은 그들이 받은 축복이었다. 그러므로 이방 나라의 군대에 의해 사로잡혀 가는 일과 같은 특수한 경우를 제외하고는 그들이 그 땅에서 살아가는 것이 하나님께서 기뻐하시는 일이다. 이스라엘 민족이 애굽에서 가나안 땅으로 이주한 지 900년이나 지난 그때 새삼스럽게 자원하여 애굽 땅으로 되돌아가는 일은 두말할 것도 없이 타락한 행동이다. 그들이 과거에 종살이하던 땅으로 돌아간다는 것은 그들의 조상들이 하나님의 은혜로 출애굽 했던 위대한 사건을 무의미하게 취급하는 행동이기도 하다. 그들이 애굽 땅으로 되돌아가는 일은 신자들이 그리스도의 보혈로 인하여 구원받은 후에 타락하여 다시 세상으로 돌아가는 모습을 비유한다. 그리스도 신자들이 타락한 세상을 그들의 마음 둘 곳으로 여겨서는 안 되는 것과 마찬가지로, 옛날 이스라엘 백성은 애굽을 타락한 세상으로 여겨야만 했었다. 아브라함은 애굽으로 내려가서 수치스러운 일을 당했으며, 그의 아들 이삭도 마찬가지였다. 그 후에도

이스라엘의 지도자들은 수시로 애굽의 원조를 기대했었는데, 하나님께서는 이러한 사실을 죄악으로 여기셨다(사 31:1-3). 이스라엘 백성이 애굽으로 되돌아가고자 했던 동기는 언제나 하나님의 말씀을 거역하는 인간의 정치적인 목적이었다. 그와 같이, 신자들이 이 세상으로 돌아가는 일도 육체만을 중시하는 비열한 목적을 가지고서 그리하는 것이다. 그것은 단도직입적으로 말해서 신앙이 아니다. 그것은 하나님과 관계없고 세상에 속한 것들을 얻기 위해 추락하여 내려가는 것에 불과하다. 신자는 마땅히 땅에 속한 것을 구하지 말고 오직 하나님만을 구해야 하는데, 그것이 바로 순전한 믿음이다.

예레미야 시대에 유다의 남은 자들은 요하난의 그릇된 지도를 따라 애굽으로 내려가게 되었다. 그들이 행한 일은 유다 땅에 머물라고 하신 하나님의 말씀을 거역하는 크나큰 죄악이었다.

5-6 이 부분에는 애굽으로 내려간 무리가 어떤 종류의 사람들인지를 설명하고 있다. 6절 마지막에 나오는 "**거느리고**"(יִּקַּח)라는 히브리어 동사는 "잡아감"을 의미하는데, 히브리어 원문에는 5절 첫머리에 놓였다. 이런 말씀을 보면 그 당시 애굽으로 내려간 사람들은 요하난과 기타 지도자들의 강요에 이끌려 내려갔던 것도 사실이다. 특별히 예레미야와 바룩은 그들에게 붙잡혀 끌려가다시피 했던 것도 사실이다. 그런 이유에서 예레미야와 바룩은 애굽으로 내려간 일로 인하여 죄책을 지지는 않는다.

7 "**다바네스**"는 애굽 땅으로 들어가는 관문에 있는 곳이다. "**그들이 여호와의 목소리를 순종하지 아니함**"에 대하여는 42:20과 43:2-3을 읽어 보면 잘 알 수 있다.

8-9 유다의 남은 백성이 애굽으로 통하는 관문에 들어서자마자, 하나님의 말씀이 예레미야에게 임했다는 것은 의미심장하다. 이것은 그들이 애굽으로 발을 들여놓기 전에 그들 무리 전체가 각성하도록 촉구했던 마지막 기회였다. 그때 선포된 말씀의 요지는 그들이 애굽에 들어가서 사는 길을 고집

한다면 하나님의 진노가 그들에게 반드시 임한다는 것이다. 이 일에 대해서는 이미 42:10-18에서 일러주었었다. 그러나 하나님께서는 그가 사랑하시는 백성에게 경고하실 말씀을 거듭하여 주시는 것이 일반적인 원칙이다. 왜냐하면 그가 그의 백성들이 망하는 것을 끝까지 원치 않으시기 때문이다.

여기서도 하나님께서는 행동 예언을 주시는데, 하나님께서는 예레미야에게 **"큰 돌 여러 개를 가져다가 다바네스에 있는 바로의 궁전 대문의 벽돌로 쌓은 축대에 진흙으로"** 감추어 두도록 말씀하셨다. 이것은 그다음 구절(10절)이 설명하는 것과 같이, 바벨론 왕이 애굽을 정복하고 수도에 입성하여 바로의 궁전 자리에 자기의 궁전을 세우리라는 예언이다. 하나님께서 이렇게 예언하시는 목적은 그의 예언이 성취될 때 그러한 사실을 목격하는 사람들이 이 같은 행동 예언의 실상을 목격하고 여호와가 참으로 하나님이시라는 사실을 믿게 하시려는 것이었다. 특히 애굽에 가서 살던 유다 남은 백성들이 그때라도 회개하고 구원을 얻게 하시려는 것이었다.

10-13 유다의 남은 백성이 하나님을 거역하고 고집스럽게 애굽으로 가서 거하게 된 것은 하나님으로 하여금 바벨론을 애굽에까지 보내어 그들을 벌하시도록 하는 결과를 낳고 말았다. 하나님은 이처럼 완악한 자들을 끝까지 따라가셔서 벌하신다. 42:16에 나오는 "따라가서"라는 용어의 해석을 참조하여라.

그렇다면 이 같은 예언이 언제 성취되었는가? 히치히(Hitzig), 그라프(Graf), 그리고 덩커(Duncker)와 같은 학자들은 느부갓네살 왕이 애굽을 정복한 사실이 없다고 주장하였다. 그러나 유대인 역사가 요세푸스(Josephus)의 『유대고대사』(Ant. X. 9. 7)에 의하면 느부갓네살 왕이 예루살렘을 점령한 지 5년 후, 다시 말해 그가 왕위에 오른 지 23년째 되던 해에 애굽을 공략하였고, 애굽 왕 호프라(Hophra)를 죽였으며, 애굽에 살던 유다 사람들을 바벨론으로 사로잡아 갔다고 기록하였다. 이러한 역사는 베로수스(Berosus)가

소개한 내용이다.[87]

오렐리(Orelli)는 다음과 같이 말했다. "느부갓네살 왕이 애굽을 정복할 것이라는 예언의 말씀은 에스겔 선지자의 글에서도 찾아볼 수 있는데, 그렇다면 과연 그러한 예언이 성취되었는가 하는 문제에 대해서는 다수의 역사가가 부인하였다. 그러나 요세푸스의 『유대고대사』에는 그러한 예언이 성취되었음을 보여주는 증거를 제시한다. 과거에는 그러한 증거가 신빙성이 없는 것들이라고 여겨왔으나 최근 들어 발굴된 금석문들이 바벨론 왕의 애굽 정복에 대하여 확고한 증거를 제공해준다. ① 바로 왕 호프라(Hophra)의 고관들이 기록한 비문에 의하면, 수리아 사람들과 북쪽 나라들과 아시아 사람들이 상이집트(Upper Egypt)에 침입하였다고 한다. 그러므로 우리는 헤로도토스(Herodotus)나 시칠리아의 디오도로스(Diodorus Siculus)가 바벨론의 애굽 정복에 대하여 침묵한다고 해서 그러한 역사적 사실을 부인할 수는 없다. 위의 두 역사가는 애굽 사람들에게서 역사 자료를 구하였기 때문에 그러한 사실에 대한 증언을 들을 수가 없었을 것이다. 왜냐하면 그 당시 애굽 사람들은 그들이 겪었던 사실을 수치스럽게 여겼기 때문이다. ② 특별히 느부갓네살 왕 자신의 증거를 주의 깊게 상고해볼 필요가 있다. 바벨론의 비문에 의하면, 느부갓네살 왕 자신이 친히 증언했던 것처럼 그가 그의 재위 37년(BC 568)에 애굽 왕 아마시스(Amasis)를 정복하고 많은 노략물을 가져왔다고 한다"라고 하였다.[88]

목자가 그의 몸에 옷을 두름 같이 애굽 땅을 자기 몸에 두르고 평안히 그곳을 떠날 것이며 (12절). 이 말씀은 느부갓네살 왕이 애굽 땅을 쉽사리 정복하여 자신에게 복속시키기를 마치 "목자가 그의 몸에 옷을 두름 같이" 하리라는 것을 가리킨

---

87) Keil and Delitzsch, Commentaries on The Old Testament, Jeremiah, Vol. II. 153.
88) Strack-Zöckkler, Kommentar zu den Heiligen Schriften, 3-4, 379-380.

다. "벧세메스"는 애굽 사람들이 말하는 대로는 "온"이라는 땅인데(창 41:45), 그곳은 나일강 동편에 있고, 멤피스(Memphis)로부터 북쪽으로 3킬로미터 거리에 있다. 오늘날도 벧세메스에서 거대한 입상들의 유적이 발굴된다고 한다. "주상"(מַצֵּבוֹת "마체보트")은 나무와 쇠로 만든 신상들(images)을 가리킨다. 애굽 사람들의 전설에도 그 나라가 느부갓네살 왕에게 정복당한 일이 있었는데, 그것은 그 나라 임금이 유다 사람들을 받아들였기 때문이라고 하였다는 것이다. 그 나라가 느부갓네살 왕에게 정복된 이후로 무려 40년 동안을 황폐해진 상태에 있었다고 한다.

| 설교자료

1. 죄악을 따르고자 하는 자들은 하나님과 그의 말씀을 부인한다(시 14:1-2). 그들이 그렇게 하는 이유는 빛 가운데서는 어두움을 드러낼 수 없기 때문이다(2절). 요한복음 3:20을 참조하라.

2. 의인을 반대하는 자들은 그 의인을 훼방함으로써 그를 이겨보려고 한다(3절).

3. 바벨론 군대의 위협이 당장에라도 임할 것처럼 여겨지는 유다 땅에 거하라는 하나님의 명령에는 하나님의 말씀을 군대보다 더 강력하게 여기는 믿음이 있어야만 순종할 수 있다(4절).

4. 불신앙의 무리에게 붙잡혀 원하지 않는 길을 가는 선지자에게도 하나님의 말씀은 임하였다. 하나님은 자기 종을 어디서나 어떤 처지에서든지 사용하신다. 하나님의 종은 하나님의 백성을 위하여 사역을 쉬지 않게 되

어 있다(8절).

5. 하나님께서는 사람의 생각에 가능해 보이지 않는 일도 성립시키신다. 바벨론 군대가 애굽 땅을 정복하리라는 것은 애굽으로 피난 가는 유다의 남은 백성으로서는 상상할 수도 없는 일이었을 것이다(9-13절). 그러나 주검이 있는 곳에는 독수리들이 모인다고 말씀하셨던 것처럼(마 24:28), 죄악이 있는 곳에 하나님의 심판이 번개같이 임한다.

제 44 장

✲ 내용분해

1. 애굽에 있는 유다 사람들에게 유다가 황폐한 원인이 우상숭배에 있다고 선언함(1-14절)
2. 유다 사람들의 고집(15-19절)
3. 예레미야가 유다 사람들과 일반 애굽인들에게 임박한 "하나님의 심판"에 대해 경고함(20-30절)

✲ 해석

1 애굽 땅에 사는 모든 유다 사람 곧 믹돌과 다바네스와 놉과 바드로스 지방에 사는 자에 대하여 말씀이 예레미야에게 임하니라 이르시되. "믹돌"이라는 곳은 애굽의 동북쪽에 있는 국경 도시인데, 지중해에서 멀지 않다. "다바네스"에 대하여는 43:7에 있는 같은 말 해석을 참조하여라. "놉"은 멤피스(Memphis)라는 이름으로 불리기도 하는 도시인데, 오늘날에는 카이로(Cairo)라고 부른다. "바드

로스"는 상(上)이집트 지역을 의미한다. 유다의 남은 백성이 이 모든 지역에 정착하여 살았다. 그들이 이때까지도 선지자 예레미야의 말을 듣지 않고 완악하게 행동하였음에도 불구하고, 하나님께서는 또다시 그들의 회개를 촉구하신다. 그들의 죄악은 아래에서 지적하는 바와 같이 우상숭배의 죄였다.

하나님께서는 죄인들이 회개하지 않을 때 그들을 곧바로 내어 버리지 않으시고, 오래 참으시며 계속하여 그들을 경고하신다. 그가 이렇게 하심으로써 그는 사람들에게 업신여김을 당하시는 셈이다. 사람들은 하나님께서 이처럼 오래 참으신다는 사실을 이용하고 그것을 기회로 삼아 범죄를 계속한다(롬 2:4-5). 그러나 그는 업신여김을 당하시면서도 끝까지 그들의 회개를 위하여 말씀을 주신다.

2-6 하나님께서는 애굽에 거주하는 유다의 남은 백성들이 우상을 섬기는 죄악이 얼마나 완악한 것인지를 이 부분에서 보여주신다. 그들이 우상을 섬긴 죄악으로 인하여 유다 나라 전체가 징벌받아 황폐하여진 사실을 경험하고서도(2절) 그들이 동일한 죄악을 애굽에서도 범하고 있으니, 그들의 죄악은 더욱 심각하다.

그들이 유다 땅에 거할 때 우상을 섬긴 죄악은 이러하였다.

1) 그들은 알지 못하는 다른 신들에게 분향하였다(3절). 이 점에 있어서 "알지 못하는"이라는 말이 중요하다. 말하자면 "**그들이 자기**(예루살렘과 유다의 모든 성읍 사람들)**나 너희**(애굽에 거하는 유다의 남은 백성)**나 너희 조상들이 알지 못하는 다른 신들**"(לֵאלֹהִים אֲחֵרִים אֲשֶׁר לֹא יְדָעוּם הֵמָּה אַתֶּם וַאֲבֹתֵיכֶם)을 섬긴 것은 크나큰 죄악이었다. 하나님께서 특별히 유다 민족에게 자신을 계시하셨을 뿐 아니라, 그들과 언약을 맺으시고 그들의 구원을 이루어 주시는데도 불구하고, 그들이 이처럼 참되신 하나님을 섬기지 않고 오히려 그들이 알지 못하는 신들을 섬겼으니, 이것은 너무도 사리에 맞지 않은 모순된 행동이다. 그들은 어찌하여 아는 것을 버리고 알지 못하는 것을 택한 것이었을까? 이와 같은

행동은 빛을 어두움이라고 말하는 완악한 것이다. 하나님께서는 살아 계시기 때문에 자기 백성들에게 말씀하시며 그들에게 자신을 알리셨다. 그러나 이방의 우상들은 생명이 없는 것이기 때문에 말하지도 못하며 사람들과 교통할 수 없는 것이다. 사실이 이러함에도 불구하고 사람들이 알지 못하는 신을 택하여 섬기는 것은 어리석음의 극단인 것이다. 사람이 다른 일들에 있어서는 깨닫기도 하고 진보를 이루기도 하면서도 종교에 있어서 그들이 여호와 하나님을 섬기지 않는다면, 설령 그들이 아무리 문명화된 사람이라 할지라도 그들은 알지 못하는 신을 섬기는 무지하고 어리석은 자들일 뿐이다. 그들이 그렇게 되는 이유는 인류가 죄를 범한 후에 받은 형벌로서 그들이 참되신 하나님을 알지 못하게 되어버렸기 때문이다(고전 1:21). 그들이 자기들이 저지른 죄의 대가로 이렇게 되었으니, 이러한 불행에 대한 책임은 그들 자신이 져야 한다.

2) 그들이 우상 섬기는 죄악을 범하되 선지자들의 끊임없는 경고가 있었는데도 불구하고 그렇게 하였다(4-5절). 본문 말씀에 **"내가 나의 모든 종 선지자들을 너희에게 보내되 끊임없이 보내어"** 라고 하였다. 여기서 "끊임없이"(השכם "하슈케임")라는 히브리어 단어는 "일찍 일어나서"라는 뜻인데, 이 말은 하나님께서 얼마나 간절히 또한 부지런히 그들의 회개를 촉구하시는지를 보여준다. 그런데도 그들이 끝까지 회개하지 않았으므로 마침내 하나님의 진노가 임하여서 바벨론 군대로 하여금 유다를 정복하게 하신 것이다.

이제 애굽으로 피신하여 거주하는 유다의 남은 백성이 그들이 살던 유다 땅이 황폐해지고 적막한 땅이 되어버린 것을 보고서도 애굽 땅에서 또다시 그와 같은 죄를 반복하는 것은 말할 수 없는 큰 죄악이다. 그들은 자신들을 완전히 멸망으로 몰아넣을 위험한 행동을 자행하고 있다(7절). 그러므로 잠언 29:1에 말하기를, "자주 책망을 받으면서도 목이 곧은 사람은 갑자기 패망을 당하고 피하지 못하리라"라고 하였다.

7-10 여기서는 하나님께서 그들이 애굽으로 이주해서도 우상을 섬기고 있는 일이 얼마나 기막힌 상황인지에 대하여 책망하시고 탄식하신다. 이 탄식은 세 가지 질문으로 표현된다(7, 8, 9절). 이 세 가지 질문이 표시하는 뜻은 다음과 같다.

1) 그렇게 계속하여 나아가다가는 완전히 멸망할 것이므로 기막힌 일이라고 하신다. 7절에 말하기를, "자기 영혼을 해하며 유다 가운데에서 너희의 남자와 여자와 아이와 젖 먹는 자를 멸절하여 남은 자가 없게 하려느냐"라고 하였다.

2) 그렇게 계속하여 나가다가는 하나님 앞에서 "끊어 버림을 당하여 세계 여러 나라 가운데에서 저주와 수치 거리"가 되리라고 하신다. 하나님의 은혜를 가장 많이 받고서도 하나님의 뜻에 순종하지 않는 자들은 이방인들 앞에서도 저주와 수치 거리가 될 만큼 무서운 형벌을 받는다. 예수님께서 말씀하시기를, "무릇 많이 받은 자에게는 많이 요구할 것이요 많이 맡은 자에게는 많이 달라 할 것이니라"라고 하셨다(눅 12:48).

3) 그렇게 계속하여 나아가는 것은 그들이 과거의 죄악, 다시 말해 유다가 하나님의 진노를 입어서 바벨론에 멸망하는 징벌을 받게 만든 죄악을 잊어버린 행동이라고 말씀하신다. 그들이 어떻게 그런 참혹한 사건을 잊어버릴 수 있겠는가. 그것은 생각만 해도 소름 끼칠 일이 아니겠는가. 그런데도 그들은 그렇게 벌을 받아서 애굽으로 피난을 와서도 하나님을 두려워하지도 않으며 겸손할 줄도 모르고 여전히 이전과 같은 죄를 범하면서 하나님의 율례를 준행하지 않았다.

11-14 유다 사람들이 우상을 섬긴 죄악을 회개하지 않음으로써 그들의 나라는 망하였고, 이제 남은 백성으로서 애굽에 와서도 동일한 죄악을 범하는 일에 대하여, 마침내 그들이 아주 멸망할 것이라는 하나님의 경고가 임할 수밖에 없다. 이제 남은 백성의 멸망은 다음과 같은 말씀으로 표현된다. ① "온 유다를 끊어 버릴 것이며"(11절). ② "유다의 남은 자들을 처단하리니"(12상).

③ "**그들이 칼과 기근에 망하되 낮은 자로부터 높은 자까지 칼과 기근에 죽어서 저주와 놀램과 조롱과 수치의 대상이 되리라**"(12하). 여기 문구에 대하여는 8절 해석을 참조하여라.

하나님께서 유다의 남은 백성에 대하여 이렇게 벌하시되 "예루살렘을 벌한 것 같이" 하시겠다고 말씀하신 것은 그때 남은 백성들이 또다시 신앙으로 돌아와야 할 것을 깨닫게 하시기 위함이다. 범죄한 유다 사람들이 예루살렘에서도 벌을 받았는데 애굽 땅에서는 벌을 받지 않겠는가. 하나님이 택하신 거룩한 도성에도 채찍을 내리셨으니, 이방 땅에서는 더욱 그리하실 것이 아닌가? 하나님께서 과연 이 같은 예언대로 그 후에 바벨론 군대를 애굽으로 보내어 그 땅을 정복하게 하시고, 그곳에 거주하는 유다의 남은 백성을 소탕하셨다. 46:12-26 해석을 참조하라.

15-19 이 부분에는 그 당시에 예레미야가 전하는 하나님의 말씀을 듣던 무리가 하나님의 말씀을 완악하게 반대했던 사실이 기록되었다.

1) 그들은 하나님 말씀을 반대하는 일에 얼마나 얼마나 완악하고 노골적이었는지, 남녀로 이루어진 모든 무리가 일치단결하였다(15절). 사람들이 불신앙으로 떨어지기 시작하면 이같이 심각한 타락에 이르게 된다. 가나안 땅에 남아 있으라는 하나님의 권고를(42:10) 거부했던 그들의 불신앙은 결국 그들이 우상의 나라인 애굽에 투신하도록 만들었고, 그곳에서 아무런 양심의 가책도 없이 우상을 섬기도록 만들었다. 이제는 그들이 우상을 섬기는 일에 너무나 뻔뻔스러워졌으며 모든 무리 가운데서 이의를 제기하는 자가 하나도 없었다.

2) 그들은 선지자의 말을 듣지 않고 자기들의 입으로 그들이 하늘의 여왕을 섬기겠다고 서원했던 대로 강행할 것이라고 예레미야에게 맞선다(16-17상). 특별히 이들이 이때 내뱉었던 도전적인 망발은 17절 하반절에 기록되어 있다. 요컨대 그들은 "**우리와 우리 선조와 우리 왕들과 우리 고관들이 유다**

성읍들과 예루살렘 거리에서 하던 대로 하늘의 여왕에게 분향하고 그 앞에 전제를 드리리라"라고 하였다. 이 말은 3-5절과 9절에 기록된 예레미야의 말씀을 거부하면서 도전적으로 반대한 것이다. 이렇게 사람들이 하나님으로부터 멀리 떠나 죄악을 범하는 삶의 방식에 익숙해지면 그들은 오히려 죄악을 변호하는 철면피가 되고 만다. 그러므로 하나님에게서 멀어진다는 것은 아주 위험한 일이다.

그들이 그렇게 예레미야를 통하여 임한 하나님의 말씀을 반대하는 이유에 대해서는 17절 하반절과 18절이 보여준다. 요컨대 그들이 하늘의 여왕에게 분향하던 시절에는 음식물이 풍부하였으나, 그런 풍속을 폐지한 후부터는 모든 것이 부족해지고 칼과 기근으로 인하여 멸망 당했다는 것이다. 그러나 그들의 이와 같은 사고방식은 진리와 사실에 부합하지 않는다.

1) 그들의 말은 진리에 부합하지 않는다. 참된 종교는 하나님을 최우선으로 여기는 것이며, 결단코 이방 종교처럼 이 세상에서 누리는 행복에 중점을 두지 않는다. 하나님을 믿다가 물질을 소유하게 되거나 혹은 되지 않거나 그런 일을 상관하지 않게 되는 것이 진정한 신앙인의 모습이다. 하박국 3:17-18에 말하기를, "비록 무화과나무가 무성하지 못하며 포도나무에 열매가 없으며 감람나무에 소출이 없으며 밭에 먹을 것이 없으며 우리에 양이 없으며 외양간에 소가 없을지라도 나는 여호와로 말미암아 즐거워하며 나의 구원의 하나님으로 말미암아 기뻐하리로다"라고 하였다. 그러나 이때 유다의 남은 백성은 종교를 떡과 행복을 얻기 위한 하나의 방편으로 취급하였다. 이것은 이교적인 사상이다.

2) 그들의 말은 사실에도 부합하지 않는다. 유다 사람들이 우상을 섬기던 시절에 가뭄이 임했던 것도 사실이고(왕상 17:1-16; 렘 14:1-6), 특별히 앗수르와 바벨론이 유다 나라를 침략하게 된 것도 그들이 우상을 섬긴 죄 때문이었다. 그럼에도 불구하고 이때 유다의 남은 백성은 그와 정반대의 논리를

펼쳤다. 사람들이 하나님을 떠나 그 심령이 어두워지면 사실을 올바로 해석하지 못한다. 이사야 4:20을 참조하라.

위의 17, 18, 19절에 나오는 "하늘의 여왕"(מְלֶכֶת הַשָּׁמַיִם) 숭배는 특정한 별이나 달을 대상으로 삼은 것으로서 바알 신의 아내를 숭배하는 풍속이었다. 이것은 풍년을 기원하는 제사로서 일반적으로는 여자들이 더욱 열심을 내어 진행하였으며, 이러한 미신 종교 종교와 함께 신전 창기 제도가 동반되었다.

그 당시 여자들은 이런 제사 의식을 수행한 것이 자신들의 남편 모르게 행한 일이 아니라는 이유에서 그들의 우상숭배는 그 당시 남녀 온 무리가 함께 동조하여 행한 일이라고 노골적으로 변호한다(19절). 이처럼 그들은 범죄 행위를 회개할 줄 모르고 도리어 뻔뻔스럽게 그것을 자랑하고 잘하였다고 내세운다.

20-23 저처럼 완악하게 그들이 과거에 당했던 멸망의 원인을 도무지 되돌아보지 않고 뻔뻔스럽게 그러한 멸망의 원인 되었던 죄악을 변호하는 무리에게, 예레미야는 여기서 과거의 엄연한 사실을 있는 그대로 상기시킨다. 말하자면 유다 민족이 우상을 섬긴 죄로 인해 하나님께서 그들의 땅을 벌하셨다는 사실이다. 여기서 "오늘과 같이"(כַּיּוֹם הַזֶּה "케하욤 하제")라는 용어가 두 번이나 (22, 23절) 사용된 이유는 그들이 현재에 이루어지는 사실들을 주목하도록 만들려는 것이다. "오늘과 같이 황폐하며 놀램과 저줏거리가 되"었다는 말씀과 이 "이 재난이 오늘과 같이(כַּיּוֹם הַזֶּה) 너희에게 일어났"다는 말씀은 사실상 그들의 가슴을 뜨끔하게 만드는 문구가 아닐 수 없다. 아무리 철면피라 해도 엄연한 사실을 모른체할 수가 있겠는가. 더구나 이미 예언된 일이 그 말씀 그대로 이루어지는 사실 앞에서는 아무리 굳은 심령이라도 깨어지지 않을 수 있겠는가. "하나님의 말씀"도 사실과 동일한 것이므로 우리에게 믿음을 가져다주지만(롬 10:17), "하나님의 사실", 다시 말해 하나님께서 말씀하신 그대로 이루시는 일 역시 믿음을 가져다준다.

"놀램과 저줏거리"(22절)가 되는 일에 관하여는 8절에 나오는 "세계 여러 나라 가운데에서 저주와 수치 거리"가 된다는 말에 대한 해석을 참조하여라.

24-30 하나님께서 이제는 저 완악한 유다 사람들에게 최종적으로 그들이 받을 벌을 선언하신다.

1) 그들이 **"하늘의 여왕"**을 숭배하겠다고 말했던 대로 하라고 하신다(25절). 이 말씀도 그들에게 주시는 벌이다. 이것은 할 마음이 없는 자들에게 하라고 권면하신 것이 아니고, 기어코 하겠다고 고집하는 자들을 하도록 내버려 두신 것이다. 하나님께서는 사람들이 자기의 욕심대로 고집할 때 그대로 하도록 내버려 두시는데, 그것이 오히려 더욱 큰 벌이다. 그가 가지 않을 길을 끝까지 가고자 했던 발람을 그대로 내버려 두셨고 버리셨다(민 22:35). 로마서 1:24-28을 보면, 하나님께서는 회개하지 않고 고집하는 자들을 그대로 내버려 두신다는 의미에서 세 번이나 말씀한다(24, 26, 28절).

2) 그때 유다 사람들 가운데 여호와 하나님을 믿는 자가 없게 되리라고 하신다(26절). 이것도 그들에게 선언하신 크나큰 벌이다. 사람이 하나님을 공경하게 되는 것이 구원의 축복이고, 하나님을 모르며 또한 믿지 않는 일은 저주받은 것과 마찬가지다. 왜냐하면 오직 하나님만이 우리의 구원이 되기 때문이다(사 12:2). 이러한 선언에 있어서 그는 "나의 큰 이름으로 맹세"한다고 하셨다. 하나님의 이름으로 맹세하시는 것은 아주 확실한 것을 가리킨다(히 6:13-18).

3) 하나님께서 깨어 계시면서 그들에게 재앙을 내리실 것이다(27-28절). 여기 "경성"하신다는 말은 그가 예언하신 대로 어김없이 재앙을 내리심을 의미한다. 1:11-12 해석을 참조하라. 그는 졸거나 주무시는 분이 아니고(시 121:4), 말씀하신 대로 이루시는 살아 계신 하나님이시다. 그가 이렇게 애굽에 거주하는 유다의 남은 백성에게 재앙을 내리실 것이기 때문에, 그러한 재앙을 개인적으로 겨우 피하여 유다 땅으로 돌아간 자들은 하나님 말씀의 참

됨을 깨닫게 되리라고 하신다. 예언은 성취됨으로써 그것이 하나님의 말씀이라는 사실을 성립시킨다(신 18:22).

4) 애굽에 거주하는 유다의 남은 백성이 당할 재앙이 무엇임을 여기서 구체적으로 말한다(29-30절). 그것은 한마디로 바벨론의 느부갓네살 왕이 애굽을 정복할 거라는 사실이다. 여기서도 역시 유다 왕 시드기야가 "바벨론의 느부갓네살 왕의 손에" 넘겨진 것 "같이"(כַּאֲשֶׁר), "애굽의 바로 호브라 왕"(Hophra)도 그렇게 된다는 것이다. 여기서 "같이"라는 단어는 하나님의 능력으로 이루어진 사실로서 미래에 성취될 것을 확실성 있게 지적함으로써 듣는 사람들이 믿음을 얻도록 만들어 준다. 과거에 큰일을 행하신 살아계신 하나님께서 미래에는 못하시랴.

여기서 "표징"(הָאוֹת)이라는 용어는 애굽 왕 바로 호브라가 바벨론 왕 느부갓네살에게 패배할 사건을 가리킨다(Calvin).

설교자료

1. 하나님께서는 회개하지 않는 자들도 끝까지 찾아서 회개하도록 권면하신다(1절).

2. 죄로 인하여 벌을 받고도 동일한 죄를 계속하여 범하는 것은 더더욱 큰 죄로서 그 결과는 멸망뿐이다(2-14절).

3. 하나님께 순종하지 않고 자기 고집대로 행하는 자들은 결국 어두워지고 더욱 완악해져서 하나님의 말씀을 정면으로 반대하고 죄악을 변호하는 자리에 이른다(15-19절).

4. 신자들은 마땅히 그들이 과거의 잘못으로 인하여 징벌받는다는 사실을 기억하고 회개해야 한다. 그들은 죄로 가득한 세상으로 인해 어두워진 인생의 이론을 버리고 밝히 드러난 하나님의 진리, 다시 말해 하나님께서 죄를 벌하신 사실에 근거하여 인생의 문제를 판단하고 결단해야(20-23절).

5. 하나님께서는 끝까지 회개하지 않는 완악한 죄인들에게도 그들의 완악함을 지적하시는 책망의 말씀을 주신다. 하나님은 이처럼 죄인이 죄악 가운데서 멸망하는 것을 끝까지 기뻐하지 않으신다(겔 18:32; 참조. 겔 3:17-20). 그러나 하나님께서 이렇게 끝까지 경고하심에도 불구하고 그 죄인이 돌이키지 않으면 그에게 남은 것은 멸망밖에 없다(24-30절).

6. 사람들은 하나님의 말씀이 지닌 권위를 알지 못하고 그것을 무시하면서 죄를 범한다. 그들은 오랜 세월 동안 그런 일을 지속하다가 마침내 망하게 되는 줄도 모르고 모두 다 망하고야 만다. 그러나 그들이 그처럼 하나님의 말씀을 어긴 죄로 인하여 멸망한 사실을 후대 사람들은 깨닫게 된다(27-28절).

7. 하나님께서는 그의 백성이 죄를 범할 때 그들을 벌하실 뿐만 아니라 그들이 죄를 범하는 과정에서 하나님 대신 의지하였던 대상까지도 벌하신다. 그는 유다 사람들이 의지하였던 애굽 왕 바로 호브라도 벌하시겠다고 말씀하신다(30절; 참조. 사 3:1-3).

제 45 장

본 장은 예레미야가 바룩을 위로하기 위하여 주는 말씀이다.

✣ 해석

1-3 유다의 요시야 왕의 아들 여호야김 넷째 해에 네리야의 아들 바룩이 예레미야가 불러 주는 대로 이 모든 말을 책에 기록하니라 그 때에 선지자 예레미야가 그에게 말하여 이르되 바룩아 이스라엘의 하나님 여호와께서 네게 이같이 말씀하셨느니라 네가 일찍이 말하기를 화로다 여호와께서 나의 고통에 슬픔을 더하셨으니 나는 나의 탄식으로 피곤하여 평안을 찾지 못하도다. 이 구절들을 통하여 우리는 예레미야서가 어떻게 기록되었는지 알 수 있다. 예레미야서는 "예레미야"가 불러 주는 대로 "바룩"이 기록한 것이다. 바룩은 예레미야의 모든 예언을 기록하는 과정에 크게 상심하였다. 그 이유는 예레미야가 예언하는 모든 내용은 유다 민족에게 재앙이 임할 것이라고 거듭거듭 말하기 때문이었다. 우리는 위의 40:7-44:30에 기록된 대로 특별히 유다 사람들이 거듭하여 재앙을 당했다는 것과 또한 앞으로도 재앙을 당하리라는 것을 알 수 있다. 그런 이유에서 그 말씀에 뒤따라 본 장의

말씀이 기록된 듯도 하다. 바룩은 예레미야의 예언을 기록하면서 말하기를, "화로다 여호와께서 나의 고통에 슬픔을 더하셨으니 나는 나의 탄식으로 피곤하여 평안을 찾지 못하도다"라고 하였다. 이것은 물론 그가 동족이 당하는 비극으로 인하여 자기 자신이 기쁨을 느끼지 못하는 사실을 탄식하는 것일 뿐이다. 바룩이 이와 같은 어려움을 당하고 있을 때 하나님께서는 예레미야를 통하여 그를 위로하신다.

4-5 너는 그에게 이르라 여호와께서 이와 같이 말씀하시기를 보라 내가 세운 것을 헐기도 하며 내가 심은 것을 뽑기도 하나니 온 땅에 그리하겠거늘 네가 너를 위하여 큰 일을 찾느냐 그것을 찾지 말라 보라 내가 모든 육체에 재난을 내리리라 그러나 네가 가는 모든 곳에서는 내가 너에게 네 생명을 노략물 주듯 하리라 여호와의 말씀이니라. 하나님께서는 예레미야를 통하여 상심에 빠진 바룩을 위로하시기 위하여 이런 말씀을 주신 것이다.

설교 ▶ 하나님께서 바룩에게 주신 네 가지 위로의 말씀(1-5절)

1. 바룩에게 하나님의 주권을 기억하고 생각하라고 말씀하신다(4하).

"나는 내가 세운 것을 헐기도 하여 내가 심은 것을 뽑기도 하나니." 이것은 하나님께서 나라를 세우기도 하시고 패망하게도 하신다는 말씀이다. 그는 다른 사람이 세운 것을 허무시는 것이 아니고 다른 사람이 심은 것을 뽑으시는 것도 아니다. 그는 자기에게 속한 만사를 그의 오묘하신 지혜와 거룩하신 소원에 따라 기쁘신 뜻대로 처리하시는 것일 뿐이다. 신자들도 하나님의 주권을 기억하지 못하고 망각한 채 세상만사를 생각할 때는 마음에 불안이 엄습해 들어오는 일이 많다. 욥은 두렵고 극심한 환난을 겪는 가운데서도 하나님의 주권을 기억하는 믿음을 가지고 그 난관을 돌파하였다. 그는 자기 자녀들과 모든 소유물이 환난 가운데서 모두 다 사라져버린 것을 알게 되었을 때 말하기를, "내가 모태에서 알몸으로 나왔사온즉 또한 알몸이 그리로 돌아가올지라 주신 이도 여호와시요 거두신 이도 여호와시오니 여호와의 이름이 찬송을 받으실지니이다"라고 하였다(욥 1:21).

히브리어 원문에는 "나는"(אני "아니")이라는 인칭 대명사가 상반절에만 아니라 하반절에도 반복하여 사용되어서 "나는 내가 심은 것을 뽑기도 하나니"라고 말씀한다. 이렇게 두 번씩이나 "나는"이라는 대명사가 사용됨으로써 하나님의 주권을 강조한다.

2. 온 세상이 죄로 인하여 환난을 겪는다는 사실을 기억하라고 말씀한다.

이 부분에서 "온 땅에 그리하겠거늘"(4절)이라는 표현과 "내가 모든 육체에 재난을 내리리라"(5절)라는 문구는 하나님께서 인간들의 죄악으로 인하여 온 세상에 재앙을 내리시며 또한 심판하실 것을 가리킨다. 요컨대 신자들이 이 세상에서는 행복을 구할 입장이 되지 못한다. 이 세상은 죄악으로 인하여 깨어졌고 심판을 받을 일밖에는 남은 것이 없으니, 그야말로 장차 멸망하게 될 "장망성"이다. 하나님께서 고난받는 성도들을 위로하실 때 고난이라는 것이 온 세상에 거하는 모든 형제자매가 차별 없이 함께 받는 것이니 기꺼이 감수하고 견뎌내라는 의미로 말씀하시는 구절이 베드로전서 5:9에도 있다. 거기서는 말하기를, "너희는 믿음을 굳건하게 하여 그[마귀]를 대적하라 이는 세상에 있는 너희 형제들도 동일한 고난을 겪는 줄을 앎이라"라고 하였다. 온 세상 모든 사람이 고난을 겪을 수밖에 없는데 나 혼자만 그 고난에 참여하지 않겠다고 말할 수는 없다.

3. 큰 일을 경영하지 말라고 말씀한다.

여기서 "큰 일"이라는 말은 히브리어로 "그돌로트"(גדלות)인데 사전적으로는 "큰 것들"을 의미한다. 이 용어는 사람의 분수에 지나치는 육체적 평안이나, 행복이나, 영광이나, 권세나, 권능이나, 발전과 같은 것들을 가리킨다. 인간의 처지에서는 그런 것들을 구할 자격이 없다. 그는 오히려 환난이 가득한 세상 가운데서 믿음으로 고난을 달게 받으면 그것이 족한 줄로 알아야 한다. 그것이 그의 본분에 부합하는 태도이다. 그러므로 시편 131편에서 다윗은 말하기를, "여호와여 내 마음이 교만하지 아니하고 내 눈이 오만하지 아니하오며 내가 큰 일과 감당하지 못할 놀라운 일을 하려고 힘쓰지 아니하나이다 실로 내가 내 영혼으로 고요하고 평온하게 하기를 젖 뗀 아이가 그의 어머니 품에 있음 같게 하였나니 내 영혼이 젖 뗀 아이와 같도다 이스라엘아 지금부터 영원까지 여호와를 바랄지어다"라고 하였다(시 131:1-3).

4. 바룩의 생명을 구원하실 것이라고 약속하신다.

5절 하반절에 말하기를, "그러나 네가 가는 모든 곳에서는 내가 너에게 네 생명을 노략물 주듯 하리라 여호와의 말씀이니라"라고 하셨다. 여기서 이른바 "노략물 주듯 하리라"는 말씀은 전쟁 시에 위태한 가운데서라도 생명과 재산을 빼앗기지 않게 되는 것처럼 아주 위태하고 아슬아슬한 가운데서라도 신자의 영혼과 생명을 구원하여 주신다는 뜻이다. 그렇다면 이 말씀은 바룩에게 하나님으로 인하여 자기 영혼과 생명이 구원받는 것으로 만족하라고 분부하시는 것이다. 하나님께서는 독생자를 보내시어 구원 운동을 전개하심에 있어서 전체주의적인 원리에 따라 일하지 않으신다. 말하자면 그는 공동체만을 중시하시고 개개인을 등한시하는 방식으로 구원 운동을 펼치시지는 않으신다는 뜻이다. 그는 멸망한 세상, 또는 장차 멸망할 세상에서 신자 개개인의 영혼을 하나씩 하나씩 구출하여 하나님 백성의 공동체를 완성하여 가신다. 그는 한 영혼을 천하보다 귀히 여기셔서 그 영혼들을 찾으신다. 주님은 잃은 양 한 마리를 구하기 위하여 아흔아홉 마리를 들에 두고 찾아 나서시는 목자시다. 그는 하나님의 백성 전체를 위하여 죽임을 당하신 것도 사실이지만, 한편으로는 그의 백성 하나하나를 대신하여 죽임을 당하신 것이었다. 고린도전서 8:11에서는 신자 한 사람 한 사람을 가리켜 말하기를, "그는 그리스도께서 위하여 죽으신 형제라"라고 하였다.

하지만 그렇다고 해서 신자들이 개인주의적인 태도로 신앙생활을 영위하는 것이 합당하다는 의미는 아니다. 이것은 우리 각자가 자신의 영혼이 구원받은 것으로도 만족하라는 뜻이다. 우리가 우리 개인의 영혼 구원을 위하여 합당하게 힘쓰면, 그 일은 다른 사람들의 영혼 구원에도 유익하게 되는 법이다. 사람이 자기 영혼의 처지와 형편도 제대로 알지 못하고 남의 일을 걱정하게 된다면 그는 자기 영혼도 구원받지 못하고 남들도 구원시키지 못한다. 그러므로 진정한 목회자들은 교회를 위하여 수고할 때도 실상은 자기 영혼의 구원과 영혼의 풍요를 위하여 일하는 것이다. 히브리서 13:17에 말하기를 "그들은 너희 영혼을 위하여 경성하기를 자신들이 청산할 자인 것 같이 하느니라"라고 하였다. 바울도 복음을 전하는 동기가 자기 자신이 복음에 참여하고자 함이라고 고백하였다. 고린도전서 9:23-27에 말하기를, "내가 복음을 위하여 모든 것을 행함은 복음에 참여하고자 함이라 운동장에서 달음질하는 자들이 다 달릴지라도 오직 상을 받는 사람은 한 사람인 줄을 너희가 알지 못하느냐 너희도 상을 받도록 이와 같이 달음질하라 이기기를 다투는 자마다 모든 일에 절제하나니 그들은 썩을 승리자의 관을 얻고자 하되 우리는 썩지 아니할 것을 얻고자 하노라 그러므로 나는 달음질하기를 향방 없는 것 같이 아니하고 싸우기를 허공을 치는 것 같이 아니하며 내가 내 몸을 쳐 복종하게 함은 내가 남에게 전파한 후에 자신이 도리어 버림을 당할까 두려워함이로다"라고 하였다.

| 설교자료

1. 하나님께서 세우신 구약 시대의 선지자들은 그 시대의 사람들만 위하여 세우신 것이 아니라 오는 모든 시대 사람들을 위하여 세우신 종들이다. 왜냐하면 그들을 통하여 세상에 임한 하나님의 말씀은 언제까지라도 생명의 역사를 일으킬 수 있는 영속성을 지닌 것이기 때문이다. 그러므로 그들이 선포한 말씀은 문서로 기록되어야 하는 필연성을 지닌 것이었다(1절). 예레미야는 하나님께서 세우신 종이었으며, 그뿐만 아니라 그가 선포하는 예언을 기록하는 바룩도 하나님이 세우신 종이었음에 틀림없다. 그러므로 우리는 하나님으로부터 직접 받는 계시를 고대하기보다는 차라리 우리를 위하여 책에 기록하게 하시고 전해지게 하신 성경 말씀을 더욱 사랑해야 한다. 로마서 15:4에 말하기를, "무엇이든지 전에 기록된 바는 우리의 교훈을 위하여 기록된 것이니 우리로 하여금 인내로 또는 성경의 위로로 소망을 가지게 함이니라"라고 하였다.

2. 하나님께서는 자기 백성 가운데 개개인 한 사람의 마음까지도 등한히 여기지 않으시고 그 마음을 감찰하시며 또한 구원으로 인도하여 주신다(2-3절; 참조. 잠 16:2, 9). 특별히 그는 신자들의 마음이 고통 가운데 억눌려 있을 때 그들을 진리의 빛으로 인도하시며 성령의 사역으로 인도하신다. 신자가 이런 은혜를 받는 것이 바로 하나님의 자녀인 증표라고 말할 수 있다. 로마서 8:14에 말하기를, "무릇 하나님의 영으로 인도함을 받는 사람은 곧 하나님의 아들이라"라고 하였다.

3. 신자들은 위대하고 경이로운 일들이 모두 하나님께 속한 것임을 알아야 한다. 그들은 그런 일들을 자기 힘으로 이루어보려고 헛되이 노력하지 말

아야 할 것이다(5절). 신자들은 작은 일에 충성해야 하는 처지에 있는 자들이다(마 25:21). 그들의 일을 가리켜 작은 일이라고 말하는 이유는 주님께서 우리에게 그 일에 대한 책임을 주셨으니만큼 우리가 그 일을 합당한 마음으로 수행할 때 그가 그 일을 이루어 주시기 때문이다. 합당한 마음이라는 것은 한마디로 신앙과 겸손과 순종이다. 주님은 언제나 큰일을 이루시고 우리는 그의 일에 수종 드는 작은 일을 행할 뿐이다(참조. 마 25:21).

제 46 장

✣ **내용분해**

1. 애굽이 유브라데 강에서 패배할 것이 예언됨(1-12절)
2. 느부갓네살 왕이 애굽으로 원정하리라는 것이 예언됨(13-26절)
3. 이스라엘을 위로함(27-28절)

✣ **해석**

1 이방 나라들에 대하여 선지자 예레미야에게 임한 여호와의 말씀이라. 본 장 첫머리에 "이방 나라들에 대하여"(על־הגוים)라는 문구가 있어서 여기서부터는 하나님의 택한 백성인 유다 민족과는 관계가 없는 말씀인 것처럼 여겨지기도 한다. 그러나 여기 기록된 모든 예언은 하나님의 백성과 무관한 것이 아니다. 성경 말씀은 어떤 부분이든지 모두 다 계시사적이고 구원사적인 의미를 지니고 있다. 이방 나라들에 대한 예레미야의 예언들도 실제에 있어서 그 당시의 유다 민족과 관계되어 있다. 문맥상으로 보더라도 44장에서는 유다의 남

은 백성이 하나님보다도 애굽을 신뢰할 만하게 여겨서 가나안 땅에 머물라는 하나님의 권고를 무시하고 애굽에 내려가 거주함으로써 하나님께 죄를 범하였다. 그리고 이제 그 말씀에 이어서 본 장(46장)에서 하나님께서 보여주시는 것은 유다 사람들이 그토록 의지했던 애굽마저도 바벨론 왕 느부갓네살로 말미암아 패배하게 되리라는 사실이다.

요컨대 이방 나라에 관련된 모든 사건도 결국은 하나님의 교회를 교훈하기 위한 것이다. 그러므로 펠드캄프(Veldkamp)는 말하기를, "예루살렘(교회)은 하나님의 모든 생각에서 중심을 차지하고 있다. 하나님의 생각은 예루살렘을 둘러싸고 전개된다. 세계의 역사는 구원 역사에 수종 들고 있다. 우리는 선지서를 읽으면서 오늘날 미국의 워싱턴이나 러시아의 모스크바, 독일의 베를린, 프랑스의 파리, 스위스의 제네바가 세상의 중심이라는 그릇된 생각을 버려야 한다. 국제 정세나 핵무기 회담과 같은 중요한 일들이 이런 곳에서 좌우되는 것처럼 보이지만 실제로는 그렇지 않다. 오늘날에도 세계의 중심은 여전히 예루살렘이다"라고 하였다. 펠드캄프(Veldkamp)의 이러한 주장은 오늘날 세계의 모든 움직임이 예루살렘으로 상징되는 하나님의 교회와 무관한 것이 아니라, 오히려 교회를 지향하여 전개된다는 뜻이다. 우리는 이스라엘 민족의 초기 역사와 관련하여서도 이러한 점을 생각할 수 있다. 요셉이 애굽으로 팔려 간 사건은 결코 우연한 일이 아니었다. 그것은 아브라함의 자손이 애굽에 가서 종살이하기 위하여 사전에 필요한 과정들을 전개하는 역할을 하였다(창 15장). 이처럼 하나님께서 택하신 백성의 역사가 성립되기 위하여 요셉이 먼저 애굽으로 갔고, 이후에 그 당시 세계에 풍년과 흉년이 교대하여 찾아오게 되었다. 이 과정을 통하여 애굽에는 양식이 풍족하게 되고 가나안 땅에는 양식이 핍절하게 되었다. 이렇게 됨으로써 아브라함의 자손인 야곱의 온 가족이 애굽으로 내려가게 되었다. 우리가 이러한 역사를 통하여 깨달을 수 있는 점은 아브라함의 자손을 통한 하나님의 구원 역사가 이루어지기 위해서 그 당시에 택함을 받지 못한 가나안의 일곱 민족이 아무 영문도 모른 채로 흉년을 겪었다는 사실이다. 요컨대 그들은 하나님의 구속사를 성취하기 위한 사건에 종속되는 모든 일들을 함께 겪었다는 것이다. 그러므로 우리는 다음과 같이 결론지을 수 있다. 요컨대 불신 세계의 모든 사건도 실상은 하나님께서 택하신 백성을 구원하는 사역에 종속하여 전개되어 간다는 것이다.

2 애굽에 관한 것이라 곧 유다의 요시야 왕의 아들 여호야김 넷째 해에 유브라데 강 가 갈그미스에서 바벨론의 느부갓네살 왕에게 패한 애굽의 왕 바로느고의 군대에 대한 말씀이라. 이것은 애굽 왕 바로느고의 군대가 갈그미스에서 바벨론 왕 느부갓네살의 군대와 전투를 벌이게 될 일을 예레미야가 미리 내다보고 예언한 말씀이다. 역사가 마네토(Maneto)에 의하면 "느고"(נְכוֹ)는 이집트 제26왕조의 여섯 번째 임금이었는데, 프삼메티코스 1세(Psammetichus I)의 아들로서 주전 611년부터 595년까지 왕위에 있었다고 한다. 바로느고는 유다 왕국의 요시야 왕 말년에 유브라데 지역까지 정복하기 위하여 진군하던 중에 팔레스타인 지역에 도달하였는데, 이때 요시야 왕이 므깃도에서 그와 맞서 항전하다가 전사하고 말았다(왕하 23:29). 그는 유다의 여호아하스 왕을 폐위하고 요시야의 아들 엘리아김을 왕의 자리에 앉히고 유다를 자기 속국으로 만들었다. 이후에 그는 다시 군대를 거느리고 유브라데를 향하여 수리아로 진군하였고, 마침내 유브라데 강가에 있는 갈그미스에 이르렀다. 이때 느부갓네살의 항전으로 인하여 바로느고의 군대는 패배하였다(BC 606). 열왕기하 23:29 이하를 참조하라.

"갈그미스"는 그발 하수와 유브라데강이 만나는 지점에 위치한 도시로서 천연의 요새이자 군사적 요충지였다. 지금은 그 도시가 폐허로만 남아 있는데, 오늘날 아라비아 사람들은 그곳을 "아부 프세아라"(Abu Pseara)라고 부른다.

예레미야가 애굽 왕 바로느고가 갈그미스 전투에서 느부갓네살 왕의 군대에 패배한 시기는 사실상 애굽의 군사력이 극도로 강하던 시대였다. 그런데도 예레미야는 그처럼 강력한 애굽의 군대가 머지않아 패배할 것을 내다보았는데, 이것은 하나님의 계시가 아니고는 불가능한 일이었다. 사람의 지혜로는 그런 강대국의 군대가 머지않아서 패배하게 되리라는 것을 내다볼 수 없다. 여기서 우리가 깨닫게 되는 사실이 있는데, 성경 말씀은 이렇게 초인간적인 밝은 빛으로 우리를 가르치고 있다는 점이다. 펠드캄프(Veldkamp)는 말하기를, 예레미야의 이와 같은 예언의 말씀들을 읽어 보면 "하나님께서는 교회를 위한 말씀만 아니라 세계를 위한 말씀을 가지고 계신다. 다시 말하면, 하나님의 말씀은 세계 모든 역사를 결정한다. 세계 민족들의 장래는 정치가들의 회의나, 군대의 강력한 힘이나, 과학이나, 공업의 발달에 매여 있는 것이 아니다. 다만 주님의 말씀이 민족들의 운명을 결정한다…그리스도께서 천지의 권세를 받으셨다. 선지자들은 그리스도에 대하여 예언했고, 사도들은 오신 그리스도에 대하여 증언하였다. 그러므로 그리스도로 말미암아 구속받은 교회는 이 세계에 대하여 방관자가 아니다. 교회는 기도와 복음 증거로 이 세계에서도 지도적 입장을 견지해야 한다. 교회는 세계의 심판을 예언하는 전령과도 같다. 교회는 그리스도로 인하여 이루어질 영광스러운 신세계를 미리 보여 주는 선구자들이다"라고 하였다.[89]

3-4 너희는 작은 방패와 큰 방패를 예비하고 나가서 싸우라 너희 기병이여 말에 안장을 지워 타며 투구를 쓰고 나서며 창을 갈며 갑옷을 입으라. 여기 기록된 다양한 무기들은 그 시대에 가장 유력하게 사용되었던 것들이다. 애굽은 군사 장비에 있어서 그 시대에 첨단을 걸으면서 교만하였다. 특별히 바로느고는 요시야 왕을 죽이고 유다를 속국으로 만든 뒤에 자기 나라를 대적할 자가 없는 듯이 생각하

---

89) Veldkamp, Een Dubbelleven, 254.

였다. 그러므로 하나님께서는 이제 그를 향하여 도전적으로 말씀하신다. 요컨대 교만하게 군사를 동원할 테면 해 보라고 하신 것이다. 그러나 이 말씀의 배후에는 그가 아무리 그리한다 해도 하나님을 이길 수는 없다는 의미가 내포되어 있다. 하나님께서는 교만한 자를 물리치신다(약 4:6; 참조. 잠 16:18).

5-6 여호와의 말씀이니라 내가 본즉 그들이 놀라 물러가며 그들의 용사는 패하여 황급히 도망하며 뒤를 돌아보지 아니함은 어찜이냐 두려움이 그들의 사방에 있음이로다 발이 빠른 자도 도망하지 못하며 용사도 피하지 못하고 그들이 다 북쪽에서 유브라데 강 가에 넘어지며 엎드러지는도다. 애굽이 아무리 많은 무기와 군사를 동원한다고 해도 하나님께서는 벌써 그 나라가 패배할 것을 내다 보신다(5상). ①그 나라의 "용사"들이 "두려움"에 사로잡혀 패전할 것이다(5절). 용사들이 두려움을 느끼는 일은 전쟁에서 자연스럽게 발생하는 상황이 아니다. 이것은 하나님의 초자연적인 개입의 결과라고 말할 수밖에 없다. 기드온이 이끄는 300명의 소규모 부대로 인하여 미디안의 무수한 군인들이 도망쳤던 것은 하나님의 초자연적인 개입으로 말미암은 일이었다(삿 7:2-23). ② "발이 빠른 자도 도망하지 못하며 용사도 피하지 못"할 것이다(6절). 이것 역시 평범하지 않은 일이다. 그러나 이 일은 하나님의 개입으로 말미암은 결과라는 무언의 설명을 동반하고 있다. 여기 기록된 예언대로 애굽은 참으로 갈그미스 전투에서 주전 605년에 패배를 경험하였다.

7-9 강의 물이 출렁임 같고 나일 강이 불어남 같은 자가 누구냐 애굽은 나일 강이 불어남 같고 강물이 출렁임 같도다 그가 이르되 내가 일어나 땅을 덮어 성읍들과 그 주민을 멸할 것이라 말들아 달려라 병거들아 정신 없이 달려라 용사여 나오라 방패 잡은 구스 사람과 붓 사람과 활을 당기는 루딤 사람이여 나올지니라 하거니와. 여기서도 3-4절에서와 마찬가지로 애굽이 그처럼 강력한 군대를 보유했다는 이유로 교만해진 기세를 진술한다.

"나일 강이 불어남." 나일강은 해마다 넘쳐서 주변의 모든 평원을 적심으로써 농사를 가능하게 만든다. 강이 이렇게 범람하는 것처럼 애굽은 유브라데 강까지 군대를 동원할 것이라는 의미에서 나일 강이 불어날 것이라고 말한 것이다. 예레미야는 애굽 나라의 교만한 태도를 이렇게 지적한다.

"강물이 출렁임 같도다"(כִּנְהָרוֹת יִתְגָּעֲשׁוּ מֵימָיו). 이 구절을 문자적으로 번역하면 "물이 강들처럼 동하는 자"라고 할 수 있다(Calvin). 이것은 물이 빨리 흐르는 형태를 염두에 두고 사용한 비유이다. 나일강은 하류에 이르러 물결이 매우 거칠고 빠르다. 이것은 애굽 군대의 위력을 비유하는 표현이다.

"구스 사람", "붓 사람", "루딤 사람." 이들은 이방 민족들이다. 애굽은 이처럼 외국 군인들을 용병으로 고용하여 전쟁에 임하는 경우가 있었다. "구스"는 에티오피아를 가리키는데 애굽의 남쪽에 있고, "붓"은 그 서쪽에 있다. 그리고 "루딤"은 아프리카 족속인데(창 10:13), 동일한 이름으로 불리는 아시아 민족과는 구별된다. 위의 말씀은, 그 당시에 침략국이었던 애굽이 군국주의를 내세워서 주변 나라들 앞에서 위세를 떨치는 광경을 보여 준다. 다시 말하면 그 당시에 애굽이 군사력을 믿고 무엇이나 파괴할 수 있는 것처럼 얼마나 교만하게 주변 나라들을 도발하였는지를 보여 준다. 그러나 하나님께서는 애굽의 이와 같은 위세를 이곳에서 진술하시면서, 애굽이 제아무리 강력한 군사력을 믿고 덤빈다고 하더라도 하나님의 심판 앞에서는 아무것도 하지 못하고 어쩔 수 없이 무너지리라는 사실을 암시하신다. 시편 20:7-8에 말하기를, "어떤 사람은 병거, 어떤 사람은 말을 의지하나 우리는 여호와 우리 하나님의 이름을 자랑하리로다 그들은 비틀거리며 엎드러지고 우리는 일어나 바로 서도다"라고 하였다.

10 그 날은 주 만군의 여호와께서 그의 대적에게 원수 갚는 보복일이라 칼이 배부르게 삼키며 그들의 피를 넘치도록 마시리니 주 만군의 여호와께서 북쪽 유브라데 강 가에서 희생제물을 받으실 것임이로다. 여기서 "그 날"이라는 표현은 히브리어로 "베하욤"(בַּיּוֹם)인데, 의미를 제대로 밝히기 위해서는 "그러나 그 날은"이라고 번역

하는 것이 더욱 바람직하다. "그의 대적에게 원수 갚는 보복일이라"라는 문구는 바로느고가 일찍이 유다를 침공하여 선한 임금이었던 요시야 왕을 죽임으로써 유다 민족에게 커다란 해를 끼친 일에 대하여 하나님께서 갚아 주시는 때라는 의미다. 요시야는 선한 임금으로서 유다 민족을 옳은 길로 인도하기 위하여 많은 개혁을 단행하였다. 하나님께서는 이렇게 요시야의 개혁을 통하여 그의 뜻을 이루어가시던 일을 좌절시킨 애굽에 대하여 공의의 보복하지 않으실 수 없다.

"칼이 배부르게 삼키며 그들의 피를 넘치도록 마시리니." 이것은 시적 표현으로서 바벨론 군대가 애굽 군사들을 많이 살해할 것을 가리킨다.

"희생제물을 받으실 것임이로다." 여기서 "희생제물"이라는 말은 히브리어로 "제바흐"(זֶבַח)인데, 이것은 제물의 의미를 지니는 희생을 가리킨다. 말하자면 하나님의 공의를 만족시키는 희생을 의미한다. 이것은 애굽의 수많은 군인들이 유브라데 하수 근처의 갈그미스에서 살상을 당한 일이 하나님의 뜻에 합당하다는 의미다. 이사야는 에돔의 멸망에 대해서도 이런 의미에서 예언하였다. 나의 이사야서 주석 34:6에 대한 해석을 참조하라.

이방 나라들에 대한 하나님의 심판과 하나님께서 택하신 백성 사이의 관계에 대하여 우리는 몇 가지 중요한 점을 생각할 수 있다. ① 이방 나라들의 행복은 참되고 견고한 기초를 가지지 못했기 때문에 오래 가지 못한다. 그러므로 택한 백성은 그들이 누리는 행복을 부러워할 이유가 없다. ② 이방 나라들이 아무리 세력을 얻어 교회를 박해한다고 할지라도 택하심을 입은 백성은 그것을 두려워할 이유가 없다. 왜냐하면 하나님께서 마침내 그의 백성을 신원하여 주실 것이기 때문이다. ③ 하나님께서 그의 말씀을 거역하는 이방 나라를 아끼지 아니하시고 반드시 벌하시리라는 점에 대해 택하심을 입은 백성들은 확신해도 된다. 왜냐하면 하나님께서는 그가 택하신 백성이라도 그의 말씀에 순종하지 않을 때는 채찍을 아끼지 않으시기 때문이다. 그가 이렇게 신자들도 벌하시는데 하물며 그를 대적하는 자들이야 말할 것이 무엇이겠는가(벧전 4:17-18).

11 처녀 딸 애굽이여 길르앗으로 올라가서 유향을 취하라 네가 치료를 많이 받아도 효력이 없어 낫지 못하리라. 여기서 "애굽"을 가리켜 "처녀 딸 애굽"(בְּתוּלַת בַּת־מִצְרָיִם)이라고 부르는 이유는 이제까지 평안하고 풍요로운 가운데 질곡 없이 평안하게 지내온 애굽의 국운을 염두에 두고 있기 때문이다. "길르앗"은 요단강 동쪽에 있는 지방으로서 갈릴리 바다의 남쪽에서부터 아르논(Arnon)강에 이르기까지 150킬로미터쯤 펼쳐진 지역인데, 그 북쪽으로는 삼림이 울창하고 나무에서 나는 유향을 많이 저장하고 있다. "유향"은 약재로 사용된다. 여기에 기록된 문구는 물론 시적인 표현으로서, 전쟁으로 인해 발생한 애굽의 상처를 치료할 도리가 없다는 의미이다. 애굽은 과연 이러한 예언대로 마침내 느부갓네살 왕에게 정복당한 후로 강대국의 면모를 잃고 명맥만 유지해오고 있는 것이 역사적 사실이다. 그 나라는 주전 525년에 다시 페르시아 제국에게 정복당하여 100여 년 동안 속국으로 머물러 있었고, 이후에 일시적으로 독립했으나 페르시아 제국이 무너지고 뒤이어 발흥한 헬라 제국에 의해 다시 속국이 되었다. 그리고 그 이후로는 로마 제국, 아랍 세력, 튀르키예, 프랑스, 영국 등 여러 나라에 복속하게 되었다는 것은 역사적 사실이다. 이렇게 애굽은 다른 나라들이 들어와서 다스리는 쓰디쓴 잔을 늘 마시게 되었다. 이렇게 되었던 것은 "타국 사람의 손으로 그 땅과 그 가운데에 있는 모든 것을 황폐하게 하리라…내가 그 우상들을 없애며 신상들을 놉 가운데에서 부수며 애굽 땅에서 왕이 다시 나지 못하게 하고 그 땅에 두려움이 있게 하리라"라고 했던 에스겔의 예언이 성취된 것이기도 하다(겔 30:12-13).

12 네 수치가 나라들에 들렸고 네 부르짖음은 땅에 가득하였나니 용사가 용사에게 걸려 넘어져 둘이 함께 엎드러졌음이라. "수치가 나라들에 들렸"다는 말은 그 나라의 패전이 너무나도 치명적인 것이었음을 보여 준다. 그리고 "네 부르짖음은 땅

에 가득하였"다는 말도 전쟁의 재앙으로 인하여 그 나라가 겪어야 했던 고통이 너무나 컸다는 것을 가리킨다. "용사가 용사에게 걸려 넘어져 둘이 함께 엎드러졌"다는 말도 애굽의 군대가 바벨론 군대에 추격당하여 엎드러지는 비참한 광경을 묘사한다.

13 본 절은 바벨론 왕 느부갓네살이 주전 568년에 애굽을 침략하여 정복하리라는 사실을 예언한다.

14 너희는 애굽에 선포하며 믹돌과 놉과 다바네스에 선포하여 말하기를 너희는 굳건히 서서 준비하라 네 사방이 칼에 삼키웠느니라. "선포하라"(הַגִּידוּ, "하기두")라는 명령형 동사는 마치 재판장이 피고에게 판결을 선언하는 모습을 연상시킨다. 하나님께서 애굽의 교만을 정확히 아시고 그에 합당한 벌을 선고하시는 것이다. "믹돌과 놉과 다바네스"에 대하여는 44:1에 있는 같은 지명들에 대한 해석을 참조하라. 이 지방들은 물론 애굽의 중요한 도시들로서 그 나라를 대표하는 제유법적 표현이라고 볼 수 있다.

"너희는 굳건히 서서 준비하라." 이것은 하나님께서 애굽을 향하여 그들이 군사적으로 견고하게 대비를 할 테면 해 보라고 말씀하시는 풍자적 표현이다. 말하자면 그 나라가 아무리 교만하게 견고한 방비를 자랑한다고 해도 하나님께서 보내시는 바벨론 군대 앞에서는 당해낼 수 없다는 것이다. 하나님을 대적하여 이길 수 있는 강국은 없다. 태산이 아무리 높다고 해도 하늘보다 높을 수는 없는 것과 마찬가지다. 하나님께서는 교만한 자를 반드시 낮추신다.

"네 사방이 칼에 삼키웠느니라"(אָכְלָה חֶרֶב סְבִיבֶיךָ). 여기서는 바벨론 군대가 와서 애굽을 격파하게 될 일이 확실하다는 의미에서 "삼키웠느니라"라는 과거완료 시제 동사가 사용되었다. 예언 문체에 있어서 과거완료 시제 동사는 미래에 일어날 일의 확실성을 보여 준다.

15-16 너희 장사들이 쓰러짐은 어찌함이냐 그들이 서지 못함은 여호와께서 그들을 몰

아내신 까닭이니라 그가 많은 사람을 넘어지게 하시매 사람이 사람 위에 엎드러지며 이르되 일어나라 우리가 포악한 칼을 피하여 우리 민족에게로, 우리 고향으로 돌아가자 하도다. 여기서는 애굽 군대가 바벨론 군대로 말미암아 얼마나 비참하게 패배하게 될 것인지를 보여 준다. 이 점에 있어서 선지자는 그들이 패배하는 원인이 하나님께서 그렇게 되도록 개입하신 사실에 있다고 밝힌다. "여호와께서 그들을 몰아내신 까닭이니라 그가 많은 사람을 넘어지게 하시매"라는 문구가 그러한 사실을 반증한다. 성경 말씀은 모든 나라들의 흥망성쇠가 오로지 하나님께 달렸다고 단정한다. 시편 127:1에 말하기를, "여호와께서 집을 세우지 아니하시면 세우는 자의 수고가 헛되며 여호와께서 성을 지키지 아니하시면 파수꾼의 깨어 있음이 헛되도다"라고 하였다.

"우리 민족에게로, 우리 고향으로 돌아가자." 이 말은 애굽 군대에 고용된 주변 국가의 용병들이 바벨론 군대 앞에서 패배하여 더 이상 애굽을 위하여 더 싸워줄 수 없다는 비명이다. 애굽 군대의 용병에 대하여는 9절에 있는 같은 말 해석을 참조하라.

17 그들이 그 곳에서 부르짖기를 애굽의 바로 왕이 망하였도다 그가 기회를 놓쳤도다. 여기서 "망하였도다"라는 말은 히브리어로 "샤온"(שָׁאוֹן)인데, 칼빈(Calvin)은 이 용어를 "떠드는 소리"(noise)라는 의미로 뜻으로 번역하였다. 다시 말하자면 바로 왕은 말만 요란할 뿐이며 적군을 막을 힘은 없다는 의미다. 바로 왕의 교만한 선전으로 인하여 이웃 나라 사람들이 그를 두려워하였고 용병으로 참여하여 바로를 대신하여 싸워주기까지 하였던 것이었다. 그러나 그들이 이제는 바로를 배반하며 말하기를, "바로는 말만 요란할 뿐이었구나"라고 한탄하는 것이다. 모든 교만한 자들은 쉽사리 망하는데, 그들의 위세는 사실상 요란한 말에 불과한 것이다.

"그가 기회를 놓쳤도다"(הֶעֱבִיר הַמּוֹעֵד). 애굽 왕이 갈그미스 전투에서 패배한 후에는 마땅히 반성하고 바벨론에 대한 적대 행위를 그쳤어야 했던 것인데, 그가 그렇게 하지 않고 바벨론에 대한 적대 행위를 계속 이어간 것은 바벨론을 통한 하나님의 심판을 두려워하지 않은 교만한 행동이었다. 이런 관점에서 생각해 보자면 애굽은 이때 하나님과 화목할 기회를 잃은 셈이다.

18 만군의 여호와라 일컫는 왕이 이르시되 나의 삶으로 맹세하노니 그가 과연 산들 중의 다볼 같이, 해변의 갈멜 같이 오리라. "그[바벨론 왕]가 과연 산들 중의 다볼 같이, 해변의 갈멜 같이 오리라"라고 한 것은 바벨론 왕이 하나님께서 작정하신 대로 다볼산이나 갈멜산처럼 든든하게 애굽을 정복하기 위하여 온다는 뜻이다. 하나님께서 정하신 뜻은 산과 같이 흔들리지 않고 그대로 이루어지고야 만다(Calvin).

19-20 여기서 **"딸"**은 애굽 백성을 의미하고, **"포로의 짐"**은 포로로 잡혀가는 자들이 꾸려야 할 행장을 가리킨다. 이 말씀은 애굽 사람들이 바벨론 군대로 말미암아 사로잡혀 갈 것을 의미한다. **"놉"**은 멤피스(Memphis)라고도 불리는 도시인데, 그곳이 바벨론의 침략으로 인하여 황폐하게 되리라고 말씀한다. 애굽을 가리켜 **"암송아지"**라고 부르는 것은 그 나라가 이때까지 잘 먹고 평안하게 살아왔던 사실을 비유하는 표현이다. **"북으로부터 쇠파리 떼가 줄곧 오리라"**라는 말은 북쪽 나라 바벨론이 침략해 오리라는 뜻이다.

21-22 애굽이 고용한 용병을 **"살진 수송아지"**라고 말하는 것은 그들이 애굽의 풍부한 식량 자원으로 잘 먹고 지낸다는 것을 의미한다. **"애굽의 소리가 뱀의 소리 같으리니"**라는 말은 애굽 군대가 바벨론 군대 앞에서 도망치는 모습이 마치 벌목하는 자 앞에서 도망치는 뱀의 모습과 같다는 뜻이다.

23-24 그들이 황충보다 많아서 셀 수 없으므로 조사할 수 없는 그의 수풀을 찍을 것이라. 말하자면 바벨론 군대가 "황충보다 많"은 숫자의 병사들을 앞세워 애굽에 쳐들어와서 규모를 파악하기도 어려울 만큼 거대한 수풀과도 같은 애굽 군인들을 죽이리라는 뜻이다. **"딸 애굽"**이라는 표현에 대하여는 11절에 있는 **"처녀 딸 애굽"**이라는 말의 해석을 참조하라. **"수치를 당하여"**라는 말은 전쟁

을 염두에 둔 것이고, **"북쪽 백성"**은 바벨론을 가리킨다.

25 만군의 여호와 이스라엘의 하나님께서 말씀하시니라 보라 내가 노의 아몬과 바로와 애굽과 애굽 신들과 왕들 곧 바로와 및 그를 의지하는 자들을 벌할 것이라. "노"(נא)는 오늘날 "알렉산드리아"라고 불리는 도시를 의미하고, "아몬"(אמון)은 무리를 의미한다. 여기서 알렉산드리아의 무리가 벌을 받을 것이라고 말하는 것은 알렉산드리아가 애굽을 대표할 만한 도시이기 때문인 듯하다. 여기 벌 받을 자들 가운데 그 나라에서 가장 높임을 받는 자들이 포함되어 있다는 사실을 우리는 주목해야 한다. 한마디로 "바로"와 "애굽 신들"과 "왕들"(왕족들)도 별 수 없이 하나님이 내리시는 벌을 받을 수밖에 없다는 것이다. 땅 위에서 가장 높임을 받는 자들도 하나님 앞에서는 지극히 낮은 자에 불과하다. 이 말씀은 세상에서 높임을 받는 자들이 언제나 겸손해야 한다는 것을 가르친다. 높임을 받는 자들은 자신들이 하나님 앞에서 아무것도 아닌 존재라는 사실을 깨달아야 한다. 그뿐 아니라 이처럼 높은 자들의 잘못된 지도를 의지하고 따르는 백성들도 무죄한 것은 아니며, 따라서 그들도 벌을 받는다.

26 내가 그들의 생명을 노리는 자의 손 곧 바벨론의 느부갓네살 왕의 손과 그 종들의 손에 넘기리라 그럴지라도 그 후에는 그 땅이 이전 같이 사람 살 곳이 되리라 여호와의 말씀이니라. 여기서는 애굽이 바벨론 군대에 정복당한다고 할지라도 완전히 사라지지는 않는다는 사실을 말하고 있다. 이러한 점이 하나님의 말씀이 지닌 권위를 증명한다. 애굽은 과연 이 말씀과 같이 오늘날까지 명맥을 이어오고 있다. 그러나 예레미야의 예언에 모압과 에돔 같은 나라들은 아예 없어지리라고 했는데, 과연 그러한 예언이 그대로 이루어져서 오늘날 그 나라들은 흔적조차 사라지고 없다. 48장과 49:7-22에 대한 해석을 참조하라.

27-28 여기서는 하나님께서 "야곱", 다시 말해 유다 민족을 위로하신다. 그 민족이 하나님의 공의에 의하여 징계받고 있으나(28하), 마침대 하나님의 은총을 입게 되리라는 사실이 여기 계시되어 있다. 이 예언은 12:14-17의 내

용과 유사하다. 그 구절들에 대한 해석을 참조하라. 본 장에서 애굽이 받을 벌에 대하여 예언하다가 유다 민족에 대한 위로의 말씀으로 끝을 맺는 것을 보더라도 과연 모든 나라들에 대한 예언이 하나님의 백성과 관련되어 있음을 알 수 있다. 1절 해석을 참조하라.

| 설교자료

1. 하나님의 백성과 그의 교회만 하나님의 손안에 있는 것이 아니라, 세상 모든 나라에서 일어나는 모든 일들도 마찬가지다(1절).

2. 교만은 패망의 앞잡이(잠 16:18)라고 하신 말씀과 같이, 개인만 아니라 국가들도 교만하게 행하면 결국은 망하게 된다(렘 13:9; 48:29; 호 5:5; 7:10; 슥 9:6; 10:11). 애굽이 바벨론에 패배하게 된 이유는 그들의 교만 때문이었다. 그 나라가 군사력을 믿고 심히 교만하게 행동하였다는 사실에 대해 우리 본문에서 지적하고 있는데, 본 장 3, 4, 7-9절이 보여 주는 애굽 군대의 행동이 이에 대한 증거가 된다.

3. 아무리 강한 군대를 가지고 막강한 군사력을 보유한 나라라도 하나님께서 벌을 내리실 때는 반드시 멸망할 수밖에 없다(5, 6, 10-12, 15절).

4. 하나님의 말씀이 성취되는 일을 막을 자는 없다. 그것은 다볼산이나 갈멜산같이 견고하여 흔들림이 없다(18절).

5. 아름다운 암송아지나 외양간의 송아지같이 평안한 가운데 꼴을 먹고 즐겁게 뛰놀던 자들도 죄를 회개하지 않으면, 하나님께 벌을 받는 때가 반드

시 찾아오는데, 그때에는 그들도 벌목하는 자 앞에서 뱀이 도망하는 것과 같이 도망치게 되며 패배를 당한다(21-22절).

6. 하나님의 백성은 때때로 환난을 당하여 낮아지는 경우가 있다. 그러나 마침내 하나님께서 그들을 위로하시며 높이신다(27-28절).

제 47 장

본 장은 블레셋이 애굽에게 망할 것을 예언한다.

✟ 해석

1 바로가 가사를 치기 전에 블레셋 사람에 대하여 선지자 예레미야에게 임한 여호와의 말씀이라. 애굽 왕 바로느고가 블레셋의 도시인 "가사"를 침공한 것은 므깃도 전투 이후에 벌어진 일이다(BC 608년). 또한 그것은 여호야김 왕 제4년 이전에 이루어진 일이다. "가사"는 예루살렘에서 애굽으로 내려가는 중간에 자리 잡은 도시이다. 여기서도 예언의 시기를 밝히 말함으로써 하나님 말씀의 역사성을 보여 준다.

여기서 "선지자"(נָבִיא, "나비")라는 수식어가 예레미야에게 붙어서 그가 선포하는 말씀은 다만 하나님의 말씀을 대언하는 것이라는 사실을 밝힌다. "블레셋"은 애굽과 인접하여 있고, 그 족속은 애굽과 함께 노아의 둘째 아들 함의 자손이므로(창 10:3, 14), 예언의 순서에 있어서 애굽 다음에 나온 것이다.

2 여기서 "물이 북쪽에서 일어나 물결치는 시내를 이루어"라는 문구는 블

레셋을 침략하는 바벨론 군대의 신속한 군사 행동을 비유적으로 표현한 것이다. 큰물이 흘러 내려오면서 인정사정 보지 않고 모든 것을 휩쓸어버리는 것처럼, 바벨론 군대는 블레셋 땅에 대하여 그렇게 행할 것이라고 한다. "**사람들이 부르짖으며 그 땅 모든 주민이 울부짖**"는 이유는 이 때문이다.

블레셋 민족에게 이런 비참한 멸망이 임하게 되리라고 예언하는 선지자는 마음 한편에서 그 민족이 하나님을 백성을 오랫동안 적대시해왔던 원수였다는 사실을 상기했을 것이다. 이스라엘을 오랫동안 압제하고 괴롭혀온 원수는 반드시 망한다는 것이다. 블레셋이 이스라엘의 숙적이라는 사실에 대하여는 사사기 3:31, 열왕기하 18:8, 에스겔 25:15, 열왕기상 15:27, 16:15, 역대하 21:16-17, 28:18을 참조하라. 교회를 끝까지 박해하는 원수도 마침내 이렇게 멸절되고야 말 것이다.

3 군마의 발굽 소리와 달리는 병거 바퀴가 진동하는 소리 때문에 아버지의 손맥이 풀려서 자기의 자녀를 돌보지 못하리니. "군마"라는 말은 히브리어로 "아비림"(אַבִּירִים)인데, 이 단어는 강한 전투마들을 가리킨다(8:16). 이것은 물론 바벨론의 군사 행동을 가르킨다. "아버지의 손맥이 풀려서 자기의 자녀를 돌보지 못"한다는 말은 그 당시 블레셋 민족이 바벨론 군대 앞에서 공포심에 사로잡혀 어찌할 수 없이 되리라는 것을 표현한 말씀이다. 이사야 49:15을 참조하라. 사람들에게는 그들이 가장 사랑하는 자들, 예컨대 자기 자녀들이라도 없는 듯이 생각될 정도로 극심한 공포심에 사로잡히게 되는 한때, 곧 심판의 때가 찾아올 것이다. 그러므로 사람들은 자녀들에게 지나친 애착심을 가지지 말고 미리부터 오직 하나님 중심으로 살아가야 한다(고전 7:29-31).

4 이는 블레셋 사람을 유린하시며 두로와 시돈에 남아 있는 바 도와 줄 자를 다 끊어 버리시는 날이 올 것임이라 여호와께서 갑돌 섬에 남아 있는 블레셋 사람을 유린하시리라. "두로와 시돈에 남아 있는 바 도와 줄 자"(לְצֹר וּלְצִידוֹן כֹּל שָׂרִיד עֹזֵר)라는 히브리어 표현은 "두로와 시돈을 위한 모든 남아 있는 도움"이라고 번역해야 한다. 우리

본문에서 그것을 "다 끊어버리신"다는 말의 의미는 두로와 시돈을 도와줄 모든 남아 있는 세력까지 블레셋과 함께 없애버리신다는 뜻이다. 이 말씀의 뜻은 두로와 시돈도 장차 바벨론 군대의 침략을 당하리라는 것이다. 그러므로 그때 그들은 블레셋의 도움을 기대할 수 없을 것이다. 사람들이 하나님을 믿지 않고 서로를 의지하고 돕지만 하나님의 심판이 임할 때는 그들이 서로에게 아무런 도움을 주지 못한다.

"갑돌 섬에 남아 있는 블레셋 사람을 유린하시리라.""갑돌"은 애굽의 나일강 하류에 자리 잡고 있는 삼각주를 의미한다는 해석이 있는가 하면 그레데섬을 가리킨다고도 한다. 어쨌거나 블레셋 사람들이 가나안 땅으로 이주한 역사가 있는 것만은 사실이다.

5 가사는 대머리가 되었고 아스글론과 그들에게 남아 있는 평지가 잠잠하게 되었나니 네가 네 몸 베기를 어느 때까지 하겠느냐. "가사"와 "아스글론"은 블레셋의 주요 도시다(렘 25:20; 암 1:6, 8; 습 2:4, 7). "대머리가 되었"다는 말은 극히 미천하여지고 부끄러움을 당하게 되었음을 보여주는 표적이다(렘 7:29; 16:6; 48:37; 미 1:16). 이것은 물론 바벨론의 침략으로 말미암아 블레셋이 극도로 짓밟히게 된 사실을 비유한다.

"네가 네 몸 베기를 어느 때까지 하겠느냐." 블레셋 사람들은 그들이 신들로 여기고 섬겨왔던 우상들의 환심을 얻기 위하여 칼로 몸을 베는 미신적인 풍속을 행해오고 있었다. 선지자는 여기서 그들의 그릇된 종교가 그들에게 아무런 도움을 주지 못하는 사실을 지적한다(왕상 18:28). 하나님의 말씀은 언제나 종교가 근본적인 문제임을 지적한다. 인생의 흥망성쇠는 결국 종교에 달렸다. 그릇된 종교는 인생을 돕지 못하고 도리어 망하게 한다.

6-7 여기서는 선지자가 블레셋에 임한 전쟁의 재앙이 멈추지 않고 그 나라를 완전히 멸망시키리라는 사실을 문답식으로 예언한다. "칼"이라는 단어로 상징된 전쟁이 그 나라가 완전히 멸망하기까지 쉬지 않는 이유는 하나님

께서 그 나라의 멸망을 작정하셨기 때문이다. 블레셋이 국가로서는 완전히 멸망했으나, 그들의 민족만은 그리스도의 복음을 받아 하나님께로 돌아오리라는 예언의 말씀이 있다(슥 9:5-7). 우리가 여기에서 깨달을 것은 블레셋이 그토록 완악하여 국가로서는 아주 멸절되었으나 그 나라의 남은 백성이 복음을 받아 영생을 얻는 일에서는 다른 민족들과 마찬가지로 취급받는다는 사실이다. 나의 소선지서 주석에서 스가랴 9:5-7에 대한 해석을 참조하라. 나라가 완전히 멸망하기까지 "칼"을 받는다는 것이 현세에서는 저주받은 불행한 일이다. 그러나 그리스도께서 십자가에서 흘리신 보혈의 공로는 무한히 크기 때문에 나라를 잃은 민족도 믿음으로 구원받을 수 있게 되는 것이다.

설교▶ 여호와의 칼(6절)

6절 말씀은 유다 민족의 원수인 블레셋 민족의 발언으로 여겨진다. 이 말에서 우리가 볼 수 있는 것은 사람들이 하나님께서 내리시는 벌을 받기 싫어한다는 사실이다. 그들은 멀리 내다보면서 인내할 줄 모르는 조급한 성품을 지닌 자들이기 때문에 하나님의 공의로우신 징계를 참아내지 못한다. 그리하여 그들은 수난으로 말미암아 얻을 수 있는 유익을 누리지 못한다. 특별히 현대인들은 하나님의 사랑만을 강조하면서 하나님의 공의로우신 보복에 담긴 진리를 희석해 버린다. 그들은 죄악으로 말미암는 불행의 원인을 유전이나 환경 탓으로 돌리고, 혹은 그것을 자연적 진보에 필요한 하나의 단계로 여기면서 스스로 위로받는다. 이렇게 그들은 하나님의 심판 행위를 냉정하게 대면하지 못한 채 그것을 왜곡하고 약화시킨다. 그러나 성경 말씀에 따르면 하나님의 공의로운 심판은 확장되고 전진하여 가는 법이다. 하나님의 성품은 공의로우시므로 그렇게 되는 것이 그의 영광을 올바로 나타내는 일이다. 하나님은 하나님이시고 전능한 마귀가 아니기 때문에 죄를 미워하신다.

하나님의 진노가 그치기 위해서는 그의 공의가 충족되어야 한다. 그의 공의를 만족시킬 수 있는 길은 오직 예수 그리스도의 속죄를 통하는 것뿐이다. 누구든지 그리스도만 진실하게 믿으면 정죄와 멸망이 그에게 임하지 않는다.

| 설교자료

1. 하나님 백성을 언제나 괴롭게 하던 블레셋에게도 멸망할 날이 찾아오고야 말았다(2절). 오늘날은 블레셋이라는 이름조차 땅 위에서 찾아볼 수 없다(시 37:35-36).

2. 하나님을 가장 사랑해야 할 인간이 하나님보다 다른 것을 더 사랑하면 마침내 하나님의 벌이 그에게 임하여 그가 사랑하던 것을 보살필 수 없게 되고 만다(3절).

3. 사람들이 자기들끼리 서로 도와주면서 하나님을 멸시하지만, 하나님의 심판이 닥쳐올 때는 서로에게 아무런 도움도 주지 못한다(4절).

4. 사람들이 숭배하는 우상 종교는 그들에게 멸망이 임할 때 그들을 도와주지 못하고 그리하여 그들에게 버림받고 만다(5절). 그러나 참되신 하나님을 섬기는 자들은 환난과 어려움을 당할 때 그가 살아 계심을 더욱 절실히 깨달으며 또한 그를 높이게 된다.

5. 하나님께서 정하시고 명하신 일들을 인간이 변경할 수 없다(7절). 그러므로 우리는 그의 말씀, 다시 말해 성경 말씀에 생명을 걸고 그 말씀을 믿어야 한다. 우리는 그 말씀대로 살아야 한다.

제 48 장

✣ 내용분해

1. 모압에 대한 심판(1-6절)
2. 심판을 받는 이유(7-46절)
   1) 자기 힘을 믿은 죄(7-10절)
   2) 스스로 안전한 줄로 여긴 죄(11-13절)
   3) 군사력을 의지한 죄(14-25절)
   4) 하나님과 그의 선민을 멸시한 죄(26-46절)
3. 모압의 회복(47절)

✣ 해석

1 모압에 관한 것이라 만군의 여호와 이스라엘의 하나님께서 이와 같이 말씀하시되 오호라 느보여 그가 유린 당하였도다 기랴다임이 수치를 당하여 점령되었고 미스갑이 수치를 당하여 파괴되었으니. "모압에 관한" 심판의 선고도 하나님의 교회인 이스라엘

백성과 무관하거나 무의미한 사건이 아니다. 이것도 역시 하나님께서 교회의 대적들을 심판하시리라는 의미의 예언이다. 모압도 이스라엘 백성의 숙적이었다. 그 민족은 롯의 후손으로서(창 19:30), 소알 땅에서부터 남쪽으로 에돔과 연접하였고, 북쪽으로는 아르논강을 건너 사해의 북쪽 연안을 지나서 요단강을 따라 자리 잡은 족속이다. 이스라엘 백성이 가나안 땅을 향하여 이동할 때 하나님의 명령에 따라 모압 민족을 해치지 않고 지나쳐갔으나, 그 민족이 이스라엘을 두려워하여 모압 왕 발락이 발람을 불러 이스라엘을 저주하도록 계획을 꾸몄었다(민 22:24). 이후에 모압 민족은 여러 세기 동안 이스라엘과 원수로 지내왔다.[90] 모압에 대한 예언은 예레미야 48장 이외에 민수기 24:17, 이사야 15:1-7, 16:6-12, 25:10-12, 아모스 2:1-3과 같은 구절에서도 찾아볼 수 있다. "느보…기랴다임" 등은 느보산 주변에 있는 도시들이다. "미스갑"이라는 단어는 산지를 의미하는데 위의 두 도시를 포함한 지역의 명칭이다. 이 지방은 사실상 모압의 군사적 요충지라고 할 수 있었다. 그런데 무엇보다도 이 지방이 장차 "유린 당하"고 "수치를 당하여 점령되"며, "수치를 당하여 파괴"될 것이라는 표현들은 모압이 장차 당할 전쟁의 재앙이 얼마나 참혹한 것일지를 생각하게 한다. 여기서 우리 번역대로 "당하였도다", "되었고", 혹은 "되었으니"와 같이 과거 시제로 번역한 사건들은 사실상 미래에 이루어질 일들이지만 그러한 일들이 하나님께서 반드시 그렇게 되게 하실 확실한 일들이기 때문에 이처럼 과거 시제로 기록된 것이다. 이러한 예언 문체는 예언적 확신(Prophetic assurance)을 표시하기 위한 것이다. 여기서 예언한 것과 같이 후에 바벨론 왕 느부갓네살이 예루살렘을 파괴한 후에 모압과 더불어 싸워 그 족속을 점령하였다. 이는 유대인 역사가 요세푸스가 증언한 그대로다(Ant. X. 9. 7). 모압은 이처럼 바벨론에게 점령당한 후에 다시는 나

---

90) 참조. 삿 3:12-30; 삼상 14:47; 삼하 8:2; 왕하 3:4-27; 13:20; 대하 20:1 이하.

라를 이루지 못하였다. 따라서 그 나라의 이름은 이후로 역사상에 별로 등장하지 않으며, 그들 민족은 아라비아 족속 가운데 포함되어 버린 것으로 보인다(Delitzsch).

2 모압의 찬송 소리가 없어졌도다 헤스본에서 무리가 그를 해하려고 악을 도모하고 이르기를 와서 그를 끊어서 나라를 이루지 못하게 하자 하는도다 맛멘이여 너도 조용하게 되리니 칼이 너를 뒤쫓아 가리라. "모압의 찬송 소리가 없어졌도다"(אֵין עוֹד תְּהִלַּת מוֹאָב)라는 히브리어 문구는 "모압의 칭송이 이제 더는 없도다"라고 번역해야 한다. 이것을 보면 모압도 그들의 교만 때문에 멸망하게 되리라는 것을 알 수 있다. 모압은 스스로 자신을 칭송하는 교만이 대단하였다. 이사야 16:6에 말하기를, "우리가 모압의 교만을 들었나니 심히 교만하도다 그가 거만하며 교만하며 분노함도 들었거니와 그의 자랑이 헛되도다"라고 하였다. 교만은 개인에게나 국가에게나 멸망의 앞잡이가 된다(잠 16:18).

"헤스본에서 무리가 그를 해하려고 악을 도모하고 이르기를 와서 그를 끊어서 나라를 이루지 못하게 하자 하는도다." "헤스본"은 모압의 국경 도시인데(Delitzsch), 바벨론 군대가 모압을 정복하기 전에 그곳에서 전략을 꾸밀 것이라고 말씀한다. 이때 세우는 전략은 물론 모압이 더 이상 나라를 이루지 못하게 하겠다는 것인데, 이런 전략은 모압에 대한 하나님의 작정을 반영한 것이다. 이 작정은 그대로 이루어져서 모압이라는 민족은 마침내 역사상에서 국가 행세를 아주 못하게 되었다. 이 말씀을 보아도 하나님의 말씀이 얼마나 정확하게 성취되는지에 대하여 놀라지 않을 수 없다.

"맛멘"(מַדְמֵן)이라는 도시도 느보산 주변에 자리 잡은 도시인데, 선지자는 그 이름의 뜻을 가지고 여기서 그 도시가 장래에 당할 적막한 광경을 상기시킨다. "맛멘"이라는 단어 자체가 본래 "적막"이라는 의미를 포함하고 있다.

3 호로나임에서 부르짖는 소리여 황폐와 큰 파멸이로다. "호로나임"은 남쪽으로 소알 가까이 있는 도시인데 평원 지대에 자리 잡고 있다. 선지자가 모압의 멸

망에 대하여 예언하면서 이렇게 많은 도시들을 열거하는 이유는 모압에 미치는 전쟁의 재앙이 너무 극심하여 모압 전국에 그 재앙이 미치지 않은 곳이 없음을 지적하기 위해서다. 이렇게 모압은 전멸 상태에 빠질 것이라고 말씀한다. "부르짖는 소리"(קוֹל צְעָקָה)는 그 땅 백성이 환난 가운데서 당하고 있는 모든 비참한 사실들을 슬퍼하면서 내는 소리를 가리킨다. "황폐와 큰 파멸"은 패전의 결과로 찾아온 상태를 가리킨다.

선지자가 이렇게 모압이 겪게 되는 비참한 현실을 거듭거듭 말하는 목적은 듣는 자들에게 인간의 범죄가 초래하는 결과가 어떤 것인지를 보여 주려는 데 있다. 이런 모든 비참한 사실들을 목격하는 자들은 그것들을 초래한 죄악이 그보다 더욱 비참한 것이었다는 사실을 기억해야 한다.

4 모압이 멸망을 당하여 그 어린이들의 부르짖음이 들리는도다. "어린이들의 부르짖음이 들리는" 것은 전쟁 때에 일어나는 비극 가운데 하나다. 어떤 해석가들은 여기서 "그 어린이들"(צְעִירֶיהָ "츠이레하")이라는 말이 작은 도시들을 비유한다고 주장하고(Hitzig), 혹은 미천한 백성을 비유한다고 주장하는 학자들도 있는데, 칼빈(Calvin)은 여기서 문자적 해석을 채택하여 어린 아기들을 의미한다고 하였다.

5-6 "루힛"은 호로나임 근처에 있는 지방으로서 고지대에 위치해 있다. "루힛"으로 올라간다는 표현이나 호로나임으로 내려간다는 표현은 그 당시 피난민들이 남쪽 소알 지방을 향하여 이동하던 도중에 직접 경험할 일들을 묘사한 것이다. "**광야의 노간주나무**"는 로뎀나무와 같은 나무로서 아무 소용이 없고 열매도 없는 것인데, 이것은 매우 불행하게 사는 사람을 비유한다. 그렇다면 예레미야가 이때 내다본 상황은 장차 바벨론 군대가 모압을 정복한 결과 그 민족은 각처에 도망하여 아주 불행하게 되리라는 것이다. 이것은 하나님을 신뢰하지 않고 자기를 신뢰하는 자들이 마시는 쓴 잔이다. 모압은 자기를 신뢰하였던 것이다. 다음 절 해석을 참조하라. 예레미야 17:5-6은 말

하기를, "무릇 사람을 믿으며 육신으로 그의 힘을 삼고 마음이 여호와에게서 떠난 그 사람은 저주를 받을 것이라 그는 사막의 떨기나무 같아서 좋은 일이 오는 것을 보지 못하고 광야 간조한 곳, 건건한 땅, 사람이 살지 않는 땅에 살리라"라고 하였다.

7 네가 네 업적과 보물을 의뢰하므로 너도 정복을 당할 것이요 그모스는 그의 제사장들과 고관들과 함께 포로되어 갈 것이라. 여기서는 모압 민족이 멸망하게 될 이유를 설명해주는데, 한마디로 그들이 자신의 "업적과 보물을 의뢰하"였다는 것과 그모스 신을 섬겼다는 것이다. "네 업적과 보물"(בְמַעֲשַׂיִךְ וּבְאוֹצְרוֹתַיִךְ)이라고 번역된 히브리어 문구를 문자적으로 직역하면 "네 일들과 네 보물들"이라는 뜻이다. "일들"이라는 표현은 그들의 경영하는 모든 계획들을 가리키는데, 자기들의 힘으로 국가를 유지하려는 모든 노력을 가리킨다고 볼 수 있다. "보물들"은 재물과 부요를 의미한다.

하나님께서는 사람들이 하나님 외에 다른 것을 의뢰하는 것을 극히 미워하신다. 사람들이 하나님 외에 다른 것을 의지할 때 ① 하나님께서는 그들이 의지하는 대상을 없애버리신다. 이사야 3:1-3에 말하기를 "보라 주 만군의 여호와께서 예루살렘과 유다가 의뢰하며 의지하는 것을 제하여 버리시되 곧 그가 의지하는 모든 양식과 그가 의지하는 모든 물과 용사와 전사와 재판관과 선지자와 복술자와 장로와 오십부장과 귀인과 모사와 정교한 장인과 능란한 요술자를 그리하실 것이며"라고 하였다. ② 하나님 아닌 다른 것을 의지하는 자들을 그들이 살던 땅에서 없애버리시는 일도 있다. 그러므로 우리 본문에 "너도 정복을 당할 것이요"(גַם־אַתְּ תִּלָּכֵדִי)라고 경고한다. 하나님을 의지하지 않고 다른 것을 의지하는 죄가 하나님을 극도로 노엽게 하는 것이기 때문에, 선지자 예레미야는 그런 사람들이 저주받을 것이라고까지 선언하였다(렘 17:5).

"그모스"(כְּמוֹשׁ)는 모압 사람들이 섬기던 거짓된 신인데(민 21:29), 암몬 사람들이 몰록을 섬기는 것처럼 모압 사람들은 아이들을 태워 그들의 신에게 번제로 바쳤다(왕하 3:27). 이렇게 악한 우상숭배의 죄악도 결국 그 민족에게 멸망을 가져다주는 원인으로 작용했다. 그모스를 섬기는 우상숭배만 어리석은 것이 아니라, 모든 우상숭배는 다 동일하게 어리석은 일이다. 문명화된 민족들이라 할지라도 그리스도를 믿지 않는 자들의 종교는 모두 다 어리석은 것이다. 왜냐하면 사람이 아무리 문명화되어도 그리스도를 믿지 않는 한 종교적으로는 그냥 어두움 가운데 머물러 있게 되도록 하나님께 벌을 받았기 때문이다(고전 1:21). 그러므로 문명인들이 어리석은 우상숭배를 저지르게 되더라도 우리는 그것을 보면서 "어찌하여 그들이 저런 짓을 하는 것일까?"하고 놀랄 이유가 없다. 그들은 아담과 하와의 범죄 이후 참되신 하나님을 알지 못하게 되는 종교적 어두움이라는 벌을 받았기 때문이다.

8-9 여기서도 또다시 모압에 임할 전쟁의 재앙이 그 나라를 아예 멸망시키리라는 사실을 밝혀 주는데, **"한 성읍도 면하지 못할 것이며"**라는 말씀이 바로 그런 뜻이다. 모압은 본 장에서 예언한 대로 바벨론 군대에 의해 멸망한 후로 역사에서는 국가로서의 위상을 잃어버렸다.

모압이 이처럼 전국적으로 전쟁의 재앙을 입을 것이므로 그 나라 백성은 어디서든지 멸망할 것이니만큼, 그들이 날개를 가지지 않은 한 그들에게 닥쳐오는 환난을 피할 길이 없었다. 그런 의미에서 본문에 말하기를, **"모압에 날개를 주어 날아 피하게 하라"**라고 하였다. 이것은 역설적으로 그들이 피할 길이 없다는 뜻이다.

10 **여호와의 일을 게을리 하는 자는 저주를 받을 것이요 자기 칼을 금하여 피를 흘리지 아니하는 자도 저주를 받을 것이로다.** 이 말씀은 바벨론 군대를 대상으로 주시는 경고의 말씀이다. 하나님께서 모압 민족을 멸망시킬 책임을 바벨론에 주셨는데, 만일 바벨론이 그 일을 등한히 여기면 저주를 받을 것이라는 의미다. 얼핏 보면 이 말씀은 너무 잔인한 것같이 잘못 여겨질 수도 있다. 그러나

우리는 다음과 같은 사실을 생각할 때 그런 잘못된 해석을 지지할 수 없다. 요컨대 하나님은 사랑하시는 동시에 공의로우시다. 그가 그의 사랑을 이방 민족들에게도 베푸시는 동안 그의 오래 참으심은 형용할 수 없다. 그가 그렇게 오래 참으시며 쉽사리 벌을 내리지 않으시니 이를 빌미로 그들은 하나님이 없다고 조롱하기까지 한다. 그만큼 그는 말할 수 없는 무시를 당하시면서까지 그들에게 인자를 베푸신다. 일례로 하나님께서 아브라함을 갈대아 우르에서 불러내시고 그가 가나안 땅에 입성했을 때 그에게 말씀하시기를, "너는 반드시 알라 네 자손이 이방에서 객이 되어 그들을 섬기겠고 그들은 사백 년 동안 네 자손을 괴롭히리니 그들이 섬기는 나라를 내가 징벌할지며 그 후에 네 자손이 큰 재물을 이끌고 나오리라 너는 장수하다가 평안히 조상에게로 돌아가 장사될 것이요 네 자손은 사대 만에 이 땅으로 돌아오리니 이는 아모리 족속의 죄악이 아직 가득 차지 아니함이니라"라고 하셨다(창 15:13-16). 이것을 보면 하나님께서 자신이 택하신 백성의 조상 아브라함에게 가나안 땅을 주실 목적으로 그를 가나안 땅에 데려다 놓으시고도, 그 땅 백성의 죄악이 가득하여 흘러넘치기까지 40년 동안 그 약속을 실행에 옮기지 않으시고 묵묵히 기다리셨다. 아브라함을 데려다 놓으시고도 400년을 더 기다리시는 그의 오래 참으심은, 죄악이 관영하기 전에는 그 땅 백성을 멸망시키지 않으시는 그의 크신 자비이다. 죄악이 관영한 자는 그야말로 하나님의 크신 자비로도 용납하실 수 없고 멸망시켜도 아까울 것 없는 악한 자다. 무엇보다도 그런 자는 멸망시키지 않으면 안 되는 자다. 그런 자들을 멸망시킬 임무를 부여받은 자가 그것을 실행에 옮기지 않을 때는 저주를 받으리라고 하였다.

설교▶ 여호와의 일을 게을리하는 자는 저주를 받는다 (8-10절)

하나님께서 아담을 지으시고 그에게 주신 선물은 다름 아니라 그가 에덴 동산을 다스리게 하신 일이었다(창 2:10). 이것을 보면 일은 하나님이 주신 것이며, 따라서 사람은 무엇보다도 일을 잘해야만 형통할 수 있다. 그러므로 바울은 말하기를, "누구든지 일하기 싫어하거든 먹지도 말게 하라"라고 하였다(살후 3:10). 이 말씀은 일하기 싫어하는 자는 이 세상에 살아 있을 이유조차 없다는 뜻이며, 또한 하나님이 지으신 이 세상이 일하기 싫어하는 자를 용납하지 않는다는 의미도 포함한다.

1. 여호와의 일을 게을리하는 자는 위태한 곳에서 깨어나지 못하고 잠들어 있는 자와 마찬가지다.

1) 이런 사람은 그가 살아가는 세상의 진정한 의미를 전혀 깨닫지 못한 자이며, 따라서 각성한 바가 없으므로 하나님의 일을 하지 않는다. 하나님이 지으신 만물과 세상은 그의 주관하에 있는 것인 만큼 무엇이든지 그가 살아 계심을 증거하고 있다. 인생은 이 세상에서 무엇보다도 바로 이 사실을 발견하고 정신을 차려야 한다. 그는 언제든지 하나님께서 살아 계심을 인정하고 그를 두려워해야 한다. 그가 하나님을 두려워하는 마음으로 살지 않는 때는 그가 타락하는 순간이니, 높은 벼랑에서 떨어지는 것보다도 위험한 순간이다.

2) 그는 무엇보다도 내세에 대한 무관심에서 깨어나야 하며, 되지 못하고 된 줄로 아는 헛된 꿈에서도 깨어나야 한다(계 3:1-2). 내세를 모르고 자기가 누구인 줄 모르는 자는 그야말로 혼수상태에 빠져서 헤매고 있는 자다. 내세는 영원하고 이 세상은 잠깐일 뿐인데, 이 세상만을 바라보고 그것을 표준으로 삼아 살아가는 것은 망상이라고 하지 않을 수 없다. 이런 망상에 빠진 자는 여호와의 일이 무엇인지 알지도 못한다. 우리가 여호와 하나님께서 살아 계셔서 심판하신다는 사실을 알고 행할 때 그것이 여호와의 일이다. 그렇게 행할 때 우리는 하나님을 영화롭게 한다.

3) 신자들 가운데 믿는다고 하면서 믿음의 참된 정취를 맛보지 못하고

부주의한 생활을 하는 자는 여전히 잠자는 상태에 머물러 있다. 그 사람은 믿음의 맛을 알아보려고 힘쓰지도 않는다. 그들의 별명을 "힘쓰지 않는 자"라고 할 수 있다.

 4) 어떤 신자들은 믿음의 맛을 조금 알면서도 깊이 들어가기를 원치 않는다. 이것도 잠자는 상태와 일반이다. 그들은 자기 신상이나 가정에 어려운 일이나 환난이 닥쳐오지 않은 것만을 다행으로 여긴다. 그들은 어디까지나 어려운 과제가 기다리는 곳에는 접근하지 않으려고 한다. 이것은 침대에 가만히 누워서 모든 좋은 것을 독차지하려고하는 어리석은 사고방식이다. 그것은 가야만 하는 길을 다 가지도 않고서 목적지에 도달하려고 하는 망상이다. 그들은 어려움과 환난을 겪어내고 있는 신자들보다 자기들이 도리어 복되다고 생각한다. 그러나 그들이 명심해야 하는 사실은 하나님께서 참으로 사랑하시는 백성이라면, 환난과 곤경을 반드시 통과하게 된다는 점이다. 〈천로역정〉을 쓴 존 번연(John Bunyan)은 말하기를, "그리스도인이 이 세상에서 누리는 평안은 길게 가지 않는다. 한 가지 환난이 지나가면 또 다른 환난이 찾아온다"(Christian man is seldom long ease; when one trouble is gone another doth him seize.)라고 하였다. 그뿐 아니라 신자가 또 한 가지 명심해야 할 것은 그가 그렇게 자는 상태에 있다가 신앙을 잃어버릴 수도 있다는 점이다. 그러므로 그는 깨어나야 한다.

2. 여호와의 일을 게을리하는 자는 무슨 일에나 하나님을 믿지 않기 때문에 난관만을 염려하는 자다.

 잠언 22:13에 말하기를 "게으른 자는 말하기를 사자가 밖에 있은즉 내가 나가면 거리에서 찢기겠다 하느니라"라고 하였다. 이것은 게으른 자가 그의 상상력을 동원하여 있지도 않은 사자를 만들어내는 우매한 짓을 가리킨다. 그가 말하기를 "거리에서 사자에게 찢기겠다"라고 하는데, 거리에 무슨 사자가 있겠는가? 예수 그리스도를 믿는 일에 있어서 난관에 봉착하거나, 혹은 하나님의 일을 하다가 어려움을 만나 그것을 못하겠다고 말하는 것은 모두 다 이와 동일한 부류에 속하는 우매한 일이다. 하나님의 일은 하나님의 일이므로 하나님께서 친히 이루어지게 하시는 것이니 무슨 난관이 있겠는가! 그럼에도 불구하고 하나님의 일을 행하면서 난관을 느끼는 것은 하나님이 없다고 말하는 것과 동일한 무신론적인 사상이고 그리스도께서 우리를 대신하여 십자가에 못 박히시지 않았다고 하는 반그리스도적인 사상이다.

그뿐 아니라 하나님의 일을 게을리하는 자는 우선 자기 자신의 심령 속에 저주를 불러온다. 잠언 24:30-34에 말하기를, "내가 게으른 자의 밭과 지혜 없는 자의 포도원을 지나며 본즉 가시덤불이 그 전부에 퍼졌으며 그 지면이 거친 풀로 덮였고 돌담이 무너져 있기로 내가 보고 생각이 깊었고 내가 보고 훈계를 받았노라 네가 좀더 자자, 좀더 졸자, 손을 모으고 좀더 누워 있자 하니 네 빈궁이 강도 같이 오며 네 곤핍이 군사 같이 이르리라"라고 하였다. 이 말씀은 게으른 자가 자기 밭을 위하여 일하지 아니하므로 가시덤불이 퍼진 것처럼 자기 심령에 심은 종자와 같은 신앙을 위해 일하지 않으면 모든 원망과 불평과 의심과 기타 모든 죄악이 그 심령을 뒤덮는다는 뜻이다. 우리의 신앙은 씨앗과 같이 미약한 것이어서 그것이 있는 것 같기도 하고 없는 것 같이 느껴지기도 한다. 그러나 우리가 하나님의 말씀대로 살아가면서 하나님을 위하여 일하면 그 씨에서 싹이 나서 점점 자란다. 그와 반면에 신자가 졸거나 잠자는 것처럼 신앙생활을 게을리하면 마귀가 그의 마음에 들어와서 여린 씨앗과 같은 그의 신앙을 삼켜 버린다. 예수님께서도 말씀하시기를, "사람들이 잘 때에 그 원수가 와서 곡식 가운데 가라지를 덧뿌리고 갔더니"라고 하셨다(마 13:25). 존 웨슬리(John Wesley)의 일지를 읽어 보면, 그가 주님의 일을 위하여 바쁘게 지내는 동안에는 하나님을 의심하는 생각이 단 한 번도 일어난 적이 없었다고 하였다.

3. 여호와의 일을 게을리하는 자는 투쟁력이 없다.

인생은 하나님께 지으심을 받았으며, 영원을 사모하는 마음을 받았다(전 3:11). 영원을 사모하는 마음이 없는 자라면, 사람이라고 할 수 없다. 사람이 다른 짐승들과 다른 점은 영원을 사모하는 마음을 가졌다는 것이다. 그것이 일반 동물들보다 탁월한 발전을 이룰 수 있게 만들어 주는 요소다. 그는 영원을 향하여 달음질하는 깨어 있는 정신을 지니고 있다. 따라서 그는 자기 주위에 있는 모든 장애물과 더불어 싸우게 되어 있다. 그는 자기 주위에 있는 자연계의 장애물과 더불어 싸우고, 특별히 인류의 죄악과 더불어 싸우게 되어 있다. 자연계의 장애물과 더불어 잘 싸운 자를 문화인이라 부르고, 죄악과 더불어 잘 싸운 자를 하나님의 자녀라고 부른다. 하나님의 자녀라는 이름은 영원한 생명을 획득한 승리자에게 주어지는 선물이다. 인간은 이 두 가지 투쟁에서 하나님의 일을 해야 하는 자들이다. 특별히 신자는 하나님의 자녀로서 수행해야 하는 투쟁까지 겸하여 가지고 있으므로 그들의 삶에서 느끼는 긴장이란 말할 수 없이 큰 것이다. 이 모든 일에 있어서 신자들을 공격하는 최대의 적은 게으름이다. 그러므로 성경은 게으름을 그만큼 악하게 여기고서, 일하지 않는 종을 가리켜 "악하고 게으른 종아"(마 25:26)라는 말씀과 함께 정죄하였다. 이런 의미에서 성경은 신앙생활에서의 노력을 극단적으로 강조한다. 마태복음 11:12에 말하기를, "천국은 침노를 당하나니 침노하는 자는 빼앗느니라"라고 하였고, 디모데후서 4:2에는 말하기를, "너는 말씀을 전파하라 때를 얻든지 못 얻든지 항상 힘쓰라"라고 하였다. 요컨대 신자들은 하나님의 말씀으로 살고 그 말씀을 전파하는 것을 최우선 과제로 삼아야 한다. 신자들이 자기 주위의 모든 무신론 사상과 우상숭배와 도덕적 부패를 보고서도 모른체하는 것은, 그들이 게으르다는 증표이며 따라서 저주받을 태도다. 우리는 우리 주위에서 나약하고 부패한 모습을 얼마나 쉽게 목격할 수 있는가! 아프리카의 진실한 신자인 타기(Tagi)를 생각해 보자. 그는 하루라도 전도하지 않는 날이 없었다. 어느 날 그는 병에 걸려 병상에 누워 있으면서도 전도할 수 있기를 위해 기도하였다. 마침 그때 비가 내렸는데, 비를 피하기 위해 사람들이 타기의 집에 들어섰고 그는 그들에게 전도하였다고 한다.

11-12   모압은 젊은 시절부터 평안하고 포로도 되지 아니하였으므로 마치 술이 그 찌끼 위에 있고 이 그릇에서 저 그릇으로 옮기지 않음 같아서 그 맛이 남아 있고 냄새가 변하지 아니하였도다 그러므로 여호와께서 말씀하시니라 날이 이르리니 내가 술을 옮겨 담는 사람을 보낼 것이라 그들이 기울여서 그 그릇을 비게 하고 그 병들을 부수리니. "모압"이라는 나라는 지리적으로 외국의 침략을 받지 않도록 유리한 조건을 갖추고 있었다. 그 나라는 부분적으로 산악지대였지만 평지도 넓어서 농산물이 풍부하였다. 또한 그 나라 민족은 그때까지 외국에 포로 되어 잡혀간 적이 없었다. 선지자는 그러한 상황을 가리켜 양조장에서 "그릇"에 "찌끼"와 함께 머물러 있는 "술"에 비유하였다. 술은 그것을 양조하기 위하여 담았던 그릇에서 다른 그릇으로 옮겨지지 않는 한 그 맛이 변하지 않는다고 한다. 그와 같이 모압 민족은 외국의 군대에 의해 침략당하거나 사로잡혀 간 일이 없었던 만큼, 민족의 안녕과 질서에 변화가 없었다.

본 절 말씀도 유다 사람들이 읽고 위로를 얻도록 하기 위한 것이다. 하나님께서 택하신 백성인 유다 사람들이 자신들은 늘 환난과 외세의 침략을 겪고 있는 것에 반하여 그들의 숙적인 모압 족속은 항상 안전한 생활을 보장받고 있는 모습을 보면서 상심되지 않을 수 없었다. 그들은 생각하기를, "어찌하여 하나님께 택함을 받지 않은 백성이 도리어 우리보다 평안히 거하는가?"라고 생각하였을 것이다. 그런 이유에서 선지자는 이제 그들을 위로하는 의미에서 모압 민족도 바벨론의 침략을 당하여 망할 날이 가까웠다고 하며 말하기를, "내가 술을 옮겨 담는 사람을 보낼 것이라"라고 하였다(12절). 말하자면 술을 양조하기 위하여 담았던 그릇을 기울여 다른 그릇으로 옮기는 것처럼 이제 모압 민족을 그 나라에서 모두 다 소탕하리라는 뜻이다. 이 세상에서는 하나님께서 택하신 백성보다 도리어 택함을 받지 못한 불신자들이 평안을 누리며 잘 사는 경우가 많다(시 17:14; 73:3, 12; 렘 12:1-2). 그러나 그것은 결코 그들에게 좋은 일이 아니고, 오히려 그들이 신령한 축복과 내세의 유업에 참여하지 못하게 될 것을 보여주는 증표라고 할 수 있다. 이런 점에 있어서 특별히 시편 17:14-15의 내용을 대조하여 살펴보라.

13 이스라엘 집이 벧엘을 의뢰하므로 수치를 당한 것 같이 모압이 그모스로 말미암아 수치를 당하리로다. 북 왕국 이스라엘은 "벧엘"에서 금송아지 우상을 섬긴 죄로 인하여 마침내 앗수르 군대에게 패배하고, 또한 사로잡혀 가게 되었다. "수치"라고 번역된 히브리어 단어인 "보쉬"(בוש)는 본래 실패를 의미한다. 호세아 8:5-7을 참조하라. 그와 마찬가지로 모압도 그모스 우상을 섬긴 죄로 인하여 실패를 당하리라고 말씀한다. "그모스"에 대하여는 7절에 있는 같은 말 해석을 참조하라.

14-16 여기서는 하나님께서 모압 민족의 실패가 그들의 교만 때문이라고 지적하신다. 그들은 자신들의 나라가 언제든지 군사적인 실력에 의하여 안전할 것이라고 자만하였다(14절). 그러나 하나님께서는 그들의 교만이 헛되다는 사실을 지적하시기 위하여, 그들이 교만할 때는 반드시 그들에게 모든 비운이 임한다는 것을 보여 주신다. 사람은 평안할 때 교만하게 행동할 것이 아니라 도리어 교만이 가져올 수 있는 모든 불행과 비운을 내다볼 줄 알아야 한다. 모압이 당할 불행과 비애는 다음과 같다. ① **"황폐함"**과 **"사라짐"**(15절 중간). 이렇게 되리라는 사실을 알았다면 그들은 교만할 수 없었을 것이다. ② 그들의 정병이 살육당하는 처지로 전락함. **"그 선택 받은 장정들"**이라는 표현은 가장 힘 있는 청년들을 의미한다. **"내려가서"**(ירדו)라는 도사는 그들이 거꾸러지고 붕괴될 것을 가리킨다. ③ 모압이 당할 전쟁의 재앙이 가까이 다가왔다는 것이다. 하나님께서 작정하신 일은 아무리 먼 장래의 것이라 할지

라도 확고하고 불변하는 것이니만큼 사람들은 그것을 눈앞에 있는 현실처럼 대해야 한다. 그렇게 대하는 것이 영혼에 각성을 가져다주는 지혜로운 일이다. 미래의 심판을 그렇게 대하는 자들이라면 교만할 수 없을 것이다. 교만은 우매에서 시작되는 법이다.

17 그의 사면에 있는 모든 자여, 그의 이름을 아는 모든 자여, 그를 위로하며 말하기를 어찌하여 강한 막대기, 아름다운 지팡이가 부러졌는고 할지니라. 이것은 모압의 주변에 있는 모든 다른 나라들이 모압의 멸망을 보고 이상하게 여길 것이라는 뜻이다. 그 모든 나라들이 생각하기에 모압은 그렇게 쉽사리 멸망하지 않을 것처럼 보였다. 11절을 참조하라. 그러나 이제 바벨론 왕 느부갓네살의 침략으로 인하여 그 나라가 붕괴되는 것을 목격하고서 그들은 이상하게 여길 정도였다. 그렇게 먼 나라 군대가 와서 안전하게 지내던 모압을 파괴한 것은 결코 우연히 발생한 일이 아니었다. 그것은 하나님께서 주도하신 일이었다. "막대기"(מַטֶּה "마테")나 "지팡이"(מַקֵּל "마켈")는 왕권을 비유한다.

18 디본에 사는 딸아 네 영화에서 내려와 메마른 데 앉으라 모압을 파멸하는 자가 올라와서 너를 쳐서 네 요새를 깨뜨렸음이로다. "디본"은 모압의 수도였다. 이 도시는 아르논강에서 북쪽으로 한 시간쯤 떨어진 곳에 있는데(사 15:2), 산자락에 자리 잡은 평화로운 도시다. 오늘날도 성벽의 유적들이 많이 발견되고 있으며, 바위에 새긴 고대 유물들도 발굴되고 있다(Seetzen, i. S. 409 f.).

"딸"이라는 용어는 여기서 주민들을 가리키는데, 그때까지 그들이 평안하고 고요한 가운데서 살고 있었기 때문에 이런 별칭을 얻게 되었다. "메마른 데 앉"는다는 말은 식량이 고갈되었을 뿐만 아니라 마실 물조차 말라 버려서 사람이 살 수 없는 형편으로 전락한 것을 비유한다. "네 요새를 깨뜨렸"다는 말은 모압이 그들의 요새를 하나님처럼 의지하기 때문에 선지자가 그것을 헛되이 여기는 의미에서 이렇게 말한 것이다. 말하자면 하나님이 벌을 내리실 때는 사람들이 의지하던 요새도 무용지물이 된다는 것이다.

19-20 아로엘에 사는 여인이여 길 곁에 서서 지키며 도망하는 자와 피하는 자에게 무슨 일이 생겼는지 물을지어다 모압이 패하여 수치를 받나니 너희는 울면서 부르짖으며 아르논 가에서 이르기를 모압이 황폐하였다 할지어다. "아로엘"은 디본과 아르논강 사이에 있는 모압 남방의 도시다. 북쪽에서부터 치고 내려오는 전쟁의 재앙을 피해 떠나가는 피난민들이 남쪽 도시인 아로엘을 향하여 내려 밀리게 되어 이제 "여인"으로 비유된 그곳 거주민들이 소동하게 되고, 피난민들에게 전쟁의 상황에 관한 정보를 알아보고는 긴장하게 된다. 본 절의 의미는 모압 전국 어디에도 평안한 장소가 없으리라는 것을 가리킨다. 이때 피난민들의 답변은 모압이 전쟁에 패하였으니 너희는 울면서 부르짖으라는 것이었고, 또한 아르논 강가에서 모압이 황폐하게 되었다는 슬픈 소식을 외치라는 것이었다. 이렇게 모압이 패전하여 황폐하게 되었다는 소식을 선전하라고 말하는 이유는 그것이 하나님의 작정으로 말미암아 이루어진 일이기 때문이다. 하나님의 작정으로 이루어지는 일에 대하여 인생들은 전적으로 순종할 것밖에 없으며 그 일을 부끄러워할 것도 없고 도리어 당연하게 여겨야 한다. 왜냐하면 모압이 패망하는 것이 하나님의 뜻에 합당하기 때문이다. 사람이 자기 죄 때문에 벌을 받을 때 자기 자신이 그것을 당연하게 여겨 그 사실을 천하에 공개할 만한 공명정대한 마음을 가지게 되면 그 자신은 앞으로 하나님의 축복을 받을 수 있다.

"아르논"은 아르논강을 의미하는데, 그 강가에 "아로엘"이란 도시가 있었다.

21-25 "심판이 평지에 이르렀"다는 말은 아르논강 북쪽 지역에 심판이 임하였다는 것이니, 달리 말하자면 모압 전국에 심판이 임했다는 뜻이다. 여기에 기록된 열한 도시의 이름은 모압 전국을 대표하는 성격을 지닌다. 선지자가 이렇게 지역의 명칭까지 자세하게 밝히는 것은 또다시 그의 예언이 어디까지나 장차 역사적으로 성취될 것을 장담하면서 하나님의 말씀에 담긴 진

실성을 도전적으로 드러내는 것이다. 이 지역들 가운데 어느 하나라도 장차 임할 전쟁의 재앙을 모면하게 된다면 여기에 이 같은 지명들을 기록한 목록이 헛된 말이 될 수밖에 없다. 그러나 선지자는 하나님의 영감에 의하여 이 모든 지역이 빠짐없이 전쟁의 재앙을 면하지 못하리라는 것을 내다 보았다.

이 점에 있어서 우리가 또 한 가지 기억해야 하는 사실은 이렇게 모압의 모든 지방이 전쟁의 재앙을 당하게 되는 것으로 보아 그 나라가 전국적으로 죄악으로 가득하였다는 점을 알려준다는 것이다. 사람들이 당하는 심각한 징벌의 배후에는 언제나 그들의 심각한 죄악이 자리 잡고 있는 것이 사실이다. 인생들은 그들이 당하는 징벌이 지나치다고 생각하지 말고 오히려 그들의 죄악의 심각성이 그들이 당하는 징벌의 심각성보다 훨씬 크다는 사실을 기억해야 한다.

이 부분에 열거된 열한 개의 지명은 대부분 고고학자들이 발견한 모압 비문에도 포함된 것이므로 그 역사성이 확증된다. "홀론"이라는 지명은 오직 여기에만 나오고, 그 외에 다른 열 개의 지명은 다른 출처에서도 발견된다.

"**야사**"에 대하여는 민수기 21:23을 참조하고, "**메바앗**"에 대하여는 여호수아 13:18을, "**디본**"에 대하여는 예레미야 48:18을, "**느보**"에 대하여는 예레미야 48:1을, "**벧디불라다임**"에 대하여는 민수기 33:46을, "**기랴다임**"에 대하여는 예레미야 48:1을, "**벧므온**"에 대하여는 에스겔 25:9과 민수기 32:38을, "**그리욧**"에 대하여는 아모스 2:2을 각각 참조하여라. "**벧가물**"은 어느 곳인지 알 수 없으며, "**보스라**"는 아마도 신명기 4:43에 나오는 "**베셀**"과 동일한 지역인 듯하다.

"모압의 뿔이 잘렸고 그 팔이 부러졌"다는 말은 그 나라의 권세와 힘이 꺾였다는 뜻이다.

26-27 모압으로 취하게 할지어다 이는 그가 여호와에 대하여 교만함이라 그가 그 토한 것에서 뒹굴므로 조롱 거리가 되리로다 네가 이스라엘을 조롱하지 아니하였느냐 그가 도둑

가운데에서 발견되었느냐 네가 그를 말할 때마다 네 머리를 흔드는도다. "모압으로 취하게" 한다는 말은 비유인데, 술을 마시는 사람이 처음에는 흥겹게 술을 마시다가 나중에는 취하여 비틀거리고 토하게 되어 스스로 불안하게 만드는 것처럼, 죄인들이 처음에는 죄악을 즐기면서 범하다가 결국은 그 죄로 인하여 하나님의 진노를 입게 되어 불안에 떨 수밖에 없다. 모압이 이같이 불행하게 되는 원인은 그 민족이 하나님의 백성 이스라엘을 업신여겨 조롱하였기 때문이다. 하나님께서 택하신 백성인 이스라엘을 업신여기는 것은 하나님을 거스르는 것과 마찬가지다(26상).

"그가 도둑 가운데에서 발견되었느냐 네가 그를 말할 때마다 네 머리를 흔드는도다." 이것은 하나님께서 이스라엘을 업신여긴 모압의 죄악을 추궁하시는 말씀이다. 모압 민족은 이스라엘 백성이 그들의 물건을 도둑질이라도 한 것처럼 이스라엘을 멸시하고 조롱하였다. 사실을 말하자면 이스라엘 백성이 하나님께 대하여 잘못한 일은 있으나 모압에게 해를 끼친 일은 없었다. 그런데도 모압이 그들을 멸시하는 것은 크나큰 죄악이라는 것이다. 하나님의 백성을 아무런 이유도 없이 해롭게 하는 자들은 반드시 징벌받는다.

28 모압 주민들아 너희는 성읍을 떠나 바위 사이에 살지어다 출입문 어귀 가장자리에 깃들이는 비둘기 같이 할지어다. 여기서는 "모압" 민족이 바벨론 군대에 사로잡혀 갈 것을 비유적으로 말한다. "바위 사이"에 살라는 말이나 "출입문 어귀 가장자리"에 깃들라는 말은 본토에서 떠나 사방으로 흩어져 사회적 안전 보장 없이 숨어서 살게 되는 상황을 가리킨다. 이미 본 장 11절에 말한 것처럼 모압은 지리적으로 어느 나라보다도 안전한 요새였다. 그러나 우리가 기억할 것은 안전 보장이 지리적 조건에 달린 것이 아니고, 오직 하나님께만 달려 있다는 사실이다. 가장 안전한 조건들을 갖추고 살아가는 자들도 죄악이 가득하여 넘치게 되면 마침내 아무런 보호도 받지 못하는 땅으로 떨어질 날이 온다. 그러므로 자신의 인생이 안전하다고 생각하는 자는 하루 빨리 그런 생

각을 버리고 마치 위급한 상황에 맞닥뜨린 자처럼 언제나 하나님을 두려워하며 경건하게 살아가는 것이 가장 바람직한 자세다.

29-30 우리가 모압의 교만을 들었나니 심한 교만 곧 그의 자고와 오만과 자랑과 그 마음의 거만이로다 여호와의 말씀이니라 내가 그의 노여워함의 허탄함을 아노니 그가 자랑하여도 아무 것도 성취하지 못하였도다. 위에서 말한 것과 같이 모압이 하나님의 징벌을 받게 되는 것은 정당한 일이다. 그 이유는 그 민족이 너무나 교만하였기 때문이다. 교만은 언제나 패망의 앞잡이다(잠 16:18). 우리 본문에 **"심한 교만 곧 그 자고와 오만과 자랑과 그 마음의 거만"**이라는 문구는 모압이 어느 방면으로나 교만하였다는 점을 지적한다. 이러한 문구는 그들이 외면적인 행동이나 내면적인 마음가짐에 있어서 온전히 교만투성이가 되었다는 것을 보여 준다(사 16:6; 참조. 잠 16:5, 19; 17:19).

"그의 노여워함의 허탄함을 아노니." 여기서 이른바 "그의 노여워함"이라고 번역된 "에브라토"(עֶבְרָתוֹ)라는 단어는 한편으로 "그의 외람된 것"(seine Überhebung)을 의미하기도 한다(Duhm). 교만하여 외람되이 행하는 자는 자기의 분수에 합당한 걸음을 걷지 않는 자이므로 진정한 성공을 거둘 수가 없다. 되지 못하고 된 줄로 아는 자가 어떻게 하나님의 축복을 받을 수 있겠는가.

31 그러므로 내가 모압을 위하여 울며 온 모압을 위하여 부르짖으리니 무리가 길헤레스 사람을 위하여 신음하리로다. 본 절부터 34절까지는 모압의 참상으로 말미암은 애곡을 진술한다. 누구보다도 선지자 자신이 모압의 멸망을 내다보고 울었다. 그 민족이 죄로 인하여 멸망할 것이지만, 선지자는 그것을 통쾌하게 생각하지 않고 오히려 동정의 눈물을 흘렸다. 성도는 다른 사람이 고난당하는 것을 보고 기뻐하지 않는 마음가짐을 소유해야 한다. 잠언 24:17-18에 말하기를, "네 원수가 넘어질 때에 즐거워하지 말며 그가 엎드러질 때에 마음에 기뻐하지 말라 여호와께서 이것을 보시고 기뻐하지 아니하사 그의 진노를 그

에게서 옮기실까 두려우니라"라고 하였다.

"길헤레스"는 모압의 주요한 군사적 요충지다(사 16:7; 왕하 3:25). 그 지역이 오늘날에는 "케레크"(Kerek)라고 불리는 땅이라고 한다. 모압이 의지하였던 이런 군사적 요충지가 무너짐에 따라 그 나라가 말할 수 없이 비참한 형편에 처하게 될 것은 분명하다.

32 십마의 포도나무여 너의 가지가 바다를 넘어 야셀 바다까지 뻗었더니 너의 여름 과일과 포도 수확을 탈취하는 자가 나타났으니 내가 너를 위하여 울기를 야셀이 우는 것보다 더 하리로다. "십마"는 헤스본(2절 해석 참조)에서 약 오백 걸음 떨어진 장소에 있는데(민 32:38), 포도의 산지로 유명하다. 여기서 선지자가 포도에 대하여 진술하는 이유는 모압 사람들이 그것을 자랑하고 교만하게 행동하다가 하나님의 징벌을 받아 포도원이 전부 파괴될 것이기 때문이다.

"너의 가지가 바다를 넘어." 이 문구에 대해서는 나의 이사야서 주석 16:8에 대한 해석을 참조하라. "야셀 바다"는 아마도 작은 연못을 가리키는 듯하나 확실히 알기는 어렵다. 짐작하기로 옛날에는 야셀 지방에 커다란 호수 같은 수원지가 있었던 듯하다. "야셀"은 헤스본에서 약 24킬로미터 북쪽에 있다. 민수기 21:32을 참조하라.

"내가 너를 위하여 울기를 야셀이 우는 것보다 더하리로다." 야셀 사람들은 그들이 그토록 자랑해왔던 포도원이 파괴되는 모습을 보고 슬퍼하지만, 그것 외에도 모압이 당하는 일들로 인하여 곡할 일이 더욱 많을 것이라는 뜻이다(Calvin). 그렇다면 이 말씀은 모압이 당하는 비애가 전국적이라는 사실을 보여 준다.

33 기쁨과 환희가 옥토와 모압 땅에서 빼앗겼도다 내가 포도주 틀에 포도주가 끊어지게 하리니 외치며 밟는 자가 없을 것이라 그 외침은 즐거운 외침이 되지 못하리로다. 모압 사람들이 하나님으로 인하여 즐거워하지는 않고 그 땅의 소산인 포도의 수확으로 인하여 즐거워한 것이다. 이 세상에 속한 땅의 소산이나 물질로 인하여

즐거워하는 자들은 하나님을 등한히 여긴다. 그러므로 하나님께서 마침내 그들이 의지하고 좋아하는 것들을 빼앗으시는 날이 온다(참조. 사 3:1-2). 그러나 참된 성도들은 물질보다 하나님을 더 즐거워한다. 시편 4:7에 말하기를, "주께서 내 마음에 두신 기쁨은 그들의 곡식과 새 포도주가 풍성할 때보다 더하니이다"라고 하였고, 시편 16:2에는 말하기를, "내가 여호와께 아뢰되 주는 나의 주님이시오니 주 밖에는 나의 복이 없다 하였나이다"라고 하였다.

34 헤스본에서 엘르알레를 지나 야하스까지와 소알에서 호로나임을 지나 에글랏 셀리시야에 이르는 지역에 사는 사람들이 소리를 내어 부르짖음은 니므림의 물도 황폐하였음이로다. "헤스본"(2절 참조)과 "엘르알레"는 서로 3킬로미터쯤 떨어져 있다. 이 도시들의 유적은 "헤스반"(Hesban)이라는 이름과 "엘알"(El Al)이라는 이름으로 지금까지 남아 있다. 이 도시들은 언덕 위에 있었는데, 특별히 엘르알레는 언덕 가장 높은 정상에 자리한 것으로 알려져 있다. "야하스"는 "헤스본"의 서남쪽으로 멀리 떨어져 있다. "소알"과 "호로나임"은 모압의 남쪽에 있다. "에글랏 셀리시야"는 모압 남쪽에 있는 도시였을 것으로 추정된다. "니므림"도 역시 남쪽에 있다(참조. 사 15:6). "니므림의 물도 황폐하였"다고 말한 것은 옛날에는 전쟁 때에 적군이 강물이나 기타 수원지를 흙으로 묻어 버리는 일들이 많았기 때문이다.

35 여호와의 말씀이라 모압 산당에서 제사하며 그 신들에게 분향하는 자를 내가 끊어 버리리라. 이 구절에서 예레미야 선지자는 하나님께서 미워하시는 우상에 대하여 진술한다. 모압 민족은 전쟁의 혼란 가운데서도 그들이 숭배하던 우상으로 인하여 보호받을 줄로 믿었던 것이었다. 그러나 그것은 그들이 평안할 때나 가질 수 있었던 그릇된 생각이었다. 그들이 사람의 힘으로 어찌할 수 없는 역경 가운데서는 그들이 섬기던 우상들이 무력한 존재라는 사실이 명백히 드러나고 말았다(사 16:12). 그러므로 이제 그들은 더 이상 산당 우상들에게 제사하지 않게 될 것이다.

36 그러므로 나의 마음이 모압을 위하여 피리 같이 소리 내며 나의 마음이 길헤레스 사람들을 위하여 피리 같이 소리 내나니 이는 그가 모은 재물이 없어졌음이라. 예레미야는 모압 민족을 대신하여 그들의 비애를 여기서 표현하고 있다. 그의 "마음이 모압을 위하여 피리 같이 소리 내며"라는 말은 슬피 부르짖는다는 뜻이다. "길헤레스"에 대하여는 31절을 참조하라. 모압 민족이 당하는 비애는 전쟁으로 인하여 그들의 재물이 없어졌기 때문이었다. 이 세상에 속한 자들은 이렇게 재산의 손실로 인해서는 울지만, 죄를 뉘우치고 아파하는 눈물은 알지도 못한다.

37-38 모든 사람이 대머리가 되었고 모든 사람이 수염을 밀었으며 손에 칼자국이 있고 허리에 굵은 베가 둘렸고 모압의 모든 지붕과 거리 각처에서 슬피 우는 소리가 들리니 내가 모압을 마음에 들지 않는 그릇 같이 깨뜨렸음이라 여호와의 말씀이니라. 그 당시 모압 민족의 풍속에 따르면 슬플 때는 두발을 밀어서 "대머리"가 되고, "수염"을 밀고 "손에 칼자국"을 내고 "허리에 굵은 베"를 두르게 되어 있었다. 그들이 이같이 행한 이유는 그들에게 임할 전쟁의 재앙이 너무도 컸기 때문이다. 지붕 위에서 슬피 우는 이유는 그들이 느끼는 비애가 너무나 커서 은밀하게 슬퍼할 수는 없고 지붕에까지 올라가서 방성대곡할 정도였기 때문이었다. 그들이 이렇게 슬퍼하게 된 이유를 또다시 말하자면, 하나님께서 모압을 파괴하셨기 때문이다. 하나님께서 한 나라를 파괴하신다면, 그것을 다시 건설할 자가 없다. 하나님께서는 한 국가라도 질그릇 부수듯이 쉽게 파괴하실 수 있다.

39 어찌하여 모압이 파괴되었으며 어찌하여 그들이 애곡하는가 모압이 부끄러워서 등을 돌렸도다 그런즉 모압이 그 사방 모든 사람의 조롱 거리와 공포의 대상이 되리로다. "부끄러워서 등을 돌렸"다는 말은 그들이 바벨론 군대에 패배하고 도망치게 될 일을 가리킨다. "모압"이 이렇게 실패함에 따라서 모든 이웃 나라의 "조롱 거리"가 되리라고 한다. 모압이 오랜 세월 동안 외세의 침략을 당한 일도 없고 (11절), 다른 나라들로부터 멸시를 당한 일이 없었으나, 그렇게 잘 지내는 동

안 겸손하지 않고 교만하였으니, 마침내 그들이 징벌받고 멸시를 당할 날이 반드시 오고야 만다. 그렇게 되는 것이 하나님의 공의다. "공포의 대상이 되리"라는 말은 모압이 하나님의 심판을 받았다는 명백한 사실을 목격하는 이웃나라들이 두려워하리라는 뜻이다. 하나님의 심판은 사실상 사람들이 간파할 정도로 현저한 심판의 성격을 나타내는 법이다.

40-41 이는 여호와의 말씀이니라 보라 그가 독수리 같이 날아와서 모압 위에 그의 날개를 펴리라 성읍들이 점령을 당하며 요새가 함락되는 날에 모압 용사의 마음이 산고를 당하는 여인 같을 것이라. 여기서는 바벨론을 "독수리"에 비유했는데, 독수리는 하나님의 심판을 상징하는 도구다. 마태복음 24:28과 요한계시록 8:13을 참조하라. 하나님께서 바벨론 군대를 통하여 모압에 대한 그의 심판을 전국적으로 펼치신다. 따라서 하나님의 심판으로 말미암은 전쟁의 재앙이 미치지 않는 곳이 없을 것이다. 그런 의미에서 "그의 날개를 펴리라"라는 비유적인 표현이 사용되었다.

"모압 용사의 마음이 산고를 당하는 여인 같을 것이라." 이것은 겁을 먹고 심약해진 상태를 가리킨다. 말하자면 전에는 용맹스러웠던 청년들이 하나님의 심판 앞에서는 모두 다 겁쟁이가 되어 연약한 모습을 보이게 될 것을 가리킨다. 용기와 담력은 언제나 하나님의 선물이므로 하나님으로부터 버림받은 모압 청년들은 겁쟁이가 될 수밖에 없는 것이다.

42 모압이 여호와를 거슬러 자만하였으므로 멸망하고 다시 나라를 이루지 못하리로다. "다시 나라를 이루지 못하리로다"라는 말씀은 이후에 문자 그대로 성취되어서 인류 역사에 모압이라는 국가는 더 이상 존재하지 않게 되었다. 그 나라가 없어졌다는 말은 그들의 민족이 멸절되었다는 의미는 아니다. 그러므로 역사가 요세푸스(Josephus)는 주후 1세기에 활동했던 사람으로서 이따금 모압에 대하여 언급하기도 하였다(Ant. xiii. 14, 2, 15:4; Bell. Jud. iii. 3. 3. iv. 8. 2). 요세푸스가 말하는 "모압"은 공식적인 정치체제로서의 모압이라는 국

가를 의미한다기보다는 흩어진 모압 민족을 가리킨 것일 뿐이다.

43-44 여기서는 "**모압**"이 그들의 죄로 인하여 당하는 환난을 피할래야 피할 수 없게 되어버릴 것을 보여 준다. 그들이 겪게 될 모든 난관은 "**두려움**", "**함정**", "**올무**"로 비유되어 있다. 모압 사람들이 이것들을 피하려고 노력한다 해도 그들은 또다시 다른 난관에 부닥치게 된다는 것이다. 이렇게 거듭거듭 딱한 처지에 빠지게 되는 현상은 그들이 당한 환난이 하나님에게서 말미암은 벌이라는 사실을 보여 준다. 이와 유사한 취지의 말씀이 아모스 5:18-19에도 있다. 거기서 말하기를, "화 있을진저 여호와의 날을 사모하는 자여 너희가 어찌하여 여호와의 날을 사모하느냐 그 날은 어둠이요 빛이 아니라 마치 사람이 사자를 피하다가 곰을 만나거나 혹은 집에 들어가서 손을 벽에 대었다가 뱀에게 물림 같도다"라고 하였다.

45-46 **기진하여 헤스본 그늘 아래에 서니**. 이 문구는 바벨론 군대가 모압을 침략할 때 사람들이 군사 요새였던 "헤스본"을 찾아와서 그곳에 피신하려고 했으나 아무 소용없이 되어버려 절망하게 되리라는 것을 가리킨다. 바벨론 군사들이 이미 "헤스본"을 점령하고, 그곳으로부터 모압 전체를 전멸할 계획을 수립한 후에 다시 전쟁을 시작하게 되는데(2절), 그런 상황에서 모압 백성들이 어떻게 피난할 방법을 찾을 수 있겠는가? "**모압의 살쩍과 떠드는 자들의 정수리**"라는 문구는 모압의 모든 지방을 총칭하는 표현들이다. "그모스" 백성은 모압 민족을 의미한다. 여기서 그 민족을 "그모스"(כְּמוֹשׁ "케모쉬")라는 별칭으로 부르는 이유는 그 백성이 그모스 우상을 섬겼기 때문이었다. 이제는 모압 사람들이 평상시에 의지하고 바랐던 그모스라는 우상조차도 그들이 하나님께 징벌받는 상황에서 그들에게 도움이 되지 못한다는 사실이 여기 암시되어 있다.

47 여기서 "**마지막 날**"(אַחֲרִית הַיָּמִים)은 신약 시대를 의미하고, "**돌려보내리라**"라는 말은 그리스도의 복음으로 회개시키리라는 것을 가리킨다.

| 설교자료

1. 주님을 거역하는 자들 가운데 어떤 사람은 하나님께서 내리시는 벌을 수시로 받지는 않는다고 하더라도(11절), 마침내 모든 벌을 한꺼번에 다 받아서 완전히 망하게 될 것이다. 예컨대 모압이라는 나라가 당한 멸망과 같은 것이다(1-9절). 그러므로 오랜 세월 동안 평안을 누리는 죄인들은, 쌓이고 쌓였던 징벌들이 한꺼번에 임하는 날이 반드시 찾아오리라는 사실을 내다 보고 회개해야 한다.

2. 하나님의 일을 맡은 자는 그 일을 맡기 위하여 이 세상에 태어난 것인데, 그들이 그 일을 게을리하게 되면 저주를 받을 수밖에 없다(10절). 그런 자는 이 세상에 존재할 이유를 상실한 것이다. 사람들은 게으름을 죄로 여기지도 않으나 하나님께서는 그것을 큰 죄로 규정하신다. 그러므로 심판 때까지도 계속 잘못하는 죄인들을 가리켜 "악하고 게으른 종"이라는 표현을 사용한 것이다(마 25:26; 참조. 10절 해석).

하나님께서 바벨론을 일으키신 목적은 그 나라를 통하여 그 시대에 죄악이 가득하여 넘쳐흐르는 나라들을 징벌하시기 위함이었다. 그러한 징벌은 전쟁을 통해 실행되는 것인데, 그처럼 의로운 전쟁을 게으르게 치를 수는 없는 것이다. 그러므로 바벨론이 그 일을 게을리한다면 그 나라는 저주를 받아야 하는 것이었다. 하나님께서는 의로운 전쟁을 도와주시는 일이 많다(참조. 히 11:33). 우리 신자들에게도 치러야 할 전쟁이 있는데, 그것은 마귀를 대항하여 싸우는 영적 전쟁이다(엡 6:12). 우리가 치르는 영적 전투는 하나님의 지고한 명령에 따른 것이니 이 전쟁을 게을리하게 되면 저주를 초래한다.

3. 오랫동안 평안하였다고 해서 언제까지나 그럴 것이라고 믿어서는 안

된다. 왜냐하면 그렇게 장구한 세월 동안 평안히 지내는 자들도 모두 세상 만물을 주관하시는 하나님의 손안에 있기 때문이다. 그들에게도 하나님께 심판받아 환난을 피하지 못하는 순간이 찾아오고야 만다(11-12절).

4. 우상숭배는 언제나 사람에게 수치와 실패를 가져온다. 왜냐하면 우상은 사람이 의지할 만한 대상이 되지 못하는데도 사람들이 그것을 의지하기 때문이다. 의지하지 못할 것을 의지하는 자들에게는 결국 거꾸러질 일밖에 남아 있지 않다(13절).

5. 회개하지 않는 자들은 죄로 인하여 마음이 어두워져서 마침내 발광하다가 거꾸러지고야 만다. 이는 마치 술을 마시는 사람이 계속하여 마시다가 결국은 취하여 거꾸러지는 것과 마찬가지다(26절).

6. 하나님께서 택하신 백성을 멸시하며 조롱하는 자들은 마침내 하나님으로부터 참혹한 보응을 받는다(27-28절).

7. 교만은 패망의 앞잡이다(잠 16:18). 모압이 망한 이유도 바로 이러한 죄악 때문이었다(29-30절).

8. 불신자들은 하나님을 잃어버린 비참한 사실로 인하여 슬퍼할 줄은 모르고 고작 물질 때문에 운다(31-39절). 모압 사람들은 여름 과일과 포도의 파멸로 인하여 울었고(32절). 또한 수원지가 말라버렸다는 이유로 울었다(34절). 그러나 선지자가 울었던 이유는 그들의 멸망을 보았기 때문이었다(31절).

9. 하나님께서 선지자를 통하여 예언하신 일들은 그대로 이루어지고야

마는데, 그 예언은 사실상 역사적 사실과 동일하게 다루어져야 하고 또한 믿어야만 할 것이다. 42절 해석을 참조하라.

10. 사람이 죄를 범한 후에 그 자리를 피한다고 해서 죄악의 문제가 없어지는 것은 아니다. 하나님의 심판은 마침내 죄인을 따라잡는다(43-44절).

제 49 장

✤ 내용분해

1. 암몬 심판에 대한 예언(1-6절)
   1) 이스라엘 땅을 점령한 죄(1절)
   2) 자원을 의뢰한 죄(4절)
2. 에돔 심판에 대한 예언(7-22절)
3. 다메섹 심판에 대한 예언(23-27절)
4. 게달과 하솔 심판에 대한 예언(28-33절)
5. 엘람 심판 예언(34-38절)과 회복에 대한 예언(39절)

✤ 해석

1 암몬 자손에 대한 말씀이라 여호와께서 이와 같이 말씀하시되 이스라엘이 자식이 없느냐 상속자가 없느냐 말감이 갓을 점령하며 그 백성이 그 성읍들에 사는 것은 어찌 됨이냐. "암몬 자손"은 요단강 건너편에 있는 두 지파 반의 영토에 인접하고 있었

던 민족이었다. 그 민족은 이스라엘을 오랫동안 괴롭혀 온 숙적이었다. ① 사사 시대에도 이스라엘 민족을 18년 동안 괴롭혔었고(삿 10:7 이하; 11:4-33), ② 사무엘 시대에 그 나라 왕 나하스가 침입해왔으나 사울의 손에 패배당했고(삼상 2장), ③ 다윗 시대에는 다윗 왕이 보낸 사신들을 모욕하여 부끄러움을 안겨주었고, 그리고 마침내 이스라엘을 침략하였으나 군사령관 요압의 손에 패배를 당했다(삼하 10:1-11:1; 12:26-31). ④ 여호사밧 시대에 모압과 합세하여 유다를 침략하였고(대하 20장), ⑤ 이스라엘이 아람 왕국의 손에 압제를 당할 때 암몬 족속은 이스라엘을 괴롭게 하였고(암 1:13-15), ⑥ 앗수르가 이스라엘 민족을 사로잡아 가는 틈을 타서, 암몬 족속은 이스라엘의 갓 지파와 르우벤 지파의 땅을 빼앗았다(왕하 15:29; 대상 5:26). 암몬 자손의 이와 같은 도발 행위 때문에 예레미야는 그들을 향하여 "이스라엘이 자식이 없느냐 상속자가 없느냐"라고 책망하는 말을 하게 되었다. 말하자면 이스라엘 땅을 이스라엘 백성들이 차지하도록 그들을 다스릴 후계자가 없는 것도 아닌데, 암몬 자손은 어찌하여 이스라엘 땅을 차지하려고 번번이 침략해 왔는가 하는 뜻이었다. 여기서 우리는 하나님께서 죄인을 벌하시는 일에서도 오래 참으시다가 마침내 그들을 심판하신다는 사실을 깨달을 수 있다. 암몬 자손이 그렇게 기나긴 세월을 지나오면서 끊임없이 이스라엘 민족을 도발하고 그들의 땅에 침략해 왔으나 이제는 마침내 그들이 심판받을 날이 오게 되리라는 것이다.

"말감"(מַלְכָּם)이라는 단어는 "몰록"이라는 우상과 동일한 어근에서 파생된 용어다(참조. 왕상 11:7; 레 18:21). 그렇다면 본문에서 "말감이 갓을 점령하며"라는 문구는 "말감"이라고 불리는 우상을 섬기는 암몬 족속이 이스라엘 백성에게 속한 "갓" 지방을 점령하였다는 뜻이다. 하나님께서는 그와 같은 침략을 부당하게 여기신다.

2 여기서 이른바 "**랍바**"는 암몬의 수도를 가리키는데, 이 도시는 얍복

강 인근에 자리 잡고 있으며 요단강에서 동쪽으로 35킬로미터쯤 떨어진 곳이다. 본 절의 예언은 유대인 역사가 요세푸스(Josephus)의 말대로 바벨론 왕 느부갓네살이 예루살렘을 멸망시킨 지 5년이 지난 후에 암몬 족속을 정복하는 사건을 통해 성취되었다고 한다.

랍바는 폐허더미 언덕이 되겠고. 여기서 예언한 대로 암몬은 마침내 국가의 형태를 지속하지 못하였다. 그 족속은 오리게네스(Origen)가 말한 대로 후대에는 다만 일반적으로 아라비아라는 광범위한 지명에 포함되는 것으로 여겨져 왔을 뿐이다(Delitzsch). 이렇게 하나님의 예언은 정확하게 성취된다.

3 헤스본아 슬피 울지어다 아이가 황폐하였도다 너희 랍바의 딸들아 부르짖을지어다 굵은 베를 감고 애통하며 울타리 가운데에서 허둥지둥할지어다 말감과 그 제사장들과 그 고관들이 다 사로잡혀 가리로다. "헤스본"은 본래 아모리 족속의 땅이었으나(민 21:26), 후에 암몬 족속이 점령하였다. "아이"라는 도시의 역사에 대하여는 알 길이 없으나, 이곳 역시 암몬 지방에 포함되어 있었다. "랍바의 딸들"이라는 표현은 그 지역의 거주민들을 가리키는 시적 표현이다. "울타리 가운데에서 허둥지둥할지어다"라는 표현은 바벨론 군대가 침공해 들어왔을 때 그들이 울타리들 사이에 숨어서 도망치는 모습을 묘사한 것이다. 이 울타리들은 들판의 농경지들을 두르고 있는 경계였을 것이다. "말감"이라는 단어에 대하여는 1절 해석을 참조하라.

4 패역한 딸아 어찌하여 골짜기 곧 네 흐르는 골짜기를 자랑하느냐 네가 어찌하여 재물을 의뢰하여 말하기를 누가 내게 대적하여 오리요 하느냐. "패역한 딸"이라는 표현은 타락한 암몬 족속을 가리키는 시적 표현이다. "골짜기 곧 네 흐르는 골짜기"라는 말은 과일과 농작물의 소출이 풍부한 골짜기를 가리키는 표현이다. 암몬 땅에는 골짜기가 많이 있었다. 암몬은 오랜 세월 동안 풍부한 자원을 보유하고 있으면서 외국의 침략을 두려워하지 않았는데, "누가 내게 대적하여 오리요"라는 문구가 그런 의미를 담고 있다. 이들 민족은 하나님을 의지하지

않고 오직 그들이 소유한 재물만을 의지하면서 오랫동안 교만하게 살아왔다. 그러나 마침내 하나님께서 이와 같은 교만을 벌하시는 날이 찾아오고야 말았다.

5 주 만군의 여호와의 말씀이니라 보라 내가 두려움을 네 사방에서 네게 오게 하리니 너희 각 사람이 앞으로 쫓겨 나갈 것이요 도망하는 자들을 모을 자가 없으리라. 하나님께서는 스스로 안전하다고 생각하던 암몬 족속에게 "두려움", 다시 말해 침략군을 사방에서 보내시리라고 경고하신다. 하나님께서는 이처럼 하나님 외에 다른 것을 의지하는 교만한 죄를 벌하심에 있어서 이렇게도 정확하시다. 스스로 평안하다고 자만하는 자들에 대하여 하나님께서는 그들을 두렵게 하는 심판의 날을 예비하시고 마주하게 하신다. "앞으로 쫓겨 나갈 것이요"라는 문구는 이것저것을 돌아볼 여유도 없이 아주 급하게 도망하는 모습을 묘사한다.

6 그러나 그 후에 내가 암몬 자손의 포로를 돌아가게 하리라 여호와의 말씀이니라. 이 말씀은 고레스 왕 때에도 성취되었지만, 특별히 영적으로 신약 시대의 복음 운동으로 말미암아 그 민족 가운데서도 하나님께로 돌아오는 사람들이 나타날 것을 가리킨다.

7-22절. 여기서부터는 에돔에 대한 예언이다. ① "데만"(여기서는 에돔을 가리킴)의 지혜로도 그 나라의 멸망을 면할 수 없을 것이다(7-13절). ② 에돔은 지리적으로 유리한 형세를 굳게 믿고서 하나님을 의뢰하지 않은 죄로 인하여 마침내 멸망할 것이며 지나가는 자들에게 비웃음거리가 되고 말 것이다(14-18절). ③ 하나님께서 마치 사자가 갑자기 수풀에서 뛰쳐나오는 것처럼 에돔을 벌하실 일에 대하여 말씀한다(19-22절).

7 에돔에 대한 말씀이라 만군의 여호와께서 이와 같이 말씀하시되 데만에 다시는 지혜가 없게 되었느냐 명철한 자에게 책략이 끊어졌느냐 그들의 지혜가 없어졌느냐. "에돔"

은 에서의 자손들로 이루어진 나라인데, 그들의 터전은 산악지역이었고 그들 가운데는 동굴에 거주하는 자들도 있었다. "데만"은 에서의 첫 손자(창 36:11, 15)이며 에돔을 가리키는 별칭으로 사용된다. 이 민족은 뛰어난 지혜로 이름을 날렸던 것으로 보인다(욥 4:1; 옵 1:8). 인간의 지혜가 일시적으로 세상일을 하는 데는 도움을 줄지 모르나 하나님의 지혜 앞에서는 아무것도 아니다. 인간이 자기 지혜를 믿고서 하나님을 무시하다가는 마침내 하나님의 심판을 받아 그들이 의지하던 지혜가 무용지물이 되고 만다. 태양이 떠오르면 등불이 무슨 소용이 있겠는가.

8 드단 주민아 돌이켜 도망할지어다 깊은 곳에 숨을지어다 내가 에서의 재난을 그에게 닥치게 하여 그를 벌할 때가 이르게 하리로다. 여기서 "드단"은 아브라함과 그두라의 손자인데(창 25:1-3), 드단 주민은 에돔 남쪽에 살고 있다가 후에 에돔에 의해 점령되었다. 그러므로 드단 역시 에돔 국가를 가리키는 명칭이다. "깊은 곳에 숨을지어다"라는 말씀은 이제 바벨론 군대가 침략할 것이므로 그들 민족은 외지고 깊은 산중으로 피난할 수밖에 없다는 뜻이다. 에돔이 이렇게 패망하게 되는 일은 바벨론 군대가 침략할 때 성취되었다. 그러나 그 나라가 완전히 멸절되는 일은 후에 로마 제국 군대의 침략을 통해 완수되었다(Delitzsch). "에서의 재난"이라는 말은 에돔이 감당해야 할 바벨론의 침략을 의미한다.

9-10 여기서 선지자는 에돔 나라가 완전히 멸절하게 되리라는 점에 대하여 실례를 들어 설명한다. 말하자면 **"포도를 거두는 자들"**이 조금의 열매도 남기지 않고 모두 다 가져가고 **"밤에 도둑이 오면"** 욕심을 채우기까지 모든 것을 노략하는 것과 같이 에돔, 곧 에서도 바벨론의 침략을 비롯하여 여러 나라들에 의해 침략당할 때 그들 국가의 형태가 완전히 사라지게 될 것이라는 뜻이다.

11 네 고아들을 버려도 내가 그들을 살리리라 네 과부들은 나를 의지할 것이니라. 위에 말한 것과 같이, 형태를 갖춘 국가로서의 에돔은 완전히 사라질 것이지만 그

나라의 고아들과 과부들은 하나님께서 보호하시겠다고 약속하신다. 이것을 보면 하나님께서는 진노 가운데서도 긍휼을 기억하심을 알 수 있다(합 3:2하). 그러므로 목숨이 다하여 세상을 떠나는 자들은 이러한 하나님의 약속에 의지하여 세상에 남겨 놓은 외로운 자녀들을 하나님께 맡길 수 있다.

12 여호와께서 이와 같이 말씀하시니라 보라 술잔을 마시는 습관이 없는 자도 반드시 마시겠거든 네가 형벌을 온전히 면하겠느냐 면하지 못하리니 너는 반드시 마시리라. 여기서 이른바 "잔"(כּוֹס "코스")이라는 용어는 패망의 쓴잔을 의미한다. 그리고 "술잔을 마시는 습관이 없는 자"라는 표현은 하나님께서 택하신 백성, 다시 말해 유다 민족을 가리킨다. 유다 민족은 하나님의 특별한 은총을 입은 자이므로 하나님께서 그들에게는 패망의 잔을 주시지 않을 것이다. 그러나 그들도 죄를 회개하지 않았으므로 바벨론 군대의 침략을 받아 패망을 당하게 되었다. 이것은 하나님의 공의로운 성품에 따른 귀결이다. 하나님은 이렇게도 공의로우신데 죄악이 가득하여 흘러넘치는 에돔이 어찌 망하지 않을 수 있겠는가 하는 것이 본 절의 논조다. 이런 논조는 베드로전서 4:17-18의 말씀과 일맥상통한다. 베드로 사도는 말하기를, "하나님의 집에서 심판을 시작할 때가 되었나니 만일 우리에게 먼저 하면 하나님의 복음을 순종하지 아니하는 자들의 그 마지막은 어떠하며 또 의인이 겨우 구원을 받으면 경건하지 아니한 자와 죄인은 어디에 서리요"라고 하였다.

13 "보스라"는 에돔의 북쪽에 위치한 도시인데(창 36:33; 사 34:6; 암 1:12), 암석들로 이루어진 언덕 위에 자리 잡은 견고한 도시였다. 이처럼 견고한 성도 하나님의 심판을 대행하는 침략군 앞에서는 손도 써보지 못하고 어찌할 수 없이 패망하고 만다.

14-15 이 두 구절은 오바댜 1:1-2의 말씀과 유사하다. 바벨론이 일어나 에돔을 치게 되는 것은 결코 우연한 일이 아니다. 그것은 하나님께서 바벨론과 그 위성국가들을 동원하셔서 행하신 결과였다. 하나님께서 불의한 나라

를 징계하실 때 다른 나라들을 동원하셔서 그 일을 수행하신다. 하나님의 징계라고 해서 반드시 하늘에서 직접 불이 내려오는 것 같은 이적으로만 이루어지는 것은 아니다. 징계는 흔히 일반적인 섭리의 방법을 통하여 임하는 것이다. 어떤 나라가 다른 나라를 공격하여 멸망시키는 것과 같은 일도 그런 종류의 일에 속한다. 그러나 그것도 모두 하나님의 손안에서 이루어지는 일이다. "**사절을 여러 나라 가운데**" 보낸다는 말은 하나님께서 천사를 그들 가운데 보내셔서 에돔을 공격하게 만드신다는 뜻이다. "**여러 나라 가운데에서 작아지게 하였고 사람들 가운데에서 멸시를 받게 하였**"다는 말은 하나님께서 에돔을 모든 나라 앞에서 패망하게 만드실 것이 확실하다는 뜻이다.

16 에돔은 산악지역에 자리 잡은 나라이므로 그곳 주민들은 일반적으로 동굴에 거주하였다. 그런 이유에서 에돔은 지형적으로 적의 공격에 안전하다고 느꼈으며 위세를 갖춘 나라로 자처하면서 교만하였다. 그러나 그들의 교만은 스스로 속는 우매한 일이었다. 교만한 자는 그 교만에 의하여 자기 앞길을 형통하게 할 수 있는 것처럼 도발한다. 그러나 교만은 패망의 선봉이니(잠 16:18), 그는 스스로 기만당한 것이다.

17 **에돔이 공포의 대상이 되리니 그리로 지나는 자마다 놀라며 그 모든 재앙으로 말미암아 탄식하리로다.** "에돔"은 본래 천혜의 요새로서 난공불락의 성읍이었으므로 다른 나라들이 쉽사리 공략하지 못했던 것이 사실이다. 그러나 하나님께서 바벨론 군대를 보내셔서 그 나라를 정복하게 하실 것이므로 이제는 "그리로 지나는 자", 다시 말해 외지에서 찾아온 여행자들이 놀랄 만큼 파괴를 당하고 폐허가 될 것이라고 말씀한다. 사람들은 너무 뜻밖의 일이 생기면 놀라게 된다. 특별히 오늘날 여행자들은 에돔의 폐허가 하나님의 예언대로 성취되었다는 사실을 깨닫고서 놀랄 수밖에 없다. 이처럼 놀랄 만한 사건은 하나님의 심판으로 말미암아 이루어진 일이라고 생각할 수밖에 없다.

18 에돔은 여기 예언된 말씀대로 소돔과 고모라처럼 역사의 무대에서

사라지고 말았다. 아라비아 사람들과 중세 시대의 십자군도 에돔의 도시였던 페트라(Petra)에 대해 아는 바가 없었으며, 19세기에 이르러서야 비로소 그 도시의 폐허가 발견되었다.

그 이웃 성읍들. 이것은 아드마와 스보임을 가리킨다. 창세기 10:19, 14:2, 8과 신명기 29:23을 참조하라.

19 예레미야는 여기서 바벨론을 "**사자**"에 비유하고 또한 그들을 가리켜 "**택한 자**"라고 부르기도 한다. "사자"는 무지막지하여서 인정사정 봐주지 않고 사냥감을 물어 찢어놓는데, 예레미야는 바벨론 군대도 사자와 같을 것이라고 말한다. "택한 자"라는 표현이 여기서는 바벨론 군대를 가리키는데, 말하자면 그들은 하나님께서 에돔을 멸하시기 위해 택하여 세우신 자라는 뜻이다. 하나님께서 세우신 자를 인간의 힘으로 물리칠 수 없다는 것은 명백하다. 이런 의미에서 하나님께서 말씀하시기를, "**나와 같은 자 누구며 나와 더불어 다툴 자 누구며 내 앞에 설 목자가 누구냐**"라고 하신다.

20-22 그런즉 에돔에 대한 여호와의 의도와 데만 주민에 대하여 결심하신 여호와의 계획을 들으라. 이 말씀을 보면 하나님께서는 택하신 백성들뿐만 아니라 이방 민족들에 대해서도 그들의 모든 일을 주장하신다는 사실을 알 수 있다. 이방 민족들도 하나님의 장중에 있다.

양 떼의 어린 것들을 그들이 반드시 끌고 다니며 괴롭히고(אִם־לֹא יִסְחָבוּם צְעִירֵי הַצֹּאן). 여기 사용된 히브리어 문구를 문자적으로 번역하면, "양 떼의 어린것들이 그들을 반드시 끌어가고"라는 뜻이 된다. 말하자면 양 떼 가운데 어린것들과 같은 약한 세력도 에돔 민족을 사로잡아 갈 수 있다는 뜻이다. 그렇게 되는 이유는 하나님께서 에돔을 멸망시키려고 뜻을 정하셨기 때문이다(20상). 그러므로 언제든지 모든 문제는 하나님에게서 해결된다. 하나님은 약한 것을 가지시고도 강한 것을 부끄럽게 하실 수 있다.

그들이 넘어지는 소리에 땅이 진동하며. "에돔"은 작은 나라이지만, 그들이 거주하는 땅의 지형이 험준하여서 외국의 세력이 쉽사리 접근하기 어려웠다. 하지만 그러한 악조건에도 불구하고 그들이 머지않은 장래에 바벨론의 침략군 앞에 넘어지게 된다면, 원근 각국은 그로 인하여 놀라게 될 것이다. 그 민족이 망하면서 슬피 울부짖는 소리는 그 나라로부터 상당히 멀리 떨어진 홍해에까지 들릴 것이라고 한다.

원수가 독수리 같이 날아와서. 말하자면 바벨론 군대가 에돔을 침략한다는 것은 너무도 예상치 못한 일이며 또한 급작스러운 일이라는 의미이다. 왜냐하면 에돔은 본래 바벨론과 우호적인 관계를 유지해오고 있었기 때문이다. 에돔이 이같이 예상치 못한 침략을 당하게 된 것은 하나님께서 내리시는 벌이었다. 하나님이 그 나라를 버리셨으므로 그 나라의 용사들은 자기들도 모르게 겁을 먹고 마음이 약해져서 마치 여인이 해산할 때 "진통하는" 것과 같이 될 것이라고 말씀한다.

23-27절. 이 구절들은 다메섹에 대한 예언이다.

23 "**다메섹**"은 앗수르로 말미암아 멸망하였던 과거가 있었으나 후에 다시 일어났다. 여기에 기록된 예레미야의 예언은 이처럼 다시 일어난 다메섹에 대한 것이다. 이곳에 기록된 예언은 느부갓네살 왕이 예루살렘을 멸망시킨 지 5년 후에 성취되었다고 한다(Josephus 10, 9, 7). "**하맛**"은 다메섹 북쪽에 있는 도시인데, 솔로몬 시대에는 이스라엘 나라의 영토였다는 사실을 성경에서 확인할 수 있다(대하 8:4; 왕상 4:21-24; 삼하 8:9 이하). "**아르밧**"은 하맛의 북쪽에 자리 잡은 도시인데, 본래는 솔로몬 왕국의 일부분이었다(왕하 18:34; 19:13; 사 10:9; 36:19; 73:13). 다메섹이 멸망할 때는 거기 포함된 "하맛"과 "아르밧" 역시 수치와 실망을 경험하게 된다.

바닷가에서 비틀거리며 (בַּיָּם דְּאָגָה). 이 말은 사람의 마음이 바다 물결과 같이 요동하고 평화가 없게 될 것을 비유한다고 한다(Calvin).

24 다메섹이 피곤하여 몸을 돌이켜 달아나려 하니 떨림이 그를 움켜잡고 해산하는 여인 같이 고통과 슬픔이 그를 사로잡았도다. 본 절은 다메섹이 바벨론의 침략을 당하여 여지없이 패배하고 곤경에 처하게 되리라는 것을 진술한다.

"피곤하여 몸을 돌이켜 달아나려 하니." 이것은 그 민족이 약하여져서 도망치게 될 것을 의미한다.

"떨림이 그를 움켜잡고 해산하는 여인 같이 고통과 슬픔이 그를 잡았도다." 이 말씀은 그 민족이 당하는 전쟁의 재앙이 너무도 돌연한 고통이리라는 점을 보여 준다(Calvin). 하나님을 의뢰하지 않고 자기 힘만 믿고서 스스로 안전을 지킬 수 있다고 생각하는 자에게는 하나님의 심판이 들이닥치는 날이 찾아오게 되는데, 그때 그들은 그러한 심판을 갑작스러운 것으로 여길 것이 분명하다(살전 5:3).

25 어찌하여 찬송의 성읍, 나의 즐거운 성읍이 버린 것이 되었느냐. "찬송의 성읍"(עִיר תְּהִלָּה "이르 테힐라")은 다메섹을 가리키는데, 그 도시가 너무도 아름답다는 이유에서 그렇게 불렸다. "나의 즐거운 성읍"이라는 표현도 동일한 맥락이다. 아무리 아름다운 도시라도 범죄할 때에는 하나님께서 아끼지 않으시고 벌하신다.

"어찌하여…버린 것이 되었느냐". 이 말은 물론 버린 것이 된다는 의미인데, 그것을 더 부각하여 강렬하게 말하는 표현법이다.

26-27 다메섹의 "**장정들**(군인들)**은 그 거리에 엎드러지겠고**", "**벤하닷**(수리아와 아람 왕국의 통치자를 가리키는 호칭)**의 궁전이 불타리라**"라는 문구는 그 나라의 국운이 다했다는 것을 지적하는 표현이다.

28-33절. 이 구절들은 사막 지방의 게달과 하솔이 바벨론의 침략으로 말미암아 멸망할 것을 예언한다. 이 두 족속은 이스라엘의 동쪽에 있었다. 하나님의 심판은 때가 도래하기만 하면 강력하고 유명한 국가들에 대해서만 아

니라, 별로 알려지지도 않은 사막 지방의 민족들에게도 임하게 되는 법이다. 하나님의 심판은 겉모습에 따라 시행되는 것이 아니라 공의에 따라 시행되는 것이므로, 사람들에게 알려지지 않은 감춰진 자들 역시 그 심판을 피하지 못한다.

28-29 "게달"은 이스마엘 자손인데(창 25:13), 암몬 족속의 동쪽에 거주하면서(사 42:11) 두로와 더불어 교역을 진행하기도 하였었다(겔 27:21; 사 21:16-17; 60:7).

너희는 그들의 장막과 양 떼를 빼앗으며 휘장과 모든 기구와 낙타를 빼앗아다가 소유로 삼고. 이것은 사막 민족의 재산에 대한 침략을 의미한다. 죄인들이 하나님의 벌을 받을 때는 그들이 의뢰하던 것이 무엇이었든지, 천한 것이든지 혹은 귀한 것이든지 모두 빼앗기고 만다(사 3:1-3).

30 "하솔"이 어떤 민족인지에 대해서는 오늘날 전혀 알려지지 않았다. 하나님께서는 이렇게 알려지지 않은 민족도 공의에 따라 심판하신다.

멀리 가서 깊은 곳에 살라 이는 바벨론의 느부갓네살 왕이 너를 칠 모략과 너를 칠 계책을 세웠음이라. "멀리 가서 깊은 곳에 살라"라고 말했지만, 그렇게 한다고 해서 그들이 구원받는다는 뜻은 아니다. 다만 그들이 당하는 전쟁의 재앙으로 인하여 그처럼 피신하게 되리라는 사실을 여기서 밝히는 것일 뿐이다. 도시를 중심으로 세워진 국가에서는 군사 시설을 동원하여 외적의 침공을 방어하기 때문에 침략군이 쳐들어오기가 곤란하다. 그러나 사막 민족들은 사막이 광대한 지역이므로 군사들이 적군에게 쉽사리 포로로 사로잡히지 않는다. 그러므로 하나님은 여기서 느부갓네살의 모략과 계책이 얼마나 놀라운 것인지에 대하여 말씀하신다. 느부갓네살 왕이 아라비아의 사막 민족들을 어떤 방법으로 정복했는가에 관해서는 자세히 밝힐 수 없으나, 유대인 역사가 요세푸스(Josephus)는 로마 역사가 베로수스(Berosus)의 기록을 인용하여 다음과 같은 역사적 사실을 알려주고 있다. 그는 말하기를, "느부갓네살 왕이 애굽과 수리아와 베니게와 아라비아를 정복하였다"라고 하였다(κρατῆσαι δέ φησι τὸν Βαβυλώνιον ,ἱὲ Νεβυχαδνεζζαρ. Αἰγύπτού Συρίας Φοινίκης' Αραβία, Contra Apionem i.19).

31 여호와의 말씀이니라 너는 일어나 고요하고도 평안히 사는 백성 곧 성문이나 문빗장이 없이 홀로 사는 국민을 치라. 하솔 민족은 사막에 거하는 관계로 성벽을 건축할 필요도 없이 평안하게 거주할 수 있었다. 왜냐하면 사막은 너무나 광대한 곳이기 때문에 어느 민족이 어디에 정착하고 있는지 파악하기도 어렵고 또한 알더라도 여행하기에 곤란하였기 때문에 그곳에 사는 민족들은 비교적 외국의 침략을 적게 받았다.

32 그들의 낙타들은 노략물이 되겠고 그들의 많은 가축은 탈취를 당할 것이라. 위의 29절에 있는 이와 유사한 문구에 대한 해석을 참조하라.

그 살쩍을 깎는 자들. 이 문구는 히브리어로 "케추체 페아"(קְצוּצֵי פֵאָה)인데, 칼빈(Calvin)은 이것을 번역하기를 "극히 멀리 있는 끝 지방"(the utmost corners)을 의미한다고 하였다. 그렇다면 이것은 사막 내륙 깊숙한 지방에 사는 민족을 의미한다.

33 본 절은 하솔 민족이 완전히 멸절될 것이라고 예언한다.

34-39 이 구절들은 엘람이 하나님의 징계를 받아 패망할 것이라고 예언하는데, 어떤 학자들은 이것이 느부갓네살 왕이 엘람을 정복하리라는 예언이라고 해석하나 확실히 말하기는 어렵다.

"엘람"은 셈 족속에 속하는데(창 10:22), 페르시아만의 동쪽과 북쪽 땅을 점령하고 있었다. 그들의 수도는 수산 성이었는데(느 1:1; 에 1:2, 5; 단 8:2). 바벨론의 동쪽에 자리하고 있었다. 아브라함 시대에는 그돌라오멜이 그 나라의 왕이었다(창 14:1-11). 엘람은 여러 세기 동안 바벨론이나 앗수르와 더불어 싸워 승리하였다(BC 668-626). 그러나 이사야 22:6에 따르면 엘람은 히스기야를 침공하는 원정에서 앗수르의 맹방이 되었고, 이사야 21:2-6을 보면 바벨론을 정복하는 일에 있어서 엘람은 메대와 동맹을 맺었다. 그 후에 고레스 왕 때에 엘람은 메대와 합병하였다. 여기 기록된 예레미야의 예언은 고레스 왕으로 말미암아 엘람이 메대에 복속하게 되었던 역사적 사건을 가리키는 듯하다.

활을 꺾을 것이요(35절). 엘람은 궁술로 유명하였다. 그러나 그 민족이 의뢰하던 이것이 하나님으로 말미암아 꺾이게 되는 날이 찾아올 것이다. 하나님께서는 사람들이 하나님을 의뢰하지 않고 그 대신 다른 것들을 믿고 의지할 때 그들이 의뢰하는 대상을 무너뜨리신다(사 3:1-3).

하늘의 사방에서부터 사방 바람을 엘람에 오게 하여(36절). 여기서 이른바 "하늘의 사방"이라는 표현은, 그러한 환난이 우연히 발생한 것이 아니고 하나님의 징벌로서 임한 것이라는 사실을 보여 준다. "바람"은 환난을 상징한다.

엘람에서 쫓겨난 자가 가지 않는 나라가 없으리라(36절). "엘람"의 역사를 살펴보면 그들은 전쟁에서 많은 승리를 거두었음을 알 수 있다. 위의 34-39절에 대한 서론적 해석을 참조하라. 이렇게 전쟁에서 승리하게 되리라고 오래전부터 확신해왔던 엘람이 실제로는 무기력하게 패배당하고 산산이 흩어지는 날도 도래할 것이다. 이처럼 이생에 속한 세상일은 반드시 전환기를 맞이하게 되고 만다. 그러므로 승리하는 자는 실패할 때가 다시 임할 것을 명심하고 겸손하게 생각하고 말해야 한다.

놀라게 할 것이며(37절). 엘람이 당하는 환난은 하나님께서 내리시는 벌이니만큼, 사람들이 흔히 예상하던 바와는 너무도 달라서 놀랄 수밖에 없다. 하나님께서 벌을 내리실 때는 사람들이 자신했던 힘과 능력도 헛되어지기 때문에 놀라지 않을 수 없다.

말일에 이르러 내가 엘람의 포로를 돌아가게 하리라(39절). 이것은 하나님께서 신약 시대에 그리스도로 말미암아 엘람 민족 가운데서도 택하신 백성을 구원하시게 될 것을 예언한다(행 2:9).

| 설교자료

1. 죄인들에 대한 하나님의 보복은 마침내 반드시 찾아오고야 만다(1-2절).

2. 사람이 무엇을 자랑하고 의지하든지 하나님께서 그것을 빼앗을 날이 오고야 만다(4-5절).

3. 하나님께서는 진노 중에도 긍휼을 기억하셔서 벌을 내리셨던 자들을 다시 회복하시는 날이 도래한다(6절).

4. 데만은 지혜를 의지하고 드단은 깊은 데를 의지하나, 그 두 가지가 모두 쓸데없이 되는 날이 오고야 만다. 왜냐하면 하나님께서 심판하실 때는 아무것도 견딜 수 없기 때문이다(7-8절).

5. 하나님의 심판은 공정하여 그에게 은혜를 받았던 자들이라도 죄악을 행한 것만큼은 이 세상에서 심판을 면하지 못한다. 그러므로 불신자들은 더더욱 누구든지 심판을 면할 수 없다(12절).

6. 이 세상의 질서에 따르면, 한 국가가 죄악이 가득하여 흘러넘치게 되면 다른 나라들의 손에 공격당하는 일이 있는데, 그것은 우연한 일이 아니라 하나님으로 말미암아 이루어지는 일이다(14절).

7. 에돔은 산악지역에 자리 잡고 있어서 적군의 침략을 두려워하지 않았다. 그 나라 사람들은 국방에 유리한 지리적 조건을 갖추고 있었으므로 하나님보다도 바위틈과 산꼭대기를 자랑하였다. 그러나 그것은 스스로 속아 넘

어가는 교만이었다. 왜냐하면, 하나님께서는 우리가 하나님 외에 다른 것만을 절대적으로 의지할 때 그렇게 행하는 자를 벌하시겠다고 말씀하셨기 때문이다(16절). 이사야 3:1-3을 참조하라. 하나님께서 도와주실 때는 약한 자로서도 강한 자를 부끄럽게 할 수 있다(20절).

8. 하나님을 믿지 않는 나라들이 혹시 가장 아름다운 낙원을 이루었다 하더라도, 그들에게는 죄의 대가로 패망하는 날이 반드시 찾아오고야 만다 (25절).

9. 하나님께서 죄인들을 벌하실 때는 그들이 자신들의 처지에서 의지하던 모든 것을 소용없이 만드신다. 사막에 거주하는 민족들은 목축에 의존하였는데 그것이 소용없을 날이 찾아올 것이고(29절), 사막의 깊은 곳을 의지하였는데 그것도 소용없는 것이 될 것이고(30절), 사막의 넓은 지역 전략상의 요충지로 의지하였는데, 그것도 소용없이 되어버릴 것이다(31절).

10. 아무리 전술에 뛰어나서 전쟁에 패배한 일이 많지 않은 민족이라도, 그들이 하나님을 의지하지 않고 그들의 뛰어난 전술을 의지하였으니만큼, 그러한 죄에 대한 대가로 그들은 마침내 전쟁에서 패배를 경험하고 사방으로 흩어지게 되는 심판을 받는다(35-36절). 하나님께서 어떤 자들에게는 수시로 징계를 내리시는 한편(잠 29:1) 어떤 자들에 대해서는 오래 참으시다가 결정적인 순간에 한꺼번에 심판하시기도 하신다. 로마서 2:4-5에 말하기를, "혹 네가 하나님의 인자하심이 너를 인도하여 회개하게 하심을 알지 못하여 그의 인자하심과 용납하심과 길이 참으심이 풍성함을 멸시하느냐 다만 네 고집과 회개하지 아니한 마음을 따라 진노의 날 곧 하나님의 의로우신 심판이 나타나는 그 날에 임할 진노를 네게 쌓는도다"라고 하였다.

11. 하나님께서 장차 그리스도를 보내시어 인류를 구원하시는 범세계적인 구원 사역에 대해서는 구약성경에도 명시되어 있다. 이런 의미에서 엘람 족속도 국가로서는 멸망했으나 그리스도의 구원에 참여하게 되리라는 사실이 여기 예언되어 있다(39절). 이러한 예언이 성취되는 장면을 우리는 사도행전 2:9에서 목격할 수 있는데, 사도들이 전하는 복음을 들은 자들 가운데 엘람 사람들도 있었다.

제 50 장

✤ 내용분해

1. 바벨론의 멸망이 이스라엘의 구원이 됨(1-10절)
2. 바벨론의 수치가 이스라엘의 영광이 됨(11-20절)
3. 바벨론의 권세가 무너짐(21-28절)
4. 바벨론의 교만이 거꾸러짐(29-32절)
5. 이스라엘의 구속자이신 하나님께서 바벨론에 칼을 보내심(33-40절)
6. 바벨론이 북쪽에서 오는 원수로 말미암아 파멸됨(41-46절)

✤ 해석

1-2 여호와께서 선지자 예레미야에게 바벨론과 갈대아 사람의 땅에 대하여 하신 말씀이라 너희는 나라들 가운데에 전파하라 공포하라 깃발을 세우라 숨김이 없이 공포하여 이르라 바벨론이 함락되고 벨이 수치를 당하며 므로닥이 부스러지며 그 신상들은 수치를 당하며 우상들은 부스러진다 하라. 바벨론은 그 당시에 고대 근동의 패권을 쥐고 극도로

왕성하였다. 그러므로 이 나라의 멸망에 대하여 모든 나라를 향하여 미리 선포하는 것은 어려운 일이었다. 그러나 선지자는 천하를 주관하시는 전지전능하신 여호와 하나님의 명령에 의지하여 이 일을 담대히 선포하게 되었다. "너희는 나라들 가운데에 전파하라 공포하라 깃발을 세우라 숨김이 없이 공포하여 이르라"라고 여러 번 동일한 의미를 지닌 단어를 반복하는 목적은 그가 예언한 말씀의 내용이 너무도 확실하기 때문이다.

"벨"(בֵּל)은 바벨론에서 중요하게 여기는 신의 이름이며, "므로닥"(מְרֹדָךְ)이라는 이름도 모든 신들 가운데 으뜸으로 여겨지던 신의 칭호다. 이것들은 모두 다 거짓된 우상들이다. 바벨론의 멸망을 예언하기에 앞서서 먼저 이런 우상들이 파괴될 것이라고 선언하는 이유는 하나님께서 가장 미워하시는 일이 우상숭배이기 때문이다. 사람은 마땅히 하나님을 섬겨야 할 터인데, 하나님 대신 우상을 섬기는 것은 죄악의 근본이 된다. 여기서도 우리가 또다시 기억할 것은 우상숭배가 구약 시대에는 사람의 손으로 빚은 형상으로 표현되었으나 신약 시대에는 가시적인 대상이 아니라 사람의 심령 속에서 활동하는 무형의 사상을 가리킨다는 점이다. 우상숭배적인 사상이란 하나님보다 다른 대상을 더 사랑하는 탐심을 가리킨다(골 3:5).

3 여기서 말하는 **"북쪽에서"** 나오는 **"한 나라"**는 메대-바사 제국을 의미한다. 바벨론이 처음에 바사 왕 고레스의 손에 정복되었을 때는 피해가 적었다. 그러나 후에 바벨론이 메대-바사를 반역하고 다리오 왕이 이를 다시 진압했을 때는 그곳을 아주 황폐하게 만들었다.

4-5 유다 민족을 지나치게 압박한 죄의 대가로 바벨론은 멸망하고(슥 1:15), 유다 민족은 하나님의 위로를 받게 될 것이다. 바벨론에 사로잡혀 갔던 자들은 본국으로 돌아오리라고 예언한다.

그들이 울면서 그 길을 가며. 이것은 그들이 하나님의 은혜에 너무 감격하여 과거의 은혜를 회상하며 울게 될 것을 가리킨다. 하나님의 은혜를 받은 그들은 "**여호와께 구**"할 수 있도록 기도의 문이 열린다.

잊을 수 없는 영원한 언약으로 여호와와 연합하라. 그들이 본국으로 돌아가는 목적은 지금보다 행복한 생활을 영위하기 위한 것이 아니라, 여호와 하나님과 연합하려는 영적 회복을 위한 것이다. 그들의 마음이 이렇게 거룩함을 추구하는 것이 귀하다. 그들은 바벨론에 사로잡혀 있을 때 소망이 없는 것 같았으나, 이제 기대하지 못했던 해방을 맞이하고 보니 그들을 자기 백성으로 삼으시는 하나님의 언약이 지닌 영원성을 다시 상기하게 되었던 것이었다.

6 내 백성은 잃어 버린 양 떼로다 그 목자들이 그들을 곁길로 가게 하여 산으로 돌이키게 하였으므로 그들이 산에서 언덕으로 돌아다니며 쉴 곳을 잊었도다. 여기서는 유다 민족이 패망하게 되었던 원인을 돌이켜본다. 그들이 패망하게 된 원인은 다름 아니라 그들이 어리석은 지도자들의 잘못된 판단에 의존하여 이 산에서 저 산으로 옮겨 다니며 우상을 섬기는 일에 도취하였기 때문이었다. 그들은 우상을 섬기는 일을 통하여 아무런 만족도 얻지 못하였고 다만 이 우상에서 저 우상으로 옮겨 다니면서 끊임없이 그것들을 섬기기만 하였다. 우상숭배는 본질적으로 거짓된 것이므로 영적인 만족을 가져다주지 못한다.

7 그들을 만나는 자들은 그들을 삼키며 그의 대적은 말하기를 그들이 여호와 곧 의로운 처소시며 그의 조상들의 소망이신 여호와께 범죄하였음인즉 우리는 무죄하다 하였느니라. 여기서 예레미야 선지자가 말하고자 하는 바는 ① 이스라엘 백성이 원수들, 다시 말해 바벨론과 그 동맹국들 앞에서 부끄러움을 당할 만큼 커다란 죄악을 범했다는 점과, ② 이스라엘의 원수들도 유다를 침략하는 태도에 있어서는 죄를 범하였다는 것이다.

유다 민족의 원수들은 그들을 향하여 그 당시 선지자들이 지적하였던 옳은 말을 가지고 그들의 죄를 지적한다. "그들이 여호와 곧 의로운 처소시며 그의 조상들의 소망이신 여호와께 범죄하였"다는 말씀이 그런 의미다. 그들의 죄목은 하나님을 알지 못하던 이방인들에게까지 알려져서 일종의 구호처럼 선포된다. 이것을 보면 그들이 얼마나 심각하게 선지자들의 입을 통해 온 천하 사람들이 다 알아들을 만큼 그들의 죄에 대하여 책망받았는지를 알 수 있다. 그뿐 아니라 그들이 얼마나 완악하였는지에 대해서도 알 수 있다. 일이 이렇게까지 되었으므로 그들은 이제 하나님의 징계를 피할 수 없다.

본 절에 나타난 말씀을 자세히 살펴보면 이스라엘을 침략하였던 원수들도 범죄하고 있었다는 점을 깨달을 수 있다. 그들의 죄악은 다름 아니라 그들의 교만이었다. 그들이 유다 사람들의 죄를 노래처럼 입에 담으면서 마치 그들 자신에게는 죄가 없는 것처럼 처신했다. 그들은 그들 자신이 예루살렘 정복에 나서게 된 것이 하나님의 도구로 사용된 것이라는 사실을 알지 못하였다. 그들은 마땅히 자신들도 죄인이라는 마음가짐으로 겸허하게 예루살렘 정복을 실행했어야만 할 것이었다. 그러나 그들은 교만하게 행동하였다. "여호와 곧 의로운 처소"라는 표현에 대하여는 시편 90:1을 참조하라.

8 본 절에서는 사로잡혀 갔던 유다 사람들을 향하여 촉구하기를 바벨론에서 나오라고 말한다. 이것은 하나님의 명령이다. 하나님께서는 그들이 거기서 빠져나올 수 있도록 길을 열어 주셨고 이제는 거기서 나오라고 명령하신다.

양 떼에 앞서가는 숫염소 같이. 이 말은 유다 사람들이 서둘러 그들이 거주하던 땅에서 나오라는 뜻이다.

9-10 이 구절들은 바벨론에서 유다의 포로들을 해방할 나라에 대하여 진술한다. 그 나라는 우연히 일어나는 것이 아니고 하나님께서 사전에 계획하신 대로 일으키신다. 여기서 **"내가"**(אָנֹכִי "아노키")라는 단어가 이러한 이 사실을 보여 준다. **"큰 민족의 무리"**는 메대-바사 제국을 가리킨다.

11-13 **"나의 소유를 노략하는 자"**는 바벨론을 가리킨다. 바벨론은 하나님의 소유, 다시 말해 하나님께서 자신의 기업과 같이 귀중히 여기시는 이스라엘을 약탈하였으며, 또한 의기양양하게 교만한 마음으로 날뛰며 그들의 땅

을 침공하였었다. 그러한 사실을 11절 하반절에 나오는 "송아지 같이 발굽을 구르며 군마 같이 우는도다"라는 문구가 보여 주고 있다. "너희의 어머니"라는 말은 국가적인 형태를 갖춘 바벨론을 가리킨다. "너희를 낳은 자"라는 표현도 동일한 의미를 전달한다.

나라들 가운데의 마지막(אַחֲרִית גּוֹיִם). 이것은 하나님께서 택하신 백성을 침략하는 이방 나라들 가운데 최후의 강적을 뜻하는 표현이다. 한편 아말렉 족속은 이스라엘 민족의 역사에서 가장 이른 시기에 출현하였던 침략자였으므로 그들을 가리켜서는 "민족들의 으뜸"이라고 불렀다(민 24:20).

광야와 마른 땅과 거친 계곡이 될 것이며(מִדְבָּר צִיָּה וַעֲרָבָה). 이것은 바벨론이 그들의 죄에 대한 보응으로 받을 벌을 예언한다. 본문에서 예언한 대로 바벨론은 후세에 그 이름조차 보전하지 못하고 역사에서 완전히 사라지고 말았다.

14-16 여기서는 또다시 바벨론의 멸망이 그들의 죄로 말미암은 결과라는 점을 강조한다. 14절에 나오는 **"그가 여호와께 범죄하였음이라"**라는 문구와 15절에 나오는 **"이는 여호와께서 그가 행한 대로 그에게 내리시는 보복이라"**라는 문구가 모두 이러한 사실을 가리킨다. 하나님의 백성을 박해한 죄는 아무리 위대한 나라라도 완전히 멸망시킬 만큼 심각한 큰 것이다. "요새"라는 말은 전쟁의 근거지를 가리키는 용어다.

사람들이 그 압박하는 칼을 두려워하여 각기 동족에게로 돌아가며 고향으로 도망하리라. 이것은 바벨론에 거주하던 외국인들이 메대-바사로 말미암은 전쟁의 참화를 피하여 본국으로 돌아가게 될 것을 보여 준다.

17-18 여기서는 흩어진 양과 같이 세상에서는 의지할 언덕이 없는 이스라엘 민족이 강력한 나라들의 침략을 겪게 되었던 역사를 진술하는 동시에, 그 침략자들이 하나님의 징벌을 피할 수 없다는 사실도 보여 준다. 이스라엘은 주변의 강대국들에 비할 때 말할 수 없이 미약한 민족이었다. 그러나 하나님께서는 그러한 강대국들보다 오히려 이처럼 미약한 민족을 더 사랑하셨

다. 그러므로 강대국이라고 하여 하나님 앞에서 교만하게 행동해서는 안 되며 약소 민족이라고 하여 자포자기할 이유도 없다.

하나님은 미약한 이스라엘을 사랑하시기 때문에 그 민족의 죄악을 징계하신다(히 12:7-8). 강대국들은 다만 하나님께서 그 민족을 징계하실 때 잠시 채찍으로 사용된 것일 뿐이었다. 그런데도 그 강대국들이 교만하게 행동한 것은 죄악이었다. 따라서 그들도 하나님의 벌을 피하지 못한다.

19-20 여기서는 이스라엘의 원수 바벨론이 패망함에 따라(18절) 포로로 잡혀 왔었던 이스라엘 백성이 본국으로 돌아가게 될 것을 예언한다.

"**갈멜과 바산**"은 요단강의 동쪽과 서쪽 지대를 대표하는 지역들로서 아주 비옥한 곳이며 목초가 많이 난다. "**에브라임과 길르앗 산**"에도 목초가 풍성한 좋은 목장들이 있다. 이 문구들은 시적 표현으로서 이스라엘이 장차 받을 영적 축복을 비유한다. 이 구절들이 그와 같은 의미를 지닌 비유라는 사실은 20절 말씀을 보아도 알 수 있다.

그 날 그 때에는 이스라엘의 죄악을 찾을지라도 없겠고 유다의 죄를 찾을지라도 찾아내지 못하리니 이는 내가 남긴 자를 용서할 것임이라(20절). 이 구절은 하나님께서 이제는 그들의 죄악을 용서하시고 다시는 기억하지 아니하실 것을 보여 준다. 이 세상에는 성도들의 허물을 발견하여 드러내려고 애쓰는 자들이 많다(1:9; 2:4-5; 슥 3:1, 3; 롬 2:15; 계 12:10). 그러나 성도들은 이미 모든 죄악을 용서받았으니만큼 어느 누구도 그들을 다시 정죄하지 못한다(렘 31:34; 미 7:18-19; 엡 5:26-27).

21-22 "**므라다임**"(מְרָתַיִם)이라는 명칭은 사전적으로 "중복 반역"(double rebellion)을 의미하는데, 이 문맥에서는 바벨론 땅을 가리킨다. 그러나 일부 학자는 이것이 바벨론 남쪽을 의미한다고 주장한다. 그리고 "**브곳**"(פְּקוֹד)은 사전적으로 "처벌"을 의미하는데, 이 용어 역시 상징적으로 바벨론을 가리켰을 것이다(Delitzsch).

내가 너희에게 명령한 대로 다하라. 이것은 하나님께서 메대-바사에게 바벨론을 멸망시킬 사명을 주시는 말씀이다. 사람들은 모든 전쟁을 우연한 사건으로 여기지만, 성경은 특별히 의로운 전쟁을 일으키시는 원인자가 하나님이시라는 사실을 보여 준다. 물론 어떤 전쟁이 의로운 것인지 판별하는 일에는 신중한 태도를 유지해야 한다.

그 땅에 싸움의 소리와 큰 파멸이 있으리라. 이것은 바벨론 땅에 전쟁의 환난이 임할 것이라는 예언이다.

23 온 세계의 망치가 어찌 그리 꺾여 부서졌는고 바벨론이 어찌 그리 나라들 가운데에 황무지가 되었는고. 바벨론을 가리켜 "온 세계의 망치"라고 부르는 이유는 그 나라가 많은 다른 나라들을 쳐서 무너뜨렸기 때문이다. 다른 민족들을 정복하던 자가 이제 정복당하게 되었다는 사실은 그들이 보응을 받게 되었다는 것을 명백하게 보여 준다. 그리고 바벨론과 같은 큰 나라가 "황무지가 되었"다는 것은 또다시 그것이 우연히 이루어진 일이 아니고 하나님께 벌을 받아 그렇게 된 것임을 보여 준다. 콜데웨이(Koldewey)는 말하기를, "고대에 바벨론 도성이 세워졌던 자리에는 10미터에서 20미터 깊이까지도 모래와 돌 부스러기로 가득한 장소들이 많다고 한다. 과연 바벨론은 본 절의 예언과 같이 **"황무지"**(שַׁמָּה "샤마")가 되었다.

24 바벨론아 내가 너를 잡으려고 올무를 놓았더니 네가 깨닫지 못하여 걸렸고 네가 여호와와 싸웠으므로 발각되어 잡혔도다. 본 절에서 말하는 것처럼 하나님께서 바벨론을 "잡으려고 올무를 놓았"다는 것은 죄악이 가득하여 흘러넘치는 바벨론을 벌하시되 올무를 놓아 잡듯이 하신다는 뜻이다. 회개할 줄 모르고 죄만 범하는 자들은 장차 하나님 앞에서 벌 받을 줄을 알지 못하고 있다. 그러나 하나님께서는 그들이 알지 못하는 가운데 그들을 잡으실 방침을 세우고 계신다. 때가 이르면 그들은 자기들도 모르는 사이에 갑자기 올무에 걸려 넘어져 피할 길이 없게 된다. 다시 말해 하나님의 심판이 그들에게 올무와 같

이 된다는 것은 그들이 끝까지 완악하여져서 벌 받을 것을 깨닫지 못하고 있다가 갑자기 벌을 받게 됨을 의미한다.

"네가 여호와와 싸웠으므로." 이것은 바벨론이 심판받게 되는 이유가 무엇인지를 보여 준다. 여호와와 더불어 "싸운다"라는 말은 바벨론이 하나님의 백성을 지나치게 압제했던 일을 가리키기 위해 사용된 표현이다(슥 1:15). 하나님은 이스라엘을 보호하려 하시는데 바벨론은 이스라엘을 교만하게 압제하였으니 그것은 그들이 하나님과 싸운 것이나 마찬가지다.

25 본 절도 역시 바벨론을 무너뜨리는 전쟁이 여호와께로 말미암았다는 사실을 보여 준다.

26 먼 곳에 있는 너희는 와서 그를 치고 그의 곳간을 열고 그것을 곡식더미처럼 쌓아 올려라 그를 진멸하고 남기지 말라. 여기서 이른바 "먼 곳에 있는 너희"라는 문구는 메대-바사를 가리킨다.

"그의 곳간을 열고 그것을 곡식더미처럼 쌓아 올려라." 이 말씀은 메대-바사가 바벨론에 와서 그곳에 거하는 모든 생명과 그들의 재산을 모조리 파멸시켜 내버림으로써 그것이 무더기같이 되어버릴 것을 예언한다.

27 그의 황소를 다 죽이라. 이 말씀은 바벨론의 지도자들을 진멸하리라는 것을 가리킨다.

그들의 날, 그 벌 받는 때가 이르렀음이로다. 이 말씀을 보면 죄인이 벌 받는 때가 매일 같이 반복되는 것은 아니다. 하나님께서 오래 참으심으로 많은 시일이 지난 후에 심판의 날이 도래할 것이다. 이러한 사실을 모르는 악인들은 하나님이 그들을 내버려 두시고 개입하시지 않는다고 믿고서 방자하게 행한다(겔 8:12).

28 바벨론 땅에서 도피한 자의 소리여 시온에서 우리 하나님 여호와의 보복하시는 것, 그의 성전의 보복하시는 것을 선포하는 소리로다. 여기서는 또다시 바벨론이 멸망한 결과로(27절 참조) 그곳에 거주하던 유대인 포로들이 기쁘게 소리치며 나오

게 되리라는 것을 보여 준다. 그들이 기뻐하는 이유는 해방 그 자체 때문이 아니라 억울한 성도를 신원하여 주시는 살아 계신 여호와 하나님 때문이다. "여호와의 보복하시는 것, 그의 성전의 보복하시는 것을 선포하시는 소리로다"라는 말씀이 그런 의미다. 회개한 신자들은 언제든지 하나님 때문에 기뻐한다. "그의 성전의 보복하시는 것"이라는 말은 바벨론이 예루살렘 성전을 더럽힌 죄악에 대하여 하나님께서 그들에게 갚아 주신다는 것을 의미한다.

29-32 여기서도 또다시 불의를 징계하는 전쟁이 여호와로 말미암아 온다는 사실을 보여 준다. 21절 해석을 참조하라. 이 전쟁이 거룩하신 하나님께서 그의 섭리에 따라 행하시는 심판이라는 사실을 선지자는 거듭거듭 밝히고 있다. 요컨대 **"그가 일한 대로 갚고"**(29하), **"그가 이스라엘의 거룩한 자 여호와를 향하여 교만하였음이라"**(29하), 또한 **"내가 너를 벌할 때가 이르렀음이라"**라고 하신 경고의 문구들이다. 특별히 여기 지적된 바벨론의 죄악은 교만이다(29하, 31상, 32상). 하나님께서는 개인이나 국가를 막론하고 교만한 자를 물리치신다(약 4:6). 그는 교만한 자를 미워하신다(잠 16:5). 잠언 16:18에 말하기를, "교만은 패망의 선봉이요 거만한 마음은 넘어짐의 앞잡이니라"라고 하였다. 이스라엘을 징계하심에 있어서 하나님은 조금만 하려고 계획하셨는데, 바벨론은 하나님보다 더하였다. 사람이 무슨 일에 있어서나 하나님을 무시하고 자기를 하나님보다 높이는 것은 교만한 죄악이다.

33-34 여기서는 바벨론이 유다 민족을 군사적으로 다룸에 있어서 너무 무자비하게 행동했다는 사실을 보여 준다. 그것이 바벨론이 범한 죄악이다. 그들이 지나치게 행할 때 하나님은 자기 백성을 그대로 두시지 않는다. 그는 바벨론보다 강하시므로 반드시 그 백성을 구속하시겠다고 여기 약속하신다.

35-37 이 부분에서는 **"칼"**(חֶרֶב "헤레브")이라는 단어가 다섯 번 나오는데, 그것은 전쟁을 통한 하나님의 심판을 상징하는 것이라고 여겨진다. 그것이 특별히 바벨론이 의뢰하던 모든 것 위에 임한다. 말하자면 **"고관들"**, **"지혜**

로운 자", "자랑하는 자", "용사", "말들과 병거들", "여러 민족"(바벨론은 강대국이었으므로 동맹국의 군사들도 전쟁에 동참하였음), "보물" 등에 "떨어지리니"라고 말한다. 여기서 예레미야는 다시 한번 하나님을 의지하지 않고 다른 것을 의지하는 인생의 교만을 하나님께서 심판하신다는 사실을 밝히고 있다. 우리는 이사야 3:1-3 말씀을 언제나 마음속에 새기고 있어야 한다. "여인들 같이" 된다는 말은 전쟁이 닥쳐왔을 때 마음이 연약해지고 겁을 먹었음을 의미한다.

38 가뭄이 물 위에 내리어 그것을 말리리니 이는 그 땅이 조각한 신상의 땅이요 그들은 무서운 것을 보고 실성하였음이니라. 여기서 "가뭄"이라는 말은 수원지가 마르는 것을 의미한다. 과연 이 예언과 같이 바사 왕 고레스가 바벨론 도성을 에워싸고서 성안으로 흐르는 유브라데강 물줄기를 다른 데로 돌려 흘러가도록 만들었다. 그리하여 거대한 바벨론 도성 안에 거주하는 시민들과 고관들은 물이 없으므로 큰 곤란을 당하였던 것이었다(Calvin).

"그 땅이 조각한 신상의 땅이요." 이 말씀은 다시 한번 바벨론이 멸망하는 이유가 그들이 범한 우상숭배의 죄악 때문이라는 사실을 보여 준다.

39-40 이 구절들은 바벨론이 아주 황폐되어 국가로서는 존재하지 못할 것을 보여 준다.

41-44 여기서도 바벨론을 무너뜨릴 메대-바사 제국이 얼마나 강한 나라인지 가르쳐준다. 선지자가 이 같은 예언의 말씀을 선포하던 시기에는 바벨론 제국만큼 강력한 나라가 없었다. 그런데 여기서 바벨론조차도 감당할 수 없는 강력한 나라가 일어나리라는 말씀은 천지의 주재자이신 하나님이 아니고서는 감히 할 수 없는 예언이다. 그는 그렇게 강력한 나라라도 일으키실 힘을 가지셨으니만큼, 그때도 이런 말씀을 하실 수 있었다. 그러므로 하나님께서는 이 일을 친히 이루실 것을 덧붙여 말씀하셨는데, 요컨대 "나와 같은 자 누구며 출두하라고 나에게 명령할 자가 누구며 내 앞에 설 목자가 누구

냐"라는 말씀이다. 이 부분에서 예언된 "택한 자"는 바사 왕 고레스를 의미한다.

45-46 바벨론을 징계하시는 일은 하나님께서 친히 행하시는 일이므로 이 일을 위해서는 어떤 사람이 나선다 해도 무난히 이루어지게 마련이다. 그러므로 45절에 말하기를 **"양 떼의 어린 것들을 그들이 반드시 끌어 가고 그들의 초장을 황폐하게"** 하리라고 말씀하였다. 말하자면 양 떼 가운데서 어린 것들 같은 약한 자라도 능히 바벨론을 견제할 수 있다는 말이다. 본문에서 "양 떼의 어린 것들을 그들이 반드시 끌어 가고"(אִם־לֹא יִסְחָבוּם צְעִירֵי הַצֹּאן)라는 히브리어 문구는 위의 해석과 같이 이해되어야 한다(Calvin).

| 설교자료

1. 하나님의 말씀은 너무나 위대한 일을 예언하기 때문에 인생들이 이해하지 못하나, 그럼에도 그것은 진리의 말씀이다. 그것은 온 세계 모든 나라 가운데 어디서든지 공포할 만한 진실한 내용을 담고 있다(2절).

2. 아무리 강한 나라라도 교만한 마음을 품어서는 안 된다. 왜냐하면 교만한 자들을 미워하시는 하나님께서 그 나라보다 훨씬 더 강력한 나라를 즉시 세우셔서 그처럼 교만한 나라를 징계하시기 때문이다(3절). 야고보서 4:6을 참조하라.

3. 구약 시대의 이스라엘과 신약 시대의 교회를 박해하던 자들이 하나님께 징벌받는 모습을 목격할 때 신자들은 다시 한번 하나님을 더욱 가까이하게 되고 하나님이 맺으신 언약의 진실성을 체험하게 된다(4-5절).

4. 하나님께서는 교회를 박해하는 자들을 그대로 버려두지 않으시고 반드시 벌하신다(6-16 해석 참조).

5. 하나님께서는 범죄한 신자들을 일시적으로 벌하시지만, 그들이 회개할 때는 용서하시고 마치 죄가 전혀 없는 것처럼 여겨주신다(20절).

6. 회개하지 않고 범죄를 고집하는 자는 어느 날 갑자기 올무에 걸려 넘어지는 날이 온다. 그일은 하나님의 심판으로 말미암는 것이다(24절).

7. 하나님은 언제든지 교만한 자를 벌하신다(29-32절). 이사야 10:12을 참조하라.

8. 하나님은 사람들이 그를 믿지 않고 다른 것을 의뢰할 때 그들이 의지하는 대상을 파멸시키신다(35-37절). 이것은 그의 사랑에서 우러나오는 행동이다.

9. 바벨론 나라가 역사에서 완전히 사라진 일은 예레미야의 예언대로 이루어진 것이니(39-40절), 하나님의 말씀 한마디가 얼마나 두려운 것인지 기억하자!

제 51 장

✢ 내용분해

1. 하나님께서 바벨론을 파괴할 자를 보내심(1-6절)

2. 금잔이 깨어짐(7-10절)

3. 주님께서 메대 사람을 보내시어 성전을 더럽힌 바벨론에 보복하심 (11-14절)

4. 사람들이 만든 우상은 만물을 창조하시고 섭리하시는 하나님을 대항하지 못함(15-19절)

5. 철퇴가 부서짐(20-24절)

6. 멸망의 산이 파괴됨(25-26절)

7. 바벨론의 패전(27-33절)

8. 이스라엘의 호소와 하나님의 답변(34-40절)

9. 전쟁에 임한 바벨론의 참상(41-44절)

10. 이스라엘의 해방(45-46절)

11. 바벨론의 멸망을 모든 나라와 만물이 기뻐함(47-49절)

12. 바벨론의 범죄와 그들이 받을 벌에 대한 최종적 결론(50-58절)

13. 선지자 예레미야가 스라야를 통하여 바벨론이 멸망하리라는 예언을 공포함(50-64절)

✢ 해석

1 여호와께서 이와 같이 말씀하시되 보라 내가 멸망시키는 자의 심령을 부추겨 바벨론을 치고 또 나를 대적하는 자 중에 있는 자를 치되. "내가 멸망시키는 자의 심령을 부추겨." 이 말씀은 하나님께서 고레스 왕의 마음을 감동하셔서 바벨론을 치도록 하신 것을 의미한다. 하나님께서는 사람의 마음을 주장하신다.

"또 나를 대적하는 자 중에 있는 자." 이 문구의 히브리어 표현(יֹשְׁבֵי לֵב קָמָי)을 직역하면 "나를 대적하는 자, 다시 말해 마음에 거주하는 자"라는 뜻이다. "마음에 거주"한다는 말은 자신의 마음속에 있는 지혜를 의지하고 살아가는 모습을 가리킨다. 이 문구는 하나님을 의뢰하지 않고 자기 자신을 믿는 교만한 바벨론을 가리킨다.

2 내가 타국인을 바벨론에 보내어 키질하여 그의 땅을 비게 하리니 재난의 날에 그를 에워싸고 치리로다. 여기서 "타국인"(זָרִים "자림")이라는 단어는 "키질하는 자"라는 뜻이다. 바벨론을 키질한다는 말은 그 나라를 쳐서 허약하게 만드는 행동을 비유적으로 표현한 것이다. 그렇다면 바벨론은 바람에 날리는 쭉정이와 같이 미약한 존재로 여겨지는 셈이다. 하나님께서 쓰시는 나라인 메대-바사 앞에서는 아무리 강한 바벨론이라도 쭉정이와 같다.

3-4 이제 바벨론을 치게 될 메대-바사 제국은 아무런 전쟁 준비가 없는 나라를 대항하는 것이 아니다. 그 나라는 강력한 군대를 보유한 자("활을 당기는 자"로 비유됨), 다시 말해 바벨론 제국을 대항하게 된다. 그 시대에 가장 강력한 나라였던 바벨론을 대항하여 물리치는 것은 하나님께서 기적적으로

돌연히 일으키신 나라가 아니고서는 감당할 수 없는 일이다. 하나님께서 그의 일을 맡기신 자 앞에서는 어떤 강적이라도 그와 더불어 맞설 수 없다. 그 당시에 메대-바사 제국은 하나님께서 바벨론을 정벌하시기 위하여 사용하시는 채찍이었으므로, 메대-바사 제국이 군사적으로 행동의 목표로 정한 바벨론 지역에서는 많은 무리가 엎드러질 수밖에 없다.

5-6 여기서는 유다 민족이 그들의 범죄로 말미암아 일시적으로 하나님께 징계받았으나 아주 버림을 당한 것이 아니라는 사실을 밝혀 준다. 이제 그들을 돌아보시는 하나님께서 그들을 구원하실 때가 도래하였다. 그러므로 이제 하나님께서는 유다 사람들에게 명령하시기를 재빨리 바벨론 땅에서 도망쳐 나가라고 말씀하신다. "**바벨론 가운데서 도망하여**" 나가라는 말씀은 신약 시대의 성도들이 이 세상과 타협하지 말고 영적으로 거기서 떠나야 할 것을 비유하는 말씀이기도 하다.

여호와의 보복의 때. 바벨론이 멸망하고 이스라엘이 해방되는 때는 한마디로 여호와께서 바벨론으로 말미암아 지나친 압제를 당해왔던 이스라엘의 억울함을 신원하여 주시는 때다. 이것을 보면 하나님께서 성도들의 억울함을 신원하여 주시는 일이 매일같이 일어나는 것은 아님을 알 수 있다. 그 일은 하나님께서 정하신 때에 일어나는 것이다. 성도들은 이러한 사실을 기억하고서 오래 참고 기다려야 한다.

7 **바벨론은 여호와의 손에 잡혀 있어 온 세계가 취하게 하는 금잔이라 뭇 민족이 그 포도주를 마심으로 미쳤도다.** "세계가 취하게" 한다는 말은 세상 모든 나라를 압제하여 비틀거리도록 만든다는 의미다(Calvin). 하나님께서는 바벨론을 통하여 이렇게 모든 나라를 향하여 진노를 나타내셨다. "금잔"이라는 용어는 바벨론 제국의 화려함을 비유한다.

8-9 바벨론의 파멸이 "**갑자기**"(פִּתְאֹם "피트옴") 찾아왔다는 말은 그 일이 인간의 예상을 벗어나는 일이라는 의미다. 다시 말하면, 그처럼 든든하던 나

라가 갑자기 패망하게 되는 것은 인력으로 된 것이 아니고 하나님의 개입으로 이루어진 것이라고 이해할 수밖에 없다. 이런 의미에서 선지자는 "갑자기"라는 단어를 의미심장하게 사용하였다.

이로 말미암아 울라 그 상처를 위하여 유향을 구하라 혹 나으리로다. 이 말씀은 일종의 풍자적 수사법으로서 완전히 멸망한 바벨론의 상처가 나을 수 없다는 사실을 더욱 강력하게 각인시키는 역할을 한다. 하나님의 이와 같은 풍자적인 언사에 대하여, 바벨론을 이때까지 도왔던 동맹국 군사들에 의한 가상의 답변이 여기 소개된다. 요컨대 그들로서는 바벨론을 도와서 파멸로부터 회복할 수 있도록 도와줄 방법이 없다는 것이다. 선지자의 이와 같은 어법은 바벨론의 파괴가 영원한 것임을 보여 준다. 과연 이 말씀과 같이 바벨론은 후대의 역사에서 다시 일어나지 못했다.

10 여호와께서 우리 공의를 드러내셨으니 오라 시온에서 우리 하나님 여호와의 일을 선포하자. 이것은 바벨론이 멸망할 때 이를 지켜보는 유다 민족이 하는 말이다. 하나님께서는 바벨론을 패망케 하심으로써 지나치게 압제당하던 유다 민족의 억울함을 풀어주신다 이런 의미에서 "여호와께서 우리 공의를 드러내셨"다고 말할 수 있는 것이다. 이런 상황에서 유다 사람들은 마땅히 시온으로 돌아가 여호와께서 그들을 위하여 행하신 일을 찬미하는 것이 마땅하다.

11 화살을 갈며 둥근 방패를 준비하라 여호와께서 메대 왕들의 마음을 부추기사 바벨론을 멸하기로 뜻하시나니 이는 여호와께서 보복하시는 것 곧 그의 성전을 위하여 보복하시는 것이라. 여기서는 하나님께서 바벨론을 멸망시킬 메대-바사의 군인들에게 작전을 준비하라는 의미에서 "화살을 갈며 둥근 방패를 준비하라"라고 말씀하신다. 왜냐하면 하나님이 벌써 바벨론을 멸하기로 작정하시고 메대 왕들의 마음을 부추기셨기 때문이다. 하나님께서는 세계 역사를 주장하시기 위하여 왕들의 마음부터 주장하신다.

"이는 여호와께서 보복하시는 것 곧 그의 성전을 위하여 보복하시는 것이라." 이 말씀은 하나님께서 예루살렘 성전을 파괴한 바벨론의 죄악을 벌하시리라는 것을 의미한다. 50:28에 대한 해석을 참조하라. 바벨론이 하나님께서 택하신 백성을 지나치게 압제한 것도 죄악이지만, 하나님의 성전을 파괴한 것은 그 모든 죄악의 대표라고 할 만큼 극도로 악한 죄악이다.

12 여기서는 하나님께서 바벨론 백성들에게 그들의 성벽을 든든히 파수하고 결연히 맞서서 바벨론 도성을 방어하려면 해 보라고 도전하신다. 바벨론이 아무리 그들의 도성을 방어하려고 해도 그들은 어찌할 수 없이 패망하고 말 것이다. 왜냐하면 바벨론 나라의 멸망은 하나님께서 이미 결정하시고 경영하시는 일이기 때문이다. 이 말씀을 보면 인류의 역사가 여호와 하나님의 손안에서 좌우되고 있음을 알 수 있다. 하나님께서 바벨론을 벌하시기로 작정하신 다음에는 그 나라가 아무리 그 시대에 패권을 쥐고 있었다고 해도 어쩔 수 없다.

13 많은 물 가에 살면서 재물이 많은 자여 네 재물의 한계 곧 네 끝이 왔도다. 본 절은 우리에게 세 가지 사실을 보여 준다. ① 그 당시의 바벨론은 유브라데강의 물을 이용하여 많은 농작물을 생산하여 부요하게 되었다는 것이다. ② 바벨론이 그 많은 재물을 가지고 결국 탐심을 기른 죄로 멸망하게 된다는 것이다. ③ 바벨론이 멸망하게 된 시점은 그 나라가 약해졌을 때가 아니라 가장 부강했을 때라는 것이다. 바벨론이 가장 부유하고 강력할 때 멸망했다는 사실은 그들이 죄에 대한 보응으로 하나님께 벌을 받아 멸망하게 되었다는 사실을 증언해 준다.

14 내가 진실로 사람을 메뚜기 같이 네게 가득하게 하리니. 이것은 바벨론 도성에 메대-바사의 군사를 무수하게 보내어 그들이 메뚜기떼와 같이 많으리라는 것을 의미한다.

그들이 너를 향하여 환성을 높이리라. 이것은 메대-바사의 군대가 바벨론을 이기고 승리의 개선가를 부를 것이라는 뜻이다.

15-19 이 부분에서는 이스라엘 백성이 섬기는 여호와 하나님과 바벨론이 섬기는 우상을 대조하는데, 그 대조는 다음과 같다. 요컨대 여호와 하나님은 전능하신 하나님이신 반면에(15-16절), 바벨론이 섬기는 우상은 거짓된 것이고 생명 없는 허상이라는 것이다. 따라서 여호와 하나님을 의지하고 하나님의 보호하심을 받는 유다 민족은 마침내 구원받을 것이지만, 우상을 의지한 바벨론은 제아무리 강하게 보여도 쉽사리 패망하고 만다. 19절에서는 여호와 하나님이 이스라엘의 하나님이시라는 의미에서 그를 가리켜 **"야곱의 분깃"**(חֵלֶק יַעֲקֹב)이라고 하였으며, **"이스라엘"** 민족을 가리켜 **"그의 소유인 지파"**, 다시 말해 하나님의 소유가 된 지파라고 하였다.

20-24 이 부분 말씀은 바벨론이 하나님의 도구로 사용되어 다른 많은 나라들의 생명과 재산을 파괴하였다는 사실을 보여 준다. 여기서 **"분쇄하며"** 혹은 **"부수며"**라는 뜻으로 번역된 히브리어 단어 "니파츠티"(נִפַּצְתִּי)가 모두 합하여 아홉 번이나 나온다. 이것을 보면 바벨론이 국가들의 생명과 재산을 파괴하는 전쟁에서 수많은 승리를 거두었음을 알 수 있다. 바벨론 제국이 이렇게까지 하게 된 이유는 그 나라가 하나님의 손에 붙잡혀 사용되는 도구였기 때문이다. 하나님께서 쓰시는 동안 인간은 이렇게 큰 힘을 발휘한다. 그러나 이 부분에서 바벨론에 대하여 우리에게 알려주는 또 한 가지 사실은 바벨론이 하나님의 손에 붙들려 사용되는 기회를 이용하여 많은 나라를 지나치게 압제하였다는 점이다. 바벨론은 주변 국가들을 파괴하고 무너뜨리고 폐허로 만들어버리는 침략 전쟁을 극단적인 단계에까지 시행하였다. 하나님께서 주신 기회를 그들은 이렇게 잘못 사용하였으니, 그것은 크나큰 죄악이다. 그러므로 하나님께서는 바벨론이 예루살렘과 시온에 대하여 행한 악을 **"갚으리라"**라고 말씀하신다(24절).

25-26 여기서는 바벨론을 가리켜 **"멸망의 산"**(הַר הַמַּשְׁחִית "하르 하마슈히트")이라고 부르는데, 그 말은 그 당시의 세계 전체를 멸망에 빠뜨린 나라라

는 의미이다. 바벨론을 "산"에 비유하는 이유는 바벨론 도성이 높은 건물들로 이루어져 있었기 때문이라고 한다. 그러나 그보다도 그 나라가 주변의 다른 모든 나라들보다 높임을 받는 강대국이기 때문이다. 이처럼 위엄을 갖추고 두려움의 대상이 되어왔던 바벨론이 한순간에 무너지고 만 것은 하나님의 섭리적인 개입으로 이루어진 일이었다. 그것이 **"불 탄 산"**(הר השרפה "하르 스레파")이 될 것이라는 말은 그 도시가 완전히 파괴되어 폐허만 남을 것이라는 의미이다. 이런 사실을 26절이 잘 설명하여 준다. 이러한 폐허 속에서는 건축에 사용될 만한 석재조차도 찾아볼 수 없으리라고 하였다. 그런데, 메대-바사가 바벨론을 정복하여 수중에 넣었을 때 바벨론의 상태가 실제로 이 예언처럼 폐허가 되었던 것은 아니었다. 그때 사람들 가운데는 예레미야의 예언이 성취되지 않았다고 단정하는 자들이 있었을지도 모른다. 하지만 바벨론은 이후에 또 다른 나라들의 침략을 받아 마침내 폐허가 되고 말았다. 하나님의 말씀은 반드시 이루어지고야 마는 법이다.

27-29 이 부분에서는 하나님께서 바벨론을 징벌하시기 위하여 여러 나라에서 군대를 모병하실 것을 예언한다. 특별히 이 일을 진행하시는 이는 사람이 아니고 하나님이시라는 사실을 명백히 밝히고 있다. 그가 바벨론을 무너뜨리는 전쟁을 일으키신다. 이러한 역사를 보면서 우리는 악한 나라가 아무리 강할지라도 마침내 하나님께서 그 나라를 쓰러뜨리실 날이 반드시 도래하고야 만다는 진리를 깨달을 수 있다. 여기서 이른바 **"아라랏과 민니와 아스그나스"** 등은 아르메니아 지방들을 가리킨다. 이 구절에 기록된 예언의 말씀과 같이, 후에 메대-바사 군대가 바벨론을 공략할 때 아르메니아 군대도 동원하였다.

극성스런 메뚜기 같이 그 말들을 몰아오게 하라. 말하자면 바벨론을 공격하는 마병이 "메뚜기" 같이 많이 오리라는 것이다. 그리고 여기서 강조하는 사실은 바벨론을 치는 일은 모든 나라의 통치자들과 군대가 가담하는 전 세계적인 전쟁이 되리라는 것이다. 이와 같은 방대한 군사 활동은 하나님의 경영이 아니고는 이루어질 수 없다. 과연 이 말씀과 같이 이후에 메대-바사 제국을 필두로 하여 많은 나라들이 바벨론 정복 전쟁에 동참하였다. 헬라의 많은 왕도 그리하였다.

30-32 이 구절들은 그토록 강력한 국가였던 바벨론 제국이 갑자기 무기력하게 되어서 패전하고 말게 될 것을 보여 준다. 그 당시 세계의 패권을 쥐고 있었던 바벨론 제국이 다른 수많은 나라들의 경우처럼 점차 약해져 가는 일반적인 과정을 거치지 않은 채 이렇게 갑자기 패망하게 되었던 것은 이 일이 하나님의 징벌임을 보여 준다.

33 여기서는 바벨론을 가리켜 **"타작 마당"** 과 같다고 하였는데, 이 말은 타작마당이 추수 때 단 한 번 사용되면서 사람들에게 밟히는 것과 같이 바벨론도 한 번에 심판받아 주변 국가들의 발에 밟힐 것을 가리킨다.

34-35 여기서는 바벨론이 이스라엘 민족에 대하여 얼마나 잔인하게 행동하였는지를 진술한다. 여기서 진술은 유다 민족을 대표하는 예루살렘이 그 일을 하나님께 고소하는 형식으로 진행될 것이다. 바벨론이 이스라엘 민족에 대하여 지나치게 잔인한 방식으로 행동하였던 모습들이 여기에 몇 가지로 표현되어 있다. ① **나를 먹으며 나를 멸하며.** 이것은 바벨론이 맹수와 같이 이스라엘을 잡아 삼킨 것을 보여 준다. ② **나를 빈 그릇이 되게 하며.** 이것은 바벨론 군대가 이스라엘의 생명과 재산을 전부 빼앗아 간 사실을 가리킨다. ③ **큰 뱀 같이 나를 삼키며.** 뱀은 무엇이나 통째로 삼키는 법인데, 바벨론이 이스라엘을 그와 같이 잔인하게 삼켰다는 것이다. ④ **나의 좋은 음식으로 그 배를 채우고 나를 쫓아내었으니.** 이것은 포식자가 사냥한 짐승을 움켜잡고서 먹을 만한 부분은 모두 먹어 치우고서 나머지는 내버리는 것처럼, 바벨론이 이스라엘에 대하여 잔인하게 행하였다는 것이다.

위의 네 가지 문구는 바벨론의 잔인성과 포학성이 너무나 컸다는 사실을 보여 준다. 하나님께서는 그런 죄악을 그대로 두실 수 없었다. 그러므로 이스라엘이 바벨론의 이와 같은 죄악을 하나님께 고하는 것은 당연한 일이었다.

36-37 하나님께서는 극도로 잔인한 바벨론에 대한 이스라엘의 송사를 들어 주시겠다고 하신다.

그의 바다를 말리며 그의 샘을 말리리니. 바벨론은 바다와 같이 넓고 깊은 유브라데강 물줄기를 의지하여 원수의 침략을 막아 왔다. 그들은 하나님보다도 유브라데강을 흐르는 물을 더욱 의지하였다. 그러므로 하나님께서는 유브라데강이 국방에 전혀 도움이 되지 않도록 만드시기 위하여 유브라데강을 말려버리시겠다고 하신다. 사람들이 세상에서 뭔가를 하나님보다 더욱 의지할 때 하나님께서는 그들이 의지하는 대상들을 아예 없애 버리신다(사 3:1-3). 바벨론이 아주 멸망하여 없어지리라는 예언은 그대로 이루어져서, 후대에 바벨론이라는 나라는 역사에서 그 자취를 감추고 말았다.

38 **그들이 다 젊은 사자 같이 소리지르며 새끼 사자 같이 으르렁거리며.** 여기서 이른바 바벨론이 "젊은 사자 같이 소리지른다"라는 말은 그 나라가 많은 이웃 나라들을 파멸시킬 힘을 지닌 강대국이었음을 보여 준다. 그렇게 강한 나라가 이제 메대-바사의 군대로 말미암아 패배한다고 하였으니, 하나님의 섭리적인 개입이 아니고는 그렇게 될 리가 만무하였다. 예레미야 선지자는 여기서 바벨론이 멸망하게 되는 일이 전적으로 하나님의 징벌로 이루어졌다는 사실을 거듭거듭 강조한다.

39-40 **열정이 일어날 때에 내가 연회를 베풀고 그들이 취하여 기뻐하다가 영원히 잠들어 깨지 못하게 하리라 여호와의 말씀이니라 내가 그들을 끌어내려서 어린 양과 숫양과 숫염소가 도살장으로 가는 것 같게 하리라.** 여기서 이른바 "열정이 일어날 때에"라는 표현은 "그들의 뜨거움으로"라고 번역하여, 그것을 "[그들의] 연회를 베풀고"라는 문구와 연결 지어야 한다. 그렇게 되면 이 문구는 바벨론 사람들이 연

회에 도취될 것이라는 뜻이다. 과연 이 예언과 같이 바사 왕 고레스가 바벨론 도성이 입성하는 그 순간에 바벨론의 모든 왕족과 지도자들은 연회를 벌이는 중이었다.[91]

그러나 델리취(Delitzsch)는 이 문구가 하나의 비유로서 바벨론 사람들이 다른 나라들에서 약탈한 재물을 가지고 방종하게 지내던 중에 멸망이 임할 것을 의미한다고 하였다. 설령 이 예언이 그와 같이 해석된다고 해도, 그것 역시 후대에 성취되었다고 말할 수 있다(단 5:1-6, 30). 그런데 이 문제와 관련하여 우리가 또 한 가지 기억해야 할 것은, 바벨론이 이런 과정을 거치면서 멸망하게 되는 것도 모두 하나님의 주관하에 이루어진다는 사실이다.

40절의 "내가"라는 대명사는 하나님을 가리킨다. 하나님께서 그들을 방종한 생활에 빠뜨리신 것이 아니고, 그들의 자유대로 그렇게 타락하도록 내버려 두신 것이다. 사람들이 죄악을 고집할 때 하나님께서는 그들을 징벌하시는 의미에서 그냥 내버려 두신다(롬 1:24, 26, 28).

"영영히 잠들어 깨지 못하게 하리라." 이 말은 바벨론 사람들이 메대-바사 군대의 침략으로 말미암아 영구히 죽어 버린다는 뜻이다

"어린 양과 숫양과 숫염소." 이것들은 각계각층의 바벨론 사람들을 비유한다. 그들이 어찌하지 못하고 죽임을 당하는 광경은 마치 이런 가축들이 아무런 저항도 하지 못하고 도살장으로 끌려가는 모습과 같다. 예레미야의 시대에 전 세계에서 가장 강력한 국가에 속한 백성들이 이토록 무기력하게 참살당하는 일은 그 나라에 대해 하나님께서 내리신 가장 적절한 보복이었다.

41-44 이 부분에서는 또다시 바벨론이 멸망한 결과를 진술한다. 여기서 **"세삭"**이라는 명칭은 바벨론을 가리킨다(Calvin). **"세삭이 함락"**된 결과는 다음과 같다.

---

91) Herodotus 1:191; Xenophon, Cyprop. Ⅶ. 23.

1) 그들은 중에 **"빼앗"**겨 **"황폐"**하게 됨(41절). 열방 중에 으뜸이었던 나라가 이제 졸지에 황폐하게 된 것은 결코 우연한 일이 아니다. 그것은 하나님의 특수한 개입으로 말미암은 심판이다.

2) **바다가 바벨론에 넘침**(42절). 이것은 비유적인 표현인데, 침략군이 "바다"처럼 광대한 세력으로 그곳을 점령하였다는 뜻이다(Calvin). 이때까지 많은 군대를 지니고 주변 국가들을 침략했던 바벨론이 이제는 판국이 뒤바뀌어 이웃 나라 군대들의 수중에 빠지고 만다. 이러한 현상 역시 바벨론이 하나님께 벌을 받았다는 증표다. 세계 역사는 옛날부터 이렇게 수많은 나라들이 심판받은 자취로 가득하다. 하나님은 살아 계신다.

3) **"마른 땅과 사막과 사람이 살지 않는 땅이 되"**고 **"성벽은 무너짐"**(43-44하). 고레스 왕이 바벨론을 점령했을 때는 상황이 이렇게까지 나빠지지는 않았으므로 사람들은 그때 이 예언의 말씀을 읽고서 하나님의 말씀이 성취되지 않았다고 성급하게 결론지었을지도 모른다. 그러나 그 후로 다리오 왕 때에 조피루스(Zophyrus) 장군이 바벨론을 점령했을 때는 여기 기록된 것과 마찬가지로 그 나라가 참상을 경험하게 되었다. 그때 바벨론의 주요 인물 400여 명은 매달려 죽임을 당하고, 바벨론 성벽은 다 무너졌으며, 그 도시는 적막하여졌다(Calvin). 하나님의 말씀은 반드시 성취되고야 만다.

4) **"벨"**이 **"바벨론에서 벌"**받음(44절). "벨"(בֵּל)은 바벨론이 섬기는 주요 신 가운데 하나였다. 하나님께서 "벨"을 벌하시겠다고 말씀하신 이유는 결국 바벨론이 우상숭배를 통하여 하나님을 반역했기 때문이었다. 우상 가운데는 가시적인 형체를 갖춘 것만 아니라 형체가 없는 것들도 적지 않은데, 현대 문화인들에게는 이런 무형의 우상들이 많다. 인생들이 하나님 대신 무언가를 뜨겁게 사랑하고 따르면 그것이 바로 우상숭배다. 왜냐하면 뜨겁게 사랑하고 따르는 일은 탐심에서 비롯한 것인데, 탐심은 우상숭배이기 때문이다(골 3:5).

45-46 여기서는 하나님께서 이스라엘 백성에게 이제는 바벨론에서 나오라고 명령하신다. 하나님께서 이스라엘을 구출하시기 위하여 바벨론을 멸망시키셨으므로 그들은 거기서 떠나 본국으로 돌아가도록 용기를 내고 분발해야 한다. 그러나 그들은 바벨론에서 오랫동안 살면서 현지의 생활 습관이 몸에 배었을 것이다. 또한 아직도 바벨론 사람들을 두려워하여 거기서 떠날 용기를 내지 못할 수도 있었을 것이다. 그러나 그들이 바벨론이 패망하게 된 것이 그들을 구원하고자 하시는 하나님의 초자연적인 개입으로 인한 것임을 깨닫게 된다면 그들은 그곳을 떠날 용기를 낼 수 있을 것이다. 하나님께서 그들을 구원하여 주시는 마당에서 그들이 두려워할 것이 무엇이겠는가? 그들은 그 땅에서 들려오는 전쟁의 소문을 두려워할 이유도 없이 그곳에서 떠나야 한다. 바벨론이 완전히 멸망하기까지는 아직도 전쟁이 한참 더 지속되어야 할 것이므로 해마다 전쟁의 소문이 들려올 것이다. 그러나 바벨론에 거주하는 이스라엘 백성들은 이러한 소문 때문에 겁을 먹고 약해져서 그곳에 주저앉아서는 안 된다. 그들은 여호와 하나님을 믿고 거기서 떠나야만 한다. 전쟁의 소문이 그치기를 기다린다면 그날이 언제 돌아올지 알 수 없다. 전쟁은 아직도 계속되며, 바벨론 지역 내에는 포악한 사건들이 그치지 않고 내란도 없지 않을 것이라고 말씀한다.

47-49 이 부분은 바벨론의 패망이 이스라엘의 억울함을 갚아주시는 하나님의 개입으로 말미암은 것임을 또다시 밝혀 준다.

1) 바벨론이 이스라엘을 압제하면서 이스라엘의 하나님을 멸시해온 일에 대한 보복으로 하나님께서 그들의 **"우상들을 벌"**하실 것이다(47상). 위의 44절 해석을 참조하라.

2) 바벨론이 많은 이스라엘 사람들을 살육한 잔인한 행동에 대한 보복(참조. 49절)으로 하나님께서 그 땅의 사람들도 많이 **"죽임을 당하여 엎드러"**지게 하실 것이다(47하).

3) "**하늘과 땅과 그 안에 있는 모든 것**"도 이스라엘을 학대한 바벨론이 멸망하는 일을 "**기뻐**"할 것이라고 말한다(48절). 이 말씀을 보면 바벨론은 자연계조차도 슬퍼할 정도로 이스라엘 민족을 혹독하게 압제해왔다는 것을 알 수 있다. 이제 그 포학한 나라가 패망하게 되자 자연계도 기뻐하여 노래하는 것으로 보인다.

50 칼을 피한 자들이여 멈추지 말고 걸어가라 먼 곳에서 여호와를 생각하며 예루살렘을 너희 마음에 두라. 여기서는 또다시 포로로 살아가는 있던 유다 사람들에게 예루살렘으로 돌아가라고 명령한다. 그러나 그들이 귀환하는 목적은 육체적 평안을 누리기 위해서가 아니고 하나님을 섬기기 위해서다. 요컨대 "먼 곳에서 여호와를 생각하며 예루살렘을 너희 마음에 두라"라는 말씀이 그런 의미다.

51 외국인이 여호와의 거룩한 성전에 들어가므로 우리가 책망을 들으며 수치를 당하여 모욕이 우리 얼굴을 덮었느니라. "외국인", 다시 말해 바벨론 사람들이 예루살렘에 침입하여 거룩한 성전을 더럽힘으로써 유다 민족은 모욕을 입고 책망을 들었으며 수치를 당하게 되었다. 바벨론은 유다 민족을 지나치게 압제하였다. 그것은 그들 자신을 하나님의 진노가 임할 대상으로 만들어버린 죄악이다(슥 1:14, 15).

52 바벨론이 여호와 하나님을 섬기는 이스라엘 민족을 지나치게 압제한 죄의 대가로(참조. 51절 해석) 하나님께서는 그 나라를 벌하시되 특별히 그 나라의 "**우상들을 벌할 것이라**"고 말씀하신다. 왜냐하면 이스라엘에 대한 그들의 압제 행위는 결과적으로 여호와 하나님의 종교를 멸시하는 일이 되었기 때문이다. 이 점에 있어서 우리가 또 한 가지 기억해야 할 것이 있다. 다름 아니라 하나님께서 전쟁을 통하여 이방 나라 바벨론의 신상들을 파괴하시는 목적 가운데 하나는 그 나라의 백성들에게 우상숭배가 얼마나 헛된 일인지 가르쳐주시기 위함이라는 사실이다. 사람이 하나님 대신에 무엇을 의지하든

지 그것은 우상이고 하나님께서 하나님의 미워하시는 바이며, 결국은 허망한 것으로 드러나고 만다.

부상자들이 그 땅에서 한숨을 지으리라. 말하자면 바벨론 사람들이 그 땅에 침입한 외국 군대에 의해 "부상자들"이 되어서 한숨을 지으며 죽어갈 것이라는 뜻이다.

53 가령 바벨론이 하늘까지 솟아오른다 하자 높은 곳에 있는 피난처를 요새로 삼더라도 멸망시킬 자가 내게로부터 그들에게 임하리라 여호와의 말씀이니라. 이 구절의 의미는 다음과 같다. 예레미야가 예언할 당시에 바벨론은 대단히 강력한 나라였으나 하나님께서 그 나라를 파멸하시기로 작정하시고 그 일을 시행하실 때는 그처럼 강한 세력도 어찌할 수 없다는 뜻이다. 그뿐 아니라 이 말씀은 하나님께서 사람들의 교만을 어디까지나 벌하신다는 의미도 담고 있다. 예수님께서도 말씀하시기를, "가버나움아 네가 하늘에까지 높아지겠느냐 음부에까지 낮아지리라"라고 하셨다(마 11:23).

54-56 이 구절들은 하나님께서 그의 공의에 따라 인생들의 죄악을 보복하신다는 사실을 밝히고 있다. 예레미야는 여기서 특별히 세 번씩이나 반복해서 등장하는 "소리"(קוֹל "콜")라는 단어를 통해 이러한 사실을 묘사한다. **"부르짖는 소리"** 는 바벨론을 침략하는 군대가 고함치는 소리를 뜻하는데, 이처럼 두려운 소리가 부귀와 영화를 자랑하면서 떠들어대던 바벨론 도성의 모든 소리를 뒤덮어버릴 것이다. 이것은 보복적인 성격을 지니는 소리이며, 달리 표현하자면 "이는 이로, 눈은 눈으로" 갚아주시는 하나님의 공의로우신 처사다.

57 만군의 여호와라 일컫는 왕이 이와 같이 말씀하시되 내가 그 고관들과 지혜 있는 자들과 도백들과 태수들과 용사들을 취하게 하리니 그들이 영원히 잠들어 깨어나지 못하리라. 여기서 하나님께서는 자신을 가리켜 "만군의 여호와라 일컫는 왕"(צְבָאוֹת שְׁמוֹ הַמֶּלֶךְ יְהוָה)이라고 말씀하시면서 그가 바벨론의 왕들을 비롯하여 모든 권세자

들을 통제하시고 다스리실 능력을 지시셨음을 알려주신다. "만군의 여호와"는 모든 피조물을 주장하시는 왕이시니, 그의 앞에서는 세상에서 권력이 있다고 자부하는 누구라도 감히 설 수 없다. "고관들", "지혜 있는 자들", "도백들", "태수들", 그리고 "용사들"은 모두 다 그 당시에 바벨론에서 권세를 누리던 자들이었다. 하나님께서는 특별히 이렇게 권세를 잡고서 교만하게 행하는 자들을 미워하신다. "영원히 잠들어 깨어나지 못하리라"라는 말은 그들이 전쟁으로 인하여 죽임을 당하고 말리라는 뜻이다.

58 만군의 여호와께서 이와 같이 말씀하시니라 바벨론의 성벽은 훼파되겠고 그 높은 문들은 불에 탈 것이며 백성들의 수고는 헛될 것이요 민족들의 수고는 불탈 것인즉 그들이 쇠잔하리라. 바벨론 도성은 안팎으로 두 겹의 성곽으로 둘러싸인 견고한 요새였다. 그리하여 바벨론 도성에 거주하는 사람들은 하나님을 의뢰하지 않고 그들의 견고한 성벽을 믿었던 것이었다. 그러나 하나님께서 그들의 이와 같은 헛된 교만을 벌하시는 날이 도래하고야 말 것이다. 하나님께서는 그날에 바벨론 도성의 주민들이 견고한 성을 쌓기 위하여 수고한 일들이 모두 허사가 될 것이라고 경고하신다. 하박국 2:12-13과 시편 127:1을 참조하라.

59-64 이 부분에서는 "예레미야"가 "스라야"에게 "바벨론" 멸망에 대해 예언한 "책에 돌을 매어 유브라데 강 속에 던지"도록 했던 상징적 행동을 보여준다. 이와 같은 상징적인 행동은 스라야가 시드기야 왕과 함께 바벨론으로 가게 되었을 때 이루어진 일이었다. 시드기야 왕은 아마도 그때 바벨론 왕 느부갓네살에게 조공을 바치기 위하여 갔을 것이다(Delitzsch). 그때는 바벨론이 강대하여 전성시대를 구가하면서 이스라엘의 조공을 받던 시기였는데, 그런 바벨론이 완전히 멸망하게 예언은 하나님의 선지자가 아니고서는 감히 할 수 없는 것이었다.

| 설교자료

1. 하나님께서는 그가 택하신 백성이 억울함을 당할 때는 강대국이라도 쓰러뜨리시고 그의 선민들을 구원하신다. 물론 그가 그렇게 행하시는 때가 언제인지는 오직 그만 홀로 아신다(1-6절).

2. 하나님께서 택하신 백성도 그들이 지은 죄로 인하여 징계를 받는 일이 있다. 그러나 그들이 겸손히 낮아져서 회개하며 의를 행하는 일에 주력하기만 하면 마침내 하나님께서 그들의 의를 드러내어 구출하여 주신다(10절).

3. 많은 재물을 의지하고 하나님을 의지하지 않는 자에게는 하나님을 믿지 않은 죄의 대가로 파산하는 날이 오고야 만다(13절).

4. 하나님을 멸시하고 우상을 존중하면서 하나님과 대립하는 태도를 보이는 국가는 곧 멸망하고 만다(15-19절). 그뿐 아니라 이같이 행동하는 개인도 멸망하는 길을 피할 수 없다.

5. 하나님께서 쓰시는 도구가 되는 것도 좋은 일이다. 그러나 그런 위치에 서 있는 자들은 한편으로 위태하기도 하다. 왜냐하면 그가 다른 사람을 징벌하기 위해 하나님께서 택하신 도구에 불과한데도 자칫 교만하여지기 쉽기 때문이다. 그는 다른 사람을 징계하는 대리자로 반복하여 일해가면서 조금씩 교만해지다가 어느덧 그러한 교만이 쌓이고 쌓여서 마침내 그 자신도 동일한 징벌을 당하는 날을 마주하게 된다(20-24절).

6. 하나님께서 모든 나라를 동원하여 자기의 뜻을 이루시는 일은 결코 어

려운 것이 아니며, 단지 명령 한마디만 발하시면 된다(27-32절). 이 부분에서 "하라"라는 명령형 동사에 주의하라(27하, 28하). 그가 계획하시고 명령하시면 모든 일은 이루어지고야 만다(29절).

7. 구원은 오직 하나님께서만 베푸신다. 그러나 구원의 날이 도래할 때 구원받을 자들은 하나님의 말씀에 순종하는 태도로 행동을 취해야 한다(45-46, 50절). 고린도후서 6:1-2을 참조하라.

8. 하나님께서는 죄인들을 오래 참으시지만 그들의 죄악이 절정에 도달할 때는 그의 공의에 따라 보복하신다(56하).

9. 하나님께서는 그를 알지 못하는 이방 나라들의 장래에 대해서도 예언하여 두신다. 그가 그렇게 하시는 목적은 특별히 택한 백성들이 그러한 예언이 성취되는 것을 보고서 더욱 주님을 경외하도록 하기 위함이다(59-64절).

제 52 장

본 장의 일부분(4-16절)은 실질적으로 39:1-10의 반복이라고 할 수 있다. 그러나 이것은 무의미한 반복이 아니고 예레미야가 예언했던 말씀이 그대로 성취되었다는 사실을 강조하기 위하여 다시 한번 그 일을 진술한 것이다.

↓ 내용분해

1. 시드기야 왕의 종말(1-11절)
    1) 그의 악한 정치(1-3절)
    2) 바벨론의 침공(4-7절)
    3) 시드기야 왕이 받은 형벌(8-11절)
2. 예루살렘과 성전의 파괴(12-14절)
3. 백성이 잡혀감과 성전 그릇들이 약탈당함(15-23절)
4. 제사장들과 기타 지도자들이 죽임을 당함(24-27상)
5. 사로잡혀 간 자들의 숫자(27하-30절)
6. 여호야김 왕이 석방됨(31-33절)

↓ 해석

1-3 이 부분에서는 시드기야 왕의 잘못이 온 국민에게 어떤 영향을 끼쳤는지를 말해 준다. ① 그는 자기 형 여호야김 왕을 본받아 악을 행하였다고 말해진다. 사람들은 선한 일을 본받는 것보다 악한 일을 본받는 것을 좋아한다. ② 시드기야 왕의 악한 정치 때문에 백성들이 하나님 앞에서 쫓겨남을 당했다. 요컨대 백성들이 바벨론으로 사로잡혀 갔다는 것이다. 지도자 한 사람의 잘못된 행동이 얼마나 많은 사람에게 재앙을 가져다주는가! 특별히 시드기야 왕의 잘못은 하나님의 말씀을 거역하고 바벨론을 배반한 일이었다. 21:8-9; 38:1, 7을 참조하라.

4-11 여기 기록된 말씀은 일찍이 예레미야가 예언했던 그대로 모든 일이 이루어졌다는 것을 보여준다. ① **"성이…포위됨"**(5절). 21:4, 9을 참조하라. ② **"기근이 심함"**(6절). 11:22을 참조하라. ③ 시드기야 왕과 그 신하들이 느부갓네살 왕의 손에 잡힘(8-11절). 21:7을 참조하라. 선지자의 예언은 이처럼 조목조목 구체적으로 정확하게 성취된다.

시드기야가 **"그의 눈 앞에서"** 그의 **"아들들"**이 죽임을 당하는 모습을 지켜보고, 게다가 그의 **"두 눈이"** 뽑힌 채로 바벨론으로 끌려가서 종신토록 **"옥에"** 갇히게 된 것은 죽는 것보다 더한 벌이었다. 그는 하나님의 선지자인 예레미야의 말에 순종하지 않고 하나님의 백성을 멸망시킨 죄 때문에 그런 벌을 받았던 것이었다.

12-16 바벨론 군대가 ① **"예루살렘의 모든 집과 고관들의 집까지 불살랐으며"**(13절), ② **"예루살렘 사면 성벽을 헐었"**으며(14절), ③ **"백성 중 가난한 자와 성중에 남아 있는 백성과…무리의 남은 자를 사로잡아"** 갔던 것도(15절) 모두 예언의 성취로 일어난 일들이었다. 32:29, 1:15, 20:4에 각각 기록된 예언들은 이곳에 기록된 사건들이 이루어지기 이전에 미리 내다보고 예언한 것들이

다. 특별히 15:2을 참조하라.

17-23절. 이 부분에는 하나님의 성전에 있던 설비들과 기구들과 보물들이 바벨론 군대에 의해 약탈당한 사실이 기록되어 있다. 이것 역시 예언의 성취로 이루어진 일들다. 27:22을 참조하라. 예레미야는 이 일에 대하여 열왕기하 25:13-17에 기록된 것보다 더욱 자세하게 기록하였다.

17 두 놋기둥. 이것은 성전 건물을 떠받치는 지지대가 아니고, 다만 장식품으로서 영적인 의미를 전달하기 위하여 설치되었던 것이었다(왕상 7:15 이하). 이 두 기둥의 이름은 "야긴"(יָכִין)과 "보아스"(בֹּעַז)인데(왕상 7:21), "야긴"은 "하나님께서 세워주신다"라는 뜻이며, "보아스"는 "하나님께 힘이 있다"라는 뜻이다. 이제 바벨론 사람들이 이 두 기둥을 파괴하여 가져간 것은 이제부터 하나님께서 더는 유다 사람들을 세워주지 않으시고 그들의 죄를 벌하신다는 의미다. 이 기둥들에 대하여는 아래 21-23절에서 다시 한번 자세히 말한다.

"받침들"에 대하여는 열왕기상 7:27-29을 참조하고, **"놋대야"**에 대하여는 열왕기상 7:23-26을 참조하라. 바벨론 군인들이 이것들을 깨뜨린 이유는 그것들이 너무 커서 운반하기 곤란하였기 때문이었다. 그들은 이것들을 **"깨뜨려" "놋"**만 취하여 갔다. 바벨론 사람들이 이것들을 이런 식으로 가져가게 된 일은 결국 유다 사람들이 회개하지 아니하므로 예레미야가 예언한 대로 이루어진 것이다(27:19-22).

18-19 이 부분에 기록된 기구들("가마들, 부삽들, 부집게들, 주발들, 숟가락들, 놋그릇, 잔들, 화로들, 주발들, 솥들, 촛대들, 숟가락들, 바리들")에 대하여는 열왕기상 7:40, 45, 50을 참조하라.

20-23 **"네 손가락 두께"**라는 말은 네 손가락 너비만큼 두텁다는 뜻이고, **"석류"**라는 말은 석류 모양으로 만들어진 장식품을 가리킨다.

24-27상 여기서는 유다 나라의 중요한 인물들이 바벨론 군대에 의해 붙잡혀 죽임을 당했다는 사실을 보여 준다. 이것 역시 예레미야의 예언대로 이루어진 것이다. 15:2을 참조하라.

27하-30 여기 기록된 포로의 숫자는 첫 번째 포로에 더해진 자들의 숫자까지 포함한 것이 아니다. 느부갓네살 왕이 첫 번째로 잡아간 유다 사람들의 숫자는 3,023명인데(28절), 그 뒤에 또다시 10,000명이 추가되었다(왕하 24:11-16; 겔 1:2). 그리고 느부갓네살 왕이 두 번째로 잡아간 유다 사람들의 숫자는 29절에서 말하는 대로 832명이고, 세 번째로 잡아간 사람들의 숫자는 30절에서 말하는 대로 745명이었는데, 그것은 예루살렘이 멸망하고 4년 후에 이루어진 일이다.

"사천육백 명"이라는 총계는 여기서 예레미야가 기록한 숫자들만 통합한 것이다.

31-33 이 부분에서는 오랫동안 사로잡혀 있던 **"여호야긴"** 왕이 **"에윌므로닥"**으로 말미암아 석방되어 귀빈 대접을 받게 되었다는 사실을 보여 준다. 이 일과 관련하여 우리가 깨달을 수 있는 점은 ① 하나님께서 개입하시면 폭군이 결정하고 시행한 잔혹한 일이 그의 아들을 통해서 변경될 수도 있다는 것이다. 느부갓네살 왕은 여호야긴 왕을 37년 동안이나 감옥에 가두어 두었지만, 그의 아들 에윌므로닥은 그를 풀어주고 높여 주었다. 이는 마치 사울이 죽이려고 했던 다윗을 사울의 아들 요나단이 늘 보호해 준 것과 마찬가지다. ② 우리는 이 사건을 통해 세상만사가 언제라도 변할 수 있다는 사실도 깨달을 수 있다. 여호야긴 왕의 입었던 포로의 의복은 왕의 의복으로 바뀌었다 ③ 하나님의 권능은 그의 백성들이 불신자들의 손에서도 선한 대우를 받도록 만드실 수 있다(시 106:46).

| 설교자료

1. 지도자 한 사람의 잘못된 결정은 그를 따르는 많은 사람을 망하게 만들 수 있다(2-3절). 그러므로 야고보는 말하기를 선생이 된 자가 더욱 큰 심판을 받는다고 하였다(약 3:1).

2. 하나님께서 예언하신 모든 말씀은 마침내 실제 역사에서 그대로 이루어지는 법이다. 그의 말씀은 이렇게 정확히 성취되기 때문에 불신자들에게는 그것이 두려운 말씀이지만 믿는 자들에게는 기쁨과 소망의 말씀이다(4-16절).

3. 이방 사람들이 예루살렘 성전의 기구들을 모두 다 가져간 사건은 하나님을 공경한다고 말하면서 하나님을 의지하지 않고 성전과 그 기구들만 의지하였던 위선자들에 대한 벌이었다(17-23절). 그러나 하나님께 거룩하게 구별된 기구를 가져다가 세속적인 용도에 사용하는 자들의 잘못도 작지 않다(단 5:1-6).

4. 여호야긴 왕이 석방된 사건은 우리에게 큰 교훈을 준다(31-33절). 그것을 통해 우리는 하나님께서 인생들을 능히 깊은 환난 가운데서도 건져 주신다는 사실을 깨달을 수 있으며, 따라서 우리가 역경 가운데서도 오래 참아야 한다는 것을 기억하게 된다.

〈예레미야서 주석 끝〉

구약주석
예레미야애가

A Commentary on THE BOOKS OF LAMENTATIONS

서론

1. 저자

본서의 저자가 예레미야라고 확신하는 학자들은 다음과 같은 사실을 지적한다. 본서의 문체가 예레미야서와 동일하다는 점이다. 예를 들어 압제를 당한 "처녀 딸 유다"(בְּתוּלַת־בַּת־יְהוּדָה), 혹은 "딸 내 백성"(בַּת־עַמִּי)과 같은 개념이 두 책에서 동일하게 발견되며(애 1:15; 렘 8:21), 선지자가 "눈물을 흘린다"라는 사상(애 1:16; 2:11; 렘 9:1; 13:17), "사방에 두려움이 있다"라는 사상(애 2:22; 렘 6:25), 그리고 하나님께서 억울함을 풀어주시기를 구한다는 개념도 두 책 모두에서 찾아볼 수 있다(애 3:59; 렘 11:20). 이 밖에도 두 책에서 많은 구절이 서로 연결고리가 되고 있다. 예컨대 예레미야애가 1:2과 예레미야 30:14; 예레미야애가 1:8-9과 예레미야 13:22, 26; 예레미야애가 2:11, 3:48, 4:10과 예레미야 6:14, 8:11; 예레미야애가 2:14; 4:13과 예레미야 2:8, 5:31; 예레미야애가 3:14과 예레미야 20:7; 예레미야애가 3:15, 19과 예레미야 9:15, 23:15; 예레미야애가 3:47과 예레미야 48:43; 예레미야애가 3:52과 예레미야 26:11;

예레미야애가 4:21과 예레미야 25:15, 49:12; 예레미야애가 5:16과 예레미야 13:18이 각각 서로 의미가 통한다고 한다. 그뿐 아니라 예루살렘의 멸망을 기뻐하는 모든 이방 나라들 위에도 하나님의 벌이 임한다는 사상이 두 책에 다 있다(애 1:5; 8:14, 18; 3:42; 4:6, 22; 5:7, 16; 렘 14:7, 16:10-12; 17:1-3).

본서가 예레미야의 저술이라는 주장을 반대하는 비평가들의 이론은 성립될 수 없다. 그들은 말하기를, ① 예레미야서에서는 바벨론이 유다를 벌하시는 하나님의 도구로 여겨지는데(렘 51:20) 예레미야애가에서는 바벨론이 하나님의 징벌을 받을 대상으로 여겨진다는 점에서(애 4:21; 3:59, 66) 이 두 책이 동일 저자의 저술이 아니라고 주장한다. 그러나 이러한 학설은 받아들일 수 없다. 하나님의 섭리에 있어서 바벨론은 유다를 벌하시기 위한 하나님의 도구라고 할 수 있으나, 바벨론 사람들이 교만하여 죄를 범하였으므로 하나님의 벌이 그들에게 임한다는 것도 역시 진리다. ② 또한 그들은 말하기를 예레미야애가의 저자가 예레미야라면, 바벨론이 유다를 침략하는 일로 인하여 예레미야애가의 저자인 예레미야가 애굽의 도움을 바라보았다고 기록되어 있는데(애 4:17), 그것은 예레미야서의 사상과 배치된다고 주장한다(렘 37:7-8). 그러나 예레미야애가 4:17에 기록된 말씀은 예레미야 자신이 애굽의 도움을 바라본다는 의미가 전혀 아니며, 다만 저자는 유다 나라 백성들의 그릇된 사상을 대신하여 표현하고 있는 것일 뿐이다. ③ 예레미야애가의 저자가 예레미야라면, 그가 시드기야 왕의 도움 아래서 국가의 안전을 바라보았다는 말이 되는데(애 3:28; 4:20), 그것은 예레미야서의 사상과 조화를 이루지 못한다고 주장한다(렘 32:1-5). 그러나 이것 역시 문제가 되지 않는다. 저자는 시드기야 왕에 대한 유다 민족의 그릇된 기대를 대신 표현했을 뿐이다.

그러므로 우리는 위에 제시한 반론들, 다시 말해 본서를 예레미야가 저술하지 않았다는 학설들이 성립될 수 없다고 생각한다. 본서의 저자가 예레미야라는 점에 대해서는 고대 이래로 전통적으로 인정되어 오고 있는데, 예컨대 그리스어 70인역(LXX), 라틴어 불가타(Vulate), 아람어 요나단 타르굼(Jonathan Tagum)과 같은 초기 번역본들을 비롯하여 오리게네스(Origen), 힐라리우스(Hilary), 히에로니무스(Jerome)와 같은 교부들도 이를 지지한다.

제1장

✣ 내용분해

1. 유다의 패망에 대한 선지자의 탄식(1-11절)
2. 유다 민족의 탄식(12-22절)

✣ 해석

본 장에서는 유다 민족이 바벨론에 사로잡혀 간 사실로 인하여 그들이 말할 수 없는 도탄에 빠져 있다는 점을 묘사한다. 이 묘사에 있어서 예레미야 선지자는 그 민족을 대표하여 죄책감을 깊이 느끼는 동시에 회개하면서 하나님의 구원을 간구한다.

1 슬프다 이 성이여 전에는 사람들이 많더니 이제는 어찌 그리 적막하게 앉았는고 전에는 열국 중에 크던 자가 이제는 과부 같이 되었고 전에는 열방 중에 공주였던 자가 이제는 강제 노동을 하는 자가 되었도다. 선지자는 그 민족을 대표하여 그들이 당면한 고통

가운데서 그들의 범죄에 대한 감각을 심각하게 느낄 수 있도록 만들어주는 환경을 제공한다. 이제 이처럼 비참한 정경을 묘사하기에 앞서 그는 본서 첫 머리에 "슬프다"(אֵיכָה "에카")라는 탄식의 감탄사로 시작한다. 이 표현은 사실상 "슬프다"라고 번역하기보다는 "어떻게"라고 번역하는 것이 바람직하다. 말하자면 유다 민족의 처지가 저렇게 도탄 가운데 빠지게 된 것이 어찌 된 일인가 하는 탄식이라는 뜻이다. 본서에서는 그처럼 비참한 일은 우연히 발생한 것이 아니고 하나님의 징계로 말미암은 결과라고 이해하는 것이 올바른 해석이라는 점을 암시한다. 사람의 형편이 높은 데서 낮은 데로 갑작스럽게 변화되는 일은 하나님이 내리신 징벌의 결과라고 생각되는 법이다. 이렇게 죄를 상기시키는 참상에 대하여 선지자는 이 아래 여러 가지로 묘사하고 있다.

2 본 절은 모든 친구가 배신하고 떠나간 참상에 대한 진술이다.

밤에는 슬피 우니. 여기서 "밤에는"(בַּלַּיְלָה "바라옐라")라는 표현을 보면 그의 슬픔은 일반적인 수준의 슬픔이 아님을 알 수 있다. 말하자면 아무리 슬프다고 해도 밤에는 잠드는 법인데, 그는 밤에도 잠자리에 들지 못하고 애곡한다는 것이다.

사랑하던 자들. 이 말은 아래 나오는 "**친구들**"(רֵעֶיהָ "레이아")이라는 말과 같은 내용을 가리킨다. 여기서 "친구"라는 말은 유다 민족이 의뢰하던 애굽을 의미하는 것이다. 하나님은 그가 사랑하시는 백성을 벌하실 때 그들이 이때까지 하나님 대신 의뢰해왔던 모든 것을 없애버리시는 법이다(사 3:1). 그들이 의지하던 대상이 없어졌다는 사실은 그들이 하나님 아닌 다른 것들을 의지했던 죄악을 상기시킨다.

3 본 절은 유다 민족이 포로가 되어 바벨론에 사로잡혀 갔던 사건을 전후하여 그들이 당한 고난들을 묘사한다. 그것들을 가리켜 본문에서는 "**환난**", "**고난**", "**쉴 곳을 얻지 못함**", "**핍박**" 등으로 표현한다. 하나님께서 사랑하시는 백성이 끊임없이 고난을 당하게 되었다는 사실 역시 그들의 죄를 상기

시키는 역할을 한다. 그런 참상은 우연히 발생한 일이 아닙니다.

4 여기서는 종교적인 불경기에 대하여 묘사한다. 과거에는 유다 백성들이 종교적 절기를 지키기 위해서 예루살렘으로 모여들었기 때문에, **"시온의 도로들"**이 사람들로 가득했었다. 그러나 이제는 시온의 도로들에 사람이 보이지 않는다고 말한다. 사람들이 이때까지 신봉해왔던 종교에 있어서 은혜가 사라지고 적막한 처지에 빠지게 된 것도 그들의 죄악을 생각하게 해주는 참혹한 현상이다.

5 그의 대적들이 머리가 되고. 이것은 유다 민족을 다스리는 자가 이제부터 이방인으로 바뀌게되었다는 사실을 가리킨다. 유다 백성이 다른 민족도 아니고 하필이면 그들의 원수의 손에 떨어지게 된 것은 결코 우연한 일이 아니다. 그러한 일은 그의 죄악을 상기시키시기 위해 하나님께서 계획하신 일이다.

6 딸 시온의 모든 영광이 떠나감이여. 말하자면 유다 나라의 영광이 떠났다는 것이다. 유다 백성들이 누렸던 "영광"은 하나님께서 예배를 통하여 그들과 함께하신 일이었다(시 132:13-14). 하나님께서 친히 택하신 나라와 함께하셔야만 그 나라의 **"지도자들"**(םירש "사람") 이 유력해지는 법이다. 그러나 그때 하나님께서 유다 나라를 버리셨으므로 그 나라의 "영광"을 대표하는 지도자들이 무력해진 것이다.

7 예루살렘이 환난과 유리하는 고통을 당하는 날에 옛날의 모든 즐거움을 기억하였음이여 그의 백성이 대적의 손에 넘어졌으나 그를 돕는 자가 없었고 대적들은 그의 멸망을 비웃는도다. 유다가 바벨론의 침략을 당하여 남의 나라를 떠도는 고통 가운데 처해 있을 때 그들은 과거의 영화로운 시대를 그리워하게 된 것이다. 시편 42:3-4을 참조하라. 여기서 "옛날"은 모세, 여호수아, 다윗의 시대를 가리켰을 것이다. "그의 멸망"(היתבשמ "미슈바테하")은 그 나라의 모든 행사들, 다시 말해 공적 업무나 사회 활동이나 심지어 예배 행위까지도 폐지된 사실을 가리킨다.

8 예루살렘이 크게 범죄함으로 조소거리가 되었으니. 유다 민족이 범죄하는 동안에도 주변 사람들에게 조롱거리가 되지는 않았었다. 그때는 그들이 자신을 아름답게 포장하여 다른 사람들에게는 좋은 모습만 보이고 있었기 때문이다. 그야말로 유다 백성은 회칠한 무덤과도 같았다. 그러나 마침내 하나님께서 그들을 벌하셨다. 그 일의 결과로 그들은 비참한 모습을 드러내게 되었고 그들이 범했던 죄악의 추한 모습들을 사람들에게 드러내 보인 셈이다.

전에 그에게 영광을 돌리던 모든 사람이 그의 벗었음을 보고 업신여김이여. 여기서는 과거에 유다 민족을 칭송하던 자들이 이제 와서는 그들을 업신여길 것이라고 말한다. 전에는 높이던 자들이 어찌하여 이제는 정반대로 업신여기는 태도를 취하게 된 것일까? 이것 역시 우연한 일이 아니고 과거의 죄악을 상기시키는 안타까운 현상이다.

그는 탄식하며 물러가는도다. 이 말은 그들이 이제 벌을 받고서야 드디어 죄를 깨닫고 수그러진다는 뜻이다.

9 본 절에서는 유다 민족이 **"놀랍도록 낮아"**졌다고 말한다. "놀랍도록 낮아"졌다는 말은 그들의 처지가 너무도 갑자기 뒤바뀌게 되었다는 사실을 보여 준다. 높은 자리를 차지하고 있던 자가 갑자기 정반대의 형편에 처하여 낮아진 것은 작은 일이 아니다. 이것도 놀라운 일이다.

그의 더러운 것이 그의 옷깃에 묻어 있으나 그의 나중을 생각하지 아니함이여. 이것은 마치 죄악이 마치 얼룩이 옷깃에 묻어서 사람들의 눈에 보이는 것처럼 유다 민족의 죄악이 노골적으로 탄로나 있었음에도 불구하고 그 당시 유다 백성들은 그들이 장차 받게 될 벌은 생각해보지도 않았다는 뜻이다. 그들은 자신들의 죄와 그에 따르는 벌에 대하여 무감각했으며 철면피가 되었던 것이다. 사람의 죄악이 가득하여 밖으로 흘러넘치면 그에 상응하는 벌이 따른다. 그러므로 유다 민족은 마침내 "놀랍도록 낮아"질 수밖에 없었다. 한마디로 그들은 바벨론의 침략을 당하게 되었던 것이다.

선지자는 민족을 대표하여 그들이 받는 환난의 참상이 그들의 죄로 말미암은 것임을 이렇게 올바로 보았다. 그러므로 이런 처지에서는 진정한 회개가 나올 수밖에 없으며 그에 따라 하나님께 기도할 수밖에 없다. 선지자는 이 시점에 이르러서는 그의 민족을 대표한다.

10 대적이 손을 펴서 그의 모든 보물들을 빼앗았나이다 주께서 이미 이방인들을 막아 주의 성회에 들어오지 못하도록 명령하신 그 성소에 그들이 들어간 것을 예루살렘이 보았나이다. 이것은 예루살렘을 침략한 바벨론 군대가 성전의 보물들을 약탈하여 간 사건을 염두에 두고서 기록한 말씀이다. 이방인들은 거룩한 "주의 성회에 들어오지 못하"는 법인데, 이제 그들은 아무런 거리낌도 없이 성전에 들어와 성전 기구들까지 약탈해갔다. 경건한 신자들에게 있어서 이보다 더 마음 아픈 일은 없었을 것이다. 그러므로 경건한 신자들을 대표한다고 할 수 있는 선지자들은 이 일을 더욱 슬프게 여겨 탄식한다.

여기서 우리가 기억해야 하는 것은 이처럼 슬픈 상황을 초래한 원인이 무엇인가 하는 점이다. 거룩한 장소가 이방인에 의해 침범을 당하게 되는 이유 가운데 하나는 하나님을 공경한다고 자처하는 자들이 하나님께 구별된 거룩한 성물을 올바로 취급하지 않는다는 것이다. 그들이 하나님보다 그 성물들을 더욱 자랑하고 그것을 의지하는 잘못된 태도가 원인이 되어 성전의 거룩한 성물들이 약탈당하게 되었다는 것이다. 그 당시 유다 사람들은 겉치레로만 종교생활을 유지하고 있었으며, 하나님께서 기뻐하시는 일은 행하지 않고 성전의 외형적 시설물을 하나님 보다 더욱 신성시하였는데, 그들은 그러한 성물들의 도움으로 외적의 침략을 막아내고 재앙을 모면할 수 있으리라고 생각했다(참조. 렘 7:3).

선지자는 이런 말을 하는 가운데도 유다 사람들의 종교적 죄악을 무언중에 지적하고 있다.

11 그 모든 백성이 생명을 이으려고 보물로 먹을 것들을 바꾸었더니 지금도 탄식하며 양

식을 구하나이다 나는 비천하오니 여호와여 나를 돌보시옵소서. 여기서 예레미야 선지자는 예루살렘 성이 포위되어 성안에 식량이 고갈되었다는 사실을 보여 준다. 모든 백성이 귀중품을 가져와서 음식물을 구했다는 것으로 보아 예루살렘 성내의 기아상태가 얼마나 심각했는지 알 수 있다. 하나님께서 사람들의 식량을 없애버리는 재앙을 내리시는 일도 어떤 경우에는 특별히 그들의 죄악을 벌하시기 위함인 것이다. 그들이 하나님보다도 음식물을 더 사랑하여 그것을 너무 의지하였기 때문에(겔 4:16) 하나님께서 그와 같은 벌을 내리신다. 양식이 결핍하게 된 자는 그가 하나님보다 양식을 더욱 의지했던 죄악을 회개해야만 한다.

"나는 비천하오니 여호와여 나를 돌보시옵소서." 이 말씀을 보더라도 우리는 선지자가 여기서 극심한 국가적 재난에 대하여 탄식하면서도 완전히 낙심한 것은 아니며는 주님을 바라보고 기도하는 신앙을 유지하고 있음을 알 수 있다. 낙심은 죄악이며, 낙심에 빠진 자는 기도할 수 없는 법이다.

12 지나가는 모든 사람들이여 너희에게는 관계가 없는가 나의 고통과 같은 고통이 있는가 볼지어다 여호와께서 그의 진노하신 날에 나를 괴롭게 하신 것이로다. 선지자는 여기서도 유다 민족을 대표하여 그들이 당하는 환난이 일반적인 것이 아님을 보여 준다. 요컨대 유다 백성들은 "지나가는 모든 사람들" 다시 말해 다른 민족에게는 그와 같은 환난이 없을 것이라고 탄식한다. "너희에게는 관계가 없는가"라는 말씀은 그들에게는 이와 같은 환난이 없다는 의미를 전달하는 표현이다. 물론 이방 민족들에게도 심한 환난이 없을 수는 없다. 그러나 하나님의 사랑을 알지 못하는 그들로서는 그런 환난을 당할 때에 여기서 선지자가 놀란 것과 같은 일은 발생하지 않을 것이다. 예레미야 선지자가 여기서 유다 민족을 대표하는 위치에서 심히 놀란 이유는, 하나님의 사랑을 받던 민족이 그처럼 환난을 받았기 때문이다. 유다 민족이 이런 환난을 겪은 것은 참 놀라운 일이다. 그러나 우리가 기억할 것이 있는데, 하나님은 사랑하시는 자

를 더욱 징계하신다는 것이다(잠 3:11; 히 12:7). 선지자는 이 같은 진리를 알고 있었기 때문에 본 절 하반절에 말하기를 "나의 고통과 같은 고통이 있는가 볼지어다 여호와께서 그의 진노하신 날에 나를 괴롭게 하신 것이로다"라고 하였다.

13-14 여기서는 또다시 유다 민족을 대표하는 선지자가 그 민족에게 닥쳐온 환난이 사람의 힘으로는 막을 수 없는 하늘로부터 임한 환난이라는 점을 지적한다. 요컨대 **"높은 곳에서 나의 골수에 불을 보내어"** 라는 말은 그의 견딜 수 없는 고통이 하늘로부터 내려온 것이라는 뜻이고, **"내 발 앞에 그물을 치사 나로 물러가게 하셨음이여"** 라는 말은 유다 민족으로 하여금 어찌할 수 없이 굴복하도록 무적의 환난을 "그물"과 같이 펼쳤다는 뜻이다. **"종일토록 나를 피곤하게 하여 황폐하게 하셨도다"** 라는 말은 그가 환난에 처하여 모든 기쁨을 잃고 병들었다는 뜻이다. "피곤하게 하여"라는 표현이 그런 의미다. 이것은 환난 때문에 심히 피폐해진 유다 민족의 정신세계를 가리키는 시적 표현이다.

내 죄악의 멍에를 그의 손으로 묶고 얽어 내 목에 올리사. 말하자면 유다 민족이 당하는 환난은 그들 민족이 범한 죄로 말미암은 것이라는 뜻이다. 멍에를 그의 목에 얽어 매듯이 죄악의 짐이 이제 그 민족에게 부담되어 어찌할 수 없이 되어버리고 말았다.

내가 감당할 수 없는 자의 손에 주께서 나를 넘기셨도다. 이것은 남 왕국 유다가 강력한 바벨론 제국의 침략으로 말미암아 이제는 패망하게 되었다는 뜻이다.

15 **주께서 내 영토 안 나의 모든 용사들을 없는 것 같이 여기시고 성회를 모아 내 청년들을 부수심이여 처녀 딸 유다를 내 주께서 술틀에 밟으셨도다.** 여기서 선지자는 또다시 유다 민족의 수난이 그들의 죄에 대한 징벌이라는 사실을 부각하기 위하여 그들이 상상하지도 못했던 일들이 연출된다는 사실을 지적한다. 사람들이 믿었던 대로 일이 진행되지 않고 오히려 그와는 정반대로 전개될 때 그들은

마땅히 깨달아야 할 것이 있다. 요컨대 그들이 하나님을 믿지 않고 다른 대상을 의뢰했던 죄의 대가로 그처럼 안타까운 일을 당하게 된다는 사실이다. 유다 사람들은 그들이 보유한 용사들을 하나님보다 더 신뢰하였다. 그들이 생각하기에는 그들이 양성한 용사들의 손으로 능히 갈대아 군사들을 막아낼 수 있을 것처럼 여겨졌다. 그러나 막상 이제 현실로 마주하고 보니, 사태는 이미 생각했던 것과는 정반대로 흘러갔던 것이다. 그러므로 선지자는 여기서는 이러한 사실을 지적하는 의미에서 말하기를, "성회를 모아 내 청년들을 부수심이여"라고 말한다. 여기서 "성회"라고 번역된 히브리어 단어는 "모에드"(מוֹעֵד)인데, 신뢰할 만한 성경학자들은 이것이 "정한 때"를 의미한다고 해석한다. 선지자는 유다 민족에게 일어난 참사가 결국 하나님께서 정하신 때에 이루실 일들을 그대로 이루신 것이라고 받아들인다. "청년"은 장정을 의미한다. 아래에 이어지는 "처녀 딸 유다를 내 주께서 술틀에 밟으셨도다"라는 표현도 그때 임한 환난이 하나님의 징벌이라는 사실을 시사한다. "술틀에 밟"는다는 말의 의미는 포도주를 만들기 위하여 포도를 틀에 넣고 짜는 것을 의미하는데, 이는 심판을 상징하는 행위다.

16-17 여기서는 선지자가 그 당시 유다 민족이 당한 전쟁의 참상을 목격하고서 심히 통곡하고 슬퍼하는 장면을 보여 준다. 여기서 **"내가"**(אֲנִי)라는 표현은 유다 민족 전체를 대표하는 의미로 사용된 대명사인데, 선지자만 그렇게 슬퍼하는 것이 아니라 그와 동시에 유다 민족도 마땅히 그리해야 한다는 것이다. 다시 말하면, 하나님의 징벌로 내린 환난 앞에서는 사람들이 마땅히 마음을 부드럽게 유지하고 애통하며 회개해야 한다는 것이다. 그들에게 임한 고통은 그것을 원망과 불평으로 대하지 않는 자에게는 참다운 회개를 이루게 해주는 선한 것이다. 여기서 "나"라는 대명사로 대변되는 유다 민족이 징벌받는 때에 그들을 위로해 주는 자도 없고, 더구나 예전에 그들과 우호적인 관계를 유지했던 주변 나라들의 통치자와 백성들까지도 그들의 원수

가 되어버렸다. 이것이야말로 유다 민족이 배신당한 셈이니, 그런 일은 말로 형용할 수 없이 괴로운 법이다. 유다 민족은 그 당시에 열방 가운데 가장 **"불결한 자"**와 같이 취급을 받은 셈이다. 다시 말하면 누구든지 그들을 멀리하기를 원하였다는 것이다.

18 **여호와는 의로우시도다 그러나 내가 그의 명령을 거역하였도다 너희 모든 백성들아 내 말을 듣고 내 고통을 볼지어다 나의 처녀들과 나의 청년들이 사로잡혀 갔도다.** 본 절 상반절에서는 또다시 수난자의 회개를 진술한다. 고통 가운데 처해 있으면서 그것이 하나님의 징벌이라 생각하고서 하나님이 의로우시다고 인정하는 일은 스스로 자신을 책망하면서 하나님을 높여드리는 고귀한 회개의 마음가짐이다. 다윗 왕도 무고한 자의 피를 흘린 죄로 인하여 징벌을 당하는 가운데서도 말하기를, "내가 주께만 범죄하여 주의 목전에 악을 행하였사오니 주께서 말씀하실 때에 의로우시다 하고 주께서 심판하실 때에 순전하시다 하리이다"(시 51:4)라고 하였다. 여기서 예레미야는 유다 민족이 품었던 회개의 심리를 대신 표현하여 말하기를, "여호와는 의로우시다 그러나 내가 그의 명령을 거역하였도다"라고 하였다. 이어서 그는 자신이 당하는 고난이 자신의 범죄와 밀접하게 연관되어 있다는 의미에서 또다시 유다 민족의 처참한 수난의 광경을 애처롭게 묘사한다. 요컨대 "나의 처녀들과 나의 청년들이 사로잡혀 갔도다"라는 문구가 유다 민족의 처지를 대변한다.

19 **내가 내 사랑하는 자들을 불렀으나 그들은 나를 속였으며 나의 제사장들과 장로들은 그들의 목숨을 회복시킬 그들의 양식을 구하다가 성 가운데에서 기절하였도다.** 여기서 선지자는 또다시 그가 당하는 환난의 참상을 계속하여 진술한다. ① 유다 민족이 간절히 바라마지 않던 동맹국들의 원조가 본래 약속되었던 대로 이행되지 않았다는 것이다(상반절). 여기서 이른바 "내 사랑하는 자들"(מְאַהֲבַי) 이라는 표현은 유다 민족이 굳게 믿었던 애굽을 가리킨다. 애굽은 유다와 다른 강대국 사이에 전쟁이 일어나면 유다를 돕기로 약속했었으나, 막상 유다

가 바벨론 군대에 의해 침략당했을 때 유다를 돌보지 않았다. 이렇게 유다 민족이 기대했던 대로 효과적으로 원조가 이루어지지 않았던 일이 그들에게는 뼈아픈 현실이었다. ② 바벨론 군대에 의해 침략당했을 때 유다 민족은 나라를 이끌어 백성들을 위기 가운데서 구원해 줄 지도자도 없이 방황하면서 모든 어려움을 자기들의 몸으로 모두 받아내야 했다(하반절). 가정에 환난이 닥쳐왔을 때 부모가 없는 고아들이야말로 측은하기 그지없다. 나라가 망해가고 있을 때 나라를 사랑하는 진정한 우국지사나 지도자가 없다면, 그 백성들은 말할 수 없이 서글픈 일들을 겪을 수밖에 없다. 유다 민족이 바벨론에 의해 침략당했을 때 민족의 지도자 위치에 있었던 제사장들과 장로들은 민족을 생각하는 마음은 추호도 없이 다만 자신들의 목숨을 부지하기 위하여 음식물을 구하는 데만 온 정신이 팔려있었다. 이것이 거짓 지도자들의 마지막이 어떠한지를 잘 말하여 준다. 그들은 본래부터 음식물을 구하는 자들이었을 뿐 진심으로 하나님의 진리를 찾던 자들은 아니었다. 평안할 때는 그들이 이처럼 어둡고 더러운 내막을 감추고 나서서 어디까지나 남들을 위하는 지도자인 것과 같이 처신하였고, 오랜 시간 동안 그들의 연극은 성공적이었다. 그러나 그들의 본색이 들통나는 순간이 마침내 도래하고 만 것이다.

20 여호와여 보시옵소서 내가 환난을 당하여 나의 애를 다 태우고 나의 마음이 상하오니 나의 반역이 심히 큼이니이다 밖에서는 칼이 내 아들을 빼앗아 가고 집 안에서는 죽음 같은 것이 있나이다. "여호와여." 여기서 선지자는 또다시 유다 민족을 대표하는 신분으로서 회개하는 심정으로 기도한다. 그의 마음속에 자리 잡은 괴로움은 환난 그 자체로 인해서라기보다는 차라리 그 자신의 죄악 때문이었다. 그러므로 그는 말하기를, "내가 환난을 당하여 나의 애를 다 태우고 나의 마음이 상하오니 나의 반역이 심히 큼이니이다"라고 하였다.

21-22 선지자는 여기서 그가 환난을 겪는 중에 위로받기는커녕 도리어 그가 환난 당하는 것을 기쁘게 생각하는 원수들 때문에 고통을 당한다. 그

러나 그는 원수들의 보응 받게 되리라는 사실을 내다보고 기도한다. 하나님께서는 원수가 실패하는 것을 보고 기뻐하는 사람들을 벌하신다(잠 24:17). 그러므로 성도들은 그들을 박해하는 원수들의 실패를 보고서 기뻐할 것이 아니라(롬 12:19-20), 자기 자신도 그렇게 되지 않도록 두려워하는 마음으로 지나가야 한다(참조. 갈 6:1).

| 설교자료

1. 누구든지 행복한 시절에 교만해져서는 안 된다. 시대가 바뀌다 보면 그에게도 불행해지는 날이 반드시 찾아오기 때문이다(1절).

2. 많은 사람이 하나님을 사랑하지 아니하고 이 세상을 사랑하지만, 마지막 심판 날에는 그가 사랑했던 모든 것들로부터 아무런 도움도 얻을 수 없다(2절).

3. 사람은 죄의 대가로 마침내 그의 원수들의 손안에 떨어지게 된다(3-5절). 그러므로 그가 설령 죄를 두려워할 줄은 모른다고 하더라도 몰라도 죄가 우리를 이끌어가는 종착점, 다시 말해 영원한 사망에 대해서는 두려워할 줄 알아야 한다. 그는 죄의 종착점에 대한 두려움 때문에라도 죄를 범해서는 안 된다.

4. 예루살렘의 지도자들이 평안한 시절에는 백성들을 담대하게 통치했을 것이다. 그러나 이제 환난의 때에는 그들이 "사슴"과도 같이 겁을 먹고 심약해진 것이다(6절). 거짓 지도자들은 언제든지 이처럼 환난의 때에 본색을 드러낸다.

5. 회개하지 않는 죄인들이 세력을 잡고 한창 겁 없이 범죄하는 시절에는 불법이나 부당한 것도 정당화해가면서 자신들이 옳은 것처럼 내세운다. 그런 시기에는 그들의 잘못을 지적해줄 사람도 없다. 그러나 하나님께서 그들을 벌하시어 꼼짝 못 하게 만드시는 때가 반드시 도래한다. 그때에는 그들의 정체가 드러나 세상 사람들 앞에서 "조소거리"(נִידָה "니다")로 취급받는다 (7-9절).

6. 하나님의 백성이 성물을 올바르게 사용하지 않고 그것을 하나님보다 더 신뢰할 때 하나님께서는 그들의 그러한 태도를 죄로 여기시고 그들이 의지해온 성물들을 원수들의 손에 넘겨 주신다(10절). 이사야 39:1-8을 참조하라.

7. 하나님의 백성이 받는 벌은 하나님께서 친히 주신 것이기 때문에 그들의 벌을 해제해주실 권세도 오직 그에게만 있다(14절). 욥기 5:17-18을 참조하라.

8. 회개하는 자는 하나님을 원망하지 않고 오히려 하나님을 의로운 분으로 여긴다. 또한 회개하는 마음가짐을 지닌 자는 자기 자신의 죄책을 회피하지 않고 그것을 달갑게 짊어진다(18절). 시편 51:4을 참조하라.

제 2 장

↓ 내용분해

1. 하나님의 심판(1-10절)
2. 패망한 유다 민족이 몸소 겪은 비극(11-13절)
3. 유다가 패망한 원인은 거짓 선지자들에게 있음(14절)
4. 지나가는 자와 원수의 비웃음(15-16절)
5. 여호와께서 유다 민족을 벌하셨으니, 그들은 그에게로 돌아가야 함 (17-19절)
6. 백성이 기도함(20-22절)

↓ 해석

1 슬프다 주께서 어찌 그리 진노하사 딸 시온을 구름으로 덮으셨는가 이스라엘의 아름다움을 하늘에서 땅에 던지셨음이여 그의 진노의 날에 그의 발판을 기억하지 아니하셨도다. 본 절은 아래 묘사되는 이스라엘의 환난에 대한 머리말 역할을 하고 있다.

"딸 시온"이라는 말에 대하여는 여러 가지 해석이 있다. 어떤 학자들은 그것이 이때까지 끔찍한 환난을 한 번도 경험해보지 못하고 지극히 평안하게 지내왔던 민족을 가리킨다고 해석한다. 그러나 전후 문맥상 여기서 딸 시온은 예루살렘을 가리키는 표현이다. "구름으로 덮으셨다"(יָעִיב, "야이브")라는 표현은 하나님께서 그 백성에 대하여 진노하신 것을 상징한다. 말하자면 하나님께서 그들에 대하여 얼굴빛을 환하게 해주시지 않고 어둡게 대하시는 것을 비유한다. "이스라엘의 아름다움"이라는 말은 이스라엘의 모든 종교적 제도들과 기타 신정국가로서 갖추고 있는 시설들을 의미한다. 그것을 "하늘에서 땅에 던지"듯이 심하게 벌하신 사실에 대하여 선지자는 탄식한다. "그의 발판"이라는 표현은 성전을 가리킨다(시 99:5; 132:7).

2-3 여기서부터는 선지자가 이스라엘이 경험한 전쟁의 재앙에 대하여 또다시 진술한다. 특별히 이 구절들이 강조하는 내용은 유다 나라의 모든 견고한 것들이 파괴되는 재앙을 겪었다는 점이다. 든든하고 견고한 건축물이 무너진다는 것은 예상하지 못하는 일이다. 이런 일은 하나님의 특별한 개입이 아니고는 일어날 수 없다. 선지자는 이렇게 유다 민족에게 임한 환난이 하나님으로부터 말미암은 것이라는 사실을 번번이 강조한다. **"야곱의 모든 거처들"**(כָּל־נְאוֹת יַעֲקֹב)이라는 표현은 사전적으로 "야곱의 목장들"을 뜻하는데, 이것은 방어시설이 전혀 없는 유다의 지역들을 가리킨다. 여기에 기록된 대로 "견고한 성채들"을 허물어뜨리셨다는 사실이나, 이에 더하여 백성들이 의지할 대상이었던 견고한 "나라와 그 지도자들"을 욕되게 하셨다는 사실이나, 권세를 상징하는 "모든 뿔"을 자르셨다는 말씀은 유다 백성이 의지할 만한 모든 것이 그들의 기대와는 다르게 파괴되었다는 의미다.

4-5 이 부분에서 **"원수 같이"**(כְּאוֹיֵב, "케오예브")라는 표현이 두 차례 나온다. 여기서는 하나님께서 이스라엘 백성에 대하여 "원수 같이" 되셨다는 사실을 보여 준다. 하나님은 성도들을 아끼시고 사랑하시는 분이신데 이렇게

그들 앞에 원수처럼 나타나시는 이유가 과연 무엇일까? 그 이유는 그가 이스라엘 백성을 징계하시는 듯한 자세를 취하셨기 때문이다. 성도가 징계를 당할 때는 하나님을 그런 관점에서 바라보기 쉽다. 그렇지만 내막에 있어서 하나님은 그의 성도들을 사랑하시는 열심을 지니고 계신다(히 12:6). 그러므로 그때 성도가 회개하는 심정으로 인내하며 전진해가면 마침내 하나님이 부어주시는 은혜를 받아 누린다. 욥기 5:17-18을 참조하라.

6-10 여기서는 유다 왕국과 종교적 제도가 모두 함께 폐기되리라는 것을 보여 준다. 특별히 선지자는 여기서 이런 것들을 폐기하시는 하나님의 행위가 얼마나 빨리 결정되고 쉽게 나타나는 것인지를 진술하였다. 유다 사람들이 이처럼 중요한 성물을 범죄의 도구로 사용하였지만, 하나님께서는 그런 일들도 문제시하지 않으신다.

주께서 그의 초막을 동산처럼 헐어 버리시며. "초막"은 종교적으로 거룩한 시설에 불과하지만, 유다 사람들은 그것을 하나님보다 더 중요히 여겼으며, 그것만 있으면 나머지는 모두 어떻게 되어도 상관없다고 우겼습니다(렘 7:4). 성막을 이렇게 불경스럽게 다룰 바에는 그 존재조차 필요치 않으므로 하나님께서는 그것을 "초막 같이" 여기시고서 모두 헐값에 팔아버리셨다. 개역개정판에서 "절기"라고 번역된 "모에드"(מוֹעֵד)는 히브리어 원문의 뜻에 따르면 "증거"를 의미하는데, 말하자면 사람들에게 하나님을 알려 주기 위한 시설을 가리킨다. 예컨대 법궤, 성막, 성전 같은 것들을 말한다. 유다 사람들은 이것들도 잘못 사용했다. 그것들이 종교적 외식의 근거로만 취급되었으므로 하나님께서는 그것들을 서슴지 않고 폐지하실 것이다. 여기서 "시온"이라는 말 예루살렘을 의미한다.

여호와께서 시온에서 절기와 안식일을 잊어버리게 하시며. 이것 역시 위에 말한 이유 때문이다. 유다 사람들은 안식일 제도만 의지하고, 정작 살아 계신 하나님은 무시하였다. 일이 이렇게 되다 보니 하나님께서는 사람들이 안식일을 잊어버리게 할 만큼 극심한 환난을 보내실 만하다.

그가 진노하사 왕과 제사장을 멸시하셨도다. "왕과 제사장"은 백성을 돕기 위하여 하나님의 사랑을 나타내도록 임명받은 자들인데, 그들이 바람직하지 않게 처신하여 자격을 상실했을 때는 그들의 직분을 폐지하는 것이 마땅하다.

여호와께서 또 자기 제단을 버리시며 자기 성소를 미워하시며 궁전의 성벽들을 원수의 손에 넘기셨으매. 여기서는 여호와께서 이러한 시설들을 폐기하셨다는 사실을 두드러지게 드러내고 있다. 그가 이렇게까지 시행하시는 이유는 그러한 시설들 자체에 문제가 있어서가 아니었다. 다만 사람들이 그 시설들을 잘못 사용하여 죄를 범하기 때문이었다. 여기서 "자기"라는 표현이 두 번이나 사용되었다. 말하자면 위에 언급한 시설들이 하나님 자신의 것임에도 불구하고 그는 그것들을 폐기하기를 아까워하지 않으신다는 뜻을 보여 준다.

그들이 여호와의 전에서 떠들기를 절기의 날과 같이 하였도다. 이 말씀 역시 하나님의 심판 행위를 두드러지게 나타낸다. 유다 민족이 종교적 절기들을 그릇되게 사용하였으므로 이제 그것들은 폐기되고, 도리어 이방 군대가 그들 대신 그곳에 침입하여 마치 절기를 지키는 것처럼 떠들어낸다는 것이다. 이런 방식으로 임하는 환난은 종교적 절기를 겉치레로만 지켜왔던 유다 사람들의 죄악상을 깨우쳐주는 역할을 한다. 하나님께서 예루살렘 도성을 훼파하시되 "줄을 띠고"(קָו נָטָה) 하신다는 말씀은 어디까지나 그의 훼파 행위가 하나님의 공의에 따라 정확하고 엄밀한 심판의 원리대로 수행된 것임을 보여 준다. 사람들이 보기에는 그 당시에 예루살렘의 멸망이 너무 처참했기 때문에 아무런 원칙도 없이 무질서하게 진행된 것처럼 여기기 쉬웠다. 그러나 선지자는 여기에도 하나님의 공의로우신 측량줄이 있었음을 상기시킨다.

성벽과 성곽으로 통곡하게 하셨으매 그들이 함께 쇠하였도다. "성벽과 성곽"은 생명이 없는 시설물들인데 그것들이 "통곡"한다는 말은 그 당시에 임한 파멸이 너무나 비참하였다는 사실을 묘사하기 위하여 성벽과 성곽을 의인화한 문학적 표현이다.

성문이 땅에 묻히며 빗장이 부서져 파괴되고. 이 말씀도 예루살렘의 함락이 여지 없이 진행되었다는 사실을 드러낸다. 선지자는 이와 같은 모든 묘사들을 통해 유다 백성들의 죄악을 상기시킨다.

왕과 지도자들이 율법 없는 이방인들 가운데에 있으며 그 성의 선지자들은 여호와의 묵시를 받지 못하는도다 딸 시온의 장로들이 땅에 앉아 잠잠하고 티끌을 머리에 덮어쓰고 굵은 베를 허리에 둘렀음이여. 이 말씀 역시 유다의 지도자들이 그들의 죄에 상응하는 비극을 겪게 되었음을 암시한다. "왕과 지도자들"은 한때 백성을 다스리면서 여호와의 "율법"을 무시하였다. 율법을 무시하던 그들은 이제 율법이 아예 없는 바벨론 제국이라는 새로운 세상으로 사로잡혀 가서 천대와 멸시를 당하게 될 것이다. 그리고 "선지자들"(거짓 선지자들)은 한때 백성을 미혹하여 말하기를, 자신들이 받은 묵시를 믿고 따르라고 했었다. 그런데 이렇게 거짓 묵시를 주장하던 그들도 진정한 의미에서 묵시를 받지 못하였다는 사실이 만천하에 드러나게 될 날이 도래한 것이다. 거짓말하는 자들이 언제까지나 사람들을 속일 수 있는 것이 아니다. 그들의 정체가 언젠가는 드러나고야 마는 것이다. 또한 "딸 시온"(유다 백성)의 지도자들이라고 할 수 있는 "장로"들은 한때 백성들을 잘못된 길로 인도하면서 세력을 과시하였었다. 그러나 이제는 그들도 아무런 대책 없이 그저 "땅에 앉아 잠잠"하여 소망 없는 처지로 전락하는 날이 도래한 것이다.

예루살렘 처녀들은 머리를 땅에 숙였도다. 이렇게 지도자들이 모두 하나님의 심판을 받고 백성을 인도하지 못하게 되었으므로 "예루살렘 처녀들"(일반 백성을 의미함)은 실망하여서 "머리를 땅에 숙"이고 다니게 되었다는 것이다.

11-12 여기서는 바벨론 군대가 침공해 와서 예루살렘 성을 포위했을 때 성내에 기근이 극심해져서 어린아이들의 정신이 혼미해진 처참한 지경을 묘사한다. 사람이 아무리 마음이 완악해져도 어린아이들이 하는 말이나 그들

이 당하게 되는 일들로 인하여 마음이 움직이는 것이 인지상정이다. 특히 어린아이들이 가뭄으로 인하여 정신이 혼미해진 상태는 그 당시 백성들에게 죄책감을 불러일으키기에 충분했다. 이렇게까지 처참한 광경은 그 당시 사회의 죄악상을 폭로하고 징벌하기 위하여 임하게 된 것이 분명하다. 우리는 본서를 읽을 때 여기에 묘사된 환난의 내용이 이렇게 사람들에게 그들의 죄악을 상기시키는 방식으로 나타나는 것을 얼마든지 찾아볼 수 있다.

13 **딸 예루살렘이여 내가 무엇으로 네게 증거하며 무엇으로 네게 비유할까 처녀 딸 시온이여 내가 무엇으로 네게 비교하여 너를 위로할까 너의 파괴됨이 바다 같이 크니 누가 너를 고쳐 줄소냐.** 여기서 이른바 "내가 무엇으로 네게 증거하며 무엇으로 네게 비유할까"라는 말씀은 그 당시 유다 백성들이 당한 참상이 인류 역사에서 발생한 다른 어느 사건보다 특이한 것임을 말해 준다. 한마디로 그 당시 유다 백성들에게 임한 비극은 너무나 독특하여서 그것이 죗값으로 주어진 것이라는 사실이 두드러지게 나타난다는 뜻이다. 하나님께서 어찌하여 그가 택하신 백성인 유다 사람들을 이렇게까지 심하게 벌하신 것일까? 그 이유를 다음과 같이 설명할 수 있다. 하나님께서는 택하신 백성을 통하여 자기가 살아계심을 만방에 보여 주신다. 그들이 올바르게 행동하면 하나님께서는 그들에게 복을 주셔서 그가 살아계심을 나타내시지만, 그들이 그릇되게 행동하면 그들에게 벌을 주심으로써 역시 그가 살아계심을 나타내시는 것이다. 특히 그들에게 임한 벌이 죄로 말미암은 것임을 드러내시기 위해 그는 아주 특별한 방법으로 그들을 벌하신다. 그러므로 예수님께서 말씀하신 대로 많이 준 자에게서는 많이 찾으시는 것이 하나님의 심판 원리다(눅 12:47-48).

14 **네 선지자들이 네게 대하여 헛되고 어리석은 묵시를 보았으므로 네 죄악을 드러내어서 네가 사로잡힌 것을 돌이키지 못하였도다 그들이 거짓 경고와 미혹하게 할 것만 보았도다.** 이 구절은 유다 민족이 당하는 이와 같은 환난이 거짓 선지자들 때문이었음을 밝히고 있다. 다시 말하면, 소위 선지자들이 파수꾼 노릇을 제대로

하지 못하고 백성들의 죄악을 지적하여 고쳐주는 기능을 수행하지 못하였기 때문에, 이처럼 민족적인 비극이 찾아왔다는 것이다. 이 거짓 선지자들은 민족의 죄악을 올바로 지적하는 참된 선지자였던 예레미야와 우리야를 계속하여 박해하였다. 또한 그들은 거짓말로 예언하기를, "평강하다, 평강하다"(렘 8:11)라고만 하였다. 그들은 그렇게 함으로써 백성들의 죄악을 오히려 부추기는 역할을 했다는 것이다. 그들이 선지자의 이름으로 가르친 모든 교훈이 도리어 화근이 되었다. 이것을 보면 가르치는 자리에 서 있는 자들의 처지가 얼마나 두려운 것인지를 알 수 있다. 그러므로 야고보는 말하기를, "내 형제들아 너희는 선생된 우리가 더 큰 심판을 받을 줄 알고 선생이 많이 되지 말라"라고 하였다(약 3:1).

15-16 이 부분에서는 바벨론에 의해 패망한 유다의 참상이 다시 묘사된다. ① 지나가는 사람들도 그들의 형편을 보고 비웃으며, ② 유다를 멸망시키는 바벨론과 같은 원수들은 유다 민족을 그들이 원하는 만큼 파멸시킨다. 여기서 "이를 갈며"라는 표현은 그 원수들이 그늘의 수중에 떨어진 유다 민족을 극심하게 학대했다는 사실을 보여 준다.

우리가 바라던 날이 과연 이 날이라 우리가 얻기도 하고 보기도 하였다 하도다. 이것은 원수들이 유다가 패망하는 날을 마침내 만났고 또한 그날을 보게 되었다고 말하면서 힘껏 포학한 행위를 취하면서 내뱉는 말들이다. "우리가 얻"었다는 말은 히브리어로 "마차누"(מָצָאנוּ)인데, 직역하면 "우리가 만났다"라는 뜻이다.

17 여호와께서 이미 정하신 일을 행하시고 옛날에 명령하신 말씀을 다 이루셨음이여 긍휼히 여기지 아니하시고 무너뜨리사 원수가 너로 말미암아 즐거워하게 하며 네 대적자들의 뿔로 높이 들리게 하셨도다. 본 절은 유다 민족이 당한 처참한 일들이 우연히 일어난 것이 아니라 하나님의 예언대로 이루어진 일이라는 사실을 밝히고 있다. 예언한 일들이 이루어졌다는 하나님의 말씀은 우리가 그처럼 성취된

사건을 목격하고서 하나님을 향한 신앙을 회복하게 하시려는 것이다.

18-19 여기서는 이처럼 비참한 형편에 처했을 때 유다 사람들은 마땅히 나님께 기도해야 한다는 의미에서, **"그들의 마음이 주를 향하여 부르짖기를"** 이라고 하였다. 사람이 고난을 받을 때는 기도해야 한다(약 5:13).

선지자 예레미야는 그들의 기도가 어떠해야 할지를 여기서 말해 준다. ① 그들은 눈물로 기도해야 한다. **"밤낮으로 눈물을 강처럼 흘"**려야 하는 이유는 그들의 회개가 간절하고 진실해야 하기 때문이다. ② 그들은 깨어서 기도해야 한다. **"초저녁"**(ראש אשמרות)이라는 말은 밤이 시작되는 제1경을 뜻한다. 고대 근동 지역에서는 밤을 3경 혹은 4경으로 나누었는데, 해지는 때부터 밤 10시까지가 제1경이고, 그 이후부터 새벽 2시까지가 제2경, 그때부터 해뜨는 시간까지가 제3경이었다. 초저녁, 다시 말해 밤의 제1경에 기도하라는 말씀은 밤잠을 아껴가면서까지 간절히 기도하라는 뜻이다. ③ 그들은 마음을 쏟아 기도해야 한다(참조. 삼상 1:15). 이것은 마음을 다하여 기도하는 자세를 가리킨다 ④ 그들은 손을 들어 기도해야 한다. 이 말은 기도하는 자가 자기 자신을 하나님께 들어올려 바침으로써 하나님을 전적으로 의지하는 태도를 표시해야 한다는 의미다.

20-22 여기서는 바벨론에 의해 약탈당한 유다의 참상에 대하여 다시 진술한다. ① **"여인들이 어찌 자기 열매 곧 그들이 낳은 아이들을 먹으오며."** 이것은 전쟁 때에 기근으로 인하여 사람들의 마음이 극도로 피폐하고 혼미한 상태에 빠져서 행해진 일이었다. ② **"제사장들과 선지자들이 어찌 주의 성소에서 죽임을 당하오리이까."** 제사장들과 선지자들이 성소에서 살육당하게 되었던 것은 경건하지 못한 제사장들과 거짓 선지자들이 외식함으로써 종교적으로 사람들을 그릇되게 인도한 잘못에 대한 대가로 당하는 참변이었다(약 3:1). ③ **"늙은이와 젊은이가 다 길바닥에 엎드러졌사오며 내 처녀들과 내 청년들이 칼에 쓰러졌나이다."** 연령과 성별의 구분 없이 많은 사람이 죽임을 당하게

되었다. ④ "주께서 내 두려운 일들을 사방에서 부르시기를 절기 때 무리를 부름같이 하셨나이다." 두려운 일들, 다시 말해 생명을 위협하는 일들이 명절 때에 군중들이 집결하는 것처럼 사방에서 밀려들어 피할 수 없게 되었다는 뜻이다. ⑤ "내가 낳아 기르는 아이들을 내 원수가 다 멸하였나이다." 젖 먹는 아기들까지도 죽임을 당하게 되었는데, 이와 같은 참변들의 배후에는 유다 사람들이 범해온 악독한 죄악이 자리 잡고 있었다. 이와 같은 참변들이 눈앞에서 벌어지는 광경을 목도하는 자들이 어찌 그들의 죄악을 돌아보지 않을 수 있겠는가? 그뿐 아니라 이러한 참변들은 죄를 벌하시는 하나님의 공의가 변함없이 관철되고야 만다는 사실도 상기시킨다. 하나님께서는 죄인들의 회개를 독촉하시되 끝까지 관철하신다. 그러나 그들이 끝까지 회개하지 아니할 때는 그의 거룩한 언약에 내포된 공의로운 원리에 따라 그들에게 참혹한 징계를 내리신다. 그러므로 유다 사람들은 이런 참변들을 목격할 때 하나님의 언약을 회상하고 다시금 하나님의 신실하심과 공의를 깨닫고서 회개할 수밖에 없었다. 그런데도 그들이 회개치 않는다면 결국 그들의 영혼까지도 멸망 받을 수밖에 없다.

| 설교자료

1. 하나님의 은혜와 사랑을 생명처럼 여기는 자들에게는 그가 내리시는 진노를 당하는 것만큼 두려운 일이 없다. 그러므로 선지자는 여기서 "슬프다"(אֵיכָה)라는 탄식으로 그의 발언을 시작한다(1-3절). 이 부분에는 "진노하사"(בְּאַפּוֹ), "노하사"(בְּעֶבְרָתוֹ), 혹은 "맹렬한 진노로"(בָּחֳרִי־אַף)와 같은 표현들이 사용되었는데, 이것은 유다 민족의 패망이 그들의 죄에 대한 하나님의 진노로 말미암은 결과라는 사실을 강조하는 역할을 한다.

2. 하나님은 오래 참으시는 자비의 하나님이시지만, 죄를 끝까지 회개하지 않고 하나님을 대적하는 자들에게는 마침내 대적같이 임하신다(4-5절). 이렇게 되면 세상 만물도 그들을 대적하는 결과를 낳게 된다.

3. 하나님의 백성인 신자들이 하나님을 버리고 다른 것들을 택하여 그것을 자랑할 때 하나님께서는 그것들을 파멸하신다(6-10절). 예레미야의 시대에 유다 사람들은 하나님보다 성전과 성소와 성벽을 자랑하였으며, 한편으로 왕과 제사장들과 거짓 선지자들과 장로들은 하나님보다 자신들의 지위와 권세를 자랑하였던 것이었다. 그러므로 그들이 자랑하던 모든 것들은 마침내 파괴되거나 폐지되고 말았다.

4. 인류 역사에는 기근의 재앙이 빈번하게 발생했었다. 특별히 전쟁으로 인하여 그렇게 되는 경우가 많았다. 왜냐하면 인생들이 하나님보다 음식물을 더 사랑하고 그것에 목을 매는 죄를 범하기 때문이다(11-12절).

5. 종교적 지도자들의 사명은 중대하기 그지없다(14절). 그들은 자기 민족에게 옳은 비전(vision)을 말해 주어야 하는 자들이다. 그들이 그렇게 하지 못하면 백성이 잘못된 길로 행하게 된다(잠 29:18).

6. 하나님의 백성이 회개하지 않음으로써 하나님이 내리시는 징벌을 받을 때 그들은 불신자들에게서도 비웃음을 당하는 처지로 전락하고 만다(15절). 왜냐하면 그들이 회개하지 않고 끝까지 죄악을 범하는 일은 하나님의 이름에 현저히 욕을 돌리는 일이기 때문이다(롬 2:24).

7. 신자들을 징계하는 이는 하나님이시다(17절). 그러므로 그들을 용서하

시고 다시 일으켜 주실 이도 오직 하나님 한 분뿐이다. 호세아 6:1-3에 말하기를, "오라 우리가 여호와께로 돌아가자 여호와께서 우리를 찢으셨으나 도로 낫게 하실 것이요 우리를 치셨으나 싸매어 주실 것임이라 여호와께서 이틀 후에 우리를 살리시며 셋째 날에 우리를 일으키시리니 우리가 그의 앞에서 살리라 그러므로 우리가 여호와를 알자 힘써 여호와를 알자 그의 나타나심은 새벽 빛 같이 어김없나니 비와 같이, 땅을 적시는 늦은 비와 같이 우리에게 임하시리라"라고 하였다.

제 3 장

↓ 내용분해

1. 유다 민족이 당한 재난의 형편(1-18절)
2. 신자는 주님의 변함없는 자비와 언약을 기억하고 소망을 가짐(19-39절)
3. 선지자는 그의 백성에게 진심으로 회개하고 주님께 돌아오라고 권면함(40-41절)
4. 선지자는 그의 백성이 당하는 환난을 다시 진술하고 하나님의 구원을 간구함(42-66절)

↓ 해석

1-18 여기서 선지자 예레미야는 자기 민족을 대표하는 위치에서 그의 민족이 당하는 수난의 의미가 무엇인지를 보여 준다. 그는 그들이 당하는 고난이 본질적으로 하나님의 진노라는 사실을 암시하면서 이 부분에서 그것을 장황하게 묘사한다. 그들이 당하는 환난을 묘사하는 표현들은 하나같이 하

나님의 진노를 형용하기에 적합하다. 그들이 당하는 환난은

1) **"어둠"**과도 같다(2절).

2) **"종일토록"**(כל-היום) 구타를 당하는 것과도 같다(3절). 여기서 "종일토록"이라는 표현을 그들의 환난이 그치지 않고 지속됨을 가리킨다.

3) **"살과 가죽을 쇠하게 하시며 나의 뼈들을 꺾"**는 것처럼 느껴진다(4절). 이것은 하나님의 진노로 말미암은 현상이다. 다윗과 히스기야도 이런 체험을 하였다(시 51:8; 사 38:13).

4) **"고통"**과 **"수고"**, 다시 말해 고생스러운 노역으로 포위당한 것처럼 느껴진다(5절). 이것은 고난을 벗어날 길이 전혀 없게 되어버린 상태를 가리킨다.

5) 환난을 겪는 자기 자신이 **"죽은 지 오랜 자"**처럼 아무런 소망이 없는 자로 느껴질 것이다(6절). 시편 143:3을 참조하라.

6) 장벽으로 둘러싸고 쇠사슬로 결박하는 것같이 느껴질 것이다(7절). 욥기 19:8과 시편 88:8을 참조하라.

7) 기도의 응답이 막히는 것처럼 느껴질 것이다(8절). 여기서 기도의 응답이 막히게 되었던 이유는 하나님께서 그들에게 진노를 내리셨기 때문이다. 어떤 경우에는 신자들의 영적 인내심과 지구력을 길러주기 위해서 기도의 응답이 막히기도 한다. 하나님께서는 원칙적으로 신자의 기도를 헛된 곳으로 돌리지 않으신다. 시편 91:15, 102:2, 잠언 18:10; 이사야 65:24, 요엘 2:32을 참조하라.

8) **"다듬은 돌을 쌓아"** 길을 막는 것처럼 느껴질 것이다(9절). "다듬은"이라는 말은 히브리어로 "가지트"(גזית)인데, 이 말은 매끈하게 다듬는 것을 의미한다. 이렇게 돌을 매끈하게 다듬어서 지은 건축물은 무너뜨리기 어렵다. 왜냐하면 모든 돌이 서로 밀착하여 있기 때문이다.

9) 기다렸다가 달려드는 맹수처럼 느껴질 것이다(10절). 시편 10:19, 17:12, 호세아 13:7-8, 아모스 5:19을 참조하라.

10) 계획했던 일들이 제대로 맞아떨어지지 못하게 방해받는 것처럼 느껴질 것이다(11상).

11) **"몸을 찢"**는 것과 같은 고통이 느껴질 것이다(11하).

12) **"적막"**한 처지에 빠뜨려지는 것처럼 느껴질 것이다(11하).

13) **"활"**을 겨누어 쏘아 몸이 관통되는 것처럼 느껴질 것이다(12-13절). 욥기 16:12-13을 참조하라.

14) 모든 사람에게 **"조롱거리"**가 되어버린 것처럼 느껴질 것이다(14절). 예레미야 20:7을 참조하라.

15) 먹지 못할 **"쓴 것"**을 억지로 실컷 먹여 주는 것처럼 느껴질 것이다(15절).

16) **"조약돌"**을 섞은 음식물을 먹여 줌으로써 "이들"이 상하는 것처럼 느껴질 것이다. 이것도 그가 당하는 고통과 실망을 의미한다(16상).

17) **"재로⋯덮"**듯이 낮춰지는 것처럼 느껴질 것이다(16하). 이것은 극도로 낮아져서 부끄러움을 당하게 되는 것을 의미한다.

18) **"심령이 평강에서 멀리 떠나게 하시"**고 복이라고는 흔적도 찾을 수 없게 되어버릴 것이다(17절). 위에서 묘사한 비참한 형편들은 그러한 환난을 겪는 자를 절망 가운데 빠뜨리기에 충분했다(18절).

19-24 선지자는 여기서 그가 품은 "소망"의 근거를 밝히는데 그 소망의 근거는 바로 하나님 자신이시다. 여기서 그는 하나님의 자비와 긍휼과 성실을 기억한다. 이 말은 그가 하나님의 성품을 회상했다는 의미다. 그의 성품이 이러하시니만큼 그가 마침내는 그의 백성을 구원해 주실 것이 분명하다는 것이다. 특히 이와 같은 성품을 지니신 하나님이 바로 그의 **"기업"**(분깃)이라고 말한 것은 그와 하나님 사이의 관계를 밝혀 준다. 이러한 관계는 물론 언약을 통하여 성립된 것이다. 특별히 하나님의 성실하심이라는 덕목이 영원한 언약에 대한 보증이 된다. 선지자는 긍휼이 풍성하신 하나님께서 그의 **"기업"**이라는 사실을 되새기면서 구원에 대한 소망을 새롭게 한다. 그는 이

러한 소망을 표현할 때 단순히 입으로만 신앙을 고백하는 것이 아니라 그의 중심을 담아서 소망을 고백한다. 여기서 **"내 심령('나프쉬')에 이르기를 여호와는 나의 기업이시니"** 라는 말씀이 그처럼 마음 깊이 새겨진 확신을 보여준다.

설교 ▶ 우리의 소망(19-24절)

우리가 처한 환경은 고생과 재난으로 가득하다. 우리가 가는 곳 어디에나 쓰디쓴 나물과 같은 장애물들이 도사리고 있다. 따라서 우리의 마음에는 낙심이 찾아올 수밖에 없다. 그러나 우리에게는 확고한 소망이 있으며 우리가 가지는 소망의 근거는 여호와 하나님의 자비하신 성품이다.

1. 무궁한 자비(22절)

1) 하나님은 죄인까지도 사랑하실 만큼 자비로우신 분이시다. 하나님 외에 어느 누가 죄인을 사랑할 수 있겠는가? 더욱이 누가 자기를 대적하는 죄인까지 사랑하겠는가? "하나님이 세상을 이처럼 사랑하사"(요 3:16)라는 말씀은, 악한 것을 특징으로 하는 "세상"에 속한 악한 사람들까지도 사랑하셨다는 뜻이다. 인생들은 자신이 악한 자들이면서도 자신이 지닌 악이 얼마나 가증한 것인지를 깨닫지 못한다. 그러나 하나님께서는 인간들이 지는 죄악의 가증함을 제대로 인식하신다. 그런데도 그가 세상을 사랑하신 것은 크고 놀라운 사랑이 아닐 수 없다.

2) 하나님의 자비는 죄인이 회개할 때 그의 모든 것을 내어주시는 자비다. 하나님께서 회개하는 죄인에게 무엇이나 다 내어주신다는 것은 그가 외아들과 함께 만물을 내어주셨다는 사실을 통해 입증되고 성립되었다(롬 8:32; 고전 3:21-23).

2. 아침마다 새로운 자비(3절)

하나님은 살아 계셔서 모든 사건에 관하여 나에게 선을 행하신다. 고난을 받는 것도 결국은 나에게 유익을 가져다준다. 시편 119:71에 말하기를, "고난 당한 것이 내게 유익이라 이로 말미암아 내가 주의 율례들을 배우게 되었나이다"라고 하였다.

3. 어떤 사람에게 하나님의 자비가 아침마다 새롭게 임하는가(24절)?

하나님의 자비는 온 마음을 다하여 진실하게 "여호와는 나의 기업"이라고 고백하는 자에게 아침나다 새롭게 임한다. 다시 말해 진심으로 여호와는 나의 분깃이라고 말하는 자에게 임한다는 것이다. 그가 이렇게 하나님을 구하고 찾으니 하나님의 은혜가 그에게 임할 것이 아닌가?

25-39 선지자는 또한 신자가 가진 신실함과 미덕에 따르는 하나님의 보상을 기대하며 소망을 가진다.

1) **"기다리는"** 신앙이 유익을 가져다준다(25-26절). 여기서 이른바 "기다림"이라는 말은 하나님의 구원행위를 기다리는 것을 뜻하는데, 그것은 즐거움과 긴장감을 동반한 기다림이다. 따라서 그것은 지루하거나 괴로운 기다림이 결코 아니다.

2) 주님이 우리의 어깨에 메워주신 **"멍에(고생스런 훈련)를 메는"** 순종의 삶이 우리에게 유익을 가져다준다(27-29절). 본문에서 말하는 **"사람은 젊었을 때에"**라는 표현은 그들이 받은 훈련을 통하여 선한 방면으로 성숙해지기에 적절한 시기를 가리킨다. 사람들은 특히 젊은 시절에 하나님께서 주시는 고생스러운 훈련을 잘 감당해야 한다. 그는 고생스러운 훈련의 시기에 **"혼자 앉아서"**, 다시 말해 고요한 마음가짐으로 하나님께 반항하지 말고 순종하는 자세로 일관해야 한다.

3) 하나님이 주시는 훈계와 시련을 달게 받아들일 뿐만 아니라, 그것을 더욱 많이 받기를 원하는 영적 지혜가 유익을 가져다준다(30-39절). 여기서 선지자는 이러한 자세에 대하여 구체적인 예를 들어가면서 자세하게 설명한다. ① 주님께서 때리시는 매는 끝나는 때가 찾아올 것이므로 피하지 말고 매를 잘 맞으라고 권면한다(30-32절; 참조. 욥 5:17-18). ② 그뿐 아니라 **"인생으로 고생하게 하시며 근심하게 하심은"** 주님의 **"본심이 아니"**심에도 불구하고 그 사람이 고난을 겪는 이유는 하나님께서 그것을 필요하게 여기시기 때문이니(3절), 그 고난을 잘 감당하라고 권면한다. ③ 억울한 일은 주님께서 갚아 주실 것이니, 사람은 그에게 찾아오는 고난을 참아내는 것이 지혜라고 권면한다(34-36절). ④ 사람이 어려움을 당하는 것은 **"주의 명령"**에 따라 이루어지는 일이니, 그는 그것을 잘 참아야 한다고 권면한다(37-38절). ⑤ 살아 있는 사람이 고난을 받는 것은 **"자기 죄들 때문에"** 벌을 받는 것이니 그것을 기꺼이 감당하는 것이 지혜라고 권면한다(39절).

앞에 열거한 모든 이유를 고려할 때 사람이 어려움을 잘 참아 견디는 것이 지혜이며, 그 지혜는 마침내 그에게 선한 열매를 가져다준다.

설교▶ 하나님을 기다리는 자(25-26절)

1. 긴장감을 잃지 않고 하나님을 기다린다.

이 말은 성도들이 애쓰고 수고하면서 힘을 기울여 기도하는 것을 가리킨다. 달리 표현하자면 "구하라 그리하면 너희에게 주실 것이요 찾으라 그리하면 찾아낼 것이요 문을 두드리라 그리하면 너희에게 열릴 것이니"(마 7:7)라고 하신 약속을 근거하여 기도하라는 말씀이다. 여기서 이른바 "구하라, 찾으라 두드리라"라는 명령은 계속하여 구하는 것을 의미한다. 이렇게 기도를 계속하는 이유는 기도자가 하나님을 무한히 위대하신 분으로 알고 있기 때문이며, 그렇기 때문에 그는 긴장감을 잃지 않고 기도할 수 있다. 이런 기도는 그의 믿음이 진실함을 증명해준다. 이와 같은 진실성은 결코 공로가 아니며 의도 아니다. 그것은 다만 하나님을 하나님으로 바르게 대하는 자세일 뿐이다. 하나님은 진실한 기도자를 상대하시고 그런 기도에 응답하신다. 진실한 신자에게 누가 묻기를, "당신은 큰 믿음을 가지고 있습니까?"라고 하였더니 그는 대답하기를 "내 믿음이 큰 것이 아니라, 나의 하나님이 크신 분입니다"라고 하였다고 한다.

2. 기다린다는 말은 평안히 주님 안에서 안식을 누리며 기도하는 것을 의미하기도 한다.

임종을 앞둔 어떤 성도에게 누군가가 묻기를 "당신은 지옥에 갈 것입니까?"라고 하였더니 그가 대답하기를, "내가 지옥에 가면 하나님께서는 나보다 더 큰 손해를 보십니다"라고 하였다. 이것은 그에게 영생을 주시기 위하여 독생자까지도 희생시키신 하나님께서는 결단코 그를 지옥에 떨어지도록 내버려 두지 않으실 것이라는 확실한 믿음에서 나온 말이다.

40-41 이 두 구절의 요지는 회개하고 여호와 하나님을 믿자는 것이다. 선지자는 회개와 신앙의 문제를 언급하는 데 있어 구체적인 표현을 사용한다. 요컨대 그는 회개에 대하여 언급하면서 **"행위들을 조사"**해야 한다고 말하는 한편 **"여호와께로 돌아가"**야 한다고 강조한다. "행위들을 조사"한다는 표현을 통해 우리는 그가 추진하는 회개 운동이 얼마나 구체적인 것인지를 깨달을 수 있다. 그뿐 아니라 "여호와께로 돌아가"는 것은 회개의 근본 목적인데, 이것이 없이는 진정한 회개가 성립될 수 없다. 외형적인 행실을 고치는 일쯤은 하나님을 알지 못하는 세상에서 살아가는 사람들에게서도 얼마든지 찾아볼 수 있지 않은가? 하지만 여호와께로 돌아가는 일은 사람의 힘으로는

불가능한 전혀 다른 차원의 일이다. 감사하게도 누구든지 진심으로 "여호와께로 돌아가"고자 하는 행동을 개시하기만 하면 하나님께서 먼저 그에게로 찾아오신다(참조. 슥 1:4; 애 5:21). 그런 이유에서 회개는 하나님의 은혜로운 선물이라고 말하는 것이다.

우리의 마음과 손을 아울러 하늘에 계신 하나님께 들자. 이것은 믿음의 올바른 자세를 가르쳐주는 말씀이다. 사람이 죄를 회개하면 "마음"이 "하나님"을 향하여 믿음으로 움직인다. 마음이 하나님께로 움직이지 못하도록 방해하는 장애물은 죄악뿐이다(히 1:1). 선지자는 내면적이고 심리적인 측면에서의 믿음만을 주장하지 않고 겉으로 드러나는 행위적인 측면에서의 믿음에 대해서도 언급하고 있다. 그것은 "손을 아울러 하늘에 계신 하나님께 든다"라는 말로써 표현되었다. "손"은 행위를 상징하는 것인데, 우리의 행위가 하나님을 향하여 움직이는 것은 우리의 마음속에 믿음이 있다는 증거다.

회개와 믿음이라는 주제와 관련하여 우리가 기억해야 할 점은 예루살렘이 유다 백성들의 죄로 인하여 폐허가 되어버린 후에도 선지자는 계속하여 백성들에게 회개하고 믿음을 가지라고 전파했다는 사실이다. 인생들이 회개하고 믿음을 가질 기회는 그들이 숨을 거두는 날까지는 얼마든지 계속 주어진다. 그만큼 하나님께서는 우리의 영혼을 구원하시기 위하여 최대한으로 은혜받을 기회를 제공하시는 것이다.

설교▶ 하나님께로 돌아가자(19-41절)

모든 인생은 자기가 머물러 있어야 할 자리를 벗어나서 방황하는 자들이다. 이사야 53:6에 말하기를, "우리는 다 양 같아서 그릇 행하여 각기 제 길로 갔거늘"이라고 하였고, 로마서 3:12에는 "다 치우쳐 함께 무익하게 되"었다고 하였고, 누가복음 15:12-16에서는 모든 사람이 자기 집을 버리고 떠난 탕자와 같다고 비유를 통하여 말씀하였다. 확실히 모든 사람은 마땅히 머물러야 할 자리에 머물지 못하고 거기서 이탈해 있다는 것이 사실이다. 그의 심령은 언제나 행해야 할 선은 행하지 못하고 원하지 않는 악을 행하고 있으며(롬 7:19), 그 결과 언제나 불안정한 상태에 놓여 있다. 요컨대 그는 하나님으로부터 떠나 있으니 이제라도 다시 하나님께로 돌아가는 일이 절대적으로 요구된다. 시편 62:5-6에 말하기를, "나의 영혼아 잠잠히 하나님만 바라라 무릇 나의 소망이 그로부터 나오는도다 오직 그만이 나의 반석이시요 나의 구원이시요 나의 요새이시니 내가 흔들리지 아니하리로다"라고 하였다. 우리는 마음을 기울여 하나님께로 돌아가야 한다.

1. 하나님께 돌아가지 못한 자의 삶에 나타나는 증표들

① 하나님께로 돌아가지 못한 자들은 마음 중심에서 죄를 용납한다. ② 그들은 구원받겠다고 하면서도 그리스도께 자신의 모든 문제를 전적으로 맡겨드리지 않는다. ③ 그들은 종교의 겉모습으로 만족한다. 이렇게 행하는 사람들은 참된 종교의 내면세계로 진입해 들어가지 못하고 겉만 핥으면서 종교를 유흥거리로 삼는 자들이다. ④ 그들은 모든 거룩한 책임을 이행하되 잘못된 동기, 다시 말해 육신적인 동기로 행하는 자들이다. ⑤ 그들은 자기 의를 의지하는 자들이다. 우리가 예수님을 믿는다고 하면서 예수님의 의를 의지하지 않고 자기 의를 의지하는 일은 그리스도를 속죄의 직무에서 해임하고 배제하려 하는 망상이며 자기 자신이 구주라도 되는 듯이 행동하는 어리석은 짓이다. 우리는 사실상 제대로 의를 행할 수 없는 무능한 자들이다. 우리가 스스로 의롭다고 생각할 때는 도리어 더욱 부패해질 뿐이다. 조셉 알레인(Joseph Allein)은 말하기를, "너는 자신이 가장 잘한다고 생각될 때, 너 자신

을 떠나 그리스도께로 돌아가기를 확실히 하라"라고 하였다.[92] ⑥ 그들은 입으로는 그리스도를 사랑한다고 말하면서 마음 깊은 곳에서는 세상을 더욱 사랑하는 자들이다(빌 3:19). 이런 죄악은 깊이 숨겨져 있고 평상시에는 밖으로 드러나 보이지 않는다. ⑦ 그들은 자기를 존경하지 않는 자들을 미워하며 시기하는 자들이다(마 18:32-35; 요일 3:14-15). ⑧ 그들은 칭찬과 명예를 과도하게 좋아하는 자들이다(요 12:43; 갈 1:10). ⑨ 그들은 쾌락을 극히 좋아하는 자들이다. ⑩ 그들은 육체적인 안전의 보장에만 관심을 지니고 있으며 영혼의 구원 문제는 등한시한다.

2. 하나님께 돌아가지 않는 자는 다음과 같은 불행에 빠진다.

① 하나님께서 그들을 대적하신다(마 7:23). 하나님께서 그들을 대적하신다면 누가 그들을 도와줄 수 있겠는가(신 32:41-42; 시 7:11-13; 34:16; 50:22; 겔 14:8; 슥 11:8)? ② 모든 피조물도 그들을 대적한다(롬 8:22). 만일 피조물들이 말을 할 줄 안다면 그것들이 회개하지 않는 사람들을 책망할 것이다. 구약 시대에는 당나귀가 발람이라는 이방 선지자를 책망한 일도 있었다(민 22:28-30). 세상 만물은 사람들에게 그릇된 방식으로 사용되는 일을 원통하게 여긴다. ③ 사탄은 회개하지 않는 인생들에 대해 전적인 통제권을 행사한다(엡 2:2; 6:12). 회개하지 않는 자들은 마귀에게 기꺼이 복종하는 충복들이다. 마귀가 그들에게 기도하지 말라고 약간의 암시만 주어도 그들은 기도하지 않는다. 회개하지 않는 자들은 마귀의 역사를 제대로 분별하지도 못하고 배후에서 역사하는 마귀의 암시를 희미하게 느끼는 정도에 불과하지만, 그럼에도 불구하고 마귀에게 기꺼이 순종한다. ④ 회개하지 않는 자들의 죄악은 하나도 용서받지 못하고 태산같이 쌓여 있다.

---

92) Joseph Allein, An Alarm to The Unconverted, 49.

3. 회개하지 못한 자가 받아야 하는 교훈

그는 먼저 자기의 행위를 면밀하게 검토해 보고 자기가 얼마나 큰 죄인인지를 깨달아야 한다. 예레미야애가 3:40에 말하기를, "우리가 스스로 우리의 행위들을 조사하고 여호와께로 돌아가자"라고 하였다. 인간은 죄인일 뿐 아니라 자기 죄를 심각하게 여기지도 않고 그것에 대한 책임을 회피하고자 하는 근성을 가지고 있다. 인간의 이와 같은 고질병은 이미 아담에게서부터 시작된 것이다. 아담은 죄를 범한 이후에 하나님으로부터 그의 죄에 대해 추궁받았다. 그때 그는 자기 죄에 대한 책임을 하와에게 전가했다. 인간이 이처럼 자신의 죄책에 대해 무관심하게 생각하고 다른 사람에게 전가하려 하는 태도가 또 하나의 크나큰 죄악이다.

우리는 먼저 나 자신이 얼마나 큰 죄인인지 깊이 깨달아야 한다. 첫째로 우리가 살아온 과거를 돌아보면 우리는 언제 어디서나 죄를 범하지 않고 성결하게 지낸 일이 없다. 둘째로 우리의 속 마음을 들여다보면 우리가 마음속에 품고 있는 생각들 가운데 어느 것 하나도 죄의 독소와 관계없는 것이 없다. 무엇보다도 우리의 마음속은 우리가 가장 미워해야 할 죄악의 원천이다. 우리가 자신의 죄악을 이렇게 조사해 보면 우리 마음은 아프지 않을 수 없다. 일찍이 저명한 영국 성공회 감독이었던 존 주얼(John Jewel, 1522-1571)은 원수들 앞에서 그가 신봉하던 진리를 부인한 후에 독일을 여행하던 도중 프랑크푸르트 암 마인(Frankfurt am Main)에 이르러 한 교회에서 설교하다가, 예전에 자기가 진리를 부인했던 일을 뼈아프게 뉘우치고 통곡하였다고 한다. 이와 같은 행동이야말로 자신의 죄악을 면밀하게 계수함으로써 회개에 이른 좋은 예다. 또한 스티븐 그로버 클리블랜드(Stephen Grover Cleveland)가 미국 대통령이었던 시절에 어떤 아이가 그에게 회개하는 편지를 보내왔다. 편지의 내용은 그가 우표 두 장을 위법하게 사용한 일이 있었다는 것이었다. 이런 회개 역시 자신이 저지른 잘못을 면밀하게 계수하는 행동이다.

사람은 마땅히 이처럼 자기 죄를 조사하여 깨달은 후에 회개함으로써 하나님께로 돌아가야 한다. 본문에서 "우리의 마음과 손을 아울러 하늘에 계신 하나님께 들자"(41절)라고 한 말씀이 그런 뜻이다. 마음과 손을 드는 행위는 신앙을 의미하는 것이다. 믿음이라는 것은 사람이 하나님의 은혜로 구원받기 위하여 그를 전적으로 의뢰하는 것이다. 우리는 하나님밖에 의지할 데가 없다. 드와이트 무디는 이렇게 말을 했다. "누가 자기 자신을 믿는가? 우리 자신은 언젠가는 절망에 떨어지는 날이 도래한다. 누가 친구를 의지하는가? 그들이 죽고 떠나가는 날이 도래한다. 누가 돈을 의지하는가? 그것이 모두 사라지는 날이 도래한다. 누가 명예를 의지하는가? 사람의 혀가 그것을 없애 버리는 날이 날이 도래한다. 하나님을 의뢰하라. 그리하면 영원히 실패를 맛보지 않을 것이다"(Moody). 허드슨 테일러(Hudson Taylor)는 임종시에 말하기를 "나는 몸이 너무 약하여 심지어 성경도 읽지 못하고 기도도 하지 못한다. 그러나 나는 어린아이처럼 하나님의 팔에 안기어 고요히 누워 있다"라고 하였다. 이것은 그의 심령이 아무런 동요 없이 주님을 전적으로 의뢰했다는 사실을 보여 준다. "신앙"의 최고봉은 자기 자신을 의뢰하지 않고 오직 주님 한 분만 믿고 안식을 누리는 것이다.

42-54절. 여기서는 선지자가 그 당시에 유다 민족이 당한 비참한 환난을 진술함으로써 그가 기도하는(55-66절) 동기가 무엇인지를 보여 준다.

42 **우리의 범죄함과 우리의 반역함을 주께서 사하지 아니하시고.** 선지자는 유다 민족이 당한 비참한 환난의 원인이 그 민족의 범죄에 있다고 밝힌다. 물론 사람이 당하는 환난의 원인이 범죄가 아니라 다른 것일 수도 있다. 예컨대 성도의 연단을 위한 환난이나 성도를 겸손하게 만들기 위한 환난도 분명히 있다. 그러나 대다수 경우 성도가 당하는 환난의 원인은 범죄에 있다. 범죄로 인하여 환난을 겪는 성도는 먼저 그가 당하는 환난의 원인을 깨닫고 회개하는 것

이 살길이다.

43-47 이 부분에서는 그 당시에 유다 민족이 당한 역경과 환난을 다음 몇 가지로 진술하는데, 이어지는 목록은 유다 민족이 죄로 인하여 하나님 앞에 징벌을 받는 비참한 정경을 묘사한다. ① 하나님께서 **"자신을 가리심"**(סכך "사카크"). "가린다"라는 동사가 43절 첫머리와 44절 첫머리에 나온다. 우리가 하나님을 간절히 찾는데도 그가 숨으신다는 것은 그가 우리에게 진노하신다는 뜻이다. 그러나 우리는 심령이 어두워졌기 때문에 이와 같은 그의 태도를 제대로 식별하지 못한다. 그러나 성령의 감동이 풍부한 선지자는 이러한 사실을 바로 분별할 수 있었다. ② **"추격하심"**(따라잡음)과 **"죽이심"**(43하). ③ **"기도가 상달되지 못하게 하심"**(44하). ④ **"뭇 나라 가운데에서 쓰레기와 폐물"**처럼 천대받음과 조롱당함(45-46절). ⑤ **"두려움과 함정과 파멸과 멸망"**에 빠짐. 이러한 표현은 극도로 난처한 자리에 처하게 된 상황을 가리킨다(47절). 완악한 죄인들은 일이 이렇게까지 틀어지기 전에는 회개할 마음을 품지 않는다.

하나님께서 범죄한 유다 민족을 이렇게 용서 없이 벌하시는 목적은 하나님의 공의로운 심판이 어떠한 것인지를 세계 만민에게 알려 주시기 위함이다. 하나님은 자신이 택하신 백성이라고 하여 형벌을 감해주시는 것이 아니라 도리어 더욱 채찍질하여 회개하게 하시며(히 12:5-8), 겸하여 그의 공의를 만방 가운데서 바로 세우신다.

48-50 딸 내 백성의 파멸로 말미암아 내 눈에는 눈물이 시내처럼 흐르도다 내 눈에 흐르는 눈물이 그치지 아니하고 쉬지 아니함이여 여호와께서 하늘에서 살피시고 돌아보실 때까지니라. 이 말씀은 전쟁의 재앙으로 인하여 비참한 지경에 처한 하나님 백성에 대해 선지자가 느끼는 연민을 보여 준다. 그들은 자신들의 죄악으로 인하여 벌을 받았으나, 선지자는 그들이 처한 비참한 상황을 통쾌하게 여기지 않고 슬퍼한다. 참된 선지자는 이처럼 죄인들의 패망에 대하여도 애석하게 여기는 마음을 금하지 못한다. 그러나 그의 눈물은 소망 없는 사람들의 슬픔과

같이 단순히 인간적인 연민에 그치는 것이 아니라 하나님의 자비를 구하는 일종의 애도와 같은 것이다.

51 나의 성읍의 모든 여자들을 내 눈으로 보니 내 심령이 상하는도다. "나의 성읍의 모든 여자들"(כל בנות עירי)이라는 히브리어 문구는 "나의 성읍의 모든 딸들"이라고 번역해야 한다. 이것은 시적 표현으로서 유다의 모든 도시들을 가리킨다. "내 눈으로 보니 내 심령이 상하는도다"라는 표현은 선지자의 눈이 그 당시의 모든 참상을 목격하고서 그의 심령이 상하게 된 것을 가리킨다.

52-54 여기서 선지자는 또다시 유다 민족 전체를 자기 자신에게 투영하여 그의 민족이 당한 참상을 묘사한다. 말하자면 그는 마치 **"새"**가 사냥꾼에게 쫓기는 것과 같이 되었고, 그의 원수들이 그를 **"구덩이에 넣고"** 돌을 던지는 것과 같이 되었다고 표현한다. 이러한 묘사들은 극도로 난처한 형편에 처하게 된 것을 비유한다. 사람이 그런 형편에 처하게 되면 하나님을 찾을 수밖에 없다. 고린도후서 1:8-9에는 말하기를, "형제들아 우리가 아시아에서 당한 환난을 너희가 모르기를 원하지 아니하노니 힘에 겹도록 심한 고난을 당하여 살 소망까지 끊어지고 우리는 우리 자신이 사형 선고를 받은 줄 알았으니 이는 우리로 자기를 의지하지 말고 오직 죽은 자를 다시 살리시는 하나님만 의지하게 하심이라"라고 하였다.

55-63 여기서는 선지자가 유다 민족을 대표하여 하나님 앞에 나아가서 그의 민족을 원수의 손에서 구원해 주시기를 간구한다. 그가 이렇게 기도하는 이유를 아래에서 몇 가지로 요약하여 제시한다. ① 그의 민족이 **"심히 깊은 구덩이"**에 빠졌기 때문이다(55절). 사람이 자기 힘으로 아무것도 할 수 없는 그때가 바로 하나님께서 찾아오실 때다. ② 하나님께서 과거에도 도와주신 일이 있었기 때문이다(56절). 욥기 5:19-20에 말하기를, "여섯 가지 환난에서 너를 구원하시며 일곱 가지 환난이라도 그 재앙이 네게 미치지 않게 하시며 기근 때에 죽음에서, 전쟁 때에 칼의 위협에서 너를 구원하실 터인즉"이

라고 하였다. 성도가 과거에 받은 구원의 체험으로 인하여 현재의 환난에서도 구원받을 확신을 가질 수 있다. ③ 하나님께서 일찍이 **"두려워하지 말라"**라고 하셨던 약속의 말씀 때문이다(57절). 태평양의 물이 마를 수 없는 것과 같이 하나님의 약속은 변하지 않는다. ④ 하나님께서 **"생명을 속량하"**여 주셨기 때문이다(58절). 죄악으로 인하여 영원히 멸망 받을 수밖에 없는 인생들을 속량하신 주님께서 그들을 환난 가운데 아주 내어버리실 리는 만무하다. ⑤ 하나님의 백성이 억울함을 당하게 된 슬픈 사연을 돌아보셨기 때문이다(59-63절). 억울한 일을 당한 자는 반드시 하나님께 위로받는 날을 맞이한다.

64-66 이 부분에서 선지자는 하나님께서 자기 백성의 원수를 벌하시는 방법에 대하여 말한다. 요컨대 **"그들의 손이 행한 대로 그들에게 보응"**하시고, **"그들에게 거만한 마음을 주시고"**, **"그들에게 저주를 내리"**시고, **"진노로 그들을 뒤쫓으"**시고, 그들을 **"여호와의 하늘 아래에서 멸하"**시는 것이다.

하나님의 백성이 얼마 동안 원수의 손에 박해받는 때도 있으나 마침내 그들은 구원받고 그의 원수들은 망하게 된다. 빌립보서 1:28과 데살로니가후서 1:6-7을 참조하라. 어떤 경우에는 하나님의 백성이 죄를 범하여서 얼마 동안 원수의 손에서 환난을 겪기도 한다. 그러나 하나님의 백성이 회개하는 날에 그들은 구원받고 하나님의 선하심을 경험하게 된다. 그때에는 그들을 박해하던 자들이 도리어 패망하게 된다. 미가 7:8-10을 참조하라.

| 설교자료

1. 예레미야는 유다 민족에게 그들이 당한 전쟁의 재앙이 어떤 것인지 밝히 깨닫게 해줌으로써 그들의 회개를 촉구하였다(1-18절). 사람은 누구든지 그가 당하는 고난의 의미를 깨닫기 어려운 법이다. 고난은 인간이 마주하는 난제 가운데 하나다. 어떤 사람이 고난을 겪으면서 그것의 정체가 무

엇인지, 그리고 고난의 원인과 결과가 무엇인지 밝히 깨달을 수 있는가? 예레미야는 그 시대가 경험한 민족적 수난의 의의를 하나님의 영감에 의하여 밝히 보았다.

    2. 인간의 소망은 오직 하나님의 자비와 긍휼에 달려 있다(21-24절). 본문 해석에 나온 설교를 참조하라.

    3. 인간은 위대하신 하나님을 자기 뜻대로 주장하려 하지 말고 오직 그를 믿고 기다리는 것이 올바른 자세다(25-26절). 이 부분 해석을 참조하라.

    4. 신자가 하나님께서 주시는 고난의 멍에를 짊어지게 될 때는 그것을 묵묵히 감수하는 것이 최선의 방책이다(27-39절). 27-39절 해석을 참조하라.

    5. 죄인은 행실을 고치고 하나님께로 돌아가는 것만이 유일한 살길이다(40-41절). 40-41절 해석을 참조하라.

제 4 장

✧ 내용분해

1. 한때 화려하고 고귀했던 유다가 비천한 자리로 추락하게 되었음을 탄식함(1-2절)
2. 기근으로 말미암은 참상을 탄식함(3-10절)
3. 예루살렘의 멸망을 탄식함(11-12절)
4. 유다 민족의 멸망이 거짓 선지자들의 혀 때문이라고 지적함(13절)
5. 유다 민족의 참상(14-16절)
6. 유다 민족이 외세에 의존했던 것이 허사라고 지적함(17-18절)
7. 바벨론의 침략으로 인한 유다의 상황(19-20절)
8. 하나님의 백성에게 임할 최후의 위로(21-22절)

✧ 해석

1-2 "금이 빛을 잃고 순금이 변질하였"다는 말은 성전의 영광이 사라졌

다는 사실을 비유적으로 표현한 것이다. 바벨론의 침략으로 인하여 예루살렘 성전은 마침내 무너지고 말았다. **"성소의 돌들이 거리 어귀마다 쏟아졌"**다는 말은 바벨론의 병사들이 성전 건물을 이루고 있던 돌들을 예루살렘 각처에 흩어버린 것을 가리킨다. 그런 행동은 물론 그들이 성전을 멸시하고 천대했다는 사실을 보여 준다. 성도들이 이런 일을 당하게 된 것은 그들의 범죄로 말미암은 경우가 많다. 그들이 겉모습으로만 성전을 존중하였기 때문에 하나님께서는 원수의 손을 들어 그것을 없애버리신 것이다.

유다 민족이 **"순금에 비할 만큼 보배로운"** 존재였다는 말은 죄로 인해 타락하기 전에 그들의 종교적 입지가 어떠했는지를 시사해주는 비유적인 표현이다. 그런데 이제 그들이 **"토기장이가 만든 질항아리 같이 여김이 되었"**다는 말은 범죄한 이후에 그들이 하나님께 벌을 받아 패망하게 되었음을 가리킨다. 위에 기록된 참상은 분명히 유다 민족이 과거에 범한 비극적인 죄악을 상기시킨다.

3-10 여기서는 바벨론의 침략으로 인하여 유다 백성들이 겪게 되었던 기근의 참상을 묘사한다.

1) 그 당시 유다의 가장들은 어린아이들에게 먹을 것을 구해줄 수조차 없었다(3-4절). 이런 점에서 그들은 **"들개"**만도 못하게 되었고 도리어 **"타조"**와 비슷한 처지가 되었다고 말한다. 타조는 알을 낳기만 하고 그것을 돌볼 줄은 모른다.

2) 호의호식하던 자들이 이제는 먹지 못하여 기운이 없어서 **"거름더미"**와 같은 더러운 자리에 거꾸러져 있다고 말한다(5절).

3) 이렇게 참혹해진 그들의 형편은 소돔 성이 저지른 죄악보다 더욱 무거운 그들의 죄로 말미암은 결과라고 말한다(6절). 소돔 사람들은 유황불로 인하여 순식간에 불타서 죽었으나, 유다 백성들이 먹을 것을 구하지 못해 허덕이는 참상은 소돔보다 더 큰 죄악의 결과라는 점을 되새길 필요가 있다.

4) 거룩하게 양육 받은 민족이 죄를 범한 결과 이제는 얼굴에 광채가 사라지고 굶주려서 말라 간다고 하였다(7-9절). **"존귀한 자"**라는 표현은 히브리어로 "네지림"(נְזִירִים)인데, 이것은 하나님께 바쳐진 "나실인"을 의미한다. 그러므로 이 부분의 말씀은 단순히 육신의 삶이 퇴락했음을 의미하는 것이 아니라 그들의 영적 생활이 타락했음을 의미하는 것이 분명하다.

5) 부녀들이 **"자기들의 손으로 자기들의 자녀들을 삶아"** 먹었다고 말한다(10절). 이렇게 참혹한 일은 그들의 사회가 얼마나 하나님 앞에서 악한 모습으로 퇴락해버렸는지를 상기시킨다. 유다 백성들은 이처럼 흉작과 기근의 재앙을 당하기 이전에 먼저 하나님 앞에서 그러한 환난보다 더욱 무서운 죄악을 범했던 것이 사실이다.

11-12 여기서 이른바 **"분을 내시며"**(כִּלָּה אֶת־חֲמָתוֹ "킬라 에트 하마토")라는 히브리어 문구는 **"노를 쏟으심이여"**(שָׁפַךְ חֲרוֹן אַפּוֹ "샤파크 하론 아포")라는 문구와 병행을 이룬다. **"시온에 불을 지르사"**라는 표현은 하나님께서 머지않아 환난으로 예루살렘을 멸망시키실 것을 의미한다. **"대적과 원수가 예루살렘 성문으로 들어갈 줄은 세상의 모든 왕들과 천하 모든 백성이"** 전혀 몰랐다는 말은 유다의 재앙이 그처럼 뜻밖의 일임을 시사한다. 따라서 그것은 자연히 발생한 일이 아니고 여호와 하나님이 직접 개입하신 결과라는 것이다. 예상 밖에 임하는 재앙은 대체로 하나님의 징벌로 주어진 것이다.

13 그의 선지자들의 죄들과 제사장들의 죄악들 때문이니 그들이 성읍 안에서 의인들의 피를 흘렸도다. 이 말씀은 유다 민족의 패망이 지도자들의 죄로 말미암은 결과라는 뜻이다. 한마디로 거짓 선지자들과 타락한 제사장들의 잘못된 지도가 이처럼 민족적 패망이라는 결과를 초래했다는 말이다. "그들이 성읍 안에서 의인들의 피를 흘렸"다는 말은 그들이 하나님의 참된 선지자들을 죽이고 하나님 말씀을 대적했다는 뜻이다. 그들의 이 같은 범죄가 성읍 "안에서"(בְּקִרְבָּהּ "베키르바") 일어났다고 말하는 것으로 볼 때 그들이 그런 무서운

죄를 조금도 주저함 없이 공개적으로 범했던 것만은 사실이다. 이와 같은 범죄는 반드시 무서운 결과를 가져온다.

14-16 여기서는 거짓 선지자들과 경건하지 않은 제사장들의 지도를 따르는 백성들이 당하게 되는 재앙에 대해 진술한다. ① 그들이 **"맹인 같이 방황함"**(14상). 이것은 그들이 진리를 깨닫지 못하여서 헤매고 있음을 가리킨다. 참된 지도자가 없는 민중은 그렇게 방황하지 않을 수 없다. ② **"그들의 옷들이 피에 더러워"**졌음(14하). 이것은 그릇된 지도자들의 인도를 받는 민중도 의인을 죽이는 일에 동참하여 지도자들과 마찬가지로 더러워졌다는 뜻이다. **"그들이 만질 수 없도다"**라는 말은 민중의 죄악이 가득하여 넘쳐흐르고 있음을 가리킨다. 그들은 마치 나병환자와 같아서 **"저리 가라 부정하다, 저리 가라, 저리 가라, 만지지 말라"**라고 외쳐야 할 만큼 죄악으로 더러워져 있었다(14하-15상). ③ 그들이 이방인들의 손에 의해 사로잡혀 감(15하). 하나님의 백성이 범죄하고 회개하지 않을 때는 하나님께서 불신자들의 손을 들어서 그들을 징계하신다. ④ 그들이 이방인의 땅에 사로잡혀 갔을 때 그곳에 거하는 이방인들에게 천대와 멸시를 받음(16절). 그들의 제사장들이나 장로들(מִזְקֵנִים "즈케님"; 늙은 사람)도 이방 사람들 앞에서 멸시받을 것이다. 신명기 28:50을 참조하라.

지도자들의 범죄로 인하여 일반 백성들도 이렇게 재앙을 당하게 된다. 그렇다면 이처럼 그릇된 지도자들이 받게 될 징벌은 얼마나 크겠는가? 야고보서 3:1을 참조하라.

17 **우리가 헛되이 도움을 바라므로 우리의 눈이 상함이여 우리를 구원하지 못할 나라를 바라보고 바라보았도다.** 이것은 유다 민족이 패망하게 된 원인을 설명해준다. 한마디로 유다 백성들은 하나님을 바라보지 않고 그들을 구원하지 못할 나라, 다시 말해 애굽을 바라보고 의지한 것이 원인이 되어 멸망했다는 뜻이다. 하나님의 백성은 난관을 당할 때마다 회개하고 하나님만 바라보아야 한다.

그런데도 그들이 다른 곳을 바라보고 의지한 것은 심각한 죄악이다. 이사야 3:1-3을 참조하라.

18-20 이 구절들은 유다 민족이 바벨론의 침략으로 말미암아 극도의 곤경에 처하게 되었다는 사실을 진술한다. ① 바벨론 군대가 유다 사람들을 닥치는 대로 사냥하듯이 사로잡았기 때문에 그들은 거리에 나갈 수조차 없었다(18-19절). ② 그들이 의지했던 시드기야 왕도 바벨론 군대에 사로잡히고 말았다(20절). **"우리의 콧김"**(רוּחַ אַפֵּינוּ)이라는 표현은 유다 민족이 호흡과 같이 중요하게 여겼던 왕을 가리킨다. **"여호와께서 기름 부으신 자"**(מְשִׁיחַ יְהוָה "마쉬아흐 여호와")라는 표현도 역시 왕을 가리키는데, 여기서는 구체적으로 시드기야 왕을 염두에 두었을 것이다. **"그들의 함정에 빠졌"**다는 말은 시드기야 왕이 바벨론 왕에게 사로잡힌 사실을 가리킨다.

우리가 그의 그늘 아래에서 이방인들 중에 살겠다 하던 자. 이 말은 유다 사람들이 생각하기를, 그들은 시드기야 왕의 통치하에 장차 이방의 수많은 민족 가운데서도 아무런 어려움 없이 영토를 유지하고 살아갈 수 있으리라고 여겼다는 뜻이다.

21-22 여기서 **"에돔"**은 유다 민족의 원수를 대표하는 민족이다. 예레미야 선지자는 장차 유다 민족의 원수는 멸망하고 유다 민족은 하나님의 긍휼을 입게 되리라고 예언한다. 하나님께서 택하신 백성이 오랜 세월 동안 불신자들의 세상에서 괴롭힘을 당할 것이지만, 마침내 원수는 망하고 하나님께서 택하신 백성을 구원받을 것이다. **"우스 땅"**(אֶרֶץ עוּץ)은 에돔 경내에 자리 잡고 있다. 선지자가 에돔에게 **"즐거워하며 기뻐하"**라고 말한 것은 일종의 풍자적인 표현이다. 사실상 이 말에 담긴 뜻은 에돔이 기뻐할 일은 전혀 없다는 것이다. **"잔이 네게도 이를지니"**라는 말은 에돔도 그들에게 배정된 멸망이라는 몫을 받게 된다는 것이다.

딸 시온아 네 죄악의 형벌이 다하였으니. 여기서 이른바 **"딸 시온"**은 하나님의 백성을 가리킨다. 하나님의 백성이 이때까지는 형벌을 받았으나, 이제 형벌의 분량이 모두 채워졌으니만큼 앞으로는 하나님의 은혜를 입을 일만 남았다는 것이다. 이것은 신약 시대의 교회가 세상에서는 계속하여 박해받을 것이나 마침내는 구원받게 되리라는 예언의 말씀이기도 하다.

| 설교자료

1. 유다 민족이 "금"과 같이 존귀하게 여겨졌던 이유는 그들이 참되신 하나님을 알고 섬겼기 때문이었다(1-2절). 7절을 참조하라.

2. 인류가 하나님보다 음식물을 더욱 사랑했던 죄의 대가로 그들은 종종 기근이라는 환난을 겪어야 했다(3-5절).

3. 하나님의 계시를 많이 받은 자가 죄를 범하면, 그것은 하나님의 말씀을 전혀 모르는 자들이 죄를 범한 것보다 더욱 심각하게 다루어진다(6절). 누가복음 12:48을 참조하라.

4. 유다의 부녀들이 기근을 당하여 자녀를 삶아 먹은 것은 사악한 마귀나 할 수 있는 행동이었다(10절). 그뿐 아니라, 그들이 일찍이 살아 계신 하나님을 마치 계시지 않는 분처럼 여기고서 그의 영광을 짓밟은 죄는 더욱 심각한 악마적인 행동이었다.

5. 바벨론 군대가 유다 민족을 침략한 것은 이방 민족들도 예상하지 못했던 일이었다(12절). 그들이 그런 일을 예상하지 못했던 이유는 일찍이 이스라엘의 하나님께서 유다 민족을 위하여 행하신 구원의 사역이 이방 세계에도

널리 알려져 있었기 때문이다. 그럼에도 불구하고 유다 사람들은 하나님을 의뢰하지 않고 끝까지 범죄하였다. 그러므로 그들의 죄악은 더욱 심각하게 받아들여질 수밖에 없었다. 그들은 그 같은 죄로 말미암아 바벨론의 침략을 당하게 되었다.

6. 유다 민족이 패망하게 된 것은 거짓 선지자들과 경건하지 않은 제사장들의 죄악 때문이었다. 하나님을 바로 섬겨야만 형통하도록 정해져 있던 그 나라의 운명은 한마디로 종교 지도자들의 어깨에 달려 있었다. 잠언 29:18을 참조하라.

7. 원수가 패망하는 것을 즐거워하는 일은 자신을 멸망시키는 범죄다(1절). 잠언 24:17-18을 참조하라.

제 5 장

✤ 내용분해

1. 선지자가 슬픔으로 간구함(1-18절)
2. 선지자의 마지막 간구(19-22절)

✤ 해석

1 여호와여 우리가 당한 것을 기억하시고 우리가 받은 치욕을 살펴보옵소서. 선지자는 유다 민족이 당한 비참한 현실을 기억하시고 보살펴주시기를 하나님께 간구한다. 하나님의 백성이 누리는 특별한 축복은 그들이 어려움을 당할 때 하나님께 호소할 수 있다는 것이다. 모든 길이 다 막혔을지라도 하나님께 호소할 수 있는 길은 언제나 열려 있다.

2-18 여기서 예레미야 선지자는 유다 민족이 당한 비참한 현실을 묘사한다. ① 이방인들이 유다의 영토를 점령하였다(2절). 여기서 **"우리의 기업"** 이라고 번역된 히브리어 단어인 "나할라테누"(נַחֲלָתֵנוּ)는 가나안 땅을 의미한

다. ② 유다 민족은 "**아버지 없는 고아**"와 같다고 하였다(3절). ③ "**물**"이나 "**나무들**"을 구하기 위해서는 비싼 값을 치러야만 했다(4절). ④ 유다 백성들은 이방 군대의 압제하에 있었다(5절). ⑤ 그들은 "애굽" 혹은 "앗수르"와 동맹을 맺음으로써 "**양식을 얻어 배불리고자**" 하였다(6절). 남에게 꾸어 줄지언정 꾸지 않아야 할 하나님의 백성이 이런 처지에 놓이게 된 것은 죄로 말미암아 저주받은 결과다(신 15:6). ⑥ 그들은 회개하지 않음으로써 "**조상들**"의 죄악까지 담당하게 되었다(7절). 예레미야 16:11, 13을 참조하라. ⑦ 그들은 "**종들**"에게 "**지배**"받는 처지에 놓이게 되었다(8절). 이것은 그들이 사로잡혀 가는 길에 바벨론의 비천한 자들에게 복종해야 했던 일을 가리킨다. ⑧ 유다 땅에 흉년이 들었기 때문에 그곳에 거주하는 자들은 "**죽기를 무릅써야 양식을 얻**"을 수 있었다(9절). 신명기 28:28을 참조하라. 그들이 양식을 구하기 위해 죽음의 위협까지 감수해야만 했던 이유는 그들이 양식을 구하러 다니는 길에 광야의 유목 민족인 베두인(Bedouins) 사람들의 손에 살해당할 위험이 있었기 때문이다. ⑨ "**굶주림의 열기로 말미암아**" 그들의 몸은 고열로 달아 있었다(10절). "**피부가 아궁이처럼 검**"다는 말은 그들이 음식물을 섭취하지 못하여서 "아궁이"(תַּנּוּר "타누르")처럼 달아올라 있었음을 가리킨다. 따라서 델리취(Delitzsch)는 여기서 "검다"라고 번역된 히브리어 "타누르"를 "달아오르다"(뜨거워지다)라는 뜻으로 고쳐서 번역하였다. ⑩ 이방인들이 유다의 부녀들을 "**욕보였**"다(11절). ⑪ 유다 백성들 가운데 존귀한 자들이 나무에 "**매달리**"어 죽임을 당했다(12상). ⑫ "**장로들**", 다시 말해 유다 땅의 노인들이 멸시받았다(12하). ⑬ 유다의 "**청년들**"과 "**아이들**"이 이방인의 압제를 받아 힘에 지나치도록 무거운 짐을 떠안게 되었다(13절). 이것은 그들이 짐승 같은 대접을 받은 것이나 마찬가지였다. ⑭ 국가는 황폐하여졌고, "**노인**"들이 "**성문**"에 앉아서 재판하는 일도 사라졌다(14상). ⑮ "**청년**"들의 "**노래**" 소리도 더는 들리지 않았다(14하). ⑯ 유다 민족에게는 아무런 "**기쁨**"도 없었다(15절).

⑰ 유다 민족의 영광이 완전히 **"떨어졌"**다(16상). 선지자는 이와 같은 비참한 일들을 그 민족의 죗값으로 여기면서 마음속 깊이 슬퍼한다(16하-17). ⑱ **"시온"**이라고 불리는 예루살렘 성읍이 훼파되어 그 폐허에서 **"여우가"** 논다고 하였다(18절).

나벨스바흐(C. W. E. Nagelsbach)는 본 장 8-16절 말씀에 대하여 다음과 같이 몇 가지 논평을 덧붙인다.[93] ① 우리가 우리 죄의 지배를 받으면 하나님의 공정한 심판이 임하여 우리는 마침내 종들의 지배를 받게 된다(8절). ② 우리가 우리에게 거저 주시는 생명의 양식인 하나님의 말씀을 멸시하면, 우리는 죽음을 무릅써야 겨우 육신의 양식을 얻을 수 있게 된다(9절). ③ 우리가 의를 위하여 주리고 목마른 심정으로 의를 사모하지 않으면 우리는 그러한 죄의 대가로 육신의 굶주림을 당하게 된다(10절). ④ 우리가 우리의 정욕을 죽이지 아니하면, 우리의 아내와 딸들이 다른 사람들의 정욕으로 말미암아 희생당한다(11절). ⑤ 우리가 우리의 통치자들과 노인들을 높이지 아니하면 그들이 이방 사람들에게 천대받는다(12절). ⑥ 청년들과 아이들이 주님의 쉬운 멍에를 메지 아니하면, 그들은 결국 원수의 무거운 멍에를 메게 된다(13절). ⑦ 청년들과 아이들이 이 세상 쾌락을 좋아한 대가로 그들은 그들이 마땅히 누릴 수 있었던 정당한 쾌락까지도 마침내 빼앗기고 만다(14-15절). ⑧ 우리가 생명의 면류관을 위하여 힘쓰지 아니한 죄로 인하여 이 세상 영광마저도 빼앗기게 된다.

19 선지자 예레미야는 여기서 하나님은 영원히 계시고 그의 통치("보좌")는 대대에 이를 것이라고 고백하면서 소망에 찬 기도를 올려드린다. 소망은 오직 여호와께만 있다(시 39:7). 우리는 암흑시대를 당하여 세상 어디에도 뜻을 둘 데가 없지만, 오직 하나님을 바라봄으로써 용기를 얻으며 소망을 품

---

93)　C. W. E. Nagelsbach, in Lange's Commentary, Lamentations, 196.

을 수 있다. 시편 74편의 저자도 암흑시대를 당하여 "하나님은 예로부터 나의 왕이시라 사람에게 구원을 베푸셨나이다"(시 74:12)라고 고백하면서 용기와 소망을 새롭게 하였다.

20 주께서 어찌하여 우리를 영원히 잊으시오며 우리를 이같이 오래 버리시나이까. 이 말씀은 얼핏 보면 선지자가 하나님을 원망하는 것 같으나 사실은 그런 것이 아니다. 이것은 그가 여전히 신앙은 지니고 있으면서도 유다 나라가 황폐하여진 일을 슬퍼하는 의미에서 심정을 토로한 것일 뿐이다. 그는 사로잡혀 갔던 유다 민족이 해방될 것을 일찍이 예언하기도 하였다(렘 29:10). 그러나 올바른 신앙생활을 영위하는 신자들도 그들이 당하는 고통에 대하여 무감각한 것은 아니다. 그렇다면 그러한 고통에 대한 탄식으로 이런 탄원을 할 수도 있는 것이다. 그는 이처럼 가슴 아픈 탄식을 하는 만큼 더욱 그의 괴로운 멍에로부터 하나님께로 피하게 된다. 이것이 바로 믿음이다.

21 여호와여 우리를 주께로 돌이키소서 그리하시면 우리가 주께로 돌아가겠사오니 우리의 날들을 다시 새롭게 하사 옛적 같게 하옵소서. 예레미야는 여기서 자기 민족을 대표하여 그들이 회개해야 할 필요성을 강조한다. 그와 동시에 그는 회개의 성취가 하나님의 은혜에 달려 있다는 사실을 밝혀 둔다. 말하자면 인생이 하나님께로 돌아가는 일은 하나님께서 그들을 돌이켜 주시고 받아주실 때 비로소 성립된다는 것이다. 나의 소선지서 주석에 있는 스가랴 1:3에 대한 해석을 참조하라.

"우리의 날들을 다시 새롭게 하사 옛적 같게 하옵소서." 이것은 바벨론의 압제하에 있는 유다 민족을 권고하셔서 광복의 새 시대를 허락해 주시기를 구하는 기도다.

22 주께서 우리를 아주 버리셨사오며 우리에게 진노하심이 참으로 크시니이다. 말하자면 유다 민족이 바벨론에 사로잡혀 가 있는 동안에는 하나님께서 그 민족을 버리신 것과 같다는 뜻이다.

| 설교자료

1. 하나님께서 그 백성이 당하는 수난을 모르시는 바가 아니나, 그의 거룩하신 뜻에 따라서 그들을 돌아보시지 않는 때도 있다. 그런 때는 흔히 하나님께서 그들의 고통을 모르시는 것처럼 생각하기 쉽다. 그러나 그런 때에도 성도들은 낙심하지 않고 기도를 계속해야 한다(1절). 그것이 힘 있는 신앙이다. 살아 있는 신앙은 환난의 물결을 활동 무대로 삼는다.

2. 신자가 물질적인 소유를 대할 때 마치 그것이 하나님이나 되는 듯이 지나치게 애착을 보이면 하나님께서 그것을 다른 사람들에게 주신다(2절). 이사야 3:1-3을 참조하라. 그러므로 신자는 재산이 있어도 그것을 자기 소유가 아니라 하나님의 소유로 여겨야 한다(고전 7:30-31).

3. 본 장 2-16절에 기록된 재앙들은 사실상 일찍이 모세가 신명기 28장에 기록한 예언대로 성취된 것일 뿐이다. 신명기 28장을 자세히 읽어 보라.

4. 유다의 부녀들이 적군의 손에 수욕을 당한 일은(11절) 그들이 하나님을 섬기지 않고 자기 자신을 섬기면서 사치했던 죄의 대가라고도 할 수 있다(사 3:16-24).

5. 인생들은 하나님을 기뻐하지 않고 세상을 기뻐하기만 한다. 그러므로 하나님께서 대대로 그들의 기쁨을 빼앗으신 것이다. 어떤 때는 하나님께서 환난을 그들에게 보내시므로 그들에게서 기쁨이 아주 사라지기도 한다(14하-15절).